孙昌武教授八十华诞纪念文集

宁稼雨　肖占鹏　湛如　普慧　张培锋◎编

天津出版传媒集团
百花文艺出版社

图书在版编目（CIP）数据

孙昌武教授八十华诞纪念文集 / 宁稼雨等编. -- 天津：百花文艺出版社，2016.9
ISBN 978-7-5306-7087-3

Ⅰ. ①孙… Ⅱ. ①宁… Ⅲ. ①孙昌武-纪念文集 Ⅳ. ①K825.6-53

中国版本图书馆CIP数据核字(2016)第219198号

责任编辑: 王 燕 徐 姗　　**封面设计:** 明轩文化 TEL:23674746

出版人: 李勃洋
出版发行: 百花文艺出版社
地址: 天津市和平区西康路35号　**邮编:** 300051
电话传真: +86-22-23332651（发行部）
+86-22-23332656（总编室）
+86-22-23332478（邮购部）
主页: http://www.baihuawenyi.com
印刷: 天津市永源印刷有限公司
开本: 787×1092毫米 1/16
字数: 410千字　**插页:** 2页
印张: 38.5
版次: 2016年11月第1版
印次: 2016年11月第1次印刷
定价: 68.00元

目　录

作者名录 …………………………………………………………………………… 1
编撰缘起 …………………………………………………………………………… 1
「東京夢華録」と都人たち……………………………………………… 小南一郎 1
王梵志及其诗歌的性质献疑 …………………………………………… 王志鹏 18
《江都督纳言愿文集》语源考 ………………………………………… 王晓平 32
《礼》与柳宗元的古文 …………………………………………………… 王基伦 50
韩醇《诂训唐柳先生文集》南宋刊本初考 ……………………… 户岐哲彦 76
Miscellaneous Informal Remarks on Narrative Structures
in Chinese Maitreya Accounts ………………… 安东平(Christoph Anderl) 113
皎然诗学中的华严思想 …………………………………………………… 刘卫林 144
19世纪初的中国开埠地:东亚"近代"从这里开始 ………………… 刘建辉 157
论和瑛《西藏赋》对汉大赋的突破与超越 ……………………………… 严寅春 181
孟浩然《春晓》在禅林的传播 ………………………………………… 李小荣 192
论张九龄诗歌意象与身世、人品 ……………………………………… 李凤银 200
历代张籍评论之批评视域与诠释议题探讨 ………………………… 李建昆 207
《祖堂集》叙事的戏剧性探微 …………………………………………… 张胜珍 222
中日佛教文化交流两题 ……………………………………… 张　总、林疏影 233
本土文化与佛教文化的矛盾
——人文视野下《西游记》中猪八戒和牛魔王家族命运 ……………… 陈国学 258
《太平广记》中《金刚经》崇拜故事研究 ………………………………… 范　军 265

刘萨诃信仰解读
——关于中古民间佛教信仰的一点探索 …………………………… 尚丽新 278
王龙溪与佛教 ………………………………………………… 赵 伟 292
论中朝三千年诗歌交流的十类文献 …………………………… 赵 季 327
两种《渚宫旧事》稀见抄本考略 ………………………………… 施 薇 337
儒释相非久，谁知我独亲
——略说高丽大儒李穑之亲佛 ………………………………… 姜剑云 346
沉郁顿挫背后的清狂
——从任华《寄杜拾遗》看被忽略的杜甫清狂性格 ………………… 莫道才 357
张鹤鸣家世考 ………………………………………………… 袁贝贝 371
唐代女道士诗人李季兰、元淳、崔仲容研究 ……………………… 贾晋华 380
陈寅恪的早期研究工作与西洋东方学 ………………………… 殷祝胜 399
误读？曲解？
——试以读者角度思考韩愈《原道》一文的论述瑕疵 ……………… 陶玉璞 411
从"道家曲"到仙游词的转变 …………………………………… 桑宝靖 425
宜春禅宗文化的历史地位和当代影响 ………………………… 黄夏年 452
从"一行三昧"看苏轼的居士形象 ……………………………… 萧丽华 461
A Xiongnu Family at the Western Han Court
……………………………………………… 康达维(David R. Knechtges) 489
论《唐宋诗醇》对《读杜心解》之接受 …………………………… 梁德华 511
文学性灵说的佛教思想渊源 …………………………………… 普 慧 523
玄奘与弥勒信仰
——以《大唐三藏法师传》《大唐西域记》为中心 …………………… 湛 如 541
禅宗下火文的历史流变及其文化意蕴 ………………………… 谭 洁 553
淡泊明志，宁静致远
——孙昌武先生的人格印象 …………………………………… 宁稼雨 570
我所认识和理解的人文知识分子的信念与品质
——贺孙昌武先生80寿辰 …………………………………… 刘俐俐 576
孙昌武教授与佛教文化研究
——以《中国佛教文化史》《禅思与诗情》为中心 …………………… 张培锋 582
孙昌武教授学术业绩 ………………………………………………… 596

作者名录

（按照作者姓名笔画排序）

小南一郎：日本京都大学名誉　教授

王志鹏：敦煌研究院　研究员

王晓平：天津师范大学文学院　教授

王基伦：台湾师范大学国文学系　教授

户崎哲彦：日本岛根大学法文学部　教授

宁稼雨：南开大学文学院　教授

安东平（Christoph Anderl）：比利时根特大学　教授

刘卫林：香港城市大学　教授

刘建辉：日本国际日本文化研究中心　教授

刘俐俐：南开大学文学院　教授

严寅春：西藏民族大学文学院　副教授

李小荣：福建师范大学文学院　教授

李凤银：天津中德职业技术学院　副教授

李建昆：台湾东海大学中文系　教授

张胜珍：天津财经大学中文系　副教授

张培锋：南开大学文学院　教授

张　总：中国社会科学院世界宗教研究所　研究员

陈国学：云南民族大学文传学院　副教授

林疏影：福建省民族宗教厅

范　军：泰国华侨崇圣大学中国语言文化学院　教授

尚丽新：山西大学文学院　副教授

赵　伟:青岛大学文学院　教授
赵　季:南开大学文学院　教授
施　薇:南开大学图书馆　副研究馆员
姜剑云:河北大学文学院　教授
莫道才:广西师范大学文学院　教授
袁贝贝:南开大学文学院　博士
贾晋华:澳门大学人文学院　教授
殷祝胜:广西师范大学文学院　教授
陶玉璞:台湾暨南大学中文系　教授
桑宝靖:南开大学汉语言文化学院　副教授
黄夏年:中国社会科学院世界宗教研究所　研究员
萧丽华:台湾佛光大学中国文学与应用学系　教授
康达维(David R. Knechtges):美国华盛顿大学　教授
梁德华:香港中文大学中国语言与文学系　教授
普　慧:四川大学中国俗文化研究所　教授
湛　如:北京大学西语系　教授
谭　洁:湖北工程技术学院　教授

孙昌武教授八十华诞纪念文集编撰缘起

孙昌武先生,1937 年 9 月生于辽宁营口,1961 年毕业于南开大学中文系,先后于辽宁营口市师范学校、营口教育学院、南开大学等校任教。先生多年来在日本神户大学、日本京都大学、韩国岭南大学、日本早稻田大学、捷克查理大学、台湾静宜大学、香港中文大学等学校担任教职或从事研究,与亚、欧、美和港、澳、台众多大学和研究机构进行学术交流。

先生退休后,仍勤勉治学,笔耕不辍,相继出版《中国佛教文化史》《中华佛教史·佛教文学卷》《佛教文学十讲》《道教文学十讲》《北方民族与佛教：文化交流与民族融合》等著作,洋洋数百万言,于中国宗教文化、文学领域之建树世所公认,垂范学林。成果之丰,影响之广,罕有其匹,诚为吾辈之良师楷模。先生为学务实,不尚空言,不事声张,然桃李不言,下自成蹊,春风化雨,斐然成章。先生受业弟子现已遍布海内外高校、研究机构,或供职于政府机关、文化部门等,师友嘉朋亦常年往来问询,高山仰止。

德以寿征,寿以文重。先生七十华诞之时,同门弟子暨海内外师友即编撰论文集一册,以为先生寿。忽忽十载,值吾师年届八秩之际,同仁共议再编一册文集。蒙先生诸友好、弟子惠赐佳作,以彰德门之庆、椿龄之喜。

文集以学术论文为主,辅以回忆、研究性文字。出版之时,依据大陆出版方面的有关规定,对繁体字文章做了文字转换,并修改了个别文字。不当之处,敬请谅解。

本书的出版得到了天津出版传媒集团、百花文艺出版社的大力支持,在此致以谢意!

「東京夢華録」と都人たち

小南一郎

唐代の都市と宋代の都市とでは、その景観を大きく異にしていた。唐代の都市においては、人々の居住区である坊は周囲に土牆をめぐらせ、人々はその中に押し込められて日常生活を営んでいたのである。たとえば、長安のみやこには広い街路が設けられていたが、その街路に向かって門を開けているのは、それぞれの坊の東西南北に四つ置かれた坊門を除けば、宮城・皇城や大寺院の大きな門だけであり、それ以外は延々と土牆が続くだけの殺風景な景観が広がっていたであった。とりわけ夜禁が厳しく、夜間は坊門なども閉ざされてしまい、特別な祝祭の夜以外は、都大路にも人通りが絶えてしまった。夜禁で家に帰れなくなってしまった人々のための宿泊施設が長安のみやこにあったことは、唐代伝奇小説の代表作の一つである、白行簡の「李娃伝」にも見えている。

しかし、唐王朝の威勢が傾くと、人々は、土牆を崩し、表通りに向かって門を開いて、店舗をかまえるようになる。こうした「侵街」と呼ばれる人々の行動が、都市の景観を大きく変えることになった。街路に向かって多くの店舗がならんでいる、張択端「清明上河図」に画かれているような都市は、宋代に近くなって初めて出現したものなのであった。夜禁もその効力をしだいに失ってゆき、むしろ夜市のにぎわいが都市の繁華を象徴するようにもなる。

唐代までの、政治的原理を中心に据えて造られ、経営される都市に代わって、経済原理を重視する都市が成長し、そうした都市が宋代以降の中国近世社会の基盤になることについては、これまでにも多くの論考や著書が書かれ、検討が加えられてきた[①]。ただ、中国近世都市をめぐる議論は多いが、その都市に住む人たち自身が、都市住民として、いかなる意識を持っていたのかについては、まだ十分には解明されていないように見える。こうした都市住民たちの意識には、宋代と明清時期との間にも違いがあって、その変化は都市の歴史的な展開と対応していたに違いない。都市の経済的な構造の究明のほかに、住民意識の形成とその変化についても、分析が加えることが待たれているのである。

もちろん、都市住民としての意識は、中国近世になって初めて生まれたものではなかった。戦国時代から唐代にかけての都市住民たちにも、都市に生活する者としての意識があり、たとえば都市の盛り場に巣食う「悪少年」たちの言行に、屈折したかたちで、住民たちの意識や価値観が反映していたと言えるだろう。しかし、中国近世の都市住民たちは、自分たちの存在について、より大きな自信を懐いており、そうした自己意識が、中国近世文化を独自の色合いで彩ったのであった。かれらが、自分が都市住民であることをどのように意識していたのかという問題は、中国近世文化の性格を考えるためにも、十分に検討しておく必要のある課題なのである。

この小論では、そうした探求のための第一歩として、もっぱら、宋代の都市住民たちがどのように自分たちの存在を意識していたのかについて、北宋の東都、開封の都市繁盛記である、孟元老「東京夢華録」を中心に据えて、考えてみたい。ちなみに、一言で都市と言っても、さまざまな規模のものが考えられるであろうが、都市住民の意識を典型的なかたちで表明するという点から、北宋の首都である開封と、それと対比するために、南宋の首都の臨安(杭州)との状況を分析してみたいと思う。

一 開封の万姓・百姓と士庶たち

この論文では、きわめて素朴な方法ではあるが、宋代には、都市の住民たち

---

① 斯波義信『中国都市史』東大出版会、2002 年(中訳本《中国都市史》北京大学出版社、2013 年)を参照。また、宋代の都城全般をめぐっても多くの論著があるが、最近の書物としては、劉方《汴京与臨安 — 両宋文学中的双城記》上海古籍出版社、2013 年、を参照した。

を呼ぶ際にいかなる語彙が用いられていたのかという検討から議論を始めたいと思う。宋代の都市生活の具体的な様相については、周知のように、「東京夢華録」「夢粱録」をはじめ、いくつかの記録が遺されている。そうした記事の中で、都市の住民たちを呼ぶ際に、いく種類かの特徴的な語彙が用いられている。まず最初に挙げられるのは、万姓・百姓という言葉である。

「東京夢華録」巻六、元宵の条には、次のように云う①。

正月十五日は元宵節である。皇城の正門の前では、前年の冬至のあと、開封府が山棚(木製のやぐら)を組み立て、その木組みは、宣徳楼の真正面に置かれる。見物客たちは、木組みが作られるころから御街の左右の廊下に集まり、そこでは芸人たちの奇術や、歌舞・百戯の出し物が、軒を連ねて上演され、その音楽やかけ声は、十里余りわたってかまびすしく響く。……[宣徳楼の前には]横に並んで三つの門が設けられ、それぞれの門には、飾りを付け、金色の文字で書かれた大きな牌(看板)が掲げられる。[その牌には]中央の門では、都門道と書かれ、左右の門では、左もしくは右の禁衛の門と書かれている。また高いところにも大きな牌があって、「宣和の世に民と楽しみを同じくす」と記されている。……宣徳楼の上では、四方に黄色い縁取りのカーテンが垂らされ、その中に置かれる座席は、御座なのである。黄色の綺羅を用いて美しい舞台が一つ設けられ、御龍直の兵士たちが、黄色い天蓋と扇とを手に持ち、カーテンの外に居並ぶ。……宮女たちがキャッキャ笑いあってしている声が、楼の下の外にいる者たちにまで聞こえてくる。楼の下には、太い木材を積み重ねて露台が一つ作られる。……万姓たちは、みな露台の下で見物をし、楽人たちが、しかるべき時に、万姓たちの音頭を取って、万歳を叫ばせる。

---

① 東京夢華録巻六、元宵(入矢義高、梅原郁注釈『東京夢華録』岩波書店、1983年、を参照)

正月十五日元宵、大内前自歳前冬至後、開封府絞縛山棚、立木正対宣徳楼、游人已集御街両廊下、奇術異能、歌舞百戯、鱗鱗相切、楽声嘈雑十餘里……横列三門、各有綵結金書大牌、中曰都門道、左右曰左右禁衛之門、上有大牌曰宣和与民同樂……宣徳楼上、皆垂黄縁、簾中一位乃御座、用黄羅設一綵棚、御龍直執黄盖掌扇、列於簾外……宮嬪嬉笑之声、下聞於外、楼下用枋木塁成露台一所……万姓皆在露台下観看、楽人時引万姓山叫。

こうした記事から、宮城の南正面の門の上の宣徳楼とその前の広場とが、皇帝と見物人(主として都市住民)たちとが接触する空間として大きな機能を果たしていたことが知られよう。門上の大牌に書かれた「民と楽しみを同じくす」という太平の様相が、そこで意図的に演出されていたのであった。ちなみに、元宵節の観燈の行事が「民と楽しみを同じくする」ということで重要視されていたことは、「宋史」列伝百十、何執中伝の、次のような記事からもうかがわれよう①。

政和二年(1112)、大長公主が亡くなったことから、上元の日の端門での観燈の行事を止めることになった。何執中が上言をして云った、「長公主さまのことで、人々の期待を封じてしまってはなりません。願わくは特別に日を変えて、民と楽しみを同じくするという趣旨を明らかにしていただきますように」と。

元宵節の出し物の見物人(遊人)は、その多くが開封のまちの住民であっただろうが、皇帝と対比して、かれらは「万姓」と呼ばれている。「民と楽しみを同じくす」とある民たちは、ひっくるめて万姓と呼びかえることのできる存在なのであった。

「東京夢華録」同巻の、元宵節の次の日、十六日の条にも万姓の語が見え、次のように云っている②。

十六日には、皇帝は朝廷に出られることなく、朝食を摂られたあと、門(宣徳門楼)の上に姿を見せられるが、その際には音楽が鳴らされ、御簾

① 宋史巻一百十、何執中伝
政和二年、大長公主喪、罷上元端門観燈、執中言、不宜以公主故闕衆情、願特為徙日、以昭与民同楽之意。

② 東京夢華録巻六、十六日
十六日、車駕不出、自進早膳訖、登門楽作、巻簾、御座臨軒、宣万姓、先到門下者、猶得瞻見天表、小帽紅袍、独卓子、左右近侍、簾外傘扇執事之人、須臾下簾、則楽作、縦万姓游賞……其余宮観寺院、皆放万姓焼香。

が巻き上げられ、御座から、万姓に向かってお言葉を述べられる。早くから門の下に来ていた者たちには、小さな帽子に紅色の袍を着て、単独のテーブルに坐る、皇帝の姿を目にすることができる。皇帝の左右には近侍がはべり、傘蓋や扇を持った侍従たちの姿も見られる。ほどなく御簾が降ろされ、音楽が鳴らされて、万姓たちの自由な参観が許される。……その他の道観や仏教寺院についても、みな万姓に開放され、自由に焼香することができる。

同様に、開封のまちでは、さまざまな祝典行事の際に、万姓たちの自由な参観がゆるされている。たとえば、巻二の朱雀門外街巷の条には、次のように云う①。

九成宮内には、九つの鼎が置かれている。そのすぐ東側が迎祥池である。この池では、両岸から柳の枝が垂れ、蒲や蓮が生え、鴨やカイツブリがその間を泳ぎ、橋亭や台榭が、各所に目立つように配置されている。毎年、清明節の日だけに、万姓に解放され、一日中、参拝したり遊覧したりすることが許される。

もう一例を挙げれば、巻三の相国寺での自由市場を述べた条には、次のように云う②。

相国寺の境内では、月ごとに五回、万姓の交易が許される。

こうした用例を通して、万姓とは、支配・被支配という関係の中で、皇帝と対照をなす位置にあり、とりわけ皇帝の許可のもとに、さまざまな恩恵を受ける対象だとされていたことが知られる。

---

① 東京夢華録巻二、朱雀門外街巷
　九成宮内安頓九鼎、近東即迎祥池、夾基址垂楊、菰蒲蓮荷、鳧雁游泳其間、橋亭台榭、棋布相峙、唯毎歳清明日、放万姓焼香游観一日。

② 東京夢華録巻三、相国寺内万姓交易
　相国寺、毎月五次開放万姓交易。

万姓という語彙は、古くから用いられてきた百姓の観念を拡張した語彙であったのだろう。百姓の語は、西周時期の金文に見える「百生」という表現にまでさかのぼることができる用語であり、元来は「すべての部族」という言葉であっただろうが、やがて一般民衆を指すことになった。この百姓という言葉は、「東京夢華録」にはあまり見えないのであるが、たとえば、巻三の防火の条には、開封のまちで火事がおこった際の消火活動について、百姓の語が次のように使われている①。

> 失火があった際には、馬軍が急いで軍廂主に報告をし、馬兵と歩兵と殿前との三衙、それに開封府が、それぞれに兵士たちを指揮して火事の撲滅にあたり、百姓を煩わせることはない。

この場合の百姓の語も、支配者の視点から、一般住民を指して言う言葉として使われている。

開封のまちの住民たちを呼ぶに際して、士庶という言葉も使われている。「東京夢華録」巻二の朱雀門外街巷の条には、次のように云っている②。

> 南熏門 — この門は、一般の士庶たちの殯葬の馬車や輿は、みなこの門を通って外に出ることが禁じられている。

この士庶という言葉が、身分階層的な意味をこめて、一般の住民たちを指して呼ぶ用語であったことは、次のような例からも知られるだろう。巻四の皇后出乗輿の条に、女性たちの乗り物の階層的な違いを述べて、次のように云う③。

---

① 東京夢華録巻三、防火
軍廂主馬步軍、殿前三衙、開封府、各領軍級撲滅、不労百姓。

② 東京夢華録巻二、朱雀門外街巷
南薫門、其門尋常士庶殯葬車輿、皆不得経由此門而出。

③ 東京夢華録巻四、皇后出乗輿
皇太后、皇后出乗者、謂之輿、比檐子稍増広、花様皆龍 …… 士庶家与貴家婚嫁、亦乗檐子、只無脊上銅花朵。

皇太后や皇后の外出の際の乗り物を輿と呼ぶ。檐子に比べてややゆったりしている。付けられた紋様は、すべて龍である。……士庶の家でも、貴家と婚姻を結んだ際には、檐子に乗ることがある。ただ、その場合の檐子には、上に銅の鳳凰や花飾りは付けられない。

ここでは「貴家」と対照するかたちで士庶の語が用いられている。巻八の七夕の条も同様である。七夕の節日に売り出される摩睺羅の像を、人々が競って購入することを述べた中で、次のように云う①。

禁中も貴家も士庶も、ともに季節の景物を追い求めるのである。

すなわち士庶とは、宮中関係者でもなく、身分のある一族でもなく、一般の都市住民たちを指していう言葉なのであった。士と庶との区別こそが国の基本理念だと云われるような時代(魏晋南北朝時期)もあったが、宋代になれば、両者を区別する意識は希薄になり、むしろ同じ都市に住む一般住民どうしという一体感が強くなっていたのであった。都市の発達が、士庶の区別を最終的に取り払ってしまったとも言えるだろう。

巻七の、三月一日開金明池瓊林苑の条にも、士庶の語が見える。開封のまちの西に位置する御苑でボート競走が行なわれるに際して、一般の人々にもその見物が許されるという記事である②。ちなみに、金明池でのボート競走を画いた図として、これも張択端の作だとされる「金明池争標図」が遺されている。

三月一日には、州役所の西の順天門外にある、金明池と瓊林苑とが開

---

① 東京夢華録巻八、七夕
禁中及貴家与士庶爲時物追陪。

② 東京夢華録巻七、三月一日開金明池瓊林苑:
三月一日、州西順天門外開金明池瓊林苑、毎日教習車駕上池儀範、雖禁従士庶許縦賞……五殿在池之中心、四岸石甃、向背大殿、中坐各設御幄、朱漆明金龍床、河間雲水戯龍屏風、不禁遊人。

放され、毎日、皇帝がこの池に御幸される際の行事の予行演習がなされる。禁従や士庶たちにも、その様子を自由に見物することが許可される。 …… 五つの御殿が、ちょうど池の中心にある。四方の岸辺は石畳で築かれ、それに背を向けて[四つの御殿が配され]、大きな御殿がその中央に位置する。それぞれの宮殿には、御幄(御座のまわりのとばり)と朱漆で金龍が画かれた御床と河間雲水戯龍を画いた屏風とが設けられて、見物人(遊人)の立ち入りが禁じられることはない。

この場合の士庶の意味は、最後に見える遊人とほぼ重なるのであろう。予行演習の日ではあるとはいえ、一般民衆にも皇帝の御座をまじかに見物することが許されていたのであった。こうしたことは、おそらくは唐代以前の政治的色彩の濃い都市では有り得なかったことであり、士庶に向かってさまざまな場所が開放されたことの背景には、「民と楽しみを共にする」という理念が強く働いていたことが知られるのである。

二 開封の都人たち

もう一つ、「東京夢華録」の中で、開封の住民たちを呼ぶ言葉として盛んに用いられているのが、都人という語彙である。前に検討をした万姓や士庶の語と比較して、都人の語には、風俗的な視点が強く含まれているように見える。巻四の会仙酒楼の条には、次のように云っている①。

おおよそ都人の風俗は豪奢であり、なかなか気前も良く、酒店においては、どんな客も、二人だけで向かい合って飲む場合にも、とっくりと酒杯とが一揃い、料理を盛る盤や皿が二揃い、果菜の皿がそれぞれ五つ、水菜の椀をいくつか注文をし、それが銀百両(?)近くの値段になる。

---

① 東京夢華録巻四、会仙酒楼
大抵都人風俗奢侈、度量稍寛、凡酒店中不問何人、止両人対坐飲酒、亦須用注碗一副、盤盞両副、果菜碟各五片、水菜碗三五只、即銀近百両矣。

ここでは、酒席において、不必要な分まで酒食を注文するのが都人の気風だとされている。同じく巻四、食店の条にも同様のことを云う①。

それぞれの食店には、庁（お座敷）と院（中庭）と東西の廊とがあって、やって来た客は、どの部屋に坐るかが告げられる。客が坐ると、箸と紙とを持った者が一人やって来て、客の一人一人から注文を聴いて回る。都人は贅沢であることから、さまざまなものを注文する。

ここでも、都人が、金に糸目を付けず、さまざまな食品を注文することが記されている。こうした都人が、開封のまちの住民たちを指して言ったものであることは、巻十、十二月の条に、次のようにあることからもうかがわれよう②。

十二月の八日には、まちの各処に僧尼たちが三々五々、出て、列を作って念仏を唱え、銀や銅の沙羅（銅鑼の類）、あるいは立派な盆器の中に、金銅や木雕の佛像を一つ坐らせ、香水に浸し、柳の枝で香水を注がせるように仕立てて、一軒ごとに門付けをしてまわる。大きな寺院では浴仏会をもよおし、また七宝五味の粥を信徒の家にとどける。これを臘八粥と呼ぶ。都人たちも、この日、家ごとに果物やさまざまな材料を入れて粥を作り、それを食べる。……二十四日は交年（小正月）である。都人たちは、夜になると、僧侶や道士を招いて、經を読んでもらい、酒や果物を用意して、神に奉げ、一家全体の罪をあがなう人形や紙銭を焼き、竈馬（印刷された竈神の神像）を竈に貼りつける。

---

① 東京夢華録巻四、食店
毎店各有庁院東西廊、称呼坐次、客坐、則有一人執箸紙、遍問坐客、都人侈縦、百端呼索

② 東京夢華録巻十、十二月
初八日、街巷中有僧尼三五人、作隊念仏、以銀銅沙羅、或好盆器、坐一金銅或木佛像、浸以香水、楊枝灑浴、排門教化、諸大寺作浴佛会、并送七宝五味粥与門徒、謂之臘八粥、都人是日各家亦以果子雑料煮粥而食之……二十四日交年、都人至夜請僧道看経、備酒果送神、焼合家替代紙銭、貼竈馬於竈上。

すなわち、都人とは、開封のまちの風習にとけこみ、そこで生活をしている一般の人々のことである。ただ、次の巻五、民俗の条に見える都人の語は、少し意味を異にするようである[①]。

飲食の売買に関わる全ての者が、洗い清めた盤や蓋物を用意し、車や輿などの道具類にも、愛すべきものがある。料理を作るにもおざなりなことはせず、薬売りや易者も、みなちゃんとした衣冠を着けている。乞食にすら掟があるのである。少しでもそうしたことをおざなりすると、ひとびと(衆)から排斥を受ける。……これに加えて、人情に厚く、外から来た人が都人からひどい扱いを受けているのを目にすれば、ひとびと(衆)は必ずそうした人々を擁護する。

この一条では、一般の生活者たちが衆と呼ばれるのに対して、都市に住むことを鼻にかけ、外来の人々を蔑視する者たちが、都人と呼ばれている。ある意味で都市生活者たちの典型が都人であり、都市生活者の、非都市生活者に対する差別観念が、都人たちの言動に具象化していたのだとも言えるだろう。

この都人という言葉は、あるいは「詩経」小雅の都人士という表現までさかのぼる来源を持つ語彙であるのかも知れない。ただ当時の人の意識では、「都城人」の語と通じ合うものであったと推測される。巻七の清明節の条には、次のように云う[②]。

清明節の行事は、一般に京師では、冬至のあと、百五日目の日が大寒食節とされる。……新しく肉親を墳墓に葬った人たちは、みなこの日に墓

① 東京夢華録巻五、民俗

凡百所売飲食之人、装鮮浄盤合器皿、車擔動使、奇巧可愛、食味和羹、不敢草略、其売薬売卦、皆具冠帯、至于乞丐者、亦有規格、稍似懈怠、衆所不容……加之人情高誼、若見外方之人為都人凌欺、衆必救護之。

② 東京夢華録巻七、清明節

清明節、尋常京師以冬至後一百五日為大……凡新墳、皆用此日拝掃、都城人出郊……士庶闐塞諸門、紙馬鋪皆於当街、用紙衮畳成楼閣之状、四野如市。

参りをする。都城人たちは、この日に郊野に出る。……士庶たちが押し掛けるので城門が塞がって通行が滞る。紙馬を売る店は、みな大通りに向けて、紙を細工して作った楼閣をならべる。四方の野原は、市が立ったように人で満ち溢れる。

都人という表現の背後に都城人という意識があったとすれば、城壁に囲まれた都市に住み、そこで生活をすることに独自の意味を認めようとしていた人々がいたことが知られる。

以上には、「東京夢華録」を主な資料として、開封の住民たちを呼ぶいくつかの用語について検討をし、それぞれの用語の含意に微妙な差異のあること確かめた。万姓の語には、支配者の視点から、恩恵を受ける住民たちというニュアンスがともない、士庶の語は、都市内部を階層的視点で見て、その中の一般民衆を指していうことばであり、都人の語は、風俗を共有するという点に注目して、都市住民たちを取りあげる用語なのであった。

これらの語彙の中で、開封のまちの住民たちの、都市生活者としての意識を最もよく反映しているのは都人の語であっただろう。風俗の共有という視点で住民たちを見る都人の語が、なぜもっとも能くこの都市の住民意識を反映すると考えられたのかについて、次に検討を加えたい。

三　南宋杭州の都人たち

こうした都市生活者を指していう都人の語は、南宋のみやこであった杭州の繁栄について記した、「夢粱録」「武林旧事」ほか、いくつもの記録の中でも、そのままに引き継がれ、各所で使用されている。「都城紀勝」からその例を引けば、この記録の食店の条には次のようにある①。

---

① 都城紀勝、食店（テキストには《東京夢華録外四種》上海古典文学出版社、1956年、を用いた。以下に引用する「夢粱録」なども同じ）

市食点心、涼暖之月、大概多売、夜間頂盤挑架者、如遍路歌叫、都人固自爲常、若遠方僻土之人乍見之、則以爲稀遇。

> まちで食べられる軽食については、気候が良い月には、たくさん売れる傾向にある。夜間に盆を頭にのせたり、肩で担いだりした者たちが、まちまちで歌をうたって売り歩く様子は、都人たちにとってはいつものことであるのだが、遠方や僻地の人たちは、これを見ると、めったに見られぬものを目にしたと考える。

ここでは、遠方・僻地の人と対照になるものとして、都人が位置づけられている。

あるいは、同書の茶房の条には、次のように云っている[①]。

> 茶坊では、都人の子弟たちがそこを占領して集会を開き、楽器を習い、物売りの売り声をまねるための練習をしたりする。

この場合に都人の子弟といっているのは、一定の資産を持つ家のドラ息子たちなのであろう。なお、当時、物売りの売り声の調子を基本にした芸能が生まれており[②]、かれらはその練習をしていたのである。

都市住民たちの中には、裕福な者から貧乏な者(細民などと呼ばれている)まで、さまざまな階層の人々が含まれていたに違いない。都人の語は、そうした階層差別を無視して、都市住民たちをひっくるめて呼ぶ言葉であったあったのだと考えられる。そうした階層差別を越えることを可能にした重要な契機が、都市住民としての風俗の共有であっただろう。「夢粱録」巻四の中秋の条には、次のように云う[③]。

---

① 都城紀勝、茶坊

茶楼多有都人子弟占此会聚、習学楽器、或唱叫之類、謂之掛牌子

② 事物紀原巻九、吟叫の条を参照。小南一郎「唐代市人小説」(劉苑如華訳、政大中文学報第 2 期、2004 年)。

③ 夢粱録巻四、中秋

八月十五日中秋節……此夜月色倍明于常時、又謂之月夕、此際金風薦爽、玉露生涼、丹桂香飄、銀蟾光満、王孫公子、富家巨室、莫不登危楼、臨軒玩月……至如鋪席之家、亦登小小月台、按排家宴、団円子女、以酬佳節、雖陋巷貧窶之人、解衣市酒、勉強迎懽、不肯虚度。

> 八月十五日は中秋節である。……この夜は、月がいつもに倍して明るい。月夕の節句と呼ばれることもある。ちょうどこの頃には、秋風が涼やかに吹き、露が結び、金木犀が香って、月の光が天上に満ち満ちる。お金持ちや大家では、みな高い楼に登り、軒ばたで月をめでる。……鋪席の家(店舗をはった商売人)の家においても、小さな月見台に登り、家族水入らずの宴会を用意する。……陋巷に棲む貧窮した人々でさえ、着物を質入れして酒を買い、むりをしてでも節句らしいことをし、なにもせずにやり過ごすことはしない。

このように、富家・巨室から鋪席の家、さらに陋巷に暮らす貧民にいたるまで、かれらの意識の中では、季節の行事を共有していた。お金のない者も、強いてその真似事をしたのである。そうした季節の行事を共有しているという意識が、都人としての一体感を生み出す一つの基礎になっていたと推測される。宋代の都市を描いた都市繁盛記の多くが、年中行事の記録に多くの筆を費やしているのも、そうした季節の行事の共有を強調するものであり、その必然性があったのだと考えられよう。

同様の例をもう一つ挙げれば、「夢粱録」巻二十の嫁娶の条には、次のようにある[①]。

> 挿釵(両家の顔合わせがうまくいった)のあと、仲人が好みを通じ、礼式を定めると、女性の方の家に行き、報告をする。もし豊かな家であれば、その際に、珠翠、首飾、金器、金ラメ入りの裙褶、それに一反の織物と茶餅、加えて二匹の羊を引き連れてゆく。……聘礼について言えば、富貴の家では、三つの金、すなわち金釧、金鐲、金帔墜を贈り物とするのが決

① 夢粱録巻二十、嫁娶

既已挿釵、則伐柯人通好、議定礼、往女家報定、若豊富之家、以珠翠、首飾、金器、銷金裙褶、及段匹茶餅、加以双羊牽送……且論聘礼、若富貴之家、当備三金送之、則金釧、金鐲、金帔墜者是也、若鋪席宅舎、或無金器、以銀鍍代之、否則貧富不同、亦従其便、此無定法耳……或下等人家、所送一二匹、官会一二封、加以鵞酒茶餅而已……又有一等貧窮父母兄嫂所倚者、惟色可取、而奩具茫然。

> まりである。もし鋪席の家で、金器がない場合には、銀メッキの器で代りとする。そうでない場合にも、貧富に違いがあることから、それぞれに便宜なように取り計らい、厳格な定めがあるのではない。……下の階層の家では、贈り物とするのは、反物一二匹、官会(紙幣)一二封で、それに鵞酒と茶餅を付けるだけである。さらにいっそう貧しく、父母や兄嫂の家に寄寓している者の場合は、ただ恰好だけを付けて、化粧道具などどこにもないといった場合もある。

こうした記述にも見えるように、都市住民の間にも貧富の格差は大きかった。豪奢な嫁入り道具をそろえられる階層から、兄嫂の家に寄寓してなんとか生活をしている者たち(「白蛇伝」の主人公がそれである)まで、経済的な環境には天と地ほどの違いがあったのである。しかし、婚礼の礼制度などに関して、その軽重に差はあっても、同じ礼制度を遵守しているという意識があった。上に挙げた季節の行事や、また冠婚葬祭などの習俗など、民俗的な行事を共有しているという意識が基礎となって、都市生活者全体を意味する都人という言葉が用いられたのだと推測されるのである。

「夢粱録」巻十八、民俗の条には、杭州の住民たちの敦惇な気風とその変遷について、次のように、概括的に述べている①。

> 淳祐年間以後になると、家柄を誇る一族の間にも浮沈があって、最近に生まれた若者たちの中には、古くからの決まりごとの価値が理解できず、とっぴな頭巾をかぶり、奇異な衣服を身に着け、いく人かでグループを作り、その派手さを競ったりする者もあって、見ているだけでむしずが走り、古い時代の純朴の風は失われてしまったのである。
>
> しかし、杭州のまちの人々は、[元来]みな人への思いやりに篤く、もし

---

① 夢粱録巻十八、民俗

自淳祐年来、衣冠更易、有一等晩年後生、不体旧規、裹奇巾異服、三五為群、闘美夸麗、殊令人厭見、非復旧時純朴矣、但杭城人皆篤高誼、若見外方人爲人所欺、衆必為之救解、或有新搬移來居止之人、則隣人争借動事、遺献湯茶、指引売買之類、則見睦隣之義、又率錢物、按排酒食、以為之賀、謂之煖房、朔望茶水往来、至於吉凶等事、不特慶弔之礼不廃、甚者出力与之扶持、亦睦隣之道、不可不知。

地方出身の人が不当な扱いを受けているのを目にしたならば、人々は必ずその難儀を救ってやる。あるいはまた、新しく転入してきた人がおれば、隣近所の者は、あらそって道具を貸し、湯茶を持って行き、買い物についての助言をする。そうしたところにも、近隣とは仲良く暮らそうとする生き方をうかがうことができる。また銭物を贈り、酒食を用意して、引っ越し祝いをすることを、煖房(家を温める)と呼ぶ。月の初めと半ばとにお茶を立てて訪問しあい、吉事や凶事があった時には、慶弔の礼を欠かさないだけでなく、みずから力を出して手助けをする。これも隣近所と仲良くする道であって、心得ておかねばならないことなのである。

杭州のまちの人々は、元来、近隣睦まじく暮らしていた。それが、南宋、理宗の淳祐年間(1241–1252)ころから、若者層を中心に、いささか変化をおこしたと云っている。こうした記述の背景にあっただろう社会変動については、その内容を具体的に考える必要があるだろう。また、淳祐以前には、杭州のまちにおいて、本当に理想的な近隣関係が結ばれていたかどうかも、検討を加える必要がある。ただ、こうした記述が遺される基礎には、都市住民たちの内部を階層化して考えるよりも、一体化して把握しようとする、都人の観念と通じるものがあったと推測されるのである。

宋代のみやこに住まう都市生活者たちには、経済的な格差を越えて、同じ仲間だと言う共同意識があった。そうした意識は、仲間意識としては無害であるが、それがいったん外に向けられたときには、差別意識となるだろう。

「都城紀勝」の瓦舎衆伎の条には、次のように云う①。

雑扮は、雑旺(班)という名で呼ばれることもある。……北宋の開封にみやこがあった時代のこと、村人がみやこに入ったことがないことをタネにして、この劇を編んだ。その多くが、山東や河北の村人に扮して、人

---

① 都城紀勝、瓦舎衆伎
雑扮或名雑旺……在京師時、村人罕得入城、遂撰此端、多是借装爲山東河北村人、以資笑。

々の笑いをとった。

ほぼ同文の記事が「夢粱録」巻二十にも見えている。すなわち、雜扮と呼ばれている寸劇は、都市に来たことのない村人に扮して、その不慣れな様子を誇張して演じ、笑いを取るという、都市住民の差別感情をむき出しにした見世物なのであった。

「西湖老人繁勝録」の瓦市の条（武林旧事巻六も同じ）には、盛り場で行なわれる出し物を述べて、次のように云う[①]。

> [杭州の盛り場として]南瓦、中瓦、大瓦、北瓦、蒲橋瓦がある。その中で北瓦が一番大きい。そこには勾欄（演芸場）十三座がある。……装秀才（偽の秀才）を演じるのは陳斎郎、学郷談（田舎言葉のまね）を演じるのは方齋郎。

このように都市の演芸場には、方言丸出しの言葉をしゃべって、その滑稽さを見せる芸人がいた。観衆たちの大多数は都人であり、都市の風習にそぐわない村人たちの言行を笑ったのである。こうした芸能に直接につながっているのが、元代の散曲、杜仁傑の「荘家不識构欄」の作品であった。

都市生活者たちの、都人 — 村人という座標上に位置づけられる優越感と差別意識とは、村人の言行を嘲笑する演芸として表明され、一方的な笑劇となっていた。しかし、かれらの都市生活者としての意識の表明は、それだけには止まらなかっただろう。差別意識の反対側にある、都市生活者としての自恃は、差別意識の表明ほど解りやすいかたちを取らなかったとはいえ、都市の勾欄（演芸場）で展開した多くの文芸を支えていたに違いない。都市生活者たちの独自の価値観の上に、士大夫階層の文学とは性格を異にする、新しい文芸が成長をしたのであった。このように都市生活者としての意識が、近世早期の文芸作品を支える重要な支柱の一つとなり、そうした意識の展開を基

① 西湖老人繁勝録、瓦市

南瓦、中瓦、大瓦、北瓦、蒲橋瓦、惟北瓦大、有勾欄十三座……装秀才、陳齋郎、学郷談、方齋郎。

礎にして、中国近世文芸も独自の展開を遂げたのであった。

都市における祝祭は、一方で反秩序的な要素をその背後に隠している。たとえば、「夢粱録」巻十九、瓦市の条に、都市の盛り場について、「士庶放蕩不羈の所、また子弟留連破壊の門たり」と云っているのも、その象徴的な表れである。

ただ、中国近世都市のにぎわいを記録した都市繁盛記の類の書物においては、そうした反秩序的な要素については、ほとんど関心がはらわれることがない。孟元老「東京夢華録」も、その記述から見て、支配者が宣伝する「民と楽しみを同じくす」というスローガンをそのままに受け入れて、大きな疑問を懐くことがなかったように見える。しかし、北宋末年という時代は、のちに「水滸伝」の物語りに結晶化するような社会矛盾が噴出した時代でもあった。都市生活者たちの意識の中にも、そうした社会状況が反映していたはずであるが、都市繁盛記の類の記録には、それが掬い取られておらぬことに注意をせねばならない。

この小論で試みたのは、近世初期の都市生活者たちの意識の検討であったが、これに続く時代についても同様な検討が重ねられる中から、中国近世文芸の基礎となった都市住民たちの精神の動向が、おぼろげながらも浮き上がって来るのではないかと期待されるのである。

王梵志及其诗歌的性质献疑

王志鹏

王梵志的一些诗歌常常散见于唐宋人诗话、笔记、杂记以及后代僧人谈禅论道的场合等。但因其作品久佚，无专集行世，《全唐诗》也未曾收录，以前不大为世人所关注。而在 1900 年发现敦煌藏经洞之后，敦煌写卷中的王梵志的诗歌很快就引起国内外许多学人的注意，随后包括许多著名学者也都跻身于王梵志诗歌的整理研究之中。

毋庸讳言，在一个多世纪来对王梵志诗歌的研究过程之中，涌现出了不少重要成果，无论对王梵志诗人本身，还是对其诗歌的研究，都取得了很大的成绩。可迄今仍有一些问题尚未明晰，故本人不揣浅陋，在前贤今哲研究的基础上，拟对王梵志其人及其诗歌的性质重新做一审视。不当之处，敬祈指正。

一　王梵志不一定是僧人

对于王梵志的生平，学界曾有过种种争议。随着研究的不断深入，特别是一些学者的精密考证，现在基本确定王梵志是一位主要活动于隋末及初唐时期的诗人[①]。这种观点也逐渐为大多数学者所接受。

然而，在对王梵志的研究过程中，许多研究者把王梵志当作一个诗僧或释徒。如任半塘在《王梵志诗校辑·序》中云：

> 唐宋以来，虽然有过一些王梵志诗的评论，但为数不多，且很简略，大

---

① 朱凤玉：《王梵志诗研究》，台湾学生书局，1986 年版，第 85—97 页。

都认为他是一个怪癖的释徒，性格反常，爱作通俗的语体诗，并没有引起更多的重视。若认真评价王梵志诗，实大奇特，全用五言，而翻腾转折，深刺浅喻，多出人意外。其民间气息之浓，言外韵味之厚，使读者不由跟着他歌哭笑怒，不能自持。①

认为王梵志不仅是释徒，而且有"怪癖"。这同时也暗示了王梵志跟普通僧人还不一样。

同时，张锡厚也认为王梵志是一个"诡谲谐谑、讽世警俗的诗僧"②。在袁行霈主编的《中国文学史》中直接把王梵志归于诗僧名下，并称王梵志的诗歌为"僧诗"，其云：

佛教对唐文学的更为直接的影响，是唐代出现了大量的诗僧。……僧诗中较为重要的有王梵志诗、寒山诗。王梵志诗今存390首，似非出于一人之手。写世俗生活的部分，多底层的贫困与不幸；表现佛教思想的，大体劝人为善、语言通俗，当时似广泛流传民间。③

认为王梵志是"诗僧"，其所作的诗是"僧诗"。

然而，相关研究中并没有提出王梵志为僧徒的任何相关证据。王梵志是否是僧人？从现存史料看，迄今尚未找到任何确实的证据，也很少有人对此做过仔细的探究。笔者认为有些研究者把王梵志视作僧徒，归纳起来，大致主要是出于三种考虑：一、诗人名为王梵志，"梵志"这一词语跟佛教有关，故直接推断为僧人。二、王梵志有些诗歌曾为后代禅师引用来阐发禅理，或表现禅机。三、王梵志有些诗歌的内容与佛教有关。但我认为据此就把王梵志断定为僧人，尚有失察之处，而且这些方面都不足以说明王梵志是禅僧或僧徒。

有关诗人王梵志的生平活动资料，不仅很少，而且非常简略，其中又夹杂有一定程度的荒诞迷信，造成一种恍惚迷离之感，因此有不少学者视之为神话式

① 张锡厚：《王梵志诗校辑》，中华书局，1983年版。
② 张锡厚：《王梵志诗》，春风文艺出版社，1999年版，第19页。
③ 袁行霈主编：《中国文学史》第4编《隋唐五代文学·绪论》，高等教育出版社，2005年版，第173页。

的人物。现在尚可见到的最早记载王梵志生平的资料，是唐人冯翊《桂苑丛谈》转引《史遗》的一段话，其云：

> 王梵志，卫州黎阳人也。黎阳城东十五里，有王德祖者，当隋之时，家有林檎树，生瘿大如斗。经三年，其瘿朽烂。德祖见之，乃撤其皮，遂见一孩儿抱胎而出，因收养之。至七岁能语，问曰：谁人育我？及问姓名，德祖具以实告。因林木而生，曰梵天，后改曰志，我家长育，可姓王也。作诗讽人，甚有义旨，盖菩萨示化也。[①]

《太平广记》卷八十二也有近似的记载，但显然是袭用同一资料，同时有许多改窜之处。鉴于有的研究者已多引用并对《桂苑丛谈》进行了细致的比较[②]，兹不赘述。林檎树是一种在我国十分常见的植物，与灌木相类，不很高大，南北方都有。据此，潘重规推断王梵志当是一个被人收养的弃婴，是王德祖在树瘿中发现，后来收养成人。本来并不神秘，而被近人看作是一段神话[③]。然而，除王梵志的名字外，从王梵志的出生及成长过程来看，从中很难找出王梵志与佛教之间的任何联系。

有人从王梵志的名字断定其为僧人，实有失察之处。"梵志"一词，来自梵语，意译为"净裔"或"净行"，因此又称"净行者""净行梵志"。《瑜伽论记》卷十九云："梵为西国之言，译为寂静、涅槃；志为本地语，矢志求梵，故合称梵志。"仅从字义来看，正如任半塘所言："梵志"二字，为释门用指在俗之人，有志求梵天之净寂者，每易为同道之人共同托名[④]。但"梵志"用为人名，并不一定就意味着此人与佛教有关，更不能以此推断为僧徒。正如潘重规所云："王梵志的名字，只是受当时佛教熏习的社会风气所产生。我们知道魏晋以来，佛教渐盛，即有人喜用佛典取名。南北朝隋唐时代取名沙门、罗汉、维摩、金刚的人很多，王梵志的取名，在当时的社会风气，实在是一种极寻常的事件，既非怪异的传闻，更不能视

---

① 周光培，孙进已主编：《历代笔记小说汇编·唐人笔记小说(二)》，辽沈书社，1990 年版，第 320 页。

② 潘重规：《敦煌王梵志诗新探》，《中国敦煌学百年文库》（文学卷二），甘肃文化出版社，1999 年版，第 541—542 页。

③ 同上，第 541 页。

④ 张锡厚：《王梵志诗校辑·序》，中华书局，1983 年版。

为神话中的人物。”[①]在六朝至唐宋佛教盛行的时期，一般老百姓给小孩取名于佛典，应含有希望佛门保佑及吉祥之意，但小孩本人与佛教之间很难说有直接关系。

王梵志的诗歌被后人视为“外示惊俗之貌，内藏达人之度”[②]，而且经常被后代禅师所吟咏，用来或阐发禅理，表现禅机，或“教戒诸学道者”[③]，然细考这类诗歌的内容，王梵志创作诗歌的旨意是否是为了表现禅机？很值得怀疑。如《古尊宿语录》卷七载五代风穴延沼禅师的引诗，云：

(师)上堂，举寒山诗云：“梵志死去来，魂识见阎老。读尽百王书，未免受捶拷。一称南无佛，皆以成佛道。”[④]

范摅《云溪友议》“蜀僧喻”条下收录王梵志诗二十首，云：“其言虽鄙，其理归真，所谓归真悟道、徇俗乖真也。”[⑤]费衮《梁溪漫志》卷第十“梵志诗”条下收录王梵志诗八首，云：“予尝见梵志数颂，词朴而理到。”[⑥]二者所收诗歌有四首相同。这说明王梵志的诗歌从唐代开始，一直到宋代都受到僧俗人士的注意。但从诗歌内容看，如果要说王梵志创作的这类诗歌是为了表现禅机，实在十分勉强。

宗密《禅源诸诠集都序》卷下之二云：

通方之常道，或因以彼修炼，功至证得，即以之示人。求那、慧稠、卧轮之类。或因听读圣教生解，即以之摄众。慧闻禅师之类。或降其迹而适性，一时间警策群迷。志公、傅大士、王梵志之类。或高其节而守法，一国中轨范僧侣。庐山远公之类。其所制作，或咏歌至道，或嗟叹迷凡，或但释义，或唯励行，或笼

① 潘重规：《敦煌王梵志诗新探》，《中国敦煌学百年文库》(文学卷二)，甘肃文化出版社，1999年版，第543页。

② 皎然：《诗式》“跌宕格二品”中的“骇俗”条下，见何文焕辑：《历代诗话》，中华书局，1982年版，第32页。

③ 参见敦煌斯516、伯2125卷《历代法宝记》，其中有云：“和上坐下，寻常教戒诸学道者，恐着言说，时时引稻田中螃蟹问，众人不会。又引王梵志诗：‘惠眼近空心，非关髑髅孔。对面说不识，饶你母姓董。’”

④ 赜藏主编集，萧萐父等点校：《古尊宿语录》，中华书局，1997年版，第113页。

⑤ 范摅：《云溪友议》，古典文学出版社，1957年版，第73—75页。

⑥ 费衮撰，骆守中注：《梁溪漫志》，三秦出版社，2004年版，第306—307页。

罗诸教，竟不指南，或偏赞一门，事不通众，虽皆禅门影响，佛法笙簧，若始终依之为释迦法，即未可也。①

很显然，其中也并没有明确将王梵志当作禅僧，更没有将他的诗歌看作“禅诗”。

此外，《桂苑丛谈》称王梵志“作诗讽人，甚有义旨，盖菩萨示化也”。其中“菩萨示化”也是一句表示赞叹的常用语，除用在佛教中外，也常常用于称赞对人生道理的阐发者或人类知识的传播者。正如潘重规《敦煌王梵志诗新探》所说：“我们用平常心对《桂苑丛谈》做如实的了解，王梵志只是出生在隋代的一个被人收养的弃婴，长大后写成许多讽世动人的诗篇，在民间广泛流传，终于得到大众称许的伟大诗人而已。”②项楚在考察这位“示化菩萨”有关佛教的诗作时，不仅指出现存王梵志作品有伪托之作，而且发现具体情况颇为复杂③。我认为，据此将王梵志诗歌断定为禅诗，证据显然还远远不够。

同时，敦煌伯 4978 卷还保存有一篇《王道祭杨筠文》，其内容也涉及王梵志，其云：

维大唐开元二七年，岁在癸丑二月。东朔方黎阳故通玄学士王梵志直下孙王道，谨以清酌白醪之奠，敬祭没逗留风狂子朱沙染痴儿洪(弘)农杨筠之灵。惟灵生爱落荒，不便雅语，汉虽不相识④，籍甚狂名。前度承闻尚书阿孟婆见迸⑤，蒙见用，计兹果报，天恩不为君菲，子合思而自将，岂得重烦圣德。谚云：何年窠里觅兔，计君几许痴心，鹳鸰上于铁牛，选场中岂(下残)。

正如许多研究者所指出，其中“二七年”为“元年”之误⑥。开元元年即为公元

① 宗密撰，邱高兴校释：《禅源诸诠集都序》，中州古籍出版社，2008 年版，第 95 页。

② 潘重规：《敦煌王梵志诗新探》，《中国敦煌学百年文库》(文学卷二)，甘肃文化出版社，1999 年版，第 543 页。

③ 项楚：《王梵志诗校注·前言》，上海古籍出版社，1991 年版。

④ 此句中“汉”疑为衍字。

⑤ 此句中“迸”疑或为“逢”。

⑥ 参见戴密微著，廖伯元、朱凤玉译：《〈王梵志诗附太公家教〉引言》，载《敦煌学》第 9 辑，1985 年 5 月；潘重规：《王梵志出生时代的新观察》见朱凤玉：《王梵志诗研究》，台湾学生书局，1986 年版，附录一等。

713 年,当是此文的创作年代。

需要指出的是,祭文称王梵志为"通玄学士"。而唐五代时期"通玄"一词多与道教有关,如《旧唐书》卷八《玄宗本纪上》"玄宗二十二年"云:

(二月)征恒州张果先生,授银青光禄大夫,号曰通玄先生。[①]

同书卷九《玄宗本纪下》"天宝元年制"云:

庄子号为南华真人,文子号为通玄真人,列子号为冲虚真人,庚桑子号为洞虚真人。其四子所著书改为真经。[②]

同书卷三十六《天文志下》云:

乾元元年三月,改太史监为司天台,于永宁坊张守珪故宅置。……司天臺内别置一院,曰通玄院。[③]

《旧五代史》卷七十九《晋高祖纪》"天福五年"云:

癸亥,道士崇真大师张荐明赐号通玄先生。是时帝好《道德经》,尝召荐明讲说其义,帝悦,故有是命。[④]

其中"通玄先生"张果、张荐明都是当时有名的道士,"通玄真人"文子是战国末黄老新道家的代表人物,相传其所著的《文子》一书后来又称《通玄真经》,是道家早期的重要理论著作,也是道教的重要经典,而王梵志被称作"通玄学士",结合现存王梵志诗集中也有许多表现道教之作,或可据此推断,王梵志与

① 刘昫等撰:《旧唐书》,中华书局,1975 年版,第 200 页。
② 同上,第 215 页。
③ 同上,第 1335 页。
④ 薛居正等撰:《旧五代史》,中华书局,1976 年版,第 1041 页。

道教尚有着较为密切的关系。

二 王梵志的诗歌多是讽世诗而非禅诗

从现存史料所整理出来的王梵志三百九十多首诗歌来看[①]，王梵志的诗歌多是讽咏世态人情、现实社会，而绝非禅诗。即使王梵志诗集中那些与佛教有关特别是表现佛教观念或思想的诗歌，也存在着十分复杂甚至相互矛盾的现象。对此，项楚指出："这些诗作与其说是宗教诗，不如说是宗教问题诗，是王梵志社会问题诗的一部分，作者是以旁观者的身份，而不是以宗教徒的身份，来客观地观察和评论宗教问题。"[②]项楚甚至认为在王梵志诗中，即使那些较高层次的诗歌，表现为一种宗教的世界观，仍不免于荒诞而迷信，甚至认为有的诗歌表现出对出家僧尼的嘲讽，不会是菩萨示化的王梵志所作[③]。

可以说，王梵志诗歌所表现出来的佛教思想，大致没有超出人生皆苦、人生无常、因果报应、地狱轮回等最基本的佛教义理范围，而且诗人在讲论人生无常和因果报应的时候，一般也总是同现实人生乃至具体的日常生活结合起来。正如有的学者所指出的那样，没有一个只是虚谈"佛教道法"的例子[④]。日本学者金刚照光在《敦煌的民众——其生活与思想》中也指出："王梵志诗特色之一是述说佛理、因果报应的诗居多，这正是徇俗乖真之点，而特别要指出的是，在述说佛理时却很适应着日常事物。[⑤]"王梵志诗歌中比较集中表现佛教思想观点的当是项楚《王梵志诗校注》卷四的十八首诗歌，其主要内容是围绕佛教的"五戒""六度"，宣扬佛教的因果报应，地狱轮回之观念。这也是大多民众所能了解的佛教内容。

在王梵志诗歌中充满了对"死"的歌咏，诗人从各个方面对人之死亡进行了审视与反思。可以说，其诗歌对于死的思考远远大于对于生的忧虑，这也体现了诗人的人生观和世界观。对于"死"的多方面思考和想象，可以说最具宗教意味。

---

① 项楚：《王梵志诗校注·前言》，上海古籍出版社，1991年版。
② 同上，第4—5页。
③ 同上，第7页。
④ 入矢义高：《论王梵志》，参见张锡厚：《王梵志校辑》，中华书局，1983年版，第274页。
⑤ 张锡厚：《王梵志校辑》，中华书局，1983年版，第284页。

但是，王梵志诗歌中对于死的思考，跟佛教对于死的看法有着很大的不同之处。王梵志诗歌中的死，带有更多的现世色彩，主要体现为面对死亡，想得更多的是生前所拥有的家产、衣食、妻子儿女、奴婢等，想象自己死后的世俗妻儿财产易主，就不能再象过去一样再拥有和享受这些现世的物质生活，而被别人所支配和享用，因而内心充满感伤痛苦和深切的忧虑。如：

有衣不能着，有马不能骑。有奴不能使，有婢不相随。有食不能吃，向前恒受饥。冥冥地狱苦，难见出头时。(卷一)[①]

撩乱失精神，无由见家里。妻是他人妻，儿被后翁使。奴事新郎君，婢逐后娘子。驷马被金鞍，镂镫银秋辔。角弓无主张，宝剑抛着地。设却百日斋，浑家忘却你。钱财他人用，古来寻常事。前人多贮积，后人无惭愧。(卷一)

有钱惜不用，身死留何益。(卷二)

积金作宝山，气绝谁将用。(卷二)

人间养男女，真成养鸟儿。长大毛衣好，各自觅高飞。(卷五)

有钱但吃着，实莫留【填】柜。一日厥摩师，他用不由你。妻嫁亲后夫，子心随母意。我物我不用，我自无意智。未有百年身，徒作千年事。(卷五)

得钱自吃用，留着柜里重(存？)。一日厥摩师，空得纸钱送。……埋向黄泉下，妻嫁别人用。(卷二)

病困卧着床，悭心犹不改。临死命欲终，吝财不忏悔。身死妻后嫁，总将陪新婿。(卷二)

有钱惜不吃，身死由妻儿。只得纸钱送，欠少元不和。……忆想平生日，悔不着罗衣。(卷二)

无情任改嫁，资产听将陪。吾在惜不用，死后他人财。(卷二)

诗人纯粹从世俗的角度看待死亡，对于现世的物质利益，甚至连妻子儿女也不愿意给予，表现出强烈的以自我为中心的意识，这与佛教认为人生皆苦，以寂

① 文中所标卷数均依据项楚《王梵志诗校注》，上海古籍出版社，1991年版。

灭涅槃为乐，追求解脱生死轮回的观念有着根本的不同。因此可以说，王梵志所思考的死，是现世生活的延续，他的内心深处的痛苦，也可以说是现世生活的种种执着和不愿放弃的表现。这也比较典型地表现了现实生活中下层民众的心理。

自从佛教播流中土以来，其中因果报应、地狱轮回观念，深深地侵浸了中国社会。王梵志诗集中有不少诗歌绘写人死亡时所承受的鬼卒酷刑折磨和无尽地狱之苦。大致说来，诗人对于死的恐怖描写，多是"惧之以地狱之苦"，而少哲理方面的思考。对此诗人也没有提供出任何解决的办法，只是一味哀叹，感到人生的虚妄、现世的悲哀和现实的痛苦，因而流露出浓重的悲观色彩。王梵志"存在着绝望的思想，对人生和世界的虚无观念，对一切事物的短暂与不现实，尤其是对于死亡，这个出现在这些短诗里，缠绕脑际、阴森可怖的词进行消极讽刺"。[①]甚至诗人有时也认为死比生好，如：

> 你道生时乐，吾道死时好。死即长夜眠，生即缘长道。生时愁衣食，死鬼无釜灶。愿作掣拨鬼，入家偷吃饱。（卷二）

诗人经常劝人信佛，既有表达自己"只拟人间死，不肯佛边生"（卷二）的感慨，也有所谓"智者天上去，愚者入深坑"（卷二）的警示语，但对于佛教教理的把握并不很准确。

同时，诗人对于人生的理解，比较偏重于物质享受，如：

> 人生一代间，有钱须吃着。四海并交游，风光亦须觅。（卷二）
> 说钱心即喜，见死元不愁。广贪财色乐，时时度日休。（卷二）

诗人有时虽是劝说，但这也是诗人自身人生观的一种不自然流露。

王梵志诗歌中描写出家后的舒服自在生活，也多是从世俗的角度来审视，有时描写一种自在随意、行脚僧式的闲散，当作人生的享受，而有时又带有讽刺的意味。如：

---

① 戴密微：《汉学论著选读》，见张锡厚：《王梵志校辑·附编》，中华书局，1983年版，第296页。

生即巧风吹，死须业道过。来去不相知，展脚阳坡卧。（卷二）

不羡荣华好，不羞贫贱恶。随缘适世间，自得恣情乐。（卷三）

饱吃更索钱，低头着门去。手把数珠行，开肚元无物。（卷二）

童子得出家，一生受快乐。饮食满盂中，架上选衣着。平明欲稀粥，食手调羹臛。吃饭取他钱，此是口客作。天王元不朝，父母反拜却。（卷五）

诗人描写世俗生活理想的快乐，也往往仅仅限于衣食的满足，这实际上也是当时下层民众的基本要求。如：

用钱索新妇，当家有新故。……新妇知家事，儿郎承门户。好衣我须着，好食入我肚。（卷二）

需要特别指出的是，王梵志诗歌中数量最多、也最具特色的当是对世间百态民间生活的生动刻画和深刻讽刺的诗篇。这些诗歌，运用浅近通俗的语言，对现实人生进行了广泛歌咏和形象描摹，多是现实社会和人生经验的概括总结，有时还带有哲理思考的成分。如：

只见母怜儿，不见儿怜母。长大取得妻，却嫌父母丑。耶娘不采括，专心听妇语。（卷二）

父子相怜爱，千金不肯博。忽死贱如泥，遥看畏近着。（卷三）

行行皆有铺，铺里有杂货。山郭贵物来，巧语能相和。眼勾稳物和，不肯遣放过。意尽端坐取，得利过一倍。（卷二）

有事须相问，平章莫自专。和同相用语，莫取妇儿语。（卷四）

富儿少男女，穷汉生一群。身上无衣着，长头草里蹲。（卷五）

奴富欺郎君，婢有陵娘子。鸟饥缘食亡，人穷为财死。（卷五）

多置庄田广修宅，四邻买尽犹嫌窄。雕墙峻宇无歇时，几日能为宅中客？造作庄田犹未已，堂上哭声身已死。哭人尽是分钱人，口哭原来心里喜。（卷五）

他人骑大马，我独跨驴子。回顾担柴汉，心下较些子。（卷五）

人心不可识，善恶实难知。看面真如像，腹中怀蒺藜。（卷七）

壮年凡几日，死去入土庵。论情即今汉，各各悉痴憨。唯缘二升米，是处即生贪。礼佛遥言乏，彼角仍图摊。贪钱险不避，逐法易成难。即今不如此，宁随体上寒。乍可无余服，愿得一身安。无为日日悟，解脱朝朝餐。死去天堂上，遣你斫额看。（卷七）

可笑世间人，为言恒不死。贪吝不知休，相憎不解止。背地道他非，对面伊不是。埋着黄蒿中，犹成薄媚鬼。（卷七）

描摹世态人生种种的种种丑恶现象，刻画形象，笔锋犀利深刻，可谓入木三分，取得酣畅淋漓的艺术效果。再如描写穷苦的下层民众的生活：

世间慵懒人，五分向有二。例着一草衫，两膊成山字。出语觜头高，诈作达官子。草舍元无床，无毡复无被。他家人定卧，日西展脚睡。诸人五更走，日高未肯起。朝庭数十人，平章共博戏。菜粥吃一(木+灰)，街头阔立地。逢人若共语，荒说天下事。唤女作家生，将儿作奴使。妻即赤体行，寻常饥欲死。一群病癞贼，却搦父母耻。（卷一）

家中渐渐贫，良由慵懒妇。长头爱床坐，饱吃没娑肚。频年勤生儿，不肯收家具。饮酒五夫敌，不解缝衫裤。事当好衣裳，得便走出去。不要男为伴，心里恒攀慕。东家能涅舌，西家好合斗。两家既不合，角眼相蛆妒。（卷一）

从以上可以看出，王梵志的这类诗歌定名为"讽世诗"更为确切，而如果统统归为"禅诗"，不仅名称与内容相乖，着实也让人无法理解。

其实，许多前辈学者在自己的研究过程中，已经注意到王梵志诗歌在内容上的这种特征。如任半塘在《王梵志诗校辑·序》说：

他（按：指王梵志）有不少诗敢于揭露某些不合理社会现象，和人们灵魂中粗俗卑恶的一面，无论是揶揄嘲讽，谐谑调侃，还是无情鞭挞，劝世导俗,逐渐形成一种泼辣犀利的诗风,起到针砭顽俗、补弊救偏的作用,散发出强烈的"辣"味。

日本学者入矢义高说:

我认为王梵志这个人物,更正确地说《王梵志诗集》的原作者,就是这种叫作化俗法师的人。在我的想象中,他是一个不属于任何特定僧人团体,也不奉行任何宗教的游化僧,至少他也不属专门的、职业的僧侣阶级。如果看一看他的劝世诗,诗中的那些特征,在所有出自僧徒手笔的类似作品里,是全然见不到的。①

台湾学者潘重规也说:

综观这一卷九十二首诗②,歌咏的都是极浅近平常做人处世的道理,所以极容易为大众所接受,而成为大众传诵的读物。虽然这一卷有几首关涉佛教所说的在家五戒,但主要的思想可以说是儒家的。……其他二百余首诗,其中很多是与佛教思想有关。但咏叹的不外是生死无常,因缘果报等等。……既没有涉及佛教高超的理论,也没有卖弄禅门闪烁的机锋。可以说全是那时代的思潮所熏陶所形成的平实道理。他流露出隋唐时代人的真实语言,也倾吐了隋唐时代人的真实心灵。因此我反复探索之后,发现了一位用通俗语言,讽刺当时时事,写出心中想法的民间诗人。③

法国学者戴密微《汉学论著选读》中曾对王梵志诗歌的内容做过比较全面的细致的阐释,他说:

① 张锡厚:《王梵志校辑》,中华书局,1983年版,第276页。
② 按:此92首诗歌即指项楚《王梵志诗校注》卷四敦煌伯2718、伯3558等卷所收之诗歌,与下文戴密微氏所讨论之92首诗歌相同。
③ 潘重规:《敦煌王梵志诗新探》,参见《中国敦煌学百年文库》(文学卷二),甘肃文化出版社,1999年版,第552页。

没有编号的一卷有九十二首韵律严谨的五言绝句，它们以被能见到十个校本加以比较和研究。这是一本非常平庸的格言汇编，其中有许多关于孝敬父母、家庭和睦、以礼待人、教育子女、偿还债务、不赌博、不饮酒及遵守最一般的道德规范的告诫。除了结尾部分外，它的精神和典故都是儒教的。结尾部分主要是五戒、仪礼、佛教斋戒及对僧侣的敬重。

又说：

不管是四处寻求道教长生不死秘方的君主，还是佛祖、老子本身，无论是谁都逃脱不掉共同的恶运。一会儿强调善恶有报，重申佛教戒律：要积德行善，可以得生天堂；休造罪孽，否则必遭报应；切忌杀生，以免来世托生为其所食；一会儿有转向嘲弄讽刺：好事不得好报，何必如此尽心卖力？一个经常涉及的主题是轮回报应的偶然性，它把人变成面目全非的转生物，令人难以辨认。……佛门弟子也难逃诗人的讽刺：佛爷菩萨都有头发，为何要剃度？对那些化斋乞讨，聚敛佛门钱财，吃斋饭吃得脑满肠肥的僧侣又该当何论呢？还是道教徒为好，他们贫富平均，一切归公。三家宗教难道不是“一样的、本质相同”的吗？……另外，诗人还为百姓的苦衷鸣不平，指出农民在徭役、赋税的压榨下，过着民不聊生的日子，揭露贪官污吏的横征暴敛，贪赃枉法。①

由此可以见出王梵志诗歌内容的丰富性和复杂性，而这些诗歌是很难称之为“僧诗”的，其中有许多诗歌与佛教没有任何关系。对此，有的学者也注意到王梵志诗歌与寒山、拾得等僧人诗歌的不同，如日本学者前野直彬《中国文学史》云：

一般地说，王梵志重在鄙俗的民众教化，寒山则具有浓厚的禅宗色彩，他们都爱使用当时不见于诗书的生硬俗语。②

① 戴密微：《汉学论著选读》，以上参见张锡厚：《王梵志校辑·附编》，中华书局，1983年版，第296—298页。

② 张锡厚：《王梵志诗校辑·附编》，中华书局，1983年版，第285页。

其中虽没有具体说明王梵志诗歌的民众教化的内容及其是否具有佛教的性质，但相形之下，寒山诗歌的禅宗色彩就十分突出，二者的共同点仅仅是“都爱使用不见于诗书的生硬俗语”。对此，张锡厚也说：“王梵志的五言诗寓人生哲理于嘲戏谐谑，寄嬉笑怒骂于浅近通俗语言，在一定程度上表现出某种平易蕴藉、惊世骇俗的诗风。诗中某些篇章不论是叙写个人的不幸遭遇，还是揭露唐初的社会现实、人情世态都有独到之处。[①]”实际上，这正是王梵志诗歌中思想生动深刻且最有魅力之处。

总的说来，从现存的作品来看，王梵志跟佛教、道教和儒家思想都有一定的关系，但他不一定是僧人，敦煌写卷中的王梵志诗歌也不应称之为“禅诗”。相对来说，王梵志诗歌定名为“讽世诗”更为切合，这样也更能反映王梵志诗歌的思想内容和艺术特点。

① 张锡厚：《王梵志诗校辑·前言》，中华书局，1983年版。

《江都督纳言愿文集》语源考

王晓平

在中国历代文人作品中，很少有人提到过愿文这种文体，在迄今所有已出版的中国文学史上，也难见到有关它的只言片语。愿文在近一千五百年中就这样默默无闻。大致在唐代以后，愿文便似乎成了一个“死词”，以至于日本平安末期的虎关师炼顺理成章地把愿文纳入日本特有文体当中。这种认识在敦煌愿文整理出版之后才被彻底颠覆。

有趣的是，在愿文淡出中国朝野之后，竟在日本获得意想不到的发展。从奈良时代起，在佛教被奉为国家宗教的同时，祈愿国泰民安的愿文便在皇族贵族中大行其道。到了平安时代，诵读愿文更发展成为一种哀伤文学，每每成为迎生送死、祈福求寿、写经造象、修寺建塔、消灾灭祸等各种法事必不可少的仪式用文。个人的愿文集也有多种传世。这种文体在佛教界延绵至今，如果将它们编在一起，其分量与《敦煌愿文集》相比也毫不逊色。

平安时代延续奈良时代的风气，皇族贵族大崇佛教，不论是逢灾遇难，丧葬祭奠，还是筑宫修桥，祈福祝寿，大小行事，多要奉佛纳礼，请僧讲经，诵读愿文。而皇族贵族往往要请享有盛名的汉文家，担负撰写愿文的重任。这样，汉学家也就以此为荣。大江一家三代，均曾为皇族撰写愿文，这本身显示了大江一族在当时学界和政治舞台上的地位。在中国，愿文随着禅宗等的兴起而走向衰落之后的几百年间，在日本宗教生活中却仍发挥着相当重要的作用。

在这几百年中，传入日本的中国典籍和大陆文艺的风潮也在变化。愿文在相对固定的形式中要求新求异，反映当时汉文的最高水准，就要不断吸取新传来的语汇和表现手法。大江匡房（1041—1111）不仅博览经史，熟悉佛典，而且随时猎取新传到日本的各类杂书，储备着各种新语汇、新手法的知识，其中也包括从这些书中学来的晋唐俗语，在撰写愿文时就有意识地将它们点缀其间。

大江匡房是平安时代中后期博学多才的宫廷文人。他撰写的愿文，博采内典外典，视愿文如同诗赋。今传六地藏寺本《江都督纳言愿文集》，共6卷，其中第四卷散佚；此外《言泉集》等书多收其愿文佳句。《本朝文粹》等书中也收录了他的愿文。据统计，大江匡房写的愿文，多达135篇。

在他晚年撰写的《暮年诗记》中，谈到自己的诗人生涯时，曾经特别提到当时的权威人士对他愿文的评价："前肥后守时纲朝臣深得诗心。见予《前大相公表》并《源右相府室家源二位愿文》，曰：'殆近江吏部。'故伊贺守孝言朝臣、扫部头佐国，提携于文，浮沉于道，盖后进之领袖也。见予《圆德院愿文》并《前大相国关白第三表》，深感慨。何况风骚之道，识者鲜焉。巧心拙目，古人所伤。"匡房对于自己的愿文得到文坛领袖的赞许，颇感自豪，在内心是把愿文也当作"风骚之道"来看待的，认为深得"诗心"的人对愿文的评价才最有价值。由于大江匡房等作者充分肯定愿文的文学性与诗性，所以也就相当重视从史传、诗赋、笔记小说等问题中吸收养分，来培育这一宗教文体。它们广泛阅读当时传入的各种中国作品，其中也包括俗文学作品。在《白氏文集》具有绝对影响的这一时期，与白居易诗歌相关的传说格外受到青睐。六地藏寺本所藏《江都督纳言愿文集》写本中，留下了很多与中国俗文学相关的语汇、典故和表达方式。

一　俗语

日本文学在其发展过程中，不断从中国文学中吸取新的语汇和表现手法，其中也包括中国的俗语和民间文学的表达方式，甚至有些我国已经失传的语言文学材料，也保留在日本古典文学文献当中。愿文写作思路固定，套路固定，连起承转合的用语也是固定的，那么语言求新求变几乎就是提高文学性的唯一手段。它在日本奈良平安时代发展成一种哀伤的宗教抒情文体，在现存日本愿文中，就有吸收晋唐俗语俗文学的实例。尤其大江匡房所撰《江都督纳言愿文集》，堪称晋唐俗语俗文学东传的资料库。

(一)啒

蒋礼鸿《敦煌变文字义通释》从变文中举出不少“屈”释为“邀请”的例证。如《捉季布传文》:“屈得夏候萧相至,登筵赴会让卑尊。”大江匡房愿文中常出现一个“啒”字,在中国变文和其他文献中还没有发现类似的用法,根据上下文的意义来看,也以释为“邀请”为宜:

1.啒入道亲王为阇梨,聊设瑜伽秘密之道场。

(卷二《一品宫仁和寺御堂供养愿文》)

2.啒二十之缁徒,随供养之素志。

(卷三《右府室为亡皇后被供养堂愿文》)

3.啒二十之缁徒,展供养之诵筵。

(卷三《于安乐寺被供养大般若经愿文》)

4.敬啒五十之禅侣,聊展清净之斋筵。

(卷四《安乐寺内满愿寺愿文》)

上面的例文,均用于邀请僧侣为死者作法事的场合。

在平安时代以后的愿文中,这个字仍然以邀请意出现。如建保四年五月二十八日二品道助法亲王的愿文中,也可以看到同样的用法:“方今卜蕤宾之下旬,啒紫侣之上德。”在中国字书中,很少见到这个字,《康熙字典》引《广韵》《集韵》并呼骨切,音忽。《广韵》:“忧貌。”《集韵》:“博雅,忧也。或作唿。”又《广韵》:“古忽切”,《集韵》:“古忽切”,并音骨。义同。然而,大江匡房愿文中皆不宜释为“忧貌”或“忧也”,笔者在中国愿文中尚未发现相同的例子。它很可能是由作“邀请”解释的“屈”字,被加上了一个“口”字边而形成的俗字或异文。一般来说,奈良平安时代撰写愿文的,都是当时最精通汉文的人,他们的文字严格按照唐人规范的写法,绝不生造,可以说是“无一字无来处”。除非是在流传过程中发生讹误的例外情况,他们的用法大都是按照中国文献的用法遣词造句的。因此,在我国已经散佚的俗文学资料中，很可能存在同类用法。日本愿文中可释为"邀请"的这个"啒"字，提示我们在唐宋文献中继续寻觅它的行踪。笔者曾撰《啒字考》，指出在大江匡衡（952—1022）之前，"啒"字是很少见的，而在匡衡的愿文中就取得了合法地位，大江一家的愿文对于这样一个新字的定位，或许具有特殊的作用[①]。

（二）耶娘

《敦煌变文校注》卷一《伍子胥变文》："旷大劫来有何罪，如今孤负阿耶孃。"阿是接头词。耶孃，同爹娘。

> 1.诚自襁褓，恩过耶娘。
>
> （卷三《土御门右大臣宇治御宝供养》）

> 2.弟子耶娘共老，旦暮难知。
>
> （卷六《为孝子千日诵》）

（三）阿谁

"阿谁"，犹言谁，谁人。《汉语大词典》引《乐府诗集·横吹曲辞五·紫骝马》歌辞："十五从军征，八十始得归，道逢乡里人：'家中有阿谁？'"《敦煌变文校注》卷二《庐山远公话》："山神曰：今日阿谁当直？"《王梵志诗·先因崇福德》："改头换却面，知作阿谁来？"日本江户时代无著道忠撰《葛藤语笺》引《孔氏杂说》："所谓阿谁，三国时代已有此语。"并引《蜀志》卷七《庞统传》"向者之论，阿谁为失"为例，其中"失"误作"是"。

大江匡房的下面用例，写对死者深深的思念，良辰美景竟无人能共同享用。

> 琼户花，玉梅雪，昔不令他人先看；
> 池莲夏，宫槐秋，今亦与阿谁共玩？
>
> （卷二《圆德院供养愿文》）

---

① 王晓平：《啒字考》，《汉学研究》第十一集，学苑出版社，2008年版，第368—378页。

(四)个中

个中,其中。陆游《对酒》诗:"个中妙趣谁堪语,最是初醺未醉时。"

娱乐只在个中,荣花何求其外。

(卷二《前女道(子)九修堂供养愿文》)

(五)肥

肥,富裕。大江匡房下列用例中的"国肥家肥",意为国与家皆富裕,丰盛,充足。《汉语大词典》未举同样的用法,比较相近的义项是作"使富裕。丰盛,充足"的一项,举例皆为使动意。

国肥民肥,乃镇护之素怀也;
人利年稔,岂明神之冥助哉?

(卷一《八幡御塔》)

国肥家肥,惟人(之)幸也,
风若雨若,亦时之和也。

(卷一《同院北斗曼荼罗堂》)

(六)争

张相《诗词曲语汇释》:"争,犹怎也。自来谓宋人用怎字,唐人只用争字。"下例中的"争将",即"怎将"。

若不修一善,争将脱三途?

(卷六《美浓前司知房愿文》)

(七)怕

怕,畏惧,害怕。敦煌变文中有"怕怖"一词。《汉语大词典》引《敦煌变文集·

妙法莲华经讲经文》:“怕怖莫知其计,魂飞胆战心惊。”大江匡房愿文中有“不怕风,不怕雨”这样的句子,和唐元稹《侠客行》:“侠客不怕死,怕死事不成”用法一样。

厌波焉,厌湖焉,谁藏龙宫之庭?
不怕风,不怕雨,如张祇园之虚?

(卷一《七十二代同院金泥一切经供养愿文》)

道怕赤胫,年又黄牙。

(卷三《祭主愿文未出》)

卷三《显节卿仁和寺堂供养愿文》:“惭造作于万年之尘,无功而用;怕妄失于千秋之迹,非贤而尊。”注解:“妄失,未详。或为记功忘失之意,只记得功劳,不问过失。害怕千年之后的评价的意思。”[①]此或将“妄失”误读为“忘失”。“妄”,胡乱,随便,“失”,过失,过错。“妄失”,同义连语,乃行为不当之意。“惭造作于万年之尘”,“妄失于千秋之迹”,在千秋万代的事业中有所马虎和过失,全文则是形容做官时诚惶诚恐,唯恐辜负大业,有所闪失。“怕”,担心、顾念、畏惧之意,为俗语。

二 俗文体

(一)三言喻语

今鬓发既衰,三分云,三分雪;
颜色今尽变,壮年桃,暮年梨。

(卷六《上野前司逆修》)

① [日]山崎诚:《江都督纳言愿文集注解》,塙书房,2010年版,第523页。

（二）重言

敦煌歌辞《菩萨蛮·溪边舞》："霏霏点点回塘雨，双双只只鸳鸯语。灼灼野花香，依依金黄。盈盈江上女，两两溪边舞。皎皎绮罗光，轻轻云粉装。"

胧胧月，漫漫风，风月之席长卷；
琴琴石，瑟瑟水，水石之地渐荒。

（卷一《同院旧臣结缘经愿文》）

恋慕弥深，胸忽忽尔似吞刀；
岁月渐改，心摇摇然如悬旆。

（卷六《源中将愿文》）

（三）三字连文

黄征曾撰《三字连文论析》，其文开头便称："'三字连文'是指三个意义相同或相近的字（单音词）连用而构成的一个并列式复合词。'三字连文'相对于'同义连文'（特指二字同义连文）、'偏义复词'来说要特殊得多，因为这种词语的构词法只见于先秦古汉语、汉魏六朝中古汉语和唐宋近代汉语，尤以中古汉语中最为习见。至于现代汉语，已罕见其例。"这已将"三字连文"的特点讲得很清楚。敦煌变文中，如《敦煌变文集·降魔变文》："适看布金事已了，是以如今还却归。""还却归"并列三个表示"回归"意义的词，是"三字连文"。与此相近的例子，是出于《游仙窟》中的"返却回"："含娇窈窕迎前出，忍笑嫈嫇返却回。"

《游仙窟》与六朝俗文学的关系，已有学者做过专门探讨。它很早便传入日本，对于奈良平安时代的文学影响很大。而大江匡房在撰写愿文时，也不惮从中模仿新奇的表现方式。如："愿改小年艳艳绫罗锦之装，将救长夜冥冥火血刀之苦。"（卷五《定子天王寺舍利供养》）"绫罗锦者，眼前之色养也，宜舍于中道之间；戒定惠者，身后之资粮也，将修（于）大法之肆。"（卷五《女三位八讲》）前一例中的"绫罗锦""火血刀"，后一例的"绫罗锦""戒定惠"都是三字连文，即用三个意义相近的词连在一起，起来强调互补作用。

(四)五言诗句的插入

时时参山陵,念念覆肠胃。

(卷五《三位千日讲》)

如幻如梦,长夜本不还;
老也病也,残日亦几何!

(卷六《法华经三千部转读》)

(五)"褊"字转意

据《汉语大词典》,"褊"有"衣服狭小;狭小、不宽广;心胸、气量、见闻等狭隘;狭隘,亦指性情急躁"等含义。但在《江都督纳言愿文集》中的"褊"字,却与上述意思都不同。首先是作为"宝"等相反的意义来使用,即有"贱视"之意义:

陀罗贤劫,释迦旷劫,多宝生盘龙之容;
八大菩萨,四大声闻,皆褊山鸡之舞。

(卷三《左府室供养》)

其次也与"似"相对,表示比较中的"贬低""低下"之意:

母则神功皇后,褊纳日纳月(之)孤梦;
子则仁德天皇,似文王武王之列圣。

(卷一《八幡御塔》)

还与"嫌"平列,表示嫌厌、不满意等意:

种智还年之药,嫌舟龟寸松乔;
六度济川之舟,褊锦缆于李郭。

(卷三《左大臣家平野建立堂愿文》)

与“望”相对，表示不满足：

二十八品妙迹，还褊阴氏之三字；
千万亿哀情，更望东阁之先皈。
（卷五《奉为故博阴殿室家被供养自笔法花经愿文》）

最多的是与“嫌”“嘲”“嘲笑”一起，表示轻视、轻蔑之意：

褊般纲之一面，不如断疑纲；
嫌金轮之四州，奈何离苦轮。
（卷一《奉书写金字经一部墨字经百部》）

佛道南司之一乘，嘲列子于旬日之风；
法水东渐之千帆，褊范蠡于江湖之浪。
（卷二《前女御道子逆修愿文》）

桃夭春浓，嘲丽花于南阳之月；
蕙问日新，褊琼芝于西晋之风。
（卷二《法胜寺常行堂供养愿文》）

重门高阁之甚幽，嘲燕昭之筑台矣；
山川水上之信美，褊王粲之登楼。
（卷二《圆德院供养愿文》）

亿龄宝历，褊千龄于周梦；
万年玉体，嘲百年于殷庆。
（卷三《左大臣家平野建立堂愿文》）

以上例子中的“褊”，皆由狭小、狭窄之意引申为轻视、蔑视之意。这些句子的共同特点就是引入中国有名的高大上的典故，而将其小觑，说它们比起眼前日本皇族贵族来简直“弗如远甚”，以此衬托亡人的崇高无比。

三　小说语

奈良时代那些代人为死去父母而撰写的愿文中，便多引《孝子传》故事以宣扬孝道，在大江匡房的愿文中延续了这种做法。如卷六《为二亲前日讲》“膝下衣，掌上玉，恩爱何日报；孟宗笋，刘殷堇，孝敬莫时”，就以孟宗、刘殷两个著名的孝子，来表达不能事亲的遗恨。同卷《皇后宫亮有佐愿文》：“为先妣诵莲花之文，拟丁兰之木；抠忍辱之袖，代老莱之衣。”[①]日本今存阳明本、船桥本两种《孝子传》，在我国则早已散佚。不过，这些故事是否就是匡房是从《孝子传》中读到的，却不能贸然论定，因为在当时广泛流传的《蒙求》中，也有“老莱斑衣，黄香扇枕，王祥守奈，蔡顺分椹，丁兰刻木，伯瑜泣杖”等。但比较肯定的是，其中会有出自《孝子传》的，如孟宗事，《蒙求》中所有的是“孟宗寄鲊”，而不关笋事。

第六卷第十七篇《医师俊则堂〈供养愿文〉》：

> 於戏！祇林卜邻，将挑兰灯于千佛之世；伽蓝列名，宜护萝图于百王之朝。瘴烟销于村闾，秦鹊□(之)兄先治；蠻火绝于堂宇，栾巴之术暗(救)。

山崎诚注解：“秦鹊，或为扁鹊，但以下之意则难以成立。此杂隔句由高次元批判之结果，如‘瘴烟销于村闾，秦鹊□(之)兄先治；蠻火绝于堂宇，栾巴之术暗(救)。’出句与落句对应成语。栾巴是出自《蒙求》的著名故事，出句也源出《蒙求》‘扁鹊起虢’。《史记》：‘扁鹊姓秦，名缓，越人。曾过虢，虢太子已死。鹊云可活，须臾之遂生。’问题是在‘兄’字，可解释为视扁鹊为兄、栾巴为弟，也可推定为误写。”[②]注释指出这两句出自扁鹊与栾巴故事，是可信的。但其关于“视扁鹊为兄，栾巴为弟”的推测在文中找不到根据，离愿文太远。疑“兄”字当为“方”字

① ［日］吉原浩人编：《古钞本〈江都督纳言愿文集〉》，二松学舍大学 COE 事物局，2009 年版，第 69 页。
② ［日］山崎诚：《江都督纳言愿文集注解》，塙书房，2010 年版，第 857 页。

之讹,原文当读为:

瘴烟销于村闾,秦鹊之方先治;蟹火绝于堂宇,栾巴之术暗救。

"兄""方"手写形近易讹。"栾巴之术"云云,出《神仙传》:"栾巴,汉武帝召为尚书,正旦大会群臣也。乃含酒望西而噀。帝问其故,巴曰:'蜀有火灾,故以救之。'即遣使往验其言。果云正旦失火,有大雨从东北来,火乃息。雨有酒气。"

《江都督纳言愿文集》摄取《游仙窟》语汇的还有数处,如卷一《于真言寺被造立多宝塔愿文》:"风水不乱,枕席长安。致苍生于无为,男女异路;反赤悬于有截。斑白不提。乞浆得酒,乃至法戒平等利益。""乞浆得酒",出《游仙窟》。又见《太平御览·岁》:"《袁子正书》曰:岁在申酉,乞浆得酒。"刘知几《史通·书志》:"太岁在酉,乞浆得酒;太岁在巳,贩妻鬻子。"《朝野佥载》:"岁在申酉,乞浆得酒。"又如卷六《源中将愿文》:"恋慕弥深,胸忽忽尔似吞刀。""吞刀",亦出《游仙窟》。

卷一《堀河院奉为母后宸御经〈供养〉》:"不倩千里之面目,手奉书写绀纸金泥妙法莲华经八卷,便以经卷。奉安塔婆,颇梨之壁,瑠璃之扉。晋臣喘月,紫磨之字,青苔之纸。唐帝传尘,泪与笔下。"描写为亡母写经时的心情。其中"唐帝传尘"一句,《注解》谓:"盖玄宗故事。待考。"①考这里的尘,即音尘之意,也就是消息,"唐帝传尘"当时从唐玄宗通过道士向杨贵妃的亡魂传信的场景中生发的联想,想象唐玄宗在向杨贵妃写信时泪如雨下的画面,用以表达堀河院为母后写经时的悲伤与虔诚。

这样的想象,无疑出于白居易《长恨歌》与陈鸿《长恨传》描绘的意境。在大江匡房的时代,白居易对于具有汉文修养的皇族与贵族来说,是亦师亦友的人物,被视为"一代之诗伯,万叶之文匠"②,不仅担负着文学导师的使命,而且也是精神领袖。他在《长恨歌》中歌唱的玄宗、贵妃故事,成为愿文中倾述无常感叹的最佳典故,也是表达无限伤感的最美话语。由此,一切关于唐玄宗、杨贵妃的记载,均能够最快地凝聚贵族文人的视线。对白居易诗歌的400年的推崇,使得杨

① [日]山崎诚:《江都督纳言愿文集注解》,塙书房,2010年版,第87页。
② [日]《日本文学大系》,第二十四卷,国民图书刊行会,1928年版,第757页。

贵妃家喻户晓，以至于至今日本还有杨贵妃与埃及艳后、日本小野小町同称为史上三大最美佳人的说法。

大江匡房由中国传来诗文造就的杨贵妃记忆，浓重而杂乱，时而又与自己的想象纠合在一起，以至于常常分不清哪些是纯出于中国典籍，哪些是自己对这一悲剧故事的再创造。卷二《前女御道子逆修愿文》有这两句：

玄都观之瘦马，赋罗衣而不归。

关于这两句，记述大江匡房言论的《江谈抄》卷六《仁和寺五大堂愿文事》，简要记载了他的门人与他的一段对话：

又被命云："故《女御殿愿文》云：'昭阳殿美人，就香烟兮再见，玄都观之瘦马可寻'，此句汝知否？'玄都馆之瘦马'，其意如何？"被答云："有仙人呈诗于件馆云云。件诗中有'山下鬼瘦马罗巾玉'等之义诗不觉，可寻记。山下鬼者，嵬字，是马嵬也。罗巾者，贵妃以罗巾自缢，花玉者，环是贵妃少名也。所见书忘却。可寻云云。"是江都督所被谈也。"[①]

文中的"件馆"，即此馆，指愿文中提到的玄都观，馆、观，日语音同而混。"件诗"，即此诗。"件"意为这，上述的，乃承接唐人用法。大江匡房在回答门人关于"玄都观之瘦马"典故的出处的问题时，说有仙人将诗篇呈献给玄都观，诗中有"山下鬼、瘦马、罗巾、(花)玉"等语，而自己记不清诗句了，门人弟子可以去查一查，又补充解释说：山下鬼，是马嵬的嵬字，罗巾是杨贵妃自缢所用，而花玉则是杨玉环当初的小名。

与大江匡房能够对接的，或许是唐郑处海《明皇杂录》中的记述：

天宝末，禄山豪横跋扈，远近忧之，而上意未寤。一旦遐周隐去，不知所之，但于其所居壁上题诗数章，言禄山僭窃及幸蜀之事，时人莫晓，后方验

① [日]后藤昭雄、池上洵一、山根对助校注：《江谈抄》，岩波书店，1997年版，第543—544页。

之。其末篇曰："燕市人皆去，函关马不归。若逢山下鬼，环上系罗衣。""燕市人皆去"，禄山悉幽蓟之众而起也；"函关马不归"者，哥舒翰潼关之败，匹马不还也；"若逢山下鬼"者，马嵬蜀中驿名也；"环上系罗衣"者，贵妃小字玉环，马嵬时，高力士以罗巾缢之也。其所先见，皆此类矣。

在上引《江谈抄》的对话的前面，还有一段谈到卷二《法胜寺常行堂供养》愿文中的下面两句：

韶颜如在眼前，莹金人而拟闇野之石；娇音绝于耳底，叩花钟而代斜谷之铃。

《江谈抄》的记述是这样的：

又问云："同愿文云：'暗野之石，斜谷之铃'，此义如何？"答云："暗野之石者，汉武帝恋李夫人，刻暗野之石彼形。石答云：'我有毒，不可近'云云。斜谷之铃者，玄宗幸蜀之时，听斜谷铃声，思贵妃，夜雨听猿肠断声。猿字可改铃字。件事昔所披见也"云云。仆问云："然者《文集》僻事欤？又传写之误欤？"详不答，所见书可寻记，忘却毕。[①]又问云："'昭阳殿玩花之户，芳尘凝兮不拂'，此句所铭肝叶也。"被答云："实以神妙之句也。况吟有自不堪之气。"

上面的提到"暗野之石"和"斜谷之铃"两个典故的出处，大江匡房都没有说得太清楚，以至于提问者怀疑是不是属于《白氏文集》中的偏句，还是有传写的错误，对此大江匡房也没有正面回答。对于自己所写的"昭阳殿玩花之户，芳尘土凝兮不拂"的句子颇为得意，自矜为"神妙之句"，还说连自己都为这样的句子多感动。所谓"昭阳殿"云云，是匡房想象痛苦思念中的唐玄宗，连昭阳殿的尘土也舍不得扫掉，它让玄宗想起与杨贵妃一起赏花的场景。这显然也是匡房由中国的玄宗、贵妃文学想象生发出来的再想象。

① ［日］后藤昭雄、池上洵一、山根对助校注：《江谈抄》，岩波书店，1997年版，第543页。

我们还是来梳理一下匡房的思路吧。《拾遗记》卷五载汉武帝思念李夫人，李少君乃言："暗海有潜英之石，其色青，轻如毛羽，寒盛则石温，暑盛则石冷。刻之为人像，神悟不异真人，使此石像往，则夫人至矣。此石人能传译人言语，有声无气，故知神异也。"后果获此石，"即命工人依先图刻作夫人形"①。《拾遗记》作"暗海"，而上述愿文作"暗野"，乃是为与下文"斜谷"对仗而改变的。

所谓"斜谷之铃"，盖出自玄宗为蜀中斜谷雨中闻铃而后制《雨霖铃》曲的记述，见于《明皇杂录补遗》：

明皇既幸蜀，西南行初入斜谷。属霖雨涉旬，于栈道雨中闻铃，音与山相应，上既悼念贵妃，采其声为《雨霖铃》曲，以寄恨焉。

卷二《同(道子)女御丈六堂》也提到杨贵妃：

班婕妤霜扇之词，未销一劫之焰；杨贵妃雪衣之兴，岂免八寒之冰。

班婕妤《团扇诗》(又名《怨歌行》《怨歌》)："新裂齐纨素，鲜洁如霜雪。"问题是"杨贵妃雪衣之兴"的解释。山崎诚《江都督纳言愿文集注解》注释说《白氏文集·胡旋女》"回雪飘飘转蓬舞"的是胡旋女，而"会费胡女惑君心，死弃马嵬念更深"则指杨贵妃。又转引《艺文类聚》四十三所引张衡《舞赋》："裾似飞燕袖如回雪"。②《白氏文集·杨柳枝二十韵》"身轻委回雪，罗薄透凝脂"。以上实际上注的是"回雪"，而不是"雪衣"，不能说明"雪衣之兴"是指什么，更没有指出"杨贵妃雪衣之兴"与"班婕妤霜扇之词"为什么要放在一起。

据考，此处的"雪衣"，盖非杨贵妃所著之衣，而是一只鹦鹉的名字。下文见于《明皇杂录逸文》，《事文类聚》后集四十，《六帖》九十四：

天宝中，岭南献白鹦鹉，养之宫中。虽久颇聪慧，洞晓言词。上及贵妃皆呼为雪衣女。性即驯扰，常纵其饮啄飞鸣，然亦不离屏帷间。伤令以近代词

① 王嘉撰，萧绮录，齐治平校注：《拾遗记》，中华书局，1981年，第116页。
② [日]山崎诚：《江都督纳言愿文集注解》，塙书房，2010年版，第363页。

臣诗篇授之，数遍便可讽诵。上每与贵妃及诸王博戏，上稍不胜。左右呼雪衣娘，必入局鼓舞，以乱其行列；或啄嫔御及诸王手，使不能争道。

忽一日，飞上贵妃镜台，语曰："雪衣娘昨夜梦未鸷鸟所搏，将尽于此乎？"上使贵妃授以《多心经》，寄送颇熟，日夜不息，若惧祸难，有所禳者。上与贵妃出于别殿，贵妃置雪衣娘于步辇竿上，与之同去。即至，上命从官校猎于殿下，鹦鹉方戏于殿上，忽有鹰搏之而毙。上与贵妃叹息久之，遂命瘗于苑中，为立冢，呼为鹦鹉冢。

匡房愿文的"杨贵妃雪衣之兴"显然是以杨贵妃怀念鹦鹉雪衣为触媒凝练出来的。不过，他还是加上了自己的想象，好像杨贵妃也像班婕妤咏扇寄情一样，曾经作诗寄托对雪衣的哀思。当然，这也无须从中国典籍中寻找依据。因为愿文只是充分表达对亡者的怀念就好，愿主不会追究与考证每一句的来处，只有匡房的门人弟子出于学习愿文写作的目的，才会探问"班婕妤霜扇之词，未销一劫之焰；杨贵妃雪衣之兴，岂免八寒之冰"的语源。

卷一《奉书写金字经一部墨字经百部》提到玄宗，也暗及杨贵妃：

重华圣主之倩琴，春风南息；玄宗黄帝之玉琯，秋月西藏。

这里想到唐玄宗与音乐的关系，就不能不想到杨贵妃制曲传乐：

唐玄宗自蜀回，夜阑登勤政楼，凭栏南望，烟云满目，上因自歌曰："庭前琪树已堪攀，塞外征夫久未还。"盖卢思道之词也。歌歇，上问："有旧人乎？逮明为我访来。"翌日，力士潜求于里中，因召与同至，则果梨园子弟也。其夜，上复与乘月登楼，唯力士及贵妃侍者红桃在焉。遂命歌《凉州词》贵妃所制，上亲御玉笛为之倚曲。曲罢相睹，无不掩泣。上因广其曲，今《凉州》传于人间者，益加怨切焉。

由《长恨歌》引路，有关明皇与贵妃的一切记述，便更为顺畅地进入平安朝文士的视野。由这些故事再经愿文的渲染，明皇贵妃之语，就定格为高雅凄美情事的同义语。特别是有关其诗歌、音乐的内容,更为愿文作者所屡屡提及。因为在那一时代,这样风雅的情侣,虽然恐怕只是一种缥缈的文人梦,但却给异国的诗文增添了华美的气息和梦幻般的情调。

四　辞赋语

匡房愿文中那些悼亡之作,与《文选》中的辞赋,特别是那些表达哀伤的作多有相通之处,如司马长卿《长门赋》、向子期《思旧赋》、陆士衡《叹逝赋》、潘安仁《怀旧赋》与《寡妇赋》、江文通《恨赋》与《别赋》等,都有可能成为匡房遣词造句的样本。它们和中国史书中的后妃如赵飞燕、阴丽华等的典故编织在一起,便成为匡房为皇族女子撰写愿文的语库。

那些新传入的辞赋,也可能成为点燃匡房文思的种子。如与明皇贵妃事相关的《明皇回驾经马嵬赋》:

> 长鲸入鼎兮中原,六龙回辔兮蜀门。杳鳌阙而难寻艳质兮,经马嵬而空念香魂。日惨风悲,到玉颜之死处;花愁露泣,认朱脸之啼痕。莫不积恨绵绵,伤心悄悄。逝川东咽以无驻,夜户下扃而莫晓;褒云万叠,断肠新出于啼猿;秦树千层,比翼不如于飞鸟。初其汉殿如子,燕城若雠。驱铁马以飞至,触金舆而出游。谋于剑外,驻此原头。羽卫参差,拥翠华而不发;天颜怆恨,觉红袖以难留。鸳鸯相惊,熊罴渐急。千行之珠泪流下,四面之霜蹄践入。神山表态,忽零落以无归;雨露成波,已沾濡而不及。栈阁重处,珠旒去程。玉垒之云山暂幸,金城之烟景旋清。六马归秦,却经过于此地;九泉隔越,几凄恻于平生。钗飘彩凤之踪,鬓蜕玄蝉之迹。茫茫而今日黄壤,历历而当时绮陌。雨铃制曲,空有感于宫商;龙脑呈香,不可返其魂魄。空极宵梦,宁逢晓妆。辇路见梧桐半死,烟空失鸾凤双翔。镜殿三春,莫问菱花之照耀;骊山七夕,休瞻榆叶之芬芳。大凡有国之尊,罕或倾城之遇;孰言天宝之南面,悉指坤维而西顾。然则起兵虽自于青娥,斯亦盛唐之数。①

① 四部丛刊本《唐黄御史公集》,《马嵬志》卷八。亦收入《御定历代赋汇》(外集卷十四《美丽》)。

新间一美撰《日中长恨歌受容之一面——黄滔〈马嵬赋〉与〈源氏物语〉及其它》[①]梳理了《马嵬赋》对平安朝物语文学与汉诗文的影响，而未提及愿文这一由当时第一流汉文家写作的文体中的投影，这里有必要略作补充。与“雨铃制曲，空有感于宫商；龙脑呈香，不可返其魂魄”等相似的语句，在匡房愿文中不胜枚举。

敦光撰《白居易祭文》中说：“合志则殊方之客自亲，慕义则异代之交无隔。”[②]殊方异代，不能阻隔文化的融通，而其前提就是合志慕义。匡房为皇族贵族代作了很多愿文，满足了他们的宗教需求，而对于他本人来说，除了确认文章里手的权威地位之外，或许只是锤炼了语言和汉文技巧而已。正是在这一过程中，他与以白居易为代表的中国诗人作家，完成了心灵沟通的旅程。

《江都督纳言愿文集》历来以写本流传，现存六地藏寺藏本、身延文库藏本、国立历史民俗博物馆藏本等。其中六地藏寺藏本最为完整，1984年已由汲古书院影印出版，山崎诚曾以此为底本并参照他本，著《江都督纳言愿文集校注》。后两种则有吉原浩人释录本。这些著述是日本愿文研究的力作，也为今后的整理和研究留下巨大的空间。本文仅仅从语源上作了一些考证，深度整理与全面研究则以俟来日。

附记：

书生结缘，多由书牵连。记得与孙昌武先生幸会，是20世纪80年代初，我还是一个刚走上大学讲坛的小研究生，在南开大学的高考阅卷会场，有幸和孙先生分在一组，我很快就和他坐到了一起，因为有很多问题需要向他请教。那时就感到，孙先生是一位很博学，有很见识，也很亲切的人。这种亲切，不是那种满脸带笑把年轻人叫“小鬼”而骨子里却居高临下的“亲切”，而是一种阅尽人事、胸有定见而建立在真知面前人人平等基础上的亲切。

几天的同组阅卷，紧张工作之余，抓空儿就谈到了不少有关读书的问题，书的内容，也涉及读书的方法，也有他与国外学者的交往。其实说的话并不算多，

---

① ［日］新间一美：《平安朝文学と汉诗文》，和泉书店，2003年版，第101—122页。

② ［日］《日本文学大系》第二十四卷，国民图书刊行会，1928年版，第757页。

但所获却很大。从那以后，碰到命运转折的时候，就会向孙先生讨教，而每一次谈话，都多使我更增加些孤诣独往的勇气、直面外压的平和、自由呼吸的淡定。

在国外生活的那些年，有时在书店或者图书馆里见到孙先生的著作，就感到格外自豪与亲切。那时我总是想，好书有自己的脚，可以走得很远。国际间的文化交流，离不开学术对话，而学术对话，不同于官方对话，也不同于民间对话、媒体对话，它是学者之间思想的交锋与沟通，在这种交锋与沟通里，真知灼见才是第一利器。位子、牌子、帽子，那都是"椟"，而不是"珠"。孙先生的学术之所以能够"走出去"，最根本的是他的学术价值观，既承继传统，而又有现代性。

不论在宗教文学研究方面，还是在日本文学研究方面，孙先生的著作都使我大开眼界。在日本写本研究领域，孙先生也是先驱者。他利用国内外文献，其中也包括大量日本保存的文献，对唐代文学研究多有开拓。国际视野、探索精神、扎实学风，固然是他能够成就《中国佛教文化史》这样巨著的原因，而他那种在多难的境遇中对真知的坚守，更让我看到风骨的力量。

孙先生比我大十二岁，在孙先生面前，我几次想到，如果我处于他当年的环境中，我能够像他那样坚韧吗？听着他的谈话，一种不屈从命运、不对不公逆来顺受的冲劲往往油然而生。他不止一次向我提到帮助过他的先生，心怀感激，这也常常引起我深深的共鸣。他对生活的乐观态度，也表现在持之以恒的体育锻炼上。如果十年算一代的话，在我的心目中，孙先生就是我上一代优秀学者的代表之一，是第一批走向世界的中国学者的优秀代表之一。

孙先生，请接受我衷心的谢意。作为一个书生，我还在等待您的新作。

《礼》与柳宗元的古文

王基伦

一 前言

“礼”是人的生活准则，表现为外在行为举止的规范，自先秦儒家学说建立以来，“礼”尤其被强调在“吉、凶、军、宾、嘉”五个层面，在朝廷君臣之间、家庭父子兄弟之间、祭祀与婚事、丧事各种场合，莫不强调礼仪规范。“礼”，原是指仪式、礼制等外在形式，儒家学说兴盛以来，亦可以是指学问知识，名为“礼学”，而礼学仍然不脱离生活中的仪式、礼制，有其发用于社会生活中的实用功能，故可以形成礼乐教化。柳宗元（773—819）自幼生长于官宦世家，幼承庭训，熟读《诗》《书》，在他受教育成长的过程中，早已知书达礼，守礼义、知廉耻，具备知识分子应该有的品德陶冶。

然而，柳宗元受到中唐“新《春秋》学派”的影响，对于经学注疏意兴阑珊。于是我们要问：柳宗元所主张的“礼”的概念及内涵为何？“礼”是指“礼学”“礼制”或是“礼俗”关系？柳宗元主张宗经的文学观，那么“礼”如何落实于古文之创作？他在《答韦中立论师道书》一文提出的“本之《礼》以求其宜”①的意旨是什么？于此，我们须厘清他的知识背景，而后才有可能理解《礼》为何能带来“宜”的写作效果。以下我们先探明他的“礼”的概念来源，从他的家庭带给他的影响说起。

---

① 柳宗元著，吴文治点校：《柳宗元集》，中华书局，1979 年版，第三十四卷，第 873 页。以下引用柳宗元文皆依据此书，简称《柳集》，直接标示卷次、页码，不另列注。

二　柳宗元守礼的生活形态

首先，我们可以从柳宗元的家世背景，探讨柳宗元的家庭教养如何形塑出他对“礼”的认知意涵，讨论他对“礼”的理解，以及验证他守礼的基本生活形态。

柳宗元出身世家大族，在中唐时期，关中士族中的柳氏家族柳芳（开元末年进士）、柳冲、柳浑、柳公权等人突然崛起。柳宗元在《先君石表阴先友记》一文中，提及其父柳镇的族兄弟柳并“为文学，至御史。”“次中庸、中行，皆名有文。”又有“柳登、柳冕者，族子也。自其父芳，善文史，与冕并居集贤书府。冕文学益健，颇躁。自吏部郎中出为刺史，至福建廉使，卒。登晚仕至尚书郎，秘书少监”。（《柳集》卷十二，页306）可见这个家族人才济济，有名望于当时。这篇文章说道：“先君之所与友，凡天下善士举集焉。”其中不乏知名人士如杜黄裳、梁肃、韩会（韩愈的长兄）、崔损、郑余庆、李益等人（《柳集》卷十二，页298—308），这也是社交名流享有的地位。

柳宗元在《先侍御史府君神道表》一文中，介绍其父柳镇熟读《诗》《书》《易》《春秋》，“以植于内而文于外，垂声当时。天宝末，经术高第”。（《柳集》卷十二，页294）这里提到柳镇读书到写作的过程中，五经独独未列出《礼》，这是有待讨论的问题。不过，文中写道，柳镇以儒家思想教导后辈，且作《三老五更议》《籍田书》，这是关于国家制度的文献，可见他知礼。（《柳集》卷十二，页293—297）岑仲勉编著的《元和姓纂四校记》对“河东解县”的柳氏有过一些讨论[①]；陈弱水《柳宗元与唐代思想变迁》也深入讨论过他的世系、家庭，具体地指出柳宗元出身“河东柳”，属于关中集团的一支——“西眷柳家”，且说道：“在生活方式上，西眷柳家看起来一直坚持着北方贵族的传统，强调道德律令，特别是对已有规范和仪式的严格遵守。”[②]

来自柳宗元母亲卢氏的教诲，带给他深厚的礼学教育。他在《先侍御史府君神道表》一文中已经说：“太夫人范阳卢氏，某官某之女，实有全德，为九族宗师。

① 岑仲勉：《四十四有》，《元和姓纂四校记》（下册），台联国风出版社，1948年版，第七卷，第713—719页。

② 陈弱水：《柳宗元与唐代思想变迁》，江苏教育出版社，2010年版，第5、30、36页。

用柔明勤俭以行其志，用图史箴诫以施其教，故二女之归他姓，咸为表式。”（《柳集》卷十二，页296）这里标榜母亲的出身，这是因为范阳卢氏为西晋末年永嘉乱后以来，仍留居于山东五大姓的世家大族之一①，有其一贯的家教门风。而在《先太夫人河东县太君归祔志》一文用更多的笔墨称扬母亲的言行：

> 尝逮事伯舅，闻其称太夫人之行以教曰：“汝宜知之，七岁通《毛诗》及刘氏《列女传》，斟酌而行，不坠其旨。汝宗大家也，既事舅姑，周睦姻族，柳氏之孝仁益闻。”……又尝侍先君，有闻如舅氏之谓，且曰：“吾所读旧史及诸子书，夫人闻而尽知之无遗者。”某始四岁，居京城西田庐中，先君在吴，家无书，太夫人教古赋十四首，皆讽传之。以《诗》《礼》图史及剪制缕结授诸女，及长，皆为名妇。
>
> 先君之仕也，伯母叔母姑姊妹子侄皆远在数千里之外，必奉迎以来。太夫人之承之也：尊己者，敬之如臣事君；下己者，慈之如母畜子；敌己者，友之如兄弟。无不得志者也。诸姑之有归，必废寝食，礼既备，尝有劳疾。先君将改葬王父母，太夫人泣以莅事。事既具，而大故及焉，不得成礼。
>
> 既得命于朝，祗奉教曰：“汝忘大事乎？吾冢妇也，今也宜老，而唯是则不敢暇，抑将任焉。若有日，吾其行也。”及命为邵州，又喜曰：“吾愿得矣。”竟不至官而及于罪。是岁之初，天子加恩群臣，以宗元任御史尚书郎，封太夫人河东县太君。八月，会册太上皇后于兴庆宫，礼无违者。既至永州，又奉教曰：“汝唯不恭宪度，既获戾矣，今将大儆于后，以盖前恶，敬惧而已。苟能是，吾何恨哉！明者不悼往事，吾未尝有戚戚也。”（《柳集》卷十三，页326—327）

由此得知，柳宗元之母出身书香门第，七岁通晓《毛诗》及刘向《列女传》，长大后，依书籍内容，斟酌行事：尽孝道，守礼法，能教子女读书。案代宗大历十年

① 柳芳《姓系论》说晋、宋以后“山东则为郡姓，王、崔、卢、李、郑为大，关中亦号郡姓，韦、裴、柳、薛、杨、杜首之”。参见董诰等编：《全唐文》，上海古籍出版社，1990年版，第三七二卷，第1672页。《资治通鉴》记载魏明帝太和年间定族姓时也说：“时赵郡诸李，人物尤多，各盛家风，故世之言高华者，五姓为首。”讲的也是卢、崔、郑、王、李这五姓，可见其势力由来已久。见司马光著，胡三省音注：《资治通鉴》，华世出版社，1987年版，《齐纪六·明帝建武三年》，第一四〇卷，第4395页。

(775),柳宗元父亲柳镇因宗元祖父察躬卒于吴,罢长安主簿,奔丧赴吴。服除之后,以家中老弱在吴,求为宣城令。其间子女教养,全由柳母独力负担。柳镇所读旧史及诸子书,柳母都能"闻而尽知之无遗者",可知她能胜任教育子女的工作。柳母对家人能事之以礼,葬之以礼;对朝廷,也能恭敬不违,行礼如仪。其行为举止,中容合度,身教言教,兼而有之矣。文中提及"以《诗》《礼》图史及剪制缕结授诸女",这应当是《诗》《礼》之类的古籍;从上文看来,当时家中无书,而柳母从小已经背诵古书,猜想是从脑海中撷取所熟悉的古书内容,教导家中晚辈,尤其是女儿辈更须明了。至于"图史"是指一些含有德教育内容的"图史箴诫",可能是民间流传的故事讲义,可以用来落实在日常生活教育中的一些思想观念。文章后两段提及柳母对待亲族合乎礼的态度,以及宗元被贬永州后,柳母跟随他远窜南方,深明大义,劝儿子反躬自省,自己亦无忧戚之心,足见大家名门的闺范。综上可知,柳宗元所认知的"礼",指的是源自古书所记载的礼仪规范,涉及"礼制"或是"礼俗"的生活层面,并在日常生活中实际应用。

由于世家大族的背景,柳宗元记录早先亡故的宗族长辈、同辈时,常常表明过去家世的光荣,多能恪守礼法、修持礼范,譬如《伯祖妣赵郡李夫人墓志铭》一文说:

> 夫人姓李氏,……生于良族,……以族清显而修其礼范,合二姓以承先祖,为士者荣之。故佐奉养,承祭祀,妇德用光,家道甚宜。……男既立,必使之有禄仕,女必使之有家。将嫁己子,必先择良士可以配诸姑者,定,然后议焉。(《柳集》卷十三,页 328—329)

又如《亡姑渭南县尉陈君夫人权厝志》写自己的堂姑时,记录姑丈陈君说:

> 陈君……授于宗元曰:"子之姑,孝于家,移于我之长;睦于族,施于我之党。是用宾而礼之,如益者之友。……愿以为志。"(《柳集》卷十三,页 333)

又如《亡姊崔氏夫人墓志盖石文》写自己的堂姊时,说:

善隶书，为雅琴，以自娱乐，隐而不耀。工足以致美于服而不为异，言足以发扬于礼而不为辨。孝之至，敬之备，仁之大，又以配君子。(《柳集》卷十三，页335)

柳宗元在墓志作品中直书亡者的生平事迹，往往是从“行礼合宜”的角度肯定其一生的行为举止，尤其侧重于妇女们的婚配嫁娶及其后的生活态度。《周易·家人》彖辞说：“女正位乎内，男正位乎外。男女正，天地之大义也。”[①]《礼记·内则》也说：“男不言内，女不言外，……内言不出，外言不入”“男子居外，女子居内，……男不入，女不出”[②]。钱穆讨论魏晋时期门风时也说：“平心论之，女子教育不同，则家风门规颇难维持。此正当时门第所重，则慎重婚配，亦理所宜。而一时才女贤母，亦复史不绝书。”[③]可见自先秦、两汉儒学传播兴盛以来，女性在家庭中的角色功能日趋定形，这在传统的士族社会里尤其受到重视。女性的生活重心都在家庭，既无事功可述，则持守道德礼仪规范就成为最值得表彰的事迹。

柳宗元写《亡姊前京兆府参军裴君夫人墓志》时说道：

呜呼！夫人与仁孝偕生，以礼顺偕长。始于家，纯如也；终于夫族，穆如也。其为子道也，孝以和，恭以惠，取与承顺，必称所欲。……天祸弊族，夙遭大故，我诸孤奉太夫人之养，不敢图死，至于复常。夫人三岁无汤沐，无盐酪，顿踊叫号，哀彻天地。外除发不胜笄，体不胜带。太夫人泣而命之，固犹不食，朝夕谕诲，仅而济焉。其为妻道也，贞顺之宜，恒服于身体；疑忌之虑，不萌于心术；忿懥之色，不兆于容貌，同焉而合于礼，婉焉而得其正。其为妇道也，惟听顺谨敬睦姻任恤之行甚备，常以不幸，不及姑舅之养，用为大恨。是故相春

① 王弼、韩康伯注，孔颖达等正义：《周易注疏》，嘉庆20年江西南昌府学开雕重刊宋本，《十三经注疏》艺文印书馆，1989年版，第一册，第四卷，第16页。

② 郑玄注，孔颖达等正义：《礼记注疏》，嘉庆20年江西南昌府学开雕重刊宋本，《十三经注疏》，艺文印书馆，1989年版，第五册，第二十七卷，第8页、第二十八卷，第10页。以下引用《礼记》原文皆依据此书，简称《礼记》，直接标示卷次，不另列注。

③ 钱穆：《略论魏晋南北朝学术文化与当时门第之关系》，《中国学术思想史论丛(三)》，东大图书公司，1977年版，第9节，第167页。

秋之事，晤涤濯，羞筐篚，劳以待旦。……(《柳集》卷十三，页336—337)

这里把亡姊早期生活叙述得极为详尽，乃因柳宗元知之甚详。亡者在为人女、为人妻、为人妇都有极好的礼仪规范，其中加强叙述了柳父逝世后孝女的表现[①]。儒家允许孝子女“丧尽其哀”的精神表露无遗，这也是一种礼教文化。

柳宗元《亡妻弘农杨氏志》写自己的元配道：

> 夫人既归，事太夫人，备敬养之道；敦睦夫党，致肃之美。主中馈，佐烝尝，怵惕之义，表于宗门。……衰门多舋，上天无祐，……哀夫！遂以九月五日庚午，克葬于万年县栖凤原，从先茔，礼也。(《柳集》卷十三，页339—340)

这段话除了也是表彰妇女恪守礼教的精神之外，还提到埋葬往生者在祖先茔墓旁，也是遵守古礼的做法；可见《论语·为政》“生，事之以礼；死，葬之以礼，祭之以礼”的观念[②]，在唐代可能是深植人心的，而柳氏家族正是服膺此一观念的忠实信徒。可怜的是，“早逝的杨氏夫人，因墓志的行文惯例及古代习俗，至今连名字都不被人知”[③]。

以上各篇文章述及的对象，集中在柳宗元的母亲、堂姑、姊、妻等女性身上，这是着眼于女性墓志铭的写作内容，强调妇德，重视家庭的人伦关系，因此表扬她们生前的嘉言懿行，足以展现她们在家庭教育方面的功能。虽然墓志铭一般都是“隐恶扬善”的写法，强调墓主重道德、行礼义，所见多有；然而不容忽视的是，柳宗元之所以尽心力描写上述亲友的主要原因，是因为他们都出身名门，如

---

① 陈弱水引述这个实例，说明“在文化上，柳宗元的家庭依然在其生活方式上显示出北方贵族传统的突出特征。他们特别注重遵守礼仪；柳宗元的二姊在这个方面尤其要求严格。据柳宗元的记述，在为他们的父亲‘三年’守孝期间，他的这位姊姊从未洗澡洗头，吃东西也没放过盐和酪。毫无疑问，她想遵守儒家经典和当时惯例中为父亲守孝的最极端的规定，以表达自己的悲痛。”由此观之，柳氏家族有深厚的礼教文化，世代相传下来的家风，有时候促成较为激烈的表现。参见氏著：《柳宗元与唐代思想变迁》，第2章，《柳宗元与长安的氛围》，第41—42页。

② 何晏注，邢昺疏：《论语注疏》，嘉庆20年江西南昌府学开雕重刊宋本，《十三经注疏》，艺文印书馆，1989年版，第八册，第二卷，第16页。以下引用《论语》原文皆依据此书，简称《论语》，直接标示卷次，不另列注。

③ 李浩：《柳宗元婚配与子女考》，《诗史之际——唐代文学发微》，商务印书馆，2000年版，考异篇，第306页。

河东柳氏、范阳卢氏、赵郡李氏、博陵崔氏、河东裴氏、弘农杨氏等,原本就以遵守礼法的家风著称,再加上唐代人的家庭教育多落在女性身上,她们的行为表现,看出“礼”已经成为生活中的一大部分,具体地从书本的知识转化成一种礼制、礼俗的表现,形成一种礼乐教化的氛围。

柳宗元曾为他的姊夫写下《唐故万年令裴府君墓碣》(《柳集》卷九,页234—237)、《裴墐崇丰二陵集礼后序》(《柳集》卷二十一,页572—574),提及他深知典章制度,有鉴于玄宗开元以后讳谈皇帝凶事,“而大典阙焉”,因此自撰《崇丰二陵集礼》一书,“相仪考礼”(《柳集》卷九,页236)、辨明“联百执事之仪”(《柳集》卷二十一,页573);这个家族也能“以仪范成家道,又以文雅经邦政”“恩溢乎九族,礼仪乎他门”(《柳集》卷二十一,页574),对当时的朝廷卓具贡献。

柳宗元有多篇描写男性为主体的墓志铭,也是出自世家大族的背景,强调墓主重道德、行礼义,故死后得以用碑志表彰之。这类文章除了前述写到姊夫裴府君的作品之外,尤以《唐故兵部郎中杨君墓碣》写杨凝(《柳集》卷九,页211—213)、《唐故衡州刺史东平吕君诔》写吕温(《柳集》卷九,页216—220)、《吕侍御恭墓志》写吕温之弟吕恭(《柳集》卷十,页255—256)、《虞鸣鹤诔并序》写前进士虞九皋(《柳集》卷十一,页284—286)、《唐故安州刺史兼侍御史贬柳州司马孟公墓志铭》写军官孟常谦(《柳集》卷十,页260—262)、《故叔父殿中侍御史府君墓版文》(《柳集》卷十二,页316—318)等,都写得情文并茂,令人读来印象深刻。譬如《虞鸣鹤诔并序》形容虞九皋:“传袭儒风,彪炳文史。克恭以孝,惟礼是履。……生之始至,则奋其仪。退默以谦,人悦而随。……丧有幼主,礼或多违。孰徇于名,而不是思?……由其温恭,守以贞固。行道咨嗟,观礼兴慕。……温温其恭,惟德之经。先民有作,今也是旌。”(《柳集》卷十一,页285—286)全文处处标举其礼仪行为,由此肯定其性情与品德。

柳宗元《故连州员外司马凌君墓后志》写道:“凌氏孤夷仲、求仲,自连、桂阳举其先人之柩,龟筮吉利,某年月归于杭之新城,附于其墓。刻前《志》志其行,益以《后志》志时,立碣于坟东南隅,申志于外。噫!亦勤矣。”(《柳集》卷十,页266—267)《故温县主簿韩君墓志》写道:“……又十有二日,龟策袭吉,祔于咸阳洪渎原先人之墓,礼也。”(《柳集》卷十一,页281)《故弘农令柳府君坟前石表辞》又写道:“……昭穆之有位序,壤树之有丰杀,皆如律令。”(《柳集》卷十二,页320)在许多篇章中，柳宗元总是不厌其烦地交代后人如何迁葬往生者，过程中如何守礼，这一方面是因为儒家五礼中居首位的吉礼，主要讲究的就是祭祀之事，这是生活中重要的一部分；另一方面也是因为柳宗元的笔触能注意到生活中的细节，譬如男子在丧葬的过程中，须做好移灵、卜筮、立坟的工作，甚至于须筹款埋葬先人，请求人表彰墓主事迹等在外地奔走的事情。在祭祀过程中，家族成员须讲求“昭穆之有位序”，强烈地被要求遵守道德律令。由此看出孝子的用心，以之发扬孝道，符合曾子“慎终追远，民德归厚矣”（《论语·学而》）的意思。

三　柳宗元对“礼”的认知意涵

柳宗元生长于深明儒家礼仪教化的环境里，他的礼学素养如何？这是很值得讨论的问题。“礼”可以是指外在的礼仪形式，那些礼文、仪文，是人的行为表现。孔子说：“礼云礼云，玉帛云乎哉？乐云乐云，钟鼓云乎哉？”（《论语·阳货》）这就看出许多人讲求外在的礼仪，而忽视了“礼”是由人内心的道德生发出来。只要稍具礼学素养的儒者，都能体会到“仁义”的内在道德性超越了“礼”的外在形式，礼乐之实质内涵比外在的形式更为重要。孔子重视“礼”，这是对春秋贵族思想的继承；但是他更重视“仁”①，这是因为他有意提升人心内在的道德理据，以改善春秋晚期人心不古的社会变化。孔子说：“人而不仁，如礼何？人而不仁，如乐何？”（《论语·八佾》）说的正是以“仁”为核心的命题。

到了汉代，发生儒学最大影响力的是荀子，而不是孟子。孟子言“仁义”，荀子重“性”重“礼”。汉代与唐代之间，有关周代的历史与制度、《周礼》的意义与影响，乃是学界甚受重视的课题。日籍学者内山俊彦指出，在汉儒郑玄的经学体系中，《周礼》居于最关键的地位②。虽然由于魏晋玄学的兴起，学者通常认为魏晋

① 杨伯峻《论语词典》指出：春秋时期较少言“仁”，《左传》言“礼”达 462 次，言“仁”仅为 33 次；但是《论语》言“礼”为 74 次，分别指礼意、礼仪、礼制、礼法、礼之用；言“仁”则多达 109 次，其中孔子以“仁”作为道德标准者高达 105 次。参见杨伯峻：《论语译注》，源流文化事业公司，1982 年版，第 228、318 页。可见孔子不仅将重视“礼”的语境转换成重视“仁”的语境，更指明“仁”的道德内涵极为重要，开启了儒家学说从重视仪文形式转而为重视道德文化精神的走向。

② ［日］内山俊彦：《郑玄における历史意识の问题》，《中国——社会と文化》，中国社会文化学会，2005 年版，第 20 期；转引自廖宜方：《唐代的历史记忆》，台湾大学出版中心，2011 年版，导论，第二节，《思想的层面》，第 16 页。

南北朝是儒学衰落的时期，但是比对《汉书·艺文志》著录礼学研究著作有13家、555篇，《隋书·经籍志》著录礼学研究著作有136部、1622卷，数量不减反增。故清代赵翼《廿二史劄记》说："六朝人最重'三礼'之学，唐初犹然。"[①]陈寅恪也说："六朝士大夫号称旷达，而夷考其实，往往笃孝义之行，严家讳之禁。"[②]余英时也说："魏晋南北朝则尤为以家族为本位之儒学之光大时代，盖应门第社会之实际需要而然耳！"[③]田余庆明白地说道："在士族本位的社会中，维系士族本身之存在，保持一姓士族内部之凝聚，即所谓'齐家'者，确实不能从玄学之中找到有用的思想工具。所以，士族通常并不废礼学，还特重丧服之礼，以之为维系士族门户的重要手段之一。"[④]

由上可知，礼学是一种学理上的讨论，也运用至生活上的实践，魏晋南北朝以来皆如此。不过，形成一种具有道德性质的家族门风之后，也会回过头来促成家族礼学的讨论，学问由是得以讲求。钱穆与陈寅恪都注意到了这点。钱穆论述魏晋南北朝学术文化与士族门第的关系时说：

> 当时门第传统共同理想，所希望于门第中人，上自贤父兄，下至佳子弟，不外两大要目：一则希望其能具孝友之内行，一则希望其能有经籍文史学业之修养。此两种希望，并合成为当时共同之家教。其前一项之表现，则成为家风；后一项之表现，则成为家学。[⑤]

家风重在立德，包括人格道德与家庭伦理规范；家学重在立业，包括经籍、文、史主导的学术。两者结合成为当时士族共同之家教，从魏晋流衍到唐代。陈寅恪说："所谓士族者，其初并不专用其先代之高官厚禄为其唯一之表征，而实

---

① 赵翼：《廿二史劄记》，华世出版社，1977年版，第20卷，《唐初三礼汉书文选之学》，第438页。

② 陈寅恪：《冯友兰〈中国哲学史〉下册审查报告》，《金明馆丛稿二编》，生活·读书·新知三联书店，2001年版，第283页。

③ 余英时：《汉魏之际士之新自觉与新思潮》，《中国知识阶史论（古代篇）》，联经出版公司，1984年版，第326页。

④ 田余庆：《门阀士族的文化面貌》，《东晋门阀政治》，北京大学出版社，1996年版，第358页。上述陈寅恪、余英时、田余庆三家说法，又见于唐晓敏：《中唐文学思想研究》，北京师范大学出版社，2000年版，第三章第一节，《"道"之演进》，第53—54页。

⑤ 钱穆：《略论魏晋南北朝学术文化与当时门第之关系》，第十节，第171页。

以家学及礼法等标异于其他诸姓，如范阳卢氏者，山东士族中第一等门第也……夫士族之特点既在其门风之优美，不同于凡庶，而优美之门风，实基于学业之因袭，故士族家世相传之学业乃与当时之政治社会有极重要之影响。”[①]此乃就唐代的现象来说。唐人保有家风者，自然也会追求良好的家学，进而求得仕宦机会以施展抱负。关于这点，可以从柳宗元身上得到验证。

根据柳宗元自己的说法，“始仆少时，尝有意游太学，受师说，以植志持身焉。”后来听说太学的学风败坏，感到痛心，“遂退托乡闾家塾，考厉志业，过太学之门而不敢踞顾，尚何能仰视其学徒者哉”！（《柳集》卷三十四，《与太学诸生喜诣阙留阳城司业书》，页868—867）说明他是舍太学而就私学，通过乡闾家塾的途径完成学行教育的，这么一来，家风、家学的影响就更大了。换言之，柳宗元一生既重视礼仪行为举止，也重视礼学思想内涵，其来有自。

柳宗元曾说：“儒以礼立仁义，无之则坏；……是故离礼于仁义者，不可与言儒。”（《柳集》卷七，《南岳大明寺律和尚碑》，页170）在《送豆卢膺秀才南游序》也说：“君子病无乎内而饰乎外，有乎内而不饰乎外者。无乎内而饰乎外，则是设覆为阱也，祸孰大焉？有乎内而不饰乎外，则是焚梓毁璞也，诟孰甚焉！……然而不克专志于学，饰乎外者未大，吾愿子以《诗》《礼》为冠屦，以《春秋》为襟带，以图史为佩服，琅乎璆璜衡牙之响发焉，煌乎山龙华虫之采列焉，则揖让周旋乎宗庙朝廷斯可也。”（《柳集》卷二十二，页607）可见柳宗元认为“仁义”为“礼”的根本，“礼”是儒身的外在表现；他对“礼”的认知意涵，是一种内在的道德理想与发而为外在的行为举止相辅相成的表现，“仁义”与“礼”配合得当，可以展现出一种德治精神。

因此我们可以理解，柳宗元为什么在《守道论》一文中认定“守道不如守官”是错误的说法；这是因为官职是外在之物，圣人之道是人的内在精神，两者必须结合在一起。他说：

> 凡圣人之所以为经纪，为名物，无非道者。命之曰官，官是以行吾道云尔。是故立之君臣、官府、衣裳、舆马、章绶之数，会朝、表著、周旋、行列之

① 陈寅恪：《政治革新及党派分野》，《唐代政治史述论稿》，台湾商务印书馆，1994年版，中篇，第79—81页。

等，是道之所存也。则又示之典命、书制、符玺、奏复之文，参伍、殷辅、陪台之役，是道之所由也。则又劝之以爵禄、庆赏之美，惩之以黜远、鞭扑、梏拲、斩杀之惨，是道之所行也。故自天子至于庶人，咸守其经分，而无有失道者，和之至也。失其物，去其准，道从而丧矣。易其小者，而大者亦从而丧矣。（《柳集》卷三，页 82）

这段话所举出的事物，都与官职有关，其实也都是“礼”的发展与运用。虽有那么多的名物制度，其实背后的主要精神就是“道”，是圣人日诵口说的道德之运作。换言之，“道”的具体实践就在日常生活中的“礼”表现出来。因此，从柳宗元为人处世的重视礼法态度，以及他对政治事功的评论意见，就能看出他的道德涵养，也就是他的礼学精神。

四　柳宗元“礼学”的行为表现

承上所述，我们可以更进一步讨论“礼学”在柳宗元身上所发挥出来的作用。首先，柳宗元为官施政时，能考虑到旧有的礼制规范，并由此提出新的思考及建设。他在礼学方面最著名的事迹就是修建孔庙，复兴文教。先是元和九年（814）时，河东薛公请柳宗元写下《道州文宣王庙碑》，其中依据《月令》之说：“释奠于先圣先师，国之故也。”于是立夫子像，祭祀之，又延聘教师讲学。这些事虽不是柳宗元躬亲行事，但是从文章内容看来，柳宗元很赞许立孔庙以兴学、尊崇儒家礼教的做法（《柳集》卷五，页 120—123）。过不多久，柳宗元在柳州刺史任内，“大修孔庙”，也是为了达到“人去其陋，而本于儒，孝父忠君，言及礼义”的目的（《柳集》卷五，《柳州文宣王新修庙碑》，页 125）。韩愈的《柳州罗池庙碑》盛赞此事，表彰了柳宗元的政绩：

柳侯为州，不鄙夷其民，动以礼法。三年，民各自矜奋：“兹土虽远京师，吾等亦天氓，今天幸惠仁侯，若不化服，我则非人。”于是老少相教语，莫违侯令。凡有所为于其乡闾，及于其家，皆曰：“吾侯闻之，得无不可于意否？”莫不忖度而后从事。凡令之期，民劝趋之，无有后先，必以其时。于是民业有经，公无负租，流逋四归，乐生兴事。宅有新屋，步有新船，池园洁修，猪牛鸭鸡，肥大蕃息。子严父诏，妇顺夫指，嫁娶葬送，各有条法。出相弟长，入相慈孝。先时民贫，以男女相质，久不得赎，尽没为隶。我侯之至，按国之故，以佣除本，悉夺归之。大修孔子庙，城郭巷道皆治，使端正，树以名木。柳民既皆悦喜。①

这篇虽是死后才被歌颂的文字，但是柳宗元生前在当地修建孔庙、兴办教育、推广教化，耕耘时日既久，因此收到化民成俗、文化普及的效果。柳宗元已经将儒学的孝弟礼义精神，传统道德文化的价值，普及柳州民心。

身为唐代社会中的一名官员，柳宗元有许多机会以他个人内化的儒家道德修养，尽忠职守，为人民服务。这方面的表现，尤其在柳宗元的碑志作品中呈现出来。譬如他的《终南山祠堂碑并序》是因为皇帝派遣官员祈福降雨、"考视祠制"而作（《柳集》卷五，页 126—129）；《太白山祠堂碑并序》也是因为遭逢旱灾，皇帝派遣官员"分命祷祀""宜饰祠庙"而作（《柳集》卷五，页 130—131）；《饶娥碑》有感于饶娥尽孝、"气尽伏死"，而立碑纪念（《柳集》卷五，页 135—137）；《唐故特进赠开府仪同三司扬州大都督南府君睢阳庙碑并序》更是有感于名将南霁云抵抗安禄山的英勇事迹而作，文中有言："朝廷加赠特进扬州大都督，功定为第一等，与张氏、许氏并立庙睢阳，岁时致祭。"（《柳集》卷五，页 138—145）

以上说明了柳宗元守礼法、行礼义的作为，其中有些是来自外在的形势条件，如朝廷、官府制度的要求之类；当我们深究柳宗元的学术涵养时，会发现有如下所述的不同看法：

第一点，我们注意到汉儒的经学是章句注疏之学，这个学风延续到初唐孔颖达、陆德明分别完成了《五经正义》《经典释文》的工作。而柳宗元对此不感兴趣，他在《上大理崔大卿应制举不敏启》中说："若宗元者，智不能经大务、断大事，非有恢杰之才；学不能探奥义、穷章句，为腐烂之儒。"（《柳集》卷三十六，页 912）在《答严厚舆秀才论为师道书》也说："仲尼岂易言耶？马融、郑玄者，二子独

---

① 韩愈著，朱熹考异，王伯大音释：《朱文公校昌黎先生集》，四部丛刊初编本，（台湾）商务印书馆，1965 年版，第三十四册，第三十一卷，第 209 页。以下引用韩文皆依据此书，简称《昌黎集》，直接标示卷次，不另列注。

章句师耳。今世固不少章句师，仆幸非其人。”（《柳集》卷三十四，页878）可知从青年时期起，柳宗元就反对这类穷究经文字句的学问。李浩指出：

> 柳宗元对章句注疏之学的这种态度，显然与啖、赵、陆学风有关。赵匡曾批评专守章句的风气说：“疏以释经，盖筌蹄耳。明经读书，勤苦已甚，其口问义，又诵疏文，徒竭其精华，习不急之业。而当代礼法，无不面墙，及临人决事，取办胥吏之口而已。”（《通典》卷十七《选举五》引赵匡《举选议》）从经世致用的立场批评章句注疏为筌蹄而非目的，习此不急之业，并不能提高官吏实际行政能力，说明其所崇重的是儒家的经世精神，而非章句经术。①

赵匡批评当时许多读书人只知背诵注疏，不懂当代政教制度，不能施用于世，这不是理想的学问。柳宗元受其影响，也不愿学郑玄作章句师。综览《柳宗元集》，书中有关“礼”的讨论，都不是章句注疏的讨论，而是随机取用《周礼》《仪礼》《礼记》的内容，讨论在治国施政时如何找到行事得宜的判断准则。可见柳宗元读儒家经典所考虑的重点，在于古书中的圣人之道如何施用于国计民生的问题，他没有偏重或偏废任何一经的现象。

第二点，柳宗元在青年时期所作《上大理崔大卿应制举不敏启》一文，已经展现出“乘时得君”“取将相，行其政焉”的宏大志愿。（《柳集》卷三十六，页913）在《唐故衡州刺史东平吕君诔》追忆当年一起读书的情形：“君昔与余，讲德讨儒。时中之奥，希圣为徒。志存致君，笑咏唐、虞。揭兹日月，以耀群愚”。（《柳集》卷九，页220）在《寄许京兆孟容书》也说出自己早年的政治理想是：“立仁义，裨教化”，“勤勤勉励，唯以中正信义为志，以兴尧、舜、孔子之道，利安元元为务。”（《柳集》卷三十，页780）在《答吴武陵论非国语书》说得更透彻明白：“仆之为文久矣，然心少之，不务也，以为是特博弈之雄耳。故在长安时，不以是取名誉，意欲施之事实，以辅时及物为道。”（《柳集》卷三十一，页824）他的《送徐从事北游序》一文，也勉励徐生说：“苟闻传必得位，得位而以《诗》《礼》《春秋》之道施于事，及于物，思不负孔子之笔舌。能如是，然后可以为儒。儒可以说读为哉！”（《柳

① 李浩：《柳宗元古文思想与关中学术资源》，《诗史之际——唐代文学发微》，分述篇，第204页。其中引文出自杜佑：《通典》，（台湾）商务印书馆，1987年版，第十七卷，《选举五》，第97页。

集》卷二十五,页 660)这类以天下苍生为念的伟大抱负,书中屡见不鲜。

正因为如此,柳宗元读古书是取大略小,以有益生民、实践儒家理想为终极关怀目标。何谓大?“辅时及物”为大。他往往从宏观的角度去理解经书,循此提出对生民有利的思考。譬如在褒扬其父柳镇的学养时,说:“先君之道,得《诗》之群,《书》之政,《易》之直方大,《春秋》之惩劝,以植于内而文于外,垂声当时。”(《柳集》卷十二,页 294)这里肯定经书能提升人的精神涵养,也承认经书带有政治事功的效用。此外,在《报崔黯秀才论为文书》中说:“然圣人之言,期以明道,学者务求诸道而遗其辞。辞之传于世者,必由于书。道假辞而明,辞假书而传,要之,之道而已耳。道之及,及乎物而已耳,斯取道之内者也。”(《柳集》卷三十四,页 886)当我们了解柳宗元把“交诚明,达德行,延孔氏之光烛于后来”(《柳集》卷三十四,《答贡士元公瑾论仕进书》,页 876)视为弘远的责任时,就能认同他理解经书内容的方式,虽然较为宽泛,但是施于事、及于物(包括文学写作)的用途,也更为辽阔而无所不包。李浩说:“这是学术史上的一个潜转暗变,说明经学将由各家互异的专门之学走向综合的通学。而超越章句是实现这一转型的重要途径。柳宗元一方面学养深厚,有所本原;另一方面又不拘于章句,卓然不群,于经学之衍变,亦有其功。”①这段话看出了柳宗元已经脱离了章句注疏,赋予经书更多的诠释意义。这也为中唐至北宋以下,儒学成为一种道德修养之学、经世致用之学打开了一条通路;也为经书成为古文写作者的阅读文本提供了理论基础。柳宗元对于经学的演变是有功劳的。

至于何谓小?“取声名”为小。柳宗元不愿意放大个人生活的相关事务,博取科举声名属于个人之事,就不能与天下国家的抱负混为一谈。同理,当我们发觉柳宗元某些不拘小节、不合礼法的事情时,从这个观点去看待,也就不足为奇。譬如德宗贞元十五年(799)元配夫人杨氏去世,直到顺宗永贞元年(805)被贬斥南方之前,共计六年期间,柳宗元居住长安,年少得志,交游广阔,却一直未续弦。古人于妻室亡故之后,未即续弦,其间亦可能与侍妾有子。今人以为:柳宗元“在贬永、刺柳期间,却反复不断地诉说私生活之不幸与续娶之艰难,且先后与数名非婚女子同居,其中或有人所未知之隐情”②。这里可能昧于事实,未可全以

① 同 62 页注①,第 206 页。
② 李浩:《柳宗元婚配与子女考》,考异篇,第 313 页。

同居论之。此外,柳宗元《下殇女子墓砖记》载:

> 下殇女子生长安善和里,其始名和娘。既得病,乃曰:"佛,我依也,愿以为役。"更名佛婢。既病,求去发为尼,号之为初心。元和五年四月三日,死永州,凡十岁。其母微也,故为父子晚。(《柳集》卷十三,页341)

这里让亲生女儿信佛,希望借助宗教力量,让病情好转,本是民间常有之事。但信佛、出家、问吉凶,终究不符合儒家礼制。文中言及和娘的母亲地位卑微,因此虽然同居、生子,却一直未正式迎娶入门。后来这位女子也不知所终,柳宗元其他文章从未提起。这也不符合儒家礼制。可以这么说,柳宗元重视儒家经书的大节,个人私生活的琐事却未必合乎礼法,他对于"礼"的讲求,以道德内涵为重,以外在仪式为轻,一如子夏所说的:"大德不踰闲,小德出入可也。"(《论语·子张》)

结合上述两点,得知柳宗元的礼学涵养,已经内化为个人的道德修持,并结合儒家经世致用的精神,以实践利国安民的理想为人生努力的目标。美国籍学者包弼德(PeterK.Bol)肯定柳宗元始终未悖离孔子思想,并追求一个"整体的个性品质",因此说道:"在柳宗元手里,典籍传统变成思想和表达中所包含的品质。圣人之道没有被解释成一个教条的说法;而是说,它指拥有某种品质,这种品质可以养成好的个性。这是一个人可以期待于一个官员和执法者的品质。这个道可以用文来阐明,作为学者经世的一种方式。柳宗元的确这样做了,他就像自己亲身经历过一样来撰写历史和当代的社会和自然。显然柳宗元相信他的表达方式为他的反应和判断赋予了道德性。"[①]他看出柳宗元对于圣人之道的解释,有助于养成好的个性;也因此,他能采用儒家之道,追求成为优秀官吏的品质,重视民意,推广儒学教化,形成一种经世济民的力量。

---

① 包弼德(PeterK.Bol)著,刘宁译:《斯文:唐宋思想的转型》,江苏人民出版社,2001年版,第三章,《初唐朝廷的学术和文学创作》,第151页。

五 柳宗元关于"礼"的讨论

柳宗元《禬说》是一篇直接讨论"古礼"的文章,也传达了他的思想。文章开头就说:

> 柳子为御史,主祀事。将禬,进有司以问禬之说,则曰:"合百神于南郊,以为岁报者也。先有事,必质于户部。户部之词曰:'旱于某,水于某,虫蝗于某,疠疫于某',则黜其方守之神,不及以祭。"余尝学《礼》,盖思而得之,则曰:"'顺成之方,其禬乃通',若是,古矣。"继而叹曰:"神之貌乎,吾不可得而见也;祭之飨乎,吾不可得而知也。是其诞漫惝怳,冥冥焉不可执取者。夫圣人之为心也,必有道而已矣,非于神也,盖于人也。以其诞漫惝怳,冥冥焉不可执取,而犹诛削若此,况其貌言动作之块然者乎?是设乎彼而戒乎此者也,其旨大矣。"(《柳集》卷十六,页 457—459)

这里,柳宗元先说自己学过《礼》,而他所讨论的正是儒家礼学观念面对当代事件应该有的正确做法。如同孔子,对于那些不可得而见也、不可得而知的鬼神现象,柳宗元放在次要的位置;他更看重的是与"人"相关的事情而不是"神"。因此下文检讨当时由《礼记》所沿承下来的礼制度,有些天灾、虫灾、瘟疫等现象,非人力之所能为,乃难以确知之事,尚且大动作地"诛削若此";故知设下禬礼的目的,在于借此警惕人间事的不可轻忽。下文柳宗元接着说:"其名则存,而教之实则隐。"(《柳集》卷十六,页 458)他认为之事应当不是"圣人之意""苟明乎教之道,虽去古之数可矣"。(《柳集》卷十六,页 458—459)由此可知,柳宗元不是墨守成规的人,只要有不合于今之人情的状况,虽属自古以来流传下来的古制,也考虑主张废除①。

柳宗元《时令论上》一文说:"凡政令之作,有俟时而行之者,有不俟时而行之者。……"(《柳集》卷三,页 85)据此,柳宗元认知古代礼制的形成,有些是配合

① 关于柳宗元《禬说》这篇文章的讨论,可参考陈弱水:《柳宗元与唐代思想变迁》,第二章,《柳宗元与长安的氛围》,第 61—63 页。

时令而来,有其形成的合理性。然而,相沿不衰的"古礼",有时候几经附会、窜改、粉饰,乃至掺杂地方灵异传说,成为以神道设教的另一种方式。因此他从这个角度讨论礼制说:

《吕氏春秋》十二纪,汉儒论以为《月令》,措诸《礼》以为大法焉。其言有十二月七十有二候,迎日步气,以追寒暑之序,类其物宜而逆为之备,圣人之作也。然而圣人之道,不穷异以为神,不引天以为高,利于人,备于事,如斯而已矣。观《月令》之说,苟以合五事,配五行,而施其政令,离圣人之道,不亦远乎?(《柳集》卷三,页84—85)

这段话说明"礼"的要义,不在于配合五行之说,不在于引述神异难以掌握的"天意",而是"利于人,备于事,如斯而已矣"。他在《时令论下》一文也说:

圣人之为教,立中道以示于后。……未闻其威之以怪,而使之时而为善,所以滋其怠傲而忘理也。语怪而威之,所以炽其昏邪淫惑,而为祷禳、厌胜、鬼怪之事,以大乱于人也。且吾子以为畏册书之多,孰与畏人之言?使谔谔者言仁义利害,焯乎列于其前而犹不悟,奚暇顾《月令》哉?是故圣人为大经,以存其直道,将以遗后世之君臣,必言其中正,而去其奇邪。其有嚚然而不顾者,虽圣人复生,无如之何,又何册书之有?(《柳集》卷三,页88)

这里表明圣人以中正之道立教,而不是降威降祸福以立教。至于《月令》之类的古书不足畏,完全尽信之,总有不合时宜处,故应当探求圣人之心为准,而不必拘泥于古书。事实上,唐太宗、武后、玄宗等人有"读时令"之事,中唐以后仍然常见,柳宗元的反对不为无因[①]。在《断刑论下》一文也有类似说法被提出来,他说:

夫圣人之为赏罚者非他,所以惩劝者也。赏务速而后有劝,罚务速而后有惩。必曰"赏以春夏"而"刑以秋冬",而谓之至理者,伪也。使秋冬为善者,

① 王溥:《唐会要》,上海古籍出版社,2006年版,第二十六卷,《读时令》,第571页。

必俟春夏而后赏，则为善者必怠；春夏为不善者，必俟秋冬而后罚，则为不善者必懈。为善者怠，为不善者懈，是驱天下之人而入于罪也。……

或者务言天而不言人，是惑于道者也。胡不谋之人心，以熟吾道？……果以为天时之可得顺，大和之可得致，则全吾道而得之矣。全吾道而不得者，非所谓天也，非所谓大和也，是亦必无而已矣。又何必枉吾之道，曲顺其时，以谄是物哉？吾固知顺时之得天，不如顺天顺道之得天也。……（《柳集》卷三，页89—92）

这里深刻地揭露了“赏以春夏”“刑以秋冬”那种把“天意”与“刑政制度”结合起来，变成一种神权化思考的荒谬。同时提出“顺时之得天，不如顺天顺道之得天”，所谓的“道”，乃是“圣人有心于物”之道，不是以“雷霆雪霜”的大自然力量为依归。为了打破老百姓常有的害怕自然界“天威”的迷思，柳宗元提出“守经达变”“通权达变”的思考方式，要求以民意为准，信于道而不疑。这些都是他在讨论古代礼法制度方面的明确主张[①]。

柳宗元在歌颂皇帝功德的《贞符》一文中，先明白驳斥历代各种祥瑞，如董仲舒等人“信天命”的符瑞说法，是以“淫巫瞽史”之言来“诳乱后代”，“后之妖淫嚚昏好怪之徒”不可信。他又引述尧、舜、禹、汤、武王的说法，指出圣人是“显至德，扬大功”，国君应该是有德而受命，“受命不于天，于其人”“受命于生人之意”，否定了上古以来的“君权神授”说。他也将“势”说成是“生人之意”的展现。（《柳集》卷一，页29—36）从这些文章看来，他重视人民之意，视之为社会发展的决定因素，否定“天意”或“圣人”创造历史的旧说[②]，十分难能可贵。这种不相信符瑞，完全以民意为主的观念，是他一贯的思想。

由于柳宗元始终重视人力胜于天命，因此他认为自然界的“天”和社会人事“各行不相预”（《柳集》卷三十一，《答刘禹锡天论书》，页816—817），人的吉凶祸

① 关于柳宗元《断刑论下》这篇文章以及由此引发出来重视“生人之意”的讨论，可参考孙昌武：《柳宗元评传》，南京大学出版社，1998年版，第五章，《重视“生人”的政治改革主张》，第232—275页；张勇：《柳宗元儒佛道三教观研究》，黄山书社，2010年版，第二章第二节第二点，《儒“道”内涵的诠释》，第37—44页。

② 柳宗元不认同意志之天，而认同自然之天，他曾经说过：“庄周言天曰自然，吾取之。”参见《柳集》，卷三，《天爵论》，第80页。

福、社会的兴衰治乱，都不是“天”所能主宰，而是“功者自功，祸者自祸”(《柳集》卷十六，《天说》，页443)，可见人事的努力才是柳宗元主要追求的目标。柳宗元还认为要“变祸为福”，绝不能依靠“天命”，而是“在我人力”(《柳集》卷二，《愈膏肓疾赋》，页67)。在《非国语》系列作品中，他也以大量篇幅批判了《国语》一书中的命定思想[①]。他在《与吕道州论〈非国语〉书》说：“近世之言理道者众矣，率由大中而出者咸无焉。其言本儒术，则迂回茫洋而不知其适；其或切于事，则苛峭刻覈，不能从容，卒泥乎大道。甚者好怪而妄言，推天引神，以为灵奇，恍惚若化而终不可逐。故道不明于天下，而学者之至少也。”(《柳集》卷三十一，页822)由此可见，柳宗元对于喜欢口诵“儒术”之言，却又“推天引神”，企图以怪力乱神迷惑世人的说法，深恶痛绝。

此外，柳宗元最依据《礼》而讨论行事之宜者，尤以《驳复仇议》集中讨论单一事件为个中翘楚。这篇文章所讨论的徐元庆报父仇事件，发生于武后时期。据《唐史·孝友传》载：“左拾遗陈子昂议诛元庆，然后旌其闾墓，时韪其言。后礼部员外郎柳宗元驳云云。”[②]这是轰动一时的案件。柳宗元衡量此事的标准，在于必须合于法理，先究明是非曲直，确定徐元庆之父是否犯法当诛，若不当诛，而是县令误判，则证明徐元庆报父仇而诛县令，是报仇得当，而且其情可悯。他认为“圣人之制，穷理以定赏罚，本情以正褒贬”，故法律也须顾及人情。执法正当，则不能为亲人报仇之故，而杀害他人。人与人之间也不得冤冤相报，永无休止。(《柳集》卷四，页102—105)柳宗元在此文中引经据典，论述鞭辟入里，足以破除前人的成见。

总结前文，我们发觉柳宗元对于旧有的礼制规范，虽然适度地给予尊重，但是会思索其中的礼学意义，发挥它的效用；而在更多的时候，他会检讨古代礼制

---

① 譬如他反对国家大事交给占卜迷信的预言作决定，在《非国语上·卜》一文说道：“卜者，世之余伎也，道之所无用也。圣人用之，吾未之敢非。然而圣人之用也，盖以驱陋民也，非恒用而征信矣。尔后之昏邪者神之，恒用而征信焉，反以阻大事。要言，卜史之害于道也多，而益于道也少，虽勿用之可也。《左氏》惑于巫而尤神怪之，乃始迁就附益以成其说，虽勿信之可也。”(《柳集》卷四十四，第1291—1292页)这段话明白地告诉我们，卜巫之事不可信。

② 须补充说明的是，此文虽是针对陈子昂而发，但是柳宗元肯定陈子昂的才华，他在《杨评事文集后序》一文说：“文有二道：辞令褒贬，本乎著述者也；导扬讽谕，本乎比兴者也。……唐兴以来，称是选而不作者，梓潼陈拾遗。”(《柳集》第二十一卷，第579页)他对陈子昂的文学成就极为推崇。可见这篇文章对事不对人，完全是站在客观的立场论述。

沿承至今多有穿凿附会、滞碍难行之处,他的批评重点常常指向五行、祥瑞、天命观、卜筮、灵异、政府用人等方面,对此大肆抨击。柳宗元少年时代接受了汉代至中唐始终以荀子为儒家代表人物的教育(这情形要到后来韩愈《原道》提出孟子继承了儒家道统才扭转局面,见《昌黎集》卷十一),因此他的前期思想深受荀子学说的影响,自然很重视礼;到了后期受到《论语》《孟子》的影响才比较多①。随着年岁渐长,贬官永州后,阅历更深,更有闲暇刻苦读书,而他的境遇又无法像同时人韩愈那般犯颜极谏,空有满腔经世济民的抱负,只能宣泄于书,于是有许多激烈批判古代礼制不正确的言论出来。值得注意的是,孔子既知夏礼,又知殷礼,但是他又说:"周监于二代,郁郁乎文哉!吾从周。"(《论语·八佾》)可见"礼"是一种外在的形式条件,并非一成不变,只能守旧因袭而已。孔子重礼制、仪文,但是他更重视那产生外表形式背后的内在本质,也就是人文精神的道德意义。柳宗元何尝不是如此?"礼"对他来说,是社会、政治行为的规范,是一种落实到外在行为的仪式,重礼有其必要②,但是礼的内在本质——仁义道德更是核心问题。因此,一如孔子,既重视礼,更重视仁。柳宗元每每从福国利民的角度出发,心中充满仁义道德,才促使他写出这么多篇讨论古代礼乐教化、政治制度的作品。

六 柳宗元"本之《礼》以求其宜"的创作成就

从以上各节的讨论观之,柳宗元一生遵守儒家之道,他的古文也因此受到

① 邓小军指出:"(柳宗元)前期思想,深受荀子学说和陆质《春秋》学派的影响,其思想主题为作用层次的大中之道、天人相分的天人关系论、和天生人成的历史观。……自永贞元年(805)被贬到永州以来,宗元对儒学的主要原典有极深切的体会,……本体论层次的大中之道,人性本善、人性普遍平等的人性论,天人合一哲学,成为宗元后期哲学思想的三大主题。"参见邓小军:《唐代文学的文化精神》,文津出版社,2003年版,第八章第一节,《柳宗元生平经历与思想发展的分期》,第393—394页。按:文中"儒学的主要原典"这句话,据下文指出是《论语》《中庸》《易传》《孟子》这四本书。

② 譬如柳宗元在《唐故兵部郎中杨君墓碣》一文中特别引述了唐时丧葬之令说:"葬令曰:'凡五品以上为碑,龟趺螭首。降五品为碣,方趺圆首,其高四尺。'按郎中品第五,以其秩不克偕,降而从碣之制,其世系则纪于大墓。"故为往生者写的是"墓碣",文中表彰他的品行,但不及于世系。(《柳集》第九卷,第211—213页)在《唐故尚书户部郎中魏府君墓志》一文中也说明了往生者的祭祀之礼的特殊情况:"君尝二娶,而卒无主妇,庭无倚庐,堂无抱孤。有令兄弟以主其丧,有孝女以守其祀。故哭于客位,吊于殡东者,咸加哀焉。凡为部从事,府丧而当其位者三,州缺而居其守者二,皆得其理。君之先,再世贫不得葬,故以禄仕游于诸侯,薄衣食,损车马,凡十有余祀,卒获于厥心。其族属之无主后者,皆位于墓;娣侄之无归从者,咸会于家。"(《柳集》第九卷,第224页)可见当时礼制的繁复,家属各有其位,尽哀致祭。由此得知,礼制的要求,尤其在丧礼、葬礼的祭祀场合,必须得其时宜。

经书影响甚深[1],对政治社会层面的问题非常重视。这点与南朝刘勰《文心雕龙·宗经》将五经当作写作的泉源,包含后世各类文体的来源——完全是从文学观点所作的思考,大不相同。柳宗元试图以儒家学说为蓝图,建构出完美的政治理想。他站在儒学思想的立场从事写作,写出许多关心人民的作品,是故所谓"本之《礼》以求其宜"的意思,是指当内心道德建立之后,再寻求对应于外在具体事件的正确标准,求得一个合理适当的安顿生命的位置;如此理解,才能知道他一再强调的"大中之道""圣人之道""辅时及物之道"都是他写作古文的基石,以圣人之道作为针砭施政之方。据此,他"把公益性当成儒家思想的基本属性"、促使"儒家思想重获在中国公共生活中的指导地位的努力"。[2]前节提及《时令论》《断刑论》《贞符》《非国语》《驳复仇议》这类富有社会价值意义的论述,均由此而来。

其次,既然柳宗元阅读古书之后从事古文写作,又通晓"三礼",因此在他的作品中,自然能化用古书字句,灵活运用礼学的相关典故、语辞。譬如他在《濮阳吴君文集序》一文赞美吴武陵这个人:"好学而善文。居乡党,未尝不以信义交于物;教子弟,未尝不以忠孝端其本。以是卿相贤士,率与亢礼。"可见其人品甚高。接着柳宗元抒发了一段议论道:

> 古之司徒,必求秀士,由乡而升之天官;古之太史,必求人风,陈诗以献于法宫,然后材不遗而志可见。近世之居位者,或未能尽用古道,故吴君之行不昭,而其辞不荐,虽一命于王,而终伏其志。呜呼,有可惜哉!(《柳集》卷二十一,页581—582)

这段话是借古代政教制度来叹惜吴君未能见用于当世。其中"古之司徒"的作法,出自《礼记·王制》:"命乡论秀士,升之司徒,曰选士。论选士之秀者而升之

---

① 范仲淹认为韩、柳古文实从经书而来。他在《祭尹师鲁舍人文》说:"天生师鲁,有益当世。为学之初,时文方丽。子师何人?独有古意。韩、柳宗经,班、马序事。众莫子知,子特弗移。是非乃定,英俊乃随。圣朝之文,与唐等夷。繄子之功,多士所推。"此处谓"韩、柳宗经",是《范文正公集》中唯一把韩、柳合论之处。从尹洙提倡古文的角度来说,经和史都是古文的楷模,所以这里把韩、柳放到"宗经"的范畴予以考量,是很高的评价。参见范仲淹:《范文正公集》,(台湾)商务印书馆,1965年版,四部丛刊初编本,第四十册,第十卷,第85页。

② 陈弱水:《柳宗元与唐代思想变迁》,结语,第194—195页。

学，曰俊士。”(《礼记》卷十三)又出自《周礼·地官司徒·乡大夫》:“乡老及乡大夫群吏献贤能之书于王，王再拜受之，登于天府，内史贰之。”[①]其中“古之太史”的做法，也出自《礼记·王制》:“命大师陈诗，以观民风。”(《礼记》卷十一)柳宗元随手引述“三礼”内容，说得振振有词。又如《送幸南容归使联句诗序》一文赞美幸南容这个人:

> 北会元戎，直道自达，吾侪器其略；南聘天朝，相礼述职，公卿多其仪。合度于易于之间，虽枚生之节，长卿之道，无以尚也。(《柳集》卷二十二，页597)

这里引用了《礼记·檀弓下》:“诸侯之来辱敝邑者，易则易，于则于，易于杂者，未之有也。”郑玄注:“易谓臣礼，于谓君礼。”(《礼记》卷十)这里也是不着痕迹地化用了典故，写得句式整齐而又有深意。需要补充说明的是，这类化用古书辞句的做法，只证明他熟读了某些古书，即使技巧高妙，也仅止于表相而已。经学如何转换至古文写作的思考，以“礼”对柳宗元来说，绝不仅止于句读之间，而是来自先秦儒家精神——那就是重礼且更重视仁义道德的思考。因此，我们可以再探讨“本之《礼》以求其宜”的“宜”字的问题。

罗宗强《隋唐五代文学思想史》讨论中唐文学思潮时有自己独特的看法。他注意到柳宗元“文以明道”的主张，说:“取道之原是宗经，但值得注意的一点，是宗经不提宗其道，而提宗其‘质’‘恒’‘宜’‘断’‘动’，都是属于写作特色方面的。……他要明的道，是辅时及物之道，最根本之点，就是有益于时政，有益于生民，重人不重天，求实，重通变，不死守经义。他虽亦标榜孔子之道，但他其实处处考虑的是化人及物，而不在于是否符合经义。他说的‘然而圣人之道，不穷异以为神，不引天以为高，利于人，备于事，如斯而已矣。’就是这个意思。”[②]因此罗宗强认为，柳宗元在永贞革新期间做了两件事，一是打击了残酷刻剥百姓的贪官，二是革除弊政，这也是他一生坚持著文的观念，正是“文体文风改革到了他们这时

---

① 郑玄注，贾公彦疏:《周礼注疏》，嘉庆20年江西南昌府学开雕重刊宋本，《十三经注疏》，艺文印书馆，1989年版，第四册，第十二卷，第181页。

② 罗宗强:《隋唐五代文学思想史》，上海古籍出版社，1986年版，第六章第三节，《韩愈、柳宗元的文体和文风改革与理论上的建树》，第251页。其中引文出自柳宗元《时令论上》，《柳集》第三卷，第85页。

候才取得巨大成就的最为根本的原因”。[①]这里罗宗强说明儒道落实到文章创作的过程，的确是柳宗元写作的方向；但是，将“质”“恒”“宜”“断”“动”视为效法的对象，可能有些疑虑。我认为柳宗元是本之《礼》而求得其“宜”，写出具有道德判断——“合宜” 的文章。柳宗元的原文说到五经：“此吾所以取道之原也。”(《柳集》卷三十四，《答韦中立论师道书》，页873)是故他所“宗”的对象是“经”，不是“质、恒、宜、断、动”，这些语辞代表的是文字写成之后自然出现的第二层风格意义，即使成为一种写作特色，也不能说成是一开始就去追求的东西。

同理，以下孙代文《柳宗元写作论辨析》一文的解释，我们也很难认同。他解释柳宗元这一段话是这么说的：“本之《书》以求其质，一学质朴；本之《诗》以求其恒，二学永恒的毅力；本之《礼》以求其宜，三学恰当的表达形式；本之《春秋》以求其断，四学论断之准确；本之《易》以求其动，五学灵动变化。此吾所以取道之原也，这就是写文章时取法的根本。”[②]这里把“宜”字解释成“恰当的表达形式”，字面上的意义没有错，但是须学习之，这就忽视了《礼》的内在本质，倒果为因，忘记柳宗元是先“本之《礼》”而后“求其宜”的，两者之间有先后对应关系，“求其宜”应该放在第二序作思考。

这个“宜”字，通“谊”，人所宜也，指的是适当合理、合乎时宜，是一般人应有的道理或原则，如《汉书·董仲舒传》所云：“仁人者，正其谊不谋其利，明其道不计其功。”从《柳集》各处所用的“宜”字看来，柳宗元采用的也是一般通用的合宜、适宜的解释。所有的文章都应当追求适当合宜，譬如柳宗元一生提倡“中”，[③]而他在《惩咎赋》中说：“旁罗列以交贯兮，求大中之所宜。”(《柳集》卷二，页54)他谈到人一生所追求的志节，应当求其“大中之宜”；如此说来，求得世间万事万物最恰当的道理，就是追求“宜”了。柳宗元《六逆论》的结论说：“噫！古之言理者，罕能尽其。建一言，立一辞，则鯱䶊而不安，谓之是可也，谓之非亦可也，混然

---

① 同71页注②，第251—256页。

② 孙代文：《柳宗元写作论辨析》，收入孙昌武、陈琼光主编：《柳宗元研究文集——第三届柳宗元国际学术讨论会研究论文撷英》，广西人民出版社，2005年版，第227页。

③ 柳宗元对“中”提出了许多解释，包括“大中”16次、“中道”15次、“中庸”5次、“中正”8次、“时中”4次、“中”17次、“中和”1次等，参见张勇：《柳宗元儒佛道三教观研究》，第二章第三节第一点，《《柳集》之“中”》，第32—37页。

而已。教于后世,莫知其所以去就。明者慨然将定其是非,则拘儒瞽生相与群而咻之,以为狂为怪,而欲世之多有知者,可乎？夫中人可以及化者,天下为不少矣,然而罕有知圣人之道,则固为书者之罪也。"(《柳集》卷三,页97)这段话适足以说明合乎圣人之道者,就能明辨是非,写出合宜的作品。

表面上看来,柳宗元《答韦中立论师道书》将五经并列,又将"宜"字和"质""恒""断""动"字并列,好像设定在一定的范围之内。但是柳宗元至少有两处没有将《礼》和其他四经放在同等的位置上。一处是《先侍御史府君神道表》一文,其中提到宗元之父柳镇读书到写作的过程中,"得《诗》之群,《书》之政,《易》之直方大,《春秋》之惩劝",独未列出《礼》,但是柳父知礼。(《柳集》卷十二,页294)另一处是《杨评事文集后序》一文,其中提到"著述者流,盖出于《书》之谟、训,《易》之象、系,《春秋》之笔削,其要在于高壮广厚,词正而理备,谓宜藏于简册也。比兴者流,盖出于虞、夏之咏歌,殷、周之风雅,其要在于丽则清越,言畅而意美,谓宜流于谣诵读也"。(《柳集》卷二十一,页579)这里也没有谈到《礼》。实则《柳集》常常讨论到礼学之事,实在没有理由忽略《礼》。我个人的推测是,《诗》《书》《易》《春秋》较容易施用于当世,如柳镇所指出来有正面的效果;"本之《礼》以求其宜"的"礼"则适用于生活中的各个角落,相对而言,"宜"字也是如此。这般情况下,《诗》《书》《易》《春秋》较容易在特定范围掌握其特点,如《书》《易》的文字体式,《春秋》的褒贬作用,《礼》反而不容易界定了。是故柳宗元有时候没有旗帜鲜明地标举《礼》,并不表示他不看重《礼》,与此相反,他可能意识到"礼"的范围涵盖范围太广,几乎处处与古文创作产生关联。前文提及柳宗元一生"求大中之所宜",这自然造成他时常讨论礼制、礼学精神,文章中流露出"恰当的表达形式"了。这个推测也可以拿韩愈作印证。韩愈《答李翊书》说:"行之乎仁义之途,游之乎《诗》《书》之源"(《昌黎集》,卷十六),这里是以《诗》《书》代表群经,视为写作之源;而他在《进学解》中说:"上规姚姒,浑浑无涯。《周诰》《殷盘》,佶屈聱牙。《春秋》谨严,《左氏》浮夸。《易》奇而法,《诗》正而葩。"(《昌黎集》,卷十二)这里也写出各书的文字体式,没有单独提到《礼》,主要的原因应该也是意识到礼学观念已经落实在日常生活中,不容易界定其特点,故而不再特别强调了。

七 结语

柳宗元的礼学来自家庭教育，表现于重礼的生活方式，也表现于他对当代礼乐刑政的看法，从他身上展现出来的礼学精神，是守礼制、重礼俗与相关的礼仪形式，而又更看重礼的内在本质——仁义道德。本文所谓的"礼"，乃对应于柳宗元自身的说法，不是指经学注疏方面的"章句之学"，而是指统括三《礼》经书的内容；至于所谓的"礼学"，则是指源自三《礼》经书的内容的讨论；"礼制""礼俗""礼仪""礼乐教化"等，则是由礼学相关知识所衍生出来的制度面的形式。换言之，"礼学"为个体内在思维之所系，"礼制"等则为外在形式之建构。对柳宗元来说，他以优秀品格的官员身份，兼顾了"礼"的内在与外在，有机会将"礼"作为立身处世的准则，开展出关怀社稷、民生、国家大政的思考，并能广泛地施用于写作文章。

综而观之，礼学与柳宗元的古文创作的关联主要在几个方面：

一、柳宗元记录了家族亲朋好友的礼学教养，不嫌辞费地说明了他们的礼学教养与生活方式，尤其对于家族中的女性着墨更多。记录他们恪守礼制的过程，也就说明了柳宗元的礼学渊源的来源。

二、柳宗元自己也是位礼学的实践者。"礼"已经成为他生活中的一大部分，具体地从书本的知识转化成一种礼制、礼俗的表现，形成一种礼乐教化的氛围。他对"礼"的认知意涵，是一种内在的道德理想与发而为外在的行为举止相辅相成的表现，"仁义"与"礼"配合得当，可以展现出一种德治精神。

三、柳宗元的儒家思想背景，让他重视"仁义"为"礼"的内在根本。从柳宗元为人处世的重视礼法态度，以及他讨论关于"礼"的议题、对于政治事功的评论意见，就能看出他的礼学涵养，造就他往往有不同于流俗的见解以及行为表现。

四、柳宗元不重视章句注疏的讨论，而是随机取用《周礼》《仪礼》《礼记》的内容，讨论在治国施政时如何找到行事得宜的判断准则，这正是儒家礼学观念面对当代事件应该有的正确做法。他读儒家经典所考虑的重点，在于古书中的圣人之道如何施用于国计民生的问题，没有偏重或偏废任何一经的问题。

五、经学如何转换至古文写作的思考，以"礼"对柳宗元来说，绝不仅止于句读之间,而是来自先秦儒家精神——重礼且更重视仁义道德的思考。故柳宗元所谓“本之《礼》以求其宜”,应当是指当内心道德建构之后,再寻求对应于外在具体事件的正确标准,求得一个合理适当的安顿生命的位置;如此理解,才能明了他一再强调的“道”,是指“有益于时政,有益于生民”的追求。礼学表现在古文写作上具有道德性,十分关注政治社会层面的问题,是重视民意,革除弊政等各方面的表现。借助这般社会道德价值的重建,我们才能感受到古文运动提倡者能用古文来阐明这个道,所以文可以复兴,道也得以复兴。柳宗元古文的表达方式具有道德性,这才是他的思想特质所在,也最能代表中国古代文学散文的艺术成就和审美特征。

韩醇《诂训唐柳先生文集》南宋刊本初考

户崎哲彦

一　前　言

韩醇，南宋前期蜀人，一说韩愈后裔，曾用家本《韩集》作诂训，继而为《柳集》笺注。清初传有宋刊本，为乾隆帝所收藏。乾隆四十年（1775）编成《钦定天禄琳琅书目》[①]（以下简称《琳琅书目》），卷3《宋版集部》著录《新刊诂训唐柳先生文集》一部，本文简称《诂训本》，载御制《天禄琳琅鉴藏旧版书籍联句》，“巧遇一双剑合铓”句下有注，撷芳自赏曰[②]：

> 《五百家注柳子厚集》乃武英殿旧贮，因新得《五百家注韩集》，取校之，同为韩醇刊本，足称双璧。

“韩醇刊本”即《诂训本》，与南宋魏仲举所刊五百家注本（以下简称五百家注本）均备有《韩》《柳》二集。《新刊增广百家详补注唐柳先生文》[③]（以下简称百家注本）卷首《新刊百家音辩诂训柳文诸儒名氏》、五百家注本《韩集》[④]卷首《韩集所收评论诂训音释诸儒名氏》[⑤]（简称《诸儒名氏》），皆列有“临邛韩氏：名醇，字仲韶，全解”之条。惜宋刊《诂训本》二集俱亡佚，下落如何未详，嘉庆二年遭

---

① 《中华历代书目题跋丛书》第2辑《天禄琳琅书目》，上海古籍出版社，2007年版，第66页。
② 同上书，第6页。
③ 北京图书馆藏宋本，《宋蜀刻本唐人集丛刊》所收，上海古籍出版社，1994年版。
④ 《新刊五百家注音辩昌黎先生文集》，南京图书馆藏宋本，《中华再造善本》所收，北京图书馆出版社，2006年版。
⑤ 北京图书馆藏宋本，《宋蜀刻本唐人集丛刊》所收，上海古籍出版社，1994年版。

火,疑化为灰烬[①],今仅存四库全书本《柳集》钞本,共有四种:

一、文渊阁本,即今通行本[②]。据书前《提要》,"《诂训柳先生文集》四十五卷、《外集》二卷、《新编外集》一卷,唐柳宗元撰,宋韩醇音释",乾隆四十六年(1781)五月校上。每卷首行"钦定四库全书",第2行低一格"柳河东集卷○○",第3行下方署"唐□柳宗元□撰"。每卷半叶8行,行21字,版心作"柳河东集"。

二、文津阁本。据书前《提要》,"《柳河东集》四十五卷、《外集》三卷,唐柳宗元撰,宋韩醇音释",乾隆四十九年九月校上。每卷首行"钦定四库全书",第2行低一格"柳河东集卷○○",下方署"唐□柳宗元□撰",第3行下方与前行并肩署"宋□韩□醇音释"。每卷半叶8行,行21字,版心作"柳河东集"。

此外,文溯阁四库全书仅存《提要》辑本[③],据此,"《柳河东集》四十五卷、《外集》二卷、《新编外集》一卷,唐柳宗元撰,宋韩醇音释",乾隆四十七年十一月校上。

三、摛藻堂荟要本[④]。据书前《提要》,"《柳河东集》四十五卷、《外集》二卷、《外集补遗》一卷,唐柳宗元撰,宋韩醇所音释也",乾隆四十三年二月校上。每卷首空一行,第2行低一格"柳河东集卷○○",第3行下方署"唐□柳宗元□撰"。每卷半叶8行,行21字,版心作"柳河东集"。以下简称"荟要本"。

四、"四库底本"[⑤],或曰"四库抄本"[⑥],归于北京图书馆,即今中国国家图书馆。据《书目》,"《新刊诂训唐柳先生文集》四十五卷、《外集》二卷、《新编外集》一卷:唐柳宗元撰,宋韩醇音释",每卷半叶8行或9行,实则以三种钞本配补而成,后文详考。

---

① 《天禄琳琅书目续编》[嘉庆三年(1798)]未收入,又《赏溥杰书画目》《收到书画目录》[宣统十四年(1922)]以及施廷镛《天禄琳琅查存书目》[民国十五年(1926)]皆未著录。嘉庆二年干清宫失火,殃及昭仁殿天禄琳琅,疑此时被燬。参见拙稿《清内府藏本〈增广注释音辩唐柳先生集〉考》,载《岛大言语文化》35号,日本岛根大学法文学部,2013年版。

② 尹占华等《柳宗元集校注(1)》云:"《新刊诂训唐柳先生文集》……现藏国家图书馆。易得的是影印文渊阁四库全书本。"中华书局,2013年版,《整理说明》第3页。

③ 全书原藏在伪满奉天图书馆,金毓黻辑出,辽海书社1935年排印出版。《金毓黻手定本文溯阁四库全书提要》,中华全国图书馆文献缩微复制中心,1999年版,第680页下。

④ 今藏入台湾故宫博物院。世界书局1979年版,吉林人民出版社1997年影印。

⑤ 《北京图书馆善本书目》#2038,中华书局1959年,卷六集部上23A;《北京图书馆古籍善本书目·集部》#2038,书目文献出版社1987年,页2060;《中国古籍善本书目》卷23,上海古籍出版社1989年,页127;《稿本中国古籍善本书目书名索引》#952,天津图书馆编,齐鲁出版社2003年,页1205上。1933年版《北平图书馆善本书目》未见录,人民文学出版社,2011年影印,卷四,集部。

⑥ 《中国古籍善本总目》#952,线装书局,2005年版,第1205页上。

此四部乃至六部，皆为清代馆臣所抄，先有“四库底本”，后有荟要本、文渊阁本、文溯阁、文津阁本。据何本，则《四库全书总目》卷一五〇著录“《诂训柳先生文集》四十五卷、《外集》二卷、《新编外集》一卷”云“内府藏本”，即其底本。所谓内府藏本，则《四库全书荟要总目》云“依天禄琳琅所收（韩）醇刊本缮录”①，可知四部钞本皆出于天禄琳琅所藏宋刊本一部。

《诂训本》附有韩醇后序，成书于淳熙四年（1177），百家注本、五百家注本[庆元六年（1200）]等皆参用，可谓同一系统。而韩醇诂训颇有特点，如每篇题下注极详，尤以考柳宗元事迹卓著，对年谱、诗文系年研究可资，而今无刊本，故学者皆等闲视之②，甚至荟要本，虽曰“专用御览”“最为真实齐全”“抄写和校订质量等方面明显高于前者（四库全书）”③，柳学专家似未知其所存，至今未用④。又，四部原为一本，而文字、编次等皆有所出入，有篇或收或缺，其善孰为，令人迷惑。要之，《诂训本》研究尚未就绪。本文考出其异，以辨出其善，并试使得部分复原，以证其贵重。

二　四库全书《诂训本》诸本间之异

天禄琳琅旧藏《诂训本》，今存钞本四部，或称《新刊诂训唐柳先生文集》《诂训柳先生文集》《柳河东集》，不仅书名不同，又《序》、编次、字画以及《提要》记载皆有出入。

（一）四库全书底本三种

北京图书馆藏有《柳集诂训本》8 册⑤，曰“清抄本：四库底本”，或曰“四库抄

① 江庆柏等整理：《四库全书荟要总目提要》，人民文学出版社，2009 年版，页 363。
② 吴玛霞主编：《柳宗元著作版本图考》，广西人民出版社，2012 年版。
③ 李常庆：《〈四库全书〉出版研究》，中州古籍出版社，2008 年版，第 30—31 页。
④ 吴文治：《柳宗元集校点后记》云：“诂训本则只有文津阁四库全书本”：《柳宗元集》，中华书局，1979 年版，页 1506；《柳宗元诗文十九种善本异文汇录》云：“今存……北京国家图书馆藏“四库底本”及文津阁《四库全书》本两种”，黄山书社，2004 年版，《代序》页 7。尹占华、韩文奇《柳宗元集校注（1）》：“主要校本”用“影印文渊阁四库全书本《诂训柳先生文集》”，中华书局，2013 年版，《整理说明》页 6。
⑤ 《天禄琳琅书目》作“六函，六十六册”，上海古籍出版社 2007 年，页 66。影印王先谦刊本亦同。（台湾）广文书局《书目续编》所收，第 1 册，页 195。“六十六册”必有误。《新刊诂训唐昌黎先生文集》“六函，三十二册”，页 64。“六十六”嫌甚多，上“六”字疑作“三”或“四”之讹。如《五百家注本》可相比，《韩集》“四函，三十二册”“四函，二十册”，《柳集》“二函，十二册”：《天禄琳琅书目》，页 68—71。

本”。现存本始于卷一,缺卷首,具备正集“四十五卷、《外集》二卷、《新编外集》一卷”,一部共48卷,而版式有所不同,至少由三种而成,至今无人提及:

甲种:惟卷一叶1,缺而补抄。首行题“新刊诂训唐柳先生文集卷○○”,第2行低一格记卷目“唐雅□唐诗□贞符”,第3行低二格记篇目“献平淮夷雅表一首”。字画粗糙,又多俗字,如“献”“事”“辞”“国”等等。稿纸无界线,半叶行数不等,8行至11行,行字数亦不齐,20字至22字,小字亦参差。

叶1A钤有三印:“翰林院典/簵(“簿”异体字)厅关防”汉满篆书大印在中间,“国立北/平图书/馆收藏”在中下靠右,“古潭州/袁卧雪/庐收藏”在下右角。

乾隆三十八年始“办理《四库全书》的初期,典簿听是翰林院中分司收掌图书的机构,因此最初收到的进呈本上钤押的是‘翰林院典簿厅关防’印”[①],后用“翰林院印”之印,可知最早稿本。后归于“袁卧雪庐”,袁芳瑛(1814—1859),“卧雪庐”其藏书楼名[②],亦号漱六,湘潭人,曾国藩女婿,道光二十五年(1845)进士,著名藏书家,《柳集》则别藏有《音辩本》四十五卷本、四十三卷本等[③]。

乙种:自卷一叶2起,正集每卷首行“新刊诂训唐柳先生文集卷第○○”,第2行低一格记卷目、所收篇数,如卷40“祭文哭辞一十五首”。稿纸有界线(红格[④]),每半叶9行,行21字,小字同,四周双边,版心白口,单鱼尾,中缝叶表署“唐柳先生文集”或“唐柳文集”,叶里署卷第,下方署叶第。每卷末记“新刊诂训唐柳先生文集卷第○○”,偶作“唐柳先生文集卷○○”。

多有浮签、眉批、互乙、删改、字旁大小圈等,如卷一叶8A“隋乱既极”一文,书眉批注云:“此下十二章系小题,低三格,改行,低四。”卷43叶3A云:“(闲)当作闲。腾录金彦茵。”

丙种:惟卷三九,首行题“钦定四库全书”,第2行低一格记“柳河东集卷○○”,第3行下方署“唐□柳宗元□撰”,第4行低一格记卷目、所收篇数,第5行低二格记篇目。用稿纸,有界线,而与乙种不同,半叶8行,而行21字,小字同,

① 刘蔷《“翰林院印”与四库进呈本真伪之判定》,《图书馆工作与研究》,2006-1(总131),页62。

② 参见郭明芳:《袁芳瑛藏书研究》,载《有凤初鸣年刊》第8期,东吴大学中国文学系2012年;罗鹭《稿本〈漱六楼书目〉作者考试实》,载《文献》,2015年第2期。

③ 李盛铎(1859—1934)收藏,后入北京大学图书馆。参见拙稿《清代民国私家藏〈增广注释音辩唐柳先生集〉考》,《岛大言语文化》36号,2014年。

④ 《北京图书馆古籍善本书目·集部》#2038,书目文献出版社,1987年版,页2060。本人查看馆藏黑白胶卷本。

四周双边，版心白口，单鱼尾，皆与乙种相同。中缝上方署“钦定四库全书”，惟叶1有之，下方叶表署“柳河东集”，叶里署卷第，下方署叶第。叶2以下，“柳河东集”、卷第均无。互乙、旁注、批注等皆无，字画最整齐。款式、字样皆似今存荟要本、文渊阁本、文津阁本。

有三种钞本，成立时期不同。甲种钞本，馆臣初据天禄琳琅藏本抄写，钤有“翰林院典簿厅关防”印，是其明证。乙种钞本，与甲种草本不同，用稿纸重抄，又有浮签、批注等遍卷满叶[①]，是第一次校稿，如每卷叶1A书眉云：“题下小注接题字，不必留空。下仿此。”乙种题下与小字夹注之间空一格。荟要本在题下另起一行写小注，而文渊阁本、文津阁本俱以小注接题字，可知据乙种校样批注誊写。又，如卷四二《酬贾鹏山人……见赠》诗中有小注“颜延年诗：幼壮困孤介，末莫谢幽贞”，乙种本抹“年”字，旁写“之”字，“莫”字加“日”改为“暮”字，荟本作“年”“暮”，渊本、津本俱作“之”“暮”。百家注本等引韩注作“年”“暮”。可知《诂训本》宋刊本原作“年”，渊、津等阁本从乙种校本改字。荟本未从改，恐在乙种之前，而乙种题下不留空格，与荟本不同，不似据甲种本所誊。

丙种钞本，亦用稿纸誊写，而行数9行与乙种稿纸8行不同。行数以及首行、第2行、第3行皆符合渊、津等阁本，荟本亦8行，而每卷首行皆空一行。又，丙种“题下小注接题字”，不留空格，合渊、津等阁本。盖丙种遵乙种本批注见改誊，最后照丙种再誊缮，遂编入《四库全书》，即渊、津等阁本。总之，共有六种钞本，抄写先后如次：

天禄琳琅藏刊本→甲种本→　？　→荟要本（乾隆四十三年校上）
→乙种本→丙种本→文渊阁本（乾隆四十六年校上）
文溯阁本（乾隆四十七年校上）
文津阁本（乾隆四十九年校上）

此配补钞本，今被称“四库底本”或“四库钞本”，俱欠妥，或易于误解。《四库全书》三千五百余部皆属钞本，又此一书至少亦有三种钞本而成。底本乃天禄琳

---

① 李致忠《古书版本学概论》“四库底本”条云：“指的是被《四库全书》收入而作为誊抄底本的那些书，而不是指进过翰林院，钤有翰林院关防，实际却未被《四库全书》录入的书。……不但钤有翰林院关防，书前常有总纂官‘应抄’批条，书内则有删改涂乙处，一看便知。”北京图书馆出版社，1998年版，页260。

琅藏本，或文渊阁本等以丙种为底本，丙种以乙种为底本，乙种以甲种为底本，故惟丙种可谓“四库底本”或“四库副本”。

现存本以乙种钞本为主，补以甲丙二种钞本而成，本文先确认其异，姑袭“四库底本”之名。有如何背景编成，未详。清末归于袁芳瑛无疑，是止于甲种本，后人或袁芳瑛以配补。袁芳瑛曾官于翰林院，“芳瑛旧藏中钤‘翰林院印’的原翰林院藏书颇多”而“不能判别是芳瑛私取自翰林院或自购之坊肆”[①]，又据王重民所查检，芳瑛藏书另有印“翰林院典簿厅关防”者[②]，是否为“四库底本”，早有议论[③]，尚需商榷，兹供材料可参考。

(二)四库全书本《提要》记载不同

《四库全书总目(提要)》[④]与文渊阁本书前《提要》略同，约430字，文津阁本书前《提要》较短，约300字，少三分之一。如《总目》、渊本俱考辩，云：“考今本所载(刘)禹锡《序》实作‘四十五通’，不作‘三十二通’，与振孙所说不符，或后人追改禹锡之《序》以合见行之卷数，亦未可知。”陈振孙《直斋书录解题》引刘禹锡《序》“编次其文为三十二通”，谓“今世所行本皆四十五卷，又不附《(墓)志》《(祭)文》，非当时本也”[⑤]。津本删去此议论。卷数及其所附，后文容考。又《总目》、渊本俱云：“权知珍州事王咨为之《序》，醇先作《韩集全解》，及时又注《柳文》。”“魏仲举《五百家注》亦多引其说，明唐觐《延州笔记》尝摘其注《南霁云碑》不知‘汧城凿穴之奇’句，本潘岳《马汧督诔》，是诚一失，然不以害其全书。”此二条，津本又删。王咨《序》，颇具文献价值，后文详考。

文溯阁本《提要》，约370字，不见“考今本所载……亦未可知。要之”“权知

① 郭明芳：《袁芳瑛藏书研究》，载《有风初鸣年刊》第8期，东吴大学中国文学系2012年，页365。

② 《简斋集》十六卷有一部“八行字数不等”，卷首钤“翰林院典簿厅关防”“古潭州袁卧雪庐收藏”印记，“卷九至十二为印本校样，余用《四库全书》稿纸钞写”，“考乾隆三十九年永瑢等奏云：办理《四库全书》，……原录草本，移改增易，行字参差，……非另办副本不可也。”见王重民：《中国善本书提要》，上海古籍出版社1983年，页528左。此亦配补本，袁芳瑛旧藏，半叶八行，有用稿纸，极似《诂训柳集》所谓“四库底本”。

③ 《师友诗传录》一卷，首叶钤“翰林院典簿厅关防”印，“九行二十一字”，“书中有馆臣的批注删改，并粘有‘分校钱棨改正’朱笔浮签。经与《文渊阁四库全书》核对，此本确为四库底本”，见刘蔷：《“翰林院印”与四库进呈本真伪之判定》，页61。刘氏对王氏说怀疑。《师友诗传录》九行本，似《诂训柳集》所谓“四库底本”之甲种。需实查核对。

④ 四库全书研究所整理本，中华书局1997年，页2008。

⑤ 卷16“《柳柳州集》四十五卷、《外集》二卷”条，详见后文。

珍州事王咨……及时又注《柳文》”此二条，近于文津阁本。

荟要本书前《提要》最短，约130字，大致与《四库全书总目》不重复，考及卷数云：“今检宋刊本所载刘《序》俱作‘四十五通’，疑振孙所见有误，固未可据以为信也。”至于渊本《提要》，怀疑此说，溯、津本删而不顾。

（三）《外集》编次不同

《诂训本》正集，钞本皆作“四十五卷”，其余名称、卷数均不同：《荟要总目》、荟要本《提要》作“《外集》二卷、《外集补遗》一卷”；《四库全书总目》、文渊阁本《提要》作“《外集》二卷、《新编外集》一卷”；文津阁本《提要》作“《外集》三卷”。

北宋末，沈晦置信于穆修所编四十五卷本，以为刘禹锡原编正集，“以诸本所余作《外集》”[①]，继而韩醇“诸本所余，复编为一卷，附于《外集》之末，如胥山（沈晦）之识云”[②]。可知《外集补遗》或《新编外集》一卷为韩醇所编，津本以入《外集》为三卷。实则《外集》编次又互有同异，如表：

天禄琳琅书目	四库底本	荟要本	文渊阁本	文津阁本
刘禹锡《序》				
王　咨《序》				
正集四十五卷	正集四十五卷	正集四十五卷	正集四十五卷	正集四十五卷
《外集》卷上	《外集》卷上	《外集》卷上	《外集》卷上	《外集》卷上
《外集》卷下	《新编外集》一卷中	《外集》卷下	《外集》卷下	《外集》卷中
	韩醇记	沈晦记	沈晦记	韩醇记
《新编外集》一卷	《外集》下	《外集补遗》	《新编外集》	《外集》卷下
韩醇自记	沈晦记	韩醇记	韩醇记	沈晦记
		《集后序》		
穆修后序		穆修后序		

四库底本“新编外集”下字作“中”，经精查胶卷本，原有“一卷”二字，被用笔墨抹掉二字而上加“中”一字。前卷题作“外集卷上”，而后卷作“外集下”，谓卷下，无“卷”字，中有一卷作“新编外集中”。由此可判断：琳琅旧藏宋刊本原作“《新编外集》一卷”，四库底本误入《外集》卷上之后，因而改“一卷”作“中”，继而

① 沈晦《柳文后记》，见《诂训本》《五百家注本》《音辨本》。
② 见韩醇记，后文详考。

文津阁本据其修改本删除“新编”二字，使得前后整合，故编《外集》为“三卷”矣。惟荟要本作《外集补遗》，盖据明嘉靖间济美堂刊本改“新编”作“补遗”[①]。因此，原宋刊本编次应如：

刘禹锡《序》；王咨《序》；正集四十五卷；《外集》上下二卷，沈晦《后记》；《新编外集》一卷，韩醇《后记》；《集后序》，穆修《柳河东集后序》[②]。

惟荟要本书末二叶版心作《柳河东集后序》，首行亦题《柳河东集后序》，只收“穆修伯长后序”一篇，《琳琅书目》止云：“后醇自记，并附录宋穆修后序。”版心疑仿济美堂本，四库底本缺此叶，原有，后佚，无从考定。此文亦有文献价值。如《百家注本》末有穆修《新刊增广百注音辩唐柳先生文后序》，《五百家注本》末《附录》有穆修《后序》，末行皆作“天圣元年秋九月河南穆修伯长后序”[③]，而荟要本“元年”作“九年”（1031），又《音辩本》所附穆修《旧本柳文后序》亦然。盖因字形近而传抄致误，稽考穆修生平[④]，恐非“元年”。

（四）王咨《〈柳河东集〉新刊诂训序》

《诂训本》卷首原有刘禹锡《序》，今惟荟要本存之，作《柳河东集原序》，除异体字若干以外，其余与《百家注本》等以及《音辩本》相同，皆有作“编次为四十五通。……退之之《志》若《祭文》在，今附于第一通之末”。

刘《序》后有王咨《序》，至今学者采自《琳琅书目》所节录[⑤]。《琳琅书目》“王

① 《荟要总目》云：“依天禄琳琅所收（韩）醇刊本缮录，据宋魏仲举五百家注本、元槧增广注本、明槧《韩柳全集》本、郭云鹏本恭校。”《四库全书荟要总目提要》，人民文学出版社 2009 年，页 363。尹占华等《柳宗元集校注（1）》以为“诂训本将沈晦本外集所无者编为新编外集，罗振常影印世彩堂本曰外集补遗，五百家注本则合曰新编外集三卷”，中华书局 2013 年，《整理说明》页 5。皆不正确。诂训本如上文所述；罗氏影印本正集据世彩堂本，《外集补遗》据济美堂本；五百家注本则渊本与津本不同，津本有外集二卷、新编外集一卷，实则新编外集即外集上卷，外集卷一即外集下卷，外集卷二即新编外集。

② 四部丛刊本《河南穆公集》卷 2 题作《唐柳先生集后序》。

③ 尹占华校注本（《附录·序跋》页 3567）作“天圣九年”，而云据《百家注本》《五百家注本》。吴文治校点本（《附录》页 1445）据《百家注本》作“天圣元年"，未校勘。

④ 晁说之《李挺之传》云：“天圣八年同进士出身。……师河南穆伯长。……挺之事先生益谨。尝与参校《柳文》者累月，卒能受《易》。”苏舜钦《哀穆先生文》云：“穆伯长以明道元年（1032）夏，客死于淮西道中。……母丧……后得柳子厚文，刻货之，售售者甚少，逾年积得百缗，一子辄死。将还淮西，道遇病，气结塞胸中不下，遂卒。”事当穆修（979—1032）最晚年，作“九年”为近。

⑤ 万曼《唐集叙录》，中华书局 1980 年，《河东先生集》页 192；曾枣庄主编《全宋文（268）》卷六〇六四《王咨》收而题作《韩醇诂训唐柳先生文集序》，采自“《天禄琳琅书目》卷三”：上海辞书出版社等 2006 年，页 423。吴氏点校本、尹氏校注本《附录》皆载历代序跋，收韩《后记》而失收王《序》。

咨为之序，称”下，引文仅86字。渊本、津本均无收，惟荟要本载全文，达500多字，又与《琳琅书目》有所出入。兹录全文，可据而补遗：

《柳河东集》新刊诂训序

柳柳州掌南宫笺奏，时不免以辞为工，自《赋囚山》，挹湘江之清而一濯之，搜之冥冥，探之无涯，追古制作，以名一世。如记永州山水之游与夫风骚雅歌诸文，大率以［栗］密窈眇，俊洁严厉，字字法律，观其《与韦中立书》，自制心御气，抑扬轻重，咸有其节，根本于五经，而出入于先秦汉诸书，信文章真诀哉。韩吏部谓："其斥不久，穷不极，必不能自力以传于后。""比之司马子长，不数崔、蔡。"韩独步学林，至柳州推服乃尔。盖公议不可没后世，岂无扬子云《太玄》，攡莹当有识者。本朝古文，始自河南穆修伯长。伯长实［寔］宗本韩、柳。韩之文，定于诸巨公之手，而《柳集》亦经伯长是正，冠以刘夔州《序》，分为四十五篇［通］，胥山沈公晦乃以晏元献本为精密，用［复］相雠正，比伯长加详，然其机杼源委，要未呈露也。予尝读《天对》，参以《天问章句》，文义时不可知，辄废卷惘然。一日，临邛韩君醇仲韶，取四十五篇［通］者，训诂示予，亟披其书，凡异时舐滞，随目迎解，不费寻绎而得其训，不用四声而得其音，使人讽味不厌。信仲韶于是书用功，非一日积也。仲韶先注释《韩集》，学者争传其书，而斯文加密微，非仲韶发之，孰窥其秘哉。今而后，唐二先生膏馥沾丐，后学皆得其真，非小补云。

奉议郎、新权发遣珍州军州兼管内劝农事沿边都巡检使、借绯 王咨。

加下画线之处即《琳琅书目》所引，有脱字、换字，今以［ ］［ ］标出。未见引之处亦有舛讹，如"四十五篇"，谓刘禹锡所编，荟要本卷首载刘《序》作"四十五通"，"篇"字当作"通"，否则作"卷"。"密窈眇"上疑原有"栗"。"栗密窈眇"见皇甫湜《韩文公墓志铭》①，四字殆成成语。

王咨，生平未详，曾为夔州路珍州(即今贵州省正安县一带)。《百家注本》卷首《诸儒名氏》云："导江王氏：名咨，字梦得，议论见《雪斋文集》。"赵希弁《郡斋

① 皇甫湜：《韩文公墓铭》："栗密窈眇，章妥句适，精能之至，入神出天。"《皇甫持正文集》卷6，四部丛刊本。

读书附志》[淳祐九年(1249)]"《雪斋居士文集》二十卷"条云[①]:"右导江王咨,字梦得之文也。门人计运孙援李汉裒昌黎文章故事为序。咨尝知剑州。"今佚[②]。可知:导江(今四川省都江堰市)人,曾知珍州、剑州。今人视为"王谘"[③],时代不合,必非其人[④]。

韩醇与王咨之交亦不明。王咨"一日,临邛韩君醇仲韶,取四十五篇[通]者,训诂示予,亟披其书","临邛"乃籍贯,则似曾同在一州,韩醇恐为州学教授等部下或门人。署官衔"珍州"上冠以"新",始见授而未到任。是否同在剑州,待有资料再考。

《天对》在卷14,当时未附《天问》原文,故王咨"参以《天问章句》",至于韩醇诂训,"附《天问》之语于下"[⑤]。《百家注本》征引诸家注文,如韩醇91条,童宗说9条,张敦颐8条,文说8条,孙汝听6条,《五百家注本》加以蔡梦弼注,韩注最详。《诂训本》与《百家注本》关系,后文容考。

(五)韩醇《〈诂训〉后记》

《新编外集》末有韩醇《后记》。《诂训》钞本四种皆无题,其系统如《百家注本》有《外集》二卷而缺《新编外集》,至于《五百家注本》,《附录》卷四收而题为"韩醇《柳文后记》"[⑥]。此文又略有出入,全文如下:

> 世所传昌黎文公文,虽〔屡〕经名儒手,余昔常校以家集,其舛误尚多有之,用为之训诂。柳柳州文,胥山沈公谓:其"参考互证,是正漫乙",若无遗者。余紬绎既久,稽之史籍,盖亦有所未尽:《南岳律和尚碑》以广德先乾元,

---

① 孙猛:《郡斋读书志校证》,上海古籍出版社,2011年版,下册《读书附志》卷下《别集类四》,第1200页。

② 《宋史》卷208《艺文志》作"王咨《雪斋文集》四十卷",杨士奇:《文渊阁书目》卷九:"王咨《雪斋文集》一部五册"。

③ 《全宋文(268)》卷六〇六四《王咨》小传,页420。

④ 其说据《建炎以来系年要录》卷九九"[绍兴六年(1137)三月乙酉]右朝封郎、四川都转运司干办公事王谘为陕府西路转运判官"之条。绍兴十年闰六月癸酉阎大任为判官,见卷一三六。韩醇《后记》作于"淳熙丁酉"[四年(1177)],距此相隔四十年,若绍兴六年三十岁,则淳熙四年当七十岁致仕,于情理不合。

⑤ 《诂训本》卷十四《天问》题下注。

⑥ 吴文治校点《柳宗元集》以百家注本为底本,《外集》以下据五百家注本补,作《河东先生集记后》:中华书局1979年版,第1452页。

《御史周君碣》以开元为天宝，则时日差矣；窦群除左拾遗而《表贺》为右拾遗，《连山复乳穴》而记题[以/又]为"零陵郡"，则名称差矣；《代令公举裴冕状》，时柳州盖[尚/犹]未生；《贺册尊号表》，时已刺柳而云"礼部作"。其他舛误，类是不一。用各疏其说于篇，视《文公集》益详。诸本所余，复编为一卷，附于《外集》之末，如胥山之识云。淳熙丁酉[四年(1177)]秋八月中瀚，临邛韩醇记。

"虽经"：四库底本等在"经"上皆有"屡"字，《琳琅书目》引此段作亦然，盖荟要本抄时失脱。"记题为"：文渊阁本"题"作"以"，文津阁本作"又"，《五百家注本》与荟本俱作"题"。"盖未生"：渊本"盖"作"尚"，津本作"犹"，《五百家注本》与荟本作"盖"。《诂训本》三种此二处何为皆不同，其有缘由：经检四库底本(胶卷本)，3A末行下方"记□为"三字、3B首行下方"州□未"，表里一处俱漫漶，似销蚀或被蠹鱼所蛀，因而渊本、津本各自望文揆其本字，故致不同。今从荟本。"疏其说于篇"：《五百家注本》诸本皆无"其说"二字①，《诂训本》诸本皆有之。今按文义，作"疏其说于篇"近是。

韩醇诂训《韩集》，刊本曾为天禄琳琅藏入，惜今连钞本亦无影无踪，而《五百家注本》有《韩集》(宋刊本)，大量征引韩醇训诂，又卷三二《柳子厚墓志》题下"韩曰"引韩本刘《序》后半一段，皆出于韩醇《诂训本》，底本乃"家集"，而稍有出入，如《诂训本》作"少所推让"，《五百家注本》作"少推许"，"子厚名氏"作"子厚之名氏"②。《琳琅书目》因韩醇《后记》有"校以家集"等句而谓"醇为愈之裔可知，其家在'临邛'，当即蜀中所刊"，莫友芝、叶辉德均认同③。如上所述，恐当时二人俱在一州，有可能在"蜀中"。至于后裔之说，王咨《序》述及《韩集》而未提，仍需商榷。

① 尹占华等《柳宗元集校注(10)》据"《新刊五百家注音辩唐柳先生文集》附录卷四"作有"其说"，不知何本。中华书局，2013年版，《附录·序跋》第5页。

② 刘真伦《韩愈集宋元传本研究》"韩醇诂训本"条不深考究。中国社会科学出版社，2004年版，第306页。

③ 《郘亭知见传本书目》[同治十二年(1873)]卷十二下"新刻诂训唐昌黎先生文集"：《藏园订补郘亭知见传本书目(3)》中华书局，2009年版，第1017页。"新刻"应作"新刊"。《书林清话》[宣统三年(1911)]卷6《宋刻书纸墨之佳》，岳麓书社，1999年版，第135页。二书此处字眼相同，恐为叶德辉曾所援用，叶氏曾作《〈郘亭知见传本书目〉序》(1924)。

（六）韩醇《诂训》宋刊本与四库全书本不同

四库底本，《琳琅书目》谓“宋版”：如卷四二叶 1A 行 6 作“正元十九年”，荟要本等四库本均改“正”作“贞”；行 8 作“元圃”，四库本改“元”作“玄”（避清讳，缺末一笔），1B 行 1“熊武”，四库本改“武”作“虎”，行 3“邱壑”，清代避孔子讳，四库本改“邱”作“丘”；11B 行 7“公孙洪”，四库本改“洪”作“弘”（避清讳，缺末一笔）；《外集》“景子”，四库本改“景”作“丙”。“贞”作“正”，避宋讳（祯）也；“玄”作“元”，避宋讳（玄朗）也；“弘”作“洪”，避宋讳（弘殷）也。惟“虎”作“武”，“丙”作“景”，避唐讳（太祖李虎、世祖李昺），宋本袭原本。由此可知，四库底本忠实于天禄琳琅旧藏本即宋刊《诂训本》。然而与四库全书本不尽同，如第一卷篇次：

诂训本				百家注本	五百家注本	郑定本	音辩本	世彩堂本
四库底本	荟要	文渊	文津					
唐雅唐诗贞符	○	○	○	○	○并序	○	唐雅	雅诗歌曲
献平淮夷雅表一首	○	○	○	○	○	○	○	○
平淮夷雅二篇	○	○	○	○	○	○	○	○
唐铙歌鼓吹曲十二篇	○	○	○	○	○	○	○	○
贞符	○	○	○	○	○	○	眎民诗	○
眎民诗	○	○	○	○	○	×	贞符	○
柳子厚墓志铭	×	×	×	×	×	×	×	×
祭柳子厚文	×	×	×	×	×	×	×	×

《诂训》诸本及其系统《百家注本》《五百家注本》《郑定本》与别一系统《音辩本》，皆溯于北宋沈晦四十五卷本，而篇次、所收多不同。

《音辩本》在《眎民诗》题下有注：“一本在《贞符》后。”《诂训本》即此，四库底本等《眎民诗》题下有注云：“作之年月日，皆不可得而考，古[旧][①]次《贞符》后。”《百家注本》等有“韩曰”而无此一文。又，诸本卷 1 首行标题作“唐雅唐诗贞符”，可知原有《贞符》无《眎民诗》。《郑定本》不收，存沈本原貌。今传永州三十卷本残卷[②]，《眎民诗》收入《外集》第一篇。

---

① 惟文渊阁本改“固”作“旧”。

② 乾道元年（1165）刻本，藏入北京图书馆；嘉定元年（1208）重修本，藏入日本静嘉堂文库（即金泽文库旧藏本）。

四库底本抄宋刊本，收有《柳子厚墓志铭》《祭柳子厚文》，令人惊讶。是皆韩愈所作，荟要本等皆无收。四库底本题下有注：

刘梦得序公之集云："子厚名氏与仕与年暨行己之大方，有退之之《志》若《祭文》在，今附于第一通之末。"今悉依公所编次，用附于见于此[①]。

可知原无此二篇，后人有意据刘禹锡《序》补入第一卷之末，是宋刊《诂训本》原貌也。荟要本等皆删而复原。沈晦谓"柳文出自穆家，又是刘连州旧物"[②]，遂以穆修四十五卷本为刘禹锡所编原本，则疑为沈晦所编入，然而沈本系统如《百家注本》等以及《音辩本》亦皆无收。陈振孙《直斋书录解题》[嘉熙二年（1238）]卷十六"《柳柳州集》四十五卷、《外集》二卷"条云[③]：

刘禹锡作《序》，言"编次其文为三十二通，退之之《志》若《祭文》，附第一通之末"。今世所行本皆四十五卷，又不附《志文》，非当时本也，或云："沈元用（晦）所传穆伯长本。"

沈本系统刘禹锡《序》皆作"编次为四十五通"，又第一卷皆不附《墓志》等，合《解题》。而宋刊《诂训本》[淳熙四年（1177）]已附有之。稍后，赵希弁《郡斋读书附志》[淳祐九年（1249）]"《柳先生文集》四十五卷、《外集》二卷、《附录》二卷"条云[④]：

《读书志》（卷17）云："《柳宗元集》三十卷、《集外文》一卷。"希弁所藏卷帙与刘禹锡"四十五通"之说同，以诸本点校，写诸公评论于逐篇之上。《附录》中，先后失次者正之，遗缺者补之。若夫昌黎所作《先生墓志》《祭文》，他本皆在《附录》中，惟此本在《正[贞]符》之后，盖禹锡自谓"附于第一通之末"也。

---

① 胶卷本不清晰，"附"下似"于"字，而文义不通。愚臆：上"于"作"二"，"见"亦"篇""文"等讹字。
② 沈晦：《后记》，见《诂训本》等。
③ 徐小蛮等点校，上海古籍出版社，1987年版，第476页。
④ 孙猛：《郡斋读书志校证》，上海古籍出版社，2011年版，下册《读书附志》卷下《别集类一》，第1171页。

可知，南宋时，沈本系统有一本以《墓志》等附在《贞符》之后，又有《附录》二卷。此本早佚无传。《诂训本》无《附录》，以《墓志》等附在《眎民诗》之后，似而非其原。虽无《新编外集》一卷，而有《附录》二卷"遗缺者补之"，则似重修本。谁始编入，若非沈晦，则韩醇或后人，姑悬此疑，以俟后文续考。

不论孰是，皆韩愈所作，既附于《诂训本》，应与韩醇诂训《韩集》无有大异。诂训《韩集》今佚，原出于韩醇家本，由来颇久。又，宋刊本《韩集》传世不少，皆收此二篇，而与《诂训本》互有出入，如《墓志》作"以博学宏词授集贤殿正字、蓝田尉"，"以元和十四年十月五日卒，年四十七，以十五年秋七月十七日归葬万年先人墓侧"，《祭文》作"维元和十五年岁次庚子五月壬寅朔五日景午"等。若韩醇为后裔，"家集"传世之宝，对韩柳研究极为重要。而事及《韩集》校勘[①]，今置之备考，另文专论。

二　北宋沈晦刊本《柳集》复原

《诂训本》又具文献价值。《世彩堂本》卷首《凡例》云："卷帙所载篇章，诸本互有先后，今并从沈晦本所定次第"，不仅《世彩堂本》一本，南宋《诂训本》《百家注本》等以及《音辩本》皆以北宋末沈晦本为底本，又以北宋初穆修四十五卷本为祖本，而如上所述，篇目、编次有所出入，未知沈本原貌如何。惟《诂训本》另有特点，大有助于沈晦本复原。

(一)每卷首行类目

南宋《柳集》诸本，皆按文体分类而编卷。每卷首行标以大目，如《序》《记》等，惟《诂训本》每卷又标其所收篇数，如"序"下有"十三首"，《百家注本》等皆无有。《诂训本》四部钞本之中惟四库底本、荟要本二部存此标示，极贵重，文渊阁本等皆删去。然而，标数与所收实数稍有出入，今整理作表如下。

---

① 罗联添:《韩愈古文校注汇辑》，国立编译馆，2004年版;刘真伦《韩愈文集汇校笺注》，中华书局，2010年版，虽用《柳集》而不多，皆无考《诂训本》。

卷	四库底本·荟要本	实	百家注本	五百家注本	郑定本	世彩堂本	音辩本
01	唐雅唐诗贞符[雅诗歌曲][17]	17	唐雅唐诗贞符	唐雅唐诗贞符并序	唐雅唐诗贞符并序	雅诗歌曲	唐雅
02	古赋 [9]	9	古赋	古赋	古赋	古赋	古赋
03	论 [10]	10	论	论	论	论	论
04	议辩 一十首	11	议辩	议辩	议辩	议辩	议辩
05	碑 九首	9	古圣贤碑	古圣贤碑	古圣贤碑	古圣贤碑	碑
06	碑 五首	5	释教碑	释教碑	释教碑	释教碑	碑
07	碑铭 六首	6	释教碑铭	释教碑铭	释教碑铭	释教碑铭	碑铭
08	行状 [3]	3	行状	行状	行状	行状	行状
09	表铭碣诔 一十首	10	表铭碣诔	表铭碣诔	表铭碣诔	表铭碣诔	表铭碣诔
10	志 八首	7	志	志	志	志	志
11	志碣诔 一十一首	11	志碣诔	志碣诔	志碣诔	志碣诔	志碣诔
12	〔墓〕表志 六首	6	表志	表志	表志	表志	表志
13	〔墓〕志 十三首	13	志	志	志	志	志
14	对 五首	5	对	对	对	对	对
15	问答 一十首	3	问答	问答	问答	问答	问答
16	说 一十一首	11	说	说	说	说	说
17	传 八首	8	传	传	传	传	传
18	骚 一十首	10	骚	骚	骚	骚	骚
19	吊赞箴戒 十五首	15	吊赞箴戒	吊赞箴戒	吊赞箴戒	吊赞箴戒	吊赞箴戒
20	铭杂题 一十二首	12	铭杂题	铭杂题	铭杂题	铭杂题	铭杂题
21	题序 六首	6	题序	题序	题序	题序	题序
22	序 十三首	13	序	序	序	序	序
23	序 十二首	12	序别	序别	序别	序别	序别
24	序 十一首	11	序	序	序	序	序
25	序 十七首	17	序隐遁道儒释	序隐遁道儒释	序隐遁道儒释	序隐遁道儒释	序
26	记 十一首	10	记官署	记官署	记官署	记官署	记

27	记　六首	6	记亭池	记亭池	记亭池	记亭池	记
28	记　九首	9	记祠庙	记祠庙	记祠庙	记祠庙	记
29	记山水　十一首	11	记山水	记山水	记山水	记山水	记山水
30	书明责躬　六首	6	书明谤责躬	书明谤责躬	书明谤责躬	书明谤责躬	书
31	书　九首	9	书	书	书	书	书
32	书论政论服饵　四首	4	书	书	书	书	书
33	书　四首	4	书	书	书	书	书
34	书　一十二首	12	书	书	书	书	书
35	启　八首	8	启	启	启	启	启
36	启　十三首	13	启	启	启	启	启
37	表庆贺　三十首	34	表庆贺	表庆贺	表庆贺	表庆贺	表
38	表　二十六首	26	表	表	表	表	表
39	奏状　二十一首	22	奏状	奏状	奏状	奏状	奏状
40	祭文哭辞　一十五首	15	祭文	祭文	祭文	祭文	祭文哭辞
41	祭文　一十五首	15	祭文	祭文	祭文	祭文	祭文
42	古今诗　七十六首	69	古今诗	古今诗	古今诗	古今诗	诗
43	古今诗　七十五首	77	古今诗	古今诗	古今诗	古今诗	古今诗
44	非国语上　三十一篇	30	非…三十一篇	非…三十一篇	非…三十一篇	非…三十一篇	非…三十一篇
45	非国语下　三十六篇	37	非…三十六篇	非…三十六篇	非…三十六篇	非…三十六篇	非…三十六篇
上	赋文志[杂著]八首	9			赋文志	赋文志	赋文志
下	表启[杂著]十八首	18			表启	表启	表启
新	〔墓志〕	5					
“实”=收载作品篇实数。阴影字符=与诸本不同。黑体字=卷首《目录》卷目。[　]=不同文字。〔　〕=惟《目录》独有。							

此外,《诂训本》四部每卷所收作品篇目亦稍有出入,又与《百家诸本》等多有出入。因篇幅有限,有待继考。

总体而言,《百家诸本》等较详,如卷05、06、07、23、25、26、27,疑近原貌。此分卷及卷目,后人虽有失误而无敢改加,应皆从详。荟要本卷首《序》后有《目录》，无标卷数、篇目，而标卷目，与每卷首行亦有出入，《目录》所标乃简称。

（二）每卷所收篇数

惟四库底本、荟要本二本每卷首行卷目下标以卷收篇数，尤其重要。四十五卷本究收多篇，沈晦《后序》末云：

> 又厘革《京兆请复尊号表》，增入《请听政第二表》《贺皇太子笺》《省试观庆云图诗》，总六百七十四篇。

又《直斋书录解题》云①：

> 《柳宗元诗》一卷：唐柳宗元撰。子厚诗……颇有陶、谢风气。古律、绝句，总一百四十五篇，在全集中不便于观览，因钞出别行。

沈本原收674篇，今据《诂训本》所标合计，达691篇（652+39）之多，而实收690篇，近于所标，实则逐卷往往不同。至于诗歌首数，实收152首，多7首，亦大不合。今用他本核对，得以复原：

卷四"议辩一十首"，实收11首。内有《论语辩二篇》，《诂训本》等皆分作"上篇"、"下篇"，《郑定本》有注云："添注曰：一本无'上篇''下篇'四字。"若不分二篇，则合"一十首"。

卷十"志八首"，实收7首。《百家注本》等无标篇数，而多收《故连州员外司马凌君墓后志》一篇，故实收8首。《诂训本》收入于《新编外集》。《新编外集》为韩醇所辑，沈本《凌君墓后志》不在正集。后文详考。"八"字应作"七"。

卷十五"问答一十首"，实收仅3首，《百家注本》等皆然，其差已显。"一十"二字即"三"之讹，恐因形近而误。

卷十七"传八首"，实收6首，《百家注本》等皆然。注"曹文洽、韦道安传：原阙"，二《传》存目无文，该不算数。沈晦用四本厘革，曾丞家本"有《刑部中》、杨常

① 卷十九，徐小蛮点校，上海古籍出版社，1987年版，第564页。

侍二《行状》《冬日可爱》《平权衡》二赋，共四首，有其目而亡其文”[①]，沈本其目亦不载。

卷二六“记十一首”，实收10首，《百家注本》等皆然。疑前后颠倒，应作“一十”。

卷三七“表庆贺三十首”，实收34首，《百家注本》等皆然。疑“十”下脱“四”字。

卷三九“奏状二十一首”，实收22首，《百家注本》等皆然。《郑定本》卷26《为裴中丞上裴相乞讨黄贼状》，注云：“重校：韩本标曰：赵本与上《裴相状》合为一篇。”《裴相状》即《为裴中丞上裴相贺破东平状》，又《音辩本》卷首《目录》云：“依京本附此处。”可知原无此作，为后人所加。“京本”即沈晦所校四本之一“小字三十三卷，元符间京师开行”[②]者或其系统本。

卷四二“古今诗七十六首”，实收75首，卷四三“古今诗七十五首”，实收77首。《古今诗》二卷所标共151首，实收共152首，多一首。卷四三至《春怀故园》为止，前一首《省试观庆云图诗》题下注云：“晏元献家本有此诗，今附于此。公正元五年举进士，九年及第，此诗九年作。”前一句乃沈晦注文，如《百家注本》作“晏元献家本有此诗，今附于此。韩曰：公贞元五年举进士第，此诗九年作所作也”，又合沈晦“增入《请听政第二表》《贺皇太子笺》《省试观庆云图诗》”[③]。此一首为沈晦所加，应在卷四三之末，如《音辩本》注作“晏元献家本有此诗，今附卷末”。《音辩本》今通行本即四部丛刊本，正集编为四十三卷，以《非国语》二卷为《别集》，而宋刊本乃四十五卷，《非国语》在正集内，属于沈晦四十五卷本系统[④]。由此可考定：沈晦本卷四三至《省试观庆云图诗》为止，后人加以《春怀故园》。《郑定本》卷四三《田家》诗题下有注云：“重校：邵武本作《春怀故园》。”《田家》前有《零陵早春》诗，何焯以“邵武本作《春怀故园》”一条移入此诗下[⑤]。诗有“凭寄还乡梦，殷勤入故园”之句，何氏之说近是。盖《春怀故园》原为《零陵早春》，因咏

---

① 沈晦《后记》，见《诂训本》等。

② 同上。

③ 同上。

④ 详见拙稿《日本旧校钞〈增广注释音辩唐柳先生集〉四十五卷本及南宋刻〈音注唐柳先生集〉略考》，《文史》总106辑（2014-1）；《南宋淳祐九年刘钦序刘怡堂辑注〈增广注释音辩唐柳先生集〉四十五卷12行本考》，《岛大言语文化》33号，2012年。

⑤ 《义门读书记》卷37《河东集》，中华书局，1987年版，第670页。卷三七末有何焯跋云：“此本疑即郑所刊云。”第676页。

“零陵”，后人视为柳作，故编入卷末也。

由此推考，《古今诗》二卷共收151首，含刘诗6首在内，卷四二“七十六首”应作“七十五首”，卷四三“七十五首”应作“七十六首”。南宋别行《柳宗元诗》一卷“总一百四十五篇”，今151首减刘诗6首即145首，正符合。总数无误，所标与实数不同，盖与篇次有关。卷四二前一半大致为永州及其途上所作，后一半为柳州所作，卷四三殆皆永州所作。可知沈本大致按年分卷，盖始于刘禹锡原本，后稍有错简。如卷四二柳州所作之中有《段九秀才处见亡友吕衡州书迹》，永州所作，仅仅一首混入。又《重别梦得》《三赠》等在卷四二末，应在《衡阳与梦得分路赠别》后，《百家注本》等篇次近于原本。

卷四四“非国语上三十一篇”[①]、卷四五“非国语下三十六篇”，与实收篇数不同，而总数67篇，无异。卷四五《锄麑》下注云：“旧本于此篇‘贤可书乎’之后有‘今左氏多为文辞’一节，尝怪其意不相属。以别本考之，乃脱《祈死》《长鱼蟜[矫]》二篇，而‘左氏多为文辞’者乃公非《长鱼矫》后辞也。益此二篇，然后公六十七篇之文足矣。”《诂训本》分为二篇。“三十一篇”，应作“三十篇”，“三十六篇”应作“三十七篇”，否则卷四五《狐偃》一篇移入卷四四末。

《外集》卷上“赋文志八首”，实收9首，若“八”字无误，应删《吾子》一篇。柳宗元曾注扬雄《法言》[②]，卷二有《吾子》篇。《吾子》一篇约70字，注文一条而已。出处已审，而《诂训本》无一词加注。

总之，如此纠正，则全集共685首：其中正集四十五卷654首、《外集》二卷26首、《新编外集》一卷5首。沈晦所云“总六百七十四篇”，固不含韩醇《新编外集》，则正集654首加以《外集》26首，共680首，尚多6篇。此与刘作有关。卷四二《重赠二首》前有刘禹锡《训家鸡之赠》，后有刘禹锡《答前篇》《答后篇》，又《重别梦得》前有刘禹锡《再授连州至衡阳酬赠别》，后有刘禹锡《答》，《三赠》后有刘禹锡《答》，共6首。《诂训本》所收680篇，减刘诗6篇，则柳诗文共674篇。今依《诂训本》可使沈晦本所收复原，得以窥见原貌。

---

① 《琳琅书目》云：“阙补卷四十四：全。”不知据何本补。如《百家注本》等《三川震》条下皆云：“韩曰：伯阳父，周大夫也。自‘〔夫〕天地之气’已下新附。”《诂训本》附有“夫天地之气”以下，而无注。

② 《新唐书》卷五八《艺文志》：“柳宗元注《杨子法言》十三卷。”第1512页。《五百家注本》有《附录》，其卷一《柳先生扬子新注》收5条，即柳宗元注《法言》。吴文治校点本录自明蒋之翘辑注本。

《诂训本》所用沈晦本,是否原有标示篇数,尚需深究。《百家注本》系统以及《音辩本》皆无标,又疑与《诂训本》所用沈本不同,除上所提《古今诗》卷四十二篇次以外,尚有:

卷一《贞符》,《百家注本》有作“斗怒振动,专肆为淫威”,下注:“沈晦曰:诸本作‘振动静专’,《唐书》无‘静’字[①],今以《唐书》为据。”则沈本应无“静”字,《音辩本》作“斗怒振动”亦云:“一本此下有‘静’字,《唐书》无,今从之绝句。”惟《诂训本》作“振动静专,肆为淫威”,下无注。

又,沈晦《后序》有云:“韩晔时犹未死,《答元饶州论书》中宜于‘韩宣英’上去‘亡友’字。”卷三一有《答元饶州论春秋书》,《百家注本》等作“亡友韩宣英、吕和叔辈”,注:“补注:胥山沈公谓当去‘亡友’二字,迁在‘吕和叔’上。”《郑定本》《音辩本》均作“韩宣英及亡友吕和叔辈”,《郑定本》注同《百家注本》,《音辩本》注:“一本‘亡友’在‘韩宣英’上者误。”沈本应以“亡友”迁在“吕和叔”上,而《诂训本》“刊本”作“亡友韩宣英、吕和叔辈”,无注。

由此可知,《诂训本》《百家注本》等南宋本虽皆以北宋沈晦四十五卷本为底本,早有出入。

三　南宋刊韩醇《诂训本》复原

韩醇《诂训本》今有钞本四部,皆出于宋刊本,辗转递抄,导致编次、字画等有所出入,遂未知原貌,然而仍有法复原,且可知宋刊本至少亦有二种。

(一)荟要本校勘记所谓“刊本”

由上可知:四库底本虽经三次抄写而成,然可谓第一手钞本,尤近于宋刊本,次荟要本,次文渊阁本,文津阁本远离多误。而荟要本径用刊本校勘,不亚于四库底本,如《荟要总目》云[②]:

依天禄琳琅所收(韩)醇刊本缮录,据宋魏仲举《五百家注》本、元椠《增

① 《新唐书》卷一六八本传,中华书局,1995 年版,第 5137 页。
② 《四库全书荟要总目提要》,人民文学出版社,2009 年版,第 363 页。

广注》本、明椠《韩柳全集》本、郭云鹏本恭校。①

荟要本几乎每卷末附有校勘记,屡见“刊本○讹○”、“刊本脱/衍○字”等句。所云“刊本”,指“天禄琳琅所收(韩)醇刊本”。依此校语,可回复宋刊本原貌。今仅以卷二九“记山水十一首”、卷四二“古今诗七十六首”两卷中校语作一校对表如下:

<table>
<tr><th></th><th>《荟要本》(卷二九、卷四二)校勘记</th><th>刊本</th><th>底本</th><th>文渊</th><th>文津</th><th>荟要已改</th></tr>
<tr><td>01</td><td>“隶而从者崔氏二小生”:按此用《左传》“士有隶子弟”“隶”字,刊本“隶”讹“欸”,据郭云鹏本改。</td><td colspan="3">欸</td><td colspan="2">隶</td></tr>
<tr><td>02</td><td>“元和十二年九月”:刊本“九”讹“十”,据本篇文末句改。</td><td colspan="3">十</td><td></td><td>九</td></tr>
<tr><td>03</td><td>“在多姊[秭]归”:按“在”字疑“尤”字之讹。</td><td colspan="4">在</td><td>尤</td></tr>
<tr><td>01</td><td>“不应虞竭泽”:刊本“虞”讹“渔”,据郭云鹏本改。</td><td colspan="3">渔</td><td colspan="2">虞</td></tr>
<tr><td>02</td><td rowspan="2">“韦诞:非纨素不下笔”:刊本“诞”讹“延”,又“素,帛也”:刊本“帛”讹“纸”,据郭云鹏本改。</td><td>延</td><td colspan="2">诞</td><td></td><td>诞</td></tr>
<tr><td>03</td><td colspan="3">纸</td><td></td><td>帛</td></tr>
<tr><td>04</td><td>“而诸本作芭未详”:案《楚辞·九歌》“礼魂传芭兮代舞”王逸注云“芭,巫所持香草名”,此诗“传芭”二字本此而注不之考,反疑为巴渝舞之巴,误矣。</td><td colspan="2"></td><td></td><td></td><td></td></tr>
<tr><td>05</td><td>“有罪奇邪则相反”:刊本“有”上衍“亲”字,盖因《周礼》上文“五家相受相和亲”句而误衍,应删。</td><td colspan="3">亲</td><td></td><td>/</td></tr>
<tr><td>06</td><td>“每行止同舆接茵”:刊本脱“行”字,据《晋书·夏侯湛传》增。</td><td colspan="3">/</td><td></td><td>行</td></tr>
<tr><td>07</td><td>“叉手从族乎”:刊本“族”讹“俗”,据《后汉书·马援传》改。</td><td colspan="3">俗</td><td></td><td>族</td></tr>
<tr><td>08</td><td>“众坐莫不叹息”:刊本“坐”讹“生”,据《后汉书·孔融传》改。</td><td colspan="3">生</td><td></td><td>坐</td></tr>
</table>

① “元椠增广注本”谓《音辩本》正集四十三卷,“明椠《韩柳全集》本”见《琳琅书目》卷10《明版集部》,而有二种,即《柳集》二十卷本、《柳集》三十六卷本。“郭云鹏本”谓济美堂本,见《琳琅书目后编》卷十八《明版集部》,傅增湘:《明济美堂刻河东先生集跋》,《藏园群书题记》卷十二,上海古籍出版社,1986年版,第616页。皆无《新编外集》,孙星衍《平津馆鉴藏记书籍》卷2《明版》云:“每卷后俱有‘东吴郭云鹏校寿梓’木长印。……《外集》增《处士段宏古墓志》三篇。”上海古籍出版社,2008年版,第86页。《处士段宏[弘]古墓志》等皆韩醇所补遗。郭云鹏编刻有:嘉靖二一年(1542)《曹子建集》、嘉靖二二年《分类编次李太白诗文》(宝善堂刻)、嘉靖二六年《欧阳文萃遗萃》(宝善堂刻)、《文章备览》、嘉靖三一年黄鲁曾编选《四家宫词》等。

09	“《说文》：愉也”：刊本“愉”讹“偷”，据《说文》改。	偷	愉			
10	“楚未节也”：刊本“楚”讹“郑”，据哀公十六年《左传》改。	郑				楚
11	“漓水斗石麻兰高”：案《一统志》，桂州理定县有兰麻山，刊本作“麻兰”疑讹。	麻兰				兰麻
12	“有道士好养鹅”：刊本“好养”讹“养好”，据《晋书》改。	养好				好养
13	“众人皆醉而我独醒”：刊本“而”讹“唯”，据《楚辞》改。	唯	惟			而
14	“登柳州峨山”：刊本“峨”讹“城”，据郭云鹏本改。	城	峨			
15	“右军后进”：刊本脱“右军”字、“进”字，据《南齐书·王僧虔传》	//			右军	
16	及张彦远《法书要录》改。	/			进	
17	“到时间井是荒墟”：刊本“时”讹“是”，“井”讹“里”，据《全唐诗》	是		时		
18	改。	里			井	
19	“索靖字幼安”：刊本“靖”讹“静”，脱“字”字，据《晋书》本传及	静		靖		
20	《法书要录》改增。	/				字
	黑字体=正文，其余即注文	/=脱字；斜体字=疑讹				

《诂训本》，钞本四种，含“刊本”，共五种，关系极复杂：“刊本”谓未改之处，合四库底本居多，又合文渊阁本较多，而惟文津阁本特殊，与“刊本”、四库底本、文渊阁本有异，却多合于荟要本中已改之处。

荟要本校勘最严谨。四库底本有字已合荟要本。盖抄出刊本时，因有字讹误明显而主动修改，如卷四二 02、09、14 皆是，继而文渊阁本再加改，如 17、19。惟文津阁本与众不同，往往缺注，有注则合荟要本所改，经与他本核对，实则不论有注无注，皆与《音辩本》相符。如 01“不应虞竭泽”句下：四库底本等无注，惟文津阁本注文作“《史记》：竭泽而渔，明年无鱼”，《百家注本》《五百家注本》《郑定本》《世彩堂本》皆作“孙曰：《史记》：‘孔子曰：竭泽涸鱼，则蛟龙不合阴阳。’虞，防也。”《诂训本》文津阁本却与《音辩本》相同。又如 14“登柳州峨山”下：四库底本等注“一作岷山”，惟文津阁本注“峨或作岷者非”，《百家注本》注“一本作岷山，非是。孙曰：峨山，见公柳州山水诸记”，《五百家注本》等注“孙曰：峨山，山名，见公柳州山水诸记。一本作岷山，非是”。《诂训本》文津阁本何故与《音辩本》

相同，盖文津阁本未据四库底本而误用《音辩本》而抄也。不仅如此，四库全书《音辩本》亦有文渊阁本、文津阁本，惟文津阁本亦与诂训本相混颇多[①]。文津阁本抄时，不知何由，清馆臣误以《诂训本》与《音辩本》相换矣。

然而，四库底本亦钞本，固与荟要本所云“刊本”不尽同，今仅以卷二九为例，核对如表：

卷二九	四库底本	荟要	文渊	文津	百家	五百	郑定	世彩	音辩
01B	髆，三各切	玉	三	三					
02B	**施二而行**	施	施	施	施	施	施	施	二
	漫二而游	漫	漫	漫	漫	漫	漫	漫	二
	萁踞	箕	箕	萁	箕	箕	箕	箕	箕
04A	**一亩**	亩	亩	亩	畞	畞	畞	畞	畞
04B	**门其主**	问	问	问	问	问	问	问	问
	门其价	问	问	问	问	问	问	问	问
	代去恶木	伐	伐	伐	伐	伐	伐	伐	伐
	潽二之声	潽	潽	潽	潽	潽	潽	潽	潽
	悠悠然	/	/	悠	/	/	/	/	/
05A	**贾四百**	价	贾	贾	贾	贾	贾	贾	贾
06A	**枫枿石楠**	柟	枿	枿	柟	柟	柟	柟	柟
07B	**掺琴**	操	掺	掺	操	操	操	操	操
09A	**林前横木**	牀	林	林					
10A	**北沉浔水濑下**	枕	沉	沉	沉	沉	沈	沈	流
10B	阴酒，虔则应	酒阴	阴酒	阴酒	阴酒	阴酒	阴酒	阴酒	酒阴
	01B、09A=注文；02B“二”=重叠字。黑体字=正文，其余即注文。								

四库底本错别字较多，盖因形近而误，余与文津阁本、文渊阁本往往相同，荟要本似有处以意改字。如01B“髆”音“三各切”，误已审，荟要本改“三”为“玉”，因字形近而讹，阁本皆未改，校勘粗疏，却可谓忠实于四库底本。尤其是文津阁本此卷误字亦有沿袭，如02B“萁”。04B“悠悠然”，《百家注本》等注云：“一作悠悠然”，四库底本即是，刊本亦原作如此，荟要本据它本改字，而不见校勘。

① 详见拙稿《南宋淳祐九年刘钦序刘怡堂辑注〈增广注释音辩唐柳先生集〉四十五卷12行本考》，《岛大言语文化》33，2012年，第27页。

10A“沉字”,《郑定本》注云“沉一作流”,《音辩本》注云:“流一作沉”,可知宋本不作“枕”。“沉”即“沈”异体字,荟要本以“沈”为“枕”之讹而改,不见校勘。10B“阴酒”,《百家注本》注“一作酒阴”,荟要本改字,不见校勘。

要之,现存《诂训本》钞本皆出于宋刊本,而异文颇多,迥若别本,若使宋刊本复原,则应先从荟要本所云“刊本”,再参用四库底本,而仍有误抄,辅以文渊阁本、文津阁本。需注意:文津阁本不可尽信,有卷依《音辩本》抄。事既如此,所据“刊本”是否为韩醇所刊,早有此疑。

(二)宋刊韩醇《诂训》有新旧二种

吴文治先生曾曰:“今存《新刊诂训唐柳先生文集》四十五卷、《外集》二卷、《新编外集》一卷,有北京国家图书馆藏‘四库底本’及文津阁《四库全书》本两种。其实已非韩醇《柳文诂训》原貌。书中多处直录孙汝听、张敦颐等人注文,书冠以‘新刊’,也说明它是经过后人重新整理的。”①《琳琅书目》、四库底本确实题作“新刊诂训唐柳先生文集”。《新刊诂训》是否由后人以韩醇《诂训》为底本加以孙、张等人所注而编者,愚谓:此结论甚是,《诂训》疑有新旧二种,而推理前提却属片面,未足以证实。

《百家注本》等征引注文,冠以“孙(汝听)曰”“张(敦颐)曰”“童(宗说)曰”等,以注明“诸儒名氏”,惟《新刊诂训本》则一切无有,故全条皆似韩醇所注。今以卷二九“记山水十一首”为例,《诂训本》注文共有57条,其中与《百家注本》“童曰”注文相同者3条,与“张曰”相同者2条,与“孙曰”相同者0条。今仅摘二本所重复之注文作对照表:

二九	《百家注本》等		相关	《新刊诂训本》
01	童曰	■【山含】岈,山深之状。洼,水也,污也。岈,火加切;洼,乌瓜切。	=	岈,火加切。■【山含】岈,山深之状。洼,乌瓜切,水也,污也。
02	张曰	《方言》:冢,或谓之培。关而东,小冢谓之塿。培,薄口切。塿,力口切。	≒	培,簿口切,又薄口切。《方言》:冢,或谓之培。塿,力狗切。自关而东,小冢谓之塿。

① 吴文治:《柳宗元诗文十九善本异文汇录·代序》,第7页。

03	张曰	钴,音古。钢字,诸韵皆无从母者,《唐韵》作■【金莽】,下注云:钴,■【金莽】也。钢疑是■【金莽】,莫浦、莫朗二切,并注云:钴,■【金莽】也。钴■【金莽】乃鼎具。	=	钴,音古。錭字,诸韵皆无从母者,《唐韵》作■【金莽】,下注云:钴,■【金莽】也。錭疑是■【金莽】,莫浦、莫朗二切,并注云:钴,■【金莽】也。钴■【金莽】乃鼎具。
04	孙曰	嵚崟,山险貌。嵚,音钦,与■【山钦】同。累,伦追切。	>	嵚,音钦。
05	童曰	濙濙,水回也。音营。	≒	濙,音营。水回也。
06	孙曰	崔简之子也。	<	崔氏二小生,即简之子也。
07	童曰	嵁,高貌,钼咸、仕咸二切。	>	嵁,颠咸切,高貌。
08	童曰	枰,博局。薄明切,又音平。	>	枰,蒲明切,博局。
09	童曰	糈,音所,又音胥。■【米余】字,诸韵皆从禾,音徒,音土,沛国呼稻曰稌。	≒	糈,音所,又音胥。■【米余】,诸韵皆从禾,徒土切,沛国呼稻曰稌。

《百家》等与《新刊》注文形式相反:《百家》等先字义,后字音;《新刊》先字音,后字义。例01童注、例03张注,二本音义先后不同而所注全同,《新刊》可谓“直录”童、张。例02张注、例05、09童注,极似,亦有可能。至于例04、06孙注,则与《新刊》有所重复,是否“直录”,恐非是。

就时间而考:童宗说,在《百家注本》《五百家注本》卷首《诸儒名氏》之中列入韩醇之后,云:“南城童氏:名宗说,全解。”绍兴二十一年进士,“全解”指《柳文音释》,作于绍兴二十九年(1159)前后,如《春祭祖龙学文》:“维绍兴二十九年岁次己卯……袁州州学教授童宗说”,《文标集序》:“绍兴庚辰(三〇年),袁州教授南城童宗说序”[①]。张敦颐,《诸儒名氏》例入韩醇之后。《韩柳音释[后]序》末署“绍兴丙子(二六年)十月,新安张敦颐书”,张敦颐《柳先生历官纪并序》亦署“乾道五年(1169)十月既望,新安张敦颐序”。孙汝听,《诸儒名氏》列入韩醇之前,“眉山孙氏:名汝听,字良臣,全解”。绍兴(1131—1162)间进士[②],淳熙(1174—1189)间为鄞县令[③]。著有《三苏年表》三卷[④],时拜左奉议郎,亦曾作《成都古今前

① 见陆心源:《皕宋楼藏书志》,卷七〇。

② 《〔嘉庆〕四川通志》卷122《选举》“附绍兴中进士年分无考”条71a。

③ 《蜀中广记》卷96《梓潼古今记》,注:“淳熙间鄞令孙汝听作。”参见《全宋文(193)》卷四二五三《孙汝听》,第86页。

④ 《直斋书录解题》卷十七:“右奉议郎孙汝听撰。汝听当是蜀人,叙述甚详。”徐小蛮点校,上海古籍出版社,1987年版,第502页。今有辑本“左奉议郎赐绯鱼袋孙汝听编”《苏颍滨年表》一卷(《永乐大典》本)。

后记》收入《眉州江乡志》,《志叙》“应在淳熙五年(1178)之前”[①]。惟孙注成书,距淳熙四年不远,先后未知。总之,童、张注解均成于韩醇《后记》“淳熙丁酉四年(1177)”之前,若孙注亦然,则韩醇可以参用。故谓:即使“多处直录”,亦不足以“说明它是经过后人重新整理的”。

1.《新刊诂训本》有“孙曰”

经初步检查,《诂训本》有一条例外,冠以注家名氏,吴氏未提。卷四四《非国语》上卷“轻币”条“奉”字下云:

【孙曰】注云:奉,藉也。……

四库底本等皆同,“孙曰”后又有“注云”二字,是否误衍?《百家注本》等与此相同,又“注云”下文见于《国语》韦昭所注,“注”谓《国语注》,故“孙曰”必谓孙注。是《诂训本》引孙汝听注文之明证,似后人失于删去,而此例仅有一处,“孙”抑或讹字,难以断定。

2.孙汝听用《诂训本》加注

如上所述,《新编外集》为韩醇所补遗,首收《故连州员外司马凌君墓后志》,题下注云:此《志》当附《权厝志》后。今《诂训》盖用胥山沈公所定刘连州四十五卷本,故又从其说“以诸本所余作《外集》”。此《志》与下四《志》皆沈本未有者,用别录于此。

《权厝志》谓卷十《故连州员外司马凌君权厝志》,题下注与此相符,云:

别集又有《后志》,而此本不载,已别列之《外集》。

上二条皆韩醇《诂训本》之语。《百家注本》卷十《权厝志》题下注云:

【韩曰】……别集又有《后志》,而诸本不载,今列之此篇后。

① 刘真伦《韩愈集宋元传本研究》“孙汝听本”条,第306页。

《五百家注本》沿袭。此非韩醇之语。盖《百家注本》用《诂训本》而由《新编外集》移入卷十，故改“此本”为“诸本”。可知《百家注本》等已改动《诂训本》原文。此例不得作依据，然而《百家注本》以《后志》移入卷十《权厝志》之后，“立太子，赦下”句下云：

【详注：韩曰】元和四年立太子宁[①]，肆赦。【孙曰】元和七年六月，立遂王侑为皇太子[②]，降德音。二说未详孰是。

《百家注本》中习见“韩曰”，径录韩注，惟此一条用“详注”引韩注。今宋本《百家注本》有《外集》而无《新编外集》，是否原无具备，存疑。《诂训本》中《新编外集》所收《后志》题下注有“至是元和四年立太子宁，肆赦，乃得返葬”之句，是“详注：韩曰”者也。《百家注本》由“详注”间接征引韩注，《百家注本》卷首《诸儒名氏》中不见“详注”，末有“新添集注一家；续添补注一家”，《五百家注本》等“详注”作“集注”，原作近是。如卷四五《非国语》下《锄麑》条下，《诂训本》注云：“旧本于此篇‘贤可书乎’之后有‘今左氏多为文辞’一节，尝怪其意不相属。以别本考之，乃脱《祈死》《长鱼矫》二篇，而‘左氏多为文辞’者乃公非《长鱼矫》后辞也。益此二篇，然后公六十七篇之文〔方〕足矣。”《百家注本》等作“【集注】旧本〔于〕此篇‘贤可书乎’之后……公六十七篇之文方足矣”。注文全同，“集注”者似采自《诂训本》，该作“集注：韩曰”。

孙氏注韩集，所用底本收有此作，即韩醇所辑《新编外集》，由此可知：孙氏参用《诂训本》加注。不仅如此，《五百家注本》附录《新编外集》5 篇中见有“孙曰”17 条之多，几乎每篇皆有孙注。其余“韩曰”4 条、“祝曰”4 条、“童曰”1 条。

“祝曰”，习见于《百家注本》等，而不见《柳集》卷首《诸儒名氏》中，《韩集》卷首《诸儒名氏》中见“文溪祝氏：名充，字廷宾，全解”[③]。“《韩文音义》一卷：右从政

---

① 《五百家注本》《郑定本》微异，“详注”均作“集注”，“宁”下有“王”。《诂训本》无“王”字。《柳宗元集》（第 267 页）《校勘记》、尹占华《校注（2）》（第 698 页）皆未提异文。

② 《五百家注本》四库全书本“侑”作“宥”，日本覆刻五百家注本作“侑”，《柳宗元集》（第 267 页）《校勘记》、尹占华《校注（2）》（第 698 页）皆未提。《校勘记》云：“‘宥’原作‘侑’，据同上书同卷及五百家本改。”所用“五百家本”即四库全书本，“宥”字视余字稍大，不自然，疑为清馆臣所改，宋本原作“侑”。

③ 《新刊五百家注音辩昌黎先生文集》卷首《韩集所收评论诂训音释诸儒名氏》，中华再造善本，北京图书馆，2006 年版。

郎潭州宁乡县丞祝充所进也。毛叔度为之序。张杓刻而敘其后”[①],是其人也。毛叔度(1106—?),字季中,浙江衢州江山人,绍兴五年(1135)进士,九年为临安府司户参军,二十三年任宣教郎,终饶州教授[②]。祝充《韩文音义》大约成于绍兴间(1131—1162)或稍后,另撰《柳文音义》于“淳熙丁酉(四年1177)”之后,《百家注本》参用辑注。

总之,孙汝听、祝充等曾用韩醇《诂训本》加注。《诂训本》所附《新编外集》,除题下韩注外,正文下皆无注解,《五百家注本》所附《新编外集》中“孙曰”等注文非为韩醇所录,应为后人所辑。《诂训本》所见“孙曰”一处,非讹字,乃后人失删者。

3.《新刊诂训本》与宋刊诸本所引韩注不同

今核对诸本,可证实《诂训本》有二种[③],其一为后人所“新刊”。

卷四二第一首《同刘二十八院长述旧言怀感时书事,奉寄澧州张员外使君五十二韵之作,因其韵赠至八十通,赠二君子》八十韵,共160句,柳诗中最长,注文尤多,今以此为例。韩醇分段,略述大意,如《诂训本》第4联“俱尉甸侯家”下有注云:

> 上四联盖谓与张同以进士举博学宏词,交游相依,张为校书郎、武功尉,公为集贤殿正字、蓝田尉之意。

第5联“丹墀共拜嘉”下注云:

> 公正元十九年与张同为监察御史,故此对已下皆言其御史时相从于朝之意。

此二文不见于《百家注本》等。《百家注本》第10联“紫殿启晨霞”下注又有

① 《郡斋读书附志》卷下(卷五下,7a)·孙猛:《郡斋读书志校证》,上海古籍出版社,2011年版,第1172页。
② 见毛光春纂修《清漾毛氏族谱》[同治十年(1871)],《中国档案文献遗产名录》(国家档案局中央档案馆编,中国档案出版社,2002年版)。
③ 刘真伦《韩愈集宋元传本研究》“韩醇诂训本”条无考此疑。中国社会科学出版社,2004年版,第306页。

综述叙意，云：

【韩曰】赤也……【孙曰】言金炉之仄……自“弱岁游玄圃”（01 句）至此，皆叙其与张历仕及同为御史之意。

“孙曰”以下既不见“韩曰”，又词语不同，似为孙氏所作。《诂训本》第 11 联“俄成失路嗟”下云：

此已下言张与韩、李皆谪为县令南方之意。

此文不见于《百家注本》等。《百家注本》第 40 联“还睹正奇邪”下云：

【韩曰】……自“未竟迁乔乐”（第 10 联）至此，皆叙张出为南方令及改刺二州之意。

无“孙曰”，似韩注，而不见于《诂训本》。第 41 联“言姻喜附葭”下，《诂训本》却云：

此以下皆自叙贬黜之意。

此文不见于《百家注本》等。第 80 联“千骑拥青緺”下，《百家注本》云：

【韩曰】……自“慕友惭联璧”（第 40 联）至此，皆自叙其贬黜之意。

正合第 41 联下《诂训本》辞旨，似韩注，形式似孙注。今按：分段综述形式有二：一则“此以下言”，一则“自……至此皆叙”。前者，前瞻式，韩醇之语；后者，后顾式，似孙氏之言。二式应不重复，而第 41 联至第 80 联重复，《百家注本》引“韩曰”而下疑缺“孙曰”二字。又逐段相比，后者似前者而较详，可疑孙氏参阅韩注。

第 78 句“风移鲁妇髽”下则与上例不同。《诂训本》有注云：

《檀弓》：鲁妇人之髽而吊也，自败于台鲐始也。盖鲁襄公四年，臧文仲与邾战于台鲐，鲁人迎丧者髽。髽，测瓜反，丧髻也。

《百家注本》等亦引韩注云：

【韩曰】《礼记·檀弓》：鲁妇人之髽而吊也，自败于台鲐始也。盖鲁襄公四年，《左传》：邾人伐鄫，臧纥救鄫，侵邾，败于狐骀。国人迎丧者皆髽[①]。鲁于是乎始髽。髽，侧加切，《说文》云：丧髻也。

所引韩注视《诂训本》甚长，疑非《百家注本》所补。又第30“三载皇恩畅，千年圣历遐”下，《诂训本》有注云：

张自正[贞]元十九年癸未，至元和乙酉宪宗即位，为三年矣，故云“三载”。

“张”即诗题所云“张员外”，注谓自至之间“为三年”，文义不通。《百家注本》等引韩注云：

【韩曰】张自贞元十九年癸未贬官，至元和乙酉宪宗即位，为三年矣，故云。

有“贬官”，文义乃通。又第34“南宫部渥洼”下，《诂训本》有注云：

武帝纪：马生渥洼水中。

《百家注本》等引韩注云：

① 吴文治校点本第116页、尹占华校注本第2690页“迎”皆作“逆”，原作“迎”之俗字。

【韩曰】汉武帝元鼎四年秋,马生渥洼水中,因以名马。

视《诂训本》详备。又第42“威从太守加”下,《诂训本》有注云:

张仍以刑曹刺澧州也。

《百家注本》引韩注云:

【韩曰】张仍以刑曹为澧守。

“刺澧州”谓“为澧守”,《五百家注本》《郑定本》作“韩曰:张以刑曹为郡守”。

此“韩曰”注解必皆出自一人之手,该谓韩醇诂训,而长短不一:《百家注本》较详,《诂训本》短而似从略。《诂训本》在《百家注本》之前,绝非《诂训本》据《百家注本》节录。《百家注本》何据,韩注必以,则韩注应有详略二种。此例不胜枚举,今再举若干如表:

篇　目	《百家注本》等所引韩醇注文	韩醇《新刊诂训本》注文
卷一《平淮夷雅》	韩曰:一作“公于有晋”。以下文观之,意若重复也。(百家注本等)	一本“爵之成国”作“公于有晋”,则意若重复耳。
卷一《唐铙歌鼓吹曲》	韩曰:官韵、唐韵、集韵、玉篇并无“黑对”字,疑作“日对”,传写者误书“日”为“黑”耳。(百家注本等)	“黑对”字,官韵、唐韵、集韵、玉篇并无,恐作“日对”,误书“日”为“黑”。
卷一《贞符》	韩曰:诸本“流人”上有“量移”二字。考之史传,止云坐事流永州。胥山沈晦曰:宜如《唐书》去“量移”字。(百家注本等)	诸本“流人”字上有“量移”字。考之史传,止云坐事流永州。胥山沈公谓:当如史去“量移”字。
卷二五《送元暠师序》	重校:韩本《送玄举师归幽泉寺序》在此下。(郑定本)	
卷二七《永州[韦使君]新堂记》	重校:一无“韦使君”三字。韩本注:刺史韦彪。(郑定本)	此所谓韦公者盖在七年八年者也,见集《上岭南郑相公启》及《黄溪祈雨》诗,《记》在七年作。
卷二九《柳州山水近治可游者记》	韩曰:筼筜,竹名,节间相去数尺。筼,音云;筜,都郎切。(百家注本等)	筼,音员;筜,都郎切。竹名。

卷三十《与顾十[一]郎书》	韩曰：观集中《送苑论序》……《少连传》云："始少连携少子师闵奔行在，有诏同止翰林院。"则顾氏子岂师闵耶。"十郎"一本作"十一郎"。(百家注本等)	观集中《送苑论序》……《少连传》：卒年六十三，赠尚书左仆射……又《传》云："始少连携少子师闵奔行在，有诏同止翰林院。"则顾氏子岂师闵耶。一作"十郎"。
卷三四《报崔黯秀才论为文书》	韩曰：崔黯，《新史》有传：宁，季弟密之孙也，后擢进士第。一本作"崔剪"。剪，《新、旧史》皆无传。(百家注本等)	"黯"一本作"剪"。剪，史、集皆无见。黯，《新史》有传：崔宁之子，后擢进士第。
卷三七《[礼部]贺册尊号表》	韩曰：《古今集》中皆题云《礼部贺册尊号表》，非也。……可见非"礼部表"也。当题云《柳州贺册尊号表》。(百家注本等)	《古今集》中皆题云《礼部贺册尊号表》，非也。……可见在柳州作，非"礼部表"也。
卷三九《让监察御史状》	韩曰：公拜监察御史里行，诸本于此状首尾或载名衔，无"里行"字，后人妄削之耳。(百家注本等)	公拜监察御史里行，在贞元……诸集皆载，且状首有名衔云"承奉郎新除监察御史"，当云"里行"，后人妄削之。
卷三九《为裴中丞[上裴相]乞讨黄贼状》	韩本标曰：赵本与上《裴相状》合为一篇。(郑定本)	次前《谢讨黄少卿贼表》(卷三八)作。
卷四二《摘樱桃赠元居士时在望仙亭南楼与朱道士同处》	重校：韩、吕、谢本(诗题)"时在"已下并作小字注写(谓原注)。(郑定本)	(《诂训本》及《百家注本》等皆不作小字。)
卷四三《觉衰》	韩曰：此诗一本在《游石角过小岭至长乌村》之前。余谓此诗永州后作也，不应在前。(郑定本)	诗意尚未来柳时也，当在永州作。
卷四三《跂乌词》	重校：韩作《跛乌词》。孙曰：跂，举一足也。韩曰：此词及下《笼鹰》《放鹧鸪》皆以自况。○添注：跂，音企。《山海经》云……跂乌，病一足，跂而行也。作"跛"，非。(郑定本)	跂乌词：与下《笼鹰》《放鹧鸪》词意皆以自况。……跂，音奇，缓走也。(皆不作"跛")
《外集》卷下《为崔中丞贺平李怀光表》	韩曰：怀光谋反……然公时年十三，不应有此文。中丞者不详其人矣。文又阙不全云。(五百家注本等)	李怀光……谋反……然公时年十三，其为中丞者不详其人矣。文又阙不全云。

《郑定本》即《重校添注音辩唐柳先生文集》，参用他本最多，如"一本""别本"以外，间有"蜀本""韩本""谢本""吕本""邵武本""元符京本"等，校勘

严谨[①]，“重校”近600条，其中“韩曰”注文大致符合《百家注本》，又“蜀本”“韩本”似韩醇本。如卷一第1篇《献平淮夷雅表一首》即《柳集》开头，题下注云：

重校：一本（永州本？）此表在第五卷；蜀本此表重出在三十八卷；邵武本（建宁本或张敦颐本）在三十八卷，却作《进平淮夷雅表》。

今《诂训本》卷一收《献平淮夷雅表一首》，卷三八亦收而题作《进平淮夷雅表》，注：“已见第一卷首” ，有目无文。见卷一、卷三八，符合郑定所用“蜀本”。“蜀本”不止一本[②]，韩本属其系统。《百家注本》亦蜀本，而今存宋刊本卷三八无此篇。

凡传抄之中难免讹字脱字，《百家注本》等所引韩本、韩注是否皆讹字，或被改动？与《诂训本》不同之例既如此多，又皆视《诂训本》长而详。《百家注本》等所引偶有讹脱或有节录，不须怀疑，而《诂训本》则理当不漏略韩注。《诂训本》今本乃钞本，虽难免讹脱，而不应有如此多例多字。《百家注本》等所引韩注非采自《诂训本》。又卷一《贞符》，沈晦《后序》有云：“吴武陵初贬永州，《贞符》中宜如《唐书》去‘量移’字。”正合《百家注本》等所引韩注，不合《诂训本》注文。

由此可判断，《百家注本》等所用韩本绝非今本《新刊诂训本》。

4.《新刊诂训本》篇次与宋刊诸本所引韩本不同

《郑定本》卷二五《送元暠师序》题下注云：

重校：韩本《送玄举师归幽泉寺序》在此下。

今检《诂训本》卷二五，先有《送元暠师序》，后有《送琛上人南游序》等，至《送玄举归幽泉寺序》为止。“韩本”与《诂训本》编次不合，“韩本”非今本《新刊》。然而，《百家注本》等卷末亦编次颠倒，篇次有三种，如表：

---

① 如《非国语》上篇“神降于莘”下云：“重校：于一作于。”而诸本“莘”作“莘”，未注。

② 卷二五《送贾山人南游序》“或以匮己之虚”下，注云：“蜀本云：‘或以’字下疑脱两字。”不合《诂训本》。

《郑定本》所引“韩本”	《新刊诂训本》	《百家注本》《郑定本》等
《送元暠师序》	《送元暠师序》	《送元暠师序》
《送玄举师归幽泉寺序》		
《送琛上人南游序》	《送琛上人南游序》	《送琛上人南游序》
《送文郁师序》	《送文郁师序》	《送文郁师序》
《送濬上人归淮南觐省序》	《送濬上人归淮南觐省序》	
	《送玄举归幽泉寺序》	**《送玄举归幽泉寺序》**
		《送濬上人归淮南觐省序》

《诂训本》往往在题下注中考出年代，惟对《送玄举归幽泉寺序》注云：“作之年月未详。”则理当在卷末，《新刊》无误。《百家注本》等以《送玄举归幽泉寺序》编入《送濬上人归淮南觐省序》之前，然而《百家注本》等各《序》皆有注，如“韩曰”“孙曰”“童曰”等，惟《送玄举归幽泉寺序》无有，则亦当在最后。“韩本”是否有讹，存疑。

如前所述，晏本有《省试观庆云图诗》，沈晦本卷四三《古今诗》编入为止，《诂训本》等皆在此诗后尚有《春怀故园》诗一首，是后人编入。《省试观庆云图诗》前有《掩役夫张进骸》诗，《诂训本》题下注云：“诗云：‘及物非吾事。’此贬永后作。”《春怀故园》诗有“楚乡农事春”之句，亦该作“此贬永后作”，而不考作年。又《诂训本》正文下有注文二条，一条与《百家注本》所引“孙曰”相近，一条与《百家注本》所引“集注”全同。《春怀故园》既不在《新编外集》，非韩醇所补遗，又无韩注，疑韩醇原本未收此诗，为后人所补遗辑注。

5.《新刊诂训本》为坊刻集注本

总上所考，不得不承认《诂训本》至少有两种：一则《百家注本》《郑定本》等所用“韩本”、所引“韩曰”；一则天禄琳琅旧藏《新刊诂训本》，即今四库底本系统。后者虽以韩注为主，而往往从略不全，绝非韩醇原本，出乎后人之手无疑。又《新刊》中有注文与张、童、祝、孙等注解相符。盖蜀中书坊以韩醇诂训为主而加以增减重修，并以《柳》《韩》二集合刊。《琳琅书目》云：“是醇注愈集既就已，先版行，后又注宗元集付刊，悉仿愈集之式，以二书合而并传，故宗元集后有《记》。”二集付梓有时间之差，韩醇先刊愈集，后刊宗元集，而合刊在“淳熙四年(1177)”

之后，书坊冠以《新刊……》[1]之招牌。

《韩集》南宋刊本有《新刊经进详注昌黎先生文》，《百家注本》宋本《柳集》原题《新刊增广百家详补注唐柳先生文》，《五百家注本》原题《新刊五百家注音辩唐柳先生文集》[2]，书坊射利讨好，讲究书名，往往冠以“新刊”并“详注”“增广百家”“五百家”等词。至于“诂训”，是否原有，亦可疑。《新编外集》第一篇题下注见“今诂训”，而王咨《序》、韩醇《后记》皆曰“训诂”，《诸儒名氏》曰“全解”。又，惟《新刊诂训本》以《墓志》《祭文》“悉依公所编次”附于卷1“唐雅唐诗贞符”末，是窜改，是冒充刘禹锡原本，绝非韩醇等教授学士所敢改，必为书坊谋利充造无疑，是所以称“新”之一。

综上所考，韩醇《诂训本》成书于淳熙四年（1177），孙汝听《柳文音义》、祝充《柳文音义》在其后，《新刊诂训本》则刊于其后，亦在《郡斋读书附志》[淳祐九年（1249）]之前。《新刊经进详注昌黎先生文》有文谠《序》作于“绍兴己巳”（十九年1149），又有文谠《上表》作于“乾道二年”（1166），韩醇谓“世所传昌黎文公文，虽〔屡〕经名儒手，余昔常校以家集，其舛误尚多有之，用为之训诂”，文谠本“经名儒手”之一。又《百家注本》《郑定本》皆用韩醇诂训，而多与《新刊诂训本》不同，未用《新刊》，《新刊》似未刊行。《百家注本》刊于《五百家注本》[庆元六年（1200）]之前，版心俱录有刻工名，多见于庆元五年（1199）刊《太平御览》[3]，则应刊于绍熙（1190—1194）、庆元初。《诂训本》“新刊”恐在其后。《郑定本》成书于嘉定十三年（1220）前后[4]，以《五百家注本》为底本而似另用韩本等重校添注，若是

---

① 丁立中《八千卷楼书目》卷十五著录“诂训柳先生文集四十五卷外集二卷新编外集一卷：唐柳宗元撰；宋韩醇音释；外集，宋沈晦编；新编外集，宋韩醇编”：《海王邨古籍书目题跋丛刊》，影印民国十二年（1923）《丁氏聚珍仿宋版印》本，中国书店，2008 年版，第 232 页。其父丁丙《善本书室藏书志》中不见。丁丙：《清人书目题跋宋丛刊（2）》，中华书局，1990 年版。又莫友芝《郘亭知见传本书目》[同治十二年（1873）]卷 12 作“诂训柳先生文集”、“新刻[刊]诂训唐昌黎先生文集”，似有分别。莫友芝：《郘亭知见传本书目》，《藏园订补郘亭知见传本书目（3）》，中华书局，2009 年版，第 1017 页、第 1024 页。宋时柳开亦被称“柳河东先生”，“诂训柳先生”之“柳”上脱“唐”字，疑“新刊”二字亦从略，如《四库全书总目》、文渊阁本书前《提要》皆称《诂训柳先生文集》。

② 《五百家注本》，《柳》《韩》二集俱存宋刊本，《北京图书馆古籍善本书目·集部》#700、《中国古籍善本总目》#957 著录作“五百家注音辩唐柳先生文集”，无“新刊”，《韩集》则《中国古籍善本总目》#848 作“新刊五百家注音辩唐柳先生文集”。二集每卷首行或有“新刊”或无有。《柳集》仅存十一卷，起自卷十六，偶无“新刊”而已。

③ 刘真伦：《韩愈集宋元传本研究》，第 87 页。

④ 郑定刊于嘉兴，《〔至元〕嘉禾志》卷七《学校》（1a）：“嘉定十三年，守臣郑定复以兴学为先务。”《宋元方志丛刊（5）》，中华书局 1990 年，页 4459 下；《〔绍定〕吴郡志》卷七《官宇·提举常平茶盐司（题名）》（19b）：“承议郎朱在：嘉定十三年……十四年……十二月，时暂兼权嘉兴府。”《宋元方志丛刊（1）》，页 745 下。

则《新刊诂训本》刊于其后。

结 语

韩醇《诂训本》今仅有钞本，共四种，其中有“四库底本”，由三种钞本而成，正文、注文以及篇次、所收，颇有出入。至今柳学者如吴氏《柳宗元集·校勘记》曰用文津阁本，《柳宗元诗文十九种善本异文汇录》曰用四库底本，尹氏《柳宗元集校注》曰用文渊阁本，而均多有失校，未尝用荟要本，至于四库底本，如《新编外编》、卷一末韩愈《墓志》等之异，明显而重要，皆不提一词，疑亦未见用。今钞本四种皆出于天禄琳琅旧藏南宋刊本一部，书题《新刊诂训唐柳先生文集》，其中四库全书荟要本最有文献价值，首附刘禹锡序、王咨序全文、目录，又卷末附有清初馆臣校勘记，引南宋刊本原文，而稍有改动，四库底本亦可贵，惜缺卷首。用者需以荟要本、四库底本为主，辅以文渊阁本，而文津阁本有所混乱，搁在最后。经诸本核对可以恢复《诂训本》，并可窥见其底本沈晦四十五卷本之原貌。今据所考作一表，仅供参考：

<table>
<tr><td colspan="9">韩醇《新刊诂训唐柳先生文集》(底本:沈晦《四明新本河东先生集》)</td></tr>
<tr><td>序</td><td colspan="8">夔州刺史刘禹锡《柳河东集原序》
权发遣珍州军州事王咨《〈柳河东集〉新刊诂训序》</td></tr>
<tr><td>卷</td><td colspan="8">《目录》</td></tr>
<tr><td>01</td><td>唐雅唐诗贞符</td><td>十七首</td><td>21</td><td>题序</td><td>六首</td><td>41</td><td>祭文</td><td>一十五首</td></tr>
<tr><td>02</td><td>古赋</td><td>九首</td><td>22</td><td>序</td><td>十三首</td><td>42</td><td>古今诗</td><td>七十六首</td></tr>
<tr><td>03</td><td>论</td><td>一十首</td><td>23</td><td>序</td><td>十二首</td><td>43</td><td>古今诗</td><td>七十五首</td></tr>
<tr><td>04</td><td>议辩</td><td>一十一首</td><td>24</td><td>序</td><td>十一首</td><td>44</td><td>非国语上</td><td>三十篇</td></tr>
<tr><td>05</td><td>古圣贤碑</td><td>九首</td><td>25</td><td>序隐遁道儒释</td><td>十七首</td><td>45</td><td>非国语下</td><td>三十七篇</td></tr>
<tr><td>06</td><td>释教碑</td><td>五首</td><td>26</td><td>记官署</td><td>一十首</td><td colspan="3">沈晦辑《外集》</td></tr>
<tr><td>07</td><td>释教碑铭</td><td>六首</td><td>27</td><td>记亭池</td><td>六首</td><td>上</td><td>赋文志</td><td>九首</td></tr>
<tr><td>08</td><td>行状</td><td>三首</td><td>28</td><td>记祠庙</td><td>九首</td><td>下</td><td>表启</td><td>十八首</td></tr>
<tr><td>09</td><td>表铭碣诔</td><td>一十首</td><td>29</td><td>记山水</td><td>十一首</td><td colspan="3" rowspan="2">沈晦记:“总六百七十四篇……政和四年”</td></tr>
<tr><td>10</td><td>志</td><td>七首</td><td>30</td><td>书明谤责躬</td><td>六首</td></tr>
<tr><td>11</td><td>志碣诔</td><td>一十一首</td><td>31</td><td>书</td><td>九首</td><td colspan="3">韩醇辑《新编外集》</td></tr>
<tr><td>12</td><td>墓表志</td><td>六首</td><td>32</td><td>书论政论服饵</td><td>四首</td><td>新</td><td>墓志</td><td>五首</td></tr>
</table>

13	墓志	十三首	33	书	四首	01 故连州员外司马凌君墓志铭
14	对	五首	34	书	一十二首	02 万年县丞柳君墓志并序
15	问答	三首	35	启	八首	03 处士段弘古墓志
16	说	一十一首	36	启	十三首	04 潞州兵曹柳君墓志
17	传	八首	37	表庆贺	三十四首	05 永州……谭随亡母毛氏志文
18	骚	一十首	38	表	二十六首	韩醇记:“淳熙丁酉”
19	吊赞箴戒	十五首	39	奏状	二十二首	《后序》
20	铭杂题	一十二首	40	祭文哭辞	一十五首	穆修《后序》:“天圣九年”

其实,南宋刊《诂训本》至少亦有二种。天禄琳琅旧藏本称《新刊诂训唐柳先生文集》者非韩醇原编,为蜀中书坊所修。以韩注为主而从略,增以孙汝听、祝充等他注,又附加篇章,刊于淳熙四年(1177)以后,疑在嘉定十三年(1220)至淳祐九年(1249)之间。

《诂训本》研究尚未就绪,刍议存疑仍不少,如《新刊诂训本》正集有一条“孙曰”,《新编外集》有一条“童曰”,容再深究。《百家注本》等以及《音辩本》俱属北宋沈晦四十五卷本系统,而编次、正文互有所异,盖南宋时已分成三四种,《诂训本》乃其中之一。又《诂训本》逐篇考年代,视文安礼《年谱》翔实,足以编为“年谱”或“系年集注”本,富有文献价值,惜束之高阁至今。我们应该使用荟要本及其四库底本,使得柳宗元研究更进一步推展深入。

Miscellaneous Informal Remarks on Narrative Structrues in Chinese Maitreya Accounts

Christoph Anderl

I dedicate this paper to Prof. Sūn Chāngwǔ on the occasion of his 80th birthday. Since we met for the first time in 2001, he has been of great inspiration to me, both as a dear friend and as an accomplished scholar.

Introduction

In this article I will mainly focus on early material on Maitreya, based on a small selection of sources. Although many of the sūtra texts mentioned below can be dated to the Eastern Jìn period (317–420), the important question of text production and distribution during this early period (i.e., which texts were available during what time and at which locations, where and how did they originate) will not be dealt with (and also might be difficult to reconstruct in some cases). Generally, materials concerning Maitreya narratives include canonical scriptures, compilations and texts produced in China (often referred to as "apocryphals"), commentaries and essays on Maitreya, [1] inscriptions on statues

① "Messianic" texts (see for example Zürcher 1982) and commentary literature on Maitreya will be excluded from the (very limited) scope of this study. The important information included in historiographical/biographical material on actual Maitreya cults and practices will not be considered, as well.

and steles. Although iconographic material (on which I superficially will touch upon in the first section of the paper) includes large numbers of statues (in addition to some early wall paintings), I have focused on a consistent set of statues from the 6th century discovered in the same region, and all of them containing detailed inscription texts.

Maitreya statues: A miniature case study on "inscription narratives"

During the last thirty years, large numbers of dedicatory statues have been unearthed in China, especially in the Hébĕi and Shāndōng provinces, most of them dating from the Northern Wèi (北魏, 386–535) and Northern Qí (北齐, 550–577) periods. The findings show that small dedicatory statues of śākya-muni Buddha, Avalokiteśvara and Maitreya were most popular during that time and were produced in large numbers. ① Fortunately, most statues contain inscriptions and provide detailed information on the circumstances of their production and functions during the prime time of Maitreya cult in China.

The Maitreya statues in the ōuyáng area of Hébĕi Province

Recently, I had the opportunity to visit a non-public depository of White Stone statues with dedicatory inscriptions stored in the Forbidden City. Although originating in the same area, they show significant differences concerning their iconographic features; as such, they exemplify the evolution of the Maitreya motif in a specific area. All statues contain inscriptions, including detailed references to the time and location of their production. Below, I will provide an overview of these descriptions, their structure, contents, and references to Maitreya.

① For recent publications, see Féng 2005, Zhāng 2009, and Zhāng & Xiào 2011. The Forbidden City houses a small non-public depository, containing numerous exquisite statues made of white stone (báishí 白石) from the Qūyáng 曲阳 district in Hébĕi. Among them are also twelve Maitreya statues dating from between 520 and 585.

Statues	Maitreya	Unspecified Bodhisattvas	Avalokiteśvara	(śākyamuni) Buddha	"Contemplation Statues"思惟像	Amitabha
北魏	5	1	5	3	0	0
东魏	2	11	14	10	9	0
北齐	5	94	35	20	37	8
Total	12	106	54	33	46	8

Table: Number of dedicatory statues excavated in the Qūyáng area. Note that all statues have more or less detailed inscriptions (the count is based on the reproduction of the inscriptions in Féng 2005: 143–257).

The information provided in the inscriptions is as follows (with some variations):

- Date
- Place
- Name of the donor(s)
- Fabrication of the statue (typically:造弥勒像一躯)
- Recipient
- Wish and/or vow

no.[①]	donor	statue	beneficiary	wish/vow	comments / translation
1 520	26 "practitioners," clergy and lay people	造弥勒像一躯 Manufacture one Maitreya statue	上为皇家下为边地众生 Above, for the family of the emperor; below, for the sentient beings of the border regions.[②]	普同此愿	The actual wish is not stated; the names of all 26 persons are listed in the inscription

① The numbers above refer to the inscription numbers in Féng 2005: 143–257 (there, see also the names of the donors, dates and places of the inscriptions). The numbers below are the dates of the inscriptions.

② 边地 usually refers to a non-central border region; however, here it might be used as a modest reference to the local area (i.e., defined as "outlying" compared to the "central regions" where a Buddha is born).

no.[①]	donor	statue	beneficiary	wish/vow	comments / translation
1 520	26 "practi-tioners," clergy and lay people	造弥勒像一躯 Manufacture one Maitreya statue	上为皇家下为边地众生 Above, for the family of the emperor; below, for the sentient beings of the border regions.[②]	普同此愿	The actual wish is not stated; the names of all 26 persons are listed in the inscription
2 520	Lay person	造弥勒像一躯 Manufacture one Maitreya statue	上为皇帝下为一切含生之类后为七世先亡见(=现)存男女眷属 Above, for the Emperor; below, for all sentient beings; and for seven generations of ancestors, and the male and female family members alive.	愿托生天宫一时成佛 Wishing to be born in the heavenly palace [of tuṣita], and may we complete buddhahood at the same time (i.e., together)	
3 521	Lay person	造弥勒上生像一躯 Manufacture one Maitreya statue born above	为父母 For father and mother.	[No concrete wish is stated]	The statue is specified as Maitreya born above (in Tusịta Heaven)
5 523	Lay person	造弥勒像一躯 Manufacture one Maitreya statue	为亡父见(=现)存母兄既身合家养属 For the deceased father and the mother alive, the elder brother, and all family members and relatives.	愿生生直佛拔延侍佛 Wishing to encounter Buddha life after life and be reincarnated in order to serve the [Maitreya] Buddha	
11	Several lay	造弥勒像一躯	上为皇帝下为受苦苍生见在邑义 Above, for the emperor;	同生净国在佛文(=闻)法口德法愿愿成佛所求如意; [Wishing] to be born together in a Pure Land and listen to the dharma	

528	persons	Manufacture one Maitreya statue	below, for the sentient beings being subjected to suffering, [and those] living in [the city of] Yìyì.	in the presence of Buddha, [⋯] virtuous dharma; wishing to complete Buddhahood, and may [everything] one wishes for be granted.	
17 538	Lay person	造弥勒像一躯 Manufacture one Maitreya statue	上为国主延祚有为边地一切众生 Above, to extend the fortune of the ruler of the country; and for all the "border land's" sentient beings.	具时成佛 [Wishing] to complete Buddhahood at the same time.	
29 541	Lay person	造弥勒像一躯 Manufacture one Maitreya statue	上为国家后为七世父母居眷大小亡过现存边地众生一时成佛 Above, for the family of the country (i.e., the ruler), and by extension for the gathers and mothers of the seven [past] generations, for the relatives and all deceased and living sentient beings of the border region, old and young.	一时成佛 [Wishing] to complete Buddhahood at the same time.一时成佛 [Wishing] to complete Buddhahood at the same time.	
69	Lay person	造弥勒下生像一躯举高尺八 Manufacture one Maitreya statue	愿使亡夫⋯ Wishing to cause the	⋯舍秽托生得妙净果并及眷属居得常乐 ⋯to get rid of impurities and be reborn to attain the wonderful pure fruit [of Buddhahood]; and	Here the image is defined as representing "birth [in the world] below,"

551		born below with a height of one chǐ eight [cún] (ca. 40 cm)	deceased husband…	may all relatives attain eternal bliss.	i.e. Maitreya after his last rebirth in Jambudvīpa
85 556	Lay person	造弥勒像 Manufacture one Maitreya statue	为家人 For the members of the family.	亡者上天 [Wishing] that the deceased may ascend to heaven.	
101 560	"people of the city"	造弥勒下生像一躯 Manufacture one Maitreya statue born below	为皇帝陛下师僧父母法界有形 For the sake of the emperor, and below for master, monks, father, mother, and [all] that which has form in the Dharma - world.	一时成佛 [Wishing] to complete Buddhahood at the same time.	
111 563	Monk	造弥勒下生玉象一躯 Manufacture one Maitreya jade statue [of Maitreya] bornbelow [in Jambudvīpa]	愿使亡者见存 Wishing to cause the deceased and living…	同获佛果 …to harvest the fruit of Buddhahood together.	
	Lay person	造弥勒像一躯 Manufacture one Maitreya statue		张波为息 [May] Zhāngbō rest [in peace]	

Although this is only a small sample of inscriptions, they still provide us with important information on the use of dedicatory inscriptions at a specific location throughout an extended period. First of all it may be noted that during the Northern Wèi period the number of Maitreya statues is higher than those of other deities, and that small dedicatory Amitabha images were not produced yet in that region. During the later period, Maitreya inscriptions become exceedingly rare in relation to the other inscriptions. By the time of the Northern Qí, inscriptions to unspecified bodhisattvas and Avalokiteśvara were the most popular, in addition to the "Contemplation Statues" (思惟像). Concerning the last type of statue, it not quite clear which figure is depicted in the state of meditation. Most likely they show śākyamuni sitting in meditation before his enlightenment, however, theoretically, it may refer to any meditating bodhisattva or buddha, including Maitreya. As a matter of fact, inscriptions specifying Maitreya had become very rare. On the other hand, during the Northern Qí Amitabha inscriptions appear for the first time in this area.

The inscriptions also provide us with additional interesting information, and the following aspects can be observed:

- Nearly all inscriptions refer to the ruler as main recipient of the dedication.
- Nearly always, the parents and other family members are referred to.
- Occasionally, the more general population of the area, or even all sentient beings are included in the dedication.
- The dedication is conferred to both dead and living family members.
- The most common wish concerns the simultaneous attainment of Buddhahood.
- Other items include the encounter with Buddha and the rebirth in a Pure Land.
- Very rarely, direct references are made to Maitreya in the wish, i. e. "to be born in the Heavenly Palace [of Tuṣita]" or "to ascend to the Heaven [of Tuṣita]."
- Only once, a very personal wish is inscribed ("may that one wish-

es for be granted").

After a rough comparison with the inscriptions involving the commissioning of statues of the other deities, it can be also concluded that the inscription narratives are rather *non-specific*, i.e., there is not an obvious relation between the *type* of statue produced and the *contents* of the inscriptions (i.e., dedication and wish) attached to it.① All in all, the link between the identity of the iconographic item and the content of the textual inscription is relatively weak.

"Sūtra" material on Maitreya

Several scriptures had a significant impact on the promotion of Maitreya as the future Buddha, such as Zhú Fǎhù's 竺法护 *Mílè xiàshēng jīng* 弥勒下生经, Kumārajīva's *Mílè chéngfó jīng* 弥勒成佛经, and the *Fóshuō guān Mílè púsà shàngshēng dōushuài-tiān jīng* 佛说观弥勒菩萨上生兜率天经. All the texts focus on aspects of the spiritual career of Maitreya. Besides these texts predominantly dealing Maitreya, the sage also plays an important role in many other scriptures (for a short overview, see below).②

The "Maitreya sūtras"

The *Mílè Púsà Suǒwèn Běnyuàn Jīng* 弥勒菩萨所问本愿经

The translation of this text (T.12, no.349) is traditionally attributed to

① However, it can be observed that none of the Maitreya statue inscriptions include the wish to attain enlightenment, frequently encountered in those attached to śākyamuni statues and "Contemplation" statues.

② Among the "Maitreya sūtras," some later products will not be considered here, such as the *Fóshuō Mílè xiàshēng chéngfó jīng* 佛说弥勒下生成佛经 (T.455, Táng Dynasty), the *Mílè púsà suǒwèn jīng* 弥勒菩萨所问经 (T.26, no.1525, Táng Dynasty, early 8th c.), and the *Míjǐn púsà wèn bāfǎhuì* 弥谨菩萨问八法会 (T.11, no.310, fascicle 41, Táng Dynasty, early 8th c.). According to the Táng Dynasty sūtra catalogues there were many more scriptures on Maitreya which are not extant anymore; e.g., the *Mílè púsà wéi nǚ jīng* 弥勒菩萨为女经 and the *Mílè púsà běnyuàn dàishí chéngfó jīng* 弥勒菩萨本愿待时成佛经.

Dharmarakṣa of the Western Jìn, and is considered as one of the major Maitreya texts. In the typical style of a sūtra, the initial part is devoted to the description of the sermon's audience, consisting of attending monks, sages, bodhisattvas, supernatural beings, etc. Maitreya initiates the sermon of Buddha by posing a question. The discussion revolves around the right practice. Indeed, Maitreya claims to perform a single practice:

菩萨有几法行。皆弃诸恶道不随恶知识中。(186a4–5)

The Bodhisattva has a single Dharma practice: To abandon all evil ways and not to follow evil teachers.①

As a special feature of the text, the Buddha gradually expands this single teaching into ten kinds of practices which are thoroughly explained. Finally, Maitreya rejoices and recites a gāthā of praise. After that, Ānanda enters the stage and praises the skills of Maitreya; the Buddha, again, praises this praise:

佛言。如是如是。阿难。如其所云。弥勒菩萨辩才具足。所说经法无所缺减。佛言阿难。弥勒菩萨不独以偈赞我。乃往过十无央数劫。(187c24–26)

The Buddha: "Thus it is, thus it is, Ānanda! As for the way he was citing [the praise], Maitreya Bodhisattvas rhetorical skills are indeed perfected. His way of expounding the sūtras does not have any shortcomings." The Buddha told Ānanda: "Maitreya Bodhisattva is not the only one who praised me with a gāthā. In the past ages, for incalculably long kalpas [I was also praised by him]."

The Buddha thereupon recounts virtuous deeds of Maitreya in a previous

① If not otherwise indicated, the tentative translations are mine.

incarnation, when he also praised the Buddha, and identifies the protagonist with Maitreya (欲知尔时长者子梵志贤行者。今弥勒菩萨是; 188a27). In the subsequent passage, Buddha discusses skillful means (shànquán 善权) by which Maitreya causes sentient beings to gain enlightenment.

The *Fóshuō Guān Mílè Púsà Shàngshēng Dòushuāi-tiān* **佛说观弥勒菩萨上生兜率天经**

This is one of the most influential texts (T.14, no.452) on Maitreya, supposedly translated by Jǔqú Jīngshēng 沮渠京声(a cousin of the Northern Liáng ruler) who is also mentioned as author of another "Contemplation Sūtra," the Guānshìyīn guānjīng 观世音观经 (Contemplation Sūtra on Avalokiteśvara, not extant). The origin of the scripture is still a matter of ardent discussions among scholars and is often connected to the Khotan and Turfan regions. This would make sense insofar this area is more generally regarded as one of the sources and "import areas" of Maitreya cult to China. In addition to this connection to the Northwestern area, this text—the Chinese version of which probably originated during the early 5th century—as well as other Contemplation Sūtras, show distinct features of being compiled in China, and there are no Indic parallel texts.①

From a structural point of view, the text shows interesting features. The most striking characteristic is the contrast between the descriptions of Maitreya as part of an assembly and the subsequent detailed description of Maitreya's abode in Tuṣita Heaven (Dōushuài-tiān 兜率天). Indeed, after the opening part, Maitreya is described as a rather regular person by Buddha's disciple Upāli. In his reply, Buddha does not provide any information whatsoever why exactly Maitreya—among countless other bodhisattvas or major

① The question of origin cannot be pursued in detail here. However, as Greene points out, these texts were a major inspiration for establishing meditation practices in China. For a discussion on the origin of the texts, see Greene 2012: 133f; see also Mai 2009: 166. There is also a popularized commentary on this scripture among the Dūnhuáng manuscripts, P.3093 by the title of *Fóshuō guān Mílè púsà shàngshēng Dōushuài-tiān jīng jiǎngjīngwén* 佛说观弥勒菩萨上兜率天经讲经文.

followers—should be singled out to be reborn amidst the grandeur of the palaces of this heaven, waiting for his time to become a Buddha. Addressing the World-honoured One, the sage Upāli（优波离）refers to Maitreya in the following way:

世尊。世尊往昔于毘尼中及诸经藏说阿逸多次当作佛。此阿逸多具凡夫身未断诸漏。此人命终当生何处。其人今者虽复出家。不修禅定不断烦恼。佛记此人成佛无疑。此人命终生何国土。（T.14, no.452: 418c5-9）

World-honoured One! In former times, the World-honoured One has proclaimed in the Vinaya and the Sūtra repository that the Inconvincible One （阿逸多, Skt. Ajita, i.e., Maitreya）is equipped with the body of a commoner and has not yet cut off all impurities. After his life has come to an end, at which place will this person be(re)born? Although this person has now again renounced home, he does not practice meditative concentration （禅定）, nor has he cut off the defilements. The Buddha has predicted that this person will become a Buddha, without doubt. In which country will this person be reborn after the end of his life?

Buddha by no means objects this rather negative description of Maitreya, but rather takes the question as occasion to initiate his sermon on Tuṣita Heaven, and eventually gives the following prediction:

今于此众说弥勒菩萨摩诃萨阿耨多罗三藐三菩提记。此人从今十二年后命终。必得往生兜率陀天上。（ibid.: 418c12-13）

Now, in this assembly, I proclaim the prophecy of the complete enlightenment（anuttarā-samyak-saṃbodhi）of Maitreya Bodhisattva Mahāsattva. Twelve years from now, the life of this person will come to an end, and he is bound to be reborn in Tuṣita Heaven.

The contrast between the description of the "common person" Maitreya in Buddha's assembly and his projected future is great, indeed. Without providing a detailed description of the text, it will suffice to give a short account of its overall build-up. Maitreya himself does not play a significant role in the text. Rather, he is passively affected by the events predicted by the Buddha, and the focal point of the narrative is the description of Tuṣita Heaven and the instructions to the assembly on how to achieve rebirth there.

Initial section: Detailed description of the setting of the sermon (Jetavana Park near śrāvastī) and the display of supernatural powers by the Buddha through which countless "Transformation Buddhas"(化佛) appear, each accompanied by their grand assemblies. Chanting dhāraṇīs, the arhat Upāli initiates the sermon by his question (see above).

Section Two: Introduced by the prediction about the future of Maitreya, the Buddha gives an account on how the gods and other beings will create an abode of palaces in Tuṣita Heaven, adorned with unimaginable treasures which are described in detail. The account also includes references to the heavenly "population" in this abode. There is also an emphasis on the female inhabitants, the Heavenly Maidens (the reader is also informed that these maidens are promised as servants to those achieving rebirth in this heaven! 若有往生兜率天上自然得此天女侍御 ibid.: 419a29-b1). Singled out are also "five great spirits"(五大神) and their magical skills in adorning the abode. The emphasis is on the beautiful and inconceivable particularities of the location, and only sporadically, short references to "Buddhist activities" (employing rather mechanically standard sets of Buddhist doctrines) in the Heaven are interspersed.

Part Three: In this part, the magnificent world of Tuṣita is connected with the needs of the earthly believers. In order to become the disciple of Maitreya, the adherent has to engage in the practice of the "correct contemplation," i.e., the visualization of Tuṣita Heaven, combined with following the basic Buddhist tenets such as keeping the Five Prohibitions, etc.

作是观者名为正观。若他观者名为邪观。(419c10)

Engaging in this visualization is referred to as "correct visualization." If one performs another contemplation, this is referred to as "wrong (heterodox) visualization."

Section Four deals with the ascent of Maitreya to Tuṣita Heaven and his enthronement there. His special features and accompanying supernatural occurrences are described, causing countless gods to direct themselves to the attainment of perfect enlightenment.

Section Five describes the descent of Maitreya from Tuṣita Heaven (after an exceedingly long time of dwelling there, i.e., 56x100.000.000x10.000 years) to Jambudvīpa.

Section Six deals with the preconditions for sentient being to be born in Tuṣita Heaven (for example, the practice of visualizing Maitreya statues and chanting his name, keeping the precepts, observing the periods of fasting, etc.), and the simultaneous descent with him to Jambudvīpa.

In *Section Seven* śākyamuni addresses his disciple Upāli and states that all accumulated sins can be extinguished through repentance. Based on this practice rebirth in Tuṣita Heaven will be possible. After the Buddha's death it is essential for all his devotees to follow the right visualization/contemplation practices in order to achieve rebirth in Tuṣita Heaven, as well as to perform devotional practices concerning Maitreya. As the main effect of the practices, all sins will be extinguished and rebirth in Tuṣita is guaranteed.

In the last section the listeners of the sermon rejoice and circumambulate Buddha and Maitreya Bodhisattva. Ānanda asks for the name of the sermon and Buddha provides the names of the sūtra. The text concludes with a description of the praise of the attending assemblies.

The *Fóshuō Mílè Xiàshēng Chéngfó Jīng* **佛说弥勒下生成佛经**

This text is attributed to Kumārajīva (in addition to two other texts on Maitreya, the *Fóshuō Mílè xiàshēng dà chéngfó jīng* 佛说弥勒下生大成佛经, no.456, early 5th c., and the *Mílè púsà běnyuàn dàishí chéngfó jīng* 弥勒菩萨本愿待时成佛经, not extant). I will briefly deal with this text (although other scholars have done this previously in greater detail and in more depth), in order to sort out a few of the narrative strategies pursued in it. It appears to me that this is the most consistent narrative on Maitreya, trying to embed the figure in a "biographical" narrative sequence (a kind of Maitreya *nidāna*). In addition, I also consider it as the most entertaining narrative on Maitreya.

The sūtra is initiated by a question of Śāriputra to Śākyamuni concerning the future descend of Maitreya in order to become a Buddha. Buddha starts his response with a description of Jambudvīpa (阎浮提地), a sort of perfect world in which human beings become 84.000 years old (and women are married at the age of 500 years). The only minor three shortcomings in this world is the necessity to urinate/defecate, eat, and become old (一者便利。二者饮食。三者衰老; T.14, no.454: 423c19-20).① The Buddha describes the grandeur of the capital city, its beauty of nature, and the high moral standards of its inhabitants. The population is at peace and is ruled by a virtuous king by the name of King Śaṇkha (蠰佉). He is in the possession of a powerful army, great treasures, and has one thousand children. The text continues with a description of the four great depositories of the king's treasures (四大藏). The treasures do not need to be guarded because the people do not have a craving mind. In this ideal environment Maitreya is born into a Brahmin family of Subrāhmaṇa (妙梵) and Brahamāvatī (梵摩波提), equipped with the

① Several passages of the text emphasize the cleanliness of the abode. In of them an elegant solution to the toilet problem is described: "In the case of defecation, the earth would split open and receive [the waste]. After having received it, [the earth] would close itself again. Red lotus flowers would grow in order to cover over the smell of the filth." (设有便利地裂受之受已还合。生赤莲华以蔽秽气; 429b23).

marks of a great person. The following passage is constructed in the form of a very concise account of Buddha's life:①

- Birth
- Special bodily features
- Generating the feeling of compassion with the sentient beings②
- Discontent with living together with his family
    - ◇ The presentation of a jeweled tower （宝台） to Maitreya; Maitreya does not want it and passes it on to the Brahmins who break it and divide the pieces among themselves; this event causes the realization of impermanence of all dharmas（弥勒菩萨见此妙台须臾无常知一切法皆亦磨灭）.
- Practice of the thought of impermanence and renouncing home（修无常想出家学道）
    - ◇ Meditation under the "Dragon Flower Bodhi Tree"（坐于龙华菩提树下）. And here, something remarkable: On the very same day when he renounced home, he attained anuttarā-samyak-saṃbodhi（即以出家日得阿耨多罗三藐三菩提）
- Veneration of gods, nāgas, etc.

The next part of the narrative is concerned with the immediate effect of the event of enlightenment. After the manifestation of his supernatural Buddha-

① The increased indent marks passages which show major diversions from the build-up of śākyamuni's biography in terms of contents and/or structure.

② Here one can sense a certain contradiction to the previous account of the "perfect world" of Jambudvīpa and one could ask why Maitreya has to be born in a much better world than the one being narrated in the nidānas of the Buddha As a structural parallel to śākyamuni's life story, the text states that Maitreya observes/contemplates（观）that "the worldly five desires lead to disaster, and how utterly pitiful it is that a great many living beings are submerged in the cycle of life and death （弥勒菩萨观世五欲致患甚多众生沉没在大生死甚可怜悯; 424b20）. This does not quite conform with the description of the population as being free from craving and only having three minor shortcomings（病, see above）.

body (and without the use of teaching activities!) the population resorts to the vow of entering the path to enlightenment:

> 尔时人民各作是念。虽复千万亿岁受五欲乐。不能得免三恶道苦。妻子财产所不能救。世间无常命难久保。我等今者宜于佛法修行梵行。作是念已出家学道(424c2-5)
>
> At that time, each one among the population produced the following thought: "Although we have perceived the five desires and pleasures for innumerable years, we were not able to escape the suffering of the three evil paths. Wife, children, and riches we were unable to search for. The world is impermanent and life is difficult to preserve for long. Now, we find suitability in the Buddha-dharma and cultivate the pure practices (brahmacārin)." After they had produced this thought they renounced home and studied the Way.

After that, the narrative turns to specific protagonists; together with his ministers, Brahmins, wise men, etc., Subrāhmaṇa renounces home. At this point, another figure is introduced, namely Sudhana(须达那), identified as Elder Sudat[ta] (须达长者), alias Anāthapiṇḍada, a disciple of Śākyamuni known for his generosity and practice of dāna.[①] He likewise took refuge in the new Buddha, together with numerous followers. Other specific persons are mentioned, such as the brothers Ṛṣidatta (梨师达多) and Purāṇa (富兰那), two officials by the names of Candana ("Sandalwood") and Suma[nas] (须曼 "Jasmine Flower"), followed by several more "identifications" in the style of jātakas. The king's daughter 舍弥婆帝 is identified as today's Visākhā (毘舍佉, a generous female lay supporter of Śākyamuni's community); the crown prince of the king, 天色 (Devarūpa) is identified as today's 提婆娑那;

① The identification uses a formula usually found in *jātaka* literature: 复有 X 今 是 "There will be person X who is the very person Y of today" (using *shì* 是 as a postposed affirmative copula).

Sumati（须摩提）is identified as 欝多罗（Uttara）.

The specificity of protagonists reinforces the impression of a biographical account, and the identifications bridge the gap between the future Buddha and well-known figures appearing in the texts of the "present age," generating the feeling of familiarity with the events. As Mai（2009:162）has observed, several of these names appear in the Divyāvadāna account of Maitreya's descent.

These overwhelming auto-conversion activities of the whole population is commented on by Maitreya in the following way:

> 尔时弥勒佛见诸大众作是念言。今诸人等不以生天乐故。亦复不为今世乐故。来至我所。但为涅槃常乐因缘。是诸人等皆于佛法中种诸善根。释迦牟尼佛遣来付我。是故今者皆至我所。我今受之。
>
> At that time, Maitreya Buddha saw the great assemblies and produced the following thought:"Now, all the people arrive here not because of the joy of being born in Heaven, nor because of the joys of today's world; but because of the eternal joy of Nirvana. All these people have fostered their wholesome seeds in the Buddha-dharma. In former times Śākyamuni has entrusted them （i.e., these people）to me; therefore, they now all come to this place and I receive them herewith."

What follows is a long list of merits based on the cultivation of which（during the time of Śākyamuni Buddha）the people have ultimately arrived at the place of Maitreya, and a praise of Śākyamuni's skills to show them the right way. As such, a direct link between the age of Śākyamuni Buddha（the "cause"）and the age of Maitreya（the "result"）is established.

In the next part there is a description of the three great assemblies during which Maitreya taught the Dharma; expounding the Dharma at the initial assembly, the second great assembly, and the third great assembly, during which innumerable people attained arhatship.

"Non-specific" Maitreya texts①

The *Zh ō ng Āh á n J ī ng* 中阿含经

One of the earliest references to Maitreya in "canonical" Buddhist literature in China can be found in the Zhōng āhán jīng (Madhyamagama; T.1, no. 26), translated by Gautama Saṃghadeva(瞿昙僧伽提婆) between 397 and 398 during the Easter Jìn. Ample References to Maitreya can be also found in the *Zēngyī āhán jīng* 增一阿含经 (*Ekottaragama*; tr. by Gautama Saṃghadeva in 397; T.2, no.125) and the *Cháng āhán jīng* 长阿含经 (*Dīrghagama*; tr. by Buddhayaśas and *Zhú Fóniàn* 竺佛念 in 412–413; T.1, no.1). The description of Maitreya in this sūtra collection has been described in detail by Mai (2009). Here, only a few important points will be summarized:

> "All the Āgama texts focus on the future career of Maitreya, his appearance in the kingdom of Ketumatī of the Cakravartin ruler named Śaṅkha, and his preaching of the Dharma at the Three Assemblies beneath the dragon flower tree." (Mai 2009: 161)

As Mai (2009: 162) points out, Kumārajīva's texts (nos.454 and 456)

> "[…] retain the core elements and narrative structure of the main stream Āgama texts, but the also interweave many new elements that make Metumatī much more fantastic and magical, especially themes and imagery that appear to be aimed at making Ketumatī appear like a buddha-field […]."

An anonymous Eastern Jìn text (*Fóshuō Mílè láishí jīng* 佛说弥勒来时经,

① In the framework of this paper, only a few relevant texts can be treated. Quite mechanically, I will follow here the sequence of the Taishō arrangement. Only "sūtras" will be considered in the framework of this paper and commentary literature is (unfortunately) excluded.

T.14, no.457) is very similar to the account in the *Middle Āgama*. Śāriputra is one of the protagonists in no.457 and inquires about the time when Maitreya will appear. Śākyamuni gives a description of the treasures and the beauty of Jambidvīpa, and the long life expectation and great moral standards of its people. By contrast to the later no.454 by Kumārajīva, the three short-comings of the people do not contain as number one the reference to "urinating and defecating" but a "mind longing for possession(欲有所得, 434c2). This difference is somewhat puzzling. Although being much shorter than no.454, the structure is very similar, and the narrative continues with a description of the king there and the family Maitreya will be born into. In the last part, the three assemblies are shortly mentioned(all the countless participants attain arhatship). The scripture concludes with a dating of Maitreya's time of descend.

As such, we can find some sort of "narrative continuity" and development of the theme in the description of Maitreya in the above-mentioned works. By contrast to the "Maitreya scriptures," the focus is not on his abode and waiting period in Tuṣita Heaven but on his final rebirth in the kingdom of Ketumatī, his co-appearance with a Dharma King(Cakravartin ruler) who establishes the high moral standards in his realm as precondition of Maitreya's rebirth, as well as Maitreya's initial teachings to the Three Assemblies. In this way the accounts partially mirror the spiritual career of Śākyamuni.

Therefore, in summary, we can note that up to the time of Kumārajīva in the early fifth-century a variety of Maitreya texts containing similar themes and mythological motifs appeared in China, but they were by no means homogenous. Still, in very basic terms, we can note that there was a core narrative structure and set of themes preserved in the Āgama texts which then served as the textual foundation for further elaboration in the Kumārajīva texts. Beyond this general observation, however, further research is required to address questions of inter-textual relations, the possibility of various oral traditions connecting these texts, the question of the geographical and cultural origins of some of the texts, and other such text-critical issues. (Mai 2009:162)

Bān ní huán Jīng 般泥洹经

In this version of the *Mahāparinirvāṇa sūtra* (T.1, no.6) by an anonymous translator and dated to the Eastern Jìn, Maitreya appears in a discussion of Śākyamuni with his disciples, mentioning the prediction (that he will descend as Buddha), his assembly, and that specific persons will attain salvation during the time of the future Buddha.

Gǔlái Shìshí Jīng 古来世时经

This is very short text (T.1, no.44) by an anonymous translator and supposedly rendered into Chinese during the Eastern Jìn. The "sūtra" is strikingly short and deals with predictions of future ages. In the last part of the scripture, Maitreya is introduced as the future Buddha by Śākyamuni ("[he will be] like as I am now" 如我今也). At the time of this statement Maitreya is among his assembly and confirms that he will descend during a time when people become 80.000 years of age, and will teach gods and men. Śākyamuni emphasizes the notion of compassion in the salvation of sentient beings, and several other activities, which Maitreya will perform, are mentioned, just in the same way as Śākyamuni did.

Liùdù Jíjīng 六度集经

In this famous early collection of narratives translated by Kāng Sēnghuì 康僧会 (T.3, no.152), consisting mostly of jātakas, Maitreya appears in several identification formulas. This is one of the few texts focusing on the "past" of the future Buddha, the time when he earned the merit for his rebirth as Buddha. He also figures as protagonist of one story, the *Sūtra of Maitreya Being Born in a Female Body* (弥勒为女人身经).

Shēng Jīng 生经

This is a jātaka collection (T.3, no.154) the translation of which is attributed to Dharmarakṣa of the Eastern Jìn. In one passage, it promises the virtuous listeners to Buddha's sermon rebirth in Tuṣita Heaven after the end of a long life, where they will worship Maitreya and reach as stage of "no-backsliding"（众人闻之。悉共欣悦。代之踊跃。其人命尽。寿终之后。生兜术天。稽首弥勒。得不退转; 95a18-19).

Bēihuá Jīng 悲华经

The text (T.3, no.157; Karuṇāpuṇḍarīka sūtra; no.158 is another translation by an anonymous translator) was translated by Dharmakṣema during the Northern Liáng 北凉 (397-460) and seems to be a compilation of shorter texts, focusing on the rebirth in a Pure Land and the vows of Amitabha. Maitreya appears as head of a large group of bodhisattvas among the assembly. There is also a dialogue between the Buddha and Maitreya who mentions his rebirth as Buddha after countless kalpas（尔时弥勒菩萨摩诃萨白佛言。世尊。我于往世过十恒河沙等劫时。有大劫名善普遍。于此劫中是娑婆世界。微妙清净一切庄严。尔时有佛出现于世; 173a3-6). Śākyamuni confirms this and predicts the rank of Buddha to him （我今为汝受佛职位; 173a29). Maitreya thereupon instructs the assembly in a sermon.

Yīqièzhì Guāngmíng Xiānrén Cíxīn Yīnyuán Bù Shí Ròu Jīng 一切智光明仙人慈心因缘不食肉经

This Sūtra *on the Omniscient Luminous Sages* [*Possessing*] *the Causes and Conditions of a Compassionate Heart and Not Eating Meat* (T.3, no.183; translator unknown and supposedly translated during the Qín 秦 Dynasty, 353-431) is a very short text and one of the few sources on the former lives of Maitreya when he earned the merits to become a future Buddha (therefore, the story will be dealt with in some detail here). ① The literary structure is that typical of a jātaka. It deals with Maitreya in a former life as Brahmin by the name of Jiābōlì 迦波利, possessing all the marks of a great man（时有迦波利

① Another text of the avadāna/jātaka genre in which Maitreya frequently appears as protagonist in short stories is the *Sūtra of the Wise and Foolish* (T.4, no.202). This "sūtra" also has a close connection to the region of the Tarim Basin.

婆罗门子。名弥勒。躯体金色三十二相八十种好；457c21). He encounters Śākyamuni Buddha and becomes a disciple of him, generating the wish to attain Buddhahood in a future age. When he was unable to obtain food by begging during the rain season, he spotted 500 white rabbits and their king. The rabbit king and his mother wanted to offer their lives in order to safe the life of the Brahmin and thereupon jumped into the fire(自投火中母随后入). Being aware of violating the precept against eating meat, the Brahmin rescues the rabbits from the fire pit（作此语已自投火坑与兔并命；458c7). In typical jātaka style, nature and spirits are described as reacting to this great deed. The rabbit king is identified as Śākyamuni and the rabbit child as Rāhula（时白兔王者今现我身释迦文尼佛是。时兔儿者今罗睺罗是；458c14–15), and the Brahmin as Maitreya Bodhisattva Mahāsattva（今此众中婆罗门子弥勒菩萨摩诃萨是；458c17). The story concludes with the prediction that Maitreya will reach Buddhahood on the Diamond seat under the Lónghuá Bodhi Tree, during the rule of a Cakravartin King, hundreds of millions of years after the *nirvāṇa* of Śākyamuni（我涅槃后五十六亿万岁。当于穰佉转轮圣王国土华林园中金刚座处龙华菩提树下。得成佛道；458c17–19). Identifications of the other protagonists（the remaining rabbits, tree spirits, etc.）follow in the narrative. The text concludes with a more general discussion about meat eating, interpreting it as a violation against the monastic prohibitions, followed by a passage on the significance of compassion. Remarkably, the text cites the *Mílè púsà xiàshēng jīng* 弥勒菩萨下生经.

Some remarks on the role of Maitreya in Prajñāpāramitā texts

There is a set of Prajñāpāramitā texts containing references to Maitreya, including the *Pañcaviṃṣati-sāhasrikā-prajñāpāramitā-sūtra*（*Fàngguāng bānrě jīng* 放光般若经, T.8, no.221;[①] and *Móhē bānrě bōluómì jīng* 摩诃般若波罗蜜经, T.8, no.223), the *Aṣṭasāhasrikā-prajñāpāramitā-sūtra*（*Dàoxíng bānrě jīng*

① Translated during the Eastern Jìn by the Khotanese monk Mokṣala. No.223 was translated by Kumārajīva from Kucha.

道行般若经, T.8, no.224; ① *Dàmíng dù jīng* 大明度经, T.8, no.225; *Móhē bānrě chǎo jīng* 摩诃般若钞经, T.8, n.226; *Xiǎopǐn bānrě bōluómì jīng* 小品般若波罗蜜经, T.8, no.227). Common to this early material is the feature that Maitreya appears as dialogue partner of Śākyamuni's disciple Subhūti, discussing doctrinal issues such as the Six Perfections, Emptiness, etc. Because of the early date of the translations, the use of language is occasionally awkward (especially in no.225). Sometimes there are predictions of the rebirth during the time of Maitreya:

> 佛告阿难:是三万比丘,于是寿终当生阿閦佛国。却后六十二劫皆当作佛,号声闻支头。复有六万欲天子,皆当生弥勒佛前,皆当出家作沙门。
>
> Śākyamuni told Ānanda: "This 30.000 monks will be reborn in the Buddha country of Akṣobhya [Buddha], and after another 62 kalpas they will become buddhas, being referred to as *shēngwén zhītóu* (śrāvaka-branches). In addition, 60.000 princes of the gods of the Realm of Desire will be reborn together with Maitreya Buddha, and all will renounce home and become monks.

The *Jì Zhūfāng Děngxué Jīng* 济诸方等学经

This text (T.9, no.275; *Sarvavaipulyavidyāsiddha sūtra*) was translated during the Eastern Jìn by Dharmaraksa. Maitreya is referred to as *Mílè púsà dàshì* 弥勒菩萨大士 and in the dialogues he is addressed as Ajita (阿逸 "Inconvincible One") by Śākyamuni. Topics include discussions on the universality of Buddhahood, the importance of sūtra texts, and the reliance on Buddha's words. The scripture also contains long passages of self-referencing:

---

① No.224 was translated by Lokakṣema at the end of the 2nd century; no.225 was translated by Zhī Qiān 支谦 during the first half of the 3rd century; no.226 is a translation by Dharmapriya and Zhú Fóniàn; no.227 was produced by Kumārajīva.

尔时世尊告弥勒菩萨。阿逸当知。诸过去如来至真等正觉。无不讲说此济诸方等经典之要。

At that time the World-honoured One addressed Maitreya: "Ajita, you should know this: All former Tathāgatas have reached Perfect Supreme Enlightenment, and there was not one who did not expound the essence of this *Jì zhūfāng děng*[*xué*] *jīng*.

The *Dàshèng Fāngguǎng Zǒngchí Jīng* 大乘方广总持经

This relatively later text （T.9, no.275） of the Suí Dynasty, Extensive Dhāraṇī Sūtra of the Great Vehicle, translated by Vinītaruci, is included here since it resembles no.274 in terms of passages on Maitreya and the strong self-referencing tendencies:①

尔时佛告弥勒菩萨摩诃萨言。阿逸多。此大乘方广总持法门非我独说。过去未来及今现在十方世界无量诸佛亦常宣说。若有众生于佛所说言非佛说及谤法僧。而此谤者当堕恶道受地狱苦。尔时佛告弥勒菩萨摩诃萨言。若有善男子善女人发菩提心。于此大乘方广总持经典。受持读诵复为人说。当知是人不堕恶道。（379b27-c5）

At that time, Buddha addressed Maitreya Bodhisattva Mahāsattva, saying: "Ajita! This method of the extensive dhāraṇī of the Great Vehicle is not something which I alone proclaim. The innumerable buddhas of the worlds of the ten directions, past, present, and future, also have permanently expounded it. If there is a sentient being which states that something that was expounded by the Buddha is not the word of the Buddha and [by that] slanders the Dharma and the Sangha, then this slanderer will fall into evil paths and be subjected to the sufferings of hell." At that time Buddha addressed Maitreya Bodhisattva Mahāsattva, saying: "If

① This type of heavily "self-promoting" passages is frequently associated with "apocryphal" texts.

there is a son or daughter of good family arousing the mind with the aim of achieving enlightenment, and in respect to this Extensive Dhāraṇī Sūtra of the Great Vehicle, upholds and recites it, and furthermore expounds it for other people, you should know that this person will not fall into the evil paths [of rebirth]."

The *Dàfāngguǎng Fó Huáyán Jīng* 大方广佛华严经

This Eastern Jìn version of the Avataṃsaka sūtra (T.9, no.278) is a rendering by Buddhabhadra. In one of the jātaka-like narratives, a Cakravartin King is identified with Maitreya (732c16). An important appearance of Maitreya is in the story of Shàncái 善财 (Sudhana) who successively visits 53 teachers, Maitreya being one of the most important of them. In the long passage, Maitreya predicts that Sudhana will soon reach equality with the bodhisattva. In some passages of the text, the concepts of Maitreya and cakravartin are discussed parallel to each other.

The *Wénshūshīlì Fótǔ Yánjìng Jīng* 文殊师利佛土严净经

This text (*Mañjuśrībuddhakṣetraguṇavyūha sūtra;* T.11, no.318)[①] was supposedly translated by Dharmarakṣa and focuses on various buddhas and their realms. The main protagonist is Mañjuśrī and his future Buddha world. However, also Maitreya is frequently mentioned, receiving the teachings from Śākyamuni.

The *Fājué Jìngxīn Jīng* 发觉净心经

This text (*Adhyāsayaśaṃcodana;* T.12, no.327) was translated by the Gandhāran monk Jñānagupta during the Suí Dynasty. The text is mentioned here since references to Maitreya are very numerous. In the text he is referred to as "Elder Maitreya" and leads sixty bodhisattvas to the place of the Buddha Śākyamuni encourages them in the following way:

① On this text, see Nattier 2000: 79.

莫于他边见过失，勿说他人是与非，不著他家净活命，诸所恶言当弃舍。

Do not see the faults of others; do not claim that other people are right or wrong; do not get attached to the pure life conduct of others; you should get rid of all evil speech! （44c21–22）

After that he preaches about four kinds of dharmas. An important topic is the decline of the Dharma after Buddha's death, and merits and mistakes are painstakingly listed. Śākyamuni entrusts Maitreya the task of protecting others against these wrongdóings. There follow lists of disasters one should contemplate on, as well as a very long list of potential hindrances.

The *Fóshuō Āshéshì Wángnǚ Āshùdá Púsà Jīng* **佛说阿阇贳王女阿术达菩萨经**

The translation of this text （*Aśokadattavyākaraṇa*; T.12, no.337） is attributed to Dharmarakṣa and contains a story concerning the king of the time when Maitreya will descend to become a Buddha. There are also predictions of Śākyamuni concerning the rebirth together with Maitreya: The story deals with the wife of Aśoka by name of Yuèguāng 月光（Candraprabha） who, based on their achievement of merits, generates a mind seeking for enlightenment; however, she is hindered by her female body:

尔时佛知王妇月明心所愿。佛告舍利弗。见王妇月明不。舍利弗言。见王妇月明。持是功德所作。当弃女人身得男子已。当生忉利天上作天名宝第一。弥勒佛来下有国王。名呵当为作太子。字终好。当供养弥勒尽寿命。却后当为弥勒作沙门。

At that time the Buddha knew what the mind of the king's wife Moonlight had wished for. The Buddha addressed Śāriputra: "Did you see the king's wife Moonlight?" Śāriputra said: "If have seen the king's wife Moonlight." [The Buddha said:] "Based on her performance of meritorious acts, she shall abandon the body of a female and attain manhood (i.e., rebirth as a man). She (i.e., he) shall be born in Tuṣita Heaven and become a god by name of Bǎo Dìyī ("Treasure Number One"). At the time when Maitreya will descend there will be a king by the name of Hédāng and she (he) will become her (his) crown prince styled Zhōnghǎo ("Finally Good") and she (he) shall make offerings to Maitreya throughout her (his) long life. Later on, she (he) shall become a monk of Maitreya.

The *Fóshuō Dàshèng Fāngděng Yàohuì Jīng* 佛说大乘方等要慧经

The translation of this early text (T.12, no.348; *Maitreyaparipṛcchādharmāṣṭa[ka]*)[①] is attributed to ān Shìgāo (?–168 CE). This extremely short "sūtra" gives an account of Śākyamuni teaching Maitreya Bodhisattva about the significance of compassion as part of eight ways for attaining supreme knowledge.

Concluding remarks

Although this study is restricted to a small portion of relatively early Chinese textual material dealing with Maitreya, certain features of Maitreya narratives can be observed. First of all—despite the reoccurrence of certain themes and structures in various texts—the accounts on Maitreya are very diverse in nature, and different scriptures contain various focal points, e.g.:

- Maitreya in the assembly of Śākyamuni (often receiving a prediction and teachings); generally, no "special" features of the figure are described; rather he passively accepts the prediction of his future role. Gen-

① For a short description of the text, see Meng 2012: 19.

erating a future Buddha seems to be caused solely by the merits and powers of Śākyamuni.

- Descriptions of Maitreya in Tuṣita Heaven often do not necessarily focus on Maitreya himself but rather on the description of the paradise-like living conditions.

- A similar tendency can be observed in the description of the extremely high living standards of the population in Jambudvīpa (not quite unlike those in Tuṣita Heaven), the target location of Maitreya's rebirth. The attentive reader might ask why there is the need of a Buddha to appear at all, since suffering is nearly absent there. Only with many narrative twists and turns, a "reasoning" for this is constructed.

- The construction of a "life-story" of Maitreya similar to Śākyamuni's, including stories of his former lives. In this material, it is attempted to focus on a development based on cause and effect (i.e., the attainment of merit which will eventually lead to the rebirth as a Buddha). This approach is often somewhat contradictory to the frequently encountered notion that the appearance and career of Maitreya is based on the powers and accomplishments of Śākyamuni.

The variety of narrative elements and structures—often somewhat contradictory to each other but encountered in one and the same text—seem to have hampered the construction of more consistent stories, or the development of authoritative "master narratives" concerning the figure of Maitreya. Indeed, consistent and comprehensive "biographical" narratives on Śākyamuni also appeared at relatively late dates, such as the *Lalitavistara* (*Pǔyào jīng* 普曜经) and the *Buddhacarita* (*Fóshuō xíngzàn* 佛所行赞) which established a "chronological" order of events in Buddha's life, and which had an enormous impact on the perception of the development of the sage (the art of Gandhāra might also have played an important role in this respect since scenes of Buddha's life were for the first time depicted systematically and often also in chronological order, emphasizing the temporal and "logical" sequence of events). Of great importance was the immense *jātaka* literature concerning Śākyamuni, recounting the previous lives and attainment of merits, establishing a logical and chronological link between the life as a practicing bodhisattva and the attainment of enlightenment and Buddhahood. Important to mention is also the development of standardized scenes, depicting and describing key events in Buddha's career (e.g., the so-called Eight Scenes, *bāxiàng* 八相).

Surveying parts of the "canonical" literature with references to Maitreya, there are clear indications that attempts of constructing narratives parallel to those on Śākyamuni were undertaken (e.g., certain features of the Maitreya descriptions which can be found for example in the *Āgamas*, the *Divyāvadāna*, T.454 and T.457; see above). Certain texts we discussed also tried to supplement the important "logical" link between the attainments of merit, undertaken in previous lives, and the subsequent rebirth to become a Buddha. In addition, many early Maitreya texts are not extant, but their titles suggest that they might have tried to deal with aspects parallel to Śākyamuni's life (e.g., the encounter with Māra which is one of the most popular topics in the narration and depiction of Śākyamuni's life story; or, by providing a larger corpus of Maitreya jātakas). However, based on a survey of surviving sources, the accounts on Maitreya stayed somewhat fragmentary and inhomogeneous, and there are no authoritative master narratives (despite the popular "Three Maitreya Scriptures" which are in many aspects contradictory to each other). This might not have had much relevance for the practical aspects of Maitreya worship in medieval China, however, it might have influenced the development of the "many faces of Maitreya" (see for example Kitagawa 1988), as well as specific forms of Maitreya cult which otherwise might not have been developed in the presence of more homogenous narratives. In the long run, it might also have been one of the factors which led to the relative decline of Maitreya practices, as compared to their immense popularity during certain periods of medieval China (culminating during the end of the 5th century), as well as the increase of popularity of other and more consistent imaginations concerning Pure Lands and utopian abodes of peace and happiness. Indeed, Maitreya's image seems to have got trapped between narratives focusing on the extension of Buddha ages á la Śākyamuni Buddha, on the one hand, and the dominating focus on the pure abodes, on the other; between the idea of attainment leading to enlightenment (based on Śākyamunis former and present lives), and the notion of "other-power" (i.e., Maitreya as a product of Śākyamuni's virtues and merits).

Epilogue

In the following drawing I attempt to indicate schematically some of these many aspects of Maitreya narratives. In addition to the paradigm of here/now, here/later, there/now, there/later (see Nattier 1988), I also added "here/before" which is of great importance in accounts on Maitreya. Indeed, in canonical material, Maitreya is mostly discussed from the angle of the relative past, i.e., from the angle of Śākyamuni.

As "double" and continuation of Śākyamuni Buddha, Maitreya accounts permanently move between "parallel accounts" to Buddha's biography and other elements such as the emphasis on the glory of Tuṣita Heaven, and the perfect world of Jambudvīpa. Not incidentally, Maitreya scriptures such as T. 14, no.456 (tr. by Kumarajīva) occasionally feature passages directly parallel to Amitabha texts. The special features of various Maitreya accounts actually hinge on these conceptual overlaps between the description of Tuṣita, life in Jambudvīpa, and the image of paradisiac abodes constructed in other Pure Land accounts (e.g., Pure Buddha Lands, the Pure Land of Amitabha, etc.). In the drawing this is indicated by the orange squares with broken lines. The blue arrows indicate the possibilities of Maitreya encounters as outlined in the various scriptures, i.e., rebirth in Tusita Heaven, the dwelling in Tuṣita Heaven together with Maitreya (and accompanying him during his descent), and the possibility of being directly reborn in Jambudvīpa at the time of Maitreya's appearance there. The blue arrow with broken lines indicates the there/now perspective, i.e., encountering Maitreya in visualization practices. The red ar-rows indicate the movements of Śākyamuni and Maitreya between Tuṣita and the respective worlds. The broken red line symbolizes the here/now perspective, i.e., the embodiment of Maitreya in the relative present (clearing all evil away and establishing a pure world), as narrated in so-called messianic texts. The important element of previous life practices is only marginally development in the case of Maitreya narratives.

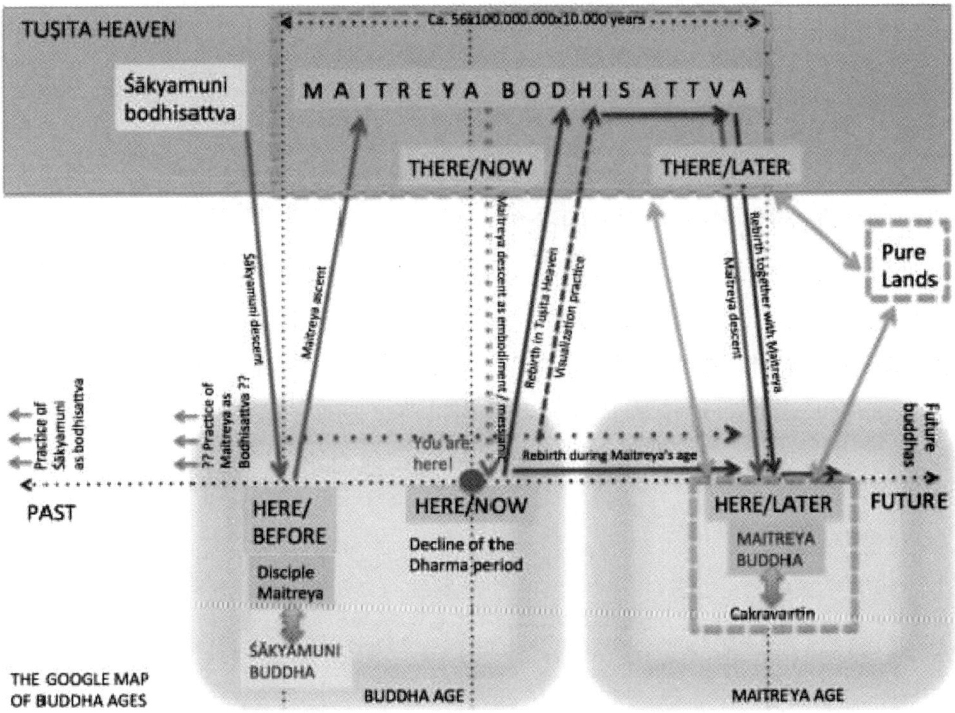

皎然诗学中的华严思想

刘卫林

一　绪言——皎然诗境学说与佛教思想

从汉代佛教传入中国以后，历两汉魏晋南北朝至隋唐之世，佛教思想流播于天下已逾六百载之久。唐代时在上位者多好佛，不独高祖与太宗俱尊崇佛教，武后更藉佛经之说而取代唐室，并下诏令释教在道法之上。唐代时佛教发展的兴盛与影响的巨大可说是中土前所未有之事[①]。其时佛教除了具备大量译著的佛经典籍外，更是宗派蕃衍兼又名僧大德辈出，佛教观念不但日益广泛流传且又能深入人心。在佛教思想流播几遍天下的唐代，佛学上的境界观念深入地影响着当日的艺术创作理论，佛学上“境”的概念普遍而深刻地影响到其时文人的诗歌创作，以“境”论诗不独蔚为一时风尚，更成为唐代诗学理论上阐释诗歌创作要求与过程的一个极其重要的概念[②]。

唐代文人受佛教境界观念影响而普遍以境说诗，除在空海编撰《文镜秘府论》南卷《论文意》中，所录疑为王昌龄所撰的“王氏论文”内多有以境论诗之说外，其余如权德舆、刘禹锡、吕温、白居易、孟郊等人，均有以佛教“境”观念论诗的文字传世，其中以境论诗最卓著者又当推诗僧皎然。皎然在所撰《诗式》《诗议》等论诗专著内，除标举作诗须“取境”的创作理论外，又以“缘境”“造境”等佛

---

① 详岑仲勉《隋唐史》内《隋及初唐佛教之盛况》中论佛教在华势力至唐初达于顶峰一节。岑仲勉：《隋唐史》，中华书局，1982 年版，《隋及初唐佛教之盛况》，上册，第 163 页。

② 有关佛教境界观念深入影响到唐代文人诗歌创作问题，详见孙昌武先生《佛教对唐代文学的影响》一文，第三节《影响唐代文学的成果》中析论。载孙昌武：《游学集录——孙昌武自选集》，南开大学出版社，2004 年版，第 14—28 页。

学观念论诗歌创作。皎然这套以佛学上"境"的概念论诗歌创作的诗境学说[①],对于当日整个诗坛甚至后世的诗学观念均有极为重要的影响[②]。

唐代时皎然等人在诗学上所提倡的这种借助于佛教"境"观念构建而成的诗境学说,以往于学者间对此经有不少深入的讨论。关于皎然等人以境论诗的理论所本,以至唐代诗境学说的观念源出等问题,一直以来论者多以为其诗境理论实深受佛学上主顿悟的南宗禅观念所影响[③];也有学者具体点出皎然等的诗境学说,其实体现了南禅中洪州禅一派的禅学观念[④]。现时学者间对于皎然诗境学说与佛学上禅门观念关系的上述论证,对于当日已有"吻合南北宗,昼公我禅伯"[⑤]之称,共推能将禅门南北二宗义理融会贯通于一身的"禅伯"皎然来说,在说诗之际将诗歌创作融会于禅理,因而建立出一套以佛教境界观念为中心的诗禅之说,固然是相当合乎情理的推论——即如其中在创作之际对于外境的理解问题,唐代诗境学说便与南宗禅的心镜观念有着极为密切的关系[⑥]。然而在这问题上可以进一步探究的是,皎然等人所主张的这种放荡于笔下以取境的诗禅观念,究竟有何佛学上依据,得以令一位严持戒律的高僧可放肆逞狂于诗歌创作当中?作为禅门的一代大德,皎然所提倡的这种以变态逞狂为尚的诗境理论,究竟又建基于怎样的佛学观念之上?上述这些关乎皎然诗学与佛学思想关系的问题,是否都可以其时马祖道一等所主张当下即真的所谓"狂禅"来加以解释?以下即以皎然诗学为中心,从探讨皎然诗学观念与佛教思想间的关系入手,从而阐明皎然诗境学说内不少重要观念,事实上都关乎《华严经》上所载佛学概念

---

① 详见拙文《中唐以境论诗之说与佛教思想关系》内所述有关皎然等以佛学"境"概念构建诗境学说一节。载邝健行编:《中国诗歌与宗教》,中华书局,1999年版,第353—382页。

② 详张伯伟《诗格论》一文内第三节有关皎然《诗式》及其影响部份的论述。载《全唐五代诗格校考》,陕西人民教育出版社,1996年版,第1—29页。

③ 如许清云在《皎然诗式研究》中的第一章《绪论》"禅门哲理的影响"内,论皎然《诗式》持论与禅门哲理相通,即在于深受南禅"主顿悟,尚传神",及禅宗马祖道一与六祖慧能等"重直观,崇自然"观念影响。许清云:《皎然诗式研究》,文史哲出版社,1988年版,第37—40页。

④ 如萧驰在《中唐禅风与皎然诗境观》一文中即提出:"'诗境'观念之在中唐出现,不仅是一般地受佛教沾溉所致,而且是从如来清静禅到祖师禅的过渡中,以及天台、牛头法门于中唐大兴后,'境'在禅法中意义之转变的结果。……江左诗僧皎然,正活跃于这一转变的中心地区,在佛法上则于洪州、牛头和天台广采兼收。然而,其论诗著作却不仅体现了中唐禅门风气中'境'义的转变,且也体现了洪州禅的活泼和对大历诗风的反动。"载《佛法与诗境》,中华书局,2005年版,第161页。

⑤ 见于頔《郡斋卧疾赠昼上人》,《杼山集》上海古籍出版社影印《四库全书》本,1992年版,第1卷,第4页。

⑥ 唐人诗禅观念与南宗禅心镜之说的密切关系,详见孙昌武先生《明镜与流泉——论南宗禅影响于诗的一个侧面》一文析论。载孙昌武:《游学集录——孙昌武自选集》南开大学出版社,2004年版,第107—147页。

甚至与华严宗思想有关，皎然诗境理论之所以得以成立，正建基于与之有关的华严思想之上，由此解释以皎然诗学为中心的唐代诗境学说理论的建构以至成立，自有其佛学思想上的理论根本与依据，而这一切关乎传统诗学上的重要问题，事实上都与华严思想有着极为密切的关系。

二　皎然诗学造境说与华严思想

正如上文所述，以吻合南北宗见称于时的“禅伯”皎然，于佛学上涉猎本极其广泛①，有关皎然诗学与佛教思想关系的问题，以往论皎然佛学思想的学者，因见皎然诗中颇不乏“乐禅心似荡”②一类狂放逸荡之词，故由此推论皎然佛学思想自中年以后即日益倾心于南宗禅，尤其深受大历中于江西弘法，提倡“平常心是道”与“一切皆真”的马祖道一洪州禅所影响③。近日有论皎然诗境学说与禅风的学者，便基于以上有关皎然逸荡清狂诗风反映其佛学观念与洪州禅关系的想法，进一步推论皎然的诗境观所体现的就是中唐时流行的洪州禅思想④。

之所以有皎然诗境观念所体现为洪州禅思想的推论，一方面是皎然于《诗式》内以一“势”字论诗（《诗式》卷一有“明势”一节），论者因见马祖门下说禅恰有提及“势”者，遂谓皎然诗境学说即洪州禅思想之体现。⑤然而以“势”这一名相

① 考诸皎然入道后学法师承，及《杼山集》内所载塔铭碑记像赞所涉佛学观念，即知皎然佛学思想涉猎者本极广泛，贾晋华于《皎然年谱》中即指出：“可知皎然对律宗、天台宗、密宗、南北禅宗等兼收并蓄。”贾晋华：《皎然年谱》，厦门大学出版社，1992 年版，第 19 页。

② 皎然：《偶然五首》其一，《杼山集》，上海古籍出版社影印《四库全书》本，1992 年版，第 6 卷，第 55 页。

③ 以为皎然佛学思想自中年后日益倾心于南宗禅，尤其深受主张“平常心是道”与“一切皆真”的马祖道一洪州禅所影响问题，详见贾晋华于《皎然年谱》“天宝七载”条下所论。贾晋华：《皎然年谱》，厦门大学出版社，1992 年版，第 19 页。

④ 如萧驰在《中唐禅风与皎然诗境观》一文内便称：“贞元江左诗坛上以皎然等为代表的逸荡清狂的作风正是大历诗风的某种反动。在逸荡清狂的作风里仅仅以‘境’论诗是不可能的，于是，与开始注重动感生机的洪州禅风相配合，《诗式》以论《明势》开篇，实在是非常自然的事。故而，《诗式》体现的不仅是受如来禅风影响王维诗中的心境，也不仅是中唐禅门气中的‘境’义的转变，而且也体现了洪州禅的活泼。”及“（皎然）其论诗著作却不仅体现了中唐禅门风气中‘境’义的转变，且也体现了洪州禅的活泼和对大历诗风的反动。”载《佛法与诗境》，中华书局，2005 年版，第 145—146 页及第 161 页。

⑤ 如萧驰在《中唐禅风与皎然诗境观》一文内指皎然《诗式》以论“明势”开篇，而“洪州门下说禅，已出现辅以动作和‘势’的苗头”，遂有“在逸荡清狂的作风里仅仅以‘境’论诗是不可能的，于是，与开始注重动感生机的洪州禅风相配合”，而有《诗式》“体现了洪州禅的活泼”这一结论，即从“势”一词的运用上论洪州禅与皎然诗境学说的关系。详萧驰：《中唐禅风与皎然诗境观》，《佛法与诗境》，中华书局，2005 年版，第 146 页内文及注 2。

阐明佛理，原属唐代禅门甚至各宗所常见现象[①]，本非洪州禅所独有；而以“势”论文艺创作，亦非皎然所独创，刘勰于《文心雕龙》内早有《定势》一篇具论文章体势问题，是以两者间关系如何，似非自字面上加以比附便可证明，相信仍有待学理上的深入检定方可下一定论。

另一方面论者往往因见提倡“取境”“缘境”以至“造境”等诗境学说的诗僧皎然，在以境论诗的同时，不但主张“佳句纵横不废禅”[②]，且有“先贤草律我草狂”[③]与“乐纵酒酣狂更好”[④]等在笔下刻意追求狂态毕逞的越俗之举，便用向以“狂禅”见称的马祖道一禅观，来解释皎然这种追求放纵狂逸于笔下的诗境学说。《景德传灯录》内载马祖道一禅学主张：

> 江西大寂道一禅师示众云：“道不用修，但莫污染。何为污染？但有生死心，造作趣向，皆是污染。若欲直会其道，平常心是道。谓平常心无造作，无是非，无取舍，无断常，无凡无圣。经云：非凡夫行，非贤圣行，是菩萨行。只如今行住坐卧，应机接物尽是道。……一切法皆是心法，一切名皆是心名。万法皆从心生，心为万法之根本。……尽是妙用，妙用尽是自家。非离真而有立处，立处即真，尽是自家体。若不然者，更是何人。一切法皆是佛法，诸法即解脱。”[⑤]

正因其禅法标榜“平常心是道”与“立处即真”，故末流至于禅人可以呵佛骂祖而予人有“狂禅”之讥。如上述所引马祖之说所见，洪州禅这种“平常心是道”与“立处即真”见解，其理念根本原在于“万法皆从心生，心为万法之根本”，因“一切法皆是心法”与“尽是妙用”，故此才能以不修为修，因立处即真而称“一切法皆是佛法”。然而对此可以进一步追问的是，洪州禅这种以为心生万法，万法尽是妙用，故平常心是道的观念，究竟有何佛学上的依据？皎然所提倡禅人可以

---

① 张伯伟于《禅与诗学》一书内，对历来以“势”论文艺，及唐时禅门内外如何普遍以“势”一词阐述佛法早有专论。详张伯伟：《禅与诗学》浙江人民出版社，1992 年版，《佛学与晚唐五代诗格》“势”，第 15—25 页。

② 皎然：《支公诗》，《杼山集》，上海古籍出版社影印《四库全书》本，1992 年版，第 6 卷，第 54 页。

③ 皎然：《张伯高草书歌》，《杼山集》，上海古籍出版社影印《四库全书》本，1992 年版，第 7 卷，第 58 页。

④ 皎然：《奉应颜尚书真卿观玄真子置酒张乐舞破阵画洞庭三山歌》，《皎然集》，《四部丛刊初编》缩印本，第 7 卷，第 40 页下。

⑤ 道原：《景德传灯录》卷 28，《诸方广语》。T51，p0440a。

狂放逸荡于笔下而不废禅定的见解，究竟是直接来自洪州禅上述心生万法的妙用观念，还是可以追溯到洪州禅上述观念背后更具体明确的佛学理念？此外皎然这种刻意追求放纵狂逸于笔下的创作观念，究竟如何进入其诗境学说当中，并且深刻地体现有关的佛学思想？以至此等佛学观念，对于皎然诗境学说的构建究竟又有何具体影响与重大意义？这一系列在阐明皎然诗境学说与佛学思想关系时必须面对的问题，事实上都有待我们去具体阐明与进一步解答。

对于如何在笔下刻意追求狂态毕逞的越俗之举，甚至这种逞狂于笔下的艺术创作行为，如何关涉到皎然诗学上的诗境观念问题，皎然在《奉应颜尚书真卿观玄真子置酒张乐舞破阵画洞庭三山歌》内，对此便有极为具体深刻的说明：

> 道流迹异人共惊，寄向画中观道情，如何万象自心出，而心澹然无所营？手援毫，足蹈节，披缣洒墨称丽绝。石文乱点急管催，云态徐挥慢歌发。乐纵酒酣狂更好，攒峰若雨纵横扫。尺波澶漫意无涯，片岭崚嶒势将倒。盼睐方知造境难，象忘神遇非笔端。昨日幽奇湖上见，今朝舒卷手中看。兴余轻拂远天色，曾向峰东海边识。秋容暮景飒飒容，翻疑是真画不得。颜公素高山水意，常恨三山不可至。赏君狂画忘远游，不出轩墀坐苍翠。①

篇中描述道号玄真子的张志和，在一面置酒张乐欣赏秦王破阵舞的同时，一面纵笔挥毫画洞庭湖三山景色。皎然以上这一对张志和“造境”于笔下的描述，亦正是对其诗境学说中“造境”观念的具体说明。皎然在诗中点出这种在“乐纵酒酣狂更好”之下，而“造境”于笔下的“狂画”，一般人因“道流迹异”而惊其狂放，然而在皎然等人来说“迹异”的原因不过寄道于艺，所追求的是在“象忘神遇”中令万象自心而出，由此创造出“翻疑是真”的巧夺天工艺境于笔下。

皎然所称这种藉“乐纵酒酣狂更好”，令“象忘神遇”之下而“造境”的创作方法，虽然分别涉及王弼“忘象”及《庄子》“神遇”等概念②，然而“造境”之“如何万

① 皎然：《皎然集》，《四部丛刊初编》缩印本，第7卷，第40页下–第41页上。

② “忘象”之说，见于王弼《周易略例》，其《明象》云：“言者所以明象，得象而忘言，象者所以存意，得意而忘象。”“神遇”之说，则见于《庄子.养生主》：臣以神遇而不以目视，官知止而神欲行。依乎天理，批大却，导大窾，因其固然。”

象自心出”，缘于“而心澹然无所营”——完全建基于内心修证要求的做法，事实上更密切关系到佛教的“造境”概念。“造境”原属隋唐以来佛学上所习见用语。隋代时天台宗的智顗于《摩诃止观》内，便以“造境”概念来解释“圆顿止观”：

> 圆顿者，初缘实相，造境即中，无不真实。系缘法界，一念法界，一色一香无非中道。……纯一实相，实相外更无别法。法性寂然名“止”；寂而常照名“观”。虽言初后，无二无别，是名“圆顿止观”。①

从智顗大师对“圆顿止观”的上述说明中可见，皎然所称“如何万象自心出，而心澹然无所营”的“造境”之法，正基于佛学上“造境”于“法性寂然”之下，而又“寂而常照”的中道实相观念。天台止观讲求“造境”于寂照之中，由此得见“一色一香无非中道”，照见一切事物“无不真实”的说法，在皎然艺术创作观念中便是借书画诗歌等表现道情，可以在“乐纵酒酣狂更好”的放荡狂逸中，于笔下“造境”而写出“翻疑是真画不得”的佳构。

皎然这种藉艺术造境于笔下以显实相的观念，其实早见于佛教经典之中。在实叉难陀译《华严经》卷十九《升夜摩天宫品》内便提到：

> 心如工画师，能画诸世间。五蕴悉从生，无法而不造。②

便是以画师为喻，阐明世间一切诸法无不由心所造的道理。此外对于绘画艺术中如何得以因心造境，在《华严经》同一段内就有颇为详尽的说明：

> 譬如工画师，分布诸彩色。……心中无彩画，彩画中无心。然不离于心，有彩画可得。彼心恒不住，无量难思议。示现一切色，各各不相知。譬如工画师，不能知自心，而由心故画，诸法性如是。③

---

① 智顗：《摩诃止观》，载石峻等编：《中国佛教资料选编》，第 2 卷，第 1 册，卷一，第 4 页。

② 实叉难陀译：《大方广佛华严经》（《佛藏要籍选刊》本），第 19 卷，《升夜摩天宫品》，第 370 页。因唐译本较晋译本文辞畅达，为便解说及阐明问题之故本文所引悉用唐译本。

③ 同上，页同。

《华严经》内这段借画师落笔来阐明心造万法的长偈，正是从绘画艺术的角度直接点出如何能“造境”于笔下的问题。《升夜摩天宫品》内提到画师“心中无彩画”，却又“然不离于心，有彩画可得”，正是皎然对张志和“造境”之际的“如何万象自心出，而心澹然无所营”，以至“象忘神遇非笔端”的刻画。

另一方面，若从隋唐以来佛学上“造境”概念上追溯，也可见出与《华严经》上述这段心如工画师，笔下造一切色相的长偈彼此间有极为密切的关系。像以上提到智顗在《摩诃止观》内释“圆顿止观”时所阐述的“造境”观念，本来就深受《华严经》以上一段画师造世间一切诸法的譬喻所影响。在《摩诃止观》内，智顗提出“圆顿者，初缘实相，造境即中，无不真实。系缘法界，一念法界，一色一香无非中道”后，下文对这段加以解说时便进一步点出：

> 祇观根尘一念心起，心起即假。假名之心，为迷解本，谓四谛有无量相。三界无别法，唯是一心作，心如工画师，造种种色，心构六道。……根尘相对，一念心起，即空即假即中。若根若尘并是法界，并是毕竟空，并是如来藏，并是中道。①

智顗以上解释“圆顿止观”之所以能“初缘实相，造境即中，无不真实”一段，所依据的便是《华严经》内“心如工画师，造种种色”的观念，由此阐明心构六道，故“根尘相对，一念心起，即空即假即中”的道理。缘境之初，一念心起即抵于中道，正是《摩诃止观》内“初缘实相，造境即中”的观念。由此可见智顗“造境”之说，事实上深受《华严经》内心如工画师，于笔下造一切色相譬喻的影响。皎然在说明“造境”问题时，亦从画师笔下生成艺境的角度阐释，点出画师以澹然无所营之心，通过象忘神遇而万象自心而出，由此造出无不真实的艺境于笔下，其所依据的相信便是《华严经》内心如工画师，造种种色这一经典说法；更可能直接受天台止观的“造境”观念所影响而有其“造境”之说，然而可以断言的是皎然诗学上的“造境”观念，无论直接或间接都与上述所提到的心如工画师，能造一切

① 同前智顗《摩诃止观》，第19页。

诸法的华严佛学思想有著极为密切的关系。

三　皎然诗学性起说与华严思想

皎然诗学中除“造境”之说密切关涉于华严思想之外，其诗论中的“通变”之说，也深受着华严佛学思想的影响。皎然在《诗式》卷五中论诗歌创作的“通变”时指出：

作者须知复、变之道。反古曰复，不滞曰变。若惟复不变，则陷于相似之格。……又复、变二门，复忌太过，诗人呼为膏肓之疾，安可治也。①

文学创作观念上的“通变”之说，在皎然之先已有，刘勰《文心雕龙》专立《通变》一篇，其中论“通变”便有“参伍因革，通变之数也”之说②，发挥《周易·系辞》“参伍以变，错综其数，通其变，遂成天地之文”③观念，阐明文章应因革于前代，既应有所因袭，亦应有所革新。皎然在《诗式》中论诗之“通变”虽然沿袭了从《周易·系辞》到刘勰《通变》这一传统观念，然而在“通变”观念上却又有所开拓。皎然诗学中的“通变”之说，不但讲求创作上的因革变通，除了讲求沿袭与创新并重之外，更大意义是连系于华严思想的“性起”观念论诗歌创作。皎然在《诗式》卷五中论诗之“通变”时，在点出不能“惟复不变”，及“复、变二门，复忌太过”后，又进一步指出：

如释氏顿教，学者有沉性之失，殊不知性起之法，万象皆真。夫变若造微，不忌太过。苟不失正，亦何咎哉？④

---

① 皎然：《诗式》卷五“有事无事情格俱下第五格”条。据李壮鹰：《诗式校注》，齐鲁书社，1986年版，第235页。

② 刘勰著，詹锳义证：《文心雕龙义证》，上海古籍出版社，1989年版，第29卷，《通变》，中册，第1098页。

③ 朱熹撰，廖名春点校：《周易本义》，中华书局，2009年版，第3卷，《系辞上传》，第237页。

④ 同注①，页同。

从“变若造微，不忌太过”的解说中，知皎然以上“如释氏顿教，学者有沉性之失，殊不知性起之法，万象皆真”一段，所论正是相对于“复忌太过”的诗之变。在复变之道的侧重取舍问题上，皎然之所以认为其变不忌太过的原因，就在于“性起之法，万象皆真”。这种以佛学思想诠释诗歌创作观念的做法，皎然对此解释谓：

> 如陈子昂复多而变少，沈、宋复少而变多，今代作者不能尽举。吾始知复、变之道，岂唯文章乎？在儒为权，在文为变，在道为方便。后辈若乏天机，强效复古，反令思扰神沮。①

从上述这段“复、变之道，岂唯文章乎？在儒为权，在文为变，在道为方便”这段话中，便清楚见出于皎然本人而言，诗歌创作观念原可通之于儒佛之学，而在论诗学上的复变之道问题时，皎然用以肯定诗歌创作上的“变若造微，不忌太过”的理论根据，在于“性起之法，万象皆真”，其观念即一出于华严思想而有。

“性起”一词其先见于东晋佛驮跋陀罗所译《大方广佛华严经》第三十二之《如来性起品》之内，佛驮跋陀罗所译不但以“性起”为品名，且有“是故今佛放大光明，显自在力，必说如来性起正法”②。以“性起”称如来正法。唐代时实叉难陀译八十卷本《华严经》将此品译为“如来出现品”③，内文中旧译作“性起”者，除“如来性起妙德菩萨”等专有名称外，一律将“性起”一词改译为“出现”。澄观在《大方广佛华严经疏》内对此有所解释：

> 三佛圆融，十身无碍故，辨应现即显真成，是以晋经名“性起”。“性”字虽是义加，未爽通理。以应虽从缘，不违性故，无不从此法界流故。……今以“起”义多含，直云“出现”。④

① 同151页注③，页同。
② 佛驮跋陀罗译：《大方广佛华严经》，第三十二《如来性起品》。T9，p611c。
③ 实叉难陀译：《大方广佛华严经》，第三十七《如来出现品》。T10，p262a。
④ 澄观：《大方广佛华严经疏》，第49卷《如来出现品》。T35，p872a。

所谓“未爽通理”,便是“性起”一词的译法并未与原本佛学观念相违,后来改译是要求对应得更明确而已。由此故知皎然所用“性起”一词,源出于旧译《华严经》当中。至于“性起”一词的含义,法藏在《华严经探玄记》内解释谓:

不改名“性”,显用称“起”,即如来之“性起”。又真理名“如”,名“性”,显用名“起”,名“来”,即“如来”为“性起”。①

依法藏以上解释,“性起”便是真理之显用。这种从佛性体用上解释“性起”观念的做法,又见于法藏的《修华严奥旨妄尽还源观》之内:

三者性起繁兴法尔止。谓依体起用,名为“性起”。……谓真如之法,法尔随缘,万法俱兴,法尔归性,故曰性起繁兴法尔止。②

如法藏以上析述,“性起”便是真如之法“依体起用”,也就是真如本体随缘而起用,虽“万法俱兴”而“法尔归性”。对此澄观在《大方广佛华严经疏》卷四十九《如来出现品》内解题时便有如下说明:

无不应时,故即真而应。应随性起,故即应而真。③

澄观对真如之法“应随性起,故即应而真”的说明,正是“性起”之法的最大特色,皎然在《诗式》内论诗学上的复变之道,在解释何以诗歌创作可以“变若造微,不忌太过”的原因时,所举出“性起之法,万象皆真”这一论据,其持论正属上述所提及华严思想内“应随性起,故即应而真”的“性起”观念。

皎然这种连系于华严思想“即应而真”这种“性起”观念的艺术创作主张,在“性起之法,万象皆真”,因而特意讲求“变若造微,不忌太过”的大前提下,便可以因“应随性起”,而于狂放纵逸中造境于笔下,像在《张伯高草书歌》中,皎然对

① 法藏:《华严经探玄记》,第三十二《宝王如来性起品》。T35,p405a。
② 法藏:《修华严奥旨妄尽还源观》,T45,p639b。
③ 同前澄观《大方广佛华严经疏》,页同。

这种逞狂于笔下，刻意追求极尽变态之能事的创作方式便有如下的说明：

伯英死后生伯高，朝看手把山中毫。先贤草律我草狂，风云阵发愁钟王。须臾变态皆自我，象形类物无不可。……张生奇绝难再遇，草罢临风展轻素。①

皎然描述张伯高草书一变先贤之法，以狂草为之而至于“须臾变态皆自我，象形类物无不可”的地步，最终得以写出奇绝难再遇的佳作，这一创作方式的理念就全然基于上述所提到来自华严思想的“性起之法，万象皆真”，在“即应而真”之下追求抵于变化造微的观念。华严思想中的这种“性起”观念，落实到诗境学说中的话，便是皎然在《诗式》中论诗的复变之道时所提到的“在文为变”，亦即皎然在《诗式》内《文章宗旨》中所提到的“诗之变”：

康乐公早岁能文，性颖神彻，及通内典，心地更精，故所作诗，发皆造极，得非空王之道助邪？……曩者尝与诸公论康乐，为文真于情性，尚于作用，不顾词彩而风流自然。彼清景当中，天地秋色，诗之量也；庆云从风，舒卷万状，诗之变也。不然何以得其格高、其气正、其体贞、其貌古、其词深、其才婉、其德宏、其调逸、其声谐哉！②

以上一段论谢灵运因“性颖神彻，及通内典，心地更精”，因而“故所作诗，发皆造极”，由此得以写出“真于情性，尚于作用，不顾词彩而风流自然”的佳作。皎然论谢灵运诗能“发皆造极”时所提到的“诗之变”，其“庆云从风，舒卷万状”比喻，指的是谢灵运诗“不顾词彩而风流自然”的特点。依皎然以上析论，谢灵运诗之所以能“不顾词彩而风流自然”——达到“诗之变”的境地，就在于“为文真于情性，尚于作用”，其根本正在于“性颖神彻”，与通于内典而“心地更精”，因此才能“发皆造极”，而有“其格高、其气正、其体贞、其貌古、其词深、其才婉、其德宏、

① 皎然：《张伯高草书歌》，《杼山集》，上海古籍出版社影印《四库全书》本，1992年版，第7卷，第58—59页。

② 皎然：《诗式》卷一“文章宗旨”条。据李壮鹰：《诗式校注》，齐鲁书社，1986年版，第90页。

其调逸、其声谐”,能兼备众妙的登峰造极之作。换言之“诗之变”之所以能如“庆云从风,舒卷万状”,原来一出于诗人的“性颖神彻”与“心地更精”,本此彻颖之性而能发皆造极,一任随意变化都能舒卷万状,风流自然——这正是华严“性起”观念“应随性起,故即应而真”的体现,也是皎然论诗之变于造微,缘于“性起之法,万象皆真”的具体说明。

四 总结

以往论皎然诗风或诗学观念源出者,因见其笔下屡有“乐禅心似荡”,“山僧不厌野,才子会须狂”[①],“先贤草律我草狂”,或是“乐纵酒酣狂更好”,甚至“乞我百万金,封我异姓王,不如独悟时,大笑放清狂”[②]等一类不但不避猖狂,而且更以为这种狂放逸荡能与修道不相背悖[③],是以论者多以为皎然因受其时流行一时,讲求“平常心是道”与“一切皆真”的洪州禅所影响,故有这些提倡逸荡清狂的作风的诗歌创作与论诗主张。然而若对皎然持论进一步考究的话,便知这种在创作或诗论上以狂放为尚,甚至刻意追求极尽变态之能事于笔下的主张,事实上与上文所提到马祖道一所提出“平常心是道”,故“道不用修,但莫污染”与“平常心无造作,无是非,无取舍”的一系洪州禅理念根本上就有所出入。本文分别从皎然诗学上有关造境与复变问题的论述上,先后阐明皎然要求逞狂于笔下的艺术创作主张,本关乎其诗境学说中的“造境”思想,而皎然诗学上的“造境”思想又深受天台宗止观的“造境”于寂照之中的观念所影响,并由此追溯无论皎然或天台的“造境”之说,其实都一出于《华严经》以画师为喻,说明世间一切诸法皆由心所造的佛学思想。另一方面,本文从皎然诗学上论诗的复变之道时所提出的“通变”之说,阐明其意义不但在于讲求创作上变通,且更联系于华严“性起”思想以论诗,皎然诗境学说的讲求“诗之变”与笔下刻意追求变态,事实上都关乎华严思想内“应随性起,故即应而真”这种“依体起用”的“性起”观念,以故

---

① 皎然:《戏呈薛彝》,《杼山集》,上海古籍出版社影印《四库全书》本,1992年版,第2卷,第21页。

② 皎然:《戏作》,《杼山集》,上海古籍出版社影印《四库全书》本,1992年版,第6卷,第55页。

③ 于《偶然五首》其一中,皎然即称:“乐禅心似荡,吾道不相妨。独悟歌还笑,谁言老更狂。”便是明确点出其狂荡与修道两者并不相妨。见《杼山集》,上海古籍出版社影印《四库全书》本,1992年版,第6卷,第55页。

在论诗之通变甚至书画等艺术创作时，皎然有“变若造微，不忌太过”，以至特意讲求“须臾变态皆自我，象形类物无不可”的所谓“道流迹异人共惊”的创作主张，究其实亦不过因本乎“性起之法，万象皆真”这一华严佛学思想，而有上述这种刻意追求狂逸变态的诗歌创作主张出现。

本文从华严思想阐明皎然诗学上“造境”“通变”“性起”及“诗之变”等一系列重要的创作观念，除了可以明确点出皎然诗境学说在佛学观念上的具体依据，并且厘清其所提倡的狂放逸荡诗风未必与洪州禅有关之外，更可藉以见出华严思想如何深刻地影响着皎然的诗学理论，对于说明皎然诗境学说的建构，以至所提倡诗歌风格的特色，甚至彰明隋唐佛学观念如何进入唐代诗学理论之中，从而直接影响到诗境学说的建立等问题来说，事实上都有极为重大的意义在内。

19世纪初的中国开埠地：东亚“近代”从这里开始

刘建辉

一　近代东亚之滥觞——从广州、上海到长崎的近代之路

(一)传统贸易机制——“广东体制”的成立与崩溃

传统的观点认为，东亚的近代始于19世纪40年代鸦片战争的爆发，但本文将东亚近代的起点定在19世纪10年代。为什么呢？这是在考虑导致制度变化(此处指鸦片战争这一结果)的一系列过程(而非制度变化的本身)，并将政治、经济和文化背景也纳入视野之后理应得出的结论，其理由主要有以下两点。

其一，近代资本主义，具体而言是全球性的自由贸易体制大约在19世纪10年代就已经在中国的南部，即广州十三行悄悄生发，逐步颠覆了原有的中华帝国垄断的贸易体制（广东体系），最终欧美诸国凭借武力迫使中国及整个东亚“开放”；其二，代表这一自由贸易体制的列国诸强(尤其英国和美国)的个体商人合法或非法地潜入广州，以从前的外国人商馆十三行为中心，与当地人密切合作，奋力建构出一个近代的空间，以致其成为之后出现于中国各地的租界的雏形。此外，与这些商人同时到来的是基督教新教传教士，他们的先驱者罗伯特·马礼逊于1807年到达广州，后来的传教士们以他为核心，开始向中国及整个东亚地区(恒河以东)宣传基督教和西洋文化。接下来，我将简要介绍这两件事情，并试图探索它们各自的历史意义。

首先，要想理解近代资本主义、自由贸易体制的渗入，必须先说明传统的所谓广东体系，即帝国垄断的贸易体制。

众所周知，清王朝建立之初，以郑成功占据的台湾为首，周边区域的各种势力十分活跃，抵抗活动不绝，因此清政府下达禁海令，即“迁海令”，暂时断绝了与海外的一切交流与贸易。而当内乱平定，台湾郑氏降服之后，康熙帝于康熙二十三年（1684）将“迁海令”变更为“展海令”，允许与海外进行交流与贸易，并在上海、宁波、厦门和广州四座城市设立海关，开始施行比较积极的对外贸易政策。虽然四海关的贸易体制存在着各种各样的问题，但仍然从康熙、雍正持续到乾隆时代，维持了大约七十多年。但在乾隆二十年（1755），随着粤（广东）海关官僚人数的膨胀，以英国商人为首的外商们被迫拿出的贿金也水涨船高，他们终于不堪忍受，一方面直接向乾隆皇帝提出抗议，一方面避开粤海关，径直北上厦门，随后到达宁波，开始在他们之前从未活动过的北方区域开展贸易活动。措手不及的乾隆皇帝害怕这一行为会威胁海防并对内地造成负面影响，立刻对此加以制止，于乾隆二十二年（1757）下达敕令，规定与西洋诸国的所有贸易只准在广州的粤海关内进行。从此以后，江（上海）海关与浙海关（实际在浙江乍浦港）主要负责与日本的贸易关系，闽海关（实际在福州港）负责琉球，粤海关负责除此之外的所有南洋及西洋诸国，所谓的“一口通商”体制由此确立。直到清政府在鸦片战争中败北，被迫于 1842 年开始实行“五港通商”为止，“一口通商”的体制存在了约八十年。

所谓广东体制，是指从粤海关成立至开始实行“五港通商”的约一百六十年间，西洋各国的东印度公司与清廷指定的对外贸易商（即十三行的商人）在广东（即广州）进行贸易的垄断性贸易体制。它的构成大致如下。

首先，各国的商船在抵达广州，准备进行交易时，必须在十三行的商人中选择一名“保商”（担保人），并在此人的管辖下开展进出口活动，比如委托保商将带来的商品出售，通过保商购入需要购买的商品，需要上缴的关税也是经由保商而向“海关”交纳的。在保商之下有通事（负责进出口、关税等相关文书的制作和提交）和买办（负责财务管理、商品的确认，并照料外商旅居期间的生活）等，他们在为外商提供便利的同时也全方位地监督外商的活动。而各商船的船长或代表（被称为大班）暂居在从保商那里租来的十三行商馆（中国人称之为夷馆）中，在开展其所属公司的业务的同时，也处理个人自由买卖的商品、通过保商与海关监督进行交涉、管理部下及船员，有时候也向地方和中央官吏行贿。

但以上仅仅是十三行贸易的基本构架,在一百六十年间,由于历史时期和具体情况的不同,其运营状况也有很大差异。例如,双方能够垄断的商品的种类最初非常广泛,但最后基本只限于茶叶和生丝。此外,双方一开始都是单独运营的,但后来各自成立了负有连带责任的十三行公行和负全责的管理委员会(初期仅由当地的大班组成,后来发展成为包含英国东印度公司本部的派遣员的特选委员会)。再者,在初期的规定中,大班们在适于航行的贸易季节(九月左右至次年二月左右)开展业务时可以逗留在十三行中,此外的时间他们必须退到澳门去,但不知从何时起,他们居然长期居住在十三行了。十三行本来只是外商暂时的租借地,后来却完全变成了外国人的商馆街。

粤海关设立后,最初在广州进行贸易的是荷兰人,但直到大约四十年之后的 1727 年,荷兰才正式在十三行设立商馆。与其相比,英国东印度公司早在 1716 年就已经开始大规模建设商馆,积极地推进英国-印度-广州航路的贸易了。在英国与荷兰之后,法国东印度公司于 1728 年、瑞典东印度公司于 1732 年、丹麦亚洲公司于 1772 年也各自设立了商馆。美国虽然是最后一个加入的国家(1786 年在广州设领事),但如后文所述,美国的贸易量正与其新兴国家的上升力相应,很快就与英国并驾齐驱,成为支撑广州贸易的另一股主要力量。

十三行,正式的说法是叫外洋行,数量上常有增减,不一定就是十三,最多时有二十六家(1757 年),最少时只有四家(1781 年)[①]。至于洋行的资格,首先必须要有雄厚的资本和资产,然后需要有实力的推荐人(官僚或已得到承认的洋行商人)的保证,在此基础上,还要经过地方政府的审查之后才能获得认可。十三行的商人在与外商的交涉中负有全责,半是“官商”半是“外交官”,但他们上边的粤海关监督、广东巡抚甚至两广总督经常莅临考察,商人们受到内压外迫,处境也并不轻松。而且,虽然他们赚得的利润相当丰厚(根据交易商品的买入与售出价格比赚取百分之十几到百分之几十的差额,还有佣金等),但也承担着很重的压力,比如,他们需要向中央和地方的公共事业捐款、由于承担连带责任而偿还破产的同业者的债务、置办朝廷贡品(主要是西洋舶来的奢侈品)以及为公益事业捐赠财物等,很多商人甚至因此而一夜之间倾家荡产。当然,即便如此,

① 陈柏坚:《广州十三行商贸概况》。载广州历史文化名城研究会等编:《广州十三行沧桑》,广东省地图出版社,2002 年版。(作者原注,下同。)

有实力的商人还是能够成为巨富,过上常人无法想象的奢侈生活。在19世纪初期的十三行中,潘氏一族的同文行、伍氏一族的怡和行、卢氏一族的广利行、梁氏一族的天宝行等被认为是实力最强的洋行,其中怡和行的业务甚至扩展到了美国本土,涉足保险、证券和铁道建设等领域,成为当时世界上最大的资产家,名噪一时。

以上简单介绍了十三行的贸易,即广东体系在制度上的特点与运营状况,但进入到19世纪后,这个持续了超过120年的贸易体制突然遭到来自各方面的挑战,结果不堪一击,渐趋崩溃。崩溃的缘由,在外部是一直转包英国东印度公司业务的港脚商人(主要在印度和广州之间从事贸易的商人团体)、新出现的个人贸易商人(最初需要获得东印度公司的认可)和新加入的美国商人等"散商"势力的抬头;在内部主要是转包十三行商人业务的所谓"行外商"和偷运鸦片的地方商人势力的扩大,而决定性的打击则来自于英国东印度公司在印度和广州的垄断权分别于1813年和1833年被废止这一制度上的转变。

由于以个人贸易商人为首的"散商"中的大部分都不曾专门在中国开设公司,他们的整体动向颇难把握,所以这里只能先简单介绍一下在广州开设过总店或分店且活跃时间较长的几家洋行。

最开始,可能是由于资本规模较小的原因,十三行的散商们的经营状态并不稳定,经常反复合并和倒闭,然后其中的几家就像滚雪球一样,势力渐渐增大,终于发展成为能够左右整个贸易活动的大商社。

例如,由柯克斯(Cox)、比尔(Beale)和理德(Reid)三人在1782年创立的柯克斯·理德洋行(Cox,Beale&Co,最初总店在澳门,分店在广州),由于1791年柯克斯的去世而变为理德·比尔行(Reid,Beale &Co),随后1803年麦尼克(Magnic)加入,变为比尔·麦尼克洋行(Beale,Magnic & Co),1819年比尔退出,变成麦尼克洋行(Magnic & Co),1825年渣甸(Jardine,1819年来粤)入伙,1828年马地臣(Matheson,经过1819年的泰勒·马地臣洋行(Taylor,Matheson & Co)和1821年的伊沙瑞行(Yrissari & Co)入伙,1831年麦尼克退出,终于在1832年左右发展成为著名的渣甸·马地臣行(Jardine & Matheson Co,中文名为怡和洋行)。

又,1807年英国东印度公司的大班巴林(Baring)创立巴林洋行(Baring & Co),后来随着同为大班的莫隆奈(Moloney)和罗伯茨(Robarts)的加入,更名为巴林·莫隆奈·罗伯茨洋行(Baring,Moloney & Robarts & Co)。再后来因为东印度公司禁止大班进行个体经营,该洋行借新加入的达卫森(Davidson)之手而变为达卫森行(Davidson & Co)。1823 年颠地(Dent)入伙,洋行于翌年变为颠地行(Dent & Co,中文名宝顺洋行)。

以上介绍的全是英国人，尤其是苏格兰出生的商人所经营的洋行的变迁，与其复杂的合并撤销情况相比，新加入的美国系商人的动作就比较明晰了,有所变化的仅有一例,即 1818 年创立的罗素行(Samuel Russell & Co)在 1824 年变为旗昌洋行(Russell & Co)。又,1828 年成立的奥立芬洋行(Olyphant & Co,中文名同孚洋行)直到最后还保持着成立之初的体制。据说,在 1832 年的广州已经有大大小小 66 家洋行,而到了 5 年后的 1837 年,洋行的数量攀升到了 150 家(虽然不一定是正确的数字)。稍稍回顾一下,在 1828 年的中英贸易中,英国的出口贸易额是 2030 万美元,其中东印度公司占了 450 万美元,余下的1580 万美元全部由散商包揽(当然大半都是鸦片走私);而在中国的 1810 万美元的出口贸易额之中,东印度公司占 850 万美元,散商占 960 万美元,散商略微占据上风[①]。以往的广东体系已经近乎瘫痪,散商即自由贸易者的时代终于来临。

与外国散商的活跃程度相比,中国的行外商毫不逊色。行外商中的小商铺原本是贩售十三行商人垄断的大宗商品(茶、生丝等)之外的杂货(陶瓷器、药材、地方特产等),它们的数量在 1755 年就已经达到了百家以上[②],一部分小商铺作为行商的业务承包者和商品提供商也十分活跃。只是,在以往的东印度公司与行商极受优待的体制下,小商铺能够经营的商品种类十分有限,不得不长期处于极低的地位。但是,随着英美散商渐露头角,贸易量超越东印度公司,他们希望直接与中国的行外商进行自由贸易的愿望也日益增强。与此相应,小商铺的势力不断扩大,到了 1807 年已经至少超过了 200 家。根据威廉·渣甸的说法,他来广州之时(1820 年前后),他与行外商的交易量就已经高于与行商的交易量了[③]。

① 格林堡(Michael Greenberg):《鸦片战争前中英通商史》,商务印书馆,1961 年版。
② 管亚东:《清代前期广州口岸中西贸易的行外商人》,《广州十三行沧桑》,广东省地图出版社,2002 年版。
③ 格林堡(Michael Greenberg):《鸦片战争前中英通商史》,商务印书馆,1961 年版。

因为行外商的发展威胁到了行商以及原有的贸易体系，所以清政府的管理和监督时常变得极其严厉，但每次行外商都能通过接受外国散商的支援和向官吏行贿等方法熬过一时的苦境。不仅如此，行外商甚至逐渐地夺取了行商的权益，使得自己也能一点点染指那些原来由行商垄断的商品，尤其是他们竟然发展到能够合法或非法地买卖当时最大的进口品鸦片以及最大的出口品茶叶和生丝。此外，原来在行商手下工作的通事和买办被巨大的利益所吸引，也参与到行外商的贸易活动中。至此，延续了一百数十年的“广东体系”虽然仍在苟延残喘（直到鸦片战争后的1842年，十三行被解散，“广东体制”彻底终结），但已经名存实亡了。

主要国家东印度公司的商馆设立情况及自由贸易商变更一览

1688	荷兰开始贸易(商馆于1727年设立)
1716	英国设立商馆,1833年垄断权被废止
1728	法国设立商馆,1790年垄断权被废止
1732	瑞典设立商馆
1772	丹麦设立商馆
1786	美国设立商馆,在广州置领事
1782	柯克斯·理德洋行(Cox,Beale & Co 柯克斯、比尔、理德)
1791	理德·比尔行(Reid,Beale & Co)
1803	比尔·麦尼克洋行(Beale,Magnic & Co 麦尼克1801年来粤)
1807	巴林洋行 (Baring & Co), 后经巴林·莫隆奈·罗伯茨洋行 (Baring,Moloney & Robarts & Co)而发展为达卫森行
1813	达卫森行(Davidson & Co),后来发展为颠地行
1818	罗素行(SamuelRussell & Co),后来发展为旗昌洋行
1819	麦尼克洋行(Magnic & Co),后来发展为渣甸·马地臣行
1819	泰勒·马地臣洋行(Taylor,Matheson & Co),后经伊沙瑞行(Yrissari,1821)而发展为渣甸·马地臣行
1824	颠地行(Dent & Co)=宝顺洋行
1824	旗昌洋行(Russell & Co)
1828	奥立芬洋行(Olyphant & Co)=同孚洋行
1832	渣甸·马地臣行(Jardine & MathesonCo)=怡和洋行

(二)“近代”的渗透——作为据点的广州十三行及其周边

如上所述,在 19 世纪初的广州十三行,颇具“近代”性的比较自由的贸易体制与支撑这一体制的很多外国散商和行外商已经存在。正是因为他们或明或暗的活动,一个类似于后来各通商港口的租界的空间开始在十三行及其周边渐渐形成。例如,在商品交易时需要兑换外币和纹银等,很多银铺都经营此项业务,而其中一些被称为“大窑口”的银铺甚至向停泊在珠江河口附近洋面上的非法商船发行交货的传票,这样的银铺有三十余家,林立于河岸之上,俨然形成了小规模的“银行街”。顺带提一下,虽然缺乏明确的证据,但据说后世的“银行”一词就是起源于十三行一带。

前文略微提到了所谓十三行的“近代性”,这种“近代性”之所以能够得以成立,一方面是由于商业活动、中外个人贸易商社、“银行”和中介人(通事、买办、批发商)等人的和物的“装置”发挥了重要的作用;而与此同等重要的是同时期陆续来华的基督教新教传教士的活动,特别是他们与之前的天主教不同,选择以书籍传道、医疗传道等口号而开拓出版、教育、医疗等事业,这是文化上的“装置”。接下来,我想以他们的先驱者罗伯特·马礼逊为例,简单地追溯他们在广州一带的足迹和构建的传教网络。

罗伯特·马礼逊于 1782 年出生于苏格兰北部,先后从当地的神学院和伦敦的传教士学院毕业后,他获得对于海外传教来说十分必要的牧师资格,并受伦敦传教会——海外传教教会(差会)之一——的派遣,取道美国(因为东印度公司拒绝让其搭乘直航的船只),于 1807 年他 25 岁的时候到达广州。但是,当时的广州当局对于基督教传教活动正实行严厉的监管,马礼逊虽然想方设法留在了十三行,但传教活动基本无法进行,只得每日勤奋学习中文。一年半之后,马礼逊时来运转,他不仅同在澳门结识的英国女性玛丽·摩顿喜结连理,而且在岳父(东印度公司的理事)的推荐下成为英国东印度公司的正式雇员,担任中文翻译。后来,他因故暂时被东印度公司免职,但最终还是顺利地保住了职位,而直到 1834 年去世为止,他一直在孜孜不倦地推进他的“本行”,即传教活动。

在广州,马礼逊最初从事的活动是《圣经》的翻译和《华英字典》的编纂,这是他来华前就已经计划好的。最终,凭借他本人不懈的努力、中国助手葛先生

(Ko seen-Sang,负责古籍的购买、翻译的订正和草稿的校正等)和蔡轩(Low-Heen,负责书籍、资料的誊写和木版底稿的制作等)等人的协助以及东印度公司的大班和职员们的支持(帮助设置小型图书馆、收集与中国相关的图书和资料、予以资金上的援助、提供印刷机、派遣印刷工等),马礼逊于1813年率先完成了《圣经·新约》的汉译(虽然《圣经》的翻译和字典的编纂几乎同时进行),接着又于1815年出版了三卷本《华英·英华字典》(1822年全部完成)中的第一卷,它们各自在澳门以木版印刷和出版。

其间为了进一步推进传教事业,马礼逊多次向伦敦会要求增派会员来广州。他的要求终于得到了回应,1813年,威廉·米怜偕夫人到达广州。但是,米怜不像马礼逊那样有明确的职业身份,要想在广州安定下来十分困难。经过种种的摸索和实地调查,米怜夫妇最终还是在1815年转移到了华侨众多的马六甲,在那里建立了传教的基地,支援广州的传教活动。

在马六甲,米怜运用从马礼逊那里学来的中文,首先与同来马六甲的中国印刷工人梁发(后来入教,成为中国最早的牧师)建立了印刷所,发行了中国第一份传教杂志《察世俗每月统记传》(1815年创刊)。从1815年到米怜病逝的1822年,在这7年间,米怜充分利用这本杂志,一边传播教义,一边不断向中国人介绍西洋世界的情况和知识。米怜在制作杂志的同时,还帮助马礼逊翻译了《旧约》的一部分,对于《旧约》汉译的完成和出版做出了极大的贡献。他还在马礼逊的指示和支持下与殖民地当局交涉,筹集资金,最终于1818年创立了兼及传教、出版和教育的综合性宗教设施——英华书院。书院成立后,在仅有8名印刷工的情况下刊发了《察世俗每月统记传》和《印中搜讯》(英文,以在印度和中国传教为目的的季刊)两本杂志。书院后来不仅发行了数量众多的传教出版物,而且对于当地华侨的教育也不遗余力。直到1843年搬至香港,书院一直作为广州的后方据点而发挥着重要的作用。

稍稍回顾一下,米怜在转移到马六甲之初,预计到他们对于布道印刷品的需求会非常大,所以他和马礼逊再三请求增派人手,而伦敦会终于在1817年派遣麦都思来到马六甲,担任米怜的助手和印刷技师。在到达之后的两年左右时间内,麦都思帮助管理印刷所并编辑《察世俗每月统记传》。后来由于扩大业务的需要,麦都思听从马礼逊等人的指示,于1819年到达巴达维亚,建立起伦敦会在南洋的又一个传教据点。

在巴达维亚，麦都思创办了《特选撮要每月纪传》（1823 年创刊，1826 年终刊），这是继《察世俗每月统记传》而出版的第二本中文传教杂志。在编辑杂志的同时，他还活用自己的技术，使用雕版和石版印刷刊行了大概 30 种中文传教书籍。随后，马礼逊于 1834 年病逝，广州没有了伦敦会传教士，麦都思则于 1835 年来到广州。

马礼逊病逝后，东印度公司新雇用的中文翻译是德国传教士郭实腊。出生于普鲁士的郭实腊从荷兰的神学院毕业后，受荷兰传道会的派遣在 1827 年到达巴达维亚并与麦都思相遇。郭实腊本来是想向巴达维亚的土著人传教的，但受到麦都思的影响，他开始更加热心于向中国人传教，甚至想去中国本土传教。从 1831 年起，他分别搭乘中国商船、东印度公司的考察船和渣甸的鸦片走私船，三次沿中国海岸北上，探寻直接向中国人传教的可能性，随后，他在广州定居并被东印度公司雇用。

在广州设立活动据点之后，郭实腊立刻在十三行创办中文杂志《东西洋考每月统记传》（1833），登载宗教内容的同时，也介绍西洋的历史与地理以及部分政治法律知识，刊载广州当地的新闻和贸易状况等。这本最多曾发行千部的杂志是中国本土刊行的第一份“近代”杂志，被以林则徐为首的众多中国知识分子所征引，对于时人了解外国情况而言具有十分重大的先驱性意义。此外，热心教育事业的郭实腊还鼓励住在澳门的夫人创立女学堂（1834），学堂的人数虽然不多，但毕竟开始了对女童的教育。再者，他在东印度公司撤出广州后，于 1835 年成为英国贸易监督的首席翻译，并于 1837 年卷入了马礼逊号（为了纪念马礼逊而命名的、美国奥立芬公司所有的帆船）事件——郭实腊与后边将会提到的卫三畏、伯驾等以送还日本的漂流民为借口航行至江户、鹿儿岛，结果遭遇炮击而返。

在广州，郭实腊的《东西洋考每月统记传》持续发行到 1836 年（之后转移到新加坡，又维持了两年）。经过一段空白期后，麦都思主编的新的中文杂志《各国消息》（1838）出版了，这本石版印刷的月刊杂志与之前的一系列杂志都有所不同，它的宗教色彩被有意地抑制，大多数文章是介绍西洋的情况和广州当地的商业信息，这与后来的《遐迩贯珍》（1853 年在香港创刊）和《六合丛谈》（1857 年在上海创刊)确有相同之处,显示出麦都思主导下的传教活动在方法上的一种变化。

马礼逊在广州开始活动后,不仅向伦敦会,有时也向美国的各教会(尤其是公理会)发出号召,希望他们向中国派遣传教人员。应马礼逊的厚意,美国公理会于1830年将裨治文派到广州,准备开启美国人在中国的传教之路。抵达十三行的裨治文受到马礼逊的热情欢迎,在此后的17年间(直至他在1847年转移到上海),他不负马礼逊的期望,热情地推进各项事业。

裨治文在广州倾注心血最多的工作,无疑是编辑由马礼逊提案而很早就创刊的英文杂志《中国丛报》(1830—1851)。这本刊行了21年的杂志不单向世界各国大量介绍中国的历史和文化,还不断摆开论阵,显示出对于闭关锁国的清王朝的强硬姿态。

除了编辑《中国丛报》之外,裨治文还与马礼逊合作开展了诸多活动,并在马礼逊去世后成为这些活动的核心人物,例如,建立"在华基督教协会"(1830)、"在华实用知识传播会"(1834)、"马礼逊教育会"(1836)和"中国医务传道会"(1838),提倡出版《圣经》等西洋书籍,创立马礼逊学堂(澳门,1839)等。实际上,也正是因为裨治文的请求,公理会才在1834年派遣具有医生和传教士双重身份的伯驾来华。1835年,伯驾在十三行开设眼科诊疗所,这是在中国本土创立的最初的西洋医院,后来经过鸦片战争,在1859年发展成为博济医院。19世纪末,年轻时的孙文曾在它的附属医学院学习,也曾在这所医院行医。这所医院一直存在到今天,现在是中山医科大学的一部分。

裨治文与郭实腊一样,也十分热心于教育,很早就在自己家中开设小型私塾,培养以梁发的儿子梁进德为首的五六名儿童。他将梁进德培养成为鸦片战争中中方负责对外交涉的翻译,而那时的英方翻译正是马礼逊的儿子马儒翰,这不得不让人感叹历史的因缘。

正如同伦敦会为了帮助米怜而将印刷技师麦都思派遣到马六甲,美国公理会为了更好地推进《中国丛报》的印刷和刊行工作,在1833年派遣印刷工卫三畏来华以帮助裨治文。卫三畏在到达十三行的第二年,就在美国商馆后边建成"公理会广州印刷所",忙于《中国丛报》及各类书籍、小册子的印刷。随后,印刷所为了利用东印度公司的中文活字并逃避广州当局的取缔,在1835年搬到澳门,使得大量印刷中文相关的书籍成为可能。之后,卫三畏也一边在印刷所工作一边参与传教活动,不久就成为公理会承认的传教士了。他随后一直从事《中国丛报》的编辑工作,直到这份杂志停刊(1851),但使他声名鹊起的事件无疑是他曾作为佩里舰队的汉文翻译而于 1853 年和 1854 年两次抵达日本。只是后来他完全脱离公理会,加入了美国驻中国使节团,晚年又成为耶鲁大学杰出的中国文学教授。

表:广州网络中的新教传教士活动一览(1807—1842)

1807	马礼逊来华
1813	《圣经·新约》汉译完成(马礼逊)
1813	米怜来华
1815	《察世俗每月统记传》(中文)发行(米怜)
1815—1822	《华英字典》完成(马礼逊)
1817	麦都思抵达马六甲
1818	英华书院创立(马六甲,1843 年转移至香港)
1823	《特选撮要每月纪传》(中文)在巴达维亚创刊(麦都思)
1823	《圣经·旧约》汉译完成(马礼逊、米怜)
1827	《广州记录报》(英文)创刊(马地臣)
1827	郭实腊抵达巴达维亚
1828	《天下新闻》在马六甲创刊(麦都思)
1830	裨治文来华
1830	《中国丛报》(英文)创刊(裨治文)
1830	“在华基督教协会”成立
1833	《东西洋考每月统计传》(中文)创刊(郭实腊)
1833	卫三畏来华
1834	公理会广州印刷所创立(卫三畏)
1834	郭实腊夫人在澳门开设女学堂
1834	侨居广州的外国人成立“在华实用知识传播会”
1834	伯驾来华
1835	十三行眼科医局开业(伯驾)
1835	石版印刷传入(卫三畏)
1836	“马礼逊教育会”成立

1837	马礼逊号来日(郭实腊、卫三畏、伯驾)
1838	《各国消息》(中文)创刊(麦都思)
1838	铅汉字(香港字)在新加坡完成
1838	“中华医药传教会”成立
1839	马礼逊学堂成立(澳门,校长布朗)
1839	《澳门新闻报》《澳门月报》创刊(林则徐)
1840	《伊索寓言八十二篇》汉译(罗伯聃)
1842	马礼逊学堂转移至香港

十三行商馆街从粤海关成立之初起,就一直坐落在广州郊外西南方的珠江的江岸一角,东西约三百一十五米,南北约一百七十米,总面积约五万一千多平方米。三条南北向的街道(同文街、靖远街、新荳栏街)贯穿其中,熙熙攘攘的十三座洋行商馆则夹在三街之间。按照广州当局的规定,这里只是贸易季节的临时交易场,非商人当然不必说,即便是商人,也不可以在此长期逗留。但事实上,在 19 世纪 30 年代,商馆内长期居住着 300 名外国人和 800 名相关的中国人(通事、买办、雇工和看守等)。值得一提的是,据说当时长崎的出岛的面积为 13000 平方米,大概是十三行的三倍,而常住的荷兰人却只有 9 到 13 人左右。

在这个绝不能算大的空间内,半公开地存在着秘密“银行”、出版所、私塾、医院、微型图书馆(约一万册的藏书)、舞厅(英国馆)和教会等设施,周围还有制作出口绘画品的画室(约三十间)和行商会馆,以及用来与当地知识分子进行交流的文澜书院等,这些场所呈现出的“近代性”远远地超越了制度上的限制。另外,这里通行的语言是所谓“广东英语”,这种将英语单词排列成中文语序的语言被人称为“鬼话”,在约两百年的东西方贸易中发挥了重要作用。

根据鸦片战争后签订的《南京条约》(1842),广州十三行制度被正式废止,所谓“五口通商”的时代到来,而曾活跃在广州的十三行商人和买办、外国个体商人及传教士等也纷纷离开,先是去了上海和香港,20 年后又进一步向长崎和横滨挺进。他们在上海的活动后文会有介绍,我在这里只想先说一点,即他们在广州打造的各种各样的近代“装置”后来成为强大的力量,或显或隐地左右了整个东亚的未来。例如,怡和洋行在 19 世纪 40 年代转移到香港和上海,在两地积极开展近代性质的商业活动,到了 50 年代则利用日本开国的机会迅速在长崎开设代理店(Thomas Blake Glover①),又在横滨居留地中最好的地段开设分店,并向萨摩和长州两藩大量输出武器,而且还向准备秘密出国的长州藩留学生伊藤博文、井上馨等提供帮助。再者,本来是行外商出身、在 19 世纪 30 年代突然变身为著名行商的吴健彰,在鸦片战争后进军上海,不仅成为巨富,财力甚至超过上海的地方长官(苏松太道),而且颇为着力于租界制度的完善和租界的扩张。

二　来自上海的冲击——“汉译西书”的东传与日本明治初期的文化革新

(一)聚集于上海的传教士及其著作活动

鸦片战争后,特别是进入 19 世纪 40 年代后半期,上海不仅成为贸易和交通中心,而且也成为所谓信息网络的中心。观察一下传教士的动向,便可了解这一事实,因为新教传教士从鸦片战争前开始就一直是西洋信息最重要的传播者。值得一提的是,鸦片战争后,原本分散在 5 个通商港口的传教士们在这一时期为了传教的方便而纷纷聚集到上海,选择在这个贸易交通网络的中心地带开展活动。

最先抵达上海的新教传教士是雒魏林,他和麦都思一样也属于英国伦敦会。麦都思和雒魏林在上海开港后不久的 1843 年从各自原来的据点(广州与舟山定海)来到上海,而且还分别将在巴达维亚的伦敦会的印刷所和在定海的雒魏林诊疗所也一同带到了这片新天地中。后文将会提到,这两处设施后来被命名为墨海书馆和仁济医馆,再加上同样属于伦敦会的教会天安堂,这三处设施在“麦家圈”(因麦都思的中文名而得名,今山东路附近)得到很大发展,成为伦敦会甚至整个新教在上海的重要活动据点。

如前所述,在马礼逊去世后,作为继任者的麦都思实际上成为了伦敦会在中国的传教活动的核心人物。所以,麦都思移居上海这一事件就具有了非常重要的意义,夸张点说,这显示出新教传教的中心地点已经基本转移到上海了。实际上,后来也正是在麦都思的监督下,墨海书馆在基督教出版界独占鳌头长达

① 苏格兰商人,于 1859 年从上海到长崎,最开始为怡和洋行工作,后来成立了自己的公司,他在长崎的住宅是日本最早的洋房(译者注)。

15年以上,发行了近二十五万部汉译《圣经》①、171种汉文传教书和科学类书籍,此外他个人和墨海书馆等还吸引了三十几名传教士陆续来到上海②。

很多传教士一边传教,一边或自己著述或翻译欧美学者著作,将各种各样的西洋知识大量介绍给中国读者。下边分领域介绍一下这些著作中比较重要的几部。比如,在天文地理学方面,慕维廉在1853年至1854年间写成《地理全志》,其中提及西洋近代地理学时,他不仅讲到传统的人文地理学,还加入了自然地理学的内容并辅以详细而清晰的解说。又,祎理哲(以宁波为基地)在1856年大幅修订《地球图说》,努力介绍各国的国情以及当时尚未被中国的知识分子所熟知的地球球体说和太阳中心说。接下来是翻译作品,伟烈亚力在1859年将曾任英国天文学会会长侯失勒约翰的名著《天文学概论》(1849年初版)译为《谈天》出版,系统地介绍了从哥白尼到开普勒和牛顿的西洋近代天文学的流变情况和最新研究成果。

在历史学方面,同样是慕维廉,于1856年将托马斯·米尔纳的《英国史》汉译为《大英国志》。译本分朝代介绍了"政教之美冠绝东西""全盛之国"(汉文序文)——英国的历史,其中也提到了英国的政治制度,对"巴力门议会"(国会)的"劳尔德士"(上院)和"高门士"(下院)的两院制、"推选"的限制选举制和下院的主导地位等都加以简洁的解说,很好地解释了之前的《海国图志》等著作中没能清楚说明的知识。再者,慕维廉于1861年出版了他的《美理哥合省国志略》的增订版——《联邦志略》,十分系统地介绍了新兴国美国的独立史,以及美国的政治、经济、教育、宗教及各州的具体情况。

然后是在数学和物理学方面,伟烈亚力首先于1863年写成《数学启蒙》,介绍西洋数学的基础知识。他接着又于1857年续译完成欧几里得的《几何学入门》(利玛窦只译了前一半)的后半部分,以《续几何原本》出版。从利玛窦开始翻译此书至此,历经250年,这本古代希腊的名著终于有了完整的中译本。之后,伟烈亚力又于1858年刊行《重学浅说》,尝试用汉文解说以力学为中心的西洋近代物理学,他又在翌年将英国数学家De Morgan(棣么甘)的《初级代数》(1835年)译成《代数学》一书,将美国数学家Loomis(罗密士)的《初级解析几何与微积

---

① 阮仁泽、高振农编:《上海宗教史》,上海人民出版社,1992年版。
② 张仲礼编:《东南沿海都市与中国近代化》,上海人民出版社,1996年版。

分》(1850 年)译成《代微积拾级》一书。后者尤为重要,因为西洋近代数学的知识在中国的传播正是始于这本书;也是在这个译本中,系数、函数、变数、微分和积分等许多数学用语也纷纷出现。

除了上边提到的领域,传教士们在其他方面也有很多成果。比如在医学方面,接替雒魏林管理仁济医院的合信译有《全体新论》(1851 年广州初版,1855 年墨海书馆再版)、《西医略论》(仁济医馆,1857 年)、《妇婴新说》(仁济医馆,1858 年)和《内科新说》(同前);在博物学和生物学方面,有合信的《博物新编》(1855 年广州初版,同年墨海书馆再版)和韦廉臣的《植物学》(墨海书馆,1859 年)等。可以说,新教传教士出版的所谓汉译洋书实在是不胜枚举,而且正是因为他们惊人的活动,上海迅速发展成为传播西洋信息的源头,而到了 19 世纪 50 年代后半段,以上海为中心的信息网络已经完全形成了。

(二)汉译西书东传日本的三条途径

19 世纪 50 年代以降,上海的墨海书馆等出版机构刊行的汉译西书之所以大量涌现,根源在于传教士们试图开拓在中国的传教之路,启蒙中国的知识分子,促进中国的“开国”。汉译西书在某种程度上渗透入中国社会,带来了一些“冲击”,这也是事实,但遗憾的是,中国真正地接受并消化这些书籍中的内容,还要等待半个世纪多的时间。当然,这其中有很多的原因,比如难以接受外来事物的中华意识的存在、科举制度对知识分子的束缚等。探明这些原因当然也是很有趣的工作,但这一话题与本文主题相悖,故这里不再赘述。而另外一个重要问题是,这些书籍是如何借助于新形成的东亚“交通”网络传至日本,“启蒙”了日本知识分子并推动日本“开国”的,笔者拟就这一过程略为阐述。

要想考察汉译西书在幕府末期传入日本的情况,最先遇到的问题就是这些书籍究竟是通过什么途径舶来的,它们的种类和数量又是多少呢？如果是以前的唐人贸易的进口情况,只需查阅像“赍来书目”“书籍元帐”“落札帐”[①]等与长崎会所的进口业务相关的清单即可,十分简便。但在佩里来航以后,出现了唐船

① 赍来书目是中国商船进入长崎港时呈交的舶载书籍的目录;元账即底账,是记录所有进口图书的总账;落札账记录的是商人们投标购书的情况。关于唐船的书籍输入等,可以参阅日本关西大学大庭修先生的相关著作(译者注)。

以外的进口途径，特别是由1858年“安政开国”而确立的一种自由贸易体制，使得邮船在内的各种各样的船只得以频繁往来于中日之间，我们无法像以前那样通过查阅书目来核实当时的情况。但如果一定要将各种途径分类的话，首先是列强军舰的舶载、中日商人的书籍贸易和来日传教士的带入这三种。下面简单介绍一下各类途径的情况。

军舰的舶载最早可追溯到佩里舰队来日，1854年1月，佩里舰队第二次来日，中途在琉球停留，舰队中的某个人携带郭嵩焘在墨海书馆赠送的汉文杂志《遐迩贯珍》两册，将它们送给了当地人。《遐迩贯珍》是一本月刊杂志，1853年9月在香港发行，由当时身在上海的麦都思创办，其内容正如郭嵩焘所言，大体上每期的前半部分主要是介绍科学等西洋文明的文章，后半部分则以国内外的新闻报道为主。到底是谁将这两册杂志带到了琉球，自然难以确定，但当时佩里舰队的人员中能够理解汉文的，只有翻译卫三畏和罗森，所以可以推测大概就是二人中的某一位。

如前所述，卫三畏是美国公理会（美部会）下属的传教士，1833年来华，在广州管理传教团的印刷所。罗森是居住在香港的文人，受卫三畏的邀请而登上佩里舰队的船只，后来在缔结《神奈川条约》时，他作为汉文翻译大大风光了一把。不管怎样，这两册《遐迩贯珍》后来从琉球传到萨摩藩，进而以写本的形式广泛流传于有实力的藩士之间。比如，安政五年时任外国奉行的岩濑忠震就收藏了《遐迩贯珍》等杂志，胜海舟和吉田松阴也在给友人的书信中提到他们阅读过这本杂志。当然，《遐迩贯珍》毕竟只是一个特例，一般来说，军舰舶载这一途径是无法彻底查明的。笔者视野所限，之后仅有胜海舟在《开国起源》有所提及，除此之外都无从知晓。

这种困境也出现在对第二种途径的研究中。进入所谓自由贸易体制后，旧有的长崎会所的舶来图书检阅机能几乎瘫痪，现在若想通过此条途径去探求书籍输入的情况，也是非常困难的。但是，从1858年左右开始，英美诸国的商社纷纷进驻长崎，而很多中国商人以这些外国商社的雇员身份来到日本，与官商和额商[1]竞争的同时，积极地开展合法或非法的贸易活动，这是当时的事实[2]；再

① 即民商（译者注）。
② 山胁悌二郎：《长崎的唐人贸易》，吉川弘文馆，1964年版。

者,对于当时的长崎来说,上海是最重要的贸易对象。综合考虑这两点可知,被称为"隐藏的唐人"的这些中国商人将需求量很大的汉译西书部分地输入日本,这也并非不可思议之事。这个结论虽然没有确凿的证据,但下边的例子值得一提。从 1858 年到翌年,住在江户的兰方医①三宅艮斋连续翻刻了前文提到的合信的《西医略论》《妇婴新说》和《内科新说》等书籍,据说三宅艮斋正是通过长崎而从上海"秘密"购入"书籍药品等"的。

与上边的两种方式相比,来日传教士的带入这一途径却意外地容易确认。这是因为在传教士的日记和给友人的书信中,留下了很多这样的记录,其中一些详细记述了图书的种类甚至具体的册数。比如,日本开国后,最初由上海来到长崎的美国圣公会的林约翰在他致友人的书信中自夸他将慕维廉的《地理全志》《英国史》、裨治文的《联邦志略》、祎理哲的《地理图说》、合信的《西医略论》《博物新编》和韦廉臣的《植物学》等"汉文书"卖给"日本上流社会人士",结果是"一千多部销售一空"②。此外,1859 年来日,在神奈川开展传教活动的长老会会员黑本在翌年四月七日致友人的书信中记述说祎理哲的《地理图说》卖出了"二百五十册左右"③,反映出此书在日本人中间是颇受好评的。

(三)汉译西书在日本的传播情况

关于汉译西书传至日本的途径,大体如上所述,接下来,需要考察的大概就是这些书籍在日本的传播情况,因为要想研究这些书籍给日本带来了怎样的"冲击",其传播情况非常关键,或者说比传来途径更为重要。

汉译西书在幕府末年的传播情况与其传来途径一样,有很多地方尚未解明。所以,这里无法呈现出传播情况的全貌,尤其是具体的统计数字,只能暂付阙如。但正像上文的林约翰和黑本那样,个别记录书籍传播情况的资料还是留存下来了,通过它们我们可以大略窥见当时的状况。

例如,1863 年时任真宗大谷派嗣讲师的香山院樋口龙温在他的讲义《辟邪护法策》中批评大量汉译洋书的"秘密流行",站在佛教徒的立场上表示了深切

---

① 兰方指江户时代从荷兰传来的西洋医术,兰方医从事于西洋的医术,与汉方医相对(译者注)。
② 吉田寅:《中国新教传教史研究》,汲古书院,1997 年版。
③ 高谷道男编译:《黑本书信集》,岩波书店,昭和 34 年版。

的忧虑："然两年三以来，《万国纲鉴录》《地球略》《地理志》《谈天》诸书之秘密流行甚昌。甚或跻身官版书[①]之作亦不在少数。此类书籍虽非专讲耶稣教者，未遭查禁，然其论旨皆归于耶稣。又，《中外新报》等仅一卷，然海外诸国之《风说书》则年年售至数百卷。"（常盘大定编《明治佛教全集第八卷护法篇》，春阳堂，昭和十年2月。）

此外，同为真宗大谷派嗣讲师的富樫默惠在讲义《内外二忧录》（1867年）中说："其时两三年间所出耶稣教之书籍，仅余所见即有约百部。邪教滔滔，如此流行于天下，谁人不悲乎。此虽时势使然，然二百余年之严禁，至今已废弛不振，国家之危厄寓于其中矣。"他回顾开国后汉译洋书大量流入的情形，悲愤地认为这给国家带来了巨大的"危厄"。

其他的说法有：在1865年，"渡来"的所谓"邪教书籍"的数字是"总计九十六部"（真宗东派拟讲安休寺云英晃曜《护法总论》，1869年，《明治佛教全集第八卷护法篇》收录），但其中包含了宗教书籍，并不限于我们讨论的汉译洋书。又，曾任开成所[②]领导的柳河春三写有汉文著作《横滨繁盛记》，其中有两三处列举了幕末的"舶来书籍"的统计数字，但这也是不完整的数据，同样不能不加辨别地予以采信。无论如何，即便是资料有限，我们仍然可以发现，除了个别情况，在上海等地刊行的汉译西书中有八成以上都曾以写本或翻刻等形式在日本各地广泛流传，其普及的程度远远高于中国内地等，这应该是没有什么问题的。

为了了解汉译西书在日本的高"普及率"，我们还可以参考日本各地学校对于这些书籍的使用情况。据说在明治初期，以《地理全志》为首，《地球说略》《英国史》《联邦志略》等书籍的翻刻本被许多藩校（比如金泽、福井、出石、田边、神户、淀、延冈、武雄、伊势度会等地的学校）作为"教科书"使用[③]，其中《地理全志》和《智环启蒙》（理雅各，香港英华书院，1856年）最受追捧，分别被五所以上的学校所采用。虽然这种情况或许可以被视为从所谓江户兰学向明治洋学过渡时期的短暂现象，但在这个过渡期中的19世纪五六十年代，这些书籍发挥的作用却不容小觑，甚至可以认为，它们的存在不但填补了两个时期中间的空白地带，同

① 江户时代的昌平黉（幕府的学问所）出版的用作教科书的汉籍（译者注）。
② 江户幕府于1862年设立的洋学教育机构（译者注）。
③ 开国百年纪念文化事业会编：《锁国时代日本人的海外知识》，乾元社，昭和二十八年版。

时也使得这种转变成为可能。这些汉译西书带来的“冲击”极具影响力。

(四)“国民国家”的劝导与汉文“文艺复兴”的到来

前面我们大致考察了传教士的著述以及他们编辑的汉译洋书和汉文杂志，这里我们不得不惊异于这一系列著述和杂志所传递的丰富信息以及这些信息所带来的巨大“冲击”。并且不管传教士是有意还是无意，在他们这些活动和著述中还始终会让人感觉到一个某种共通的“意图”。这个“意图”，就是他们好像要努力试图促使中国读者相对地看待传统的“中华秩序”，促使对方接受以西洋诸国为典范的新的“国民国家”体制。

当然，在 19 世纪前半叶，英国工业革命和法国大革命等事件证明了所谓“国民国家”体制的优越性，全世界范围内都活跃着一股重组“国家”的力量。传达这种动向，当然就会变成一种对“国民国家”的宣传，但即便如此，这些书籍和杂志的传达方法也显得过于执着和不厌其烦了。比如，这里以《六合丛谈》杂志第二期中的主要报道为例，来确认一下传教士们对于此类报道的拘泥。

卷之二

泰西近事述略

○英国首相视察访问纺织之城曼彻斯特，激励劳动者之言语

○负责铺设英美间海底电缆之新电机公司于英国成立

○俄沙皇下令设立新公司以建设全国铁路网

○澳大利亚政府公布金之产量与出口量

○希腊民政大臣发布国政报告书，报告议会选举、司法、财政及教育等现状

○合众国总统选举续报：布坎南氏暂时领先，许诺建设横跨大陆之铁道

○加拿大新建成“二千四百八十里”铁道，庆祝游行于蒙特利尔举行

印度近事驻印度英军参与英国伊朗战争之状况

粤东近事中英广州攻防战速报

杂记

○慕维廉著《大英国志》内容介绍

○艾约瑟著《中西通书》概要

○法国科学家托马斯氏发明之新型计算机功能介绍

这些报道看似平淡无奇，但实际上，它们的内容几乎都是关于所谓近代国家或政府的情况的，而且涵盖了诸多领域。如果是现在，这些报道几乎每天都会出现在报纸上，无甚特别，但它们对于当时仍然处于传统的中华秩序之中的中国人和仅仅知晓幕藩体制的日本人而言却是极具震撼性的知识，与新的国家观或政府观密切相关。何况每一期杂志都报道这类内容，必然会催生出一种近代国家的“典范”机能。这绝不是恣意的臆测，事实的确如此：传教士们时时在明确地、反复地劝导读者去学习西洋近代化的“经验”。

国之强盛由于民，民之强盛由于心，心之强盛由于格物穷理。（中略）我观中国人之智慧不下西土。然而制造平庸，不能出奇斗胜者，不肯用心也。为民上者，不以格致之学鼓励之也。我西国百年之前，亦如中国人，但读古人书，而不肯用心探索物理。故此等奇器，一切未有。百年来，人人用心格致，偶得一理，即用法试验之。而农者用心造农器，工者用心造制器之器。所以人日智一日，器日巧一日，至今精进未已。讲学者愈多，其智愈深。每月必有新理出，刊入新闻纸以流传。此学日上，未知所底止。而中人乃以有用之心思埋没于无用之八股。稍有志者，但知从事于诗古文，矜才使气，空言无补。倘一旦舍彼就此，人人用心格致，取西国已知之理，用为前导，精益求精，如此名理日出，准之制器尚象，以足国强兵，其益岂浅尠哉。[①]（《格物穷理论》，《六合丛谈》卷之六）

所谓“格物穷理”，原本是科学或科学知识的意思，所以可以认为这篇文章是在提倡科学。但大概是对中国的官僚有所顾虑，所以传教士不得不把重点限定在“格致之学”，而实际上他们是想劝导采用“西国已知之理”吧。也就是说，要想实现“国之强盛”，仅凭“格致之学”是远远不够的，传教士比谁都清楚这点，所

① 文字据沈国威编著《六合丛谈：附解题·索引》，上海辞书出版社，2006年，第605—606页（译者注）。

以他们的"格物穷理"云云只不过是一个突破口罢了，他们的视野早就拓展到造就"格致之学"等等的国家制度以及背后的"精神"层面上了。实际上，就在这段文字之后，传教士热情地提倡西洋"君长"对科学家的奖励和特许制度以及报纸系统的导入，显示出他们的热情绝不局限于介绍科学知识。

也就是说，这篇《格物穷理论》与前边一系列关于近代国家的存在方式的相关"报道"没有本质不同，两者合在一起传达了传教士的"意图"。此文好比是传教士版的《劝学篇》，至少就先驱性而言，其在幕末的启蒙意义绝不逊于后来的福泽谕吉的《劝学篇》。

汉译西书和汉文杂志不仅通过上边提到的内容将"国民国家"的理念带到日本，而且深刻影响了当时的汉文写作，即用汉文这种文体去把握外部世界并表达自我。众所周知，在幕府末年，出于种种目的，日本政府经常向欧洲派遣使节团、考察团和留学生，而这些成员留下的日记等记录大多用汉文写成。但在幕末之前的江户时代，虽然日本的国内旅行已经相当繁盛，但相对而言，同样的旅行记录并不多。换言之，当时日本的知识分子在与异域或他者相遇时，为什么一致选用汉文或汉文调文体去表现他们观察到的对象呢？这一现象不仅发生在幕末，也出现在明治维新后岩仓使节团出国等场合。为何会有这样的现象呢？可以说，这正是以汉译洋书为代表的大量汉文信息的传播（尤其是下面将要介绍的源于汉文的逻辑性及其丰富的词汇与"叙事"力量）发挥了重要作用所致。当时，留下这些记录的武士与学者常将和文与汉文进行比较，称赞汉文的叙事表现力。例如，西村茂树在他的《文章论》（明治17年）中这么写道：

> 和文之古书中，有庄重典雅甚于二《典》三《谟》[①]者乎，有雄深畅朗及于《易·系辞传》者乎；和文之史书中，有似《左氏传》《史记》者乎；和文之上书中，有胜于《出师表》者乎；和文之碑铭中，有若《平淮西碑》[②]者乎；和文之论说中，有可匹敌《审势》《审敌》[③]者乎?！以彼较此，其巧拙、精粗、高下及浅深，固不可同日而语。

① 二《典》指《尚书》中的《尧典》和《舜典》，三《谟》指《尚书》中的《大禹谟》《皋陶谟》和《益稷》（译者注）。
② 韩愈奉唐宪宗之命而作碑文，后又有翰林学士段文昌另撰碑文（译者注）。
③ 苏洵之文（译者注）。

简而言之，作者认为用和文写作虽然很流畅，但总感觉和文缺乏庄重和典雅之风，在巧拙、精粗、高下和浅深等方面都与汉文颇有差距。而且，汉文承载着丰富的文化积淀，具备“论说”的力量，而这正是和文所缺少的。

关于汉文或汉学的力量，尤其是这种在丰富的文化修养下孕育出的力量，同为启蒙者的中村敬宇也曾根据自己的体验而说道：

> 余近聚徒教授。而深悟于洋学者之不可不修汉学也。无汉学而从事洋学者。勤苦五六年。尚不能适修汉学者之一二年。洋学进步之迟疾。视汉学得力之深浅。盖汉学之有益于人如此。(《编年日本外史序》，明治八年)

如果一个人想成为洋学者，却没有汉学的修养，不管他如何努力，最终都无法与汉学者匹敌，洋学的进步归根结底要依靠汉学的实力。中村敬宇在另一篇文章中也曾大声疾呼汉学修养对于学习洋学的重要性：

> 今日习洋学之生徒中，凡卓然崭露头角，可期万里前程者，皆为有汉学之根基者也。长于汉学而能属诗文者，于英学亦精，较仅通英学之同侪为优。余自伦敦归来之初，令儿辈废汉学而专攻英学，然儿辈英学之业虽日益精进，无奈止于难处。予由此而悔当初废汉学之举。曰，憾未使之事汉学，事汉学，至少可强其魂魄也。予又见幼年赴西洋、中年归国者一二人，其语言水平极佳，然亦至于难处而止，与备汉学之根基而留洋者相比，实有霄壤之别。

若是没有汉学的“魂魄”，即便熟练掌握英语等外语，最后一定还是半途而废，仅就这点而言，汉学就十分重要。除了中村敬宇外还有一些人，也是一边提倡汉文修养并实践汉文写作，一边在更高的层次上追求拓展汉文表达的可能性。中江兆民就是其中的佼佼者。中江兆民运用纯正的汉文(而非汉文调的文体)翻译卢梭的《民约论》，题名为《民约译解》(明治十五年)出版。中江兆民之所以选择用汉文翻译，是因为在他看来，日语(即和文)虽然善于表述细腻的感情，在涉及心理描写等方面时也很从容,但是一来到叙事层面,即系统地处理事物和事情并将其逻辑清晰地表达出来,还是汉文更胜一筹。中江兆民的回答提示我们,幕末的武士们在出使西洋时之所以选择汉文而非和文去记录见闻,应该是因为当他们需要系统地把握外部世界时,不自觉地意识到了和文的局限性吧。

汉学塾历尽沧桑,到了幕末时期开始迅速衰落,这是所谓历史“常识”,但实际的情况绝非如此,毋宁说汉学塾在数量上反倒是在不断增长。当时东京都内的三大学塾庆应义塾(福泽谕吉创立,庆应四年)、同人社(中村敬宇,明治六年)和二松学舍(三岛中洲,明治十年)都兼及洋学和汉学。

庆应义塾以洋学为主,但绝不是无视汉文;同人社则如前所述,汉文占了很大的比重,英学仅在其次;二松学舍更是以汉学为主流,英学只处于从属地位。其他的例子还有很多,这里无法一一列举,但需要强调的是,汉学塾在明治二十年之前一直是非常繁盛的。

还有,明治初期的政治小说和翻译文学基本上也是以汉文调或汉文直译体进行创作和翻译的。在文学研究的学术界,这一点已为多数国文学研究者所指摘。这里,我想列举几个其他领域的例子。

一个是公用文。众所周知,江户幕府发出的布告主要是候文。所谓候文,是出现于平安时代后期的一种敬语文体,虽然有汉文的因素,但和文是主要部分;到了室町时代则基本定型,最初也使用口语体,但渐渐转向文语体,用于信件和公用文写作等。江户时代的幕府的通告和文书之类大抵是候文,但大约一进入到明治时期,候文开始减退,以勅语为例,明治天皇从一开始就使用汉文体,政令及其他也是用汉文体写成的。

再有,明治以降的军队用语也基本开始汉文化或汉语化,特别是命令、通知和规定等迅速变成了汉文调。更重要的是,汉文的学习在学制(明治五年)上得到了保证。江户时代,在寺子屋从诵读开始学习汉文,主要限于士族子弟。百姓的寺子屋也有,但其普及程度并不很高。所以,后来的日本人的识字率之所以很高,还主要归功于法律规定,从明治五年起,日本就在中学教育中实行了汉文必修教育。

无论如何,对于士族而言,汉文教育可能是一直传承下来的,但相对于江户时代,明治时代(到明治二十年左右)的汉文不再属于传统的"修养",而是作为实用之学、接受西洋文化的工具而被广泛使用。可以这样断定:从上海传来的以汉译西书和汉文杂志为首的汉文信息对此产生了巨大的影响,而所谓的幕末维新运动亦正是蕴于这一汉文的"文艺复兴"之中的。

论和瑛《西藏赋》对汉大赋的突破与超越

严寅春

清代以《西藏赋》《新疆赋》《乌鲁木齐赋》等为代表的舆地大赋，往往都继承了汉大赋的传统，从铺陈手法到赋体结构等都受到深刻影响。不过，和瑛等作者在创作舆地大赋的时候，并不一味地模仿汉大赋，反而时有突破与超越，推动了赋体的发展，赋予汉大赋新的活力。以《西藏赋》为例，其对汉大赋的发展，主要有以下几端。

一　创作主旨由风谏趋于资政

风谏即用委婉曲折的语辞规劝君主等，是士大夫用智慧规范王权、干预王道得失的一种积极形式。《孔子家语·辩政》谓："忠臣之谏君，有五义焉：一曰谲谏，二曰戆谏，三曰降谏，四曰直谏，五曰风谏。"王肃注："风谏，依违远罪避害者也。"[①]《诗经》"乐而不淫，哀而不伤"确立了以诗为谏的风谏传统。汉兴，罢黜百家，独尊儒术，王权进一步集中，颜斶"王前"式的锐气进一步消磨，士大夫规范王权的企图，唯有寄托于风雅传统，曲终雅奏，薄有风谏。司马迁称司马相如的赋"卒章归之于节俭，因以风谏"，"虽多虚辞滥说，然其要归引之节俭，此与《诗》之风谏何异"[②]，又谓"《子虚》之事，《大人》赋说，靡丽多夸，然其指风谏，归于无为"[③]。扬雄早年创作《羽猎》《河东》诸赋，规模司马相如，亦是"将以风之"[④]。班固

---

① 杨朝明、宋立林主编：《孔子家语通解》卷3，齐鲁书社，2009年版，第163页。

② 司马迁：《司马相如列传》，《史记》，中华书局，1982年第2版，第3002、3073页。

③ 司马迁：《太史公自叙》，《史记》，中华书局，1982年第2版，第3317页。

④ 班固：《扬雄传》下，《汉书》，中华书局，1975年版，第87卷下，第3575页。

《两都赋序》谓："言语侍从之臣若司马相如、吾丘寿王、东方朔、枚皋、王褒、刘向之属，朝夕论思，日月献纳；而公卿大臣御史大夫倪宽、太常孔臧、太中大夫董仲舒、宗正刘德、太子太傅萧望之等时时间作，或以抒下情而通讽谕，或以宣上德而尽忠孝，雍容揄扬，著于后嗣，抑亦雅颂之亚也。"[①]扬雄晚年悔其少作，称之为"童子雕虫篆刻"，"壮夫不为"，又说"赋可以讽乎"，"讽则已；不已，吾恐不免于劝也"[②]，恰是对汉赋劝百讽一，风谏作用未能很好发挥的隐忧。不论是言语侍从之臣还是公卿大臣，其赋作的旨归多在风谏，因此付俊琏拈出"风谏"二字，言说汉赋，认为"汉代人不仅以'风谏'作为评赋的标准，而且当作写赋的准则"[③]。

《西藏赋》虽然承袭了汉大赋的形式，但风谏的传统却没有保留，更多的只是"润色鸿业"，称扬天朝声威。和瑛创作《西藏赋》之时，正值中央王朝成功驱逐廓尔喀，廓尔喀纳表称降并贡驯象、孔雀等方物。此次胜利，不仅最高统治者引以为傲，乾隆皇帝自诩为十全武功之一，文武大臣乃至普通文人也都自觉不自觉地有一些兴奋，发自内心地颂扬王朝的武略。大军入藏时，和瑛奉命沿途护送过境，有《嘉平月护送参赞海公统军赴藏四首》，谓"失策凭垂仲，抛戈耻戴绷。由来古佛国，持护仗天兵"[④]；大军凯旋，又有《喜闻廓尔喀投诚大将军班师纪事》，声称"未教过玉垒，那许渡金沙"，"尧阶习干羽，仪舞备陈堪"[⑤]；廓尔喀进贡驯象渡河，有《渡象行》，感叹"象身幸不为齿焚，脱离蛮瘴游阊阖。太平有象乐优游，禄享天庾庆朋盍"[⑥]。在《西藏赋》里，和瑛依然不吝笔墨，对清王朝驱逐廓尔喀的胜利予以讴歌。赋中在描写班禅所居之札什伦布寺时谓："刀剑一挥，禅座讵伤乎法济；金衣两设，邪人何畏乎初昌"，"大师还竺，辉生道场"。自注："乾隆五十六年辛亥，廓尔喀犯顺，扰后藏边界。七月，占据聂拉木、济咙。八月，班禅移住前藏。九月，贼入札什伦布，掠财物以归。""乾隆五十七年壬子五月，班禅额尔德尼仍还札什伦布住锡。"[⑦]从自注中可知，廓尔喀侵藏，班禅被迫逃离住锡之地，直到大军驱逐廓尔喀后，方才返回札什伦布。对廓尔喀的入侵，和瑛用法济大师和

---

① 班固：《两都赋序》，见萧统编，李善注：《文选》卷一，上海古籍出版社，1986年版，第1页。

② 扬雄著，黄寿成点校：《扬子法言》卷二《吾子篇》，辽宁教育出版社，1998年版，第4页。

③ 付俊琏：《俗赋研究·试论〈汉书·艺文志〉"赋"的分类》，中华书局，2008年版，第15、16页。

④ 和瑛：《易简斋诗钞》，《续修四库全书》第1460册，上海古籍出版社，2002年版，第1卷，第465页。

⑤ 同上，第467页。

⑥ 同上，第468页。

⑦ 和宁著，池万兴、严寅春校注：《〈西藏赋〉校注》，齐鲁书社，2013年版，第85、89页。

六祖慧能的典故，为邪不胜正张本；而班禅返回札什伦布，则用辩才重返天竺寺的典故来称美。苏辙《龙井辩才法师塔碑》："沈公遘治杭，以谓上天竺本观音大士道场，以声音忏悔为佛事，非禅那居也，乃请师以教易禅。师至，吴越人争以檀施归之，遂凿山增室，几至万础，重楼杰观，冠于浙西，学者数倍其故……居十七年，有僧文捷者，利其富，倚权贵人以动转运使，夺而有之，迁师于下天竺。师恬不为忤，捷犹不厌，使者复为逐师于潜。逾年而捷败，事闻朝廷，复以上天竺畀师。捷之在天竺也，吴人不悦，施者不至，岩石草木为之索然。及师之复，士女不督而集，山中百物皆若有喜色。清献赵公抃与师为世外友，亲见而赞之曰：'师去天竺，山空鬼哭。天竺师归，道场光辉。'"[①]和瑛虽然没有肉麻的吹捧，但字里行间无不流露出对天朝声威的颂扬。

与汉大赋相比，《西藏赋》虽然风谏的主旨淡化，但受经世致用思想的影响，其资政作用更为显著。西藏虽然地处徼远，政治、经济、文化等迥异于中原，但在"安众蒙古"[②]等事关国家安全和主权完整方面具有不可比拟的特殊性。经过清代初期的治藏实践，清中央政府认识到，治理西藏不仅需要完善的章程，更需要保证治藏方针政策延续性。第二次驱逐廓尔喀之后，福康安、孙士毅、和琳等大力整顿西藏地方，制定了一系列章程，即《钦定藏内善后章程二十九条》，进一步强化中央政府对西藏地方的直接管理。《钦定藏内善后章程二十九条》颁布后，福康安、孙士毅陆续离藏，而和琳则留藏任钦差办事大臣，具体执行既定的治藏方针政策。乾隆五十八年，"稍谙卫藏情形"的和瑛进藏协助和琳办事；五十九年，又急调松筠进藏，接替和琳。在确定松筠接任和琳后，乾隆皇帝特别强调："卫藏地方经和琳悉心整顿，定立章程，一切驾驭各部落，训练番兵，所办俱有条理。仍著和琳、再向松筠将钜细事宜，面为告知，俾得循照成规经理，倍臻妥协，以副委任。"[③]并将谕旨以五百里加急，分别传给和琳、松筠二人。当天又发谕旨，再次要求"和琳俟松筠抵藏，面行交代，并将应办事宜详悉告知"。[④]嘉庆元年正

① 苏辙著，曾枣庄、马德福校点：《栾城集·栾城后集》卷二十三，上海古籍出版社，1987年版，第1440—1441页。

② 爱新觉罗·弘历：《喇嘛说》，见李毓澍《中国边疆丛书》第一辑第15册《卫藏通志》卷首，文海出版社，1965年版，第98页。

③ 《清实录》第二十七册《高宗纯皇帝实录》卷一千四百五十七，中华书局，1986年版，第432页。

④ 同上。

月，乾隆皇帝传谕班禅额尔德尼，又称："前因藏内事务，噶布伦等措置乖方……命尚书和琳革除积习，酌定章程，一切井然有绪。又命松筠等驻彼，循守成规，办理诸事。"[①]可见在驻藏大臣的人选上，朝廷颇费苦心，考虑良多。而在交代离任一事上，更是反复叮咛，离任者要"钜细事宜，面为告知"，继任者要"循守成规，办理诸事"，保证中央确定的治藏方略的顺利延续。基于朝廷对驻藏大臣交代及治藏方略延续性的重视，和琳离任之际，可能已经启动了《卫藏通志》的编纂工作，方便"循守成规，办理诸事"，而不只是简单地"面为告知"，口头交代。同样，松筠自驻藏大臣离任时，也曾编纂有《西招图略》，旨在"便于交代，以代口述之未尽者"[②]；和瑛嘉庆六年离任时，也曾"将藏内一切应办事宜纂成则例，作为交代"[③]。和瑛编纂则例已经亡佚不可见，惟其撰著的《西藏赋》广为流传，在一定程度上发挥了"则例"的作用。嘉庆间，四川官署将《西藏赋》视为入藏必读之书予以刊刻。黄沛翘在《西藏图考》卷八《西藏赋》题下自注中提及文硕进藏任驻藏大臣时途经成都，曾向其出示所携带的《西藏赋》。[④]姚莹《康輶纪行》卷九《〈西藏赋〉言疆域》盛赞《西藏赋》"于藏中山川风俗制度，言之甚详，而疆域要隘，通诸外藩形势，尤为讲边务者所当留意"[⑤]。在一定程度上，可以说《西藏赋》实际上就是一部微型方志，是缩小版的西藏百科全书，是文学形式交代则例。

二　描写内容由中原都邑走向边疆塞漠

汉大赋描写题材虽然比较广阔，但其中不少是以反映宫廷生活或京都生活为主的，视野多局限在京城周围。纪昀《乌鲁木齐赋自序》谓："自汉而后，以赋为古诗之流，缀文之臣，类多雍容揄扬，按地形，摭方志，皆述中土之山川都会，而外域罕闻也。"[⑥]纪氏所言，正是汉大赋以来之所短。赋作题材由中原都邑走向边

---

① 《清实录》第二十七册《高宗纯皇帝实录》卷一千四百九十四，中华书局，1986年版，第1002页。
② 松筠《松筠丛著》，《北京图书馆古籍珍本丛刊》第79册，书目文献出版社，1998年版，第673页。
③ 一史馆藏宫中朱批奏折，转引自刘丽楣《关于驻藏大臣与达赖喇嘛相见礼仪问题》，《中国藏学》，1997年第1期。
④ 黄沛翘：《西藏图考》卷八《西藏艺文考》下《西藏赋》题下注，见李毓澍《中国边疆丛书》第一辑，文海出版社，1965年版，第488页。
⑤ 姚莹著，施培毅、徐寿凯点校：《康輶纪行》，黄山书社，1990年版，第9卷，第262页。
⑥ 和瑛：《三州辑略》卷八《艺文门》中，《中国方志丛书》西部地方第11号，成文出版社，1968年版，第288页。

疆塞漠,清代舆地大赋,厥功甚伟。清代疆域“东极三姓所属库页岛,西极新疆疏勒至于葱岭,北极外兴安岭,南极广东琼州之崖山,莫不稽颡内向,诚系本朝。于皇铄哉!汉、唐以来未之有也”①。文人士大夫也多有机缘奔赴徼远,领略异域风情,进而在文学中加以再现。纪昀《乌鲁木齐赋自序》称:“钦惟我皇上圣神广运,月窟以西,罔不绥定……前以奉职无状,蒙恩薄谴,发往兹土,戴罪效力。庐此五年,俾得备览其幅员风物与其民鼓舞作新,咏仁滔德。兹奉恩纶,复回旧里,感激皇仁,倍万众庶,因于习睹之馀,不揣捣昧,谨撰《乌鲁木齐赋》一篇。”②欧阳镒《天山赋序》亦谓:“余以岭外人来宰焉支,摄白亭,客姑臧,日与山对,得非缘耶!独叹其偃蹇遐荒,弗获与中华名胜骋美黄图,为大可惜。顾具此奇特,竟落吾辈眼中,又不可谓非山之幸也。倘澹漠置之,不更可惜乎!爰即所见闻,考诸载籍,徵之同人,不揣弇鄙,敷陈其名为《天山赋》,将以归示我南人,使知造物磅礴奇崛之气,或钟于人,或钟于物,有不可穷其涯涘矣,亦犹望洋兴叹而已。”不论是纪昀还是欧阳镒,皆因其身临异域,而得以完成舆地大赋,这是汉大赋作者所不能具备的前提条件。郭维森、许结在《中国辞赋发展史》中指出:“在历史上,京都赋的繁盛与盛世文学相关,而至清赋的中兴,除乾隆御制《盛京赋》外,那种源于盛世精神的京都大赋的骋夸与热情,已转向边陲疆域的描写,即代表盛世气象的地舆赋的崛兴。”③转向边陲疆域,正是清赋与汉赋在描写内容方面最重要的区别,也是清赋为赋史所做出的主要贡献。

清代未入关前,清太宗皇太极便与厄鲁特蒙古和硕特部首领顾实汗、第五辈达赖阿旺罗桑嘉措建立了联系,并延请达赖赴盛京;入关后,达赖、班禅、顾实汗各遣使入贡不绝,顺治九年(1652)达赖赴京朝觐,十年敕封达赖金册金印,封为“西天大善自在佛所领天下释教普通瓦赤喇怛喇达赖喇嘛”,确立了达赖的封号及其在西藏的政教地位,也确定了清廷在西藏地方之主权关系。康熙皇帝晚年,“驱准保藏”胜利后,清廷废除了独揽西藏政务大权的“第巴”制度,建立了由四人组成的噶伦政府,加强对西藏的管辖。既至设立驻藏大臣,清代对西藏的管

① 赵尔巽等:《清史稿》卷五十四《地理志》一,中华书局,1976年版,第1891页。
② 和瑛:《三州辑略》卷八《艺文门》中,《中国方志丛书》西部地方第11号,成文出版社,1968年版,第288页。
③ 郭维森、许结:《中国辞赋发展史》,江苏教育出版社,1996年版,第831—832页。

理进入新的阶段,西藏直接隶属中央管辖。在加强对西藏管辖的同时,清廷也不断派员到西藏勘界、考察,实地调查西藏风土人情。康熙四十八年(1709)至五十年(1711),侍郎赫寿作为特使前往拉萨负责收集西藏地理资料并绘制西藏舆图。五十六年(1717),派喇嘛楚儿沁藏布兰木占巴、理藩院主事胜住等测绘西藏舆图。五十九年(1720)十一月,大军进藏平定准噶尔之乱,康熙帝要求诸大臣加强对西藏地区的地理情况的调查和记录。乾隆时,又派传教士蒋友仁等对新疆、西藏进行实地测绘,在康熙《皇舆全览图》的基础上,完成全国实地测绘的《乾隆十三排地图》(又名《乾隆内府舆图》)。康熙年间,焦应旗《藏程纪略》记载了自西宁入藏的路线和沿途见闻,杜昌丁《藏行纪程》记载了自云南入藏的道路。雍正时期王我师《藏炉总记》,则分别叙述了从四川、青海、云南入藏的交通路线。乾隆五十九年(1798),清廷派员实地勘界,设立鄂博,划清了与西南领国的疆界。这些举措,都是清王朝在西藏地方行使主权的具体表现,也是清王朝声威的具体体现。也正是有了这些基础,和瑛才有条件创作完成《西藏赋》。

和瑛与西藏多有渊源,其信奉藏传佛教,刊印《西藏志》等,对西藏事务接触较早,了解较深。也正是因为其"稍谙卫藏情形"①,方才从陕西布政使调任西藏帮办大臣,更换成德,帮同和琳办事。自乾隆五十九年进藏,到嘉庆六年离藏,和瑛在西藏生活长达 8 年之久,其间曾 4 次赴后藏巡视,对西藏风土人情等非常熟稔。其《西藏赋》并自注两万九千多字,为迄今所见唯一一篇以赋体形式描写西藏风土人情的作品,赋作先叙西藏方位、名号,收束于拉萨;次叙布达拉、四大寺及班禅、达赖之生活;再叙除夕跳布扎等节庆活动;又叙官制、兵制、人民疆域、风俗政令、物产之殊;最后叙西藏山川、程站,第一次对西藏地理、历史、气候、物产、风俗等进行了全方位、多层次、多角度的铺陈与描绘,直观展现了西藏边疆对于国家的重要。后世学者在论及《西藏赋》时,也往往着眼于此。李光廷谓《西藏赋》,"凡佛教寺庙、官制风俗、物产地界无一不详,而山水尤晰"②。姚莹称《西藏赋》"于藏中山川风俗制度,言之甚详,而疆域要隘,通诸外藩形势,尤为讲边务者所当留意"③。

---

① 《清实录》第二十七册《高宗纯皇帝实录》卷一千四百四十,中华书局 1986 年,第 238 页。

② 李光廷《西藏赋跋》,陈建华、曹淳亮《广州大典》第 66 册《守约篇》乙集《西藏赋》,广州出版社,2008 年版,第 321 页。

③ 姚莹著,施培毅、徐寿凯点校:《康輶纪行》,黄山书社,1990 年版,第 262 页。

丁实存《驻藏大臣考》说，和宁“在藏著《西藏赋》一篇，于西藏之地理、历史、气候、物产、风俗等均有叙述，加以丰富之注释，中具不经见之材料甚多”[①]。池万兴等指出《西藏赋》“既具有‘西藏志’的方志特征，又具有资料汇编的科学文献特点”[②]。

三　铺写手法由简单单一发展到繁杂多变

铺张扬厉是汉赋最基本的艺术特征，赋家在体物之际总是极尽其能地铺陈其事、张扬其物，所谓“极声貌以穷文”[③]，“总众类而不厌其繁”[④]。如司马相如《子虚赋》铺写云梦泽之物产：

其土则丹青赭垩，雌黄白坿，锡碧金银，众色炫耀，照烂龙鳞。其石则赤玉玫瑰，琳珉昆吾，瑊玏玄厉，瑌石武夫。其东则有蕙圃：蘅兰芷若，穹穷菖蒲，江蓠蘼芜，诸蔗巴且。其南则有平原广泽：登降陀靡，案衍坛曼，缘似大江，限以巫山；其高燥则生葴菥苞荔，薛莎青薠。其埤湿则生藏莨蒹葭，东蘠雕胡，莲藕觚卢，奄闾轩于。众物居之，不可胜图。其西则有涌泉清池，激水推移，外发芙蓉陵华，内隐钜石白沙；其中则有神龟蛟鼍，玳瑁鳖鼋。其北则有阴林巨树，楩柟豫章，桂椒木兰，蘖离朱杨，楂梨梬栗，橘柚芬芬；其上则有鹓雏孔鸾，腾远射干；其下则有白虎玄豹，蟃蜒貙犴。[⑤]

此种铺写，只是一种简单地罗列，虽然做到了“不厌其烦”，穷其所有，但手法单一。故难免排比类书、板重堆砌之讥[⑥]。

相对于汉大赋的简单铺写，和瑛《西藏赋》着力于形象描绘，力避枯燥铺陈，

---

① 丁实存：《驻藏大臣考》，蒙藏委员会1943年10月印行，第76页。
② 和宁著，池万兴、严寅春校注：《〈西藏赋〉校注·前言》，齐鲁书社，2013年版，第8页。
③ 刘勰著，周振甫注：《文心雕龙注释·诠赋》，人民文学出版社，1981年版，第80页。
④ 程廷祚著，宋效永校点：《青溪集·青溪文集》卷三，《骚赋论》中，黄山书社，2004年版，第67页。
⑤ 司马相如著，朱一清，孙以昭校注：《司马相如集校注》，人民文学出版社，1996年版，第2页。
⑥ 如艾南英《序王子巩〈观生草〉》云：“《上林》《子虚》《两京》《三都》，读其文，不过如今之学究据《通考》《类要》之书，分门搜索，相袭为富，求其一言一字出于心之所自得，无有也；《客难》《解嘲》《宾戏》《七发》《七启》《七辨》《七征》之类，前创后师，命辞遣意如出一辙，此与今之稚子执笔为八股，字字摹仿钞袭，有何差异，读其文不终卷而使人厌恶。”（黄宗羲：《明文海》卷三百一十二，中华书局，1987年版，第3214页。）

在铺写手法上有了较长足的进步。铺写物产是大赋中最难写的部分,《西藏赋》在描写西藏物产时写道:

> 其物产则天藏女池,盐晶泻卤;仙山宝矿,金屑流华。藏香贵盛安贡恰,木碗重札木札鸦。铜铁铅锡,硫磺硇砂。松脂檀末,苦库唵巴。草则吉祥书带,紫茜红花,马蔺牛舌,羊草芦葭。木则松柏珍贵,杨柳杈桠。胡桃结核,火榴绽葩。花则牡丹傲雪,桃杏铺霞。剪秋罗,幽芳露滴;虞美人,妙舞风斜。罂粟盘,盛玉盂之云子;万寿菊,披金粟之袈裟。石竹映文章之草,蜀葵开旌节之花。果则长生竞掬,百合纷拿。毛桃流液,酸橘软牙,苹婆似卵,哀梨比楂。谷则青稞大麦,秈稻香秔。麻乌米扁,蚕绿豌頳。蔬则菠薐夏脆,菘叶秋荣。王瓜架缀,莴苣畦盈。葱挺蒜抱,韭带荽英。芹钗茴穗,茹赘芃瑛。辣冰莱菔,甜玉蔓菁。禽则曲水宿鸿,羊卓鹅凫。济咙雕鹗,寺住黄鸳。顶巢鸠鹊,乌鬼号空。鸽王栖阁,洋鸡味朱。云鸡羽嚼,象鼻鹰裙。雉头鸭脚,蛰燕遯藏。雄鸡劣弱,鹦鹉蛮声。林杪听鸠,门前罗雀。兽则獂羊猘犬,蕃马牦牛。骑驴禅觅,跨骡神留。狼豹为贽,鹿豕与游。獐狍猎获,猞猁生囚。野饶狐兔,家畜猫猴。狮闻风于西海,象负法于神州。鱼则慈音喷浪,白小随流。虫则蜻蜓闹夏,斑毛卜秋。①

这一段铺陈,内容上,矿产草木、果蔬谷物、禽兽虫鱼,林罗万象,无一不包;语言上,句句押韵,四六结合,变化多端。更为难得的是作者在铺陈名物的同时,能够抓住各自的特点与特性,加以描写,使之形象生动,一改汉大赋"板重堆砌"之弊,亦无"繁华损枝,膏腴害骨"②之病。如关于兽类的描写,作者罗列了羊、犬、马、牦牛、驴、骡、狼、豹、鹿、豕、獐、狍、猞猁、狐、兔、猫、猴、狮、象等动物,除"獂羊猘犬,蕃马牦牛"两句是简单罗列外,其余都有较详细的刻画,驴则觅禅,骡则天王坐骑,狼豹等猛兽作为馈赠礼品,鹿、猪则与人共处,獐、狍由猎人猎获,猞猁则要活捉,野外到处都有狐狸、野兔,家里则畜养猫、猴,狮子风闻产于西海,大象则送往内地传法……在穷尽罗列之际,予以多种描写,各种形象跃然纸上,

① 和宁著,池万兴、严寅春校注:《〈西藏赋〉校注》,齐鲁书社,2013年版,第184—194页。
② 刘勰著,周振甫注:《文心雕龙注释·诠赋》,人民文学出版社,1981年版,第81页。

可谓“写物图貌，蔚似雕画”[①]。《西藏赋》中的其他铺陈，也多如此，既有汉大赋铺张扬厉的优秀传统，又注意变换铺陈手法，精心刻画，富有艺术美感，这是和瑛对汉大赋的自觉扬弃。

四 大量增加自注

汉大赋喜欢堆砌生字僻字，如“崇山矗矗，巃嵸崔巍；深林巨大，崭岩参差；九嵕巀嶭，南山峨峨”[②]，将一系列表山的字堆砌在一起；又如“卢橘夏熟，黄甘橙楱，枇杷柿橪，亭柰厚朴；樗枣杨梅，樱桃蒲陶”[③]，将一系列表木的字堆砌在一起，这固然给人视觉上造成一种刺激，但也令人读之生厌，后人讥之为“字林”“字窟”是有一定道理的。《西藏赋》铺陈西藏情事，篇幅宏大，既不可避免地沿袭了汉大赋堆砌生字僻字的习惯，又承袭了魏晋以来大量使用典故的传统，还因为西藏情事的陌生，使得读者在阅读《西藏赋》时困难重重。赵逵夫在编纂《历代赋评注·明清卷》及调整旧稿选目时，“都曾考虑过是否选《西藏赋》的问题，终因篇幅太大，原注文字又多，而且有些地方注释确有些困难，而未能入选”[④]。《西藏赋》的难读难懂，可见一斑。和瑛在创作《西藏赋》时，增加自注，减低难度，无疑为读者阅读提供了方便。

《西藏赋》并自注共 24882 字，其中正文 4445 字，注文 24437 字，最长的注文有 828 字，自注是正文的 5.5 倍。在自注中，一是注明典故。如“三男共女，罔有后先”句下自注“关中语谓妯娌为先后，见昌黎诗”[⑤]。昌黎诗即韩愈《南山诗》，诗中有“或齐若友朋，或随若先后”之句，钱仲联《韩昌黎诗集释》引《方言》：“先后犹娣姒也。”又引《释名》：“以来先后言也。”[⑥]《尔雅·释亲》：“长妇谓稚妇为娣妇，娣妇谓长妇为姒妇。”郭璞注：“今相呼先后，或云妯娌。”[⑦]二是解释典章名物。如“噶布伦领四方之政治，权居岳牧之尊；仓储巴综五库之藏储，职等金仓之掌”两

① 刘勰著，周振甫注：《文心雕龙注释·诠赋》，人民文学出版社，1981 年版，第 81 页。
② 司马相如著，朱一清，孙以昭校注：《司马相如集校注·上林赋》，人民文学出版社，1996 年版，第 23 页。
③ 同上，第 24 页。
④ 和宁著，池万兴、严寅春校注：《〈西藏赋〉校注·赵逵夫序》，齐鲁书社，2013 年版，第 1 页。
⑤ 和宁著，池万兴、严寅春校注：《〈西藏赋〉校注》，齐鲁书社，2013 年版，第 177 页。
⑥ 韩愈著，钱仲联集释：《韩昌黎诗系年集释》卷四《南山诗》，上海古籍出版社，1984 年版，第 453 页。
⑦ 周祖谟：《尔雅校笺》，卷上《释亲·母党》，江苏教育出版社，1984 年版，第 51 页。

句下分别自注:"噶布伦四名,总理通藏。钱谷、刑名、兵马及升调大小番目悉禀于钦差衙门,以定行止。乾隆五十八年《钦定章程》:内外番目议给三品至七品顶戴。噶布伦系三品衔,岁支俸银、缎匹,由京理藩院按年支领。""商卓特巴俗名仓储巴,系四品衔,管理商上及大招库藏。"解释了噶布伦、仓储巴两个职位的职掌、品级等内容。三是交代事件背景。如"刀剑一挥,禅座讵伤乎法济;金衣两设,邪人何畏乎初昌"句下自注"乾隆五十六年辛亥,廓尔喀犯顺,扰后藏边界。七月,占据聂拉木、济咙。八月,班禅移住前藏。九月,贼入札什伦布,掠财物以归";"大师还竺,辉生道场"句下自注"乾隆五十七年壬子五月,班禅额尔德尼仍还札什伦布住锡"。在自注中,作者交代了廓尔喀入侵,劫掠札什伦布,导致班禅额尔德尼出奔拉萨以及驱逐廓尔喀后班禅额尔德尼重返札什伦布的经历。通过自注,和瑛对赋作涉及内容进行了疏解阐释、补充说明,在方便读者阅读的同时,更在一定程度上扩充了赋作的信息容量,弥补了赋体自身的局限。

和瑛《西藏赋》自注具有显著的纪实性,可与史志相互印证,互为补充①。其纪实性主要体现在以下四个方面。一是证史之载,即自注中提供的有关信息可与史志记载相印证,加强史志记载的可信度。如"畏天花而弃子如遗"句下自注:"藏地小儿向不出痘,近岁传染甚盛。遇有出痘者,遂弃之荒山僻野,冻馁而死,其俗甚惨。自乾隆五十九年劝谕达赖喇嘛,捐资于离藏幽僻处所建盖房间,供给糌粑、酥茶,以资抚养。又派妥干番目经理。如此数年来,全活甚众,藏风稍变。其札什伦布暨察木多照此行之,有效。"大昭寺门前有和琳乾隆五十九年三月所立之《劝人恤出痘碑》,其碑文载:"夫痘症之症乃先天余毒,人所不免,苟治养得宜,断无不生之理。乃唐古忒遇有出痘之人,视恶疮毒痈为尤甚,即逐至旷野岩洞,虽亲如父子、兄弟、夫妇,亦不暇顾,竟至百无一生者,深堪悯恻。予于藏北浪荡沟之处,捐资修平房若干间,俾出痘番民得以栖止。捐给口粮,派拔汉番弁兵经理。调养全活者十有其九,僧俗当已知痘症非必不可治之患,因严谕前后藏,劝令达赖喇嘛、班禅,遇有痘症,各捐给口粮,作为定例。"②将和琳碑文与和瑛自注相比较,二者虽各有侧重,但关于处理痘症患者的记载却是一致的,可以互相印证。二是补史之阙,弥补史志记载所未详尽者。如"尔其卓书特之西鄙兮,大金

① 魏娜:《论中唐诗歌自注的纪实性及文献价值》,《文献》,2010 年第 2 期。
② 张虎生:《劝人恤出痘碑汉文碑文校注》,《中国藏学》,2006 年第 2 期。

沙之神泷，衍达木楚克之派兮，成雅鲁藏布江”等句下自注，注明了雅鲁藏布江的源头、流向、支流等，如同一篇实地考察后的调研报告，而如此详尽的记载，在此前的史志关于雅鲁藏布江的描述中是不多见的。三是纠史之讹，纠正史志记载中的讹误之处。“拜木戎，赛尔之一线才通”句下自注引有《旧志》关于白木戎及其居民的记载，和瑛根据自己的观察和阅历，称“今考西南外番并无白木戎之名。乃知白布缠身者，作木朗也。披藏绸偏单者，巴勒布也。通宗里口子者，哲孟雄也”，纠正了《旧志》此记载关于白木戎记载之误[①]。李光廷也曾谓《西藏赋》“凡佛教寺庙、官制风俗、物产地界无一不详，而山水尤晰。魏默深《圣武记》作于道光，犹以雅鲁藏布江为金沙江源，贻讥有识。此书在嘉庆之世已能探源析委，并图经之舛亦为正明”，其纠正史志讹误可见一斑。四是融裁方志，直接将方志中的材料移植到自注中。这一特点主要表现在关于山川和程站的铺叙中，其关于程站方面的铺叙，不论是路程道里还是当地风土人情等，都是直接来自于《卫藏通志》，仅仅是个别文字方面的融裁。

① 和宁著，池万兴、严寅春校注：《〈西藏赋〉校注》，齐鲁书社，2013年版，第198—199页。

孟浩然《春晓》在禅林的传播

李小荣

唐代著名诗人孟浩然的《春晓》，是首家喻户晓的小诗，声情并茂，意境隽永，千百年来颇受世人喜爱。据王兆鹏等先生《唐诗排行榜》统计，它在俗世传播接受榜单上的综合排名是第62位[①]。而笔者阅藏时发现，其实它在禅林中也广为传唱，并主要使用于上堂说法、朝参、晚参及颂古之作，目的是以诗证禅。

较早以《春晓》诗证禅者出现在南宋的颂古作品中，如《禅宗颂古联珠通集》卷一二谓临济宗僧或庵师体（1108—1179）颂唐槃山宝积禅师"三界无法，何处求心？四大本空，佛依何住？璇玑不动，寂尔无言，觌面相呈，更无余事。珍重！"[②]之公案时就全引孟浩然全诗[③]。同书卷五又载朴翁义铦颂《圆觉经》"居一切时，不起妄念；于诸妄心，亦不息灭；住妄想境，不加了知；于无了知，不辨真实"[④]之经文时，亦全引孟诗，但颂古者为了强调说法的现场感，特意将第二句"处处闻啼鸟"之"处处"改作"是处"[⑤]，即由泛指变成了特指。

嗣后，曹洞宗僧如净（1163—1228）说《如净和尚语录》卷上则谓师上堂有云："涅槃堂里死功夫，风衮葫芦水上浮。恁么点开参学眼，释迦弥勒是他奴。忽有个汉出来道'争似春眠不觉晓，落花处处闻啼鸟'，又且如何？""拍禅床云：将谓无人。"[⑥]此与前二位禅师的整体引用法有别，而是巧妙地将原诗五言四句压缩成两个七言句，并进行戏剧化表演。《春晓》这种诗句戏剧化的传播方式，在明

① 王兆鹏等：《唐诗排行榜》，中华书局，2011年版，第184页。
② 《大藏新纂卍续藏经》第65册，第542页下。
③ 同上，第543页上。又，师体和大多数禅师一样，未标注原诗作者。
④ 同上，第499页上。
⑤ 同上，第499页中。
⑥ 《大正藏》卷四八，第124页中—下。

清两代禅林中最为常用。兹举 5 例如下：

1.明末清初曹洞宗僧道盛(1592—1659)说《天界觉浪盛禅师全录》卷七“室示”云：“昨宵偶得一境，见观音大士，相接甚欢，吟《自庆生》诗曰：‘春眠不觉晓，处处闻啼鸟。夜来清梦中，花发知多少。’”[①]此《自庆生》诗，显然活用(也有反用)《春晓》而成，但为了突出“宵梦”语境，故把原诗第三句之“风雨”改作“清梦”，为了强调“庆生”，则把第四句“花落”换成“花发”(此即反用)。

2.明末清初临济宗升禅师说《天岸升禅师语录》卷八谓其上堂云：“春日风和日暖，士女寻芳结伴，山前山后，尘飞斗草，拈华遍满，惊起云洞希夷先生，欠身唱言：‘春眠不觉晓，处处闻啼鸟。夜来风雨声，华落知多少。’被巡海夜叉闻得，高声喝云：‘你者老子，得恁么顽赖？’拈起手中拮撩棒，蓦头一下。走入禅堂，东单打坐，依旧瞌瞌睡睡，呼唤不醒，因甚如此熟处难忘？”[②]此处场景设置得十分有趣，升禅师把仕女游春作为人物对话的背景，生机勃勃的春色使人间变得热闹非凡，游春仕女竟然惊醒了五代宋初著名的睡仙——道士陈抟(？—989)，他脱口诵出《春晓》，进而引发了与巡海夜叉的短暂冲突。不过，陈抟本性难移，不久依然睡去。细绎禅师上堂用意，当在以“熟处难忘”比喻宿业难除。另外，升禅师还使人物时空错位(从时间言，过去和当下交织；从空间言，巡海夜叉脱离本职来到了陆地)，有即幻即真的戏剧效果。

3.明末清初释净挺说《云溪俍亭挺禅师语录》卷一载晚参时有僧问：“礼拜了又作么生?”师云：“问取前村土地，水深多少。”乃云：“春眠不觉晓，处处闻啼鸟。夜来风雨声。花落知多少。知多少，从来孝子讳爷名，曾参不忍食羊枣。”[③]此在完整传播孟诗后，第五句用顶针格，借用“知多少”引申出两个七言句，意在用孝子典故做类比，解释“知”中有“情”，就像曾参在父亲曾皙殁后不复食用羊枣一样。

4.清初超永编《五灯全书》卷七七又载嘉兴海门雪岑涌禅师上堂云：“真个春眠不觉晓，醒来处处闻啼鸟，连朝风雨苦何多，吹落红香无意扫。无意扫，休懊恼！子规枝上语谆谆，劝道不如归去好。”[④]其前四句，不但把原诗五言拓展为七

① 《嘉兴大藏经》第 34 册，第 637 页下—638 页上。
② 《嘉兴大藏经》第 26 册，第 696 页上。
③ 《嘉兴大藏经》第 33 册，第 728 页下。
④ 《大藏新纂卍续藏经》第 82 册，第 409 页下。

言，而且主旨大变：原诗淡淡的忧伤、叹息，在此变成了极度的怨苦。第五句用顶针修辞，既承接了第四句，又为最后一句劝化禅子归依佛法做了很好的铺垫。

5.清初临济宗僧性统录、弘秀编《别庵禅师同门录》卷中载龙桥天湖性定禅师小参"禾山解打鼓"公案时：

> 僧问："如何是真过闲言语？"曰："解打鼓分明答得。""如何是真谛，汝是恁么人？"曰："解打鼓答得分明，即心即佛即不问，更问甚么？""如何是非心非佛？处处闻啼鸟？"曰："解打鼓，夜来风雨声。""向上人来，如何接待冷棒热喝？"曰："解打鼓，花落知多少。有为虽伪，弃之则佛道难成；无为虽真，执之则慧性不朗。衲僧分上，二俱不然，更道甚么非心非佛，虽然，还知禾山利害处么？"①

"禾山解打鼓"，又作"禾山四打鼓""解打鼓"或"禾山打鼓"，它源于唐五代禾山无殷禅师(884—960)。对学人的四次参问，他悉以"解打鼓"答之。此处性定答语，组织形式与之基本相同。不过，当学人第三问引《春晓》第二句为附加问句时，性定也随波逐浪，以《春晓》第三句答之；当第四问问题被转换后，性定则敏锐地抓住"向上"之关键词，先以孟诗"花落"句反向答之，再以不落空有二边之中道提醒学人正确进路之所在。总之，此次参禅，性定师徒就像在表演一幕小戏，台词就以禾山打鼓、《春晓》为中心。

除了诗句戏剧化这一方式外，《春晓》在禅林还有两种传播方式值得探讨：一曰触景生情，二曰借题发挥。

由于《春晓》描绘的是春景，所以禅师春日上堂时常常将春景具体化，此时便会引孟诗为证，笔者谓之触景生情式。如明末清初临济宗僧人通容(1593—1661)说《费隐禅师语录》卷五谓大士诞辰(即观音菩萨生日，时在农历二月十九)上堂时云"长街短巷，花红柳绿，荒草堆头，绿水溪畔，皆是他出没之处。大似'春眠不觉晓，处处闻啼鸟。夜来风雨声，花落知多少'，山僧好与三十拄杖，不特赏罚分明，要见令不虚行"②，"大似"之后的引诗，与章回小说"有诗为证"笔法颇

① 《嘉兴大藏经》第39册，第351页上。
② 《嘉兴大藏经》第26册，第127页中。

为相似，带有强化诗境的用意。曹洞宗僧净斯（1610—1665）说《百愚禅师语录》卷一一则载其荐亲请上堂云“鸟语风声，总是慈音妙旨；深红浅绿，无非极乐家风。……男女之形虽然，且道德宏优婆夷在甚么处？‘春眠不觉晓，处处闻啼鸟’，面目甚分明！”[①]本来荐亡之时，俗世多营造悲凉氛围，然净斯于此，却反常合道，以盎然春色起兴，最后借诗证禅，说明人间处处皆净土，都是德宏优婆夷往生的好去处。周裕锴先生曾讨论过北宋禅僧惠洪著作中“忌日”作为“生日”的特殊意义[②]，净斯所论，也体现了佛教生死一如、万法平等的理念。

所谓借题发挥，是指禅师从《春晓》诗中的某一关键问题或关键词而引申出不同的参禅场景。此例甚多，如：

1.元临济宗虎丘派僧释清珙（1272—1352）《石屋清珙禅师语录》卷上云：

上堂：“春眠不觉晓，处处闻啼鸟。夜来风雨声，花落知多少。”世尊三昧，迦叶不知；迦叶三昧，阿难不知；山僧三昧，诸人不知。所以道“诸法无作用，亦无有体性，是故彼一切，各各不相知”，虽各不相知，诸法元无二，便与么去苦乐逆顺，道在其中。若不然者，柳絮随风自西自东。[③]

石屋禅师于此，重点是从“知”字引导禅子参悟佛“智”，即“诸法无作用”之四句偈，该偈摘自唐译《大方广佛华严经》卷一三[④]。然禅师指出，于佛智亦不能偏执，应层层剥茧，方达悟境。

2.明末清初临济宗僧金粟行元禅师（1611—1662）《百痴禅师语录》卷一曰：

上堂：“春眠不觉晓，处处闻啼鸟”，衲僧家总道我会“夜来风雨声，花落知多少”，十个有五双，却数不出，须知数不出底，点滴幸自分明；总道我会底，未免等闲蹉过。[⑤]

---

① 《嘉兴大藏经》第36册，第669页上。
② 参见周裕锴：《作为忌日的“生辰”——个独特词汇中蕴藏的佛教理念与民俗》，载《新国学》第六卷，巴蜀书社，2006年版，第108-121页。
③ 《大藏新纂卍续藏经》第70册，第663页中。
④ 参见《大正藏》卷一〇，第66页中。
⑤ 《嘉兴大藏经》第28册，第5页下。

卷七又载：

上堂。僧问："春眠不觉晓，处处闻啼鸟。夜来风雨声，花落知多少。"请问和尚，还有不落底花么？师举拂子。僧作拈花势云：正是此花，万古无冬夏，香绕三千及大千。师云：争奈大众笑何？乃云：诸佛心源，毫无渗漏，依而行之，事事成就。求子者得子，求寿者得寿，莫道渠侬口饶谵，谿来种谷不生豆。①

其中，前者是行元自引《春晓》，但他把四句诗拆分成前后各两句，并在后两句前加有断语曰"衲僧家总道我会×××"，意在打破参禅者的惯常思路，截断众流。不过，最后仍借"知多少"——数数问题而引申出话头，即浑然一体的清净自性，根本就不用判别。后者相对特别，是参禅弟子以孟诗作为话头，借用诗中"落花"意象并加以戏剧化表演（效佛祖灵山作拈花势），行元却一语破的，指出该弟子并未达到"拈花微笑"公案中大迦叶那样的透彻之悟，即依样画葫芦来修道恰恰适得其反，反而为众人所耻笑。

3.清初临济宗僧清果法通说《不会禅师语录》卷三载观音圣诞上堂师答僧问"如何是第三要"时有云：

看来大似"春眠不觉晓，处处闻啼鸟，夜来风雨声，花落知多少"。蓦竖杖云：观音菩萨在拄杖头上说法已竟，诸人有眼皆见，有耳共闻，既见既闻，天下无二道，圣人无两心，所以或现帝王身说法，或现宰官身说法，或现将军身说法，或现比丘身随类说法，且道即今观音毕竟在甚么处？②

此处法通是以原诗最重要的两个动词——听、看为中心，结合说法场景——观音生日而展开解说，表明观音虽有多种化现之身供信众观瞻，但从本质言，仅是一法身，明凌弘宪点释《楞严经证疏广解》卷六即明确指出："《入大乘

① 《嘉兴大藏经》第28册，第36页中。
② 《嘉兴大藏经》第32册，第342页上。

论》说福胜者,是称观音法身,法身是常,以应化身者是无常,故已上功德有复有销,有偏有圆,有融有通,渐次深入。”[①]换言之,观音化现是应机说法,对象根器有利、钝之别。所以要回答她现今究竟在何处,就一句话,在各位信众的眼耳之中。

4.清初《磐山牧亭朴夫拙禅师语录》载师早参引《春晓》全诗后:

> 遂以手捏鼻孔作鸠啼势云:鹁鸠呱呱,鹁鸠呱呱。复三唤,侍者不应,乃连掌之云:者尿床鬼子,天明多时,犹在者里瞌睡。[②]

拙禅师在此,则先把原诗较为抽象的“鸟”意象换成具体的“鹁鸠”,然后再用戏剧化的动作表演鸠啼并引出侍者这一人物。侍者的出场,似在反衬参禅悟道之难。

虽说《春晓》在禅林以全诗的整体传播为主,但也有部分禅师进行局部传播。此时,或引原诗一二句为证,如临济宗僧盘山大博(1602—1673)之《大博乾禅师语录》卷三载师上堂时以“春眠不觉晓,处处闻啼鸟”来答“恁么则不隔去也”之问[③];或引三四句为证,如临济宗僧人行韬(? —1652)《国清大庾韬禅师语录》谓师示众曰:“且道观世音菩萨终日在什么处? 良久顾左右云:夜来风雨声,花落知多少”[④],海云行舟《介为舟禅师语录》卷一则载其上堂时有僧问:“夜来风雨声,花落知多少。请问和尚,毕竟是多少?”师云:“红尘堆里撒珍珠。”[⑤]据此可知,同一诗句,问答之中均可征引,关键在于当下之具体语境。

若追溯《春晓》进入丛林之成因,则有两个方面值得注意。一者与严羽以禅喻诗时的大力称扬有关,《沧浪诗话·诗辩》云:“大抵禅道惟在妙悟,诗道亦在妙悟。且孟襄阳学力下韩退之远甚,而其诗独出退之之上者,一味妙悟而已。”[⑥]也就是说,严氏认为孟浩然诗歌超越韩愈的地方就在于前者创作出于妙悟而非学

① 《大藏新纂卍续藏经》第14册,第148页上。
② 《嘉兴大藏经》第40册,第500页下。
③ 参见《嘉兴大藏经》第40册,第10页中。
④ 《嘉兴大藏经》第34册,第401页下。
⑤ 《嘉兴大藏经》第28册,第228页下。
⑥ 严羽著,张健校笺:《沧浪诗话校笺》,上海古籍出版社,2012年版,第27页。

力。而妙悟贯通诗、禅两道，故具有妙悟特色的孟诗，自然便成了以诗证禅的绝佳例证。二者与《春晓》本身的表现对象、表现手法、诗歌思想有关。如净挺禅师《阅经十二种》卷一二之《心经句义》释“无色声香味触法”即说：

此明十二处也。色本殊质像，声原异苦乐，香味触法，种种皆然。然此一一依根分布，到得和根倒断，不立纤尘，色不到眼，声不到耳。“春眠不觉晓，处处闻啼鸟。夜来风雨声，花落知多少”，色声外一段威仪，非其人不易语也。①

净挺指出，《春晓》能正确运用耳根、眼根来传达色、声等境，实属不易。其文字表现虽为俗谛，然真俗不二，可凭借《春晓》悟入真谛。此外，明人冯梦龙辑《古今谭概·苦海部》第七”之“前人诗文之病”条却说有人以《春晓》为据而批评孟浩然是“孟盲子”②。表面看来是有嘲谑意味，细绎之下则不难发现在“花落知多少”的感慨中确有诗人苦谛的抒发，因此，前引嘉兴海门雪岑涌禅师上堂时将《春晓》第三句改作“连朝风雨苦何多”，当非空穴来风，也自有其依据。

最后附带说一下，在《唐诗排行榜》100首唐诗中，共收入孟浩然诗5首，即《临洞庭湖赠张丞相》《过故人庄》《春晓》《岁暮归南山》和《与诸子登砚山》，综合排名分别列第7、第26、第62、第73、第91名。但丛林传播的排序，截然不同。因为像《过故人庄》《岁暮归南山》尚未发现有任何引用；《临洞庭湖赠张丞相》《与诸子登砚山》则各有两次摘引：前者见于北宋李遵勖编《天圣广灯录》卷二一“巴陵乾明院普禅师”条所载师对僧问“如何是岳州境”之答语“气蒸云梦泽，波撼岳阳城”③，以及清初迦陵性音编《宗鉴法林》卷二〇所载临济宗天水广禅师之颂古“骊龙奋迅，渤海汪洋。气蒸云梦，波撼岳阳”④；后者见于明末高僧德清（1546—1623）《憨山老人梦游集》卷二四《游芝山记》所说“予与诸子相和而叹曰：‘山川留胜迹，我辈复登临。’”⑤以及清初曹洞宗僧智操（1626—1686）《寒松操禅师语

① 《大藏新纂卍续藏经》第37册，第783页中。
② 冯梦龙辑，栾保群点校：《古今谭概》第97页，中华书局，2007年版。
③ 《大藏新纂卍续藏经》第78册，第525页上。
④ 《大藏新纂卍续藏经》第66册，第410页上。
⑤ 《大藏新纂卍续藏经》第73册，第636页下。又，引诗文字略有变异。

录》卷一〇所载："僧问：如何是道？师云：江山留胜迹。曰：不问者个道？师云：你问那个道？曰：大道。师云：我辈得登临。"[①]这四例引用，悉非全诗之整体传播，而是局部传播，并且多为触景生情式，只有最后一例才充满机锋。反观《春晓》，竟被禅宗语录征用22次之多（据初步统计），形式多样，远非其他四首所能相比。也就是说，孟诗在丛林的传播，相对于世俗语境而言，性质迥异，故排序也判然有别。

① 《嘉兴大藏经》第37册，第600页下。

论张九龄诗歌意象与身世、人品

李凤银

唐代诗人张九龄在诗歌中使用孤鸿、海燕、兰、桂等禽鸟、草树意象来寄寓自己的情志是与他的身世、在朝中的地位、以及他的人品有着密切的关系。

首先从张九龄的身世、地位来看，其本人虽在当朝贵为宰相，但他并非出身于一个豪门大族，而只是一个以科举入仕的庶族文人官员。据《唐代张九龄墓发掘简报》[①]唐代徐安贞《唐故尚书右丞相赠荆州大都督始兴公阴堂志铭并序》中记载“公姓张氏讳九龄，其先范阳人，四代祖因官居此地”，是说张九龄的先代原是范阳方城人，仅因四代在韶州做官，才落籍于广东曲江。关于徐安贞，据《旧唐书·职官志》注：“明皇即位，张说、陆坚、张九龄、徐安贞、张垍等召入禁中，谓之翰林侍诏。”《全唐文纪事·嘉话》中也载：“玄宗开广视听。搜延俊贤。始命张说、陆坚、张九龄、徐安贞辈。待诏翰林。厥后锡以学士之称。”[②]当时是徐安贞任中书侍郎，张九龄任中书令。张、徐二人同在玄宗朝为官，应该说彼此了解较深，因此可以认为徐安贞所撰墓志铭中所提供的资料可靠性比较大，应该比较接近史实。

徐浩在其《始兴开国文献张公碑铭》中也说：“……公讳九龄，字子寿，一名博物，其先范阳方城人……四代祖讳守礼隋钟离郡涂山令，曾祖讳君政，皇朝韶州别驾……大父讳子胄[③]越州剡县令，烈考讳弘愈新州索卢丞[④]……”关于徐浩，据《新唐书》记载，徐浩曾在大历年间官岭南节度使，“徐浩的碑文是在大历三年

① 华南师范学院历史系，《文物》，1961 年第 6 期，第 47 页。

② 《全唐文纪事》卷九十七，嘉话第 1213 页。

③ 此据《四部丛刊》本《曲江张先生文集》，《全唐文》“子胄”作“胄”。《新唐书·宰相世系》亦作“子胄”。

④ 此据《四部丛刊》本《曲江张先生文集》，《全唐文》作“索卢县丞”，《新唐书·宰相世系》亦作“索卢丞”。

(769)撰写。”[①]从徐浩的碑文中我们可以了解到张九龄的曾祖父曾任韶州别驾；其祖父子胄任过越州剡县令；其父弘愈任过新州索卢丞。可见张九龄家族自曾祖始居韶州曲江以来，虽几代居官，但都不在高位。何格恩在其《张九龄之政治生活》一文中也说：“九龄之先世为范阳方城人。曾祖君政，韶州别驾，终于官舍，遂为曲江人。祖胄，越州剡县令；父宏愈，新州索卢县丞。官位卑微，不显于世。惟伯父宏雅，显庆四年举明经中首及第。”[②]也证明张九龄确实出身于一个默默无闻的官宦之家。

正因为张九龄出身低微，又是出生在偏远的岭南，岭南地区又向来是闭塞蛮荒之地，直到唐代还是许多人被流贬的地方。所以张九龄虽然以科举入仕并经张说的提拔而做官，后在唐玄宗朝官至宰相之位，但由于出身庶族，在当时世家大族仍占较大势力的境况中，是很难为官处世的。得不到名门豪族的支持，诗人自己经常处于一种孤立无援的境地。例如开元二十四年(736)后期，唐玄宗想让朔方节度史牛仙客任尚书一职，李林甫也大肆吹嘘牛仙客有“宰相之才”，欲使之成为自己的同党。张九龄则竭力反对让一个既无担任高级职务能力，又无所需行政经验的人担任宰相之职。玄宗于是又提出给牛仙客授实封，张对曰：“不可。封爵所以劝有功也。边将实仓库，修器械，乃常务耳，不足为功。陛下赏其勤，赐之金帛可也；裂土封之，恐非其宜。”这引起玄宗的愤怒，他说：“卿嫌仙客寒微，如卿有何阀阅？”张九龄乃岭南韶州曲江人，门阀低微，玄宗故有所谓“岭海孤贱”之言。可见张九龄正由于出身低微，所以才在朝中屡屡遭受打击与排挤。

出身低微之人在朝中受到歧视与排挤，也是与当时的政治环境密切相关的。唐王朝为了强化中央集权，虽然对世家大族的种种特权给予一定的限制，尤其是通过科举制度可以入仕，使得门阀士族以门第作为进身之阶比较困难了。但是由于世家大族在政治、经济上还有一定的实力，他们也都努力通过科举考试作为入仕的进身之阶，因此很多世家大族仍居朝中高位，他们的势力仍很强大。从唐代世族担任宰相一职来看，“太宗在位任用宰相二十三人，基本是由北周、杨隋勋贵、南朝贵族、山东氏族组成的，如马周、张亮、李勣等出身‘寒微’的

---

① 华南师范学院历史系，《文物》，1961年第6期，第48页。

② 何格恩：《张九龄之政治生活》，《岭南学报》，1937年第4卷第1期，第24页。

只占少数”[1]。再从科举入仕来看:“直到开元年间,朝廷每年‘入流’的官员是一千几百人到两千人,而科举的主要科目进士、明经两科每年取人不过二百上下。就是说,出身科举的官员不会超过全部新任官员的十分之一。”“五品以上的官员绝大部分是贵族出身[2]。”因此说像张九龄这样出身于偏远地区的庶族文人在当时朝廷中为官其人数是很少的,也可见这些人在朝中为官又是多么艰难。因此也就可以理解诗人虽然贵为宰相,可在其诗中却绝少表现出那种意气风发的豪情壮志,而更多的是表现出诗人的不事张扬,小心谨慎为官为事为人的感情与心态。这正是诗人自知在朝中的处境的艰难,所以才如此低调,就连在诗中表达自己的情志时,也是非常含蓄深隐,只是借助使用那些平凡的禽鸟、草树意象来自比,寄寓自己不为人知的情感与内心的隐痛。

由于张九龄出身低微,以及处在这样一种艰难的环境之中,再加上要时刻面对出身高贵,身为皇帝远亲,靠荫庇进入朝廷的李林甫的不断打击与排挤,以及为了正义与朝中其他官员的难以相容,所以在他的诗歌中较多地表现出诗人那种孤独寂寞的心境。正是由于张九龄所特有的与其他人所不同的生活态度、处世哲学、身世与处境,所以也就形成了其诗歌“孤高清雅”的风格。“张九龄喜爱孤高清雅,从他的诗歌语言上最能反映出来的是在他的诗歌中使用‘孤’字”[3],经统计在其诗中使用“孤”字约有 29 处。如“孤根若可用,非直爱华滋”(《苏侍郎紫微庭各赋一物得芍药》),“片云自孤远, 丛筱亦清深”(《晨出郡舍林下》),“山城本孤峻,凭高结层轩”(《岁处巡属县登高安南楼言怀》),“孤顶乍修葺,微云复相续”(《晨生斋中偶而成咏》),“羁孤忝邦牧, 顾已非时选”(《临泛东湖时任洪州》),“云间目孤秀, 山下面清深”(《始兴南山下有林泉尝卜居焉荆州卧病有怀此地》),等等。

在张九龄的诗中也多用“孤桐”“孤鸿”“孤云”等意象,当诗人使用“孤鸿”“孤桐”等来表现诗中的意象时,一种与所描述的意象同病相怜之感就会油然而生。意象的形单影只,与诗人自身的孤立、孤独之感相互交流,互相映衬,诗人内心的苦痛与失意方能在所寄寓的意象中委曲地、淋漓尽致地表现出来。这对于

---

① 孙昌武:《研究古典散文的几点意见》,《首都师范大学学报》,2000 年第 6 期,第 88 页。
② 同上。
③ 大野实之助:《张九龄和他的诗风》,早稻田大学《汉文学研究》,1960 年第 8 期。

出身书香门第、具有浓厚的儒家思想的张九龄来讲，无疑是一种发泄自己的情感，表现自己情志的最佳表达方式。这也是由诗人的博学多才，高超的文学造诣，文才的流利酣畅，运用自如以及他个人所具有的良好道德修养、道德情操密不可分的。可以说正因为诗人出身的低微，以及在朝中所处的艰难处境，才造成他在其诗歌中更多地使用那些平凡的禽鸟、草树意象来寄寓自己的情感，抒发自己内心的隐痛。这些意象正是张九龄在朝中的地位、处境的象征，是他人格的化身。

其次，从张九龄在诗中所使用的禽鸟、草树意象来看，与他的人品也有很大的关系。张九龄诗歌中所使用的禽鸟、草树意象多是自然界中比较平凡，看似渺小，不引人注目的"孤鸿""海燕""丹橘""兰""桂"等禽鸟、草树意象。这些意象看似渺小、平凡，没有"大鹏""凤凰""鸿鹄"那些高鸟、大鸟会让人感到一种昂扬向上、志向宏大之感，但这些意象都具有非常高洁的品性，是正义、正直、勇敢、善良、纯洁、高雅的象征。这也正是与诗人张九龄的人品相一致的。例如张九龄在其《感遇十二首》"江南有丹橘"一诗中，就以丹橘自喻，通过赞美丹橘和松柏一样具有耐寒的品格、节操来暗示自己所具有的内在坚贞的品格和执正公平、不畏艰难、敢于直言的作风，以及甘于奉献的优良品质。这正是张九龄情操品格的真实写照。开元三年(715 年秋到 716 年春)，张九龄曾辞病告归，退隐原籍。徐浩碑铭中记载说："封章直言，不协时宰，方属辞病，佛衣告归，太夫人在堂承顺左右孝养之至闾里化焉。"《资治通鉴》卷二百一十一记载："左拾遗曲江张九龄，以元之有重望，为上所信任，奏记劝其远谄躁，进纯厚，其略曰：'任人当才，为政大体，与之共理，无出此途。而向之用才，非无知人之鉴，其所以失溺，在缘情之举'又曰：'自君侯职相国之重，持用人之权，而浅中弱植之徒，已延颈企踵而至，谄亲戚以求誉，媚宾客以取容，其间岂不有才，所失在于无耻[①]。'"他认为"治之本"在于"重守令"，也就是要选择好州县官吏。他反对任人唯亲，认为所选的官吏要有才干、正直，能亲近人民，了解人民的疾苦。张九龄的这些主张是有一定进步意义的，但此语如此直言不讳难免会得罪权臣，带来与姚崇之间的关系不协调，后不得不辞官。开元十三年(725)玄宗"车驾东巡"至泰山行封禅之礼。在祭祀期

① 《资治通鉴》第 211 卷，第 6690—6091 页。

间张说把最好的差事交给自己的追随者，并提升了参加盛典的文官，而只给武将挂一个虚名，因此触怒了朝廷中的许多人。张九龄虽然是张说发现并举荐做官的，但他仍然不计一己私利，在草诏时就直言不讳地提出认为张说的做法不妥，极力提请他谨慎行事。他说："官爵者，天下之公器，德望为先，劳旧次焉。若颠倒衣裳，则讥谤起矣。"但张说依旧我行我素，其结果引起许多人的不满，成为他被罢相的主要原因。开元二十三年(735)初，玄宗赞扬范阳节度史张守珪作战立功，打算让他做宰相。张九龄则大胆直言劝谏，反对指派张守珪担任宰相的命令，尤其是反对用宰相这样的官职来赏赐臣下，他说："宰相者，代天理物，非赏功之官也。"当玄宗回答说只是给他一个虚名，而不让他担任实际职务时，张九龄仍回答说："不可。惟名与器不可以假人，君之所司也。且守珪才破契丹，陛下即以为宰相，若尽灭奚、厥，将以何官赏之。"玄宗只好放弃了。从张九龄为官贤明、忠诚为国、刚直不阿，直言敢谏中，使人可以了解到其人品及为政之道的与众不同。妃子武惠想陷害太子瑛，见"九龄执不可"，就企图拉拢张九龄，欲得到他的支持。乃秘密派遣宦奴牛贵儿向张九龄传话说："废必有兴，公为援，宰相可长处。"张九龄光明磊落，不搞阴谋诡计，义正词言地说："房幄安有外言哉！"并为社稷的安危，立刻进言奏玄宗，才避免了一次宫廷政变。开元二十四年八月，唐玄宗生日(千秋节)时，"群臣皆献宝镜"，以博取玄宗的欢心。张九龄则不趋炎附势，认为"以镜自照见形容，以人自照见吉兴"，就只献上了"事鉴"十章号《千秋金鉴录》。其内容主要是论述前古废兴之道"以伸讽喻"，文中深深地寄予了他对玄宗的殷切希望。由此可见，张九龄不以取悦玄宗来谋取私利，而是处处事事以国事为重，以政事为先，这种精神不论是于古于今是非常难能可贵的。

张九龄除了具有直言敢谏，刚直不阿的品质外，他的执政公平，也是为人们所称道的。张九龄一生中不论是任地方官还是为朝廷近臣，都能坚持任人唯贤的原则，做到选拔人才不徇私情，能出于公心。当时吏部考试，选拔人才，玄宗经常命他和右拾遗赵冬曦评定等第。前后数次，他都能量才录用，博得了好评，而推荐的多是贤能有志操之土。如《旧唐书》本传中记载："九龄以才鉴见推，当时吏部试拔萃选人及应举者，咸令九龄与右拾遗赵冬曦考其等第，前后数回，每称平允。"在封建社会选拔人才上能够像张九龄这样不徇私情，完全出于公心，确实是件非常难能可贵之事。另外张九龄还像其诗中所描写的丹橘这一意象一样具有甘于奉献、乐于奉献的优秀品质。在其执政中甘于奉献之事举不胜举，就是在他辞官乡居期间也为岭南人民做了一件非常大的好事，这就是开凿了大庾岭。大庾岭，据《元和郡具图志》卷三十四载："一名东峤山，即汉塞上也，在(始兴)县东北一百七十二里。从此至水道所极，越之北疆也。……高一百三十丈。"当时人们把他的这一功绩比为大禹治水。明礼部尚书邱浚评价这项工程说："兹路既开，然五岭以南之人材出矣，财货通矣，中朝之声速矣，遐陬之风俗变矣!"徐浩在其碑铭中云："始兴北岭，峭险巉绝。大庾南谷，坦然平易。公乃献状，诏委开通，曾不浃时，行可方轨，特拜左补阙。"张九龄也在其《开大庾岭路记》(《全唐文》卷二九一)中详细记述了开路的经过，文中说："开元四载冬十有一月。俾使臣左拾遗内供奉张九龄。饮冰矢怀。执艺是度。缘磴道。披灌丛。相其山谷之宜。革其坂险之故。岁已农隙。人斯子来。役匪逾时。成者不日。则已坦坦而方五轨。阗阗而走四通。转输以之化劳。高深为之失险。"[①]可见大庾岭新路的开凿是在开元四年(716)年底，张九龄也因此而有功，后迁左补阙。

张九龄诗歌意境中所使用的禽鸟、草树意象可以说与他的人品确实有着密切的关系。张九龄出身于书香门第，自小就接受传统的儒家思想教育，儒家的伦理思想在他心中根深蒂固，积极人世，读书做官，达则兼善天下，穷则独善其身，以忠君为人生大节，忠孝兼而得之，尽忠君国的儒家伦理思想是他诗歌中的灵魂。他虽然自幼聪颖过人，7岁能文，13岁得到广州刺史的赏识，言其必当致远。张说也誉之为"后出词人之冠"(《新唐书》本传)，但他在诗中并无扬己露才，过分宣扬自已的地方，也很少在诗中表现自已慷慨纵横，不可一世的宏大抱负。诗中虽然也有不少忧谗畏讥的诗句，但都没有达到那种强烈的愤世嫉俗的程度，诗中的词锋也少有逼人之气。也就是说张九龄很少用激愤偏激的语言来表达感情，在他的笔下往往达到一种含而不露、适可而止、有意淡化，却又非常明晰的艺术效果。如《感遇十二首》其四"孤鸿海上来"一诗中"矫矫珍木巅，得无金丸惧"这两句诗，就是诗人假托孤鸿之口，以温厚的口气，对他的政敌提出了诚恳的忠告，语言既不愤怒，也不幸灾乐祸。诗人这种适性、谦和、知度，"发乎情、止

① 董诰等编:《全唐文》，中华书局，1983版，第291卷，第2950页。

乎礼义”的品性正符合儒家所需要的温柔敦厚的处世态度，可见诗人颇得敦厚之旨。儒家思想和其独善其身的思想意识所造成的这种独有的心境导致了张九龄在其诗歌中更多地使用“孤鸿”“孤桐”“海燕”“丹橘”等禽鸟、草树意象来表现自己的不同流俗，及品性的高洁。诗中意象的思想也多含而不露，看似感情色彩并不浓烈，细细品味，才体会到诗人感情明朗，意识清晰，使人从中看到诗人那种人淡如菊的谦谦君子的形象。正如清人徐增在《而庵诗话》中说：“诗乃人之行略，人高则诗亦高，人俗则诗亦俗，一字不可掩饰，见其诗如见其人。”[①]张九龄的诗好正如他的人品之高。

总之，张九龄诗歌中的禽鸟、草树意象，象征了诗人坚贞、正直的品德，刚正不阿的人品，以及忠诚于君国的贤臣良相的风范，给人留下深刻的印象。诗人在诗中巧妙地运用“孤鸿”“孤桐”“兰”“橘”等意象，既婉曲地表现了自己内心不为人知的情感，也是诗人自我人格的化身，又在诗中营造了一种情景交融，含蓄悠远的诗歌意境，构成了其诗歌自然清新，含蓄蕴藉，寄托深远的独特艺术风格。张九龄身世的卑微、浓厚的儒家思想意识、坚定正义的信念；感于持不同意见，敢于排除一切障碍，不断奋进的精神；以及温柔敦厚的处世态度；及恬淡自守的心境，则构成了诗人诗歌意境中独特的审美意象。

① 《而庵诗话》，见王夫之编：《清诗话》上册，上海古籍出版社，1963年版，第430页。

历代张籍评论之批评视域与诠释议题探讨

李建昆

一 前言

张籍(766—830),是中唐时期重要诗人,一生历经代宗、德宗、顺宗、宪宗、穆宗、敬宗、文宗七朝;曾任太常寺太祝、国子监广文馆博士、水部员外郎、主客郎中、国子监司业,世称"张水部"或"张司业"。

其流传至今之诗集,古版本有明嘉庆、万历间刊本《唐张司业集》(即《四部丛刊》本)、或《四库全书》本《张文昌文集》,新校本则有中华书局上海编译所1965年刊印《张籍诗集》;至于笺注本则有陈延捷、李冬生、笔者及余恕诚(与徐礼节合著)所撰四种[①]。

张籍诗现存473首[②],涵盖各种诗歌体式,然而前贤似乎对其乐府特别重视,或因元和时人"歌行学流荡于张籍"而将张籍纳入"元和体";或因与王建齐名,并称为"张王";或者仅就五律之成就,誉为"晚唐五律两派"之一,可谓各执一偏。

笔者素喜中唐诗,对张籍资料,掌握较多,爰就箧中所得,分析考察。由于这些论评资料,已展开丰富的诠释议题,对后世论者颇有启发。这样的讨论,或能促进张籍诗之理解;对张籍之评价,也能更为客观公允。

本文依据的资料,得自学界习见之诗话著作,如:何文焕辑《历代诗话》、丁

---

① 陈延杰:《张籍诗注》,台湾商务印书馆,1967年版;李冬生注:《张籍集注》,黄山书社,1989年版;李建昆:《张籍诗集校注》,国立编译馆主编、华泰文化事业公司,2001年版;余恕诚、徐礼节:《张籍集系年校注》,中华书局,2011年版。

② 余恕诚、徐礼节的《张籍集系年校注》据晚近学者之研究,将底本定为462首,详见该书凡例。

福保编《历代诗话续编》与《清诗话》、郭绍虞编《清诗话续编》、陈伯海编《唐诗论评类编》、程毅中主编《宋人诗话外编》、吴文治编《韩愈资料汇编》等书。历代相关诗文、序跋、笺注资料亦所关注，并留心收集；这些资料，均已收入拙著《张籍诗集校注》附录之中①，笔者曾于 2014 年 10 月 24 日至 25 日在台湾花莲国立东华大学中国语文学系主办"经典诠释的多重性——第四届人文化成国际学术研讨会"上宣读。本文是后续较为完整的论析，恭逢孙昌武教授 80 华诞，谨以此文敬表祝贺，并就教于学界方家。

二　中唐文人之揄扬

张籍自少年时期即与王建在漳溪（今河北省南部）从师求学，大约贞元九年至十二年间（793—796），始与王建相别，至北方游历。唐德宗贞元十二年，孟郊进士及第，道出和州小住，曾与张籍同游桃花坞上。临行，张籍作《赠别孟郊》，中有句云："才名振京国，归省东南行。停车楚城下，顾我不念程。"孟郊亦有《赠张籍》谓："君其隐壮怀，我亦逃名称。古人贵从晦，君子忌党朋。倾败生所竞，保全归懵懵。浮云何当来？潜虬会飞腾。"对张籍有所勖勉。次年十月，张籍北游汴州，经由孟郊推荐与韩愈相识，韩愈留置馆于城西，使之读书，自此展开二十七年交往。

从交往关系而论，张籍为韩愈之高弟，属于韩孟集团成员；就创作趋向而言，张籍实为元白"新乐府诗人"之前驱。韩在愈在贞元十四年（798）所作的《病中赠张十八》，是现存韩张唱和最早的一首。这首诗不过是写张籍来探病，与己谈辩而已，却运用军事进退作比，写其节节败退，终于屈从己意。诗中大量运用夸饰、譬喻，虽属游戏之作，却匠心独运，颇见巧思。诗中称扬张籍：

> 籍也处闾里，抱能未施邦。文章自娱戏，金石日击撞。龙文百斛鼎，笔力可独扛。谈舌久不掉，非君量谁双？②

---

① 参见拙著《张籍诗集校注》，第 528—620 页。

② 韩愈《病中赠张十八》，钱仲联集释：《韩昌黎诗系年集释》，学海出版社，1975 年版，第 1 卷，第 63 页。

由此不难了解韩愈对张籍笔力高强，十分赏识。然而这样的评论，其实还是基于友谊关系，并非站在严谨批评之角度而发。

元和十年(815)韩愈任考功郎中，是年冬，张籍转为国子助教。韩愈有七言绝句《赠张十八助教》云："喜君眸子清且朗，携手城南历旧游。忽见孟生题竹处，相看落泪不能收。"[①]此诗一方面为张籍三年眼疾之终获痊愈而欣喜，一方面睹物思人，又不禁为孟郊之暴卒而悲哀。

元和十一年(816)韩愈张籍，过从更密，韩愈先后作《调张籍》《奉酬卢给事云夫四兄曲江荷花行见寄并呈上钱七兄徽阁老张十八助教》《晚寄张十八助教周郎博士》《题张十八所居》等诗致赠张籍。张籍则有《酬韩庶子》答赠。

其中《调张籍》为韩张唱和诗中最具文学批评意义者，所谓："李杜文章在，光焰万丈长。不知群儿愚，那用故谤伤。蚍蜉撼大树，可笑不自量！"[②]已是诗史的定论。据清方世举《昌黎先生诗集注》之说法，其实此诗是"有为而作"的；因为白居易在《与元九书》中大肆抨击李杜诗"缺乏风雅比兴"，颇有"李杜交讥"之倾向，而与白居易倡和之元稹，也在《杜工部墓志铭》中"扬杜贬李"；韩愈颇不以为然，遂作此诗以平抑元、白。

此诗透露出张籍虽为韩门弟子，然其写作趋向，却与元、白相近。因此，韩愈在诗题中著一"调"字，除了"调侃嘲戏"之外，恐怕也有一份"启发调教"之意！

至于韩愈《题张十八所居》则为一首五言律诗，诗中提及张籍："名秩后千品，诗文齐六经。端来问奇字，为我讲声形。"[③]揭示出张籍"名秩低、诗文高"之状况；同时也透露张籍拥有很高的文字修养，能与韩愈讨论"声形"。

至于韩愈《咏雪赠张籍》中有四句提及张籍，谓其诗："狂教诗硉矶，兴与酒陪鳃""雕刻文刀利，搜求智网恢"。前两句谓张籍疏狂，作诗若沙石流走、得酒则意兴怒张。后两句并非赞誉张籍，而是韩愈自诩作诗之"形容刻入，抉摘无遗"。

综观韩愈酬赠张籍之作，涵盖五古、五律、七律、七绝，数量多达 27 首，在韩愈心目中之地位甚高。然而韩愈对张籍之批评，虽不乏文学批评意义，却大多不

① 韩愈《赠张十八助教》，同前书，第 9 卷，第 973 页。
② 韩愈《调张籍》，同前书，第 9 卷，第 989 页。
③ 韩愈《题张十八所居》，同前书，第 9 卷，第 986 页。

能切合实际，与张籍实际之人格与风格特质，相去甚远。

韩愈之外，中唐文人尚有元稹、白居易、刘禹锡、姚合诸家论及张籍。其中元稹《授张籍秘书郎制》云：

> 《传》云："王泽竭而诗不作。"又曰："采诗以观人风。"斯亦警予之一事也。以尔(张)籍雅尚古文，不从流俗，切磨讽兴，有助政经。而又居贫晏然，廉退不竞。俾任石渠之职，思闻木铎之音，可守秘书郎。(《全唐文》卷六四八)

此为张籍担任秘书郎之任官令，元稹在此赞许张籍之古文；然而今传张籍古文作品，仅余两篇书信；所以元稹制文声称："尔(张)籍雅尚古文，不从流俗，切磨讽兴，有助政经"，应是论及张籍文章之宝贵资料。

至于白居易对张籍之批评，则集中在诗歌方面，其《读张籍古乐府》诗谓：

> 张君何为者？业文三十春。尤工乐府诗，举代少其伦。为诗意如何？六义互铺陈。风雅比兴外，未尝著空文。读君学仙诗，可讽放佚君。读君董公诗，可诲贪暴臣。读君商女诗，可感悍妇仁。读君勤齐诗，可劝薄大敦。上可裨教化，舒之济万民；下可理情性，卷之善一身。……①

此为史上首次彰显张籍乐府成就之文献，诗中具体举述张籍乐府名篇以为验证，强调张籍乐府诗具备"风雅比兴"、能与"六义互铺陈"。仔细观察白居易之批评角度，仍在"政教文学"之立场，其目的在引张籍为同道，宣扬自身之诗歌讽谕理论。

相较之下，刘禹锡《张郎中籍远寄长句开缄之日已及新秋因举目前仰酬高韵》为张籍："南宫词客寄新篇，清似湘灵促柱弦。"姚合《赠张籍太祝》："绝妙《江南曲》，凄凉怨女诗。古风无手敌，新语是人知。"毕竟更能就诗论诗。尤其姚合所陈，已是晚唐人之共识。

---

① 参见朱金城笺校：《白居易集笺校》，上海古籍出版社，1988 年版，第 1 册，第 5 页。

三 晚唐、五代文人对张籍体派关系之讨论

晚唐时期张为在《诗人主客图》中，列举张籍为“清奇雅正主”李益“入室”十人之一[①]。这是讨论张籍流派归属之开始，南唐张洎、明代杨慎、清代高密诗派之李怀民，都有后续讨论。

晚唐赵璘在《因话录》卷第三，《商部下》谓：“张司业善歌行，李贺能为新乐府。当时言歌篇者，宗此二人”[②]。唐李肇《国史补》卷下：“元和已后，为文笔则学奇诡于韩愈，学苦涩于樊宗师。歌行则学流荡于张籍。诗章则学矫激于孟郊，学浅切于白居易，学淫靡于元稹。俱名为元和体。”[③]晚唐时期史学性质的私家著述，历来归为“笔记小说”，但李肇《国史补》对晚唐社会之记述，具有相当程度之可靠性。李肇所谓之“元和体”，虽然是针对元和文坛总体风貌所作之概括，却极具文学史意义。根据李肇所述，张籍在当时已有相当高的知名度。

张籍死后，其诗文集如何编成，已难察考。据万曼《唐集叙录·张司业集叙录》，宋初流传之《张司业集》有七卷、三卷本、五卷本。但是五代时期，比较流行的张籍诗文集，是五代南唐张洎编的《木铎集》。万曼云：

> 陈振孙云：“张洎所编，钱公辅名《木铎集》，与他本相出入，亦有他本所无者。”张洎《张司业集序》云：“自皇朝多故，荐经乱离，公之遗集，十不存一。予自丙午岁(946)迨至乙丑岁(965)相次辑缀，仅得四百余篇，藏诸箧笥，余则便俟博访，以广其遗阙云尔。”张洎(933—996)是宋初人，他所说的皇朝是指南唐说的，而丙午至乙丑，张洎也是仕于南唐李煜朝，尚未入宋。所以他所编的这个本子，显是流行于江南的《张籍歌诗》，但《郡齐读书志》著录的五卷本，亦云张洎编，与此十二卷的《木铎集》，异同如何，乃不能明。[④]

① 见丁福保编：《历代诗话续编》，木铎出版社，民国77年7月，上册，第88页。
② 见王汝涛编校：《全唐小说》，山东文艺出版社，1993年版，第3卷，第1955页。
③ 见李肇《唐国史补》卷下，世界书局，1991年版，第57页。
④ 见万曼《唐集叙录》，明文书局，1982年版，第219页，《张司业集·叙录》。

可知《张司业集》之前身为十二卷本之《木铎集》。此书与他本之异同如何，已难查考，可以确定的是南唐人张洎曾经整理、刊行张籍诗文。《全唐文》卷八七二还保存张洎之《张司业集序》，序云：

> 公为古风最善，自李、杜之后，风雅道丧，继其美者，惟公一人。故白太傅读公集曰："张公何为者？业文三十春。尤工乐府辞，举代少其伦。"又姚秘书监尝赠公诗云："妙绝江南曲，凄凉怨女诗。古风无手敌，新语是人知。"其为当时文士推服也如此。元和中，公及元丞相、白乐天、孟东野歌词，天下宗匠，谓之元和体。又长于今体律诗。贞元以前，作者间出，大抵互相祖尚，拘于常态，迨公一变，而章句之妙，冠于流品矣。[①]

这一篇序文除了融合白居易、姚合诗中所言，还就唐诗发展的视角评估张籍诗。特别提到张籍的作品受到当时文学宗匠之推崇，并且转变了贞元以来诗坛"互相祖尚、拘于常态"之风气。刘克庄《后村诗话》曾引用张洎的一段话，谓："张洎云：元和中，张水部为律格，字清意远，唯朱庆馀一人亲受其旨。沿流而下，则有任蕃、陈标、章孝标、司空图等，咸及门焉。"清陆心源《唐文拾遗》卷四七，也收录张洎《项斯诗集序》，略谓："吴中张水部为律格诗，尤工于匠物，字清意远，不涉旧体，天下莫能窥其奥。唯朱庆馀一人亲授其旨。沿流而下，则有任蕃、陈标、章孝标、倪胜、司空图等，咸及门焉。"[②]此为中国诗史上讨论张籍律诗之开始。由三篇张洎遗文所述，张籍隐然已被视为"门派宗师"。其重要成员有朱庆馀、任蕃、陈标、章孝标、倪胜、司空图等人。

南唐张洎论及张籍一派的意见，后来被明代杨慎所吸收，在杨慎其《升庵诗话》卷四云：

> 晚唐之诗分为二派：一派学张籍，则朱庆馀、陈标、任蕃、章孝标、司空

① 详见陆心源《唐文拾遗》卷四七。又见李建昆注：《张籍诗集校注》附录二，华泰文化事业公司，2001年版，第543页。

② 同上，第544页。

图、项斯其人也；一派学贾岛，则李洞、姚合、方干、喻凫、周贺、“九僧”其人也。其间虽多，不越此二派，学乎其中，日趋于下。其诗不过五言律，更无古体。……彼学张籍贾岛者，真处裈中之虱也。①

在此杨慎提及晚唐五律两大宗派的宗主及重要成员，但基本上还是对这批诗人的作品，采取否定立场。升庵论诗，一向尖酸刻薄。这样的批评，引起清人李怀民之不满，发愤重订中晚唐五律作者的体派关系。其具体的成果，展现在他的《重订中晚唐诗主客图》②一书中；笔者也曾为文探讨③，敬请参阅。

四　宋代史家与文人对张籍诗歌成就之评骘

五代宋初史家对于张籍诗之批评，以刘昫及欧阳修、宋祁为最著。后晋刘昫等撰《旧唐书》谓：“张籍者，……性诡激，能为古体诗，有警策之句，传于时。”④刘昫之评语，言及张籍之心性“诡激”。宋欧阳修、宋祁《新唐书》谓：“籍为诗，长于乐府，多警句。”⑤欧、宋则未涉及张籍之心性。然而两家论诗，都提到张籍多“警(策)句”“专擅古体”“长于乐府”，凡此，都是秉持史家立场，对张籍诗之成就，作整体评论，尚称客观公允。随着张籍诗作之流传，宋人之研析与论断也愈趋深刻。如王安石《题张司业诗》：“苏州司业诗名老，乐府皆言妙入神；看似寻常最奇崛，成如容易却艰辛。”⑥即为论张籍之名篇。前半二句称扬张籍诗名之高、乐府之精妙入神。后半二句，论其诗之不同凡响。看似容易，实则成之艰辛。王安石以论诗绝句总论张籍，画龙点睛、简单而深刻，最能传述张籍之创作精神。

北宋诗论家刘攽，已开始评比张籍“各体诗之优劣”。其《中山诗话》有云：

---

① 见王仲镛笺证：《升庵诗话笺证》，上海古籍出版社，1987 年版，第 122—123 页。

② 该书无通行刊本，台北南港中研院傅斯年图书馆藏有一件据清嘉庆壬申《重订中晚唐诗主客图》刊本之影印本。

③ 详见拙作《试论李怀民〈重订中晚唐诗主客图〉》，载拙著《敏求论诗丛稿》，秀威资讯股份有限公司，2007 年版，第 205—244 页。

④ 《张籍传》，见刘昫等撰：《旧唐书》，中华书局，1991 年版，第 160 卷，列传第一百一十，第 4204 页。

⑤ 《韩愈传》附传，见欧阳修、宋祁：《新唐书》，中华书局，1991 年版，第 176 卷，列传第一百一，第 5276 页。

⑥ 见王安石：《王安石诗集》，河洛图书出版社，1974 年版，第 31 卷，第 200 页。

张籍乐府词，清丽深婉，五言律诗亦平澹可爱，至七言诗则质多文少。材各有宜，不可强饰。文昌有《谢裴司空马诗》曰："乍离华厩移蹄涩，初到贫家举眼惊。"此马却是一迟钝多惊者，诗词微而显，亦少其比。[①]

这一条材料，提及张籍兼擅乐府及五言律诗，然其七言诗则"质多少文"。刘攽所引之七言诗《谢裴司空马诗》虽有特色，却仍无法改变刘攽的印象。他将原因归咎于张籍的"材性"。同书又引张籍《宿江上馆》诗，称赏此诗恍如与刘长卿《余干旅舍》次韵相酬，并叹为"奇作"[②]。

南宋周紫芝《竹坡诗话》认为："唐人作乐府者甚多，当以张文昌为第一。"[③]中国诗论史上，谁是"唐人乐府第一"？可谓众说纷纭，以今之诗论角度来看，其实并无太大意义。但类似的说法，在明、清时期却一直都有人讨论。周紫芝之论见，颇能反映宋代某些文人特别赏爱张籍乐府。

南宋时期，对于张籍之论析与诠评更为深入。一些张籍诠释史的重要名言，比如谓张籍"善叙事""专以道得人心中事为工"均由南宋人提出。张籍诗之缺失，也被揭示得更为明白。

南宋计有功《唐诗纪事》首先提及张籍诗"善叙事"，他转引刘攽《中山诗话》论见，同时说道："籍诗善叙事。"[④]按：现存张籍乐府大约九十首，郭茂倩《乐府诗集》即采录五十三首，数量逾半。若从主题表现而论，张籍乐府大致可以区分为三类：一是沿用古题敷衍古意者（如：《杂怨》《行路难》等三十一首）；二是沿用古题另创新意者（如：《伤歌行》《贾客乐》等五首）；三是另制新题表现新意者（如：《寄远曲》《野老歌》等四十九首）。其中"即事名篇"之作，为数最多。值得注意的是：张籍乐府诗，不论是旧题、新曲，都有风雅比兴之旨；"为时而著""为事而作"，其创作目的与元、白并无二致；强烈关注社会问题，深具讽喻性质，广泛包含各种民间生活内涵，拥有深广之社会基础[⑤]。可见计有功谓"籍诗善叙事"，

① 见刘攽《中山诗话》卷上，载何文焕辑《历代诗话》上册，中华书局，1992年版，第288页。
② 同上，第289页。
③ 同上，第354页。
④ 参见计有功撰、王仲镛校笺：《唐诗纪事校笺》，巴蜀书社，1992年版，第34卷，第934—935页。
⑤ 详见拙作《从张籍乐府诗看唐代民间风情》，载拙著《敏求论诗丛稿》，秀威资讯股份有限公司，2007年版，第57—84页。

十分正确。

至于“专以道得人心中事为工”，则见诸张戒《岁寒堂诗话》。张戒在南宋高宗绍兴五年，以赵鼎荐授国子监丞。所著《岁寒堂诗话》二卷，采取儒家立场与论调，重视“情志”作用，认为：“言志乃诗人之本意”，向来被视为儒家的诗话。张戒《岁寒堂诗话》卷上，有四条资料涉及此一议题：

1.元白张籍王建乐府，专以道得人心中事为工，然其词浅近，其气卑弱。

2.张司业诗与元、白一律，专以道得人心中事为工，但白才多而意切，张思深而语精，元体轻而词躁尔。籍律诗虽有味而少文，远不逮李义山、刘梦得、杜牧之，然籍之乐府，诸人未必能也。

3.然而词意浅露，略无余蕴。元白张籍，其病正在此，只知道得人心中事，而不知道尽则又浅露也。

4.元白张籍诗，皆自陶阮中出，专以道得人心中事为工，本不应格卑，但其词伤于太烦，其意伤于太尽，遂成冗长卑陋尔。①

仔细考察这四条诗话，不难看出张戒是对元、白、张、王这四位具有相似创作特性的诗人，提出“专以道得人心中事为工”这种“集团性的特征”。同时也对四家乐府缺失，如“其词浅近”“其气卑弱”“词意浅露”“略无余韵”“冗长卑陋”提出批评。张戒认为造成这种缺失的主因在：“元、白、张籍以意为主”，既以“意”为主，自会使四家乐府“失之少文”。自此，“太烦”“太尽”，成为明、清论者讨论张籍写作技巧时必然涉及之议题。

至于南宋葛立方在《韵语阳秋》，不但运用摘句批评，论析张籍名篇，且论及韩愈、张籍若干议题，为前人所未道者。比如在《韵语阳秋》卷二使用很长的篇幅、征引韩愈《此日足可惜》《喜侯喜至》《赠张籍》等诗篇，验证张籍虽然是“韩愈高弟”，然而韩愈“皆不称其能诗”。又引韩愈《病中赠张十八》《醉赠张彻》，认为张籍“有意于慕大，而实无可取”。再举张籍《送越客》《逢故人》《送海客》，谓其“皆骈句也”。又举张籍数句，谓其“尤可笑”。最后，提到姚合、白居易称道张籍，

① 张戒：《岁寒堂诗话》卷上，见丁福保辑《历代诗话续编》，木铎出版社，1988 年版，第 450、454、459、460 页。

也认为:“非以诗也。”[①]

此外葛立方还提及张籍在《祭退之》诗自称:“公文为时师,我亦有微声。而后之学者,或号为韩张。”是否得当,葛立方为此感到不解[②]。虽然葛立方也对张籍若干诗篇,如《白头吟》不吝给予赞许,但是基本对于张籍诗,采取比较负面、否定的态度。

然而,并非所有南宋论者都采这样的态度,有关张籍之佳评,大都出现在南宋。比如南宋诗人曾季貍在《艇斋诗话》称:“张籍乐府甚古,如《永嘉行》尤高妙。唐人乐府,惟张籍王建古质[③]”,“要之,孟郊、张籍,一等诗也。唐人诗有古乐府气象者,惟此二人。但张籍诗简古易读,孟郊诗精深难窥耳。”[④]南宋诗评家严羽在《沧浪诗话》也声称:“大历后,刘梦得之绝句,张籍王建之乐府,我所深取耳。”[⑤]《沧浪诗话?诗体》,还别列“张籍王建体”。可知在南宋时期,张籍获得极高的肯定。

此外南宋洪迈《容斋随笔·三笔》卷六,论及《节妇吟》的本事,认为“张籍在他镇幕府,郓帅李师古又以书币辟之,籍却而不纳,而作《节妇吟》一章寄之……”此为后世相关讨论之滥觞。随著《节妇吟》之讨论逐渐深化,有关《节妇吟》的阅读与诠释资料,汗牛充栋,这一条材料在张籍诗诠释史上深具意义,值得密切关注与探讨。

五 明清论者对《节妇吟》之解读与批评

张籍诗论评资料中最有趣的现象,莫如大量的资料讨论《节妇吟》。此诗可能是张籍诗篇最受大众关注的一首。当代人容或不认识张籍,却多少听闻过“还君明珠双泪垂,何不相逢未嫁时”两句名言;尤其在某言情小说家细腻的鼓荡下,《节妇吟》成为张籍诗的名篇。当代读者多半不理会此诗创作背景,仅就文字脉络欣赏此诗。虽然如此,文字层面蕴含的情愫,已足以感动读者。

罗联添《张籍年谱》将此诗系在德宗贞元二十一年(805),略谓:“作《节妇

---

① 见葛立方《韵语阳秋》卷二,载何文焕辑《历代诗话》下册,中华书局,1992年版,第2卷,第497页。
② 同上,第6卷,第497页。
③ 见曾季貍《艇斋诗话》,载丁福保辑《历代诗话续编》上册,木铎出版社,1988年版,第295页。
④ 同上,第423页。
⑤ 见严羽《沧浪诗话》,载何文焕辑《历代诗话》下册,中华书局,1992版,第697页。

吟》诗寄郓州李师古,疑在本年。”郭茂倩《乐府诗集》将本诗收入第九十五卷《新乐府辞六·乐府杂题六》中。徐铉《唐文粹》卷一二下,也收录“寄东平李司空”。《全唐诗》卷三八二题目下注,云:“节妇吟寄东平李司空师道。”经吴汝煜、胡可先《全唐诗人名考》卷上考证,认为:“李师道当为李师古之讹”。

其实,自南宋洪迈《容斋随笔》提及此诗本事以来,就有不少论者对此发表意见。例如明王世贞《艺苑卮言》,瞿佑《归田诗话》,钟惺、谭元春《唐诗归》,何良俊《四友斋丛说》,周敬、周珽《唐诗选派会通评林》,唐汝询《唐诗解》,王尧衢《古唐诗合解》,清贺贻孙《诗筏》,贺裳《载酒园诗话》,毛先舒《诗辩坻》,吴乔《围炉诗话》,叶矫然《龙性堂诗话》,余成教《石园诗话》,沈德潜《说诗晬语》等等,不下二十种诗论著作,均曾论及此诗。在此仅举三种较具特色的意见,提出探讨。

(一)“节妇失节”之伦理焦虑

从现今流传的《节妇吟》版本来看,末句至少有两种异文。明代王世贞《艺苑卮言》卷四云:“‘还君明珠双泪垂,恨不相逢未嫁时。’可谓能怨矣。’”[①]所见为“恨不相逢”;至于清代叶矫然《龙性堂诗话》初集所见,则是“何不相逢”。其《龙性堂诗话》初集云:

> 张文昌乐府擅场,然有不满者。如《节妇吟》:“君知妾有夫,赠妾双明珠。感君缠绵意,系在红罗襦。”又云:“还君明珠双泪垂,何不相逢未嫁时。”此妇人口中如此,虽未嫁,嫁过毕矣。或云文昌却郓帅李师古之聘,有托云然。但胜理之词,不可训也。[②]

所见版本虽然不同,都相当程度影响论者对“节妇”之观感。南宋刘辰翁之批点早已说过:“好自好,但亦不宜系。”(见明代高棅《唐诗品汇》引)明代唐汝询《唐诗解》卷十八甚至说:“夫女以珠诱而动心,士以币征而折节,司业之识浅矣哉!”叶矫然所谓“胜理之词,不可训也”,都在言下透露出一种属于伦理层面的深沉“焦虑感”。

① 见丁福保辑《历代诗话续编》中册,木铎出版社,1988年版,第1015页。
② 见郭绍虞编选、富寿荪校点:《清诗话续编》中册,木铎出版社,1983年版,第953页。

由此焦虑感出发，有关《节妇吟》中的妇人，算不算是“节妇”？诗中之节妇应不应系上明珠？皆曾引发清人热烈探讨。其中，持反对立场者固然甚多，然并非全为声讨之见，例如清代吴乔《围炉诗话》卷一与卷三即曾提到“感君缠绵意，系在红罗襦”二句，谓“如无此一折，即浅直无情”“朱子讥之，是讲道理，非说诗也”。[①]这种意见，十分有趣，值得关注。

（二）“比体”“寓托”之后续探索

清代贺贻孙在《诗筏》云：“此乃寄东平李司空作也。籍已在他镇幕府，郓帅又以书币聘之，故寄此诗。通篇俱是比体，系以明国士之感，辞以表从一之志，两无所负。”[②]这一段资料明白指出《节妇吟》“通篇俱是比体”，所以，当然不宜望文生义。

其实明清论者大都知悉《节妇吟》的写作目的是为了婉拒李师古之征辟，根本与节妇之悬崖勒马、斩断情丝无关，却仍无法摆脱“伦理的解析角度”。例如贺贻孙在《诗筏》引用黄白山的一段评语，就很有代表性：

> 按李司空即李师道（按：应作李师古），乃河北三叛镇之一。张籍自负儒者之流，岂宜失身于叛臣？何论曾受他镇之聘与否耶！张虽却而不赴，然此诗词意未免周旋太过，不止如须溪所讥。安有以明珠赠有夫之妇，而犹谓其“用心如日月”者？且推“相逢未嫁”之语，脱未受他人聘，即当赴李帅之召，恐昌黎《送董邵南》又当移而赠文昌矣。

黄白山认为：张籍虽已婉拒，但因张籍与李师古“周旋太过”以致“不止如须溪所讥”。他认为赠送明珠给已婚之妇已经不当，称许他“用心如日月”，而且若非已婚一定受聘赴召，更是不可思议。言下失节的不是受赠明珠的妇人，而是张籍了。最后他认为：这种事情果真发生，则韩愈委婉劝诫董邵南不宜投奔河北叛镇之《送董邵南序》，应该改赠张籍。可见黄白山是明知此诗为“比体”，仍对张籍的做法不予肯定。

清沈德潜在《重订唐诗别裁集》时，明白反对选录《节妇吟》，因为他认为：

---

① 见郭绍虞编选、富寿荪校点：《清诗话续编》上册，木铎出版社，1983年版，第559页。

② 同上。

“玩辞意,恐失节妇之旨”(卷八)。但并非所有清代诗评家都对此诗不满,仍有王尧衢、曹锡彤、史承豫、黄周星、宋宗元等诗评家,对《节妇吟》一诗寓托之旨,十分赞赏。例如王尧衢《古唐诗合解》卷三即云:

此篇五七言后以两句结,却有余韵,妙在言外。双明珠厚赠也,君知妾有夫而故赠之,非义处在知字。缠绵思乱貌。襦短衣非正服也。且不拒绝系在罗襦,仰以志感,亦情之能动人也。“妾家高楼连苑起,良人执戟明光里。知君用心如日月,事夫誓拟同生死。”此以大义晓之。高楼连帝苑而起,见非小家。良人执戟王郎侍卫明光殿里,现是职官。知君用心如日月,岂不知妇人从一而终?事夫与同生死,乃有此非义之赠乎!“恨不相逢未嫁时”乃解双明珠掷还,而酬以双泪,盖妾自守义而不以情屈,君虽用情当以义制,明珠之赠,君意良厚矣,然不相逢于未嫁之时,岂宜受珠!妾恨君逢妾之晚也。此张籍却李师古聘托言如此。①

王尧衢从“非义之赠”及“守义之行”来衡断此诗,对于张籍托言婉拒李师古之征辟有一段详细分析。王尧衢认为赠者明知此妇有夫,却仍以明珠相赠,此为“非义之赠”。至于节妇系珠之举,则是内心撩乱而对赠者之感激;然而一想起丈夫用心有如明月,因而对赠者晓以大义,并垂泪归还明珠。王尧衢认为此妇“自守节义”不因情屈,虽知赠珠者动情,仍“以义相制”,既非未嫁之时,自不宜受赠明珠。至于曹锡彤《唐诗析类集训》卷七则云:

李师古自为节度使治东平郡,宪宗加检校司空。张籍在他家幕府见聘,弗从,乃寄诗,而师道寻见夷灭。良人,夫称。执戟,备宿卫也。明光,宫名。《史记·屈原传》:“推此志也,虽与日月争光可也。”此言己无私心以正师道之心,盖以申明首句妾有夫之意。“还君”二句,此以却聘意结,盖以申言次韵感系之意也。②

① 详见李建昆:《张籍诗集校注》,国立编译馆主编,华泰文化事业公司,2001年版,第44页引。
② 同上,第44—45页引。

曹锡彤从此妇无“私心”说起，认为此妇以“无私心”导正李师古之“私心”，这也是很独特的看法。此妇以有夫之身份必须“还珠却聘”，虽曾系珠于红罗襦，却有其“垂泪还珠”之必要性。也许史承豫《唐贤小三昧集》所云：“婉而直，得风人写托之旨。”正可与曹锡彤之论见相发明。

（三）“系”与“不系”之借题发挥

由于此妇之所以遭受讥评，在于曾收受赠明珠，并系在罗襦上。此妇应“系”或不应“系”，理当在受赠之初，即有明快决断。倘若该断而不能断，即有瑕疵。黄周星《唐诗快》对此发表令人莞尔之论见：

> 双珠系而复还，不难于系，而难于还。系者知己之感，还者从一之义。此诗为文昌却聘之作，乃假托节妇言之。徒令千载之下，增才人无限悲感。①

按：黄周星认为双珠到手不难于系，而难在“系而复还”，而且牵引到“徒令千载之下，增才人无限悲感”，这简直是借题发挥之见，实在非常有趣！至于宋宗元《网师园唐诗笺》也对时人摘取“系”字作为谴责点不能苟同。其云：

> 他镇幕府郓帅李师道（按：应作李师古）以书币聘之故，作是诗以却。有谓其词义失节妇之旨者，窃不以为然。妇未嫁时，则人尽夫耳，垂泪还珠，用心亦正如日月，至或又摘其“系”字为訾，尤拘腐之论，若然，则柳下坐怀当何说以解？②

按：宋宗元认为此妇如在未嫁之时，任何人尽可为其夫婿；然而既为有夫之妇，则其还珠之举，用心亦如明月，颇堪称许，无可指摘。所以，如论者独摘“系”字，则属“拘腐之论”。此种意见当然值得欣赏，只可惜宋宗元并未针对节妇之“主体自由”，有所称扬，仍以“柳下惠坐怀不乱”的传统角度加以批驳，使其说亦不能免于“拘腐”。

---

① 详见余恕诚、徐礼节：《张籍集系年校注》，中华书局，2011年版，第62页引。
② 同上。

六 结语

张籍生前以乐府歌行享誉元和、长庆以至太和诗坛，获致时人肯定。并以“流荡之歌行”，厕身“元和体”之林，成为时人学习的对象。元和文坛主盟人物韩愈、白居易之奖誉推许，应是主因。虽然这些交往酬赠之作，起初是建基在理念相近或师友情谊之上，然而，也开展出张籍诗之评论议题。白居易对于张籍乐府诗之推崇，除了使张籍享有极大的知名度，连带影响后世论者将批评对象大幅集中于张籍之乐府诗。

晚唐张为、南唐张洎对于张籍之体派关系所作的记录，启发了后世论者注意张籍之律诗作品；明、清论者，更进一步讨论到“晚唐律诗两派”之归属。清代乾隆、嘉庆年间，高密诗人李怀民作《重订中晚唐诗主客图》，称量贞元以后近体诗，确认为两派，一派张水部，一派贾长江。李怀民认为张籍诗“天然朗丽，不事雕镂”，以张籍为主，名之曰“清真雅正”，而以朱庆馀、王建、于鹄等 16 人为客；至于另一派，以贾岛为主，诗风力求险奥、不吝心思，名之曰“清奇僻苦”，而以李洞、周贺、喻凫、曹松等 14 人为客。就李怀民之评比，可以说张籍历史地位，已达高峰。

两宋文人对于张籍诗，展开细密之阐析。同时也逐渐使张籍乐府诗成为乐府之“经典”。“摘句批评”虽非宋人所创，但如葛立方、曾季貍、黄彻、尤袤、许顗均在诗话著作中摘取相当数量之诗句，作为论断诗人依据。此种批评亦方式行于张籍，对明清诗话作者，颇有启发。

明清以来，论诗方法更多，心胸更为开阔。前代所有评论张籍之议题，皆被反复参研；其论述规模、论析方式更为圆熟深化。总体而言，论者对批评议题之开发，委实功不可没。

明清对于《节妇吟》之批评，虽非针对文学角度立言，却展开丰富的诠释议题。当代学界，更有一些专文论及《节妇吟》，关涉到的诠释议题涵盖“节妇”“代言”“比兴”“文本误读与歧义”“伦理焦虑”等等，都是承继明清论者而来。一首诗能长期受到诗评家之注目，引发不同面向之讨论，其本身便是一种奇观，也是张籍诗歌高度成就之明证。

《祖堂集》叙事的戏剧性探微

张胜珍

史传是叙事的艺术，其叙事往往注重戏剧性，中国早期史传作品中的戏剧性实例俯拾皆是，如《左传》中赵盾和晋灵公的故事等[①]，《史记》中有着“戏剧化的情节”[②]。佛教僧徒创作僧传之际也吸取了先人的经验，如《高僧传》在叙事中注入了戏剧性的因素[③]，所以该书赢得了很高的声誉，被后世学者屡屡称誉，朱东润先生说：“中国的几部高僧传，特别是最初的那一部，写得非常生动沉着，但是大家注意很少。”[④]英国中国史专家崔瑞德说：“事实上，寺庙维系着一种传记写作的传统，它负起了用中文撰写某些最好作品的责任。”[⑤]

《祖堂集》是现存最早的禅宗史书，虽以记述禅师传授禅法的语录为主，但是它以人物传记的形式记述禅宗历代祖师事迹。作为一部“人物传记”，该传有关禅师生平履历的叙事颇具特色，继承了前代史传作品叙事的戏剧性特征。笔者以此为题，展开探讨。

一

戏剧的基本要素是语言和动作。《祖堂集》是以记述禅师传法语句为主，所以在叙事方面发挥了语言的最大功能；在这一点上和戏剧的语言表现人物内心的特点不谋而合，所以在挖掘语言的能动性上，《祖堂集》的叙事呈现出鲜明的

---

① [美]王靖宇：《中国早期叙事文研究》，上海古籍出版社，2003 年版，第 35 页。

② 司马迁著，韩兆琦选注：《史记》，江西人民出版社，1982 年版，前言，第 3 页。

③ 富世平：《〈高僧传〉文学性初论》，《西南民族大学学报》2007 年第 4 期，第 86 页。

④ 朱东润：《漫谈传记文学》，《文史知识》1983 年第 12 期，第 18 页。

⑤ [英]崔瑞德：《中国的传记写作》，《史学史研究》1985 年第 3 期，第 79 页。

戏剧性特征，试看"磨砖作镜"的故事：

> 马和尚（马祖）在一处坐，让（怀让）和尚将砖去面前石上磨。马师问："作什么？"师曰："磨砖作镜。"马师曰："磨砖岂得成镜？"师曰："磨砖尚不成镜，坐禅岂得成佛也？"[①]

此例中，怀让禅师开悟弟子马祖，并没有采用传统的长篇大论的正面宣示方式，而是非常巧妙地用一个磨砖的动作，引发马祖的疑问，然后就势引导，用反问打破马祖对坐禅的执着。一个简单的动作，四句简短的对话，就形成了强烈的戏剧张力和效果，把动作和语言的戏剧功能发挥到了极限，使得该故事颇具看点，并因其生动简便流传丛林，成为著名的禅宗公案。

如果说"磨砖作镜"的故事有刻意为之的话，那么"犹持瓦砾"的故事则显得更加随意而水到渠成：

> 师（行思）问神会："汝从何方而来？"对曰："从曹溪来。"师曰："将得何物来？"会遂震身而示。师曰："犹持瓦砾在。"会曰："和尚此间莫有真金与人不？"师曰："设使有，与汝向什么处著？"[②]

此例中，青原行思禅师勘验同门神会的方式更加随意和自然，他靠询问对方师传的家常口吻和神会展开对话，然后借机勘验，最后用反问之语反戈一击，终使神会彻悟：本来自性，了无一物，无须带来。六句简单的话语夹杂着一个看似悟道实则并未彻悟的隐含着极大禅机的肢体语言，就形成了一个随意而普通的戏剧故事，最大程度地发挥了戏剧的语言功能，该故事也因之而盛传丛林，成为著名的禅宗公案。

高尔基在《论剧本》中指出："剧本要求每个剧中人物用自己的语言和行动来表现自己的特征，而不用作者提示。"[③]上述两则故事就是借用语言、动作、体势来

---

① 静、筠禅僧编，张华点校：《祖堂集》，中州古籍出版社，2001年版，第134页。

② 同上，第106页。

③ ［俄］高尔基等著，孟昌等译：《论剧作家的劳动》，中国戏剧出版社，1959年版，第3页。

刻画人物形象的，在简单的故事情节中刻画了四个性格迥然不同的禅师形象：怀让禅师聪明机智，咄咄逼人；行思禅师深情绵密，循循善诱；马祖固执保守，神会孤傲清高。

同一个人物，“磨砖作镜”中的马祖固执保守、因循守旧，“一口吸尽西江水”中的马祖则显得幽默、风趣、怪诞，点化弟子的方式极其高明，充满智慧而不落言筌，超拔流俗，这时的他已成长为一代宗师，比之乃师怀让有过之而无不及。关于这个故事前因后果的记述极其简单：

庞居士嗣马大师。居士生自衡阳。

因问马大师：“不与万法为侣者，是什么人？”马师云：“待居士一口吸尽西江水，我则为你说。”居士便大悟。便去库头借笔砚，造偈曰：“十方同一会，各各学无为。此是选佛处，心空及第归。”

而乃驻留参承，一二载间，遂不变儒形，心游像外。旷情而行符真趣，浑迹而卓越人间。实玄学之儒流，乃在家之菩萨。[①]

在这里，马祖的形象就是靠一句话来刻画的，从此这句话成为禅僧逼迫学人斩断情执，犹如当头棒喝，使学人当下即悟的公案，马祖也因之著称于禅林。

二

戏剧的生命在于冲突，没有冲突就没有戏剧。戏剧冲突越强烈，戏剧性越强。戏剧冲突不仅指人物之间外在一般性的生活冲突和社会冲突，更主要是指人物自身以及人物之间展开不同欲望、不同激情的性格、心理冲突。这种性格冲突、心理冲突不仅改变了人物原有的处境、关系和秩序，凸显了人物的精神面貌和性格特征，揭示出具有普遍意义的社会问题。性格、心理冲突是戏剧冲突的核心所在。

石巩慧藏和尚出家的经过就是一段剑拔弩张的戏剧冲突：

---

① 静、筠禅僧编，张华点校：《祖堂集》，中州古籍出版社，2001年版，第527页。

未出家时，趁鹿，从马大师庵前过，问："和尚还见我鹿过么?"马大师云："汝是什么人？"对云："我是猎人。"马师云："汝解射否？"对云："解射。"马师云："一箭射几个？"对曰："一箭射一个。"马师云："汝浑不解射。"进曰："和尚莫是解射不？"马师云："我解射。"进云："一箭射几个？"马师云："一箭射一群。"师云："彼此生命，何得射他？"[马]师云："汝既如此，何不自射？"师曰："若教某甲自射，无下手处。"[马]师云："者汉无明烦恼一时顿消！"师当时拗折弓箭，将刀截发，投师出家。①

猎人以杀生为业，佛教徒戒杀生以慈悲为怀，二人是戏剧中典型的对立方，马祖和尚要劝猎人向善，这就形成此故事的矛盾冲突。马祖解决这一矛盾没有采用激烈的方式，而是顺水推舟，采用引君入瓮的方式将对立双方的矛盾化解，最后石巩和尚在马祖的劝解和引导下烦恼尽消，毅然出家向善。

如果说上述例子是出家人和在家人因观念不同而引起的性格冲突，那么下面一则故事则传神地刻画出两个出家人的心理矛盾与冲突：

师与邓隐峰刈草次，见蛇。师过锹子与隐峰，隐峰接锹子了，怕，不敢下手。师却拈锹子截作两段，谓隐峰曰："生死尚未过得，学什么佛法？"②

"怕，不敢下手"短短五个字就传神地刻画出了一个出家人的心理矛盾：面对蛇这种经常攻击人的凶兽时的紧张心理和心存不忍的犹豫情怀(出家人以慈悲为怀，戒杀生，这种犹豫更多一些)。这种心理矛盾也是戏剧冲突的一种，不敢斩蛇的犹豫行为又为石头和尚的斩断蛇身埋下伏笔。正在邓隐峰禅师犹豫不决之际，石头和尚毅然拈起锹子将蛇斩作两段，并抛下掷地有声的一句话：出家人应该看破生死，斩断情执，方能真正的修行佛法。激烈的心理矛盾冲突，以及冲突的消释，使得这段故事具有从矛盾求统一、借冲突表和谐的戏剧趣味，给予读者以极大的艺术震撼力。南宗禅人胆泼辣的禅风于此亦可见一斑。

① 静、筠禅僧编，张华点校：《祖堂集》，中州古籍出版社，2001年版，第480页。
② 同上，第142页。

两个故事都是围绕“杀生——不杀生”的矛盾展开，同为出家人，马祖劝猎人抛弃杀生向善，而石头和尚却敢破“不杀生”的戒律。这就是《祖堂集》叙事的高超之处：相同的矛盾一旦处在不同的情境之下，却能刻画出人物的不同心理，对众生的不同态度，禅解的高下，因此也产生了截然不同的戏剧效果。马祖——猎人，是出家和在家的矛盾，而邓隐峰——石头和尚则是执着于情执和斩断情执的矛盾。接受者不得不佩服《祖堂集》的作者在叙事上的功力和手法的老道。

三

戏剧情境是戏剧冲突和人物动作语言赖以产生的总体背景和规定情境。在某种意义上说，戏剧情境比戏剧冲突更有力地决定一出戏是否具有戏剧性。戏剧情境的主要构成因素，包括具体的环境——剧中人物活动的具体的时空环境、特定的情况——事件、特定的人物关系[①]。

佛教禅宗修行的目的是顿悟自性，然顿悟需要一定的时节因缘，禅者顿悟自性的瞬间称为开悟，《祖堂集》中记载了一些禅师开悟及开悟的情境。

灵云禅师睹桃花悟道的故事颇具代表性，《祖堂集》卷十九记载了其开悟的情境：

> 闻其示教，昼夜亡疲，如丧考妣，莫能为喻。偶睹春时花蕊繁花，忽然发悟，喜不自胜。乃作一偈曰：“三十年来寻剑客，几逢花发几抽枝。自从一见桃花后，直至如今更不疑。”因白沩山和尚，说其悟旨。沩山曰：“从缘悟达，永无退失。汝今既尔，善自护持。”[②]

灵云拜于沩山门下，迟迟不能开悟，“如丧考妣”传神地刻画出灵云的焦虑心理，某天当他置身于繁花似锦的桃花林中，随即开悟，喜上眉梢。师长的教诲，弟子不能悟道的焦虑心理，繁花似锦的桃花林，构成了一个开悟故事，形成了灵云开悟的戏剧情境。在这个戏剧情境中作者重点刻画了禅师由焦虑转为喜悦的

① 谭霈生：《论戏剧性》，北京大学出版社，2009年版，第124页。
② 静、筠禅僧编，张华点校：《祖堂集》，中州古籍出版社，2001年版，第629页。

心理,出场人物虽然不多,但是心理刻画却极为成功,境由心发,情与景会,机缘巧合,禅师开悟的过程竟然如此自然而又水到渠成,构成一幅禅师开悟的美妙戏剧情境。

如果说灵云开悟的戏剧情境比较简略和单一的话,那么香严智闲禅师"掷瓦悟道"的开悟故事情境则显得更加完整和复杂:

身方七尺,博闻利辩,才学无当。在沩山众中时,击论玄猷,时称禅匠。前后数数扣击沩山,问难对答如流。沩山深知其浮学,未达根本,而未能制其词辩。

沩山问曰:"汝从前所有学解,以眼耳于他人见闻,及经卷册子上记得来者,吾不问汝。汝初从父母胞胎中出,未识东西时本分事,汝试道一句来,吾要记汝。"师从兹无对,低头良久。更进数言,沩山皆不纳之。遂请为道,沩山云:"吾道不当,汝自道得,是汝眼目。"师遂归堂中,遍检册子,亦无一言可对。遂一时烬之,有学人近前取,师云:"我一生来被他带累,汝更要之,奚为?"并不与之,一时烬矣。师曰:"此生不学佛法。余自生来谓无有当,今日被沩山一扑净尽。且作一个长行粥饭僧过一生。"遂礼辞沩山,两泪出门。因到香严山忠国师遗迹,栖心憩泊。并除草木本散心。因击掷瓦砾次,失笑,因而大悟。乃作偈曰:一挃忘所知,更不自修持。处处无踪迹,声色外威仪。十方达道者,咸言上上机。①

沩山的发问,香严的窘迫,焚烧经卷,含泪离去,掷瓦悟道,二人往来对话引发了一系列故事情节,远比"灵云悟道"复杂曲折得多,这些故事情节构成了一个完整的戏剧情境:有对话,有动作,还有对话和动作暗示的心理、感情、思想(低头良久,一时烬之,含泪出门,失笑等),场面完整,场次较多,把一个才学无当没有彻悟的禅僧形象刻画的惟妙惟肖,入木三分。

《祖堂集》中关于禅师开悟的戏剧情境描写还有洞山良价睹水影悟道的故事:

---

① 同226页注②,第615、616页。

师临迁化时，洞山问："和尚百年后，有人还邈得师真也无？向他作么生道？"师云："但向他道，只这个汉是。"洞山沉吟底，师云："此一著子，莽卤吞不过，千生万劫林。阇梨瞥起，草深一丈，况乃有言？"师见洞山沉吟底，欲得说破衷情，洞山云："启师：不用说破，但不失人身。"为此事相著。

师迁化后，过大相斋，共师伯欲往沩山。直到潭州，过大溪次，师伯先过，洞山离这岸，来到彼岸时，临水睹影，大省前事，颜色变异，呵呵底笑。师伯问："师侄有什么事？"洞山曰："启师伯：得个先师从容之力。"师伯云："若与么，须得有语。"洞山便造偈曰：切忌随他觅，迢迢与我疏。我今独自往，处处得逢渠。渠今正是我，我今不是渠，应须与么会，方得契如如。①

再看《景德传灯录》有关洞山悟道的情境：

遂辞云岩。云岩曰："什么处去？"师（洞山）曰："虽离和尚未卜所止。"曰："莫湖南去？"师曰："无。"曰："莫归乡去？"师曰："无。早晚却来。"师曰："待和尚有住处即来。"曰："自此一去难得相见。"师曰："难得不相见。"又问云岩："和尚百年后忽有人问还貌得师真不，如何祇对？"云岩曰："但向伊道只这个是。"师良久。云岩曰："承当这个事，大须审细。"师犹涉疑。后因过水睹影，大悟前旨。因有一偈曰：切忌从他觅，迢迢与我疏。我今独自往，处处得逢渠。渠今正是我，我今不是渠，应须恁么会，方得契如如。②

二者相较可知，《祖堂集》在洞山悟道的叙事上更注重事件的完整性，而《景德传灯录》则简略许多。《祖堂集》中人物的心理刻画尤为引人注意，第一个"沉吟底"刻画出洞山对乃师的禅语不接，当其师欲向他说破禅语之意时，洞山则告诉沩山，他想自悟，"不用说破，但不失人身"传达出一个禅门高僧的要强心理。沩山寂灭后，洞山和诗伯同去沩山，经过溪水，看到自己在水中的倒影时，恍然大悟，终于明白沩山所说的"师真"也就是自身的佛性，自性的顿悟无须向外驰求，所以他"颜色变异，呵呵底笑"，传神地刻画出洞山悟道的心理变化。从叙事学的角度

① 静、筠禅僧编，张华点校：《祖堂集》，中州古籍出版社，2001年版，第180、181页。
② 道原：《景德传灯录》，载《大正新修大藏经》，台北佛陀教育基金会，1990年版，第51卷，第321页下。

来看,《祖堂集》在这段的记述是远胜于《景德传灯录》的,洞山悟道的情境更加完整、曲折、详细,同时兼具人物心理活动,所以它的戏剧性也就更加强烈。

禅师悟道的情境构成了典型的戏剧情境,在开悟之前总是有一定的故事情节,大都围绕着没有悟道来描写,开悟之际总是有具体的时空背景,在这个特殊的环境中禅师忽然开悟,心扉洞彻,豁然开朗。

四

现实生活是丰富多彩的，出家人的生活折射出了修道者的不同生活状态。戏剧艺术是现实生活的集中、概括、提炼、升华,更是千姿百态,色彩缤纷。戏剧一般根据戏剧冲突的性质分为悲剧、喜剧和正剧等。在《祖堂集》中我们常常可以欣赏到滑稽幽默的喜剧。

如上述“灵云悟道”的故事就是一幕耐人寻味的喜剧,同样“磨砖作镜”的故事,也是一部颇具讽刺效果和幽默意味的喜剧。禅师开悟弟子不用长篇大论的解说,而是使用一个具有滑稽意味的“磨砖”动作去点拨弟子,这个动作本身看似与悟道无关,实则蕴涵着比喻的幽默意味,“磨砖尚不成镜,坐禅岂得成佛”,出家人只有体悟自性清净,方是彻悟。

禅宗师徒之间发生了许多幽默的小故事，这些小故事往往以打破传统、蔑视权威的精神彰显南宗禅的反叛特征，同时也表现出禅师在悟道方式上的夸张、滑稽。如敢于烧木佛的丹霞天然禅师就是一个不同于佛教流俗的“叛逆者”:

石头大师明晨欲与落发,今夜童行参时,大师曰:“佛殿前一搭草,明晨粥后刈却来。”晨,诸童行,竞持锹锄,唯有师独持刀水,于大师前跪拜揩洗。大师笑而剃发。师有顶峰突然而起,大师按之曰:“天然矣。”落发既毕,师礼谢度,兼谢名。大师曰:“吾赐汝何名?”师曰:“和尚岂不曰‘天然’耶?”石头甚奇之。乃为略说法要,师便掩耳云:“太多也!”和尚云:“汝试作用看。”师遂骑圣僧头。大师云:“这阿师!他后打破泥龛塑像去。”①

① 静、筠禅僧编,张华点校:《祖堂集》,中州古籍出版社,2001年版,第146页。童:指丹霞。

第二天，当众人拿着铁锹、锄头准备锄草时，只有丹霞禅师与众不同，端来了一盆水，这个带有幽默情趣的举动显示出丹霞禅师的独具慧根，随即得到石头禅师的肯定，为其剃发。后石头为他“略说法要”，他竟然敢骑在圣僧头上，这一举动比之前更加大胆狂妄，颇具夸张意味，产生了明显的讽刺效果，当别的学人执着于泥塑木雕，甚至于说法的时候，他就已经能够见到内在的清净自性，所以他用“骑圣僧头”的滑稽行为向众人和石头大师印证了自己的禅解，既风趣又幽默，这难道不是一出带有黑色幽默的滑稽剧吗？令人发笑，引人深思，难怪被石头称赞“这阿师！他后打破泥龛塑像去”，所以丹霞日后的“烧木佛”行为也就不足为怪。

禅师可以用骑圣僧、烧木佛的行为彰显自己对佛禅的看法，同样也可以用棒喝的狂妄行为开悟弟子，如著名的“德山棒、临济喝”就是例证。

钦山问：“天皇也与么，未审德山作么生道？”师曰：“试举天皇、龙潭看。”钦山礼拜，师乃打之。①

师有时谓众云：“山僧分明向你道，五阴身田内有无位真人，堂堂露现，无毫发许间隔，何不识取？”时有僧问：“如何是无位真人？”师便打之，云：“无位真人是什么不净之物？”②

一行棒，一行喝，用带有戏谑意味的大胆之举开悟弟子，确实是禅宗不同于传统佛教的开悟学人的方式，而这种师徒间的“询问——棒(喝)”方式构成了一幕极夸张又诙谐的喜剧，产生了引人深思的喜剧效果。

行为上的大胆幽默可以产生喜剧效果，同样语言上的与众不同，也可以令人发笑，如著名“柏树子”公案：

问：“柏树子还有佛性也无？”师云：“有。”僧云：“几时成佛？”师云：“待虚空落地。”僧云：“虚空几时落地？”师云：“待柏树成佛。”③

---

① 同229页注①，第199页。师：德山宣鉴。
② 同上，第633页。师：临济义玄。
③ 同上，第589页。

当学人向赵州和尚询问柏树有没有佛性时,赵州和尚则用循环往复的绕路说禅言说方式打断弟子的情执,逼迫他自己悟道。师徒二人的对话构成了一幕轻喜剧。

禅宗发展到一定阶段,禅师说法的形式多样,除却言说方式的多样性外,还采取了一些沉默、体势等其他方式,特别是沉默,阅读者乍见则以为是师徒二人在表演哑剧。如:

> 百丈在泐潭推车次,师问:"车在这里,牛在什么处?"百丈以手斫额,师以手拭目。①

见到百丈怀海推车,耽源和尚就问他,牛在何处?而百丈和尚用手砍额头示意,耽源和尚立即知道自己犯了一个大错,随即用一个悔恨的"拭目"擦泪动作表明自己的悔意。两个看似普通的动作构成了一幕哑剧,唯有剧中人知道其中的玄妙禅机。

五

对于禅宗和戏剧的关系,前辈学者也早已探索过,如王季思先生《打诨、参禅与江西诗派》一文指出禅宗与戏剧之打诨有相似之处。后来周裕锴、康保成都曾论及戏剧打诨与禅宗机语之关系②。但是这些论述多重在禅宗语言和戏剧的关系,但《祖堂集》作为禅宗史书,它在"人物传记"的叙事上也极具戏剧性,这就是本文的写作目的。通过上文的探讨,我们可以归纳出以下几点意见:

第一,在《祖堂集》的禅师行传中含有相当数量的具有戏剧性的叙事片段,这些片断使得《祖堂集》这部禅宗史著所刻画的禅师形象更加贴近出家人的现

---

① 静、筠禅僧编,张华点校:《祖堂集》,中州古籍出版社,2001年版,第146页。第142页。

② 见王季思:《打诨、参禅与江西诗派》,《玉轮轩古典文学论集》,中华书局,1982年版,第334—338页;周裕锴:《禅宗语言》,浙江人民出版社,1999年版,第304—312页;康保成:《"竿木随身,逢场作戏"——禅宗仪式中的戏剧因素探析》,《中山大学学报》(社科版),2001年第2期,第30—37页。

实生活，反映出出家人生活中的矛盾与斗争，更辩证、深刻地表现出禅师充满戏剧性的人生经验。

第二，《祖堂集》中具有戏剧性的叙事片段，能够充分展示戏剧情境，表现禅师悟道的感情波澜，刻画禅师的内心活动，塑造人物形象，这些叙事片段的存在大大拓展了《祖堂集》的文学价值。

第三，《祖堂集》叙事的戏剧性表现，不仅继承了中国史传的光荣传统，而且还充分拓展了以记言为主的佛教史传的文学价值，增强了此类著作的文学魅力（如《景德传灯录》《五灯会元》等）。

第四，从应用的角度看，《祖堂集》这部经典包含着许多具有启发意义的禅宗小故事，这些故事不仅具有宗教价值，而且还具有很强的世俗教育价值，如“磨砖作镜”等。如果动画编剧能够深入研读这些禅宗故事，不妨也可以从中寻求一些具有世俗教育价值、幽默夸张、寓意深刻、表现力强的小故事作为动画题材，创作出像《三个和尚》这样经典的动画电影来，这样就大大拓展了禅宗灯史乃至禅宗的普世价值。

中日佛教文化交流两题

张 总　林疏影

由于笔者近年从事于佛教史中三阶教专题研究，对地藏菩萨的研讨也历时多年。本文分两个专题，即中日佛教文化交流史上的三阶教与地藏文化。

一　日本所传的三阶教情况

据有关学者考察，自 8 世纪起一直到 13 世纪，日本和韩国都有三阶教传入的痕迹。具体论来，主要只是涉及三阶教经典、疏解、流传、抄录的一些情况。三阶教本身的存在流传与发展，还不能明了。日本僧人释解研究中国高僧净土宗论著，最主要是探究怀感的《释净土群疑论》。如道忠曾作《释净土群疑论探要记》，其中关于三阶教及批驳等内容，具有相当大的分量。此外，日本僧人对中国佛教宗派的流传也有研究论考，从古至今，由凝然到近现代，其论述对中国也颇有影响，所以这一点也值得关注。

(一)日本存传的三阶教经典

日本存有不少历史悠久的寺庙，古寺中珍藏了一些稀见的古写本，其中就有三阶教典籍部分。如法隆寺所藏古写本、东大寺正仓院中著名的圣语藏，还有兴圣寺所存及七寺新见的三阶教经卷。

1.法隆寺

法隆寺又称斑鸠寺，位于日本奈良县生驹郡斑鸠町，据传始建于 607 年，是圣德太子于飞鸟时代所造的木结构佛寺。法隆寺内保存着飞鸟时代以来的各种建筑及文物珍宝，被指定为“国宝·重要文化财产”的文物，就有 190 种，合计

2300多件。

法隆寺的善本古写经中有“法隆寺一切经”890卷,(内有敦煌本《附法传》残卷),其中就有四卷本《三阶佛法》的卷一与卷二。

2.正仓院

日本华严宗大本山东大寺,又称大华严寺、金光明四天王护国寺等。位于平城京(今奈良)东,所以得名(另有西大寺),是南都七大寺之一。公元728年由圣武天皇建立,在全国有68所分寺。寺域广阔,规模宏大。伽蓝以大佛殿(金堂)为中心。有东、西七重塔;讲堂、三面僧房、食堂,戒坛院,正仓院;还有二月堂、羂索院(法华堂)、开山堂等。许多建筑及佛像、佛画都是建筑、美术史上的珍品,尤以奈良、镰仓时代佛像著名。中国唐代高僧鉴真曾在这里设坛授戒。

正仓院收藏的汉文典籍当以万计,仅庋藏佛教书籍的“圣语藏”、即8世纪到12世纪写本佛经中,就有隋代写经22卷,唐代写经221卷,宋版114卷,总数达4960卷之多。

“圣语藏”中的“天平(729—748)写经”,亦指奈良时代盛行的写经。日本奈良时代,由于国家保护佛教的政策及建东大寺等事,佛教盛极一时,写经亦大为流行,公私所立的写经处所相继设立[①]。

这批天平写经中有四卷本《三阶佛法》的卷二、卷三与卷四。其卷三开首部分有缺失。

此外,正仓院文书还及于一些三阶典籍的注疏文本。如天平十九年(747)十月九日写疏所解的《明三阶佛法》二卷,上下无轴。同年的《三阶律同(周)部》则有9卷之多。天平二十年(748)的经本则有《三阶律》3卷。此外还有天平十九年的《略明法界众生根机浅深法》一卷,无轴[②]。这几部经疏应是传入日本最早或现存最早的三阶典籍。矢吹指明这些典籍在日本抄传之时,上距信行逝去才150余年。此前必有三阶典籍输入,很可能与《贞元大藏经》有关[③]。

---

① 天平六年(735)左右,设置官制写经司,后改称写经所。在东大寺,将天平初期的“金光明寺写一切经所”与“福寿寺写一切经所”合并,而设立“东大寺写一切经所”。写经所内,有专门书写经卷的经师、校正写经正误的校正师,以及裱装经卷的装潢师、书写经题的题师、童子等。

② 据石田茂作:《写经所见奈良朝的佛教》,《奈良朝现在一切经疏目录》,第94页。西本《研究》188页、234页。看来这几种仅见目录之名。

③ 矢吹:《研究》,151页。

3.兴圣寺

兴圣寺在日本京都府宇治市的佛德山，属日本曹洞宗，由道元开创，为日本最早之禅寺。其前身原为深草乡谷口之旧极乐院，复建后改称观音导利院兴圣宝林寺。后因道元前往越前永平寺，寺遂荒废，故迁至现址，再度兴修。前临宇治川而与平等院相望，环境幽静。

兴圣寺写本一切经内有闻名遐迩的北宋惠昕本《坛经》及经本特别的《续高僧传》。中有三阶教经籍，即五卷本的《三阶佛法》，其卷一至卷五皆存，惟卷一与卷二、卷三[①]的开首部分有些缺失，其卷一所阙较多。

4.七寺本

日本名古屋市的七寺，藏有古本一切经。以前未受重视。由日本学者落合俊典与前往调查时，发现其古写本的珍贵价值，1991 年前后发表文章介绍。因此随后专门成立了“七寺古逸经典研究会”，由牧田谛亮监修、落合俊典编成《七寺古逸经典丛书》出版古写经的录文、释介(翻刻)与解题，分种类列多卷、陆续刊出[②]。

七寺的三阶教典籍即《三阶佛法》的第一卷、第二卷、第三卷、第四卷、第五卷。其中第三卷开首一部分、第五卷的开首有残毁。经过对勘，可知七寺本文字与兴圣寺本相近，属于兴圣寺本系统，其分卷为五。但第五卷实际上只是将前者的第四卷再分开而已[③]。此本已在《七寺古逸经典研究丛书》的第五卷中刊出[④]。由于七寺此本相对完整一些，兴圣寺本第三卷原缺的开首部分，可以借此补入 72 行。日本学者指明，由于七寺本的发现，可以将传入日本的《三阶佛法》相互补足缺失的部分。“……可以几乎复原了原书的全文。”[⑤]

由此对日本所传《三阶佛法》情况略作小结：日本寺庙古本《三阶佛法》在法

① 矢吹注为卷一二三四卷，前三卷有阙，且卷一多阙。西本：《研究》1998 年版。第 170 页注为卷一、卷二开首有缺。第 230 页注 63 注明圣语藏与兴圣寺本分卷的不同。但在后来《三阶教文献综叙》中，注兴圣寺本卷一与卷三开首有缺。见《藏外佛教文献》第 9 辑，宗教文化出版社，2003 年版，第 367 页。由此看来似乎兴圣寺本卷三开首缺残可能有误。但实际上是圣语藏本多阙，兴圣寺本少阙。七寺本卷三仍有阙。然而相互补充基本可以致全。

② 笔者获有《七寺古逸经典研究丛书》第二卷其之二，内刊《清净法行经》《净度三昧经》《大通方广经》《救护身命经》《头陀经》《安墓经》《招魂经》《观世音三昧经》《咒媚经》。大东出版社，1996 年版。

③ 见矢吹著作别篇，第 387 页。第四卷第三段之前，有第四卷与第五卷的标题。

④ 西本照真：《三阶佛法诸本的成立与流传》，载牧田谛亮监、落合俊典编：《七寺古逸经典研究丛书第五卷中国日本撰述经典(五)撰述书》，大东出版社，2000 年版。

⑤ 西本照真：《三阶教典籍综述》，《藏外佛教文献》第 9 辑，宗教文化出版社。

隆寺、东大寺圣语藏、兴圣寺与七寺皆有收藏。前三者披露或者说为人所知较早。1925年大屋德城曾经影印刊行了日本古本即前三寺所藏《三阶佛法》经籍[1]。后来又发现了七寺本，相互补阙，可有奈良、平安时代完本古《三阶佛法》。这些经本是敦煌写卷之外的珍本古抄经，且保存着三阶教的主要思想，可以与敦煌本《三阶佛法》详细比较勘对。可以得出该本较敦煌本更早的确切信息。因为兴圣寺本《三阶佛法》的卷五，具有明确的年代地址题记：开皇十二年撰于真寂寺。而七寺本亦有，虽然文字有残阙。从而也可以推知三阶教本身《三阶佛法》存在与发展演变的状况。还有一些疏解，反映出了日本僧人的部分看法。日本学者曾指出古寺所存写本一切寺的价值。依时代依次有奈良一切经、平安一切经、仓一切经[2]。而东大寺圣语藏即属最早的奈良一切经、而兴圣寺经本属平安一切经。总之，由日本所存最早的三阶经典，可以早至8世纪的平安抄经。日本古本抄经与疏解，说明8世纪时三阶典籍已传入日本，并且有一些研究阐说。但是具体的活动则付阙如，很难探知详情。一般而言，可以说并非必定有三阶教信徒的活动。

矢吹庆辉的《三阶教研究》中，曾对法隆、兴圣、东大寺古本进行了整理录文，还利用了道忠《释净土群疑论探要记》内《三阶集录》的引文，进行研考。由于下文即涉道忠"探要"，所以此稍述。

矢吹对日本所传《三阶佛法》的校录，第一卷以法隆寺本为底本，以开首稍有缺失的兴圣寺本、道忠《释净土群疑论探要记》参校。第二卷以法隆寺本为底本，以前稍有缺失的圣语藏本、兴圣寺本及道忠《探要记》中集录引文为校。第三卷以开首多阙的圣语藏本为底本，开首少阙的兴圣本、道忠《探要记》内引文为校本。第四卷亦以圣语藏本为底本，兴圣本与《探要记》引文为校本。当然，七寺本的校入，已是近几年之事了。由此可见，道忠《探要记》的引文多有分布，在日本《三阶佛法》整理中起到很大作用。

从矢吹校记之中可证《探要记》对《三阶集录》常引大段文字。如页眉条注说："一切第三阶佛法……一切三乘根机众生"800字。"七者明常……众生佛法"263字。如"《迦叶经》……大贼众生"173字。"佛灭度一千年已后……众生在"42字。"文当义当佛灭度……两种众生"210字。"尽乃至一人……第二大段内说唯"

---

① 大屋德城校定：《三阶佛法》，京都便利堂印刷所，1925年版。
② 落合俊典：《写本一切经的资料价值》，《世界宗教研究》，2000年第2期。

237 字。

还有一点即日本现代收藏的敦煌文书中，也有三阶教重要文献[①]。

二 继署疏评

日本佛教史上重名的僧人当在不少，譬如道忠，至少有三位重要僧人都叫道忠。其一是生活在奈良末期至平安初期律宗僧人道忠。曾追随中国唐代东渡的鉴真大师。其二是续撰了怀感怀晕的《释净土群疑论》，即《释净土群疑论》的道忠，其生平事迹均不详。其三是无著道忠，著有《禅林象器笺》，是重要的禅宗僧人。在此最重要的是第二位道忠。

天宝十二年(753)时 66 岁、双目失明的鉴真大师，历时 11 年、失败 5 次，经过千辛万苦，搭乘日本遣唐使藤原清河、吉备真备等人归国的船只，第六次东渡，终于成功抵岸。到达日本之后不久，鉴真就被尊崇为“传灯大法师”，在首都平城京(今奈良市)设立戒坛，首先为天皇、皇后、皇太子及公卿 430 余人授菩萨戒，又为包括众多高僧在内的 80 余名日本僧人重新授戒。这些僧人之中，就有从下野国的都贺郡专程赶来的大慈寺二世祖——道忠和尚。

《睿山大师传》内说道忠是“大唐鉴真和上，持戒第一弟子也。传法利生，常自为事，知识远志，助写大小经律论二千余卷”[②]。道忠为了传授菩萨戒，曾将人人称作菩萨而尊敬之。这一点确与三阶教依法华经常不轻菩萨行的特色，有些相似之处。但仅此事项，可能还不能算作日本的三阶教事迹。

道忠之后曾去东国，讲经说法，并创建了“慈光寺”或大慈寺[③]。道忠的弟子继任者广智和尚，曾为幼年的圆仁剃度。

(一)《释净土群疑论探要记》

13 世纪时有僧人道忠(？—1281)，著有《释净土群疑论探要记》。其卷六、卷

① 李盛铎卖至日本的敦煌写卷曾在兵库县的西尾家收藏，其中有一件三阶文书即《明诸经中对根起行发菩提心法》，与陕西淳化金川湾三阶教刻经窟中信行署名一经相同。这批遗书多年秘不示人。现在《杏雨书屋藏敦煌秘笈》已出版五册，中国国家图书馆有藏但仅有部分上架。

② 《比睿山大师传》，比睿山为日本天台宗大本山。

③ 大慈寺与慈光寺，似为一寺。

七之中[①]，不但配合怀感批驳三阶教之说，更重要的是对三阶教本身，作了相当详备的介绍。其引用注入的相关材料不少，不但引用三阶教典籍《三阶集录》，还介绍信行生平并加评价，载明了《贞元录》中存有三阶教籍状况，还用到法藏《华严五教章》的内容、新罗僧人璟兴对《无量寿经连义疏文赞》等。总之，道忠《探要记》的最大特点，并不在于对怀感批判的再阐释，而是对于三阶教本身有相当详细且系统的介绍与解说，其个别情况，如信行生平中的佛灭纪年，值得特加注意。这种情况本身就说明了三阶教在日本并无实践传承，而日本佛教界又愿意对三阶教有较详尽的了解。

1.信行与三阶

因《群疑论》对信行是四依菩萨说曾着力批判，所以《探要记》就此说作详细考释。四依有人、法、行三个方面。行是常乞食、头陀行、树下坐腐烂药。法是依法不依人、依智不依识、依义不依语、依了义经不依不了义经。人四依据经典又有不同说法等等，异说很多。《探要记》由此引出对信行禅师与三阶教的介绍，且从事相与理论两个方面来加以阐释介绍，即：先预辨行相，再随文别解。前者分五层，一明俗氏诞生、二明所依本宗、三所立三阶、四辨普别二法、五显谬解损自他失。后者随文解说部分，也有三层内容，一初至胜佛者；二质询如何能明禅师会同寿观两经而相违以至十念的说法；三为禅师又质难"至不言除"，还举禅师的问题以显今家义。

预辨行相的五层内中，一明俗氏诞生处：先用信行传记，讲其母祈佛得子、童年慈悲博经，并创教入京，寂灭下葬等生平事迹，附说费长房对其评价。

二明本宗则用《华严五教章》上，讲梁朝光宅寺法云以《法华经》牛羊鹿车和大白牛车为喻立四乘教。说信行依此立三乘教与一乘教。别解别行是由小乘趣到大乘。一乘则是普解普行、亦华严法门。所以判信行是法云之流徒。三所立三阶的篇幅就很大。先介绍贞元十六年(801)奉敕入藏《贞元录》的《三阶佛法》下有35部44卷。其中《三阶佛法》4卷，《法界众生根机浅深法》一卷为道忠所见所阅，其余39卷未见。《三阶佛法》中引用《涅槃》《佛藏》《华严》《思益》诸经达30余卷，但对其评价不高，所释义不似常轨，引《续传》，"引文解义与圣教一倍相

① 参见日本《净土宗全书》卷六，第279、299、306、313页。《释净土群疑论探要记》卷六、卷七。

违”。依所造《集录》及今论来列三阶学说。禅师以其三义寻教知是当根法门:一依时二约处三准人。引录大量三阶教籍《集录》中信行的说法、介绍三阶教基本观念。由《涅槃经》《大集经》说讲佛灭后一千年内是应实行第一第二阶佛法。佛灭一千年以后当第三阶佛法,唯行普真普正佛法。这里有一段涉及第三阶时段究竟佛灭千年、或千五百年等问题。即引《西方要诀》三阶宗约时机佛灭一千五百年后当修净业,而此处佛灭一千年后就为三阶了,不是有矛盾吗?回答说集录中多千年后为第三阶,是准正法千年像法后为第三阶,或者说一千五百年后第三阶,是据正法五百年说,末法以后为第三阶。或但五百年以后为第三阶,是据五法五百年,像法以后为第三阶。所以集录里说文当一切佛不能得度众生、义当佛灭度一千年或一千五百年以后如〈大方广十轮经〉所说……。如此等等,至少有三种以上年说法[①]。可知就第三阶的时间,三阶教并没有一个固定准确的说法。三阶教的机处,即一阶人利根处净土,二阶人破戒不破见处秽土,三阶人戒见俱破,当是秽土。此外引用集录很多。

四辨普别二法处,道忠说《三阶集录》内处处都是普别二法,但文义幽隐,须要综汇编排,才可明了。《集录》中有学三阶佛法廿四段、断恶修善解行等等。不堕爱憎不谤三宝、唯有纯益无有损坏,此普亦名生盲众生佛法。譬如生盲不分众色,普法于一佛乘、三佛乘不分是非,普能信仰。第一阶学一乘,第二阶学三乘是别法。一乘根机众生师卢舍那佛以普贤菩萨为上首用《华严经》等,三乘根机众生师释迦牟尼以地藏菩萨为上首用《十轮经》等。人分两位法启二门处净秽,“有大善知识信行禅师,混迹异生,参道贤圣,应居杂染,摧运恶时,属末法颓纲,慨邪正之纰缪。故于三藏教内独释此经,欲使学必依根法皆应病。以为时当末法、根被三乘,行以福德为大。”引西方要诀对三阶之驳。又解说“四乘”开合不同,大小菩萨合为三乘,开大菩萨另为一乘合为四乘。故经合说普信三乘,但信行属于光宅寺法云一流。故判第一阶别修一乘、第二阶别行三乘、第三阶普信四乘。

五显谬解失者,又分两个部分:一明依信感罪报;二明制教世所舍先。先明罪报:先引《自镜录》三神都福光寺僧某乙见信行变大蛇、身有千口、三阶僧徒俱

① 还有璟兴《连义疏文赞》举例说提婆达多被列为第三阶人,还有善星比丘的沉沦与常不轻菩萨的轻升。提婆达多与释迦佛应是同时代人,所以其三阶定义有不确。一般而言,末法时序是佛灭后五百年为正法第一阶、后五百年为像法第二阶,再后为末法第三阶。

往口中而不知所踪,意谓三阶教徒受信行欺骗。再说慈悲寺僧神昉,从小学十轮经,恪守三阶教义,勤学苦行,并教众生说不合诵大乘经,否则将坠地入地狱。神昉去世时,生身被地狱火烧,济法寺僧思简见此事。次明世舍者。引用智升《开元释教录》中所记,时三阶教信徒众多奉信行为教主,被认为是异教,阶开元敕断、费节《历代三宝记》开皇敕断、孝慈传,歧州三阶僧劝人不诵《法华经》而受打击。

2.续阐评介

随文别解是依从《群疑论》的怀感破斥三阶教的文字进行一些阐释。实际多集中在《无量寿经》与《观无量寿经》对五逆恶人能否往生净土的矛盾上。《群疑论》原为设问体,其驳三阶集中在两三方面。第一事即三阶教解释五逆谤法人能否入净土,认为《观经》所允往生者,是第二阶时人;《寿经》不允往生者,是第三阶时人。(因《无量寿经》与《观无量寿经》有矛盾,《寿经》说往生“惟除五逆人等”,但《观经》中却说,经十念、五逆恶人也可往生净土),彼时高僧大师意见纷纭。怀感总结为 15 家说,三阶教为第十四家。信行禅师对此之解释,为第二阶人可往生,第三阶人不能往生。

《探要记》对此也是加以归纳,将怀感的批驳归为三层。卷三开始到信行乃应胜佛处,说明禅师释两经除取本愿文有过减之失二又难若言至学者知焉明禅师会两经除取违经乃至十念之 言三禅师又难至不言除也还攀禅师难以显今家义《群疑论》说信行解释第二、三阶的五逆人不同,是太过与太减,失去经典旨意。经中所除只是特指一部分人。若说第二阶人亦造五逆,就太过份。若说第三阶人不造五逆,就太减省了。究竟是圣人法藏菩萨有误,还是信行凡人有错呢?只能二者取一。诸三阶师说唯除恶人就是唯除第三阶人,因为第三阶纯邪无正。怀感说这好像只能释太减之失,不能释太过之难。如谓观经特指下品下生之人就是解太过之难,也不对。弥陀发四十八愿在初心之前,释迦说十六观在成道之后,中间相隔无量劫,愿中如逢难菩萨怎么办?如说三阶人都是纯恶,那其已受地狱惩处业尽、或未犯罪恶之时,不是逆人,属于或算什么呢?信行再说三阶人可能没有犯恶但具有恶根动机。怀感说这也不能救太减,也不能全救太过。仅此一说就有 7 个不成立处。

《探要记》对其说加以精练简要:

下别广破,师破云:众生有三阶非圣教、故设有圣说。亦违自许第三阶人不行普法,有逆无逆皆不得生。若如所言,应说唯除第三阶而言除逆,唯有虚言故。

《探要记》没有详释怀感对信行的破难。但对怀感的十念说也加以中说。净土宗中《无量寿经》与《观无量寿经》有一重要区别,即前者说五逆恶人不能往生、后者说十念能往生净土。历来阐释有15家,怀感均总结评驳,于15家之外又倡十念说。怀感说一般人不具十念也得往生,五逆人须具足十念才能往生。其观点即:非五逆者于十念只要念了就行。五逆十恶者,十念中缺一不可。

《探要记》卷七,又讲十方诸佛授记、《大集经》五个五百年的功能等。

3.佛灭纪年

此文介绍信行状况,是依据《续高僧传》卷十六讲信行生平及传教状况。有趣的是其中加有一句佛灭纪年。即信行舍具足戒后,行为特异。所以四处远方的僧人大德都上门而诘问。信行的回答竟使听闻者莫不信受。《探要记》说此时为"隋初也,此年如来一千五百三十四年也"。此年代置在紧要处,即信行入京之前,有说明信行创立三阶教的时间之意,颇为重要。此说不见于道宣《续传信行》,经核查知其实际上来自《西方要诀科注》。西方要诀署为窥基,但科注者的名时皆不明,但其文中既说隋初佛灭1534年,又言唐初佛灭1240余年。所以其中情况要做些详考与说明。

北朝至隋唐期间,佛灭纪年关乎末法时序,有数种说法流行于当时。我国史籍原有释迦佛当我国周世之说,如佛当周昭、穆王(《周书异记》);佛当周庄、匡王(《鲁春秋》)等[①]。慧思大师《誓愿文》说其北魏延昌四年(515)出生时入末法82年(加上正法与像法1500年),时当佛灭1582年,至44岁时佛灭1625年。而造像刻经等实际佛事活动中又见一些说法。如山东洪顶山北齐河清年间(564年前后)摩崖有佛灭1620、1623年等说,应近同于慧思说。河南林县上官香造像则说佛灭1534年为东魏兴和四年(542)。房山云居寺静琬在贞观二年时却说佛灭已1575年,入末法75年。这些年代差别的确不一、差误各存。但其实质是将末法时序与

① 佛当周昭、穆王出《周书异记》,当庄匡出见《岁华丽记》。参见笔者《佛灭纪年再探》,《法源》2003年。

当时佛教活动结合起来。三阶教中这也恰是一个问题。因为其基本理论基石,是正、像、末法三个阶段。但此时序与当时现实联结,必须有说法。而现存三阶文献中只留一件相关敦煌文书——英藏 S.212 号《信行口集真如实观》,内说释迦生于甲申、殁于辛丑,至庚寅逾 273 年。此与末法千五百年阶段说差别过大。使人难以卒信。

道忠《探要记》加佛灭纪年于信行传中此句,与《西方要诀科注》完全一样。两者必为相互抄用。但道忠抄用《科注》的可能性较大。《西方要诀(释疑通规)》署为窥基,对三阶观点有五点反驳。《科注》于此对三阶教有个简要介绍,就说及信行舍戒当佛灭之年,对三阶基本情况也有个概说,但较道忠的介绍简要得多。讲三阶佛法为信行禅师之所立。人,集缘所述,(斯乃主于佛宗)亦万衢之一术也。"隋之初,佛灭后一千五百三十四年,盛行于世。开皇末岁,敕断不行。事见于《续高僧传》,凡立三阶佛法,成其三义,一依时,二约处,三淮人。"这里明确将三阶盛行之时,定在佛灭 1534 年,而敕断在开皇末。明明是盛衰一段跨度,却定格在佛灭某年。有一点不合常理。所以,尽管现在文献存留情况似乎道忠袭此,很可能并非如此,而是两者都另有来源。《科注》在解释《西方要诀》末段有"生居像季说",《科注》解释道:

> 大集月藏分云。我正法住五百年。像法住千年。依鲁春秋。当周匡王班四年壬子。佛般涅槃。从彼壬子。凡历一千二百四十有余年。今师传法。故云生居像季等也[①]。

这里的今师当指《要诀》作者窥基。生居像季即生在像法时代,据《大集经》正像末法时序说。而佛陀生灭是据三国谢承《后汉书》依《鲁春秋》所载日食对应佛诞而定[②],总之,由公元前 609 年周匡王四年佛灭,至今师窥基(632—682)传法,为 1240 余年。窥基若 40 岁(672)著此《要诀》则为佛灭 1249 年,此前 9 年范围内此说都确。但窥基出生前 50 年的开皇初,却是佛灭 1532 年了。依此文隋初

---

① 《卍续藏》61 册,第 116 页。1534 年,第 111 页。周匡王班,佛灭壬子年。
② 谢承《后汉书》依《岁华丽记》。参见汤用彤:《汉魏两晋南北朝佛教史》,中华书局,1983 年版,第 2 页。

开皇三年(583)佛灭亡上534年,至唐代窥基40岁时(672)佛灭反而减至1249年了,其间反差285年(原说精确度不够,笔者有推测)。当然,佛灭纪年说法较多,此两说所据不同,同在一文中较为奇怪。我们假定,此《要诀》的隋初三阶兴盛、在道忠说为信行舍戒时日的佛灭1534年,相当于开皇三年(583),由此做些相互比较,观察当时情况。

鲁迅辑石刻有河南汲县的东魏兴和四年(542)上官香造像,云其时为佛灭1625年。山东洪顶山摩崖刻经说当时佛灭1642年,旁有北齐河清四年(564)题铭。《科注》与《探要记》三阶系佛灭时约在隋初开皇三年(583)前后。如果将佛灭1500年定为末法起点,将当时相关的末法时序简列一表。

人物	当时		佛灭	入末法	末法起点	
上官香	北魏兴和四年	542	1625	125	北魏泰常二年	417
慧思	北魏延昌四年	515	1582	82	北魏泰常八年	423
僧安 *	北齐河清三年	564	1623	123	北魏神麚四年	431?
信行	北齐武平元年	570	273			
道忠信行	隋开皇三	584	1534	34	东魏武定七年	549
静琬	唐贞观二	628	1575	75	北齐天保二年	551
吉藏	?		1596	96	?	
元 念常					梁承圣元年	553

尽管《科注》与《探要记》说根据不明,如将其列入当时的诸说之中,却也较合乎规律。即慧思的说法为最早,前后一些说法多较其晚,且至隋唐时序更短而晚近了。笔者以前曾研究过末法时序,指出静琬说较慧思说迟两甲子。现道忠补说确与静琬之说很是接近,而且这是假定隋初为开皇三年所致的。如果将此时定在开皇五年,则两者可以完全吻合。

4.璟兴疏等

新罗入僧人璟兴,在法相宗门下学,曾作《无量寿经连义疏文赞》。此文在《探要记》也得较多引用,其中也有破斥信行之说。璟兴所驳仍在《无量寿经》与《观无量寿经》对五逆恶人能否生净土的矛盾上。对于两经此处不合,怀感总结说有15家阐释,而璟兴说“从昔会释自成百家”,随后璟兴一一破斥,但也不过15家左右。对三阶之说亦不例外。“有说除即第三阶造五逆者生即第二阶造逆者”即第二阶造逆者可生净土。第三阶造逆者除在之外。璟兴依例说“此亦不然”,反驳说“众生有三非圣教故。设有圣说亦违自许第三阶人不行普法有逆无逆皆不得生。若如所言应说唯除第三阶而言除逆唯有虚言故”。众生分三阶并非出自圣教。既使有圣说,也违反了信行自许的第三阶人不行普法,无论有逆行无逆行,都不得往生净土之说。若依信行的原则,应该是唯除第三阶众生不能往生净土。只说第三阶人仅有逆者除净土外,是虚言。璟兴的驳斥,是对信行说法的自相矛盾而实现的。其方式其实与怀感相似,但在具体说法上较为简要,也不尽相同。从文论述中可知,璟兴还批驳了两种说法,一种是一念念佛者除,二是十念念佛者生(净土)。怀感自身的十念之说,即五逆恶人必须要念足十念才能往生净土,无逆人不必念够十念也能往生,也此较为接近,但不是全一样。

关于末法传经情形,《无量寿经》说当来之世经道灭净,释迦正法五百年像法千年末法万年,所以释迦佛付嘱弥勒,唯此《无量寿经》仍存百年,众生值此皆可得度。璟兴则依《法住记》并《大涅槃经》讲佛性圣人先灭说,大阿罗汉住世传法,人寿增到七万岁时,阿罗汉所护舍利塔沉没地下,释迦正法才灭。届时《无量寿经》仍存世百年度人,何况现在闻法乎。

(二)《五教章通路记》

稍晚于道忠者有凝然,生活于 13 至 14 世纪间(1240—1321)(日本仁治元年至元亨元年,元亨元年(1321)凝然以 82 岁高龄逝世)。他是镰仓后期律僧、曾在东大寺随圆照受学,为著名的佛教史家。所著《八宗纲要》影响巨大,非常简明地阐说日本佛教宗派源流,当然也涉及其源头及传播。今天流行的中国佛教八宗说,与此有一定关系。清末杨仁山整理其说,成《八宗纲要钞》。只是其中小乘的俱舍与成实宗,重要性渐次被抹去。大乘的净土与禅宗,原来也有略说,后来大增了。

公元 1300 年时,凝然为法藏《华严五教章》作注,成《五教章通路记》50 卷,是解释五教章的重要代表作,影响至今。其中介绍三阶教并有评价。按《华严五

---

① 《五教章》流传日本之异本,据说是原稿本。作注者就有《指事记》6 卷,《问答钞》15 卷,《纂释》30 卷,《通路记》50 卷。

教章》本是法藏阐释华严宗判教观的重要著作。其传流过程中成唐、宋两种经本,并分存传于日本与中国。日本所传也称和本,约是唐末稿本。注者有四[①]。存中国的为宋本,作注者不少,重要者成宋四家之称[①]。

《五教章通路记》卷十三,有直接涉关三阶教的内容。主要是从判教角度而言的。因为《华严五教章》本来就是判教著作。华严宗特有的判教观,即将佛教分成小乘、大乘始、大乘终、顿教、圆教,共 5 种[②]。将《华严》列为最上圆熟之教。《通路记》所说其实与上述《探要记》也有关系。因为《探要记》中,依据《五教章》中光宅寺法云的四乘观,认为信行是其支流。也有三乘一乘之说。而《五教章通路记》对此有辩难。进一步提出了一些观点。

《通路记》先对三阶教也略有介绍。用费长房《三宝记》中几句话简要介绍信行与三阶。“制作非一,立三阶宗。判断圣教,约时就机。”还专门提及怀感对其的批判。“怀感法师,造净土群疑论七卷”,彼第三卷,一一破析。不许彼义,藏经之中。信行乃是隋代人,行如是之化忆断实无痊。言谓一乘三乘等者,此二教相。虽依光宅,而开合异。

这已具体指出,信行所说的三乘一乘,虽然依照了光宅寺法云说,但外延内涵已不同。有三一故,三乘一乘,各有三义。即成三对。

后代信行禅师依此宗立二谓一乘三乘。三乘者,即别解别行,及三乘差别,并先习小乘后趣大乘是也。一乘者谓普解普行,唯是一乘,亦华严法门及直进等是也[③]。这反映出信行三阶教的一乘三乘说。别解别行属于三乘教,从小乘趋向大乘。而普解普行属一乘教,与华严法门等相同相似。当然,华严诸家对信行之说,也并不认同。

18 世纪末的宽政三年(1791)时,南部基辨为《西方要决》真伪作辨解。或说引用三阶材料,经查实际上并无[④]。

---

① 道亭《义苑疏》十卷,观复之《析薪记》五卷,师会与善熹《焚薪记》两卷与《复古记》三卷,希迪之《集成记》五卷。

② 五教观始于杜顺,成于贤首,是唯就出世间之一教判定之。一小乘教,二大乘始教,三大乘终教,四顿教,五圆教也。五教章冠注上一曰:“至相智俨大师,亲承于杜顺和尚,显扬宗旨,弘传一乘。搜玄、十玄、孔目、问答、章疏非一,约就五教广立清范。(中略)贤首亲于智俨造此五教”。

③ 《华严一乘教义分齐章复古记》,宋沙门师会、善熹述。《卍续藏》58 册,第 202 页。

④ 《卍续藏》61 册,第 116 页。又有一说即次年增上寺宽写文亦涉三阶教,但无翔实材料。

三　地藏教

地藏信仰在中国与日本的佛教中，都占有较大的分量与地位。无论从经典与思想信仰及艺术等等方面，都有不少流传。地藏信仰初传日本，约在奈良(710—784)中后期，天平胜宝七年(755)《东大寺要录》中，与空藏成对出现了地藏之名。以虚空藏菩萨为天佛、地藏菩萨为地佛，延续到了平安初期的法会中。地藏信仰在日本佛教诸派——天台、真言、净土都有流行，但是最终最为民俗化，成为民间习俗中极为亲切的菩萨①，甚至可能超过了观音。无论对于儿童、妇女、老人，都有特定的法会祭事、造像安奉。种种民间故事流传，多种多样的菩萨事迹，特定的典籍，使得地藏菩萨的人间化现②，在日本得到相当充分的体现③。本文仅取几个线索加以略叙。

(一)化身泰山

传入日本的地藏菩萨，曾经是泰山府君。唐代遣使入华的高僧，慈觉大师圆仁，曾尊崇泰山府君，这已见于日本数种典籍与寺像遗迹。圆仁幼时即随上述鉴真弟子道忠传人——广智，出家于大慈寺。15岁入又比睿山师从最澄。最澄是入唐求法的大师，曾师山东泰山灵岩寺顺晓。日本承和五年即唐文宗开成三年(839)年他以请益僧身份来华，曾至山东登州赤山法华院先居9个月。《元亨释书》卷三“圆仁传”载其于此泰山府君神像前起誓“正法难逢，真师益难。山神愿加冥助，我归本土，当建禅宇。弘传心印毒”。8年后即唐会昌五年(845)返回时，又至登州赤山法华院等船，居停两年余，至大中元年(847)才归至日本，并携回泰山神像。返国后任日本天台宗比睿山延历寺主。贞观元年(864)临终时，以未为此像建祠为憾、付嘱弟子。延历寺四世座主安慧遵遗训，仁和四年购地建成。因神像由赤山请来，称为赤山大明神，其禅院称为“赤山

① 肖霞《在神圣与凡俗之间——对日本地藏菩萨信仰的文化思考》，《民俗研究》2002年2期。

② 凉译《大方广十轮经》即唐译《大乘大集地藏十轮经》中，有地藏菩萨变为帝王、婆罗门、善男信女、童子等44种化身之说，较观音菩萨的33化现更为广泛。

③ 日本地藏有安产、拔刺、取疠、替身、被缚、涂泥、取、流汗、白化等各身。最典型的特色是童子形地藏，是为夭折孩子的保护神，出于赛之河源信仰。

禅院"[①]。

与赤山明神合称的泰山府君在日本文化中不仅立稳脚跟，而且影响渐次扩大。天台"焰魔王天供"视同为阎魔王咒祭，并成天台宗的护法神，与素盏明尊、三轮名王、牛头天王等扶桑信仰及阴阳家、护花神使信仰结合。12世纪平安末期《今昔物语集》内有动人的故事：一位病重的高僧曾请安倍晴明前来救治，这位著名的阴阳道家曾将泰山神列阴阳道所祭的最高神。他看视后说道，高僧的病已很重，即使祭泰山亦很难挽回，除非有人愿意替其赴死，才可安返人间。就在此时此刻，竟有平时不引人注目的小和尚挺身而出，自愿贡献其生命。法会祭文焚献后，高僧病瘥得救，弟子毅然等死，竟也安然无恙。原来泰山神有感于师徒情深诚笃，佑其师徒共享天年。镰仓后期《源平盛衰记》中讲了纳言"樱待（町）"即滕原成范之事迹，他热爱樱花过甚，竟然祈求天照大神，祭祀泰山府君，使只有7天花期的樱花，盛开了28天！这个感人事迹，在世阿弥的能剧中，得到更充分的表达。泰山掌管生死，代表地藏菩萨的身份，也更明确。所以日本古典小说中曾言，本地的地藏菩萨，叫作泰山府君[②]！

平安、镰仓时期其阴阳道盛行，日本皇室与王公贵族极为尊崇泰山府君，桓武天皇开始郊祀泰山，京都郊野的泰山府君祀形成了宫廷秘祭、泰山府君神列入必祀众神。随后宫廷影响及于民间，武士阶层亦极崇泰山，七日至百日的"泰山府君祭"十分流行，还有较简略的"小泰山府君祭"，和歌作品也有谣曲（唐事能）名《泰山府君》，可见其形成风潮习俗，甚至樱花中也有品种称为《泰山府君》[③]。

追索圆仁入唐的巡礼日记[④]，其实我们看不到有关泰山府君的论述。但是可知其两至赤山法华院的情况。他入唐时先抵扬州，遣唐使赴京，僧人参拜名山却未获准，只得先停扬州。不得已乘使者船返国时，飓风漂舟至赤山法华院。其实

---

① 《续群书类丛》卷六十三，《俦城大明神缘起》载有圆仁遗言，"人唐法之日，奉为赤山神明誓发造禅院之愿。亦是为求法事无障碍也。而未果之……"

② 见《源平盛衰记》。实际上，泰山府君原在中国两汉时，早为冥界之神，已掌管生死。印度佛教传入后，与地狱罗观念结合，渐汇入地藏菩萨信仰之下。而日本信仰中，因泰山掌生死大权，而被视为地藏菩萨化身。其间的回旋，既感有趣又令人深思。

③ 泰山祭祀传入日本及拓展，参见周郢《泰山历史研究》《泰山文化与日本》，山东文艺出版社，1997年。

④ 白化文等《入唐求法巡礼行记校注》，花山文艺出版社，1992年。其220页注释"府君"，汉魏时因太守自辟僚属，称为府君。即封疆大吏，省级主官可称，唐代以后墓志中则普通男子多称"府君"。

这里新罗僧人较多,为何奉泰山神像并不明了[①]。从《圆仁传》所叙看来,对神像发弘愿,是为了求法请益能圆满完成,也是合理的,其所历艰险风波太多[②]。航海中遇风浪时,圆仁常祈住吉大神、海龙王、主船神等,住吉是日本航海保护神[③],可见其对民间信仰也不排斥。返国时圆仁又至此待船,所携回泰山神像是否原先所祈者,也还存疑。时逢唐武宗会昌灭法,须假还俗。到登州赤山时,发现这里灭佛程度很重,同于京城。法华院甚至不能住,只能住寺庄。虽有押衙新罗使张詠对其很好,甚至为之造船,仍未成行。最后走时极为仓促,赴海州又回赤山遇船才成行。原先存于译语人处的胎藏、金刚界大曼陀罗帧也被焚毁。圆仁返国所携圣教物品有详细清单,长安、五台及扬州等处所得,经论章疏等共 584 部,胎藏与金刚界大曼荼罗及诸尊坛样、舍利并高僧影真等 50 种。甚至还有五台山的土丸,但未提无泰山神像,或其不属佛像类未及详记[④]。

泰山府君信仰的发展,使其庙宇兴起,京都附近睿山横川一带较多。然而最著名望者仍是供奉圆仁携回尊像的洛北(京都左京区修学院)延历寺下院赤山禅院。此神曾得多位天皇增授神阶及拜诣赠物。据说此神为武将形如毗沙门天王,着红色战袍,戴高盔冠,两手分持弓箭。而《神社考》中说圆仁归国途遇风暴,有恶风吹至罗刹鬼国之险,该神戴笠披蓑,手持弓矢而护卫[⑤]。有趣的是。中国地藏十王中最后一位五道转轮王,是为武将形貌,其称谓有五道大神、将军及转轮王之变。其形在北魏太昌元年(532)樊奴子造像碑阴最早出现,以后卢舍那法界像也有类似形貌[⑥],四川唐宋摩崖、敦煌藏经洞绢画及壁绘中[⑦],均很普遍。而冥府十王

① 或由泰山信仰普及,或由在山东之故。《元和郡县图志》卷十(河南道)载泰山府君祠在(鱼台县)西十二里。不知何故此祠设在此县。

② 杨曾文《日本佛教史》介绍圆仁,亦据《慈觉大师传》,或出(圆亨释书》。浙江人民出版社,1995 年 118 页。

③ 日本大阪有非常古老的住吉神社。

④ 白化文等《入唐求法巡礼行记校注》,540—588 页都是携目录,550 页起是总结性目录。花山文艺出版社,1992 年。但从其所携物品种类看,有经典类,密宗绘画类,舍利甚至圣地土类。且似根本没有造像一类。

⑤ 王晓平《泰山府君与樱花》引《神社考》还说其神早现形与慈觉相约要到日本。

⑥ 美国弗利尔画廊藏隋代卢舍那法界像衣袍中有两神,与樊奴子碑阴的阎王与五道大神像基本可以对应。法国吉梅美术馆藏金铜卢舍那法界像,背后仍有掌轮回的大神在座。美国纳尔逊美术馆所藏一金铜像较小,其背后地狱部分亦有神掌管。松原三郎《中国佛教雕刻史研究》,吉川弘文馆,1961 年,图 638\639,图 460。

⑦ 四川绵阳北山院有晚唐中和二年(892)前后的地藏十王龛,五道转轮王戴盔披甲,为现知最早的十王像雕。附近资中、安岳亦有晚唐作品,安岳与大足则有五代作品。

中，连同七七斋泰山王在内九王都是文官形像。联系到掌管生死大权的中土原有信仰，经印度佛教的融入，增入地藏扩为十王，再到日本，又生转换，确是很有兴味的事实。不过僧人传输阴阳思想亦有先例[①]，有些说法也可能追加。总之，外来的佛教与传统的阴阳五行思想都从中国输入日本，在文化中留下重重的痕迹。

（二）《地藏十王经》

敦煌藏经洞发现《十王经》以后，在亚州文化圈流行的冥府十王民俗信仰可以说显现了源头，为逝去亲人做十斋日仪轨之据正是出此，即中土僧人的撰述。日本、中国、欧美都有学者从不同角度对此领课题进行过探讨。笔者也曾作《〈阎罗王授记〉经缀补研考》，厘明两种经本，文字本是最早形态，其首题多种多样，但尾题相同，均作《阎罗王授记经》。而加有图赞并署"成都府大圣慈寺沙门藏川述"的经本，尾题均作《佛说十王经》[②]。侯冲在此基础上提出，敦煌本可总称《十王经》，《佛说十王经》指图赞本，《阎罗王授记经》指文字本[③]。其实此前研究曾将此分为甲乙两种，但未从经题与署名方面给予明确的界定[④]。但是还有《地藏菩萨发心因缘十王经》，是传入日本以后的再创而成。这一点日本学者如塚本善隆、泉方璟等，已有明辨，景耀之《考信录》卷四，就认为此经是平安末期或镰仓初期，由日人据传本而撰述[⑤]。

但有学者对此混淆未明。台湾学者萧登福曾在《敦煌俗文学论丛》《道佛十王地狱说》等著[⑥]，将日本此经作为该经首要版本刊录。还认为是初唐高宗时前期形成、由藏川述出。笔者近读数文有所谓藏川撰述两种中土伪经[⑦]：讲累七斋的《十王经》和讲逆修斋的《生七经》，其源出仍在萧说。

萧登福说藏川作有《十王经》两种，分别简称为《预修十王经》和《地藏十王经》。对日本学者泉方璟、松本（应为塚本）善隆等以为《地藏十王经》是日本佛徒

---

① 阴阳思想的传入日本，先有一些五经博士等，而推古朝时，百济僧人观勤带来大量的术数书图，历本、天文，地理书，遁甲方术书等，起到重要作用。

② 张总《〈阎罗王授记经〉缀补研考》，《敦煌吐鲁番研究》六册，北京大学出版社，2000 年。

③ 侯冲《中国佛教仪式研究》，上海师范大学博士论文，未刊稿。感谢作者提供。

④ 杜斗城《敦煌本佛说十王经校录研究》，1989 年版，甘肃教育出版社，以及相关义著。

⑤ 参见《佛光大辞典》第三册，书目文献出版社，1989 年，第 2322 页。

⑥ 萧登福《敦煌俗文学论丛》，台湾商务印书馆，1988 年。《道佛十王地狱说》，新文丰出版公司，1996 年。

⑦ 刘长东《晋唐弥陀净土信仰研究》，佛光出版社。2001年94页。何卯平：《东传日本的宁波十王画》，未刊稿。

所伪,原因是其文句较拙劣低俗,经中数处糁入日本语及文法,且死天山即日本古俗中的死出山。其说虽为大多数日本学者所赞同,但萧氏加以驳说[①]。

其实萧氏论说本来不值一驳,因其连基本事实也未看清。敦煌本数十种《阎罗王授记经》,仅一册有藏川署名。因而将原创归自藏川,本身就绝难成立。且成都府与大圣慈寺的成立,都在中唐之时[②]。由此经中一些词句,已先行出现,就断定此经成立必在其时,显然不合常理。如《新唐书》曾载法云《十王正业论》,该僧逝于高宗乾封二年(667),即推定该经成立于高宗初年,绝难服人。"十王"一词并非必指冥府十王。现知藏经中《仁王护国般若经》提及十王,《华严经》也提及十王,均属别意[③]。而现知明确说及冥府十王者,已是北宋宗《释门正统》、南宋行霆《重编诸天传》[④]。即使这些词汇先行出现,如"逆修",由形式逻辑关系来说,恰可证其形成过程。先有局部观念、词汇、行仪等等,最终形成此经——中土撰述伪经。且怎能规定这些词汇概念,必定只在此经出现、而后再流散传播呢?敦煌藏经洞的珍贵写本,其中文字写本,无早于10世纪者。数量可观,但毫无《地藏发心因缘十王经》的踪迹,其他中国古籍版本中,也难见其踪影。仅凭藏川署名,就将其归为唐初之作,岂能立说。由此粗疏,可知其以先入为主的观念,一切证据为我所用的论证方法;何以使人信服。其实萧氏说法的核心,是道教影响了佛教。道教中的延寿益算观念,在佛教经籍有现。而佛道关系中,佛教影响道教亦多有。佛道冲突斗争与交融,确是中古文化的大流,事实不在少数。然有趣之处为,佛受道影响,并非必在中土。因为佛典全是印度撰写,中土所撰即为伪经。如果译出时原典就有道教因素,那是某些观念先抵天竺所致,并非译时加添增入。对此情况已有先贤指明,此处因所涉逾题过多,暂不详释。

---

① 对所谓日本语与文法,动词在名词前,古汉语中也多为。泉方璟认为地狱怪鸟叫,是拟音而出自日语,萧则以文中自注为吴语而释。萧氏还认为此经中将道教的三魂七魄说和佛教的赖耶八识、性相及法身、报身、应身三身说,相融汇来论述。三魂配八识七性、七魄配前七识,还有醮祭方式含有道教的成分。

② 对此成都府僧藏川之名,塚本善隆指明在唐肃宗时。登福对此一说未举证据,二说古人常以后来名称追记前者。其所举例不过是韦庄的官职。但大圣慈寺是此前根本没有,又差数百年之事,何能以此为例。

③ 罗什译《仁王经》,"十王地中说,五千国王常诵此经,得现世报"。智一与圆测的《仁王经疏》都有将此作"十王经"处。《大正藏》33册,第281页、345页。李通玄《新华严经论》说"十向十地皆以十王表之"《大正藏》36册791页。

④ 宗鉴《释门正统》、行霆《重编诸天传》。《卍续藏》75册303页;88册,435页。

《佛说地藏菩萨发心因缘十王经》，署“成都麻大圣慈恩寺沙门藏川述”[①]，标题含错，内容与敦煌本相差颇大，增出很多，如开首就有“孔雀经”“六识、八识、九识”义等。除了三魂七魄、阿赖耶识、死天山以外，其冥王皆附本地神佛，如秦广（不动明王）、初江（释迦如来）、宋帝（文殊菩萨）、五官（普贤）、阎罗（地藏）、变成（弥勒）、泰山（药师）等，意谓诸冥王是佛菩萨的化现，而本地垂迹确属日本特点。每王所在又用国、厅如阎罗王国，如转轮王厅命名。很多名词如山水濑、人物如夺衣婆、悬衣翁、陀罗尼咒等等都说明其晚出情态[②]。至于经尾题记，严佛调说此经并非出自（修）多罗，从北天竺至支那国、经文殊传递等，更是欲盖弥彰地体现其伪撰的特点。

当然，此经根本没有逆（预）修内容，而敦煌《十王经》则有之。萧登福说两种经都是藏川撰述而且是有意为之。实则敦煌《阎罗王授记经》与藏川绝无关系，且其预修意蕴最强[③]。侯冲的比较说明图赞本《佛说十王经》中逆修说的意味已经减弱[④]。此经至明代还有发展，如容庚、郑振铎曾藏的《阎罗王经》[⑤]，有图又增出若干段偈颂，演变进展全属一个体系。而《地藏发心因缘十王经》从内容到写法，全显出别一体系的现象。总之，敦煌《十王经》文图形态上是益愈增加、逆修内容却是益愈减少的。但逆修一词，早在佛典《灌顶经》，而后《盂兰盆经疏》与《地藏本愿经》等都具此内容。实践中初唐的王梵志诗、北响堂山南洞龙朔二年（662）补龛题记、房山云居寺天宝四五年（746—747）施题经记也有出现。由形态多样可知其经本成立之前，逆修行事的仪轨早已存在，经本只是将此固化而已[⑥]。

东晋《大灌顶经》就说追福荐亡逆修事。行者即得功德果实，而亡者由不信功德，只能获七分之一。除非将亡者衣裳房产布施，才能拔地狱之殃：

> 若四辈男女……未终之时逆修三七。然灯续明悬缯旛盖。请召众僧转读

---

① 日本《卍续藏》150册刊两种《十王经》，《地藏发心因缘十王经》，署名“成都府大圣慈寺”错为“成都麻大圣慈恩寺”，所错均实为简单常识。

② 其中“（地藏菩萨）十斋日”内容，与大足石刻巨龛倒有相似处，时代也较近似。有无关联还值得探讨。

③ 《十王经》出自“藏川”之手，当然宋代宗鉴《释门正统》先说。但肯定不包括《地藏发心因缘十王经》。

④ 同前侯冲博士论文。《中国佛教仪式研究》，第六章。

⑤ 中国国家图书馆藏善16880号。拙文《十王地藏经图补说》，重庆大足石刻2009年学术会。

⑥ 拙文《敦煌丧葬仪文再探》，中国社科院国学论坛敦煌学研讨会，2011年5月。《石刻佛经杂考数则》，2011年房山云居寺纪念回藏学术会。

尊经。修诸福业得福多不。佛言普广其福无量不可度量。随心所愿获其果实。

普广菩萨复白佛言。……时父母兄弟亲族。……佛言普广。为此人修福七分之中为获一也。何故尔乎。缘其前世不信道德。故使福德七分获一。[1]

其东晋译典已讲逆修与追荐。但萧登福不知为何竟说，唐以前经典没有生七斋。生七斋起于藏川。灌顶经并非没有生七。只是现在本文作逆修三七。侯冲指为后世改三七为生七[2]。但也可能原本就是逆修生七，传抄错成三七。三七是指 21 天斋，与经中每月两次的初一、十五，或十五、卅十有别。逆修生七实际就是预修中阴。

宗密《盂兰盆经疏新记》，等皆阐逆修思想[3]。《地藏菩萨本愿经》里，也有荐亡并预修内容，虽然没有出现逆修字样：

有男子女人。在生不修善因。多造众罪。命终之后。眷属小大为造福利。一切圣事。七分之中。而乃获一。六分功德。生者自利[4]。

清代灵杰《本愿经科注》对此明确解说：

命终下。为修福利者。悬旛。设盖。然镫。皆是福业……圣事者。圣训为正。诵经。供像。念佛等。皆法门正事。能令出世。获三乘圣果。故云圣事。七分获一。得之甚少也。然功不唐捐。生者自得六分矣。故往生经云。亡后作福。死者七分获一。馀者属现在者。两经相同也[5]。

总之，逆修思想是敦煌《十王》重要或根本特色，虽然《地藏发心因缘十王经》诸多方面与敦煌本相似，但在此有根本区别。日本逆(预)修的经典与思想，

① 若以亡者严身之具。堂宇室宅园林浴池以施三宝。此福最多功德力强。可得拔彼地狱之殃。以是因缘便得解脱。忧苦之患长得度脱。往生十方诸佛净土。《大正藏》21 册 530 页。
② 同前侯冲博士论文。
③ 《大正藏》39 册，509 页。《卍续藏》21 册，474 页。
④ 《大正藏》13 册，784 页。
⑤ 《卍续藏》21 册，722 页。

当然随着《十王经》传入而接受流传。现知《十王经》六图本之一,即高野山宝寿山藏本,此本且以《预修十王生七经》著名。滕原时代末其信仰应扩张深入民间。《源氏物语》已有七日佛事说,其时文献中已有具体时日的逆修斋、亡人斋等。如《中右记》长承三年十二月的逆修斋,具阿弥陀、迎接曼陀罗、弥勒菩萨、如意轮观音、地藏、虚空藏菩萨、释迦三尊。《兵范记》仁平二年十二月的逆修斋备阿弥陀佛十界曼荼罗,对观音菩萨,药师如来、虚空藏菩萨、释迦佛、普贤菩萨、地藏菩萨等。此外,江户幕府时的大久保长安(1545—1613)曾为冥福自造墓所逆修塔, 后来成为日本国家指定的史迹。刊印曹山本寂师语录的慈湛居士题记(1741)中提及他自修冥福[①];总之,敦煌《十王经》发展中逆修色彩渐淡,日本以此为祖型的经本也脱去逆修特点,两者的发展及背景体现了某种共同之处。

(三)地藏像及十王画

敦煌《十王经》由经本至插图,更有石窟壁画与绢画展现出十王冥界。四川石窟摩崖证明着敦煌反映之现实具普遍性。从成都附近到大足重庆,晚唐到南宋的石刻造像,甚至明代雕造都有实例。山西临猗北宋塔基内五代绢画及金石载纪更拓展其地域,而浙江明州(今宁波)的金氏、陆家画坊,技艺高超,十王画远销东洋日本,幸得古寺多有留存。京都高桐院、大德寺、法然寺、广岛净土寺、滋贺永源寺、九州博多善导寺,还有奈良国立博物馆、金泽文库及博物馆都有收藏。由铃木敬的《中国绘画史总合目录》可知至少有 12 套,何卯平的搜辑获得了 22 套 180 余幅,超出原知的数量范围[②]。德国雷德侯教授从绘事技艺与图像学诸多视角进行了研究[③]。

宁波十王画较之敦煌,最大特点是其一王一幅的挂轴式构成。现知其完整组图为 11 幅,地藏菩萨为主幅,其余在庙堂中两壁对称悬,中心主图为地藏。虽然南宋以来此式作品未入传统文人士大夫之眼,其实民间底层画工仍多有延续

① 慈湛居士字禅海。丹州野野村人也。姓棺原氏。假字清左卫门。原名广次。少卜居京师。向往鹰峰党城和尚。执弟子礼。曩者请予刊洞山语录。既卒其业。今也刊曹山语录。附乎曩者所刊。以为一帙。广布法宝。所鸠功利。以荐妇与女。又预修自冥福者乎。妇也者慈照禅尼者。女也者智贞善女者。将其芳名标出乎右。又记其事。而传居士勇为于不朽矣。宽保元年辛酉春。《大正藏》47 册,544 页。

② 何卯平:《东传日本的宁波佛画〈十王图〉》,［韩］《佛教艺术史》2010 年 10 期。韩国佛教美术史学会。

③ 参见拙文《阎罗王授记经缀补研考》研究史部分,《敦煌吐鲁番研究》第 6 卷,北京大学出版社,2000 年版。

之作。水陆画寺壁与挂幅中也含这些内容。所以十王直到今天仍存。如颜新元的收藏(《中国民间美术绘画》)甚至还有“文革”后的绘制[①]。

但是从绘事所呈现的情况来看,南宋的金大受、陆信忠等陆家画师所绘,水准之精,造诣之高,仍然无可替代。日本这类作品年代由南宋中期直至元代,有金大受、金处士、陆信忠、陆仲渊题款及金、陆画坊的著名作品。如京都高桐院、滋贺永源寺的组画,都有陆信忠题款,后者还说详述其地址。香川县法然寺也有此式十幅冥王,还有陆仲渊款的三幅。奈良国立等博物馆也藏陆家画坊作品,如此等等。这种舶来品,在日本也形成了传统。日本僧俗画家有修补明州佛画,也仿制成了日本的十王画。其构图与冥王阿傍造型等,有些较严格遵照舶来画的样式,也有些变化颇大。典型者如画里亡者魂灵等等细节,却是日本装束,从服装脸型甚至姿态,都可以看出来。京都高桐院现存陆氏画坊十王图中第三幅宋帝王,就是19世纪后期补绘而成的九州博多善导寺藏《十王图》,据熊谷宣夫考证是16世纪后期在韩国仿陆氏画绘成,传至日本的。即便是陆信忠或其画坊之作,也有一些日本特点。如本地佛或题名。如香川法然寺十王图的榜题之旁,加有“本地弥勒”四个大字。神奈川县金泽仓库的陆氏十王图,榜题之旁甚至还画出了弥勒佛——本地佛菩萨像。

重要有誓愿寺、二尊院、禅林寺本十王图。不止于绘画,日本镰仓圆兴寺建长三年(1251)时木雕了十王,存留有初江王坐像等。今津誓愿寺十王图存10幅,绢本高1米、宽47厘米。经细致研究可知,这套图对明州传入陆氏画法严密仿画,但是加入了本地垂迹佛[②]。其本地佛在画面上方,与《地藏十王经》所述有所不同,是其定型化之前之作。

本地佛迹对比如下:

今津誓愿寺本十王图	《地藏十王经》与二尊院本
初七释迦如来、二七日不动明王、三七日药师、四七日阿众、五七日地藏菩萨、六七日弥勒菩萨、七七日不明、百箇日普贤菩萨、一周忌文殊菩萨、第三年金刚界大日如来。	初七不动明王、二七日释迦如来、三七日文殊、四七日普贤菩萨、五七日地藏菩萨、六七日弥勒菩萨(二尊院本为弥勒佛)、七七日药师如来、百箇日观音菩萨、一周忌阿閦佛、第三年阿弥陀佛。

① 左汉中等编:《民间美术全集绘画》,湖南美术出版社,1999年版。

② 梶谷亮治:《日本十王图的成立与展开》,《佛教艺术——地藏菩萨专号》97号。

而京都二尊院所藏的十王图，为南北朝时代土佐行光制，绢画十幅尺度稍小，虽受到明州画影响，但与上述誓愿本不一，属创作新特色类型。尤其首幅秦广王图，有大河与渡河者。据考与《本朝法华验记》沙门莲秀所见的三途河与夺衣婆有关。这与敦煌十王经的第二初江王全然不同了。还有四七日的业秤与七七的甲胄武王，与敦煌《十王经》相关。《十王经》的业秤就在五官王处，赞颂亦说秤事。而最后的五道转轮王都身着甲胄的武王。京都禅林寺十界图则仅有两幅，亦绢本其尺度却较大，高 130 厘米，宽 123 厘米。左幅是以持锡杖宝珠地藏菩萨为主，左右下方为十王地狱以及地藏救度。其本地佛全是定型化以后状态。推断此为滕原时代末期逆修七七斋所用的两幅阿弥陀十界曼荼罗的发展形态。

又有喜多山宝生院的十王组图，每幅内里都有寺院的印押。其时约同至治三年(1623)知恩院曼荼罗及浅草寺杨柳观音图。其第一秦广王图，王坐高椅前案，案后判官在其左，童子在其右，各拿卷案。冥王怒视，前方两人卷起裤腿管正在渡河，岸上有鬼卒举着狼牙棒监看。显然这与上述二尊院图式的三途河有关。第二初江王亦坐高座却无案，判官展卷其右与王对视似交谈；华服盛装如同贵妇的女童子在其左。其前两阿傍，一举鞭棍击打缚铜柱者，一抓住跪者的头发。此初江与秦广王图错位了，应是初江王前有奈河津。第三宋帝王正在写判词，一童研墨。案前一吏正逗妇女与儿童，武士捧剑而立。最前两鬼卒正在用碓磨压一罪人。第四五官王案前有大镬汤锅，火苗燎绕，一鬼卒正持矛驱裸身罪魂入内，锅人有女仰面挣扎，官吏武士监看。其所对为第五阎罗王，童子判官在侧，前有牛鹅狗告状，鬼卒押着男女，执一罪魂对着业镜，映现其杀牛时景。第六变成王交袖座椅侧身而视，有武将持大刀立侧，两鬼卒正在推抓一衣冠楚楚男子，判官身前有一女散发裸身跪地，双手捧拿一纸卷。第七泰山王亦有屏风画衬陪，身貌近同于初江王但右手里拿着笏板。其前阿傍押着披发男子跪求，而更有趣的两鬼卒一上一下，正在奋力锯解大木板，板上却空无一人，两个裸身女子平静地跪在木板下旁。一般来说锯解之刑就是将人直接锯开，木板衬在人下只是起到助力更好锯开而已①。第八(百日)平等王的相貌姿态几乎与变成王相同，但背后增加了具山水的屏风画。屏风旁还有捧印盒的华贵装束女子与童女发。明州十王

① 此图的锯解不知如何行刑。

画的豪华本全有具山水屏风画，较简陋者都无屏风。此王前置一业秤，秤旁两女子跪地手捧纸卷，一着衣袍一裸身，应为善恶童。又有武士双手奉持大刀，判吏展开案卷。按照早期十王图式的一般设定，业秤应该是在第四五官王处[①]。第九都市王怒目圆睁，其前两鬼卒钉一躺板上罪者肚腹，两判官监测在旁边。第十五道转轮王处，没有屏风与高椅，虽然身前有着判官鬼卒及妇女小儿，略同明州陆氏画坊作品第六变成王前图景，也与本组图初江王前相似。但是大王却直视从地上围盘旋而起的六道云气，上升后云中现出四种小像：袍服回视者表天道，男女二人表人道，狮与奔马表畜生，若人若兽者表饿鬼。地狱道、或有阿修罗道，恰在画面以外，由人想象了[②]。

日本学者还介绍有定胜寺本、向狱寺本、西教寺本、见性寺本、总持寺本等[③]。韩国和日本还有受十王冥府图而形成的“六道绘”，着重表现盂兰盆节施饿鬼等内容。其形态与内容反而在中国没有出现过，是新发展出的形式。

由于日本地藏信仰自古盛行，地藏殿堂像设雕刻等多有所在。著名寺庙中的地藏菩萨之堂像，以古都奈良寺庙为代表，有新药师寺、元兴寺、般若寺、圆成寺、法隆寺中的作品。前述重要寺庙内如法隆寺的大宝藏院有许多造像。平安時代木造地藏菩萨立像（国宝），本来安置于樱井市里大神神社的神宫寺大御轮寺，明治神佛分离时将之移到法隆寺。大宝藏院建成前安置在金堂内背面。西圆堂东侧石段下的地藏堂，安置了地藏菩萨半跏像，堂与此像都是重要文物。

日本地藏菩萨的造型多样：若空手地藏、宝珠地藏、宝珠锡杖地藏，还有半跏泷见地藏、半跏思惟地藏、六道地藏，甚至还有裸地藏即童子形的地藏等。空手地藏即手中未持任何法器，只结契印之地藏，这种形态在敦煌的壁画与绢画之中也是很多的。奈良兴福寺的地藏菩萨立像，头后有圆环光射的项光，其右手低垂，左手曲起，均以食指捻姆指，实为施安慰印。宝珠地藏的像式很多，多为木造，也有绢画。若奈良室生寺金堂、桔寺、法隆寺、长谷寺、大阪观心寺、京都广隆寺、金地院等，岩手中尊寺金色堂的此式地藏达十八躯，这些地藏多是立姿，以右手轻提袈裟，左手抬起捧着摩尼宝珠。宝珠锡杖地藏是最多见的，立姿坐势都

① 这里成为与其相对第八王，或有可能是将画面与榜题错置。
② 水野敬三郎：《十王图》，《国华》70 编四册，或 829 号，1961 年。153-158 页。
③ 铃木敬他：《总合研究宋元佛画、就中罗汉图十王图研究》第一次报告书。1983 年、1985 年。

有，右手持着锡杖，左手执捧宝珠。奈良当麻寺、京都清凉寺、滋贺长命寺等均有。半跏坐姿实为延命地藏的特别形相。京都安国、禅定寺、滋贺正福寺、奈良法隆寺的地藏堂中都有此式坐像，而和歌山宝寿院中所具绘画而成的此式像，背景中一道瀑布悬下，因被称为泷见半跏地藏。子育地藏则为抱婴儿的形相。裸地藏则为童子形，颈佩项圈，手中或持宝珠。如奈良传香寺、三重金刚证寺都有木雕裸形地藏。六道地藏是为救度六道而设，有江户时代火葬场所设，其救地狱道为左锡杖右宝珠、救饿鬼道为左宝珠右与愿印、救畜生道地藏为左宝珠右持如意、救修罗道为左宝珠右梵筐、救人间界为左宝珠、右施无畏印、天上界能化地藏为左宝珠右经。当然实际所存还有很多变化，也有仅具六身无持物的造像。

日本地藏信仰中还盛行一种置于街头、手法简略地藏石雕，民间多用保护或祝祷夭折儿童。

本土文化与佛教的矛盾

——人文视野下《西游记》中猪八戒和牛魔王家族命运解读

陈国学

《西游记》将一个具有高深佛学修养的佛教徒克难取经的故事，改塑成充满神话色彩的神魔斗争题材的小说，其中虽然还不乏对宗教的虔诚，却已然渗入太多的戏谑味道甚至是批评。其中对于猪八戒和牛魔王家族的描写，曾分别有人以悲剧命运视角和儒家伦常意识去解读。不过如果联系到对佛教的态度，似乎有一种视角很少为人所注意，那就是猪八戒和牛魔王家族的命运一起蕴含着古老中国本土文化与佛教的矛盾。猪八戒和牛魔王表面上有取经人与阻碍取经的妖魔的差别，其实二者有颇为相似的身份与命运，那就是两个人都曾经有家庭，而最终被迫入佛门，这与他们代表的本土文化倡导的人生价值观形成根本的冲突。本文试图对此加以阐释。

一　猪八戒被迫取经的故事焦点：色欲难消

在取经队伍中，猪八戒是最为懒惰的一个成员。以论者经常提到的第32回为例，本回写悟空让八戒去巡山，他心里老大不情愿，却又不敢不去：

> 行有七八里路，把钉钯撇下，吊转头望着唐僧，指手画脚的骂道："你罢软的老和尚，捉掐的弼马温，面弱的沙和！他都在那里自在，捉弄我老猪来跄路！……睡一觉回去，含含糊糊地答应他，只说是巡了山，就了其帐也。"那呆子一时间侥幸搴着钯，又走。只见山凹里一弯红草坡，他一头钻进去，使钉钯铺个地铺，毂辘地睡下，把腰伸了一伸，道声："快活！就是那弼马温

也不得像我这般自在！”

取经人里唐僧不用说，本领高于他的孙悟空、本领不如他的沙僧，在取经问题上都没有表现出他这样的缺乏主动与热情，该尽的责任不尽，而一旦遇到挫折就提出散伙，连白龙马也比猪八戒执着。众所周知，在宛子山波月洞遇黄袍老怪之前，是猪八戒挑唆唐僧赶走了孙悟空，而遇黄袍老怪不能战胜、唐僧被擒之后，猪八戒就提出了散伙、自己“回炉做女婿”的想法。可以说，猪八戒执着的过平凡生活的欲望眼看就要实现了，要不是白龙马出言挽救了这个濒临解体的组织，后果难以想象。

所以我们说，猪八戒在取经队伍中最缺乏热情。可以看得出，他对取经成正果毫无兴趣，这件事对他来说似乎没有一点价值。为什么会这样，说到底，是因为取经和所谓的修成正果与他的人生目标来说简直是南辕北辙，是一件别扭的事。他人生的目的不过是一般中国农民有家有室的平凡生活而已，而其中最重要的，是这种生活中他的男女之欲可以实现。

猪八戒有农民的特点，诸如武器为钉耙、加入取经队伍前善于耕地种田、能吃能睡等等，一般读者非常熟悉，不必赘述，值得一提的是他在取经路上经常在色欲考验面前几乎不能过关，成为《西游记》搞笑情节的恒常主题，却很少有人以其他眼光来解读这种描写。

如果延伸视野，我们将看到，《西游记》里取经人在色欲考验问题上同样可以分为两种类型，一种是之前没有过家室的，色欲考验对他们来说，根本就不是问题，如唐僧、沙僧，还有孙悟空的“我从小儿不晓得干那般事”；还有一种就是有过家室猪八戒见色即起心，却不描写他怎样克制了色欲的萌动，最后彻底皈依佛门。所以即使到了第95回，猪八戒见到嫦娥，还是一样的动了欲心，“忍不住跳在空中，把霓裳仙子抱住”。见到佛祖时，佛祖对猪八戒的特点也明确地解读为：“猪悟能，汝本天河水神，天蓬元帅，为汝蟠桃会上酗酒戏了仙娥，贬汝下界投胎，身如畜类，幸汝记爱人身，在福陵山云栈洞造孽，喜归大教，入吾沙门，保圣僧在路，却又有顽心，色情未泯，因汝挑担有功，加升汝职正果，做净坛使者。”这样的猪八戒做了净坛使者只是能满足口腹之欲，如果再有色欲考验到来，还是一个问题。

所以,《西游记》只是将猪八戒当笑料来描写,其根本之处也许可以说是戒除色欲的难度之高,但假如联系到猪八戒和其他取经人的区别,我们就可以发现,其他人都没有过完整的家庭生活,不管是唐僧还是孙悟空、沙僧乃至白龙马,都是如此。不曾有过夫妻爱欲,所以对家庭生活毫不留恋,取经成正果是他们唯一的出路,而猪八戒则还有后路可走,那就是重新组织家庭。所以猪八戒故事的焦点可以追溯到佛教与讲究传宗接代、并无戒除色欲之说的本土文化的矛盾问题,我们可以看到,作者在猪八戒的叙事中并无意去塑造佛学对门徒色欲的祛除功效,而在于展现这种矛盾的难以化解。在人文主义视角下,猪八戒不能不说是一个悲剧形象。有学者质疑:"正常的生理欲望都未能得到满足,却让他从事压抑人性的取经活动,这难道仅仅是猪八戒的错误吗? 净坛使者的意义对他而言,不过是吃喝更有保障而已,并且还要为此付出永远放弃家庭的巨大代价,可谓得不偿失。"①这与笔者的思考几乎一致,就是与传统观点认为的从文化意义来看,猪八戒的塑造在于展示人性所固有的弱点,如贪吃、贪睡、贪财、好色及好逸恶劳等,作者对之加以善意的嘲讽,让读者在笑声中作自我反省等等类似的解读拉开了距离。不过站在《西游记》对佛教不无维护的立场,恐怕对猪八戒形象理解为展现佛教在色欲问题上的禁绝立场与本土文化形成的矛盾是比较客观的。

二 牛魔王家族与取经人矛盾的焦点分析

对牛魔王形象,有人以佛教史上《十牛图》为依据,将其解读为佛教以牛说法的典型,这当然是很有见地的说法,不过牛魔王家族与取经人的矛盾以及他们的结局却又有更复杂的内涵,值得分析。

牛魔王与猪八戒一样,在遇到取经人之前,都是有家室的,只不过牛魔王的生活更为丰富多彩,他有妻妾有儿子,还广有江湖朋友,例如看管落胎泉水的如意真仙、乱石山碧波潭的老龙王。如果说猪八戒之前的本质是入赘的普通农民,那么牛魔王可以算一个广有家产、地位尊贵的地主。作者把他描写为古代社会

---

① 淮茗:《西天路上的凡夫俗子——猪八戒悲剧新说》,《名作欣赏》2011年11月。

一般的一个一夫多妻制家庭中的一家之主,他必须在妻妾之间调停关系。当孙悟空寻访牛魔王到积雷山摩云洞遇到玉面公主、假托替铁扇公主央来请牛魔王时,作者描写道:

> 那女子一听铁扇公主请牛魔王之言,心中大怒,彻耳根子通红,泼口骂道:"这贱婢,着实无知!牛王自到我家,未及二载,也不知送了他多少珠翠金银,绫罗缎匹。年供柴,月供米,自自在在受用,还不识羞,又来请他怎的!"(第60回)

玉面公主被孙悟空吓唬一场,跑回家就把气撒在牛魔王身上,牛魔王只能好言相劝:

> 原来牛魔王正在那里静玩丹书,这女子没好气倒在怀里,抓耳挠腮,放声大哭。牛王满面赔笑道:"美人,休得烦恼。有甚话说?"……牛王闻言,却与他整容赔礼,温存良久,女子方才息气。魔王却发狠道:"美人在上,不敢相瞒,那芭蕉洞虽是僻静,却清幽自在。我山妻自幼修持,也是个得道的女仙,却是家门严谨,内无一尺之童,焉得有雷公嘴的男子央来,这想是那里来的怪妖,或者假绰名声,至此访我,等我出去看看。"

牛魔王只称玉面公主为"美人",称铁扇公主为"山妻",传统文化的味道非常浓厚,那就是说,前者只是他的相好,后者才是居于正统地位的发妻。作者在描写他们一家与取经人的矛盾时,也渗透进了很多颇富本土文化意味的人性因素。

牛魔王一家与取经人的矛盾起因于红孩儿要吃唐僧的肉,这本来是无可辩解的罪恶,不过作者在写"三调芭蕉扇"时,首先从路阻铁扇公主入手,强调了她因红孩儿入佛门的母子情痛。仔细寻绎铁扇仙的处境,颇多可怜悯的地方。

如同一般读者都能看到的,铁扇公主不像别的妖怪那样为求长生不老而对取经僧围追堵截,也不残害生灵、鱼肉百姓,她在每年收一些普通贡品的前提下为附近百姓扇灭火焰山之火、让他们能种植庄稼,但她无意伤人性命,这是一种合理的互助，人们愿意给她进贡，受她佑护。她也没有与其他女妖一样，强迫唐僧成亲，所以作者根本是把她当成一个传统的女性，而不是欲望张狂的女妖在描写。她怨恨取经人，是因为母子亲情受阻：

罗刹道："你这泼猴！既有兄弟之亲，如何坑陷我子？"……"你这个巧嘴的泼猴！我那儿虽不伤命，再怎生得到我的跟前，几时能见一面？"（第59回）

如果我们能结合她此时的处境：牛魔王已经入赘玉面公主家，她只能孤身一人在芭蕉洞过活，近乎守寡，就更能理解她想念儿子、痛恨取经人的心情了。"三调芭蕉扇"故事开始于此处，强调的是佛教与本土文化重视母子亲情的矛盾。

作者在后文还刻意描写铁扇公主对孙悟空变化而成的牛魔王"忙整云鬓，急移莲步"，并说："妻者，齐也 ，夫乃养身之父。""男儿无妇财无主，女子无夫身无主。"突出她具有传统文化意味的女性思想，更显可悯。正如论者认为的："牛魔王对她来说就不限于一般意义上的丈夫，而是她精神的寄托者，生命财产的保障者，命运的主宰者。"[①]而当牛魔王也被收入佛门，铁扇仙就真正守寡了。

至于牛魔王，他本人并无一般妖魔想吃唐僧肉的想法，对红孩儿的结局本来也曾看故旧之情，原谅孙悟空，是因借芭蕉扇的缘故，才和孙悟空闹其矛盾，牵涉到更复杂的思想观念：

"你说你不无礼，你原来是借扇之故！一定先欺我山妻，山妻想是不肯，故来寻我！且又赶我爱妾！常言道，朋友妻，不可欺；朋友妾，不可灭。你既欺我妻，又灭我妾，多大无礼？上来吃我一棍！"（第 60 回）

这个说："你敢无知返骗我！"那个说："我妻许你共相将！"言村语泼，性烈情刚。那个说："你哄人妻女真该死！告到官司有罪殃！"（第 61 回）

在此牛魔王表现出的是与牢固的家庭观念相关男人的爱面子思想，一旦受到侵害，他就大打出手了。"铁扇是一个好妻子，在封建伦常标准下，牛魔王也不

① 王锐、张晓梅：《人性·个性·悲剧——〈西游记〉中铁扇公主形象新解》，《郑州航空工业管理学院学报》2006 年 2 月。

失为一个好丈夫。他虽然喜新厌旧,但在名义上却并不愿抛弃发妻。”[①]此时他更为了家庭的荣誉而出战取经人,即使战败也不轻易服输:“你这土地,全不察理!那泼猴夺我子,欺我妾,骗我妻,番番无道,我恨不得囫囵吞他下肚,化作大便喂狗,怎么肯将宝贝借他!”

其实佛界帮助取经人战胜牛魔王只是需要他交出芭蕉扇,完全没必要强迫他入佛门。牛魔王与其他妖怪不同,他不想吃唐僧肉,而安于自己的富足生活,与取经团队的对抗几乎是出于不得已。他既然本来有家有室、有妻妾有儿子,却因为与取经人的矛盾而最终妻离子散、家庭破裂,他的妻子、作为地仙的铁扇公主最后守寡终身,对这件事,罗刹本人只是如此说:“……今此一场,诚悔之晚矣。只因不倜傥,致令劳师动众……”这里并没有什么不可饶恕的罪过,所以孙悟空最后也饶了她,让她修行成仙。至于牛魔王本人和猪八戒一样被迫入了佛门,这种武力强迫下的修行能否成功,当然和猪八戒一样要加上一个很大的问号。

诚如论者所言:“牛魔王夫妇,包括聚仙庵自称是红孩儿叔父的如意真仙都因为红孩儿被观音收伏而发难于悟空,这是一种身为长辈,对幼小的关心;身为父母,对孩儿的爱怜……它只是中国文化底蕴的再现,儒家伦常意识的潜在反映。”[②]牛魔王并不想惹事,但孙悟空为了过火焰山却找上门来,几次三番的和他们一家缠斗,逼得他无法后退,为了自尊而不得不迎战,结果这个家庭彻底解体了。细读之下,我们并不觉得牛魔王像其他妖魔一样可憎,倒觉得他很值得怜悯。如果以人文主义视角来解读,牛魔王家族的命运不能不让我们想到历史上有人对佛教“入家而破家”的指责,其底蕴也不能不说有佛教与本土文化的矛盾在内。

三 余论

在修行人必须的“酒、色、财、气”中,猪八戒故事的宗教学意蕴在于色欲(贪)考验难过,而牛魔王形象的重点则在于气(嗔)的难消。但站在《西游记》并

① 陈诚、张秋玲:《牛魔王及其家族形象中的儒家伦常意识》,《天府新论》2006年12月。
② 同上。

非刻板的宣教之作，而是对宗教屡有戏谑的立场，我们就可以采取更宽松的态度看待猪八戒与牛魔王家族的形象命运。说《西游记》借猪八戒宣扬人欲、借牛魔王家族展现儒家伦理意识固然未必，但说他们的命运展现了佛教与本土文化的矛盾恐怕还是客观的。

猪的特点是繁殖迅速，一胎多子，经济价值高，尤其是农村多有养殖；牛的特点是力气大、好耕田，二者是中国自古以来农村家庭中最常见的畜类，相比猴子、马来说，此二者与本土文化的关系更为密切。《西游记》作者以这两种动物为猪八戒和牛魔王的原型，是巧合还是有深意的安排值得思考。不管怎样，猪八戒走上出家之路，一子也无，牛魔王则妻离子散，他们的命运都让我们联想到佛教与本土文化重视家庭的矛盾。假如联系到猪八戒"依着官法打杀，依着佛法饿杀""'斯文！''斯文！'肚里空空！"等话语中的"童心说"色彩，以及如意真仙"我舍侄还是自在为王好，还是与人为奴好"的话语与明代后期主体意识的崛起的关系（在如意真仙看来，佛门人以为的红孩儿的入观音门下是莫大的善果，他们却以世俗眼光看待，认为不过是与人为奴，其中反映的是一种人文观念，与明代后期兴起的心学尊重人的主体性有关）。我们甚至可能发现猪八戒与牛魔王家族身上有孙悟空一样耀眼的光芒。

我们都知道，《西游记》中无论取经人还是形形色色的妖魔，都是高度的世俗化和民间化的，身上体现了"市民"的一面。最能体现世俗化和市民思想的非猪八戒莫属。而那些妖魔除了有些超人的神通外，都带有世俗众生的影子，有浓厚的人情味，而他们则可以牛魔王家族为代表。无论他们的形象与传统思想还是时代思潮有关，猪八戒与牛魔王家族的命运都无意中显示了作者对佛教与本土文化矛盾的把握。

《太平广记》中《金刚经》崇拜故事研究

范 军

一 《金刚经》在中国佛教史上的重要性

(一)大乘般若经典的锁钥

《金刚般若波罗蜜经》(*the Vajracchedika Prajñāpāramitā-sūtra*),简称《金刚经》,是大乘佛教非常重要的一部般若部经典。这部经典的汉译本,在中国漫长的佛经翻译史上先后出现过6种译本:后秦鸠摩罗什译《金刚般若波罗蜜经》、北魏菩提流支译《金刚般若波罗蜜经》、南朝陈真谛译《金刚般若波罗蜜经》、隋达摩笈多译《金刚能断般若波罗蜜经》、唐玄奘译《能断金刚般若波罗蜜多经》、唐义净译《佛说能断金刚般若波罗蜜多经》。6种译本中,以杰出的译经大师鸠摩罗什于后秦弘始九年(402)所译出的译本为通行至今而备受信徒欢迎的法本。罗什译本在汉语系佛教地区广为流传,影响深远。可以说,这部经典是整个东亚汉语系佛教地区知名度最高且深受尊崇的一部佛经。

《摩诃般若波罗蜜经》曰:"摩诃般若波罗蜜,是诸菩萨摩诃萨母,能生诸佛。摄持菩萨。"[①]《大智度论》曰:"般若波罗蜜,是诸佛母,父母之中,母之功最重,是故佛以般若为母,以般舟三昧为父。"[②]"般若波罗蜜,是诸佛母。诸佛以法为师。法者,即是般若波罗蜜。"[③]《金刚经》曰:"一切诸佛及诸佛阿耨多罗三藐三菩提法,皆从此经出。"[④]由此可知般若经典尤其是《金刚经》在佛经中的核心

---

① 《大正藏》第8册,《摩诃般若波罗蜜经》卷二七,常啼品,第八十八,0420c。
② 《大正藏》第12册,《摩诃般若波罗蜜经》卷三四,初品中,见一切佛世界义第五十一,0314a。
③ 《大正藏》第12册,《摩诃般若波罗蜜经》卷三四,昙无竭品,第八十九,0755c。
④ 朱棣集注:《金刚般若波罗蜜经集注》,上海古籍出版社,1984年版,第82页。

枢纽的地位。

中国佛教特别重视《金刚经》,在《大藏经》"释经论部""经疏部""论疏部"中我们就可以看到印中大师大量的关于《金刚经》的著作,如"释经论部"有:无着菩萨造《金刚般若论》(二卷)、无着菩萨造《金刚般若波罗蜜经论》(三卷)、天亲菩萨造《金刚般若波罗蜜经论》(三卷)、《金刚仙论》(十卷)、无着菩萨造颂、世亲菩萨释《能断金刚般若波罗蜜多经论释》(三卷)、无着菩萨造《能断金刚般若波罗蜜多经论颂》(一卷)、功德施菩萨造《金刚般若波罗蜜经破取着不坏假名论》(二卷);"经疏部"有:天台智者大师说《金刚般若经疏》(一卷)、胡吉藏撰《金刚般若疏》(四卷)、大乘基撰《金刚般若经赞述》、宗密述《金刚般若经疏论纂要》、子璿录《金刚经纂要刊定记》、宗泐、僧如注《金刚般若波罗蜜经注解》、智俨述《佛说金刚般若波罗蜜经略疏》;"论疏部"有:大乘基撰《金刚般若论会释》,等等。

综上所述,《金刚经》是般若部经典的纲要。《大般若经》六百卷,十六会,卷帙浩繁,而其中第九会《能断金刚分》(一卷),即是我们熟知的这部《金刚般若波罗蜜经》。这部《金刚经》将浩繁的般若经典中的精华思想浓缩在了五千余言中,简洁明了地阐发了般若经典缘起性空的大乘义法,洵为悟解大乘空宗基本教理的关键锁钥。

(二)禅宗的立宗典要

在中国禅宗史上,由于五祖弘忍大师标举《金刚经》,其后在禅宗这一脉中,《金刚经》逐渐取代了《楞伽经》而成为禅宗的立宗典要。禅宗要籍《坛经》中又反复强调六祖慧能大师是因《金刚经》而开悟的。因而以慧能为代表的禅宗南宗,奉《金刚经》为宗。慧能在《坛经》中所阐发的思想也主要是"摩诃般若"法,所采纳的"无相"戒,则来自于《金刚经》中的"无我相、人相、众生相、寿者相"。慧能禅法以定慧为本,这也来自《金刚经》中的"无所住而生其心","无所住"即是"定","生其心"则是"慧"。由此我们可以了解,南宗禅的思想受到了《金刚经》的深刻影响,他的核心内容即来自《金刚经》。禅宗,尤其是南宗禅,宋代以后在中土大行其道,与净土宗并为在中国影响最巨的的两大宗派。《金刚经》也随之成为中土影响最为深远的佛教典籍。

在唐玄宗开元二十四年(736),将《御注金刚般若经》与《孝经》《道德经》一并颁行于天下。明成祖也十分重视《金刚经》,永乐二十一年,将其亲自辑集的《御制金刚经集注》颁行于天下。由此可见统治者对《金刚经》的重视和扶持。上述诸种原因导致了《金刚经》在漫长的佛教历史中,逐步演变成为在出家僧侣、士人阶层和民间大众中都非常流行的佛教典籍,可谓是家弦户诵、妇孺皆知。正如范古农为江味农《金刚经讲义》作的序中说:"《金刚般若波罗蜜经》,为《般若经》大部六百卷之一卷,文约而义精,喻为金中之刚,良有以也。六百卷文,汪洋浩瀚,读者难之。此一卷文,家诵户晓,般若深义,庶几弘传矣。"[①]

(三)《金刚经》对中国小说的深远影响

《金刚经》在古代中国确实可谓家喻户晓,普遍流通。这可以从中国古代的小说作品中得到印证。古代中国小说多反映中国民间的信仰世界,我们从魏晋南北朝的"释氏辅教之书",到隋唐五代的传奇志怪,再到明清小说,到处可见《金刚经》的影子。

魏晋至隋唐五代这一阶段的文言小说下文将做详细分析。明清的文言、白话小说中,涉及《金刚经》的作品俯拾皆是。

《金刚经》是《红楼梦》中被曹雪芹唯一点名提及的佛教经籍,并在书中反复出现。例如王夫人常常吃斋持诵此经。在高鄂的续书中的第一一〇回《史太君寿终归地府　王凤姐力诎失人心》中,贾母对凤姐说道:"我的儿,……就是旧年叫人写了些《金刚经》送送人,不知送完了没有……"[②]等。《醒世姻缘传》写两世姻缘、轮回报应的故事,主角狄希陈在小说的最后一回被高僧胡无翳点明了他们的前世因果,高僧教狄希陈念《金刚经》一万遍,才消除了狄希陈宿世冤业[③]。从《二刻拍案惊奇》的第一卷的标题上,我们就可以看出这是关于《金刚经》报应的故事——《进香客莽看金刚经　出狱僧巧完法会分》。此外,在《聊斋志异》和《阅微草堂笔记》等清代文言小说中,这一类的"《金刚经》报应"故事更是为数甚多,在此不一一列举了。

---

① 江味农:《金刚经讲义(节录)》,广化寺佛经流通处印行,2007年版,第2页。

② 曹雪芹:《红楼梦》,人民文学出版社,1982年版,第1478页。

③ 西周生:《醒世姻缘传》,齐鲁书社,1993年版,第773—774页。

二 《太平广记》中的《金刚经》崇拜故事

(一)《金刚经》崇拜的经典依据与崇拜形式

1.《金刚经》崇拜的经典依据

《大智度论》中强调受持般若经典有不可思议的功德:“若有善男子、善女人,受持般若波罗蜜,乃至正忆念,终不中毒死,兵刃不伤,水火不害,乃至四百四病所不能中,除其宿命业报。”[①]《金刚经》中对持诵本经的不可思议的福德果报也是反反复复地申说:

> “须菩提! 当来之世,若有善男子、善女人,能于此经受持读诵,则为如来以佛智慧,悉知是人,悉见是人,皆得成就无量无边功德。”
>
> “须菩提! 若有善男子、善女人,初日分以恒河沙等身布施,中日分复以恒河沙等身布施,后日分亦以恒河沙等身布施,如是无量百千万亿劫以身布施;若复有人,闻此经典,信心不逆,其福胜彼,何况书写、受持、读诵、为人解说。须菩提! 以要言之,是经有不可思议、不可称量、无边功德。如来为发大乘者说,为发最上乘者说。若有人能受持读诵,广为人说,如来悉知是人,悉见是人,皆得成就不可量、不可称、无有边、不可思议功德。如是人等,则为荷担如来阿耨多罗三藐三菩提。”
>
> “须菩提!我念过去无量阿僧祇劫,于然灯佛前,得值八百四千万亿那由他诸佛,悉皆供养承事,无空过者,若复有人,于后末世,能受持读诵此经,所得功德,于我所供养诸佛功德,百分不及一,千万亿分,乃至算数譬喻所不能及。”
>
> “须菩提! 若三千大千世界中所有诸须弥山王,如是等七宝聚,有人持用布施;若人以此《般若波罗蜜经》,乃至四句偈等,受持、为他人说,于前福德百分不及一,百千万亿分,乃至算数譬喻所不能及。”[②]

---

① 《大正藏》第12册,《大智度论》卷五十八(受持品第三十四),0468c。

② 朱棣集注:《金刚般若波罗蜜经集注》,上海古籍出版社,1984年版,第162—163页,第165—172页,第182—183页,第245—246页。

这些论述是形成《金刚经》崇拜的重要经典依据，因为这些皆是经中佛陀亲口所说，而“如来是真语者、实语者、如语者、不诳语者、不异语者”。[①]从而这些对持诵《金刚经》的福德果报的言说，对于佛教徒而言，具有不容置疑的真实性和可信性。《太平广记》中的“《金刚经》崇拜”故事就是通过具体的事实来印证《金刚经》中所说的那些持经福报，是真实不虚的。普通民众对深奥艰涩、复杂精密的佛教理论不感兴趣也难以了解，而口耳相传的应验故事却可以对他们的心灵产生不可低估的影响，正是这些故事对佛教信仰的传布、《金刚经》崇拜的形成起到了深刻久远的作用。

2.《金刚经》崇拜的形式

详察《太平广记》中“《金刚经》崇拜”故事，我们可知古代崇拜修习《金刚经》的方式大致可以分为三种：持经、写经、拜经。持经，就是坚持念诵《金刚经》的功课，每日持诵数遍至数十遍全部经文，或经题，或四句偈等；写经，就是造写《金刚经》，以广传布；拜经，就是不识字的信徒，不能读诵，只好对经典晨昏礼拜。

（1）持经

持诵全经的故事是《太平广记》“《金刚经》报应”类小说中数量最多的。例如《太平广记》卷一〇二袁志通”条[②]：唐袁志通，素常持诵《金刚经》。二十岁时，被征兵，战争败退后，多日不得饮食，神人化作两位童子“持满盂饭来与之”。志通吃过后，累日不饥，得以还乡。贞观八年，志通病死，两日复活，因为常持《金刚经》的缘故，被阎罗王放还阳间。

念诵《金刚经》经题的故事，在《太平广记》“《金刚经》报应”类小说中，仅见到一篇。《太平广记》卷一〇六“左营伍伯”条：唐南康王韦皋镇蜀时，有左营伍伯学念《金刚经》。伍伯资质驽钝，一天才学会念诵经题。当夜去堡外拾薪，被土蕃人俘去。天未亮，伍伯被扔在地上，头发拴在木桩上。伍伯“唯念经题，忽见金一铤，放光止于前。试举首动身，所缚悉脱，遂潜起，逐金铤走。计行未得十余里，迟明，不觉已至家”。

念诵四句偈的故事，在《太平广记》“《金刚经》报应”类小说中也是十分罕

---

① 同268页注②，第158页。

② 李昉等：《太平广记》（全十册），中华书局，1961年版。本文所引用的《太平广记》“《金刚经》报应”类故事的原文皆出自该书第三册。

见。《太平广记》卷一〇七“强伯达”条：唐强伯达，有 200 年家族病史，家中老小均得风癞之病。伯达 20 岁就患上此病，对他的父兄说：“我的病情严重无法治疗，把我送到山上去吧。”父兄备好干粮将他送到山上的岩石下，泣涕而去。“绝食无几，忽有僧过，伤之曰：‘汝可念《金刚经》内一四句偈，或脱斯苦。’伯达既念，数日不绝。方昼，有虎来，伯达惧甚，但瞑目至诚念偈。虎乃遍舐其疮，唯觉凉冷，如傅上药，了无他苦，良久自看，其疮悉已干合。明旦，僧复至，伯达具说。僧即于山边，拾青草一握以授，曰：‘可以洗疮，但归家，煎此以浴。’乃呜咽拜谢。僧抚背而别。及到家，父母大惊异，因启本末。浴讫。身体鲜白。都无疮疾。从此相传之疾遂止，念偈终身。”

(2)写经

在《太平广记》“《金刚经》报应”类小说中，“写经”题材的小说，数量不多。如卷一〇六“宋衎”条、卷一〇七“勾龙义”条、卷一〇八“李琚”条等。

我们试读《太平广记》卷一〇七“勾龙义”条：勾龙义因为诽谤《金刚经》而得哑病。后遇一老僧割下他的舌头，他才恢复语言能力。他想去感谢老僧，遍寻不见，在寺中看到壁画上的须菩提长老的相貌，才悟得正是须菩提化身为给他治哑病的法师。其后，勾龙义恭敬“写经，画须菩提像，终身礼拜”。

(3)拜经

拜经的故事在《太平广记》“《金刚经》报应”类小说中，也是硕果仅见。卷一〇七“康仲戚”条：康仲戚，唐元和十一年往海东，数岁不归。他的母亲思念儿子，对上门乞食的僧人表达了她的思儿情切，“僧曰：‘但持金刚经，儿疾回矣。’母不识字，令写得经，乃凿屋柱以陷之，加漆其上，晨暮敬礼。一夕，雷霆大震，拔此柱去。月余，儿果还，以锦囊盛巨木以至家，入拜跪母。母问之，仲戚曰：‘海中遇风，舟破坠水，忽有雷震，投此木于波上，某因就浮之，得至岸。某命是其所与，敢不尊敬！’母惊曰：‘必吾藏经之柱。’即破柱得经，母子常同诵念。”

(二)“《金刚经》崇拜”故事的分类分析

《太平广记》是北宋初年太平兴国二年李昉等人奉宋太宗之命编修的一部大型类书，也是收录宋前小说的大型总集。全书五百卷，分为九十二大类和一百五十余细目。该书对古来的逸闻琐事、僻集逸文搜罗甚力，收录的民间流传久远的传说故事，对后世的文学史影响深远，宋元话本、杂剧、诸宫调以及明清小说、戏曲的故事素材多来源于此书。

“《金刚经》崇拜”故事在《太平广记》中属于第八大类“报应类”中第一个细目，也就是说“《金刚经》报应”[①]故事是“报应类”故事的第一个细目。“《金刚经》”报应故事排名位于此类故事的第一位，说明这类故事的重要性。“佛经崇拜”的故事这一大类中还有“《观音经》”“《法华经》”“崇经像”等数种。然而，其他几种故事在数量、篇幅上都远远无法与“《金刚经》崇拜”故事相比。

“《金刚经》报应”故事有七卷(自卷一百二至卷一百八)，一百零八则故事，就数量而言“《金刚经》报应”故事是《太平广记》“报应类”故事中辑录作品数量最多的一类[②]，而“《观音经》报应”故事只有二卷，“《法华经》报应”故事只有一卷，“崇经像报应”故事相对较多，但也只有五卷。

七卷一百零八则故事，这样的规模完全可以独立成书了。盛唐是孟献忠所撰《金刚般若经集验记》中就辑录了七十则小说，记述了七十六桩有关《金刚经》报应的异事。该书在中土久已亡佚，幸赖日本僧侣传抄才得以保存至今[③]。该书将《金刚经》灵验故事分为救护、延寿、灭罪、神力、功德、诚应六个部分。本文也借用《金刚般若经集验记》的分类法，将《太平广记》中“《金刚经》崇拜”故事分为这六个部类来进行分析。

1.救护脱难

“救护”这一类故事的一般情节大概是叙述虔诚持诵《金刚经》的佛教信徒在遭遇生命威胁的时候，例如被俘被囚、渡水遭遇风暴、遭遇火灾、遭遇盗贼战争等，都能够逢凶化吉、遇难成祥。

例如，卷一〇二“卢景裕”条：后魏卢景裕释氏，乡人反叛，“逼其同力以应西魏，系晋阳狱。至心念《金刚经》，枷锁自脱”。

卷一〇三“王令望”条：唐王令望，少持《金刚经》。路遇猛兽，“振怖非常。急念真经，猛兽熟视，曳尾而去，流涎满地”。曾任安州判司，舟行扬子江上，“夜风暴

① “《金刚经》报应”故事所叙述的故事情节基本都是持诵《金刚经》而得善报，主旨思想都是对《金刚经》无上法力的崇拜，故而这一类“报应”故事本文中多称之为“《金刚经》崇拜”故事。

② 《太平广记》中“报应”类中“冤报”故事也有七卷，可是辑录作品只有一百零二则，所以就数量篇幅而论，“报应”类故事中“金刚经”报应的故事位居魁首。

③ 《卍续藏经》，第87册，《金刚般若经集验记》(三卷)。

起，租船数百艘，相接尽没，唯令望船独全”。

卷一〇四“银山老人”条：饶州银山，采银矿的工人居住的都是草屋，“延和中火发，万室皆尽，唯一家居中，火独不及”。有人问老人原因，老人说：“家事佛，持《金刚经》。”

卷一〇五“陈哲”条：唐临安陈哲，家住余杭，持诵《金刚经》。广德初，遭到草贼抢掠，群贼“争以剑刺之。每下一剑，则有五色圆光经五六尺，以蔽哲身，刺不能中。贼惊叹，谓是圣人，莫不惭悔，舍之而去”。

卷一〇七“王忠干”条：唐大和三年，唐文宗命李祐统齐德军讨李同。参战的齐州衙内八将官健儿王忠干，长念《金刚经》，积二十余年，日数不缺。战斗中忠干战死，灵魂仿佛做梦，“至荒野，遇大河，欲渡无因，仰天哭。忽闻人语声，忠干见一人，长丈余，疑其神人，因求指营路。其人云：‘尔莫怕，我令尔可得渡此河。’忠干拜之，才头低未举，神人把腰，掷之空中，久方著地。忽如梦觉，闻贼城上交二更。初不记过水，亦不知疮，抬手扪面，血涂眉睫，方知伤损。乃举身强行，百余步却倒，复见向人持刀叱曰：‘起！起！’忠干惊惧，走一里余，坐歇，方闻本军喝号声，遂及本营。”

这一类的故事意在证明只要专心持诵《金刚经》，无论遇到什么天灾人祸都可以逢凶化吉、遇难成祥。

2.延寿祛病

这一类故事叙述因奉持念诵《金刚经》而得以延年益寿，消灾祛病的应验主题。

例如，卷一〇四“田氏”条：易州参军田氏，喜欢打猎和饲养鹰犬。唐天宝初，放鹰时，偶得《金刚经》。自此发心持诵，“数年，已诵二千余遍，然畋猎亦不辍。后遇疾，暴卒数日，被追至地府，见诸鸟兽，周回数亩，从己征命”。由于持诵《金刚经》，灭除一切杀生罪孽，延寿十五年，遂得放还。

卷一〇五“孙明”条：唐孙明者，善持金刚经，日诵二十遍，经二十年。自初持经，便绝荤血。后被追入冥府，因勤恳持诵《金刚经》，延寿二十载。

卷一〇七“吴可久”条：吴可久，奉摩尼教。他的妻子随夫信奉一年多后死去。她的丈夫梦见她说：“因为信奉邪见死后为蛇，被压在皇子陂浮图下，明早就会死去，希望为我请僧转《金刚经》，希望能够免除更多的痛苦。”吴可久不信，

"叱之。妻怒,唾其面。惊觉,面肿痛不可忍。妻复梦于夫之兄曰:'园中取龙舌草,捣傅立愈。'兄寤走取,授其弟,寻愈。诘旦,兄弟同往,请僧转《金刚经》。俄有大蛇从塔中出,举首遍视,经终而毙。可久归佛,常持此经。"

3.灭罪获福

念诵《金刚经》福报甚大,生前无论有什么大的罪过,只要有诵经功德,即可抵消。

卷一〇三"高纸"条:隋仆射高颖的孙子高纸,被追入冥司,冥王"令左右拔其舌,以犁耕之,都无所伤。王问本吏曰:'彼有何福德如此?'曰:'曾念《金刚经》。'王称善,即令放还"。

卷一〇三"宋义伦"条:唐宋义伦,暴卒后,三日复活,自言被追入地狱,因为持诵《金刚经》,不惟灭去杀生罪过,更得延年益寿。

卷一〇七"鱼万盈"条:鱼万盈,京兆市井粗猛之人。唐元和七年,击杀大毒蛇,烹炙以食,于是得病,腹痛而死,心尚微暖。七日复活。还阳后,说入冥后,见一赵姓人士,"独行,其光绕身,四照数尺",口念《金刚经》。鱼万盈"随走就其光,使者不敢进,渐失所在。久之,至其家,万盈拜谢曰:'向不遇至人,定不回矣。'其人授以《金刚经》,念得遂还。及再生,持本重念,更无遗缺,所疾亦失。因断酒肉,不复杀害,日念经五十遍。"

4.神力示现

神力示现类故事与前几类故事有重叠,救护、延寿、灭罪其实都是《金刚经》神力的体现。这里主要列举其他神力示现的故事。

卷一〇二"蒯武安"条:隋蒯武安善弓矢,常射杀大虫。一次去嵩山南麓杀虎,"渐至深山,忽有异物如野人,手开大虫皮,冒武安身上,因推落涧下。及起,已为大虫矣。惶怖震骇,莫知所为,忽闻钟声,知是僧居,往求救。果见一僧念《金刚经》,即闭目俯伏。其僧以手摩头,忽爆作巨声,头已破矣,武安乃从中出,即述前事。又抚其背,随手而开,既出,全身衣服尽在,有少大虫毛,盖先灸疮之所粘也。从此遂出家,专持《金刚经》"。

卷一〇三"孙寿"条:"唐显庆中,平州人孙寿于海滨游猎,遇野火,草木荡尽。唯有一丛茂草,独不焚,疑草中有伏兽。遂烛之以火,竟不爇。寿甚怪之,入草中窥视,乃获一函《金刚般若经》,其傍又有一死僧,颜色不变。火不延燎,盖由此也。始知经像非凡所测，孙寿亲自说之。”

卷一〇六“任自信”条：任自信，常持《金刚经》，德行洁白无瑕。去湖南的途中，“于洞庭湖中，有异物如云冒舟上，俄顷而散，舟中遂失自信，不知所在。久之，乃凌波而出。云至龙宫，谒龙王，四五人命升殿念《金刚经》，与珠宝数十事”。

5.持诵功德

持诵《金刚经》可以消灾灭罪，更可以得善终生天或往生极乐。

卷一〇四“李虚”条：“唐开元十五年，有敕天下村坊佛堂；小者并拆除，功德移入侧近佛寺；堂大者，皆令闭封。天下不信之徒，并望风毁拆，虽大屋大像，亦残毁之。”新息县令李虚嗜酒倔强，违皇命力禁毁寺。李虚好杀作恶，负气抗命。一年多余，李虚病死。以保全寺庙功德而复活。在冥司，李虚亲眼目睹两位法师因为持诵《金刚经》被请去登阶讲经，讲经毕，两法师乘五彩云，飞去生天。

卷一〇七“僧惟恭”条：唐荆州法性寺僧惟恭，三十余年念《金刚经》，日五十遍，不拘僧仪。好酒，多是非，为众僧所恶。遇病且死，因为持经功德，“承经之力，生不动国”。

这一故事还表达了持经胜于持戒的思想，僧惟恭好酒，不拘僧仪，却能因持诵《金刚经》的缘故，往生净土。

卷一〇八“何轸”条：何轸的妻子刘氏，少年时即戒断酒肉，常持《金刚经》。曾发愿只活到四十五岁，临终心不乱，先知死日。“至唐大和四年冬，四十五矣，悉舍资装供僧，欲入岁，遍别亲故。何轸以为病魅，不信。至岁除日，请僧授八关，沐浴更衣，独处一室，趺坐高声念经，及辨色悄然。儿女排室看之，已卒，顶热灼手。轸以僧礼塔葬，在荆州北部。”

6.诚应如愿

持诵《金刚经》福德有求必应，这一类故事主要是救护、延寿、灭罪等之外的感应灵验故事。

卷一〇三“司马乔卿”条：“唐大理司直河内司马乔卿，天性纯谨，有志行。永徽中，为扬州司户曹。丁母忧，居丧毁瘠骨立，刺血写《金刚般若经》二卷。未几，于庐侧生芝草二茎，九日长尺有八寸，绿茎朱盖，日沥汁一升食之，味甘如蜜，取而复生。乔卿同寮数人并目睹其事。”

卷一〇四“吕文展”条：“唐吕文展，开元三年任阆中县丞，雅好佛经，尤专心持诵《金刚经》，至三万余遍，灵应奇异。年既衰暮，三牙并落，念经恳请，牙生如旧。在阆中时，属亢旱，刺史刘浚令祈雨，仅得一遍，遂获沛然。又若霖潦，别驾使祈晴，应时便霁。前后证验非一，不能遍举。”

卷一〇五“丰州烽子”条：唐永泰初，丰州烽子暮出，为党项人俘获，缚入西蕃为奴养马，历尽苦痛。在西蕃赞普的帮助之下，得以还家。还家后方知，其母持诵《金刚经》寝食不废，诚应如愿，感得儿子平安还家。其归途中，夜间潜行，脚被刺伤，匆忙中用风吹来的杂物裹足，则脚不复疼痛，走步如初，得以顺利前行。回到家中之后，发现母亲诵读的《金刚经》少了数幅，打开裹脚的杂物检视，醒悟到正是《金刚经》所少那几幅，而脚疮已然痊愈。

三 《金刚经》崇拜故事的思想特点

(一)《金刚经》崇拜故事的伦理意义

分析《太平广记》中的《金刚经》崇拜故事，我们可以了解中国古代佛教《金刚经》崇拜的伦理意义。小说中的报应故事所传播的“报应之说”在冥冥之中给人一种恶者得到惩罚，善者冤屈得伸的心灵慰藉。照现代人观念来看，天堂和地狱之说或许是古人荒诞不经的想象。但它千百年来能长久地植根于中国普通民众的信仰之中，反映了生活在现实苦难中挣扎无助的人们的一种希望和宣泄，其于社会稳定和正常运行也有一种促进的作用。

更重要的是，它能自动地发挥某种道德的敬畏功能。上到帝王将相，下至市井细民，在举手投足时，总感到“头上三尺有神明”，凡事不能不三思而行。如果行善事，那就会积功德，为日后进入天堂净土集聚资粮；如果造罪孽，死后下地狱就会遭受万般苦楚。冥冥之中自有神灵在，因果报应的威慑力无疑会起到约束自身行为的内在强制作用。所以梁慧皎的《高僧传·唱导论》中写到寺院俗讲的宣传效果时说：“谈无常则心形战栗，语地狱则怖泪交零；征昔因则如见往业，覈当果则已示来报。”①

被压迫被损害的苦难民众，相信可以通过信仰脱离现实的苦难。在《太平广

① 慧皎：《高僧传·唱导论》，中华书局，1992年版，第521页。

记》的“《金刚经》报应”故事中,我们可以看到信仰持经可以战胜天灾人祸、可以祛病延寿、可以消抵罪孽、可以生天或往生极乐。这种信仰给无助的民众带来希望,所以民间流传的各种《金刚经》报应故事极力宣扬《金刚经》的无上法力以及持诵《金刚经》的广大福德果报。《法华经》《金光明经》都是中国佛教极受尊崇的大乘经典,然而在《太平广记》卷一〇八的“王翰”条中,我们可以看到,王翰因杀生入冥,设斋及写《法华经》《金光明经》都不起作用,而持诵《金刚经》七遍则可消灾灭罪,得以还阳复活。这则类事对《金刚经》崇拜的传播和强化都起到了不可估量的作用。

(二)《金刚经》崇拜故事中梵华融合的报应观念

印度佛教典籍《阿毗昙心论》说:“若业现法报,次受于生报,后报亦复然,余说则不定。”[①]东晋慧远大师《三报论》中说:“经说有三报:一曰现报,二曰生报,三曰后报。现报者,善恶始于此身,即此身受。生报者,来生便受。后报者,或经二生三生,百生千生,然后乃受。”[②]

中国固有的报应观念与佛教的善恶报应说不同,它是建立在家族、家庭、血亲关系的基础上。《易经·坤卦·文言》中就有“积善之家必有余庆,积不善之家必有余殃”之说。一个家族或一个家庭的祸福,往往取决于家族前辈所作之善恶;而自己一生的作为,则会影响到后代子孙的祸福,这就是说在中国传统文化中,所谓报应是由家庭家族的后代来承受,是代代相传的。这反映了中国以血缘关系为纽带的宗法制社会的特点。

佛教与此不同,认为主宰报应的是自身的“业力”,而不是“上天”“上帝”;报应的载体强调“自作自受,不由于他”,众生造业之根源在于生命内在的欲望。因而所造之业必然在造业者自身心理意识上留下后果,而不能转嫁他人,或替他人承担果报。所以《般泥桓经》云:“善恶随身。父有过恶,子不获殃。子有过恶,父不获殃。各自生死,善恶殃咎,各随其身。”[③]佛教认为现在所受是前生自作,今生所作则来生自受,如不至涅槃寂静的境界则会生生世世轮回不已,这就是所

① 《大正藏》第38册,《阿毗昙心论》(卷1),0814b。
② 僧祐:《弘明集》,上海古籍出版社,1991年版,第5卷,第34—35页。
③ 《大正藏》第1册,《佛般泥洹经》卷下,169a。

谓的“三世两重因果”。而中国传统的报应说则认为自作自受仅限于今生今世，把来世的报应的承担者设定为今世善恶行为的主体的子孙，这也就是主张一人作恶殃及子孙的“承负说”。

中、印报应观念的不同反映了印度伦理关注个体自身的解脱，而中土伦理则更强调家庭、群体和社会的伦理关系。印度佛教更侧重于生报、后报，即因果报应的来世性。与此相反，中国的大乘佛教，非常重视现报，即因果报应的现世性，而将因果报应的现世性与来世性相结合。梁启超在《余之死生观》中说：“个人之羯磨，则个人食其报；一家之羯磨，则全家食其报；一族一国乃至一世界之羯磨，则全族全国全世界食其报。由此言之，则言家族之余庆余殃者，于佛说岂有违异乎？”[①]梁启超说，各自作业（别业），各自受报；集体作业（共业），集体受报。从这个角度而言，因果报应的家族性、承负性并不违背因果报应的个体性、自作自受性，于佛说没有违异，从而把中国与印度佛教的因果报应观念协调起来了。我们在《太平广记》“《金刚经》报应”的故事中，也常常见到兄弟、夫妻、父母为自己的亲人持经做功德的描写，而这些功德在小说中确实使得他们的亲人消灾灭罪，从这些故事中我们也可以看出佛教报应观与中土固有报应观念的通汇融合。

① 梁启超：《饮冰室合集》(2)，《饮冰室文集之十七》，中华书局，1987年版，第7页。

刘萨诃信仰解读

——关于中古民间佛教信仰的一点探索

尚丽新

刘萨诃[①]和尚，本是一个湮没在僧传中的南北朝时期的小小高僧，从上个世纪七十年代起，敦煌相关文物和文献的发现引发了国内外学术界对他的关注。尽管关注的热点聚焦在刘萨诃和敦煌莫高窟的关系上，但在梳理相关材料的过程中，还是可以发现一些巨大的隐秘，使这个和尚闪烁出一种卓然不群的光辉。

虽然这位活动在四世纪下半叶到五世纪初的刘萨诃和尚确有其人，但各种文献、文物所反映出的他的“事迹”却大多是充满了神秘灵异色彩的不断地增殖繁衍的“传说”的碎片。在这些碎片中，可以隐约看到一个凡夫俗子逐渐被演化成神佛。这个原本目不识丁的稽胡族下级军吏，三十岁时巡游地狱的偶发事件改变了他的人生轨迹，由一个杀生为业的罪人变成了一个精勤福业的游方僧人[②]。他去江东寻觅礼拜阿育王塔、阿育王像的传说给江南佛教界留下了深刻的印象，以一个普通僧人而名列宝唱的《名僧传》和慧皎的《高僧传》。同时，随着他在稽胡人聚居地（今天晋陕交界的黄河两岸）的传教事业的发展，主要得益于他那神奇的巫术和预言能力，刘萨诃成为稽胡族的民族神，被视为观音化身、“苏合圣”“刘师佛”[③]。到了六世纪二十年代，在河西走廊的番禾（今甘肃永昌）出现了著名的能预测兴衰治乱的番禾瑞像[④]，而刘萨诃就是番禾瑞像的预言人，随着

① 萨诃，又作萨何、萨何、萨和、屑荷、苏何等，大约是因为稽胡语“蚕茧”音译的缘故，并无固定准确的写法。今从敦煌文献，采用“萨诃”。

② 参王琰：《冥祥记》，《法苑珠林》卷八六引，载《大正藏》第53册，p919b—920b。又参鲁迅：《古小说钩沉》，《鲁迅辑录古籍丛编》第一卷，人民文学出版社，1999年版，p351—534。

③ 道宣：《续高僧传》卷二五，载《大正藏》第50册，p0644c—645a。

④ 道宣《续高僧传》《集神州三宝感通录》《道宣律师感通录》等均载有番禾瑞像事。

番禾瑞像影响的不断增加，刘萨诃的名气也达到顶峰，从而成为北朝直至隋唐西北地区的一个强有影响的神灵。从现今发现的敦煌莫高窟中的相关的资料来看，刘萨诃的神奇传说在敦煌一带不断衍生，归义军时期又掀起了一个崇拜番禾瑞像和刘萨诃的高潮。

如果仅就神秘灵异这一点将刘萨诃视为佛图澄、杯度之流的神异僧，那无疑是把问题简单化了。因为除了神秘灵异，他至少还有这样几个值得重视的特点：第一，刘萨诃是由一个稽胡族的凡夫俗子的身份而成佛的，他的民间出身不带有任何异域的、神秘的色彩；第二，刘萨诃传说绵亘在东晋到唐五代漫长的历史时间里，集中在晋陕交界处黄河两岸的稽胡聚居地和河西走廊一带的多民族聚居地；第三，刘萨诃是一个来自民间的神，虽然受到知识阶层的雅文化和统治阶级的权力文化的不断规约，他的传说总体上仍呈现出一种民间本色。因此，可以说，刘萨诃传说所展示的由凡而圣、不断神化的过程典型地折射出公元四世纪到十世纪民众的佛教信仰。

佛教入华后，与知识阶层的雅文化和统治阶级的权力文化相融合，关于此点，不仅史不绝书，且学术界之研究亦已达到相当的水平；但佛教在民间的传播和发展却是佛教史研究上一个众所周知的缺憾。也许，刘萨诃这个身份、地位都很特殊的“高僧”可以稍稍弥补这一缺憾。本文正是想通过刘萨诃传说的解读，展现佛教入华后在民间传播的一个侧面，从而对民间佛教信仰的原始状况和传播方式做一点探讨。

一　民间造神运动：胡师佛、番禾瑞像

最能引起我们兴趣的是：一个犯了杀生大罪的凡夫是如何成为神佛的？是一种怎样的信仰力量推动当时的民众创造出这样一个神明来呢？而这样一个神明又是如何能长久地存留于民众的信仰之中？

残存的史料表明，作为神的刘萨诃具有两种最重要的身份：一是稽胡族的民族神，二是西北地区的地方神。下文即从考察这两种身份入手，对于民间如何创造刘萨诃这一神佛做一番具体了解。

(一)胡师佛

唐初,道宣历游关表,亲自在稽胡聚居的慈、隰、岚、石、丹、延、绥、银八州做考察,看到了刘萨诃以民族神的身份被当地民众崇拜信仰的盛况:"故今彼俗,村村佛堂,无不立像,名'胡师佛'也。"①

据《周书·稽胡传》的记载,稽胡族是一个经济文化上相对落后的民族。其社会组织形式为部落制,且部落之间联系松弛,不可能发展成一个有统一政权的强大民族。其社会经济应为半牧半农。作为稽胡的一员,刘萨诃大约出生在晋穆帝永和元年(345)稍前,他"目不识字,为人凶顽,勇健多力,乐行猎射"②。在三十一岁时(那时稽胡处于苻秦统治之下)经历了人生中奇异的转折——因为杀鹿被勾入冥界,在地狱中接受观音的训导、皈依佛法而得以还阳。从后来《冥祥记》《高僧传》等著述记录或转述这个传说来看,它流传的范围相当广,而且影响也很大。地狱将其极端的恐怖呈现在这些凶顽勇健的稽胡人面前,使这些在战场上无比勇敢的稽胡人恐惧了;而观音又为这些犯杀生大戒的人指出一条生路——皈依佛。这个异常完美地将当时流行的地狱信仰和观音信仰结合在一起的冥游事件,不仅改变了刘萨诃的命运,还为其日后成佛提供了一个极好的起点。刘萨诃还阳后出家为僧,按照观音训导开始了他的礼拜圣迹的云游生涯。后来他又回到家乡,大约在四世纪末到五世纪初、也就是十六国末期和北魏初期,在稽胡中展开传教活动。宋乐史《太平寰宇记》卷三五载刘萨诃曾于云岩坐禅:"云岩县……废可野寺,在县北一十五里,故老相传,刘萨何坐禅处。稽胡呼堡为'可野'。四面悬绝,惟北面一面通人焉。"③抄写于十世纪的敦煌本《刘萨诃因缘记》记中提到和尚为赫连驴耳王治病、使其驴耳复为人耳一事,虽然在十六国之一的赫连夏国的相关史籍上根本找不到这样一位驴耳王,但这个传说的产生必然是因为刘萨诃在夏国传教且有一定的影响,而夏国在地理上与稽胡聚居地是相邻的。以上这些记载表明,刘萨诃生前长时期在稽胡居地及周围地区传教,有了相当的影响,刘萨诃的晚年应是在西行的漫漫长路上度过的,最后,他生命的终点停止在酒泉。可以想见,西行之路必也是传教之路,因此公元520年出世的番禾瑞像被归功于刘萨诃太延元年(435)的预言

① 《集神州三宝感通录》卷下,载《大正藏》第52册,p434c—435a。
② 道宣:《续高僧传》卷二五,载《大正藏》第50册,p0644c。
③ 台湾文海出版社1970年影印本,《宋代地理书四种》本。

也就不足为奇。可以说至晚在六世纪初，从稽胡聚居地到河西走廊，刘萨诃已成功地完成了从人到神的转变，并且形成了相当有影响的刘萨诃信仰。我们想知道，刘萨诃何以成为稽胡人和西北各民族信仰中极为重要的神明。换句话来说就是：稽胡与西北各民族出于何种原因创造了胡师佛和番禾瑞像？

在关于刘萨诃所有神异传说中，最有趣的莫过于"苏合圣"了："昼在高塔，为众说法；夜入茧中，以自沈隐；旦从茧出，初不宁舍。故俗名为苏何圣。'苏何'者，稽胡名茧也。以从茧宿，故以名焉。""然今诸原皆立土塔，上施柏刹，系以蚕茧，拟达之止也。"①道宣的这番记载显然表明刘萨诃在稽胡八州之地是备受供奉的蚕神。蚕桑起源于中国，素来农桑并举，蚕桑业一直都是传统农耕社会重要的经济支柱，起着衣被天下的重要作用，由此也不断产生了各式各样的蚕神——官方的、民间的、道教化的乃至佛教化的蚕神。相对而言，唐代以前佛教化蚕神的资料较少，仅刘萨诃"苏合圣"一例。直至沙门智炬（或作慧炬）撰于贞元十七年（801）的《宝林传》中记载了那个著名的受蚕马神话影响而发展出的马鸣菩萨化蚕的传说。这大约有两方面的原因：一是在佛教传入之前已有官方的、民间的、道教的原有蚕神。二是原有佛教诸神谱系中不仅没有蚕神，而且养蚕、着蚕衣还触犯了佛教的杀生禁忌。但是，为什么能在稽胡居地较早地产生出"苏合圣"这么一个与蚕马之说无关的独特的佛教化的蚕神？五胡十六国时期，活动在中原历史舞台上的是北方少数民族，他们一般都是不谙耕织的游牧民族，"荒表茹毛饮血之类、鸟宿禽居之徒"取代了"中夏粒食邑居之民、蚕衣儒步之士"，当地往往经济凋敝，民不聊生。这也是元魏入主中原之后，为解决衣食问题、将农桑政策放在极为重要的地位的原因。也许就是在那一时期，稽胡充分认识到耕织的重要性，其农业和纺织业有了一定的发展。而对于这个以山居射猎为主的民族而言，起初并未有自己的蚕神，也没有蚕马神话，所以也无需关注新蚕神与旧有蚕神的种种关联。而且，稽胡人的佛教信仰方式粗犷豪放，佛诞日大会平原时各将酒饼，酣饮戏乐，由此可以推测他们可能没有禁止养蚕取丝那种严格的杀生禁忌。基于上述原因，在稽胡居地，大约在五世纪末的时候，稽胡人掌握了养蚕缫丝技术之后，就产生了他们自己的蚕神——苏合圣。也许只是历史的一个偶然——"萨诃"恰恰是"蚕茧"的意思。据《周书·稽胡

① 《集神州三宝感通录》卷下，载《大正藏》第 52 册，p434、435a—c。

传》记载:“其俗土著,亦知种田,地少蚕桑,多麻布。”的确,稽胡居地的自然环境根本不适合种桑养蚕,除了在纬度较低的高原地区可以养蚕之外,大面积的山区是根本不可能养蚕的。那么,苏合圣为什么会得到八州稽胡的共同供奉呢?我猜想苏合圣不仅是蚕神,恐怕也是农神。稽胡可能还没有来得及创造出他们复杂的神佛谱系,就以蚕神来代替农神,苏合圣在实际上扮演着耕织之神的角色,庇佑着稽胡人的农业经济。对于居于深山、劫掠为生的稽胡来说,“苏合圣”之创造,传达出发展民族经济文化以求生存发展的深层的一种民族愿望。

在道宣的记载中,胡师佛的塑像“每年正月舆巡村落,去住自在,不惟人功。欲往彼村,两人可举,额文则开,颜色和悦,其村一岁死衰则少;不欲去者,十人不移,额文则合,色貌忧惨,其村一岁必有灾障。故俗至今常以为候俗。”“土俗乞愿,萃者不一。”[①]可见胡师佛的主要功能是满足人们的各种乞愿和预测吉凶。这与刘萨诃后来被视为观音化身是同一个道理。在王琰《冥祥记》的刘萨诃冥游故事中有观音训导这样一个情节:罪人刘萨诃正是在接受观音训导后出家为僧、精勤福业的。当然,观音训导这一情节未必是刘萨诃地狱巡游故事的原生情节,它被加入冥游故事反映的是观音信仰的盛行。在刘萨诃生存活动的时期观音信仰的弘传已经遍及南北中国。在那个战乱频仍、朝不保夕的动荡时代里,救苦救难的观音菩萨是最受欢迎的神明。随着观音信仰广泛、全面地深入人心,观音越来越成为一个细致入微地福佑着民众日常生活的方方面面的神。正是因为观音是这样一个亲切而亲近的神,所以就出现了观音被俗化为普通人这一现象,诸如杯度为闻声而至的观音示现,天台宗第二代祖师慧思(515—577)被礼敬为观音化身,梁代异僧宝志被认为是十一面菩萨之化身,梁高祖亦被称为观音等等。刘萨诃也不例外,他很快从冥游故事中那个被观音训导的罪人而摇身变为观音的化身:“亦以为观世音者,假形化俗。”又载:“行出肃州酒泉郭西沙砺而卒。形骨小细,状如葵子,中皆有孔,可以绳连。故今彼俗有灾障者,就砺觅之,得之凶亡,不得吉丧。有人觅既不得,就左侧观音像上取之,至夜便失,明旦寻之,还在像手。”[②]刘萨诃由一个消极的接受神谕者变为一个能够发出命令的积极的神,外来的观音被置换为本乡本土的刘萨诃,他承担着为所有信众祈福禳灾的神圣而功利的使命。

① 同281页注①。
② 同上。

(二)番禾瑞像

刘萨诃传说和信仰蔓延在稽胡聚居地和西北地区,直至六世纪初河西走廊中部的番禾瑞像的出现将刘萨诃信仰推向顶峰。

这尊出现在河西走廊的瑞像以其能预测兴衰治乱而闻名。实际上在南北朝时据说具有此种功能的瑞像并不少见,诸如扬都长干寺育王瑞像、襄阳檀溪寺道安造金铜弥勒像、东晋穆帝时荆州城北瑞像、萧齐扶南石像、彭城宋王寺丈八金像、北齐末晋州僧护所造石像、周襄州岘山华严寺卢舍那佛像等。它们反映了一个相同的主题:战乱频仍的乱世之中对和平治世的渴望。与众不同的,番禾瑞像从北魏末年出世直到唐五代一直在西北地区发生着重大影响,而不像其它瑞像的影响仅限于易代之际。原因很简单,不论是稽胡聚居地还是西北地区的多民族聚居地,长期以来,民族问题一直是一个最为重要的问题。不同民族之间的战争和矛盾、各民族同中原王朝之间的战争矛盾、以及在这血与火之中的民族融合,这是一幕上演了几百年的历史剧。

拿稽胡来说,经济文化的落后并不影响其成为中国历史上相当重要的一个民族。稽胡聚居地大致在今天晋陕交界处的黄河两岸,北起陕西榆林,南至山西吉县①。这样一个地理位置在当时是边地与统治中心之间的中间地带,有着"外以威怀七狄,内以承卫二京"②的特殊的军事政治作用。这个山居民族不仅"种族繁炽""延蔓山谷"③,而且素来强悍勇敢,所谓"稽胡悍果劲健,号为着翅人。"④山居、人口众多、强悍勇敢构成了这一民族长时间存在的原因和理由,从西晋愍帝建兴三年(315)⑤到唐宪宗朝⑥,稽胡在历史舞台上至少活动了五百多年,才彻底

① 参林干:《稽胡(山胡)略考》,《社会科学战线》1984 年第 1 期,第 148—149 页。

② 《全唐文》卷五七载宪宗《授张宏靖太原节度使制》。

③ 《周书·稽胡传》。林干《稽胡(山胡)略考》一文做过一个统计:"截至公元 418 年约为 30 万,截至 579 年约为 69—82 万。这些数字,仅为内附、死亡和被杀之数,仅占稽胡人口中很少的一部分,其余绝大部分未见于载籍者尚未计。"

④ 《周书》卷二七《韩果传》。

⑤ 林幹据《晋书》卷一百四《石勒载记》上、卷六七《温峤传》所载此年春二月晋司空刘琨之右司马温峤西讨山胡事,将稽胡有明确历史记载的时间姑系于此年。参林幹:《匈奴历史年表》,中华书局 1984 年版。

⑥ 《全唐文》卷五七载有宪宗的《授张宏靖太原节度使制》有云"雁塞之上,稽胡杂居"。《通鉴》卷二三七宪宗朝元和元年(806)河东节度使严绶讨杨惠琳,"诏河东、天德军合击惠琳,绶遣牙将阿跌光进及弟光颜将兵赴之,光进本出河曲步落稽,兄弟在河东军皆以勇敢闻。"

完成了民族融合。

由此也就可以理解稽胡人的历史何以被正史简化为从晋代到唐初绵延不断的、由战争杀戮构成的边患。这就是番禾瑞像虽不出现在稽胡居地、但仍选择了稽胡人的神刘萨诃作为番禾瑞像的预言者的原因,当然这也是刘萨诃这个神长盛不衰的最主要原因。

综上所述,作为稽胡和整个西北地区的一个相当重要的神,在刘萨诃的身上折射出一种混沌的、多元的民间信仰状态。他既是保佑经济的农神,又是关心日常生活的观音的化身,也是在民族矛盾尖锐、世乱人苦之时昭示和平安定的平安神。此点在归义军时期的敦煌刘萨诃信仰复兴时体现得更为具体:刘萨诃成功地预言了莫高窟,成为开窟这种佛事活动的功臣①;他的锡杖划出宕泉,为敦煌带来涓涓流水②;还有战争的停止,国家的富强,政治的清明,家族的安康发达,个人和家人今世的幸福,来世升入天国……纵观刘萨诃信仰的形成过程,可以得出一个结论:刘萨诃这个神之所以被创造出来是基于民众的需求。祈福禳灾的心理祈愿一直是民间各种宗教信仰的主导思潮,魏晋南北朝隋唐时在多民族聚居的西北地区突出地表现为中止阶级矛盾和民族矛盾引起来的战争和杀戮,发展落后的经济和文化,刘萨诃的价值恰恰集中地体现在这两个方面,因此,这个神不仅被创造出来了,而且能够在漫长的历史时间和广阔的历史空间中发生着持久的影响。

二 刘萨诃信仰的传播方式

随着刘萨诃的成佛成神,也就形成民众对刘萨诃的信仰。因为这种信仰长期存在,它就需要借助一定的形式来存在。或者说,民众在长期信仰的过程中形成了传播和表达信仰的一些稳定的形式。我们通常说内容决定形式,用在佛教传播中可以说信仰状态决定信仰形式和传播方式;但是形式也可以反过来影响内容,而且相对内容而言,形式总是稳定的。所以,通过研究传播方式来研究佛教信仰在民间的传播不失为一个好办法。在此我们试图通过刘萨诃信仰的传播

① 敦煌本《刘萨诃因缘记》载:“莫高窟亦和尚受记,因成千龛者也。”

② S.2113V《沙州龙兴寺上座沙门俗姓马氏香号德胜宕泉创修功德记》。

方式来窥探中古时期佛教在民间传播的一些规律性的东西。

(一)传闻

显而易见,从残存的记载来看,构成刘萨诃信仰的是充满了神秘灵异色彩的不断地增殖繁衍的"传说"的碎片。如果把这些传说还原到它们产生之初,可以肯定它们就是各种各样的在民间流行的"传闻"。王琰《冥祥记》中的刘萨诃冥游故事依据的就是民间传闻,当然,魏晋六朝乃至后来所产生的那些被鲁迅先生称之为"释氏辅教之书"的东西,都是知识阶层对民间传闻的记录和整理,知识阶层之所以会对这些传闻表现出异样的兴趣,那是因为在对待地狱、报应、救赎等问题上他们与民间佛教信仰具有高度的一致性。如果按照记录人来分类,那么今存的刘萨诃传说可以分成三类:

知识阶层的记录:王琰《冥祥记》、宝唱《名僧传》、慧皎《高僧传》、道宣《续高僧传》、道世《法苑珠林》等。

权力阶层记录:天宝石碑[①]。

民间的记录:敦煌本《刘萨诃因缘记》。

不管知识阶层和权力阶层进行怎样的修改和规约,刘萨诃传说还是显露出民间传闻的本色来。

先是因为传闻的盛行,促成了信仰的形成,而信仰形成之后,又滋生了更多的传闻。当刘萨诃还是一个凡人时,他的各种传闻已风行于世,其中最著名的就是地狱巡游和江东礼拜阿育王塔、像。伴随着他的传教活动,又产生了诸如为驴耳王治病、定阳瑞像、酒泉迁化等传闻。很可能在他生前就已被视为神明,由此产生了"苏合圣""胡师佛"、观音菩萨假形化俗等一系列传闻。和尚迁化之后,他已经成为一种信仰符号,所以他的传闻更是不断地滋生蔓延开来。我们并不准备对各阶段的传闻内容进行分析,我们更注重的是传闻的形式。如果对这些传闻的形式稍加注意的话,就会发现一个有趣的现象:刘萨诃传闻是由一个个彼

① 1979年在甘肃武威出土了一块天宝年间的石碑,孙修身拟名为《凉州御山石佛瑞像因缘记》。参孙修身、党寿山:《〈凉州御山石佛瑞像因缘记〉考释》,《敦煌研究》创刊号,第102—103页。

此无关亦无序的独立故事单元拼凑成的，在某一故事单元里，一方面与佛教的某个重要的信仰、观念以及实践紧密相关，另一方面连情节的安排都有固定的模式。可以借用民间故事的母题研究，将佛教传闻的基本信仰单元和情节单元也称作“母题”。以下就对记述刘萨诃传说最为丰富的《冥祥记》和《因缘记》进行母题分析。在下图中圆框表示情节母题，方框表示信仰母题。

《冥祥记》

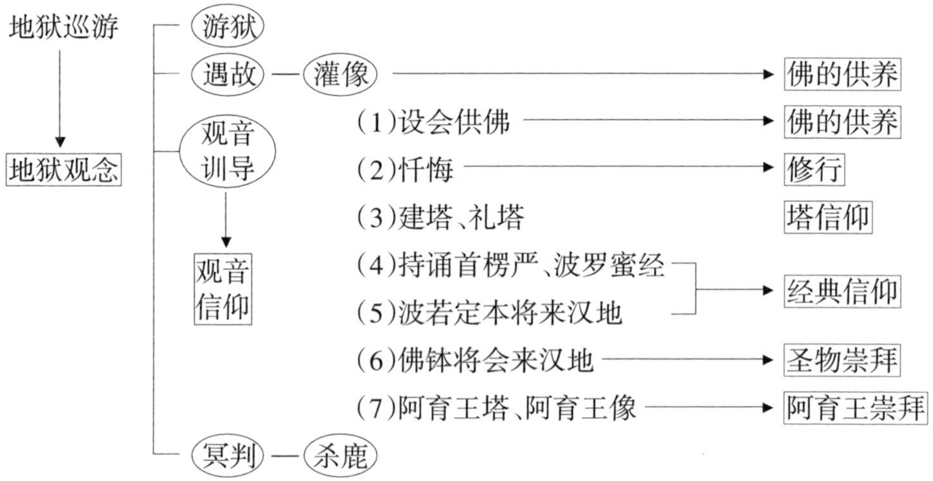

《刘萨诃因缘记》

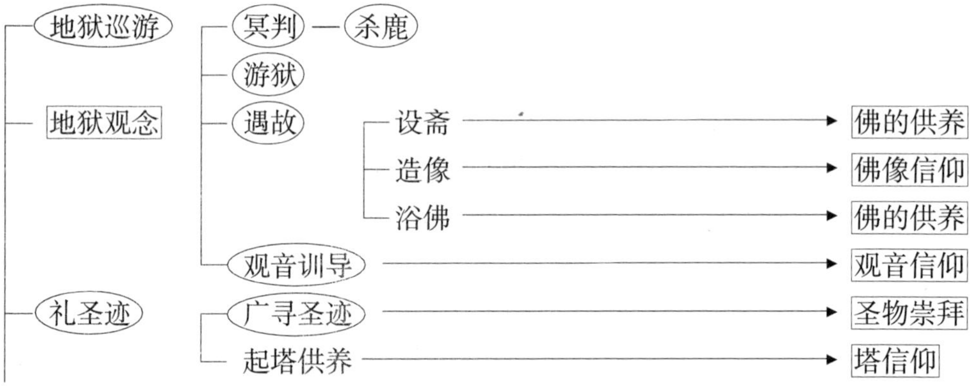

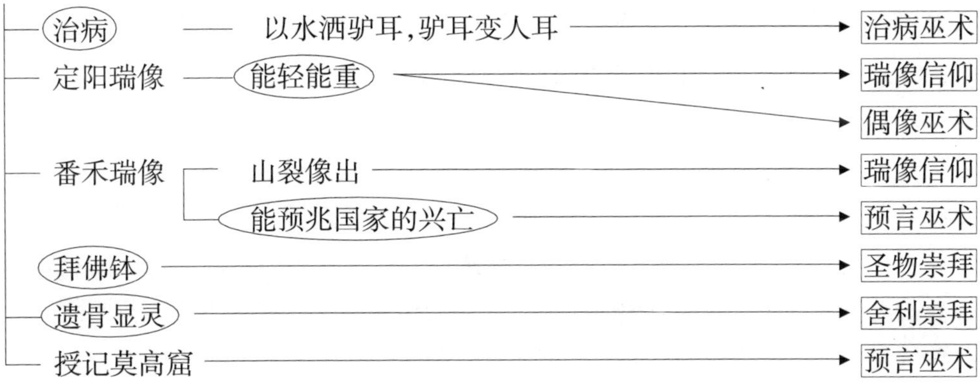

通过上面两个图表，可以比较清楚地了解刘萨诃传说是怎样被组合制造的。佛教传闻与民间故事的编制有共同之处。民间故事的特性就是把同样的行为赋予不同的人物，一个母题可以被无数遍复制。佛教传闻亦是如此，比如《冥祥记》中的地狱巡游故事，部分瑞像故事中的盗宝情节，许多瑞像都具有预测吉凶的功能。同时，多个母题也可以汇聚到一个故事之中，从而组成一个复杂的故事，使这一故事具有多种功能。刘萨诃冥游故事就不仅是一个地狱巡游故事，这个故事中的信仰母题极为丰富，仅观音训导的内容就可以视为魏晋南北朝佛教兴福事业的纲要。佛教故事与民间故事在母题上的亲缘关系很容易理解，佛教入华的初期主要是结合鬼神方术在民间传播，自然会借助民间故事的形式来进行传播。《冥祥记》中萨诃冥游故事正是体现了佛教传闻技巧纯熟的制造水平。

这种利用母题制造的佛教传闻，符合民众的接受和审美心理，其价值体现在传教的功能上。透过刘萨诃冥游故事，直接感受到的是对地狱的恐惧，对观音的感激，以及一定要礼拜佛的圣物圣迹，一定要设斋、灌像等等。这种把基体的观念、信仰和修持条例组合成发生在不同人物的身上的传闻，就取得了化身千亿的效果，成为一种虽最为简易却最为有效的传播方式。

不断衍生的传闻以一种零散的、彼此无关亦无序的状态存在着，当这些口耳相传的传闻被整理记录成文字后（就是佛典翻译文学之外最早的佛教叙事艺术），也呈现出零散的状态，它们通常是在一个信仰主题下记事。诸如释氏辅教之书《冥祥记》、各种观音《应验记》之类。其形式特点是信仰主题单一明确，情节模式固定。这种形式显然是受了佛教传闻的母题结构形式的影响。后来的佛教类书《法苑珠林》也采用了这种母题结构的形式，当然，这里的“母题”与传播民间佛教信仰的传闻“母题”不同，它体现出知识僧侣佛教文化的分类、总结和评价。而僧传也受到传闻的影响，毕竟传闻是僧传的一个非常重要的材料来源，尤其是刘萨诃这样的高僧，他的生平事迹缺乏史实而几乎都是传闻。不过僧传是按照一定的目的和标准来选择传闻。如慧皎《高僧传》选择刘萨诃礼塔拜像之传闻将之归入“兴福”，而道宣《续高僧传》则选择刘萨诃在稽胡和西北地区的巫术行为归之于“感通”。虽然刘萨诃这类高僧使僧传这种文体处于史实与传闻之间的尴尬之中，但在客观上推动了传闻叙事艺术的进一步发展。因为僧传是以人系事并且是按照时间顺序记事，它把一个高僧的传闻汇聚起来了，从而摆脱了以信仰母题记录传闻的原始状态。

虽然僧传推进了传闻叙事艺术的发展，但它对于民间的佛教叙事艺术之发展却未必有多大影响。它毕竟属于知识阶层的雅文化。民间的佛教叙事艺术是在讲唱艺术的推动下发展起来的。这将是下文所要讨论的一个问题。

（二）讲唱

可以想见，佛教传播在很大程度就是凭借口耳相传的各种传闻在民间发生影响的，知识阶层和权力阶层介入传闻的整理解读之后，使民间传闻受到雅文化与权力文化的规约由社会的下层进入了上层；而传闻在民间依然沿着自己的轨道运行，一方面是传闻与信仰的相互促进，另一方面是传闻与其它传播方式相结合以发挥更大的影响。

传闻之外，佛教信仰在民间的传播方式最重要的还有音乐和美术。先来看音乐。从佛教入华之初，以音声传教的形式也随之入华。在慧皎《高僧传》中，专列“唱导”一科，所谓“唱导者，盖以宣唱法理，开导众心也。”唱导师会根据不同的听众来决定宣唱的内容，“若为悠悠凡庶，则须指事造形、直谈闻见；若为山民野处，则须近局言辞，陈斥罪目。凡此变态，与事而兴。”可见当宣唱的对象是民众时，宣唱的内容就多是民间传闻了。较之单纯的传闻，唱导更具有非凡的艺术感染力，“谈无常则令心形战栗，语地狱则使怖泪交零。”[①]由此也就广为民众接

① 以上均见《高僧传》卷十三，载《大正藏》第50册，p0417c、418a。

受并深受民众喜爱。在现存于敦煌遗书中的俗讲、变文中我们看到了佛教民间讲唱艺术的成熟形态。值得庆幸的是,敦煌本《刘萨诃因缘记》的存在为我们提供了寻绎刘萨诃传闻被采入讲唱因缘的线索。

《刘萨诃因缘记》篇一共 600 多字,大致依时间顺序排列了地狱巡游、朝圣、治病、番禾瑞像等传闻,从其颠倒错乱的叙事顺序、极度简略的叙事风格、朴实无华的叙事语言来看,决不会出自上层知识分子之手,而是民间文人对民间传说的记录和整理。《因缘记》从形式上看不出任何讲唱的痕迹,似乎很难将之归为宣传佛教的说唱伎艺"说因缘"的底本。但它又为什么被称为"因缘记"呢?周绍良先生对此作出了一个大胆的假设:"可见为讲说之用,否则不必标明为'因缘记',亦不必另行录出,只据书宣讲即可。故此等因缘记可见为说因缘之底本。"[①]拿另一类讲唱文学变文来说,散文形式的变文也有,如 P.2721V《舜子至孝变文》和 P.3645《刘家太子变》。荒见泰史对此做过专门的研究。他通过对比《舜子至孝变文》与 P.2621《(拟)孝子传》,认为《舜子至孝变文》是从不同渠道的文本上摘录、拼接,然后稍作加工而成。至于《刘家太子变》其拼凑抄写方式类似于《(拟)孝子传》《句道兴本搜神记》等敦煌类书。荒见泰史的结论是:"这些写本或摘录经典,或转抄类书,并且舍弃了说教色彩浓厚之处,使之更通俗化了。抄录故事的目的或是为了讲唱搜集整理素材,或用于讲唱时作为纲要底本,或为参考笔记之用。"[②]那么,再回头来看《刘萨诃因缘记》,它排列民间流传的各种刘萨诃传闻,记事极为简略,在 600 多字的篇幅中,冥游就占了 400 多字,占去了三分之二的篇幅,其它情节都极为简单,蜻蜓点水式的一掠而过。与其说它是一个故事,不如说它更像一个故事的提纲。但这个故事提纲任意一条的背后都有一些内容丰富、情节曲折的传闻,毫无疑问这些传闻是敦煌民众极为熟悉的,此点可以在莫高窟 72 窟南壁所绘的"刘萨诃与凉州圣容佛瑞像史迹变"[③]那幅大型壁画上得到印证。因此,我们认为《刘萨诃因缘记》是讲唱因缘文的蓝本,极有可

---

① "此等因缘"指《佛图澄和尚因缘记》《刘萨诃和尚因缘记》《隋净影寺沙门慧远和尚因缘记》《灵州史和尚因缘记》等,参周绍良:《唐代的变文及其它》,载《敦煌文学刍议及其它》,台湾新文丰出版股份有限公司,1992 年版,第 85 页。

② [日]荒见泰史:《敦煌变文研究概述以及新观点》,《华林》第三卷,中华书局,2003 年版,第 387—408 页。

③ 霍熙亮的拟题,参霍氏《莫高窟第 72 窟及其南壁刘萨诃与凉州圣容瑞像史迹变》一文,载《文物》1993 年第 2 期,第 32—47 页。

能是为了讲唱搜集整理素材。如果《因缘记》得到进一步的加工整理，把那些民众所熟知的丰富曲折的传闻故事用文字表述出来，那就是一篇粗具规模的白话小说了。

从上文对《刘萨诃因缘记》的分析中，可以看到民间传闻与讲唱艺术相结合，成为一种更有效的传播方式。同时，讲唱这种传播方式又促进了民间叙事文学的发展，使之成为白话小说的源头之一。

（三）造像与壁画

造像这种表达和寄托信仰的方式随着佛教信仰的入华而传入的，汉末已有佛像的制作和供养。当然，只有信仰某一神明才会为之造像。据目前所掌握的材料来看，关于刘萨诃的最早造像是定阳瑞像。《因缘记》在记载刘萨诃为驴耳王治病之后，王造了一尊和尚的塑像送到定阳以表感激，定阳正是刘萨诃家乡。该像能轻能重，"擎舆之人，若有信心之士，一二人可胜；若无信心，虽百数，终不能举。"这与道宣看到的正月里舆巡村落的胡师佛塑像是一致的："去住自在，不惟人功。"刘萨诃造像的出现是刘萨诃信仰形成的一个标志。随着番禾瑞像的出世，刘萨诃信仰在民间达到一个新高峰，加之权力阶层从中明确地引申出"惩革胡性"[①]"革顽嚣"[②]的主题，从而对其大力倡扬，如隋炀帝"令模写传形"[③]，番禾瑞像由是得以化身千亿。今天，在四川的安岳石窟[④]和敦煌莫高窟，仍然保留有番禾瑞像的塑像。我们认为，造像不仅是寄托、表达信仰的方式，同时也是传播信仰的方式；而且相对传闻和讲唱，造像这种传播方式更为直接和稳定。

在佛教入华之前传统的祭祀、信仰方式中，图画形象比雕塑形象更为普遍，故而在造像艺术发展的同时图画艺术也是齐头并进的。将塑像之神变为画像之神，不仅成本大大降低，而且由于携带方便等优点传播起来也更为便利。图画艺术的优越性当然不只体现在这一个方面，更重要的是，它比雕塑艺术有着更大

---

① 《续高僧传》卷二五，载《大正藏》第 50 册，p0645a。
② 天宝年间的《凉州御山石佛瑞像因缘记》所载。
③ 《续高僧传》卷二五，载《大正藏》第 50 册，p0645a。
④ 曾德仁《四川安岳石窟的年代与分期》一文中指出，在安岳石窟中亦存有一尊盛唐时期的番禾瑞像的造像，这是首次在河西走廊和敦煌之外的地方发现的以番禾瑞像为题材的造像，载《四川文物》2001 年第 2 期，第 54 页。

的容量——它能容纳故事，它可以表现情节。莫高窟 72 窟南壁的“刘萨诃与凉州圣容佛瑞像史迹变”的大型壁画保留了大量的刘萨诃传说[①]，较之以文字形式保留刘萨诃传说最多的《因缘记》毫不逊色，二者堪称刘萨诃研究材料中的双璧。除 72 窟的大型壁画之外，98 窟、61 窟[②]以及斯坦因《千佛图录》中的绢画[③]里均有关于刘萨诃和番禾瑞像的故事画。

让我们抛开这些故事画的文物价值，从传播方式这一角度来重新审视它们的功能和价值，就会发现这是一个值得深入研究的议题。创造这些故事画的依据是传闻，或者说以图画的形式来展现传闻，创作动也是显而易见的——以一种形象的视觉艺术来打动信众的心、使信仰深入灵魂。而且，在具体的使用上，故事画常常与讲唱艺术相配合，例如变文与变相之结合。至此，在传闻、讲唱与壁画三者之间找到一个交集，也就是文学、音乐、美术三者的交集。这三种传播方式在相互配合、相互促进之中共同发展。

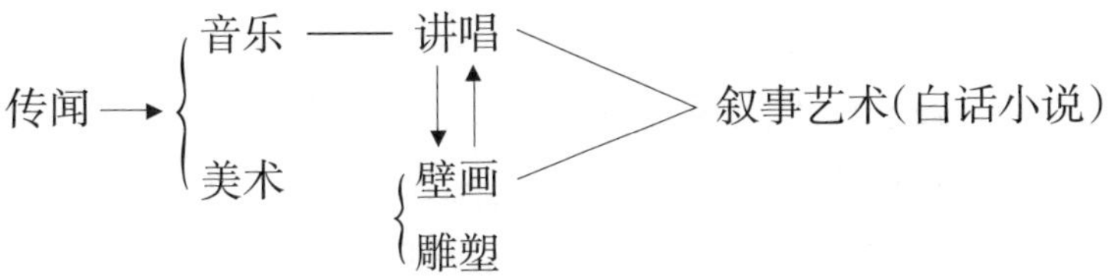

总之，借助“母题”这种民间故事的结构和传播方式，刘萨诃传闻组合了晋唐之间佛教中流行的众多观念、信仰和实践，使之在传播中呈现出多重功能。这种母题众多、灵验备出的传闻故事引起了知识阶层和权力阶层的重视而被载史册；同时，在民间流传的过程中传闻与音乐和美术相结合，不仅使刘萨诃信仰获得了持久的生命力，同时也促进了民间叙事文学、讲唱艺术和绘画艺术的发展。

① 包括猎师逐鹿、释迦说法大会、刘萨诃坐禅、婆罗门修圣容像、蕃人放火烧寺、蕃人修寺、蕃人盗宝等众多传说。

② 所绘为猎师李师仁逐鹿，见化寺、佛、僧及山裂像出的故事画。

③ 斯坦因《千佛图录》之十三是一幅关于番禾瑞像故事的绢画，包括刘萨诃礼拜番禾瑞像、七里涧佛头初现、安装佛头等情节。参孙修身：《斯坦因〈千佛图录〉图版十三内容考释》，载《西北史地》1984 年第 3 期，第 87—94 页。

王龙溪与佛教

赵　伟

关于王龙溪与佛教的研究，彭国祥《良知学的展开——王龙溪与中晚明的阳明学》（三联书店 2005 年版）有提到。该著中第五章《王龙溪与佛道二教》第一节“龙溪与佛道二教的因缘”中，梳理了其与佛教人物的交游，第二节讨论了王龙溪的三教观，并在此基础上分析了王龙溪对佛教思想的判摄与融通。该著中指出，王龙溪对儒学自觉认同，对于佛教与道教的态度，是要将其合理地容纳到儒学当中去。

彭国祥的看法当然没有什么问题，在研究中，著者也搜集了很多的资料，对资料的辨析也很仔细。不过，著者没有指出，王龙溪为什么要将佛道二教纳入到儒学当中去。在行文中，著者对一些问题的解释和说明并不完全准确和恰当。本文论述王龙溪与佛教、禅学的交涉、关联及其以良知范围三教的思想。

一

王畿（1498—1583），字汝中，别号龙溪，世称为龙溪先生。浙江山阴人。王龙溪身上有一股豪侠之气，这在他的著作中屡屡以豪侠之气自任、自信的言论中便可以看得出来。王阳明为把他纳入门下，颇费了一番脑筋。据后来公安三袁之长的袁宗道记载，王阳明接人，“每遇根性软弱者”，就令其到另一理学家湛若水那里学习。湛若水不知原因，以为“阳明推己”而“欢然相得”，其实王阳明这不过是“汰去砂砾”“直寻真金”而已。王阳明发现了王龙溪后，“极欲一会”，王龙溪却并不领情，不与王阳明相会。王阳明想出来一个收服王龙溪的办法，“日令弟子六博投壶，歌呼饮酒”，随后，“密遣一弟子瞰龙溪所至酒家，与共赌”。王龙溪笑问阳明门人："腐儒亦能博乎？"阳明门人回答说"吾师门下日日如此"，王龙溪"乃惊，求见阳明"，"一睹眉宇，便称弟子矣"[①]。袁宗道的这段记载颇具传奇色彩，这件事也不见有其他的记载，只是孤证，很难证实。不过，从王龙溪著作中所表现出来的豪侠之气来看，这段轶事当不是空穴来风，所以才会导致"其后，士之浮诞不逞者，率自名龙溪弟子"情况的出现。清人李光地曾批评王阳明和王龙溪说："所恶于姚江者，为其以四书六经皆是闲赈，直指人心，立地成佛耳。其流毒无穷，王龙溪已不象样，万历以后鬼怪百出，姚江作俑也。"[②]李光地的话有些声嘶力竭的咒骂了，不过从侧面说明王阳明确实能够做出以赌博接引王龙溪这样的事情。

王龙溪亦不负王阳明之望，终成为阳明之宗的两大重要门人[③]之一，对于王阳明之后阳明学的发展做出了巨大的功绩，黄宗羲评价说："先生亲承阳明末命，其微言往往而在。象山之后不能无慈湖，文成之后不能无龙溪。以为学术之盛衰因之，慈湖决象山之澜，而先生疏河导源，于文成之学，固多所发明也。"[④]这个评价是非常中肯的。

王龙溪对于宗教（包括佛教与道教）的态度，基本上是对王阳明宗教观念的延续。王阳明对于佛教的态度可以简要归纳为三个方面：一是对佛教（包括道教）进行了深入的探讨，二是认为佛教有肯定的地方和内容；三是以良知之说判断和融摄佛教。王龙溪对佛教的看法，基本上是沿袭了王阳明的思路。

在《滁阳会语》中，王龙溪在滁阳讲会上为学者讲王阳明之学"凡三变"，少时"英毅凌迈，超侠不羁"，"于学无所不窥"，所学之内容没有界限，"尝泛滥于词章，驰骋于孙吴，其志在经世，亦才有所纵也"。后来，"为晦翁格物穷理之学"，并无所得，反"几至于殒"。王阳明苦朱熹格物穷理之学烦且难，"自叹以为若于圣学无缘"，于是"始究心于老佛之学"，"筑洞天精庐，日夕勤修炼习伏藏"，经过勤修炼习，"洞悉机要"[⑤]。

对于第二和第三方面，王龙溪曾举王阳明的屋舍三间的比喻。有人问他说：

---

① 《白苏斋类集》卷二十二。

② 《榕村语录》卷二十，四库全书本。

③ 《明史》卷二百八十三本传云："阳明学派，以龙溪、心斋为得其宗。"

④ 《郎中王龙溪先生畿》，《明儒学案》卷十二，中华书局，1985 年版，第 240 页。

⑤ 《滁阳会语》，《王龙溪全集》卷二，中国台湾华文书局股份有限公司根据道光二年刻本影印本。

“佛氏虽不免有偏，然论心性甚精妙，乃是形而上一截理。吾人叙正人伦，未免连形而下发挥，然心性之学沉埋既久，一时难为超脱，借路悟入，未必非此学之助。”这个问句，是说佛教理论非常发达，是形而上，儒学偏重于正人伦，是形而下。佛教虽然有所偏，由于在心性上的精妙议论，可以为儒学之悟提供帮助。这种说法，在此前早就出现过，如宋代做过宰相的张商英说：“吾学佛，然后知儒。”[①]在张商英这里，佛教为儒学的学习提供助力和辅助。

王龙溪对这一问却并不赞同，认为“此说似是而实非”，不管是佛教还是儒学来说，都“本无上下两截之分”。就一般人对于佛教和儒学的看法，王龙溪说儒学“未尝不说虚，不说寂，不说微，不说密”，儒学也说这些形而上的内容，而且这是自古以来儒家“千圣相传之秘藏”，若能“从此悟入”，便是“范围三教之宗”。那么为什么一般人会认为虚、寂、微这些概念和议论是属于佛教的范畴呢？王龙溪说这都是“圣学不明”之故，致使“后儒反将千圣精义让与佛氏，才涉空寂，便以为异学，不肯承当”，后世儒者也“不知佛氏所说，本是吾儒大路”，反而要借佛教之论来谈虚说寂，借佛教之路而“而入”，也真是“可哀”的。王龙溪为了证明自己的说法，把佛教上溯到尧舜之时：“夫仙、佛二氏皆是出世之学，佛氏虽后世始入中国，唐虞之时所谓巢许之流即其宗派。唐虞之时圣学明，巢许在山中如木石一般，任其自生自化，乃是尧舜一体中所养之物。盖世间自有一种清虚恬淡不耐事之人，虽尧舜亦不以相强。只因圣学不明，汉之儒者强说道理，泥于刑名格式、执为典要，失其变动周流之性体，反被二氏点检訾议，敢于主张做大。吾儒不悟本来自有家当，反甘心让之，尤可哀也已。”说尧舜时之巢许之流是佛教前身，自是不正确，这种说法也不只是王龙溪有，不过却正恰当地反映出王龙溪欲以儒学容纳佛教的迫切想法。王龙溪随即举了王阳明所讲过的“屋舍三间之喻”：“唐虞之时，此三间屋舍原是本有家当，巢许辈皆其守舍之人。及至后世，圣学做主不起，仅守其中一间，将左右两间甘心让与二氏。及吾儒之学日衰，二氏之学日炽，甘心自谓不如，反欲假借存活。洎其后来，连其中一间岌岌乎有不能自存之势，反将从而归依之，渐至失其家业而不自觉。”三间屋子（儒释道）本来都是儒家所本有，随着儒学的衰落和发展的变化，使得儒学甘愿将另外两间让于佛、道；儒

① 转引自袁宗道《白苏斋类集》卷十七，续修四库全书本。

学越来越衰落,佛道二教越来越炽盛,儒学甚至连一间屋子也守不住了,家业渐失而不自觉。

然而,因为谈虚说寂为佛教之范畴已经成为一般人的共识,所以“间有豪杰之士不忍甘心于自失,欲行主张正学以排二氏为己任”,不惟不能得到认同,即是自身亦不能“不能探本入微,务于内修”,不能深入发展理论来反击佛教,而是“徒欲号召名义”“以气魄胜之”,不仅不能使佛教徒信服,反而“只足以增二氏检议”。真正能做到反驳佛教的, 就是王阳明的良知之学,“良知之学乃三教之灵枢,于此悟入,不以一毫知识参乎其间,彼将帖然归化,所谓经正而邪慝自无。非可以口舌争也”[①]。

从这段话来看,王龙溪主张要深入研究佛教,然后对于佛教的反驳才不会限于泛泛的“气魄”之争,将佛教纳入儒学的本有之义。这是王阳明对待佛教的态度,也是王龙溪对待佛教的根本态度。

二

同王阳明一样,王龙溪究心于佛、道二教之学,如在《松原晤语寿念庵罗丈》文中,记述嘉靖壬戌(1562)冬与罗洪先(1504—1564)研佛道之学云:“往赴松原新庐,共订所学,至则见其身任均役之事。日与闾里之人,执册布算,交涉纷纭,其门如市,而耐烦忘倦,略无一毫厌动之意;夜则与予联床趺坐,往复证悟,研二氏,究百家,意超如也。”[②]罗洪先在《登报恩寺浮屠怀龙溪》中也提到二人共研佛道事:“金陵南郭化城居,景物依依六代余。华榜犹悬中使敕,宝函常护上乘书。烛龙夜夜留金塔,灵鹫朝朝映绮疏。却忆山阴王子辈,昔年曾此话玄虚。”[③]或许正是因为此,罗念庵说与王龙溪是“同音”:“古人在念那能别?一见山阴坐暮林。屡向目成知偶合,不将言应一观深。十年已去为何计? 千里临分独此心。莫抱鸣琴惜来意,楚江流水待同音。”[④]罗洪先在松原辟石莲洞默坐三年,有人疑其为禅[⑤],

---

① 《三山丽泽录》,《王龙溪全集》卷一。
② 《王龙溪全集》卷十四。
③ 《罗洪先集》卷三十,凤凰出版社,2007 年版,第 1244 页。
④ 《罗洪先集》卷三十,第 1247 页。
⑤ 《明儒学案·师说》,第 12 页。

或疑其近二氏[①],二人的“同音”可能更多的就是表现在深入佛、道二教方面。

在《同盛古泉、戴混庵、管南屏宿玉湖寺》诗中,王龙溪与同游寺院的文人们共结“世外因”:“千里神交梦未真,白头倾盖是何人。即看此夜山中月,共结青天世外因。出处两般都活泼,羲皇万古此经纶。僧家自是无尘土,一枕溪云伴客身。”[②]虽然诗中表达了对于良知天机“活泼”的体认,但对于以儒家传道者身份的王龙溪来说,与同心者共结“世外因”,可谓是对于佛教是极大的认同了。

因此,王龙溪对于佛教、禅宗有所肯定。唐宋派文人王慎中(字道思,别号遵岩居士,晚年又号南江,福建晋江人,1509—1559)问王龙溪,说“学术不出于孔氏之宗”,但是随着儒学流弊的加深,“宗失其统”,致使学者出现“俗与禅”两方面的弊端。而对于道家、道教之说,王慎中却认为是“固吾儒之宗派”,虽然“或失于矫”,却不可以看做是异端。王慎中的言外之意是道家、道教是属于儒家之范围,俗与禅却是异端。王龙溪不赞成王慎中此论,指出佛、道并非异端:“异端之说,见于孔氏之书,当时佛氏未入中国,其于老氏,尚往问礼,而有犹龙之叹。庄子宗老而任狂,非可以异端名也。”异端之名,最早应该是出现于《论语·为政》篇,原文是:“攻乎异端,斯害也已。”杨伯峻认为孔子之时还没有诸子百家,因此“异端”应该不是指不同的学说,而是与孔子相异的“不正确的学说”[③]。后来儒家所说的“异端”,基本上是指与儒家不同的学说,所以王龙溪说当时佛教未传入中国,不是异端。王龙溪指出所谓的“异端”,是“吾儒之学”自有之异端。王龙溪认为佛教非异端的说法,或许来自陆九渊。在《三教堂记》中,王龙溪引用了陆九渊的话,文中云:“三教之说,其来尚矣。老氏曰‘虚’,圣人之学亦曰‘虚’;佛氏曰‘寂’,圣人之学亦曰‘寂’。孰从而辨之?世之儒者,不揣其本,类以二氏为异端,亦未为通论也。春秋之时,佛氏未入中国,老氏见周末文胜,思反其本,以礼为忠信之薄,亦孔子从先进之意。孔子且适周而问之,曰‘吾闻诸老聃’云,未尝以为异也。象山云:‘吾儒自有异端,凡不循本绪,欲求诸于外者,皆异端也。’”[④]王龙溪所引陆九渊之语,似乎并非原话,只是综述其说。陆九渊有很多论述异端的

---

① 《文恭罗念庵先生洪先》,《明儒学案》卷十八,第389页。
② 《王龙溪全集》卷十八。
③ 《论语译注》,中华书局,1980年版,第18页。
④ 《王龙溪全集》卷十七。

话，基本大意都相同，在《与陶赞仲》书中说："古人所谓异端者，不专指佛老。'异端'二字出《论语》，是孔子之言。孔子之时，中国不闻有佛，虽有老氏。其说未炽。孔子亦不曾辟老氏，异端岂专指老氏哉？天下正理不容有二。若明此理，天地不能异此，鬼神不能异此，千古圣贤不能异此。若不明此理，私有端绪，即是异端，何止佛老哉？"[①]对照王龙溪、陆九渊的这两段话来看，无论从语句还是大意来说，基本上是一致的。正因为认识上的一致，所以当众多的人批评陆九渊之学为禅学时，王龙溪为之辩护云："象山之学自信本心，平生功夫严密如此，世人概以禅学目之，非惟不知象山，亦不知禅矣！""象山之学从人情物理磨炼出来，实非禅也。"[②]这一方面是为陆九渊辩护，一方面也是为自己辩护。

对于王慎中所说的"俗与禅"两弊端，王龙溪认为佛教虽然"遗弃物理，究心虚寂，始失于诞"，但"今日所病"却不在佛教而"惟在俗耳"，也就是说王龙溪并不是像一般人那样把佛教、禅宗看作是儒学的大敌与对立面。虽然佛道与儒学异，但能与儒学并传，王龙溪认为说明二教亦是有道："二氏之学与吾儒异，然与吾儒并传而不废，盖亦有道在焉。"[③]因此，指出不能以异端而废二教之学："二氏与儒者之学，所争毫发，而迭为盛衰，老子、沙门之纪，盖基之矣，不可以异端废也。"[④]不过王龙溪同时指出，如果佛禅"不本于良知"而求自得，"徇于物感之迹，揣摸假借"，就会"不免于俗学之支离"[⑤]，这当然是从以良知范围三教的角度出发而说的。

王龙溪的这些话，从一定程度上可以看出他对佛禅的肯定与赞扬。王龙溪与佛教的关系，日本学者荒木见悟在《明代思想研究》《阳明学の开展と佛教》《佛教と阳明学》《中国心学の鼓动と佛教》《禅僧玉芝法聚と阳明学派》《王龙溪の中鉴录について》《阳明学と明代の佛教》等论著中提到。彭国祥《良知学的展开——王龙溪与中晚明的阳明学》中梳理了王龙溪与佛教人物玉芝大师、月泉、云栖袾宏、苇航、小达摩、风自然等的交往。

---

① 《陆九渊集》卷十五，中华书局，1980年版，第194页。陆九渊对异端的论述，可参看拙著《心海禅舟：宋明心学与禅学研究》第一章《天下皆说先生是禅学·陆九渊与禅学》，人民出版社，2008年版。

② 《抚州拟砚台会语》，《王龙溪全集》卷一。

③ 《南游会纪》，《王龙溪全集》卷七。

④ 《历代史纂左编序》，《王龙溪全集》卷十三。

⑤ 《三山丽泽录》，《王龙溪全集》卷一。

王龙溪与佛教僧人的交往很深入，与禅僧们互引为知音。嘉靖戊午(1558)春，玉芝法师在天池举行法会，与会禅僧各作偈言。王龙溪与蔡汝楠参加了这次法会，二人亦作偈，蔡汝楠记载此事说："偈成，龙溪诵余偈曰：'但问黄梅五百众，不知若个是知音。'是知音希也，因自诵曰：'何幸钟期共禅席，高山流水有知音。'余不觉爽然。盖知音者希，何异乎可者与之之指？乃若高山流水幸有知音，岂非容众尊贤之盛心哉？于是乎可以考见余与龙溪之用心矣。乌乎！禅客当机截流掣电，岂不亦犹余辈各自表见者哉？宜并存之，庶令自考。玉芝颇以余以为然，请题于卷首，次第录之。"[①]与禅僧大德们互为知音，并得到称赏，说明王龙溪之佛学认识确实是比较深、高的。

除了彭国祥书中提到的佛僧之外，与王龙溪交往的僧人还有很多，如王龙溪《赠天池山中法侣》诗中提到湛峰和钵泉："一僧名湛峰，一僧名钵泉。虚舟泛寂海，玉树团苍烟。卓锡天池上，共证真空禅。青莲出淤泥，石鼓鸣寂天。赤影落空翠，湖光浮素玄。我来值秋晚，云塌时留连。烹茶煮石笋，谈道披霞筌。真空原不空，万法同自然。流光倏云迈，玄发悲华颠。青鸾渺何许，且结区中缘。"[②]湛峰与钵泉是真正的禅僧，证得"真空禅"，王龙溪留连与二人交往，结成"区中缘"，煮茶谈道。他们所谈之道自然是佛禅之道了，王龙溪阐述了自己对佛禅之理的认识，"真空原不空，万法同自然"。在《题王凤洲小祇园》诗中则云希望与佛僧共参佛理，诗云："给孤去已远，此地复开园。礼佛莲花涌，传经贝叶翻。水深澄客性，山古隔尘喧。安得留精舍，同参不二门。"[③]"礼佛莲花涌"引用了《法华经》的典故，一方面显示了王龙溪对佛经的熟悉，一方面也显示他对佛教的赞叹和赞颂；而"安得留精舍，同参不二门"，则显示了他对留下来与禅僧共同讨论佛教道理的期望。

在与佛僧交往时，王龙溪有时也自称为佛家道人。如在《八山居士闭关云门之麓，玉芝上人往扣，以偈相酬答。时龙溪道人偕浮峰子叔学生访上人于龙南山居，语次，出以相示，即席口占数语，呈八山与玉芝共参之》诗中，其自称为"龙溪道人"。这首诗共八首，其一："魔佛相争不在多，起心作佛即成魔。若于见处能忘

① 《天池法会偈引》，《自知唐集》卷十五。
② 《王龙溪全集》卷十八。
③ 同上。

见，三界纵横奈尔何。”其二：“禅家但愿空诸有，孔氏单传只屡空。儒佛同归较些子，翠屏山色自穹窿。”其三：“谩把玄关着意寻，五情苦乐古犹今。百年一日非延促，须信真金不博金。”其四：“因成社会结莲台，不着虚空不惹埃。水竹岩花都见在，恁渠溪上放舟来。”其五：“此非不足彼非多，水即成波佛即魔。却笑山僧亦饶舌，强从丈室问如何。”其六：“从来万法由心造，人若空时法亦空。解取高山作平地，却于何处认穹窿。”其七：“自己家珍不用寻，法门非古亦非今。不与了处知分别，馆取全收大地金。”其八：“杖头点到降仙台，台上风光绝点埃。一自仙翁赋归去，至今猿鹤笑空来。”[①]这八首诗中，王龙溪以禅家道人的身份对于禅理的阐释，确实不是一般的浮空之论，而是对禅学有着极为深刻的认识与探究。

三

佛寺是王龙溪与文人们喜欢游览、留连的地方，与僧人谈论佛理、抒发对佛禅之理的体悟，是王龙溪游览寺院时所做的事情之一。如《永庆寺次荆川韵》诗云：“行歌郊外寺，亦复舞雩风。墟里浮烟合，闲房夕照中。生涯随地足，吾道与人同。试问维摩氏，应知法本空。”[②]王龙溪在诗中说与人同的“吾道”，就是“法本空”吧。诗中的“墟里浮烟合，闲房夕照中”之句，发露出浓浓的禅意，颇有唐代诗人王维的禅诗境界。同样发露出浓浓禅意的，还有如《晚登天目宿狮子岩》诗：“曲蹬盘空上，岩头日欲斜。客袍行浥露，僧箪卧摊霞。暝色侵松影，鸣泉杂雨花。山灵邀梦去，恍惚到仙家。”[③]这里的仙家并不是指神仙，只是指明当时狮子岩的清空之境。《登五祖道场》诗中言“逢僧谈往事”：“石蹬盘空翠，虹桥夹素沟。山花迎客舞，松影带溪流。云护传衣石，江深度法舟。逢僧谈往事，迷悟两悠悠。”[④]五祖是指禅宗的五祖弘忍，王龙溪与五祖道场与僧人所谈之往事，当是弘忍传法衣给慧能之事；“迷悟两悠悠”，应该是王龙溪对弘忍和慧能禅法的体认。

王龙溪对《维摩诘经》非常熟悉，上述的《题王凤洲小祇园》《永庆寺次荆川

---

① 《王龙溪全集》卷十八。
② 同上。
③ 同上。
④ 同上。

韵》诗中分别提到“不二”和维摩之外，提到维摩的还有《庐山次阳明先师韵》二首，其一：“多病维摩卧法台，凌虚丈室为谁开。解言佛子能传法，只许文殊一度来。”其二：“佛氏流传明镜台，竹林无路若为开。道人曾踏黄梅顶，不为衣来为法来。”①第一首说维摩说法，出自《维摩诘经》，这部经典对历代中国士大夫产生了巨大而深远的影响。维摩诘是一位信仰诚挚居士，过着和世俗人一样的生活，却信心坚定，体现了大乘居士的理想人格。维摩诘为了说法而示疾（即示现为病状），国王、大臣、长者、居士、婆罗门及诸王子并眷属等数千人前往探病。佛陀也命令他的十大弟子、三位菩萨和一名信仰者前往，但他们各自述说以前和维摩诘交往时受到讥弹而推脱。佛陀命文殊师利前往探病，文殊师利和维摩诘进行了反复的论辨，维摩诘借此机会深刻地论述了诸法“毕竟空”“无所缘”“无决定性”的道理。在“以空遣法”的“空平等观”的基础上，打通世间和出世间的界限，提出“不舍道法而现凡夫事”“不断烦恼而得涅槃”的主张，从而发扬了佛法的现实精神，突出了大乘佛教的人世性格。这就是王龙溪所谓的“多病维摩卧法台”，“凌虚丈室”指的是文殊师利前往探病，维摩诘“以神力空其室内，除其所有及诸侍者，唯置一床”。文殊师利向维摩诘问病，出自《维摩诘经》的《文殊师利问疾品》，“只许文殊一度来”意为即使是文殊师利也只能来一次问法。

《题王凤洲小祇园》诗中提到的“参不二”，是在《维摩诘经》的《入不二法门品》中出现的。维摩诘让众菩萨“各随所乐”说不二法门，诸菩萨各自谈了对不二法门的认识，最后文殊师利说：“如我意者，于一切法无言无说，无示无识，离诸问答，是为入不二法门。”然后文殊师利问维摩诘“何等是菩萨入不二法门”，维摩诘默然无言，文殊师利感叹道：“善哉！善哉！乃至无有文字语言，是真入不二法门。”这就是著名的“维摩之默，其声如雷”的典故。王龙溪在《不二斋说》文中阐释不二法门的看法。他的朋友张元忭（字阳和，1538—1588），以不二名斋，“时时习静其中，以求证悟”。有人疑其为禅，对王龙溪说：“不二，禅宗也，昔者文殊与维摩二大士说法，共谈不二。众谓一者善，二者不善，佛法非善非不善，故名不二；一者常，二者无常，佛法非常非无常，故名不二；一者悟，二者迷，佛法非悟非迷，故名不二。文殊以无说证之，维摩以默标之，是为深入不二法门。”疑者因此

① 《王龙溪全集》卷十八。

认为对于儒者的张元忭来说,以“不二”名斋,有逃禅之意。王龙溪说,不要只看其名,更要“究其实”,指出在不二法门方面儒、禅有相同的地方:“《中庸》尽性之书,孔氏家学也。天地之道可一言而尽,为物不二,故生物不测,性一而已,是为未发之中,发之则为喜怒哀乐之情。有未发之中,斯有发而中节之和,以位以育,天地万物,所不能违焉,其致一也。”所以,儒者求不二,不必“有所托而逃”,也不必“有所泥而避”。张元忭随着王龙溪的说法阐发儒家的不二说,首先指出儒家是从人情事变上磨炼:“古人谓此学,如龙养珠,非专在蒲团上讨活计,须从人情事变上深磨极炼,收摄翕聚,以求超脱。确乎不为所动,是为潜龙之学,只此便是养之之法。”这是“吾儒与禅家毫厘不同”之处,接着说明儒家的“不二密旨”是:“良知,性之灵也,虚明洞彻,原是无物不照,以其变化不可捉摸,故亦易于随物,古人谓之凝道,谓之凝命,亦是苦心不得已之言。良知即道,良知即命,若不知凝聚,则道终不为我有,命终不为我立。吾人但知良知之灵明变化,倏忽存亡,不知所以养,或借禅家活计,而不知从人情事变锻炼超脱,即为养之之法,所以成二见,不能会通于一……有意有欲,皆为有物,皆属二见,皆为良知之障。于此消融得尽,不作方便,愈收敛,愈精明,愈超脱,愈神化,变动周流,不为典要,日应万变,而心常寂然。无善无不善是为至善,无常无无常是为真常,无迷无悟是为彻悟,此吾儒不二之密旨,千圣绝学也。” 要想明了儒家的不二密旨,就不能“借禅家活计”,“不知从人情事变锻炼超脱”,否则就会造成二见,“不能会通于一”。对于张元忭之说,王龙溪没有否认、否定,而是告诉他“《维摩所说经》亦须理会”,这是“印证法”,接着进一步解释不二说:“权以统万行,慈以济群蒙,觉以显宗极,不二之法象也。身为白衣,严持律行,示有眷属而常离于欲,混迹尘劳而不失静业。博弈游戏,利行同事,常善救人,助法宏教也。乞食借座,行于非道,通达佛道,同众病而不舍,入众魔而不堕,忘毁誉无八风可吹,齐得丧无三界可出,不二之摄化也。”可以看得出,张元忭对不二的解释是从良知着手的,而王龙溪是从维摩本身来解释的,更符合《维摩诘经》之所说。张元忭因此而领悟“最上乘不二法门”,云:“日用应感,念念不离,不抗不随,思与人同归于善;即遭疑谤,处之坦然,无非维摩宗旨。”[①]

① 《王龙溪全集》卷十七。

第二首用禅宗惠能、神秀关于明镜台的典故，其中的“道人”应该也是王龙溪自指，言其登黄梅山亦是为得法而非得衣而来。当然，王龙溪这里引用禅宗典故，是用以自喻，说自己以阳明为师，亦是为法而来。《复久庵纪梦韵》诗十首，其一：“如来原现宰官身，还我堂堂号缙绅。悟后谈玄犹是妄，梦中说法未为真。”其二：“历劫生来一幻身，无分带索与垂绅。香涂刀割俱成妄，梦里参禅如是真。”其三：“七十年来金粟身，翠屏为障锦为绅。无端梦里虚交拘，名利烟霞总成真。”其四：“已分虚空属我身，一丝不挂岂论绅。更须打破虚空相，信手拈来法法真。”其五：“大患由来贵有身，辱加徽纆宠加绅。纷纷得失何时了，若解无身到处真。”其七：“色身法身无两身，浪将刍狗等朝绅。南华有个无生颂，离假由来即是真。”其八：“一念轮回一度身，或投鬼物或儒绅。世人欲断轮回劫，当念无生即返真。”其九：“血肉团中清净身，云裳玉舄毳霞绅。学人欲识真头面，不落庄严当体真。”其十：“颜氏坐忘宁有身，纷纷末学强书绅。可怜千古源流意，只有箪瓢一个真。”[①]其中“如来原现宰官身”“金粟身”所指亦应是维摩。由这十首诗来看，王龙溪对禅理的体认确实是很真切。

王龙溪多次提到禅宗传法衣这件事。传法衣，是禅宗五祖弘忍传袈裟给慧能。据《曹溪大师别传》记载，“少失父母，三岁而孤”的慧能到黄梅山弘忍禅师（601—674）门下修习，弘忍禅师问他：“汝是岭南新州人，宁堪作佛？”慧能回答说：“岭南新州人佛性，与和上佛性有何差别？”弘忍一听深奇之，知其为大器。过了一段时间，弘忍夜里让慧能到他房里，问他刚来时所回答的“吾岭南人佛性与和上佛性有何差别”的话是谁教的，慧能说：“佛性非偏，和上与能无别，乃至一切众生皆同，更无差别，但随根隐显耳。”弘忍又问：“佛性无形，如何隐显？”慧能答：“佛性无形，悟即显，迷即隐。”弘忍于是告诉慧能：“如来临般涅槃，以甚深般若波罗蜜法付嘱摩诃迦叶，迦叶付阿难，阿难付商那和修，和修付忧波掬多，在后展转相传，西国经二十八祖，至于达磨多罗大师，汉地为初祖，付嘱惠可，可付璨，璨付双峰信，信付于吾矣；吾今欲逝，法嘱于汝，汝可守护无令断绝。”慧能说这里大有龙象，不必传给我，弘忍说：“此虽多龙象，吾深浅皆知，犹兔与马，唯付嘱象王耳。”于是将所传袈裟付给慧能，慧能“遂顶戴受之”[②]。王维在《六祖能禅

① 《王龙溪全集》卷十八。

② 《续藏经》史传部。又载郭朋《坛经校释》附录，中华书局，1983 年版。

师碑铭》中也提到弘忍传法衣给慧能,"临行,遂密授祖师以袈裟",并载弘忍对慧能说:"物忌独贤,人恶出己,予且死矣,汝其行乎。"[①]禅宗史上到底有没有传法衣这件事,已经辨别不清了,胡适在《〈坛经〉考之一(跋〈曹溪大师别传〉)》文中,认为传法衣之事不可信,禅宗史上并无传法衣之事,因为"《曹溪大师别传》实在是一个无识陋僧妄作的一部伪书,其书本身毫无历史价值,而有许多荒谬的错误"。胡适在文中举出了许多的事例和证据,最后说:"总之,《别传》的作者是一个无学问的陋僧,他闭门虚造曹溪大师的故事,装上许多年月,俨然像一部有根据的传记了。可惜他没有最浅近的算学知识,下笔便错,处处露出作伪的痕迹。"[②]

尽管传法衣之事不可信,不过慧能作为禅宗的六祖,将禅宗发扬光大,成为禅宗史上最重要的祖师,其事迹颇为人津津乐道,这些本来非真实的事情,后人亦信其为真而不断传诵。王龙溪《登五祖道场》诗中"云护传衣石,江深度法舟"之句,以及《庐山次阳明先师韵》中第二首"佛氏流传明镜台,竹林无路若为开。道人曾踏黄梅顶,不为衣来为法来",都是说得就是这件事。所谓的明镜台,指的是神秀与慧能所作的禅偈。《坛经》中对此有非常详细的记载,《五灯会元》卷一《五祖弘忍大满禅师》中有简略的概括,言五祖弘忍"知付授时至",告诉门人说:"正法难解,不可徒记吾言,持为己任。汝等各自随意述一偈,若语意冥符,则衣法皆付。"神秀作偈,言:"身是菩提树,心如明镜台。时时勤拂拭,莫使惹尘埃。"慧能作的偈是:"菩提本无树,明镜亦非台。本来无一物,何处惹尘埃?"弘忍遂将法衣传于慧能。除《庐山次阳明先师韵》诗外,王龙溪在《礼五祖次韵》诗中还提到传法衣事:"为法传衣亦法尘,因衣付法幻中身。山堂此日瞻遗像,可是当初白发人?"[③]王龙溪还提到四祖道信大医禅师,同赵大洲等人在四祖祠夜坐,为诗四首,其一:"一派潺湲雨后新,乾坤何意属兹辰,与君坐破溪头月,不谓前身与后身。"其二:"华岳枕边千古梦,濂溪亭畔一般青。单传已较些儿子,看取先天无字经。"其三:"双峰项上紫烟浮,四月溪边碧树秋。道人不作溪山梦,濯足潇湘看水流。"其四:"四面青山栽欲遍,中流隙地未经栽。只缘行者传衣急,待得山人带雨

① 《全唐文》卷三二七。
② 《胡适文集》第五册卷二,北京大学出版社,1998年版,第241、244页。
③ 《王龙溪全集》卷十八。

开。”[1]

《坛经》《曹溪大师别传》、王维《六祖能禅师碑铭》《五灯会元》等作品长期在文人之中盛传，王龙溪很显然亦对这些作品非常熟悉，所以使用禅宗典故时才能得心应手，信手拈来。又如在《答南明汪子问》中引用慧能的话，文中云：“自师门提出良知宗旨而义益明。良知之思自然明白简易，睿之谓也；良知之思自然明通公溥，无邪之谓也。惠能曰‘不思善，不思恶’，却又不断百思想，此上乘之学也，不二法门也。”[2]这段话引用了慧能的“不思善、不思恶”的话，并又再次提到不二法门。虽然这些对于禅宗典故、语句、义理和思想的引用，更多地是为了说明、验证良知之学，但足以表明王龙溪对佛教、禅学的熟悉与了解，确实能看得出他对佛教、禅宗是进行过认真地研究、探讨的。

王龙溪对禅学本质的认识，还可从《答五台陆子问》中表现出来。五台陆子是陆光祖，喜读禅学典籍，尤其喜大慧禅。陆光祖举大慧禅语：“若要径截理会，必须看个赵州狗子无佛性话头，得这一念子，啐地折，暴地破，方了得生死，方名悟入。将妄想颠倒底心、思量分别底心、好生恶死底心、知见解会底心一时按下，只以话头为拄杖，不得将心等悟，不得作道理会，不得向举处承当，不得向击石火闪电光处会，不得向意根下卜度，不得向扬眉瞬目处躲根，不得向语路上作活计，不得向文字中引证，不得扬在无事甲里，直得无所用心、心无所用之无聊赖时，莫怕落空。能知得怕者是谁？心头热慌慌转觉迷闷，到这里却是好消息，不得放歇，提撕来提撕去，忽然嗒地一声，便见倒断也。”然后对王龙溪说：“此是大慧老婆心切，拖泥带水，破生死之利刀，舍此更无可用力处。”陆光祖意思是说，只有大慧禅才是破生死的利刃，舍此之外没有可用力处。陆光祖所引大慧禅的话中，有很多禅宗悟道的典故，王龙溪接着陆光祖的话评价禅宗的这些开悟话头说：“予旧曾以持话头公案质于先师，谓此是古人不得已权法，释迦主持世教无此法门，只教人在般若上留心。般若，所谓智慧也。嗣后传教者将此事作道理知解理会，渐成义学，及达摩入中国，不立文字，直指人心，见性成佛，从前义学，尽与刊下。传至六祖，以后失其源流，复成义学。宗师复立持话头公案，顿在八识田中，如嚼铁酸馅，无义路可寻讨，无知解可凑泊，使之认取本来面目、圆满本觉真

① 《四祖祠同赵大洲、宫谕夜坐，次吕巾石韵》，《王龙溪全集》卷十八。
② 《王龙溪全集》卷三。

心，因病施药，未尝有实法与人，善学者可以自悟矣！"[①]这段对禅学话头公案的评价，虽然王龙溪说是先师王阳明所论，不过他拿这些话头公案去质于王阳明，说明他是详细地阅读过相关的禅学典籍，对这些公案也进行仔细地思考过。王阳明对话头公案的评价，王龙溪也是很赞成的，所以引用王阳明的话来回答陆光祖的问题。这段对话头公案的评价、看法，确实是符合禅学的宗旨。

因为此故，王龙溪之学说带有强烈的禅学印痕，我们在读其文章以及那些宣扬心学的文字时，便能深深地感受到。王龙溪接受《坛经》影响的另一个方面，就是为学的志向。王龙溪一直强调，如云"夫学一而已矣，而莫先于立志"[②]，"古之欲明明德于天下，最初立志便分路径，入此路径便是大学之人，外此便是小成曲学"[③]，"士之处世，所重全在立志，遇与不遇非所论也"[④]等语，这或许与陆九渊"自信本心、以先立其大为宗"之说有关，不过或许更多地与佛教有关。

王龙溪引述过佛教的四宏愿，如在《书见罗卷兼赠思默》书中说："予谓良知原是彻天彻地、贯通万物之灵机，明明德于天下，只是完复他本来体段，非可以气魄承当得来。学佛者须先发宏誓愿，佛法无边誓愿学，众生无边誓愿度，不落声闻权乘小法，欲明明德于天下，便是吾人最初发心誓愿。至合德处，只了当得这个愿心。孔子十五而志于学，到从心所欲不逾矩，只是志到熟处。"[⑤]四宏愿或称四誓愿，全句为"众生无边誓愿度，烦恼无数誓愿断，法门无量誓愿学，佛道无上誓愿成"，当然还有其他一些大同小异的说法，如王龙溪就将"法门无量誓愿学"说成"佛法无边誓愿学"等。这四宏愿应该出自菩萨信仰，菩萨乃候补佛，普度众生，只要世间有一友情不成佛，自己便不成佛。四宏愿反映出佛、菩萨和佛教的慈悲心怀，《千手眼大悲心咒行法》中说一切菩萨欲拔众生之苦、欲与众生之乐，立此四誓："依苦谛立云众生无边誓愿度，依集谛立云烦恼无数誓愿断，依道谛立云法门无尽誓愿知，依灭谛立云佛道无上誓愿成。"[⑥]王龙溪一生讲学不倦，目的如菩萨一样，希望能使所有人能悟得良知之学。

---

① 《王龙溪全集》卷六。
② 《斗山会语》，《王龙溪全集》卷二。
③ 《书同心册卷》，《王龙溪全集》卷五。
④ 《华阳明伦堂会语》，《王龙溪全集》卷七。
⑤ 《王龙溪全集》卷十六。
⑥ 《大正藏》第46册。

提到四宏愿的还有慧能,《坛经》中记载慧能“与善知识发四弘大愿”:“众生无边誓愿度,烦恼无边誓愿断;法门无边誓愿学,无上佛道誓愿成。”慧能解释四宏愿说:“善知识,‘众生无边誓愿度’,不是惠能度。善知识心中,众生各于自身,自性自度。何名自性自度?自色身中,邪见烦恼,愚痴迷妄,自有本觉性。只本觉性,将正见度。既悟正见般若之智,除却愚痴,迷妄众生,各各自度。邪来正度,迷来悟度,愚来智度,恶来善度,烦恼来菩萨度。如是度者,是名真度。‘烦恼无边誓愿断’,自心除虚妄。‘法门无边誓愿学’,学无上正法。‘无上佛道誓愿成’,常下心行恭敬,一切远离迷执,觉智生般若,除却迷妄,即自悟佛道成,行誓愿力。”[①]上述已经指出,王龙溪引用明镜台、传法衣等与慧能有关的典故,说明他对禅宗、对《坛经》、对慧能都有相当的了解。可以说,王龙溪所提到的四宏愿,可能更多的是来自《坛经》等禅宗的典籍。

当然,王龙溪引用佛教、禅宗的这些典故、话语,不是要让儒者都去习佛禅,而是要用学佛禅者那样的大宏愿去学习儒学,尤其是良知之学。上引《书见罗卷兼赠思默》中的话就可以说明,这段话表面王龙溪强调的学者要有佛教徒那样“佛法无边誓愿学”的气魄,讲学者要有佛教徒“众生无边誓愿度”那样的气魄,这样才能“承当得来”良知之学;“欲明明德于天下”,便是学者应发之誓愿。

据萧良干《王龙溪先生全集序》中说,王龙溪王阳明初倡良知之学时,“天下疑以为禅”,只有王龙溪“独悟微旨”,当时“学者推以为颜曾”,王龙溪“亦自幸其彻也”。王龙溪不愿独享所悟良知之秘,“不辞周流以求同志于四方,其意盖欲尽阐阳明未尽之微于不堕,间关翕聚,无暇别择,不惮单游远涉,若求售然”;但却受到当时许多人的怀疑和毁谤,王龙溪“不以为易”,并以“昔智者大师有四宏誓”为鼓励:“吾儒极辟禅,然禅家亦有不可及者,故昔智者大师有四宏誓曰:未悟者令悟,未解者令解,未安者令安,未涅槃者令涅槃。今吾既得先师印证矣,而忍独善不以求同志哉!且使吾峻其藩垣,高自标置,非惟可免于疑谤,且可有所闻也。而坐使先师苦心之绪不传,非吾志也,亦吾儒不及禅者也。”[②]这里所提到的智者大师,应该是以五时八教判教的天台宗(又称法华宗)的智顗大师。天台宗是中国佛教确立最早的宗派,开创者智顗,俗姓陈,湖北华容县人。天台宗的

① 《坛经校释》,第 44 页。
② 《王龙溪全集》卷首。

教义主要包含在智顗的三部经籍中，即《法华经文句》《法华经玄义》和《摩诃止观》。《法华经》卷三“药草喻品第五”中，佛陀对迦叶说法，云：“迦叶！当知如来……出现于世，如大云起，以大音声、普遍世界天、人、阿修罗，如彼大云遍覆三千大千国土。于大众中而唱是言：‘我是如来、应供、正遍知、明行足、善逝、世间解、无上士、调御丈夫、天人师、佛、世尊，未度者令度，未解者令解，未安者令安，未涅槃者令得涅槃，今世后世，如实知之。我是一切知者、一切见者、知道者、开道者、说道者，汝等天、人、阿修罗众，皆应到此，为听法故。’”智顗解释“初发菩提心”，就是发“慈悲四弘誓愿”，而慈悲四弘誓愿“皆缘生灭四谛而起”。慈悲心有二，一是大慈心，“欲与爱见二种众生道灭之乐”；二是大悲心，“欲拔爱见二种众生苦集之苦”。四弘誓愿，“一未度者令度者，即是天魔外道爱见二种，六道众生未度三界火宅之苦谛，令得度也。二未解者令解者，即是爱见二种众生，未解爱见二十五有业，集令得解也。三未安者令安者，即是爱见二种众生，未安三十七品一切诸道，令安道谛也。四未涅槃者令得涅槃者。”[①]智顗的这段解释，与上引《千手眼大悲心咒行法》基本一致，所以此四弘誓愿与上面提到的四弘大愿基本上是一致的。上面也提到王龙溪在诗歌中引用《法华经》中的典故，《法华经》又说天台宗的本经[②]，智顗亦有《法华经文句》等著述，所以王龙溪将此四弘誓愿归之于智顗。

王龙溪对《法华经》是相当熟悉的，而且撰有《〈法华大意〉题词》一文。《法华大意》是明前期僧人太虚所著，太虚与陈献章关系密切，二人为“方外交”，二人的交往可参看《陈献章与禅学》章。王龙溪游江浦时曾拜访太虚故居，在一个石洞中得到了《法华大意》这本书，并在阅后评价说：“其词近而旨远，意在扫去葛藤，欲人于言前直取向上一机，以悟为则，可谓全身领荷矣。”因此持归示月泉，月泉“读而珍之”，付梓刻印，请王龙溪题词，“道其所因”。王龙溪题词说：“余惟经中大意，须从言外悟入，譬之因指见月，非执指以为月也。白沙尝赠太虚有云‘年来虽阐莲花教，只与无言是一般’，亦善名状，若复向疏中觅取大意，非惟失却经旨，亦增为葛藤矣。”[③]王龙溪的题词及其对《法华大意》，可谓深得佛教本旨。

---

① 智顗：《四教义》卷第七，《大正藏》第46册。

② 杨文会撰、万钧注《佛教宗派详注》中“天台宗”下注云：“此宗以《法华经》为本经，以《智度论》为指南，以《涅槃经》为扶疏，以《大品经》为观法。”上海佛学书局2001年印行，第71页。

③ 《王龙溪全集》卷十五。

《法华经》也是早期宣扬菩萨思想的佛经之一，对《法华经》的接受，也使得王龙溪对菩萨思想有着深深的影响。读他的著述，很清楚地能感受到他的这种胸怀。在《寿近溪罗侯五帙序》文中，王龙溪描述罗汝芳说："其(罗汝芳)施化于六邑也，彦而秀者，既授之馆而强教之，在野而凡者，复为之约而训饬之。虽穷乡僻壤，使君之精神无不流注，若三尺之童、垂白之叟，无不被使君之膏泽，而思有以自淑也。盖使君之心，以六邑之心为心，六邑之人有一不化于善，使君之心歉然若有所未尽也。"[①]王龙溪说罗汝芳教化六邑心之切，以六邑之心为心，六邑之人有一人不化于善，其心"歉然若有所未尽"。王龙溪的这段话很容易使人联想到菩萨，或许王龙溪这里就是以菩萨来比喻罗汝芳吧。

由上面的描述，可看到王龙溪是多么地了解佛教、禅宗，佛教、禅宗对他又是产生了多么的影响。所以，尽管在下面会看到王龙溪是如何辨别儒禅的毫厘之差，我们还是能感受到其著述中、心理中的禅意、禅式思维及如佛教般广阔的誓愿和胸怀。清人陆世仪评价王龙溪说："王龙溪《南游会纪》句句是禅，字字是禅，昌言三教，绝无避忌，以至老子、庄子都打合作一家，四书六经不知撇向何处。呜呼，龙溪不足责矣！"[②]"句句是禅，字字是禅"的评价，可谓是真知王龙溪者。魏裔介则言王龙溪与王艮等人流入异端而不自知："此事非大聪明人不能领悟，非极沈潜人亦不能造诣。不然，如王龙溪、王心斋、周海门之流，皆流入于异端而不自知矣。"[③]这里的"异端"，所指应该就是禅学。

由此来看，王龙溪之学确实充满着佛教色彩、禅学意味。

四

除上面所说的对佛教进行研讨、使用外，王龙溪还有很多的诗歌涉及到佛教，作品的内容和佛教有比较密切的关系。如《山房早起用阳明先生韵》诗："睡起乘朝气，倏然步远沙。白云千嶂里，流水一溪斜。幽意随林鸟，浮名付槿花。山厨作清供，一味赵州茶。"[④]这首诗有很深的禅意和禅境。前四句写山房所在的环

① 《王龙溪全集》卷十四。
② 《思辨录辑要》卷三十三，四库全书本。
③ 《与郝雪海》，《兼济堂文集》卷十，四库全书本。
④ 《王龙溪全集》卷十八。

境，早晨起来乘着朝气出去散步，一路上看到白云、溪水，使人心旷神怡，又怡然自适而无物累之牵绊。听着林中的鸟鸣而感受到沁入心底的幽意，在这种状态下，就把日常的、世俗人所孜孜追求的浮名都付给槿花吧。后两句引用了赵州和尚“吃茶”的典故。赵州禅师（法号从谂，青州临淄人，778—897），《祖堂集》等禅宗史传典籍中都有传记和事迹。赵州禅师有一则很著名的关于“吃茶”的公案：

> 师问僧：“曾到此间么？”云：“曾到。”师云：“吃茶去。”师云：“还曾到这里么？”对云：“不曾到这里。”师云：“吃茶去。”又问僧：“还曾到这里么？”对云：“和尚问作什么？”师云：“吃茶去。”①

这个公案的前两问中，那个僧人都没有领会到赵州禅师的寓意，思路和念头跟随着禅师的问题转；而第三问时，僧人有些开悟，禅师问他“还曾到这里么”时，他能够截断禅师的话头，不为禅师的问话而转，而是返归于自己的体验，所以他不回答到还是不到这里，而是反问“和尚问作什么”，显示了僧人在禅师的启发下有所启悟，禅师对此比较满意，让他“吃茶去”，含有赞许之意，并包含有让僧人继续自己去体悟之意。所以第三个“吃茶去”的含义与前两个是不同的。王龙溪在这样一个充满禅意的环境中，引用了赵州禅师的这个典故，说明了他此时此刻也充满着正体悟内心所带来的快意。与这首诗意境相同的，还有《赠天池立禅次韵》诗：“天池一勺水，饮此即成仙。瑶草春长茂，蓬扉夜不关。迹随玄鹤杳，心共白云闲。倚仗青霄立，依然在世间。”②在“瑶草春长茂，蓬扉夜不关”这样的状况下，自己的内心与白云一般闲适，整首诗的禅意跃然而出。

王龙溪对佛教因缘和合观念颇有体会。佛教认为万物都是由因缘和合而成，因是事物产生的主要条件，佛教称为“亲或强力者”；缘是事物产生的次要的、或辅助性的条件，佛教称为“疏或弱力者”。只有当各种条件都具备时，事物才能产生，而当事物赖以存在的各种条件消解后，事物则会消灭。有人闻王龙溪“有念无念”的问题，王龙溪说念是心之用，“所谓见在心”，不能以“有无言”。为什么不能以“有无言”呢？因为“念”本身是一种缘起、缘息而出现的，“缘起境集，

① 《祖堂集》卷十八，中州古籍出版社，2001 年版，第 591 页。
② 《王龙溪全集》卷十八。

此念常寂，未尝有也，有则滞矣。缘息境空，此念常惺，未尝无也，无则槁矣”[①]。所以念不能以有无来评说，缘起则念有，缘息则念无；从这段话里，也可以看到王龙溪强调不执着于念的有与无，执着于有则念滞，执着于无则念槁。

王龙溪有《用黄久庵韵》诗六首，第三首是：“谩道并州未是归，亲交骨肉转相依。随缘自合有成坏，动念未能忘是非。一片客衣沾露湿，几宵香梦入云微。海门落叶惊秋早，老眼翻怜百卉非。”第四首是：“千古谁人与大归，超然无对亦无依。万缘寂寂断来际，一念时时知昨非。海外玄珠迷罔象，人间故纸失精微。碧霞池畔秋光淡，何幸先生共览非。”[②]这两首诗的第三句都是用了佛教因缘的观念，“随缘自合有成坏” 是说事物的成坏是有因缘决定的，“动念未能忘是非”是说即使认识到事物的成坏有因缘决定，但是人头脑中的念头仍然不能忘却是非；“万缘寂寂断来际”是说如果斩断万缘的话就会归于寂静的境界，“一念时时知昨非”是说因为斩断了因缘，自信本心，即能自然地明辨是非。这两首显然是连贯一体的，第四首是第三首深化。从诗的整体意义来说，王龙溪对因缘观念的使用是很准确的。

当然，如同前面一直所说的，王龙溪引用佛教观念并不是在阐发对佛教的认识，而是用以说明其信仰坚定的良知之学。本诗的第一首云：“自从唤醒千年梦，始信劳生万事非。”这里所提到的“千年梦”，就是说王阳明揭示出良知之学，明了良知之学就明了人生不过是万事皆非而已。在《留别霓川漫语》文中，王龙溪说“圆明一窍”是斩断世缘的利刃：“凡身外之物，生时不曾带得来，死时不能带得去，皆须全体勘破，惟有圆明一窍，是生身受命之元，纵欲就盖世功名，建格天事业，未有不本于圆明一窍而能有成者，此便是随身受用资粮。前所谓悟，皆取证于此，此是断世缘嗜欲之利刃，超生死苦海之法航。”[③]“圆明一窍”在佛教、禅宗指每个人本来的真性，王龙溪用来指每个人所本具的良知。良知成为斩断障碍悟道因缘的利刃，也是超脱生死苦海的大法船。

嘉靖乙丑(1565)春天，王龙溪应司马李克斋邀请，在新泉与参学者答问，“默观显证”。在会上，王龙溪对蔡白石说：“此番见兄气魄尽收敛，精神尽沉寂，

---

① 《王龙溪全集》卷十六。
② 《王龙溪全集》卷十八。
③ 《王龙溪全集》卷十六。

与从前衍溢浮散大不同，亦因近年在京师闹场中经历锻炼一番，念中有得有失，境上有逆有顺，人情有向有背，觉得世缘陪奉，苦无意味，欲寻个归根路头，所以有此一番操持，此正吾兄入悟之机。”蔡白石在京城经过一番历练，觉得世缘苦无意味，想找个“归根路头”，王龙溪说“从前世法好事，皆是障道因缘”，因此希望蔡白石能“将从前种种谈说，种种文辞，尽情抛向无事甲里，只当从前不曾会的一般”，而“只将自己一点灵明，默默参究，无昼无夜，无闲无忙，行立坐卧，不论大众应酬与栖心独处，时时理会照察”。这里所说的“一点灵明”与上面的“圆明一窍”都是同意，人的一切知识都是由这“一点灵明”所出：“予夺纵横，种种无碍，才为达才，不为才使。识为真识，不为识转。谈说理道，不滞于诠，撰述文词，不溺于艺。向来抛在无事甲中，到此种种见在，化臭腐为神奇”。对“一点灵明”的照察，就是使其不随念、境、情的流转而流转：“念中有得有失，此一点灵明，不为念转；境上有逆有顺，此一点灵明，不为境夺；人情有向有背，此一点灵明，不为情迁。”因为有了这“一点灵明”，就能“穷天穷地，穷四海，穷万古”。这“一点灵明”从实质上看，“本无加损，本无得丧”，它是“自己性命之根”，“尽此谓之尽性，立此谓之立命”，所以“生本无生，死本无死，生死往来，犹如昼夜”。所谓的生死，只是应缘，“应缘而生，无生之乐；缘尽而死，无死之悲”，生死是外在形体上的，若能明生死只是因缘的起与息，就不会有生之乐与无死之悲。明了因缘与生死的关系，“方为任生死，超生死，方能不被生死魔所忙乱”。生死都是如此，那么“身外种种世法好事”又何者不是如此呢？因此，我王龙溪告诫蔡白石从这里“得个悟入之路”，让自己的“一点灵明”做主，才是他要寻找的“归根真消息”。自身的“一点灵明”从体上说是“常寂”，从用上来说是“随缘”，就像太虚无相，却“不拒诸相发挥”；若在用上能“随缘变见”，则：“精神气魄，自然百倍于前。一日亦可，百年亦可，独来独往，动与天游。”[①]王龙溪对蔡白石所讲的“一点灵明”实际上还是良知的不同表达而已，但在这里他却是用因缘的观念来阐释良知了，良知从体上说是“常寂”，但在用上却是“随缘”，即亦是随因缘的起、息而产生、发挥不同的作用。

值得注意的是，王龙溪在这里谈论良知（“一点灵明”）的话中，引用了禅宗的典故，即“向来抛在无事甲中，到此种种见在，化臭腐为神奇”中的“无事甲”。

---

① 《王龙溪全集》卷四。

“无事甲” 也是禅宗禅师们使用很多的一个话头，上文所引大慧禅师语中即提到。又如景斋禅师曾说：“横拈倒用，诸方虎步龙行。打狗撑门，双峰掉在无事甲里。因风吹火，别是一家。”[①]景齐说的“无事甲”，也是去除执着，任运随缘，就像风吹火一样。五家禅强调不执著于成佛成道，求悟自己的本性，主张平常心是道，后来禅僧在使用“无事甲”这个话头时，将执着于平常心是道等也视为“无事甲”。不过，王龙溪所说的“无事甲”，应该是景齐禅师所说的是同意。由此可见，王龙溪有时在谈良知时，无意识地将良知混同于禅宗所说的人的自性。

正是因为事物是由因缘和合而成，所以事物本身没有质的规定性，也就只是一种暂存的假象而已，究其实质只是一种空、幻。王龙溪针对世间“卓然思以自立者”的豪杰认为“身履亨途，容辞修雅，终岁熙然”可以恃为长久的看法，说：“若非究明生死来去根因，纵使文章盖世，才望超群，勋业格天，缘数到来，转眼便成空华。”[②]王龙溪这里说的“究明生死来去根因”亦是从良知之学说的，而非从佛教角度说的，他一直强调要明生死之因才能悟透良知之学；不过，在阐发良知说时却用了佛教的因缘观念，所谓的文章、功业只要缘数到来，一切都将变成空华。在《同蔡可泉下北高峰，赴孟两峰夜燕》诗中也表达了同样的看法，诗云：“五马堂中无俗客，当场翻觉幻缘空。”[③]同坐的即使全是非俗的雅客，不过也是“幻缘空”，俗与雅是从假象来说的，对于实质或实相来说，俗与雅都是因缘空，都是幻。王龙溪的这首诗是写同有人宴会的，他所参加的宴会场合必定没有多少俗客，大多应是饱读诗书或勤奋之学的雅客，王龙溪本人又如维摩诘一样辩才无碍，宴会当场肯定亦气氛融洽、高涨，在这样的情况下却能感觉到“幻缘空”，说明王龙溪的内心深入对佛教的因缘观念是多么的认同的，反映出他在热闹之中认取事物本质的冷静心境。

与《同蔡可泉下北高峰，赴孟两峰夜燕》诗的表达同意的还有《再赓徐存斋韵》诗，本诗第二首直接感叹“世事都成幻”：“文传耆英会，千秋只一时。天机随草长，岁月送波驰。世事都成幻，吾心自有期。旋元入不二，耄耋未云迟。”[④]耆英

① 《潭州南岳双峰景齐禅师》，《五灯会元》卷十七，中华书局，1984 年版，第 1137 页。
② 《自讼问答》，《王龙溪全集》卷十五。
③ 《王龙溪全集》卷十八。
④ 同上。

会是宋代文彦博的典故，文彦博守洛阳时，集合年老士大夫十一人（一说十三人）聚会作乐，被称为“洛阳耆英会”，后来“耆英会”被看作是年高有德者的集会。耆英会当年曾轰动一时，而且成为后来文人们津津乐道的故事而传诵，王龙溪却说这样的盛会也“只一时”，随着岁月的流逝、景况的变迁，即使当时再盛行的事，也都成为幻影而已。最后两句“旋元入不二，耄耋未云迟”，又提到佛教的不二法门，是说如果能真正的领会到看待事物的道理的话，这对于耄耋来说才是真正的“未云迟”。从这首诗，可以再次看到王龙溪能够从热闹的盛景中探取对事物本质的认识。

王龙溪对于因缘的认识，如同上面所说“无事甲”话头时提到的，具有禅宗任运随缘的观念。禅宗中的任运随缘就是不要刻意去追求和执着某种东西或事物，顺其自然而发展。所谓的“道体本无修，不修自合道。若起修道心，此人不会道。弃却一真性，却入闹浩浩。忽逢修道人，第一莫向道”，就是让人不要执着于“道”，因为“道”亦属于因缘和合而成，也是假名，所以“道本无修，大德强修。道本无作，大德强作。道本无事，强生多事。道本无知，于中强知”这样的见解，是“与道相违”[①]。南宗禅为了排遣修行之人执着于“道”而忘记了自己本具的真性，主张在行住坐卧等一切日常生活中洞见自己的本心。王龙溪《用黄久庵韵》诗中“随缘自合有成坏，动念未能忘是非”两句，也是说事物只要随缘，自有成坏，念头若执着于外在的东西就不能忘却是非。在《三山丽泽录》中，王龙溪说：“吾人处世，岂能事事平满，无不足之叹？所贵于随缘顺应，处之有道耳。”因为每个人处世，不可能都事事符合自己的心意，所以重要的是要随缘顺应，这就是对禅宗任运随缘的运用了。王龙溪接着引用了禅宗的看法，说：“禅家谓之缺陷世界，违顺好丑皆作意安，只见在不平满处，便是了心之法，方是当地洒然超脱受用。”应该如禅宗那样，认识到世界本来就是不满和有缺陷的，无论“违顺好丑”都应该去平心接受；而且应该见到世界的不满作为“了心之法”，因为这是认识了世界的本质。若非要“等待平满时方称心”，那么“吾之所自失者多矣”[②]。

还值得注意的是，王龙溪以佛教空、幻的观念认识事物和世事，并不是如一般僧人那样，归于佛门就算是解脱。在《桐庐安乐书院与诸生论学次晦庵翁韵》

① 《司空本净禅师》，《五灯会元》卷二，第96页。
② 《王龙溪全集》卷一。

诗第四首中说："名教之中乐有余，肯从异学泥空虚。舍身尘刹还归幻，入口刀圭未是腴。法界固应无内外，宗邻终是有亲疏。亡羊歧路皆妨道，岂独雕虫愧壮夫。"①这里表达他的认识，即使舍身入佛教之寺院仍然是"幻"。为什么这么说呢？王龙溪还是从自信本心来说的，如果心还为物欲牵绊、不能自信本心的话，即使是舍身入寺，心仍然不能寂静，仍然不能领悟最实质的真理。第一卷"名教之中乐有余"指的仍然是良知，认为儒学、良知之学中自有乐，不一定非要到禅净中去寻找法乐；"肯从异学泥空虚"句，则是从良知出发批判佛教了。这是王龙溪一贯的观念，认为佛教所宣扬的"虚""寂""悟"等观念儒学都具有，不必非要到佛教、禅学中去找，若拘泥于佛教中的"虚""寂""悟"的话，就会为"异学"所泥而不能看到自己本具的良知本心。在《留别王汝敬用韵》诗中，王龙溪说："昨宵明月坐船头，此日西风更坐楼。紫陌尘中看去马，白沙江上对眠鸥。浮生已醒邯郸梦，与子还期汗漫游。莫向鸣蝉认真性，声尘起灭若为求。"②就是可看作对《桐庐安乐书院与诸生论学次晦庵翁韵》诗义的进一步表达和阐述。真性不要从鸣蝉之声中认取，因为鸣蝉之声有起有灭，起灭之声不是真性，亦是一种因缘和合的假、空而已。浮生亦是因缘和合的人生，是如同梦境一般虚幻的非真的假象，若能认取（良知）真性，就能从浮生之梦中醒来。

王龙溪对佛教的这些观念感悟之深，通过上述的说明是可以看到的。王龙溪把这些观念称为"密义"，《双峰塔院同赵大洲夜坐》诗云："与君共坐双峰月，黯黯心期此夜真。古涧泉声传密义，满庭松影露全身。雄心未化终非道，幽意相看若有神。谩说谈兵为急务，九畴三极是何人。"③赵大洲亦是王阳明后学，被黄宗羲列入泰州学派，王龙溪与之交往密切，二人在一起所谈的"密义"，有可能是共同商讨心学。赵大洲自幼习禅，入禅极深，经常自称为禅，自言："仆之为禅，自弱冠以来，敢欺人哉！"又言"禅不足害人"，而且将五家禅中的沩山、仰山之禅学与周敦颐的《太极图》"扭合为一"；又杜门著述，"拟作《二通》，以括古今之书。内篇曰《经世通》，外篇曰《出世通》。内篇又分二门：曰史，曰业。史之为部四：曰统，曰传，曰制，曰志。业之为部四：曰典，曰行，曰艺，曰衔。外篇亦分二门：曰说，曰

① 《王龙溪全集》卷十八。
② 同上。
③ 同上。

宗。说之为部三：曰经，曰律，曰论。宗之为部一，曰单传直指。"黄宗羲评价说："书虽未成，而其绪可寻也。"[①]确实如黄宗羲所说，赵大洲为学之绪可知也。因此，王龙溪与赵大洲在佛教寺院里夜坐所谈之"密义"，比起商讨良知之学，可能更多地是商讨佛教。

在对佛教、禅学掌握如此之深的情况下，王龙溪所言所讲，就必然会带有佛教色彩，或用佛教术语、观念，或用佛教义理等。还有一些作品，即使不用佛教一词一语，读起来却仍然感受到浓浓佛教色彩。在上面的论述中，也看到王龙溪用佛教的观念、义理和术语来阐发良知之学，正如《明史》对他的评价："每讲，杂以禅机，亦不自讳也。"[②]从讲学来看，王龙溪将很多的地点选在佛教寺院，如"附近同志，每月两会，旧有定约……会所以南昌双林寺、丰城至德观二处为定址，欲其道里相间，劳逸均也"[③]。而讲学时则如僧人一般焚香对坐："每月会期，主人夙具，约以辰刻赴会。别置静室，焚香冥坐，外息尘缘，内澄神虑。"[④]焚香、"外息尘缘"、"内澄神虑"这些做法，和佛教僧人的修行又有什么差别呢。所以说，讲学杂以禅机而不讳，确实是对王龙溪与禅学一个恰当而中肯的评价。莫晋在《重刻王龙溪先生全集序》中说："卓吾评选语录，多附会释老之谈，殊失先生本色。"[⑤]莫晋是从心学家来看待王龙溪的，认为李贽在评选其语录时，用佛道之说来解释之，此非王龙溪之学的本色。这只是为王龙溪辩护而已，李贽用佛道之说解释王龙溪之说，非但不失王龙溪本色，而且应该是恰当的吧。

五

上面一直在说，王龙溪对于佛教的使用，一方面是出于对佛教的体认和体验，一方面是为了将佛教纳入到良知之学中。用良知之学融摄佛教，以良知为枢要范围三教，确实王龙溪一生作致力的。

对于佛道二教，王龙溪说："二氏之学，虽与吾儒有毫厘之辨，精诣密证，植

① 《文肃赵大洲先生贞吉》，《明儒学案》卷三十二，第717—745页。
② 《明史》卷二百八十三王畿本传，第7274页。
③ 《洪都同心会约》，《王龙溪全集》卷二。
④ 《云间乐聚册后语》，《王龙溪全集》卷十五。
⑤ 《王龙溪全集》卷首。

根甚深,岂容轻议?凡有质问,予多不答。"[①]王龙溪说佛教与道教是不可轻议的,所以有人问他佛道二教的事,他多不予以回答。有些时候,王龙溪对于佛、道教提问确实不予回答;不过,因为儒学与二教有"毫厘"之别,所以王龙溪也不是全不回答,甚至对于二教的议论是很多的。如有人问生死轮回有无之说,王龙溪回答:"此是神怪之事,夫子所不语。力与乱分明是有,怪与神岂得谓无?但君子道其常,此等事恐惑人,故不以语耳,大众中尤非所宜问,亦非所当答。"王龙溪认为生死轮回是确实有的,但又说这些事孔子所不语,是担心说多了会使人生惑;后世儒者将生死轮回视为异端之学"讳而不言",王龙溪认为这正显示了这些说法已经使人"见其惑也"。所以,王龙溪说对于这些问题大众不应该问,他也不应该回答。当问者"请叩不已"时,王龙溪便不再坚持不答了,说:"人之有生死轮回,念与识为之祟也。念有往来,念者二心之用,或之善,或之恶,往来不常,便是轮回种子。识有分别,识者发智之神,倏而起,倏而灭,起灭不停,便是生死根因。"王龙溪指出生死轮回的存在,是因为念的"往来不常"与识的"起灭不停"。也就是说生死轮回实际上存在于人的念与识中,没有脱离念与识的生死轮回,这是"千古之通理,亦便是见在之实事"。要想无生死轮回,就要无念与识:"夫念根于心,至人无心则念息,自无轮回。识变为知,至人无知则识空,自无生死。为凡夫言,谓之有可也;为至人言,谓之无可也。道有便有,道无便无,有无相生以应于无穷,非知道者何足以语此?"[②]王龙溪的这段对生死轮回的解释,完全符合佛教观念。这段话最后说"非知道者何足以语此",即是说只能对知道者才能说这些,如果对不知道者谈论这些,或许会因不能洞彻而生发不必要的辩论、引起不必要的误解,或者徒使人生惑而已。这也许是王龙溪不愿意对人轻议佛教的原因吧。

---

① 《王龙溪全集》卷十六。

② 《新安斗山书院会语》,《王龙溪全集》卷七。在《南游会纪》中,陆光祖举佛经"地水火风,四大假合而生,四大分离而死"相问,王龙溪说:"不待生死界头始知,即见在一念便可证取。世人妄认四大为身,故有生死相,一念逼塞便是地来碍,一念流浪便是水来浸,一念躁妄便是火来焚,一念掉举便是风来飘。若一念明定,不震不惊,当下超脱,不为四大所拘管,本无离合,宁有生死之期?"(《王龙溪全集》卷七)世人以四大为身所以才有生死,若能一念命定,不为四大所拘束,就会出离生死。在《与张阳和》书中,王龙溪提到对生死轮回有了"明切"的看法:"区区近来勘得生死轮回一关颇较明切,皆从一念妄想所生。道有轮回,便是觅空中之华;道无轮回,便是捞水底之月。有无之间不可以致诘,默契之可也。"轮回之有无,取决于人的念的有无,有念则必要轮回。对于学道者来说,有不可执着于有无,若执着于有无则不能体道;有无之间很难把握,也很难用语言表述出来,所以王龙溪说"默契之可也"。(《龙溪王先生全集》卷十一,第757—758页)这个"明切"的想法,也是完全符合佛教观念的。

综观王龙溪对于佛教的议论、判定，除了上面叙述的对于佛教的肯定和使用外，王龙溪对于佛教的看法还表现在：一、和一般文人士大夫一样批评佛教弃人伦；二、辨别儒学与佛教、禅宗的毫厘之别；三、以良知归纳佛教、禅宗。

就第一方面来说，尽管并不是王龙溪看待佛教的主要态度，不过他也有与一般文人士大夫有同样的看法。吴悟斋用朱子格物说来说明“吾儒所以异于禅家者”，在于“格物者，致知之实地”，王龙溪认为这个说法“似是而非”，虽然说朱子“儒佛之异，在于格物”之说并不错，“但未知作用之同与否？果何如耳？”王龙溪接着说“佛氏遗弃伦物感应而虚无寂灭以为常，无有乎经纶之施”，所以“其要不可以治天下国家”[①]。冯纬川问为什么有人将杨简之学视为禅学，王龙溪说杨简之学得于陆九渊，“超然自悟本心，乃易简直截根源”，世人因与朱熹之说有异，故“哄然目之为禅”。但陆九渊之学“务立其大，周于伦物感应，荆门之政，几于三代，所谓儒者有用之学也”，实非禅学，将其视为禅学是“未之察耳”，而禅学则是“禅之学，外人伦，遗物理，名为神变无方，要之不可以治天下国家”[②]。由此来看，王龙溪同样有佛教、禅学遗弃人伦的看法。不过，王龙溪指出，佛教初传入中国时，“主持世教，思易五浊而还之淳。圆修三德六度，万行摄归一念，空性常显。一切圣凡差别，特其权乘耳。”在传播过程中，佛教流弊渐多，“尽欲弃去礼法，荡然沦于虚无寂灭，谓之沉空”，这是“不善学者之过，非其始教使然也”[③]。不善学之学佛者，还容易陷于泥于迹和沦于空之边见：“佛氏之学，以空为宗，仁义为幻，礼乐为赘，并其典章法度而弃之，一切归于寂灭，无可致诘，若以为无极矣。不知无极而太极，胡可以无言也。一则泥于迹，知顺而不知逆，一则沦于空，知逆而不知顺，拘挛缪悠，未免堕于边见，无以窥心极之全也。”[④]边见是佛教中的五见之一，或断见或常见偏于一边之恶见，称为边见；产生边见的原因是学者不能从本质上去观察和正确认识事物，要么执着于空与有，要么执着于真与假等。说佛教之弊是不善学者之过，王龙溪是有些为佛教做辩护了，之所以要为佛教作辩护，还是从下面要说的，王龙溪认为人的本性相同而并无差别、以良知范

① 《答吴悟斋》，《王龙溪全集》卷十。
② 《慈湖精舍会语》，《王龙溪全集》卷五。
③ 《三教堂记》，《王龙溪全集》卷十七。
④ 《太极亭记》，《王龙溪全集》卷十七。

围三教的出发点而言的。

从上面的论述来看，王龙溪既有为佛教、禅学辩护的方面，又认为佛教、禅宗与儒学确实有区别。在程朱理学学者看来，王阳明的良知之学与禅学过于相近相似，因此指王阳明之学为禅学，王龙溪认为之所以会将王阳明良知之学看作禅学，是“学者不循其本，不探其原，而惟意见言说之腾”，这样的学者“只益其纷纷耳”，不知“良知本来易简”，“徒泥其所诲之迹而未究其所悟之真”而“哄然指以为禅”。虽然良知之学与心学都主张易简，但二者之间却有毫厘之间的差别，这毫厘之别却是良知之学的“真血脉路”，对于“真血脉路”非“可以口舌争”，“明者当自得之”[①]。在《书陈中阁卷》文中，王龙溪指出儒学与禅学“特毫发间”的不同，“须从源头上理会，骨髓上寻究，方得相应，非见解言说可得而辨也”。若不从源头上和骨髓上探究，仅仅纠缠于佛教遗弃人伦、或泛泛言其“主空明”是不足以服佛禅之心的，因为“断灭种姓，二乘禅与下品养生之术，或诚有之，释老尚指为邪魔外道”[②]。同样的说法，王龙溪还在《天柱山房会语》中提到：“苟从躯壳起念，执吝生死，务求长生，固佛氏之所呵也。”[③]与一般人认为佛教流于虚、寂的看法不同，王龙溪虽然有时也有佛教“流而为虚”之弊的说法，不过他说这不是佛教的全部，只是佛教之“失”。王龙溪指出“释老主静之旨，空明未尝不普照，敛聚未尝不充周。无住而生其心，原未尝恶六尘；并作而观其复，原未尝离万物”，也就是说佛教、禅学不是完全的脱离六尘、万物，所以说仅仅从流于空虚、遗弃人伦物理、出离万物方面来批评佛教是不够的。要想真正明了佛教，及其与儒学的差别，必须“究明吾儒本教一宗，果自能穷源”，才能“理会彼家之源头”；能“自能彻髓”，才能“研究彼家之骨髓”，然后对于二者的“毫发不同处”，“始可得而辨”。如果“自己不能究明此事”，而“欲从知解凑泊，言说比拟”上去“辨别同异”，恐怕也只是出现“同者未必同，异者未必异”的结果，比较来比较去，不仅不能查看出二者的差异，反而“堕葛藤，只益纷纷耳”[④]。而在《水西别言》中，王龙溪不仅

---

① 《滁阳会语》，《王龙溪全集》卷二。

② 《明儒经翼题辞》文云：“汉之儒者，泥于训诂，徒诵其言而不得其意，甚至屑屑于名物度数之求，其失也流而为支。及佛氏入中国，以有言为谤，不立文字，惟直指人心以见性，至视言为葛藤，欲从而扫之，其失也流而为虚。”（《王龙溪全集》卷十五）

③ 《王龙溪全集》卷五。

④ 《王龙溪全集》卷十六。

则让学儒者只须“各安分限，从见在脚跟下，默默理会，循序而进，弗崇虚见，荡涤凡心，消融习态”，至于“二氏同异”则“弗与辨别”。在学习过程中，如果“议论未合”，则“更需逊志虚心，互相取益，毋得动气求胜”[①]。表明了王龙溪确实是要从本源上和骨髓上去体悟良知，而非徒然地纠缠于儒与佛禅之异。

耿定向（字在伦，别号楚侗，1524—1596）问“老佛虚无之旨与吾儒之学”的同异，王龙溪在回答中，先是引用王阳明之语对佛道的虚无之旨加以肯定：“老氏说到虚，圣人岂能于虚上加得一毫实？佛氏说到无，圣人岂能于无上加得一毫有？”道家、道教讲虚，即使圣人也不能再添一毫实，佛教讲无，即使圣人也不能再加一毫有；但二家“却在本体上加了些子意思”，就不是“虚无的本色”了。要明儒学与二教的差别，不要“屑屑在二氏身份上辨别同异”，而是“先须理会吾儒本宗明白”，这样“二氏毫厘始可得而辨耳”。这与上面所说相同。接下来，王龙溪阐发王阳明以良知范围三教之说：“先师提出良知两字，范围三教之宗，即性即命，即寂即感，至虚而实，至无而有。千圣至此骋不得一些精采，活佛活老子至此弄不得一些伎俩。同此即是同德，异此即是异端，如开拳见掌，是一是二，晓然自无所遁也。”[②]以良知范围三教，这是王龙溪一生中不停地强调的，如《三山丽泽录》云：“吾儒未尝不说虚，不说寂，不说微，不说密，此是千圣相传之秘藏，从此悟入，乃是范围三教之宗。”[③]《南游会纪》中云：“良知两字，范围三教之宗。良知之凝聚为精，流行为气，妙用为神，无三可住，良知即虚，无一可还。此所以为圣人之学。”[④]《与魏水洲》文云：“大抵我师良知两字，万劫不坏之元神，范围三教之大总持。良知是性之灵体，一切命宗作用只是收摄此件，令其坚固，弗使漏泄消散了，便是长生久视之道。”[⑤]《与李中溪》文云：“向见吾兄与荆川兄书，足领惜时忧道至情，益惩世儒俗学之弊，欲有所托而逃，固将以范围三教为己分上事，非以至不至作分别见也。”[⑥]等等。可以说，这是王龙溪学说的中心。

以良知范围佛、道二教可以理解，为什么连儒学也要以良知来范围呢？王阳

---

① 《水西别言》，《王龙溪全集》卷十六。
② 《东游会语》，《王龙溪全集》卷四。
③ 《王龙溪全集》卷一。
④ 《王龙溪全集》卷七。
⑤ 《王龙溪全集》卷八。
⑥ 《王龙溪全集》卷十。

明及其后来多数的心学学者都认为儒学流于支离之弊，如王龙溪说世之学者不得儒学之机，“世之学者不得其机，未免涉思为、泥典要，甚至求假于形名器数助而发之，充其知识”，以为“儒者之学在是矣！”又或以为“儒者之学在于叙正人伦，未尽妙义”，不如禅学之妙悟。王龙溪由此感叹儒者笼罩在这样的一些看法中，“圣学何由而明乎！”[①]有时通过佛、道二教人士的勤苦，更可见儒学之衰败：“偶会方外一二人，其用心甚专，用力甚苦，以求脱离欲海，祛除欲根，益有慨于吾道之衰。盖禅宗期于作佛，不坐化超脱则无功。道人期于成仙，不留形住世则无功。此二人者，皆不可以伪为。”与这样的勤力修行的佛、道二教人士相比，学儒之士“以其世间功利之习心而高谈性命，傲然自以为知学”，王龙溪说这样的学儒之士“不亦远乎！”[②]因此，要使圣（儒）学明于天下，也要以良知之学范围之。

为什么良知能范围三教呢？这是因为“人受天地之中以生，均有恒性”，这个“恒性”是人人所具有的，“初未尝以某为儒、某为老、某为佛而分授之也”，所谓的儒释道等之名，不过是后来人因为学术、学说的不同而自名的，真正的儒释道都是反映人的这个“恒性”。而良知是“性之灵”，在儒释道三教都流于弊端之后，良知能“以天地万物为一体，范围三教之枢，不徇典要，不涉思为，虚实相生，而非无也；寂感相乘，而非灭也”。与佛、道二教流于空寂而遗弃人伦相比，良知又能“与百姓同其好恶，不离伦物感应”。因此，以良知范围三教是完全可能又可以的。

因为人都本具有“恒性”，所以学当以复性、明性为旨，佛、道二教若能如此，也便可以视为儒学：“学老佛者，苟能以复性为宗，不沦于幻妄，是即道释之儒也。”同样，如果儒者不能以复性为学，则为异端：“为吾儒者，自私用智，不能普物而明宗，则亦儒之异端而已。”所谓的“毫厘之辨，其机甚微”就在于能否以复性、明性为学，所以儒者若不能明良知而驳佛教，就会为佛教所下视之：“吾儒之学明，二氏始有所证，须得其髓，非言思可得而测也。吾党不能反本，自明其所学，徒欲以虚声吓之，只为二氏之所咦，亦见其不知量也已。”[③]王龙溪所说的儒学明则二教方有所证的儒学，指的都是良知之学。陆光祖曾以佛教的四禅来比拟周敦颐、二程等，说：“宋之儒者莫过于濂溪、明道，只在人天之间，亦未出得三

① 《陆平泉》，《王龙溪全集》卷九。
② 《松原晤语》，《王龙溪全集》卷二。
③ 《三教堂记》，《王龙溪全集》卷十七。

界：欲界为初禅，色界为二禅，无色界为三禅。虽至非非想天，尚住无色界内。四禅始为无欲阿罗汉，始出三界，天人不足言也。”王龙溪则言：“三界亦是假名，总归一念；心忘念虑，即超欲界；心忘境缘，即超色界；心不着空，即超无色界。出此则为佛乘，本觉妙明，无俟于持而后得也。”再次对陆光祖阐发王阳明“吾儒与佛学不同只毫发间”之说，强调“儒学明，佛学益有所证”之论：“子亦谓儒佛之学不同，不可相混，其言虽似，其旨则别。盖师门归重在儒，子意归重在佛。儒佛如太虚，太虚中岂容说轻说重、自生分别？子既为儒，还须祖述虞周，效法孔颜，共究良知宗旨，以笃父子，以严君臣，以亲万民，普济天下，绍隆千圣之正传。儒学明，佛学益有所证，将此身心报佛恩，道固并行，不相悖也。”[①]陆光祖信仰佛教，王龙溪最终也没能说服他转为良知之学，所以说他“归重在佛”[②]。万历癸酉（1573年），李渐庵“叩儒与佛同异之旨”，王龙溪再次说二者之同异不容易加以言说，如果“未涉斯境妄加卜度”，这是“绮语”。然后“举吾儒所同者与诸公商之”，说：“儒学明，佛学始有所证，毫厘同异，始可得而辩也。人受天地之中以生，所谓性也。良知者，性之灵，即尧典所谓峻德，明峻德即是致良知，不离伦物感应，原是万物一体之实学。亲九族是明明德于一家，平章百姓是明明德于一国，协和万邦是明明德于天下，亲民正所以明其德也。是为大人之学。佛氏明心见性，自以为明明德，自证自悟，离却伦物感应，与民不相亲，以身世为幻妄，终归寂灭，要之不可以治天下国家。此其大凡也。”[③]对于佛、道二教尤其禅宗来说，明心性是其所大力张扬的，但其与良知之学仍有毫厘之异，就是不能将学应用于百姓伦物上，“虽度尽众生，同归寂灭，与世界冷无交涉”[④]。如又在《与李中溪》书中说：“先师提良知二字，乃三教中大总持。吾儒所谓良知，即佛所谓觉、老所谓玄，但立意各有所重而作用不同。大抵吾儒主于经世，二氏主于出世。象山尝以两言判之。惟其主于经世，虽退藏宥密，皆经世分上事。惟其主于出世，虽至普度未来众生，皆出世分上事。顺逆公私，具法眼者当有以辨之矣！”[⑤]出世是佛、道二教的出发

① 《答五台陆子问》，《王龙溪全集》卷六。

② 在与王龙溪的问答中，陆光祖对王龙溪说：“若要了生死，必须看话头，若只守定致良知，再得八九十年也了不得。”（《王龙溪全集》卷六）由此可见陆光祖对佛禅的信仰之深。

③ 《南游会纪》，《王龙溪全集》卷七。

④ 同上。

⑤ 《王龙溪全集》卷十。

点，本无可厚非，王龙溪以此来批评二教心性之说的不足，反映了儒者积极经世的救济情怀。

在一般儒者看来，心性是禅学所宣扬的。王龙溪也承认禅学是“直指见性之宗”，在《苇航卷题辞》文中，说：“达摩泛重冥，入中国投梁不契，折苇渡江，处于魏之少林，九年面壁，始证圣果。”达摩是禅宗的初祖，在少林寺说不立文字、以心传心的了义法。神光惠可为向达摩“觅安心法”，“服勤九年”，“至于立雪断臂”，其志“可谓勤矣”，但“尚以为小根器，轻心慢心”，那么“所谓大根器信心者，又将何待耶？”神光的事例，王龙溪认为对于儒者来说“可以自省”。在虎跑寺听苇航讲师演《华严钞》“发明空、假、中三义”时，王龙溪指出禅宗即是直指见性：“其视西来不立文字，是同是别；夫法有权有实，教有三种，道惟一乘。三种者，禅、律、讲也，心悟为禅，身证为律，口演为讲。或依实施权，或乘权显实。普应群品，皆属建化门，皈道则一而已。于此参得透悟得彻，即空即假，即中即一，即三即一，一空一切空，一假一切假，一中一切中，终日说法，未曾说着一字，犹如太虚不存鸟迹，无非直指见性之宗。”王龙溪是用禅宗的观念来理解《华严经》空、假、中了，心悟为禅，言语文字皆为权乘与化门，否则的话，“其说愈繁，去道愈远”[①]。佛教能在中国广为传播，王龙溪认为这是佛教乘儒学之衰而入，并“即吾儒之精髓用之以主持世教”。那么所谓的“吾儒之精髓”是什么呢？王龙溪接着说：“吾儒者，仅仅自守，徒欲以虚声拒之，不足以服其心，言及虚寂，反从而避忌之，不知此原是吾儒家常饭，沦落失传以至此耳。譬之东晋、南宋之君，不能为主，偏守一隅，甘将中原让归夷狄，不敢与之抗，言及恢复之计者，群然目以为迂，亦可哀已。”[②]从“言及虚寂，反从而避忌之，不知此原是吾儒家常饭”一句来看，“吾儒之精髓”所指的就是心性之说。王龙溪认为心性之论是儒学所本有的，只是儒学的衰弊，不能自守而让于佛教、禅宗，这个说法与王阳明如出一辙。

王龙溪与王阳明一样，强调人人在心性上都是一般的，圣凡一致，贤愚一致，所谓的圣人不过是“先得我心之同然，印证而已”；“人心本虚寂”，这是“入圣真路头”。人人本具的心性，“儒得之以为儒，禅得之以为禅”[③]。因此，若学都是以

---

① 《苇航卷题辞》，《王龙溪全集》卷十五。
② 《刑部陕西司员外郎特诏进阶朝列大夫致仕绪山钱君行状》，《王龙溪全集》卷十八。
③ 《南游会纪》，《王龙溪全集》卷七。

复性为宗旨的话，那么所谓的三教也就只是名称之异而实质无异了："大人之学性相平等、无有高下，天自信天，地自信地，人自信人，不相假借，不相凌夺，无同无异，无凡无圣，无三教可分，无三界可出，邃古无为之化也。"①既然三教不过名称之异，所以为学最终就是求心性，自信、自悟本心，最终左派王学发展出以心性统三教之论。

最后，以《报恩卧佛寺德性主持序》一文说明王龙溪对佛教的融摄。在登苏州寺里的塔时，蔡侯对王龙溪说："先生年逾七十，半饷间两度登塔而神不劳、体不倦，亦有道乎？"王龙溪回答说：

> 昔尝从阳明先师游登香炉峰，至降仙台绝顶，发浩歌，声震林麓，众方气喘不能从，请问登山之法。师曰："登山即是学，人之一身，魂与魄而已。神，魂也，体，魄也。学道之人能以魂载魄，虽登十仞之山，面前止见一步，不作高山欲速之想，徐步轻举，耳不闻履革之声，是谓以魂载魄。不知学之人，欲速躁进，疾趋重跨，履声铿然，如石委地，是谓以魄载魂。魂载魄则神逸而体舒，魄载魂则体坠而神滞。"予以登山之法登塔，故庶几似之若是。夫既即此是学，一切应感之迹，亦若是而已。

随后，寺僧请曰："本山旧有主持，择行僧通教者主之，焚修接众，总理诸务，一寺之纲纪也。寺废，主持亦随以废，今寺将兴复，不可无人以主其事。"王龙溪择德性为主持，并为寺僧讲解主持之义：

> 主持之名，亦岂易称？循名稽实，义不虚生，终日圆觉而未尝圆觉者，凡夫也；欲证圆觉而未极圆觉者，菩萨也；具足圆觉而主持圆觉者，佛也。教典，言之卮也；焚修众务，节之末也。得予所谓魂载魄之说，始可以为主持也已。

德性与寺僧"未达"，王龙溪又以王阳明的魂魄说进一步解释：

① 《答楚侗耿子问》，《王龙溪全集》卷四。

> 夫所谓圆觉者,神之魂也,教典众务,魄之应迹,谓之尘劳,而主之者神也。能以神用,则魂常胜魄,终日顺应,而恒廓然,是谓背尘合觉。一为应迹所缠,尘劳所胜,则魂滞于魄,终日扰扰,而恒瞑然,是谓背觉合尘。背觉合尘者,凡夫也;背尘合觉者,罗汉也;无背无合,超然平等,无知而无不知者,佛也。更有最上一乘是谓妙觉,非言思之所及也。德性既任主持,不可不通其义。辟之登塔,当以修行为第一步,日亲教典,日事焚修,日勤众务,不可以为卮言末节而忽之。第一步行得稳实,便是入圆觉之路头,由凡夫可进入罗汉,由罗汉可入于佛乘。[①]

用王阳明的魂魄说解释佛教观念,虽是讲佛教,实为言良知,典型地显示了王龙溪以良知融摄佛教、禅学的做法。

六

上面的叙述清楚地说明,王龙溪与佛教、禅学之间有着深深的牵连,不否定并在一定程度上肯定佛教,用佛禅观念、义理来说明良知之学、表达自己的思想等,又用良知来判摄容纳佛禅。

基于这样的阐释方法与思想出发点,如同上面所说,王龙溪的思想言论中充满了浓厚的禅学色彩。虽然王龙溪自己说良知不落禅定:“致良知是从生机入手,乃是见性之学,不落禅定。生机无间可息,时时是克念,狂不足以当之。”[②]但其言论中的禅学意蕴、思维方式、表达方式等是显而易见的。如以二乘之学比喻学儒者“良知之前别求未发”[③],以慧能的“本来无物宗旨”照察致知功夫的“自无尘垢可惹”[④],以禅宗中“百尺竿头”的公案说明对良知的证悟:“若欲度脱生死、会通世出世法,更须百尺竿头进步,从何处着脚,忘意忘见,庶几得之。”[⑤]在《答

① 《王龙溪全集》卷十四。
② 《水西精舍会语》,《王龙溪全集》卷三。
③ 《致知议略》,《王龙溪全集》卷六。
④ 《与存斋徐子问答》,《王龙溪全集》卷六。
⑤ 《答程方峰》,《龙溪王先生全集》卷十二。

王敬所》文中讲“父母未生以前”:“古人立教皆为未悟者设,不得已而有言。若论父母未生以前,本无污染,何须修证?天自信天,地自信地,有言皆是谤,六经亦为葛藤。齿是一把骨,耳是两片皮。更从何处着言与听也哉?夫教有显有密:凡有言可筌,有思可得,列为六经,散为百行,种种色色,可倪可像,所谓显也;父母未生以前,玄玄净净,言思路绝,不可执寻,不可污染,所谓密也。不明显密之机,不堕于相则沦于空,非善教,亦非善学也。”①在《答五台陆子问》文中为陆光祖讲致良知功夫:“子信得良知未深,不曾在一念入微切己理会,故以为有二法。且子自信看话头果得专精绵密、无渗漏否?今年已六十,亦该着紧时候,可得时刻坚持,打成一片,精神融结无间断否?一切凡心习气后萌,能以无事?话头顿放在何处?若以为功夫还须从根上究竟光明种子,以求全体超脱,未可专以熟不熟为解也。金刚楞严有四相、有四病:妄认四大为我相,离我视他为人相,所憎为众生相,所爱为寿者相;有作有止,有任有灭为四病。四相不出人我爱憎,四病不出有为能所。凡动气时皆是我相未忘,未离四病,学道人未了公案。古云‘打破虚空为了当’,不可以不深省也。先师良知两字,是从万死一生中提掇出来,诚千圣秘密藏,善学者自得之可也。”②等等。

与上面这样使用佛禅词语和概念的话相比,更多的是并没有使用佛禅的词语,但仍能看出禅学的意味,如《斗山会语》中论述立志的一段话:“夫学一而已矣,而莫先于立志。惟其立志不真,故用功未免间断。用功不密,故所受之病未免于牵缠。是未可以他求也。诸君果欲此志之真,亦未可以虚见袭之及以胜心求之。须从本原上彻底理会,将无始以来种种嗜好、种种贪着、种种奇特技能、种种凡心习态全体斩断,令干干净净从混沌中立根基,自此生天生地生大业,方为本来生生真命脉耳。”③在《赵麟阳赠言》文中讲顿悟:“本无生,孰杀之;本无誉,孰毁之;本无洁,孰污之;本无荣,孰辱之。直心以动,全体超脱,不以一毫意识参次其间。”④在《过丰城答问》与李见罗讲修证功夫:“若觉相未忘,到底不忘照管,永无超脱之期。悬崖撒手,直下承当。若撒不得手,舍不得性命,终是承当未得在。”⑤

---

① 《王龙溪全集》卷十一。
② 《王龙溪全集》卷六。
③ 《王龙溪全集》卷二。
④ 《王龙溪全集》卷十六。
⑤ 《王龙溪全集》卷四。

读王龙溪的著述,时时刻刻地能感受到禅学意蕴的存在。在当时就有人质疑其学近禅:“今之人有疑于夫子之学者,大约有二:一者疑夫子教人本乎心性,不专以读书为务,近乎禅学。”①对王龙溪与禅学关系评论最为到位的,应该是黄宗羲在《明儒学案·师说》中的说法。黄宗羲说:“先生独悟其所谓无者,以为教外之别传,而实亦并无是无。有无不立,善恶双泯,任一点虚灵知觉之气,从横自在,头头明显,不离着于一处,几何而不蹈佛氏之坑堑也哉!夫佛氏遗世累,专理会生死一事,无恶可去,并无善可为,止余真空性地,以显真觉,从此悟入,是为宗门。若吾儒日在世法中求性命,吾欲熏染,头出头没,于是而言无善恶,适为济恶之津梁耳。先生孜孜学道八十年,犹未讨归宿,不免沿门持钵,习心习境,密制其命,此时是善是恶?只口中劳劳,行脚仍不脱在家窠臼,孤负一生无处根基,惜哉!王门有心斋、龙溪,学皆尊悟,世称二王。心斋言悟虽超旷,不离师门宗旨。至龙溪直把良知作佛性看,悬空期个悟,终成玩弄光景,虽谓之操戈入室可也。”王龙溪之说“蹈佛氏之坑堑”“把良知作佛性看”等语,可谓是一针见血地指出了王龙溪与佛教、禅学的密切而交错的关系,禅学对王龙溪来说,已经是“操戈入室”了。

---

① 《赠邑博诸元岗迁荆王府教授序》,《王龙溪全集》卷十四。

论中朝三千年诗歌交流的十类文献

赵　季

2014年国家社科重大项目“中朝三千年诗歌交流系年”意在通过系统梳理中国与朝鲜(此朝鲜指自箕子朝鲜始,经卫满朝鲜、三国时代、统一新罗、高丽,至朝鲜王朝终结之朝鲜半岛历代政权)之间三千年的诗歌交流历史,全面客观真实地再现中朝之间诗歌交流的历史面貌。其研究对象和主要内容,以中朝自西周初年至清代光绪年间的诗歌交流活动为研究对象,主要内容可以概括为十类文献。

一、献赠。此指朝鲜诗人给中国人之献诗赠诗或中国诗人给朝鲜人的赠诗。

1.朝鲜诗人给中国人之献诗赠诗,如唐永徽元年(650)新罗女王金真德献给唐高宗的《织锦五言太平诗》:“大唐开鸿业,巍巍皇猷昌。止戈戎衣定,修文继百王。统天崇雨施,理物体含章。深仁谐日月,抚运迈时康。幡旗既赫赫,钲鼓何锽锽。外夷违命者,翦覆被大殃。和风凝宇宙,遐迩竞呈祥。四时调玉烛,七曜巡万方。维岳降宰辅,维帝用忠良。三五咸一德,昭我皇家唐。”

又如朝鲜诗人金守温于明英宗天顺元年(1457)赠中国高闰的《谢高太常馈画竹》:“天地何依物亦浮,谁从真假讨源流。似闻根在湘江岸,忽见枝分使者舟。人去枕边犹有色,春归宇内不知愁。纷纷今古称三绝,尽向公门避地头。”赠陈鉴、高闰的《忽承陈翰院、高太常珍贶,以诗为谢》:“飘飘天地此身浮,何幸如今接胜流。驴迹久惭如踏磨,龙门虽峻尚登舟。一檐彩额光含润,半壁苍林色带愁。珍重在人宁在物,时时展玩感心头。”

2.中国诗人给朝鲜人的赠诗,如唐天宝十五年(756)唐玄宗在蜀赐新罗使者五言十韵诗:“四维分景纬,万象含中枢。玉帛遍天下,梯航归上都。缅怀阻青陆,岁月勤黄图。漫漫穷地际，苍苍连海隅。兴言名义国，岂谓山河殊。使去传风教，人来习典谟。衣冠知奉礼，忠信识尊儒。诚矣天其鉴，贤哉德不孤。拥旄同作牧，厚贶比生刍。益重青青志，风霜恒不渝。”

又如中国李调元乾隆四十二年（1777）赠朝鲜诗人柳琴的《寄柳几何》诗：“秋从昨夜来，举头见飞雁。如何春水波，人去长不见。去年篱下菊，今复掇其英。如何白衣人，不复门前迎。思君令人老，思君令人瘦。人老尚可支，人瘦不可救。故乡在西蜀，时于梦中望。及梦翻在东，常若来君旁。风摇梧桐影，雨动芭蕉叶。谓是君忽来，不见君步屧。只此白硾纸，曾为君所遗。还以书赠君，寄我长相思。”

二、题咏。指中国诗人在朝鲜独自抒怀之题咏，朝鲜诗人在中国独自抒怀之题咏。

1.早者如箕子朝鲜开国之君箕子在公元前1044年朝周所作之《麦秀歌》：“麦秀渐渐兮，禾黍油油。彼狡童兮，不我好仇。”

2.晚者如张謇在朝鲜光绪九年（1883）的诗作《书朝鲜近事》。

三、唱酬。中朝诗人直接唱酬。

1.朝鲜诗人唱，中国诗人和。如朝鲜诗人柳得恭1777年与中国诗人李调元唱和，柳先唱《落花生歌寄李雨村吏部》：“有果有果落花生，从何得之得燕京。燕中扰扰人似海，雨村先生秀而英。先生蜀士工诗笔，攀苏提扬大厥鸣。如今暂为红尘客，归梦夜夜迷青城。正阳门外绳匠巷，寓居著书同虞卿。门有杨花渡口客，剥剥啄啄朝起迎。把臂一笑绝畦畛，薄海内外皆弟兄。猩红纸面霏谈屑，虾青砚池湛交情。馈此南方之异果，嵇含闵默陆玑瞠。其形彷佛挟剑豆，味类瓜子辨甘平。本草一百廿七果，搜图验经茫无名。先生微笑取笔注，细琐犹复加证明。四月花开飒然坠，沙上点点风吹轻。入土结果吁可怪，不在根又不在茎。我今作诗因风去，飘落君前铿有声。有如此果别处结，池北书里为刊行。本身兀兀纵未觉，千秋足为东士荣。”李调元次韵和诗：“我闻黄梅四祖偈，无人下种花无生。独于此果有异产，花落颗颗如坻京。其生滋蔓若藤菜，细叶牵露含朝英。金丝飞坠轻无蒂，沙中孕甲春雷鸣。以花为媒非为母，屈翁山《落花生赞》：‘爰有奇实，自沙中来。以花为媒，不以花为胎。’出《广东新话》。似挟剑豆真诗城。此种越蜀贱非贵，北人包裹遗公卿。今春柳子来过访，屠苏正熟相欢迎。坐间瓜菜细辨证，一一多识吾所兄。就中独此诧未睹，特与觍缕诠物情。怀归戏载果下马，要试友辈猜相瞠。昨者长须投翠缄，开缄骚句兼屈平。《本草图经》补未备，异邦小阮重留名。是时六月火云烁，正愁独酌愁朱明。目中有果人何在？相思但梦身翾轻。可怜困钝真老矣，嗟嗟白发盈千茎。南亩归耕定何日？双柑斗酒黄鹂声。兴来抚琴一长啸，高歌聊学邯郸行。寄语相期在不朽，鄙哉桃李争春荣。”

2.至于中国诗人先唱而朝鲜诗人后和者尤其多，《皇华集》中收载中朝诗人唱和诗歌6000余首，大多属于此类。如明英宗天顺八年(1464)五月二十日明朝颁登极诏正使金湜画素竹屏风，并制诗书其上，赠朝鲜远接使礼曹判书朴元亨："新试东藩雪苎袍，夜深骑鹤过江皋。玉箫声透青天月，吹落丹山白凤毛。"朝鲜竟有十二人步韵和诗十四首，河东府院君郑麟趾《使华赠以手写素竹与诗，今扫彩笏和之，庶观一二二一之意云》:"扶桑出日照金袍，手额皇华到汉皋。远忆淇园潇洒影，心同造化弄毵毛。"蓬原府院君郑昌孙《次韵》:"宠倾三接赐恩袍，功业终期配禹皋。余事丹青臻绝妙，每将披阅纸生毛。"申叔舟《次韵》:"天上儒仙蜀缬袍，笔端清兴寄林皋。青丘正值千龄运，玉叶琼枝化翠毛。""绿玉修修脱粉袍，骊黄不管九方皋。从知变化应无尽，一见风姿竖我毛。"吉昌府院君权擥《次韵》:"万里行穿宫锦袍，才名不数汉枚皋。更将墨戏供余事，叹赏令人竖鬓毛。"崔恒《次韵》:"白衣今见换青袍，风裁应传迈种皋。莫怪此君身便漆，丈夫性命任鸿毛。""潇洒癯姿拥碧袍，峥嵘壮节挺神皋。纵然形变神常谷，知是前身号绿毛。"金守温《次韵》:"十载春风旧染袍，贞怀会见雪霜皋。谁教白质还青骨，变化中山一颖毛。"李承召《次韵》:"霜雪癯姿拔翠袍，箨龙风雨变江皋。岁寒结得枝头实，栖集丹山五彩毛。"徐居正《次韵》:"此君奇节可同袍，玉立亭亭万丈皋。龙腾变化应多术，一夜风雷换骨毛。"任元濬《次韵》:"玉立摐摐俨碧袍，此君幽独倚寒皋。纷纷肉眼评真赝，谁料一生三伐毛。"姜希孟《次韵》:"天上仙曹绿锦袍，翠虬张鬣出神皋。谁知画史多方便，却把丹青变雪毛。"李芮《次韵》:"瞥眼青袍也素袍，贞心依旧寄兰皋。谁较异同观化妙，人间万变竟龟毛。"金寿宁《次韵》:"苦节何曾换故袍，枉教坚白辨湘皋。晴窗披得鹅溪茧，依旧青青颊上毛。"

四、赓和。朝鲜历代诗人赓和、次韵前代中国诗歌的汉诗。在朝鲜历代20万首左右的汉诗中,有成千上万此类诗作,最明显的如大量的和陶、和杜诗,其他如次韵苏黄等等,确凿无疑地显示了朝鲜诗人的创新能力,和他们对中国诗歌的深刻理解。

1.和陶诗最多,甚至有专门的《和陶集》。如李晚秀嘉庆壬申(1812)五月所作之《和陶集》,其序曰:"壬申首春,南迁于庆。夏五下旬,蒙恩北还。用惠州故事,聊以遣怀。为《和陶集》。"集中收和陶诗《风雨》《於皇》《岩岩》《宿昔》《哲人》《有女》《今夕》《奕叶》《有屐》《朝起三首》《麦醪》《谪居六首》《乡园》《默坐》《主人》《东京令公》《弹棋》《种菜》《家书》《乐岁》《日长》《欲雨二首》《步庭》《野人》《伏闻圣候康复贺仪诞举二首》《当归菜》《怀故人》《陶诗》《闻杜鹃有感》《栢栗寺》《有人饷笋》《闻西贼悉平》《偶题二首》《凉棚》《五月二首》《新篁》《摩腹》《覆盆子》《送主人令之任莱府》《看书》《齿摇》《晋牧赠竹帘》《东京怀古二十首》《行止》《鸡鸣》《寄儿》《待便》《望雨》《四时》《九士九首》《感怀十二首》《志悔七首》《恩宥三首》《赋归十三首》《归日三首》,共计 55 题 136 首,每首步韵和陶,或仿陶渊明有小序,并说明陶渊明原诗题目,如《风雨》:"风雨,思伯氏也。自我云远,感彼风雨。日月流迈,山川修阻。不见其背,畴与无抚。愿言怡愉,翘首以伫。风雨萃止,时夜冥蒙。我思滔滔,痻痳琴江。楮杖兰皋,垂纶篷窗。公于斯老,匪余谁从。郁郁园木,连条共荣。爱公如父,敬由中情。夙佩辟咡,罔或迈征。是曰乐有,无忝尔生。鱼不离渊,鸟返于柯。熙熙群物,春日载和。缅思田园,其乐实多。靡日可忘,孔怀如何。和《停云》。"

2.和杜诗亦为大宗,如朴长远顺治戊戌(1658)《和杜诗秋兴八首》:"晚木萧萧寒雨繁,巫山云物政黄昏。霜前已见飘胡雁,风外唯闻啸楚猿。丧乱每垂难制泪,流离实有未招魂。深知宋玉悲摇落,怅望千秋故宅存。""序节骎骎迫授衣,孤城病客怨斜晖。秦川万里书难达,楚岸千峰叶尽飞。采采菊花谁可赠,看看燕子自知归。云霄怅望朝仪阻,十载干戈晚计悲。""百年多病倦登楼,旅客中怀不自由。白露为霜虫吊夜,碧天如海月笼秋。干戈不息尘迷眼,书剑无成雪满头。最爱千株篱下菊,寒花似与酒人谋。""巫山一夜动西风,万木朝来太半空。天地秋深夔子国,兵戈老却杜陵翁。一身已任孤舟远,异地频惊令节同。开府尚哀官序显,步兵终哭暮途穷。""秋来羁思最难裁,白帝城尖画角哀。吴苑日斜孤鸟下,楚江风急独帆来。终成滟滪吟诗客,早擅蓬莱献赋才。何日归欤临素浐,当筵重把故人杯。""天高风急雁飞回,潦尽湘潭瘴雾开。十载逢秋犹卧病,万方多难独登台。昔时亲友何人在,故国音书几日来。莫叹衰毛无可白,丹心一寸未全灰。""长安九阙近青天,佳气葱珑彩仗边。画省春醺金斝酒,蓝衫晓衬玉炉烟。每趋螭陛催宫漏,常近龙颜拱御筵。病剧清漳秋色暮,梦中鹓列尚依然。""武皇曾凿昆明水,宏略雄威亘古今。星象高边云独傍,石鲸鸣处雨频侵。风牵翠荇秋涛荡,露湿圆荷晓月沈。万寓军麾归路阻,系舟愁寂楚江浔。"此诗和意而不次韵。

赵絅崇祯癸未(1643)七月十七日在日本江户的《十七日次老杜秋兴八首》则是次韵赓和:"是日凉风透万林,旅窗疏响竹森森。孤城返照摇秋色,极浦归云结夕阴。霜发故添明镜里,商弦时动古琴心。故乡回首身千里,欹枕频惊楚户砧。""夜吟常至玉绳斜,忽忽他乡度岁华。古调偏怜齐客瑟,河源久着汉臣槎。扶桑海岸初宾雁,武幭城头亦塞笳。从者劳歌皆愠见,来时湓浦始莺花。""橘树橙林弄晚晖,江干霁景晚霏微。金风且喜玄蝉寂,水曲翻思白鹤飞。庄舄越吟谁为听,参军蛮语亦须违。尉佗奉约无多日,万里归帆秋水肥。""伊昔耕岩进局棋,逢秋不作楚人悲。放身淮海何多日,报国涓埃此一时。鱼背舟行波怒立,鳀岑天阔梦归迟。年光荏苒空留滞,张翰莼鲈不可思。""衣冠皮服共云山,方丈蓬莱指顾间。筏舶生涯他自得,侏俪言语我何关。狙公赋芧恒逢怒,桂蠹盈盘一破颜。袅袅秋风来白雁,分明昨夜梦鹓班。""散发纶巾不着头,去年今夕太湖秋。浮云快放三更月,斗酒能销万古愁。便是出尘如野鹤,自来为伴见沙鸥。灵槎一泛成何事,到此唯知更九州。合德浦即太湖""醉乡吾老伴无功,绝意争名一世中。投足但思东郭履,侧身长爱北窗风。谁知秋鬓如丝白,来傍东溟浴日红。驷马高车皆分外,屈伸盈缩问仙翁。""门前江水碧逶迤,更有鯊鱼百顷陂。举网时兼桑落酒,携朋秋插菊花枝。鸥鸣小槛机将息,月上高台席屡移。一出世间违晚计,客中霜发自垂垂。"

3.其他赓和韩白苏黄者亦多,仅各举一首为例。

次韵韩愈诗。嘉靖己亥(1539)三月,作为迎接明朝天使的远接使和从事官的崔演(字演之)、苏世让(字彦谦)、严昕(字启昭)、林亨秀(字士遂)一同赓和韩愈诗。《春雪排律十韵用韩文公韵》:"拟揽青春景,翻歌白雪谣。入帷知急洒,投沼觉先消。越女妆铅面,巴童舞素腰。欺花封嫩萼,侵柳勒柔条。授简思梁苑,吟诗忆灞桥。衾寒嫌冷透,眼缬怯光摇。阶满凹成凸,窗明暮作朝。响多敲竹碎,片细逐风飘。顿讶墙施垩,还疑树挂绡。凭栏愁索句,添着鬓丝饶。演之”“自怪凌春雪,谁歌授简谣。粘枝轻未坠,着地冻难消。已怯梅留靥,还愁柳舞腰。明珠铺断麓,狂絮糁长条。鹤氅僧寻寺,银环马过桥。帘疏投未碍,窗簿色先摇。云叶凝清晓,琼花散晚朝。雨余犹细细,风急转飘飘。人去看衣缟,阶平讶积绡。似添衰鬓白,天岂不吾饶。彦谦”“那知三月半,白雪起新谣。阴沴疑犹在,阳和恐已消。欺春全夺气,没地欲侵腰。漏泄呈梅萼,侵凌压柳条。兰亭将作契,灞水却寻桥。黄鸟愁沾湿,青林怎动摇。燃红看昨日,积翠自今朝。芳兴无多见,羁思不禁飘。浅斟成密坐,闲写展轻绡。未识天公意,终愁莫我饶。启昭”“白雪传新曲,阳春罢旧谣。侵宵寒更袭,入昼暖初消。微冻封桃眼,余威勒柳腰。严风虽料峭,春意肯萧条。燕去花随觜,鹦飞絮拂桥。气侵衣乍冷,光缬眼先摇。舞阁春愁晚,妆楼夜易朝。兼梅落不见,趁蝶去同飘。摸写难凭句,形容合倩绡。还嫌侵客鬓,添白不曾饶。士遂”。

次韵白居易诗。朝鲜英祖丁亥(1767)三月二十九日金龟柱《三月晦日步白香山饯春诗二首》:“小院惜春春自去,拦遮何赖锁荆关。祝融按节方临至,上帝无私却放还。只信莺花长款好,那知樽酒忽凄颜。悲歌且欲留斜景,羲驭催归若木间。”“目渺天涯眉不展,离情殆甚饯阳关。若终是日遂将尽,待到明年方始还。设此诗樽非乐意,怜渠花鸟作何颜。曲栏小雨池塘月,黯黯相思在此间。”

次韵苏轼诗。宣祖甲午(1594)崔岦《雪后次东坡韵四首》:“疏疏密密复纤纤,妩媚玄冥未觉严。饼饵争投金色鲫,杯盘易饫水精盐。梅花照夜偏侵牖,柳絮随风故入檐。客子明朝应起早,要看天际玉峰尖。”“城头昨夜辨乌鸦,积照宁论十二车。已兆三看充腊瑞,谁将六出别春花。诗思孟浩吟随处,病羡袁安卧着家。最是行台年学富,章成不待手频叉。”“上帝高居愍衰世,端须一雪宿申严。楼奢白玉教先碎,食淡苍生为下盐。暮夜谁怜投暗璧,明朝定好负暄檐。羁臣正自头争皓,宁把毛锥较钝尖。”“正是玄冬行雪节,犹教紫电逐雷车。初看迸落珠玑实,渐见交飞蛱蝶花。抵死三年民对垒,思归千里客无家。即知帝力俄舒惨,欲诉危悰畏夜叉。是日雷电雹俱作”。

次韵黄庭坚诗。英祖癸丑(1733)尹凤五《陪内舅入冷泉拈黄山谷韵共赋癸丑》:“吏隐真成木石居,林泉爽气映襟疏。选山佳处频移席,得句圆时喜捋须。闲语不飞秾树鸟,自跳还没绿潭鱼。轻风素石方清坐,到此尘心一点无。”

4.赓和其他中国诗人之作。此类亦颇多,仅举一例。肃宗辛卯(1711)申靖夏《闲来次壁上宋人诗韵》一次赓和中国宋代梅尧臣、王安石、苏轼、陈师道、陈与义、陆游、范成大、刘克庄八位诗人之韵:"有兹居处胜,莫怪宦情微。隐几桃枝近,开门野鸭飞。呼儿理钓艇,留客坐书闱。日作佳辰醉,谁能惜典衣。右宛陵韵""闲居每独坐,忽忽易春阴。池暖鱼游得,花开蝶舞深。径危如欲断,藤走似相寻。隐几鸣泉近,萧然有静音。右半山韵""东船昨夜至,春水下兴元。花柳清明节,人烟高下村。行随川鹭引,归带谷鸦翻。清唱渔樵返,江楼已夕昏。右东坡韵""渐看斜照敛,犹觉远沙明。夜笱灯流影,春洲鹳有声。酒应须客醉,诗不要人惊。已作江居久,叉鱼手未生。右后山韵""野客平凉笠,长郊受日斜。鹭飞时挟子,桃卧自开花。决决流沙水,青青吐麦芽。遥识青帘色,林中指酒家。右简斋韵""饮量嫌犹弱,微醺在合升。春游频醵酒,夜博共围灯。新水鸥还怯,轻寒柳未胜。心知朝食淡,带雨去收罾。右放翁韵""村少冬前蓄,常多春后饥。收鱼入浦远,射雉出林迟。生事烦人问,门庭畏客知。西崖每独往,登顿不言疲。右石湖韵""幸无花事晚,及此罢官初。林黑鸠呼雨,川浑儿漉鱼。贫犹厌求食,病亦未忘书。莫以谋生拙,仍言我阔疎。右后村韵"。

五、咏史。由于中国诗人吟咏朝鲜历史之诗极为鲜见,故此项内容中绝大多数作品为朝鲜诗人吟咏中国历史。此类咏史诗通过对中国史实的回顾,或感慨兴亡,或借鉴成败,都体现了中国文化对朝鲜诗人和诗歌的深刻影响。

如高丽著名诗人李奎报在高丽明宗二十四年(1194)所写之《开元天宝咏史诗》四十三首,其序曰:"予读书之间,见唐明皇遗迹。开元已前勤政致理,太平之业几于贞观。天宝已后怠于政事,嬖宠钳固,信用谗邪,遂致禄山之乱。至播迁西蜀,几移唐祚。可不悲夫!是用拾善可为法、恶可为诫者播于讽咏。虽事有不关于上者,其时善恶,皆上化之渐染,故并掇而咏之。岂敢补之风雅?聊以示新学子弟而已。"

六、事迹。中国诗人在朝鲜之事迹,朝鲜诗人在中国之事迹。

1.前者如援朝抗倭的明朝大将李如松在万历二十一年(1593)在朝鲜之事迹,"癸巳,天朝遣将李如松等帅百万兵渡辽来援,大破贼酋平清正于平壤城,乘胜复三京。”李赠朝鲜都体察使柳成龙的题扇诗:“提兵星夜到江干,为说三韩国未安。明主日悬旌节报,微臣夜释酒杯欢。春来杀气心犹壮,此去妖氛骨已寒。谈笑敢言非胜算,梦中常忆跨征鞍。”豪放雄浑,大气磅礴。

2.后者则更多,如朝鲜多达455种的朝天录、燕行录和飘海录,详细记载了高丽、朝鲜诗人在中国的历程。兹举一例。李海应《蓟山纪程》卷之三记载其嘉庆甲子(1804)正月两度拜见纪昀事:“乙卯(二十五日),晴。玉河馆留。纪晓岚尚书宅。余欲一见晓岚,遣人探候,约与今日会话。故从崇文门出,曲转而过五里许,至其门,门小仅容一人,遂入其坐外炕。其管家数人劝茶,虚座为主客之礼曰:‘大人今日在家等候,俄被皇帝召命,才离驾矣。可于一二日后再枉否?’余遂惟惟而还。路琉璃厂,入王景文铺,小醉馆中,诸人亦多来会此者。”“丁巳(二十七日),乍阴。玉河馆留。访晓岚不见。朝又往至晓岚家。晓岚自阙晓出,而见方以风眩伏枕,未遑接客云。故余遂呈刺,而跋其尾曰:‘海外疏踪,饱仰鸿名。再造门屏,三生缘薄,未奉光仪,恨何有既?第有零星诗文,带来行橐,欲一质高明者雅矣。或可暇日尘正,兼赐弁卷之章,谨当归诧东隅,庸替古人三壮元之一也。惶恐手报。’兼以湾尹文稿同封,授管家。管家闻命而入,少顷来报曰:‘大人强起,读一篇未了,旋又按枕眩晕,犹未得奉答华刺。可胜悚叹。今方邀医入诊老爷,须预卜后日。’余又自外而还,诗文则谓以‘展在几案,当俟抖擞评览’云。”

七、评价。中国诗人对朝鲜诗人之评价,朝鲜诗人对中国诗人之评价。

1.前者如钱谦益《列朝诗集》、朱彝尊《静志居诗话》(姚祖恩辑自《明诗综》)中对高丽、朝鲜诗人的评价。朱氏评朝鲜诗人权近曰:“阳村至京师,高皇帝优礼待之,赐衣赐食,爰命赋诗。阳村先之以本国兴废之由,道途经过之所,次之以本国离合之势,山河之胜,与夫邻境之情形,兼述东人感化之意。既成,精华炳蔚,音响铿锵。帝览之称叹,因命与刘公三吾、许公观、景公清、戴公德彝、张公信辈,偕游南北市来宾、重译、鹤鸣、醉仙诸楼,帝又赐以御制三诗。阳村《题鹤鸣楼》诗云:‘鹤鸣楼上久徘徊,环佩珊珊缓步来。已喜清歌和宝瑟,况看纤手奉玉杯。南临帝甸山河壮,北对天门日月开。得被内臣宣圣泽,六街三日醉扶回。’此洪武丙子岁事。建文四年春,朝鲜恭定王李芳远令知申事朴锡下议政府镂板以行。于是嘉靖大夫艺文馆提学国人李詹、暨奉使翰林史官兵部主事金陵端木孝思均为作序。而淮南陆颙、番阳祝孟献题诗其后焉。阳村赐游酒楼,《实录》未之载。予所见《应制集》,则天顺元年朝鲜本也。”又如清代诗人李调元对朝鲜《四家诗》的朱墨两色评点。

2.后者则更多,可从《韩国诗话全编校注》和笔记、文集、书信中辑得。兹亦举一例。李睟光《芝峰类说》:“诗用叠字,古人不以为嫌,最忌意叠。如苏子瞻律绝中叠使数字者多矣,至于杜、韩两诗叠押韵字,此则不为病,唯观作句工拙如何。然语其精,则恐亦不免小疵耳。”

八、诗集。朝鲜刊刻中国诗集情况,中国刊刻朝鲜诗集情况;中朝诗人互赠诗集情况;中国与朝鲜购买流通诗集情况。

刊刻情况见于韩国和中国的各种书目及史书。

1.朝鲜刊中国诗人诗集,如《朝鲜世宗实录》十八年正月二十九日载:“乙未。颁铸字所印《李白诗集》于宗亲及文臣五品以上。”又如朝鲜正祖李祘于己未(1799)编辑刊刻《杜陆千选》八卷,于其《群书标记》中云:“杜律五七言五百首,陆律五七言五百首,皆手选也。命内阁以丁酉字印颁。”

2.中国人刊朝鲜诗人诗集很少,如明朝吴明济之《朝鲜诗选》。钱谦益《绛云楼书目》云:“万历中有援朝之师,会稽吴明济子鱼,司马之客也。从军至平壤,因采诗于其国。作后序者许筠,东国之以文学鸣者也。”按《朝鲜诗选》在朝鲜半岛已佚,今仅存北京图书馆。是书由中国人采集于朝鲜,完稿万历戊戌(1598),刊刻于万历庚子(1600)。该书韩初命序云:“丁酉秋,余以倭奴之役督饷朝鲜……次岁……会稽吴君访余于白岳之阳,出其所选《朝鲜诗》,余读之忘倦焉。”

互赠与购买则屡屡见于中国、朝鲜各种史籍和笔记、文集。

3.中国诗人赠诗集给朝鲜人。李德懋《清脾录》载乾隆丁酉(1777)李调元赠朝鲜诗人柳琴《粤东皇华集》事:“李雨村调元,字羹堂,一字杭塘,四川罗江人。雍正甲寅十二月初五日生。父化楠,官至北路掌印同知府。羹堂乾隆癸未进士,见官吏部考功司员外郎兼文选司事,僦屋居燕京顺城门外。丁酉春,柳琴弹素随谢恩使入燕。弹素,奇士也,欲一交天下文章博洽之士。尝于端门外,见羹堂仪容甚闲雅,直持其襟请交,遂画砖书其姓名及字。羹堂一见投契,称其名字之甚奇。弹素屡造其室,谆谆善接人,呈露心素,有长者风。见弹素兄子得恭惠风别诗,大加称赏。临别赠以诗曰：'有客飞乘过海车，玄谈天外乍逢初。自言不学张津老，绛帕蒙头读道书。案自注：几何主人，公自号也。喜天文句股之学，故云。平生皮里有阳秋，时抱虞卿著述愁。谁把诗名传海外，看云楼集客来求。长衫广袖九衢喧，避怪多蒙暂驻轩。他日寄书传小阮，有诗付雁与吾看。天寒风劲扑窗纱，佳客论心细煮茶。日暮归怀留不得，惟将明月托天涯。'仍馈其广东主考时所作《粤东皇华集》及松下看书小照。嗟乎！中国人之于友朋交际，情真语挚有如此者。"

4.朝鲜赠中国诗人则以其刊刻之各种《皇华集》为多见。《朝鲜中宗实录》卷八十四载嘉靖十六年事："正使曰：'我闻国王命大臣撰《皇华集》，又令作序云。其所作序者，欲预知而去矣。' 上曰：'《皇华集》，例于越江后，以其诏使之制及陪臣所制，聚而印出送之。序则左议政金安老制之矣。'天使曰：'多谢。'"

九、诗人。对涉及中朝诗歌交流的所有诗人加以介绍。在系年中该诗人作品首次出现时加以简介，来源尽量利用有关史籍，以确保文献的准确性。

1.中国诗人如："倪谦（1415—1479）《江南通志》卷一百六十五《人物志·文苑一·江宁府》：'倪谦，字克让，上元人。正统己未，进士第三人。奉使朝鲜，文翰风采倾动海邦。天顺己卯，主试顺天，黜权贵子，诬构谪戍开平。成化初复职，官至南礼部尚书。谥文僖。所著有《玉堂稿》《辽海编》诸集。'"

2.朝鲜诗人如："李克堪（1427—1465）《纪年便考》卷七：'李克堪，广州人，克培弟。世宗丁未生，字德舆，世宗甲子十八文科，历南床、铨郎、典翰、直学。丁卯登重试，文宗辛未选湖堂。世祖朝，策佐翼功三等，封广城君。三十八为八道都观察使，官止吏判。有文名，但以贪婪取讥。戊子卒，年四十二。赠领相，谥文景。'"

十、背景。

有关中韩诗歌交流的文化制度背景材料。对中朝的典籍广搜博览，爬梳剔抉，勾稽背景材料纳入系年体系。兹举一例：《朝鲜太宗实录》卷十三："（七年三月二十四日）乞自今时，散文臣三品以下，每年春秋仲月会艺文馆，馆阁提学以上出题赋诗，以考能否，具名申闻，以凭叙用。中外学校，每年春秋季月，复行课诗之法。监司守令监学之时，亦令赋诗，旌其能者，以加劝勉。"

两种《渚宫旧事》稀见抄本考略

施　薇

《渚宫旧事》是研究古代湖北地方史志的一部重要著作，具有很高的文献价值，而其版本流传情况比较复杂，本文试图详细梳理该书的内容及版本，并在此基础上重点考察南开大学图书馆藏两部《渚宫旧事》稀见抄本，针对秦更年对两个抄本的比对校勘，参照《四库全书》采江苏巡抚进呈本、孙星衍辑《平津馆丛书》本以及罗振玉辑《吉石盦丛书》影印清张立青芝山堂抄本等《渚宫旧事》的多种抄、刻本，对《渚宫旧事》的版本异同、优劣、批校题跋等做校勘学的考述。

一　《渚宫旧事》的内容与版本

《渚宫旧事》，一名《渚宫故事》，唐余知古撰。余知古为唐文宗时人，官拜将仕郎，守太子校书，里贯不详，其名见《全唐文》卷七六〇、《登科记考》卷二七。《唐书·艺文志》载该书，并注余知古与段成式、温庭筠等为诗友，同游汉上，共撰唱和之诗为《汉上题襟集》十卷。“渚宫”是春秋时楚国别宫之名，故址在今湖北江陵县城内。该书上起鬻熊，下迄唐末，以朝代为序，记载了古代荆楚地区近两千年来君臣、士民人物事迹、掌故传说，故名渚宫旧事。此书多取材于余知古所见经、史、子、集各类典籍，《四库全书》收入该书，并归入《史部·杂史类》。张之洞《书目答问》将此书归入《史部·地理类·杂地志》之属[①]。

① 张之洞：《书目答问补正》卷二，上海古籍出版社，2001年版，第116页。

(一)《渚宫旧事》的卷次及分类流变

《渚宫旧事》今存五卷，而据《唐书·艺文志》著录，该书原为十卷，《崇文总目》卷十八、《宋史·艺文志》《通志·艺文略》晁公武《郡斋读书志》卷八将此书归入“史部地理类”，且均著录为十卷，由此得知，到南宋之初，此书尚为完本。而陈振孙的《直斋书录解题》卷七将此书改入“史部传记类”，且著录为五卷，与今本同。余嘉锡在《四库提要辨证》引王象之《舆地纪胜》卷六十五《江陵府碑记门渚宫故事》云：“李淑《邯郸志》即邯郸图书志之简称，见《读书志》卷九载《渚宫旧事》十卷，唐余知古撰。自鬻熊至唐江陵君臣人物事迹，史子传记所载者，悉纂次之，按此与《读书志》字句全合，盖晁公武即袭用《邯郸志》之文。今第有五卷云。”[①]余嘉锡认为王象之与陈振孙是同时代人，其言可以互证。由此推断，该书自宋、齐以下五卷于南宋末年亡佚。

(二)《渚宫旧事》的版本流传

《渚宫旧事》在清以前基本上是以抄本的形式流传的。现存的《渚宫旧事》抄本有：

1.《渚宫旧事五卷》，明晋藩藏抄本。

2.《渚宫旧事五卷》，清初橙花馆主从高承埏家抄录本，秦更年校并跋。

此两部抄本均为南开大学图书馆藏，且都曾归近代扬州藏书家秦更年插架，秦更年曾将明晋藩抄本(下文简称晋府本)和橙花馆主从高承埏家本抄录的清抄本(下文简称高本)通读比对，校勘一过，并将校字以朱笔注于高本文内及书眉等处，且做批注夹签若干条及跋文一篇，夹于高本中。

3.《渚宫旧事五卷补遗一卷》，清吴翌凤辑并跋，清乾隆四十三年吴翌凤抄本，北京图书馆藏。

4.《渚宫旧事五卷补一卷》，清抄本，清卢文弨校并跋，杨守敬、高世异题款，山东省图书馆藏。

另外，罗振玉《吉石盦丛书》三集收入《渚宫旧事五卷》亦为影印抄本。书内无其它序、跋、题识、校字等。版式为黑格十行，黑口，单鱼尾，左右双边，版框外

---

① 余嘉锡：《四库提要辨证》卷五，中华书局，1980年版，第281页。

右下方镌“青芝山堂钞书”六字，“青芝山堂”为清代藏书家张位（字立人，长洲人）室名，知吉石盦丛书本《渚宫旧事五卷》为清人张位抄录（下文简称张本）。

《渚宫旧事》的刻本最早为《四库全书》本，题《渚宫旧事五卷补遗一卷》，为纪昀据江苏巡抚采进本辑补，除原存五卷外，纪昀又从各种类书中辑补出南朝刘宋后十八条，汇为《补遗》一卷（下文简称四库本）。清嘉庆二十二年（1817）张海鹏辑刊《墨海金壶》丛书，所据便是四库本。

孙星衍在四库本基础上将此书重新校订，于清嘉庆十九年（1814）收入其辑刻的《平津馆丛书》中，题《渚宫旧事五卷补遗一卷》，孙氏并为该书逐条注明出处，又从《太平广记》中增辑出纪昀遗漏的一条，即补遗第六条（下文简称孙本）。民国二十四年至二十七年（1935—1938）商务印书馆据孙氏校并增辑《平津馆丛书》本排印收入《丛书集成初编》史地类。

清顺治三年李际期委宛山堂刻本《说郛》一百二十卷之卷十七收入《渚宫故事》十条，《四库全书总目提要》云《说郛》本乃“节钞此书十余条，晋以后乃居其七。疑从类书引出，非尚见原本也。”①

此外，清人黄奭编《汉学堂知足斋丛书》之《子史钩沉》亦收入《余知古渚宫旧事一卷》。

（三）《渚宫旧事》后五卷辑佚情况

前文提到，《渚宫旧事》后五卷在宋末已经亡佚。自明以来，学者们便根据各种类书对它进行了孜孜不倦的辑佚工作。

委宛山堂刻本《说郛》从类书中辑录出《渚宫故事》十条，四库全书本又在《说郛》辑佚的基础上据《太平广记》《太平御览》等书将补遗范围扩大，共辑补十八条，汇为《补遗一卷》。孙星衍《平津馆丛书》又据《太平广记》补刘宋“甄法崇永初为江陵令”一条，并将四库本据《太平御览》补辑“湘东王修竹林堂”和“湘东王于子城中造湘东苑”二条从齐代移至梁代目下。

在这些辑佚工作之前，《渚宫旧事》的明代旧写本中已经有了补遗。南开大学图书馆藏明晋藩藏旧写本《渚宫旧事》，在卷五后本就有《渚宫旧事补》一卷。

---

① 纪昀等：《钦定四库全书总目》，中华书局，1999年版，第716页。

秦更年在高本末跋文中云“又晋藩本有补遗九条”①,有误,实为补遗十四条。但秦氏言“孙渊翁刊本序言纪相国校定为补遗一卷,录入《四库全书》,不知旧写本已有之。但增益数条耳”②的论断是正确的。

《说郛》辑补《渚宫旧事》十条,应在明晋藩抄本之后。余嘉锡在《四库提要辩证》中说:“《提要》所引《说郛》,乃陶珽刻本,非陶宗仪原书。《渚宫故事》载第十七卷,今涵芬楼排印明抄本,无此书。”③有清顺治三年李际期委宛山堂刻本,《渚宫故事》在委宛山堂刻一百二十卷本的第十七卷中。

因此可以得出结论,辑补《渚宫旧事》,明晋藩抄本最早,其后有《说郛》一百二十本补辑,再后是四库全书本和孙氏平津馆丛书本。

二　南开大学图书馆藏《渚宫旧事》两种抄本的版本分析

南开大学图书馆藏有两部《渚宫旧事》抄本,一部为明晋藩旧抄本,一部为清抄本,两部抄本都曾为秦更年收藏,秦氏曾将两部抄本比对校注一过,留下数量庞大的批注、夹签等,并在清抄本卷五末以朱笔留跋语云“己巳三月廿四日据明晋蕃藏写本校婴暗”。落款的己巳年是民国十八年(1929)。

(一)两部抄本的递藏情况

明晋藩旧抄本《渚宫旧事》五卷,半页十二行,行二十四字。该旧抄本历经名家递藏,朱痕累累。书在明时归晋藩,有“晋府图书”朱方,入清后先后归范承谟、范承谟昆弟徐元梦、朱彝尊、揆叙等人。清后期,该书又先后归莫友芝、晚清著名医药实业家叶名沣以及杭州朱氏结一庐。其后该书归扬州藏书家秦更年所有。秦更年先后入藏此明晋藩抄本和《渚宫旧事》清抄本后,曾将二书比对校勘一过,并在清抄本卷末附跋文一篇。此书保存完好,展卷如新,全书藏印累累,流传有序,诚为秘籍。此珍贵抄本最后被南开大学图书馆购入。

清抄本《渚宫旧事》五卷,半页九行,行二十字。该书曾经朱彝尊、莫友芝递

① 余知古《渚宫旧事五卷》卷末黏秦更年跋文,南开大学图书馆藏清抄本。
② 同上。
③ 余嘉锡:《四库提要辩证》卷五,中华书局,1980年版,第281页。

藏，后归秦更年。

(二)《渚宫旧事》两部抄本的版本情况兼述秦氏的校勘方式和内容

秦更年将两部抄本比对校勘一过，改正错谬，补注脱漏，并将校对的结果书于清抄本的文内及书眉等处，又以朱墨二色书写批注夹签十二张夹于清抄本及晋府本中。秦氏在做校对工作时，除将两部抄本比对外，还参照了孙星衍的平津馆丛书《渚宫旧事》本。笔者现将这三种版本和吉石盦丛书影印张本及四库全书本五种版本重新比对，考察馆藏《渚宫旧事》两种抄本的版本特征、优劣兼述秦更年批校的方式和内容。

秦氏校对两部《渚宫旧事》抄本，所用校勘方式以死校法为主，于高本原文右下角或本叶书眉处列出晋府本与高本字眼不同处，如果一叶上两书有异处比较多，则以白棉纸夹签题写校对结果。一般来讲秦氏的批校述而不论，只记录版本异同，并不做对错评判，偶尔也用他校法征引孙本等其它版本考辨字句之异同。而根据批语和校语在书上的位置与性质之不同，秦氏的批校又可分为眉批、夹批、点校、题跋、读毕记等。

现笔者将秦氏对两个版本的批校和张本、四库全书本、孙本重新比对，发现有如下几种情况：

首先，高本错误晋府本正确的，这种情况比较多。如卷四“胡爽，南郡人，为郡主簿”条，高本“时武陵蛮六千人来，向郡太守李肃策马欲走，爽叩马诤之”句中“向”字晋府本作“南”，张本同晋府本，孙本、四库本同高本，查《后汉书》卷八十六《南蛮西南夷列传第七十六》：“南郡太守李肃皆奔走。”①并本书此条前一条亦有句“南郡太守李肃并奔走，荆南皆浸”，知“向郡”应为“南郡”，晋府本和张本是正确的。

其次，也有少量高本正确晋府本错讹的，如卷一“文王至顷襄王四百年间”条，高本作“忠烈则申公子倍”，晋府本作“忠烈则申公子培”，秦氏书眉处注“倍晋本培”，张本与晋府本同，孙本、四库本与高本同。此条又见《说苑·立节篇》：“楚庄王猎于云梦，射科雉得之，申公子倍攻而夺之……”②，按《说苑》当作申公

① 王先谦：《后汉书集解》，中华书局，1984年版，第991页。

② 刘向：《说苑》卷四，清乾隆五十四年(1789)金溪王氏刻本。

子倍,高本是正确的。

再次,秦氏校出高本和晋府本文字不同,查其它典籍,两个版本都有误,但秦氏未以他校法征引。如卷一"文王至顷襄王四百年间,楚产之尤着"条,高本"儒学则观射父、石尹然丹"句晋府本作"儒学则观射父、左尹然丹",张本同晋府本,孙本和四库本作"儒学则观射父、右尹然丹",高本显然有误,查《国语·楚语上》,然丹又名尹子革,故郑国大夫子然之子,曾任楚灵王右尹,曾回答楚灵王知天知民的问题。孙本和四库本作"右尹",是正确的,晋府本和张本作"左尹",有误,而高本作"石尹",应属抄录时误将"右"写作"石"。

还有一些高本和晋府本字眼不同,非错谬,而是故意为之,比如卷二"文王至顷襄王四百年间"条,晋府本将"太宰子朱"的"朱"字写作"未",便是避明朝帝王朱姓之讳。

秦更年还据晋府本在高本文内补注脱字,如卷一"鬻熊为周文王师"条,高本"居丹阳实枝(空一格)后六世",秦氏据晋府本在空格处补"江"字。又如卷四高本"临江王荣,景太子,废为王"条,秦更年据晋府本于"景"字后加"帝"字,改正此句为"临江王荣,景帝太子,废为王"。

对于高本有而晋府本脱落的句子,秦更年未作处理,亦未注明。比如卷四高本"度尚,延熹五年代刘度为刺史"条,晋府本脱落"三千余人攻破零陵、桂阳。诏以尚为中郎,将三万人讨之,斩兰"等二十四字,张本此处亦脱落,但留出空行待补。从此处可以推测出,张本与晋府本应该系出同源,据同一版本抄录。此二十四字原本漫漶不清,无法辨识,故晋府本的处理方式是直接跳过接下文,张本则据文意和原本看不清处的字数留出相应位置,以俟后补。孙本、四库本同高本,此句无脱落。

秦更年据晋府本补高本脱漏字句,这些脱漏之处有如下两种情况:

首先是应有而未有,比如卷一"楚文王得茹黄之狗"条,高本作"葆申曰:'臣闻君子耻之不变,痛之何益?'",晋府本作"葆申曰:'臣闻君子耻之,小人痛之,耻之不变,痛之何益?'"张本、孙本与晋府本同,四库本与高本同,晋府本、张本、孙本正确,高本和四库本均在"君子耻之"后脱"小人痛之"四字,在"不变"前脱"耻之"二字,造成文意不通。后一句高本"葆申趋出自流诸荆"晋府本作"自流诸(左亻中并右刂)",张本与晋府本同,孙本、四库本与高本同,秦更年在书眉上指出“(左亻中并右刂)”乃“渊”字的草书,该条出自《吕氏春秋·贵直论》第二“直谏”,原书此句作“葆申趣出,自流于渊,请死罪。”[①]可知“荆”字误,应为“自流诸渊”,意为自沉于流水,晋府本、张本是正确的。

其次则是可有可无,不影响文意的,如卷四“度尚,延熹五年代刘度为刺史”条,秦更年在高本“复拜荆州刺史”的“复拜”后据晋府本补“尚”字,此处即为可补可不补。孙本、四库本同高本,无“尚”字。案,张本此句亦有“尚”字,又证张本与晋府本同源。

秦更年在补高本脱字时,如果晋府本和孙本不同,有些会注明,比如卷四高本“王(空一格)和帝时为荆州刺史”条,秦氏夹批云:“晋本作王(上艹下弃),平津本苏注云搜神记作业”。张本此句作“王叶,和帝时为荆州刺史”。孙本作“王苏搜神记作王业,和帝时为荆州刺史”。四库本同孙本。但有时高本脱字处,晋府本和孙本不同,秦氏只据晋府本补字,未注明孙本此处字不同。比如卷四“刘表为荆州”条,高本“岐虽(空一格)大命,犹志于国”句,秦氏在书眉处批注“空格晋本逸”,即晋府本此句为“岐虽逸大命,犹志于国”,而孙本此空格处为“迫”字,张本、四库本均同孙本。“迫大命”的意思是迫近晚年,如果做“逸”字,不知何解。此处当以“迫”字为宜,但秦氏并未据孙本注明。

秦更年补高本脱字,如果原句无空格,便补在句右侧,如果同一叶脱字有多处,便用夹签说明或者在书眉处批注同时在脱字右下角以朱笔点画,标明位置。如果原句脱字处本身留有空格,则直接在空格处填补,比如卷四高本“王叡,献帝初为荆州刺史”条,“说叡罪过,令(空一格)行荆州(空一格)以状上”句有两处空格,秦更年据晋府本分别补“收”字和“讫”字,成“说叡罪过,令收行荆州,讫以状上”。张本此句作“说叡罪过,令收行,刑讫以状上”,孙本同张本,四库本作“说叡罪过,令收行荆州,刑讫以状上”。

(三)明晋藩抄本《渚宫旧事》和张立青芝山堂抄本《渚宫旧事》系出同源

笔者通过对五个版本的《渚宫旧事》比对校勘,发现在用字、文句、条目等方面,明晋藩抄本和张立青芝山堂抄本应抄录自同一原本。

---

① 陈奇猷:《吕氏春秋新校释》,上海古籍出版社,2002年版,第1555页。

首先是文字上，晋府本和张本相同处很多，如卷一“郑子瞀者成王夫人郑姬之媵者”条，高本作“初王登台，临后宫，宫人皆仰视，子瞀直行不顾，王曰：‘行者顾’。王曰‘顾吾以汝为夫人，而封若父兄矣’”。该句晋府本作“初王登台，临后宫，宫人皆仰视，子瞀直行不顾，王曰：‘行者顾’。子瞀不顾。王曰‘顾吾以汝为夫人，而封若父兄矣’”。孙本、四库本与高本同，张本和晋府本同，在“王曰：‘行者顾’”后面都增加了“子瞀不顾”四字。显然晋府本和张本增加这四个字后，更加通顺。秦更年在高本此条处以朱笔注“子瞀不顾”四字。

其次在小注上，晋府本也常常和张本一样。如卷一“孙叔敖为令尹”条，高本“市乱民莫安其处，次行不定”句，晋府本下有双行小注云：“桓谭《新论》云：‘楚郢都车毂击民，肩摩市路相排突，朝衣新而暮衣弊也’”。张本同晋府本，亦有此两行小注。孙本、四库本同高本，均无小注。

再次，高本有些字句脱漏处，秦更年据晋府本补之，查张本发现，一般晋府本完整无脱漏的文句张本亦完整无缺。比如卷五末“桓玄为都督，性好猎”条，高本末一句为“桓氏世莅荆土，在镇兼太尉。弟豁兼司空，征西冲车骑，豁子石民。”四库本、孙本俱同高本，孙本更在此条末小注云“下有脱文”，而晋府本于此句后尚有“石绥、石康，豁孙振冲、孙谦、子玄，凡九人，皆刺荆州，自古所未有也”。秦更年在高本后附跋文中云此处各本均脱，惟晋府本有此二十五字。查张本，发现亦有此二十五字。

最后，在条目划分上，晋府本和张本也基本能对应，而与它本不同。如卷一“国人好庳车不便马。王欲下令使高之”条，高本从此句开始至“君谨守此三者，足以治楚矣”作单独一条，而晋府本和张本将此句至“不教而民从其化”句连上一条，从“孙叔敖为令尹，一国吏民皆来贺”句至“君谨守此三者，足以治楚矣”句单列一条。孙本、四库本同高本。

还有一个证据可证明晋府本和张本同出一源，即张本在卷五后亦附有《渚宫旧事补》一卷，其目次、条目与晋府本卷五后补遗完全相同。据以上证据我们此可以推断，明晋藩本和张本依据的底本是相同的，都是时间较早的明抄本，在文字准确、句子完整等版本问题上有明显胜于高本、孙本等其它清抄本处。

三 结论

通过对《渚宫旧事》的内容、版本、补遗等情况的分析，以及考察南开大学图书馆藏明晋藩抄本和橙花馆主人录高承埏旧藏清抄本两个抄本的版本情况，我们可以得出如下结论：南开大学图书馆藏两部《渚宫旧事》抄本，版本互有优劣，特别是明晋藩抄本，在字句的准确和完整方面胜过清抄本甚多，而该抄本的文句、条目等与吉石盦丛书影印张立青芝山堂抄本重合度很高，可以推断两个抄本系出同源，都是出品较早的明抄本，版本明显优于橙花馆录高承埏藏清抄本、四库全书本、孙星衍《平津馆丛书》本等其它清代抄刻本。南开大学图书馆藏两部抄本除了自身的文献价值外，又递经明清两代诸多名家收藏，特别是明晋藩抄本，抄录精美、朱痕累累、品相完好，秦更年对两部抄本的细致校勘批注又为两部典籍本身增添了不少学术价值。可以说，南开大学图书馆藏两部《渚宫旧事》抄本是学术价值、艺术价值和文物价值俱佳的古代抄本中的精品。

儒释相非久 谁知我独亲

——略说高丽大儒李穑之亲佛

姜剑云

“韩山伯李穑，吾东方大儒也”

李穑（1328—1396），字颖叔，号牧隐，忠清道韩州（今韩国忠清南道舒州郡）人。他是一个十足的“跨时代”的重要历史人物，生活于丽末鲜初、元末明初。据李穑门人权近《朝鲜牧隐先生李文靖公行状》记载，李穑生于“天历戊辰五月辛未”。“天历戊辰”乃元朝文宗天历元年（1328），时为高丽太宗（王焘）十五年，高丽太宗史称忠肃王。所记载的去世时间为丙子夏五月初七。此“丙子”年为明太祖洪武二十九年（1396），时当李氏朝鲜太祖（李成桂）五年。

考察李穑的仕历可见，其在中国元廷、王氏高丽、李氏朝鲜，皆有职事。

以科举考试来看，李穑在高丽，在元廷，先后多次赴考，并且多次金榜题名。高丽忠惠王六年（1341），即元至正元年，李穑十四岁。这一年秋季，他参加高丽三司右使松堂先生金光载主持的成均试，考中诗科，两年后补别将。又十年后，即高丽恭愍王登基的第二年，恭愍王开科试士，李穑中乙科第一人，授肃雍府丞。同年的秋天，李穑参加元廷组织的地方科举考试，考取为征东省（即高丽）乡试第一名。第二年，在元大都（今中国北京），李穑二月份会试上榜，三月份殿试中第二甲第二名，授应奉翰林文字承事郎，同知制诰兼国史院编修官。时为元朝至正十四年（1354），即恭愍王三年，李穑二十七岁。即是说，李穑五次科举应试，前三次试于高丽本土，后两次试于元大都，终于进士登科。

李穑进士及第后三年内，两次任职元都翰林，总时长大约一年。其后，在高丽本国两次接受元廷对附属国人员的宣授官职。第一次是至正二十三年(1363),即高丽恭愍王十二年,元廷给李穑宣授奉训大夫征东行中书省儒学提举。第二次是至正二十八年(1368),即高丽恭愍王十七年,元廷给李穑宣授朝列大夫征东行中书省左右司郎中。

李穑进士及第并被元廷授职翰林的当年当月，便东归高丽，其后大约35年中所受任王氏高丽主要职事概括如下:授通直郎,典理正郎,艺文应教,知制教兼春秋馆编修官;迁奉常大夫典仪副令;升中散大夫吏部侍郎,翰林直学士,兼兵部郎中;除中大夫试国子祭酒;转正议大夫枢密院左副承宣,知礼部事;赐一等功臣;改正顺大夫密直司右代言,进贤馆提学;拜端诚辅理功臣奉翊大夫密直提学,宝文阁大提学,艺文馆大提学;提调诠选事;拜判开城府事,上护军兼成均大司成,提点书云观事;拜推忠保节同德赞化辅理功臣,壁上三韩三重大匡,门下侍中,判典理司事,领孝思馆书筵艺文春秋馆事,上护军,韩山府院君。

李穑人生历程可分三个阶段:进士及第前26年为进学科考阶段;高丽恭让王元年之前35年为仕途有为阶段;"国家革命"前后共约8年为被贬放逐阶段。李穑自恭让王元年(1389)即明洪武二十二年十二月始,虽然被"封壁上三韩三重大匡,韩山府院君"以及"封特进辅国崇禄大夫韩山伯",但往往既被贬出,又蒙宥召还,反复上演。从猫戏老鼠般的政治游戏不难发现,李穑以儒者之气节,心向王氏高丽,其对高丽、朝鲜易代之际夺权篡权的李成桂、李芳远父子,乃取不合作之态度。作为跨时代的政治家,他经历了元廷与高丽两个王朝的灭亡,他也见证了明朝与朝鲜两个王朝的兴起。但是,他忠于王氏高丽,却不仕李氏朝鲜;他怀念元蒙,而疏离明国。

丽末鲜初,李穑是东方文坛著述成果丰硕的文学家,其有著作《牧隐稿》五十五卷,其中《牧隐诗稿》三十五卷,《牧隐文稿》二十卷。其门人权近赞叹座主李穑曰:"吾东方牧隐先生,质粹而气清,学博而理明。所存妙契于至精,所养能配于至大。故其发而措诸文辞者,优游而有余,浑厚而无涯。其明昭乎日星,其变骤乎风雨。岿然而崒乎山岳,霈然而浩乎江河。贲若草木之华,动若鸢鱼之活。富若万物,各得其自然之妙。与夫礼乐刑政之大,仁义道德之正,亦皆粹然会归于其极。苟非禀天地之精英,穷圣贤之蕴奥,骋欧、苏之轨辙,升韩、柳之室堂,曷能臻于此哉！自吾东方文学以来，未有盛于先生者也。”[①]显而易见，李穑是东国文人中自崔致远以来颇有成就和影响的又一位重要的汉学家、文学家。

元末明初，李穑是东国传承与发展程朱理学的思想家。他二十一岁时入于元大都，“以朝官子补国子监生，在学三年，得受中国渊源之学，切磨涵渍，益大以进，尤邃于性理之书”[②]。学成回归故土后，不断的研究、讲授孔孟程朱，后起的儒学新秀郑梦周、权近、李詹、河仑等等，都是他的门人。其弟子李詹所作《牧隐先生文集序》曰：“韩山牧隐先生，生而颖悟，好学博闻。入中国，齿璧雍，所造益深，汪洋高大。捷高科，游翰苑。归仕本国，历官四十余年，位至侍中。冠冕斯文，凡国家辞命制教铭颂之文，必需公乃成。又以兴起斯文为己任，训进后学，孜孜无倦。陈说大义，辨析微言，使之焕然冰释。东方性理之学，繇是乃明。五知贡举，一时名士，皆出门下。”所以，对于孔孟程朱在东方的传播与发扬，李穑有承前启后之功，地位很高，影响很大。征之历史文献，可见评价极高：“韩山伯李穑，吾东方大儒也。前朝恭愍王使之兼成均大司成，日讲经史，鼓舞作兴，人才辈出。性理之学，文章之盛，虽中国之士，未能或之先也。”（李氏朝鲜《太宗实录》卷五）

“方外之人，有欲从游者不拒，有求诗文者不靳”

李穑的方外之交，概括地讲，有三个方面的特点：一是时间早且长，二是释子多且杂，三是趣味广且雅。

从时间上来看，李穑与释氏最早的交往是在青少年时期：“予之未冠也，喜游山中，与释氏狎。”[③]“未冠”是指二十岁之前，而准确的时间，他在另一篇文章中说得够清楚的了：“予年十六七，喜从诗僧游。”[④]

时间的“长”，可从两个方面来看。其一，李穑作为“东方大儒”，其与佛教，一辈子情结未解。自恭让王元年（1389）即明朝洪武二十二年李穑62岁始，一直到他去世，8年中，他反复被贬。这期间所写之诗分别编集为“咸昌吟”“衿州吟”“骊

① 权近：《牧隐先生文集序》，《牧隐稿·序》，《韩国文集丛刊》第3辑，韩国景仁文化社，1990年版。
② 权近：《朝鲜牧隐先生李文靖公行状》，《牧隐稿·行状》，《韩国文集丛刊》版。
③ 李穑：《幻庵记》，《牧隐文稿》卷四，《韩国文集丛刊》版。
④ 李穑：《韩文敬公墓志铭并序》，《牧隐文稿》卷十五，《韩国文集丛刊》版。

兴吟”，此间所写涉佛之诗在 18 首以上。据不完全统计，李穑毕生所著之《牧隐稿》中涉佛之文不少于 61 篇，涉佛之诗约在 211 首以上。其二，李穑与当时的一些僧人友谊久长。李穑在《幻庵记》中回忆说：“予之未冠也，喜游山中，与释氏狎。……稍长，缝掖十八人，结契为好。今天台圆公、曹溪修公与焉。相得之深，相期之厚，复何言哉！及予官学燕京，修公亦入山，今三十年矣！间或相值，信宿则别。回思前日诗酒淋漓，何可复得？信乎其如梦矣，信乎其如幻矣！”缝掖，也可以写成“缝腋”，古儒者之所服，大袖单衣，这里指儒者。结契，意为订立契约。儒者十八人之外，释氏“天台圆公、曹溪修公与焉”，儒者、释氏，“结契为好”。“官学燕京”，是说他来到元蒙大都，以朝官子补国子监生，时年二十一岁。“稍长”，依叙述顺序在“予之未冠也”之后、“官学燕京”之前，时当“弱冠”之年。曰“今三十年矣”，乃言与曹溪修公的交往，由青少年而持续到晚年。“信宿”，连住两夜。偶有相逢，对床夜话，往往两三天后，才依依惜别，可见“相得之深，相期之厚”。

考察李穑二百多首涉佛诗篇，便知其方外交游的对象既多且杂。这里仅仅将其诗歌文章中所提及之部分僧众名号摘出，胪列数行，即可见一斑。

高丽普济王师、幻庵国师；

懒翁、懒残子、懒残、幻庵、慈恩佑世君、伦绝磵、绝磵、圆天台、龙头、青谷、竹庵；

慈恩都僧统佑世君；

法泉僧统、竹谷僧统、法住寺僧统、惠生僧统、真观僧统、道生僧统、一僧统；

华严宗大选敬如、曹溪大选自休、真观大选、龙头大选、天水大选、惠具大选、珠大选；

幻庵方丈、寿安方丈、妙觉寺高井方丈；

通州资福寺住持南可泉、龙头住持生公、灵岩寺堂头、兴法堂头、华严堂头、冠岳山禅觉庵澈首座、慈恩都堂、华严都室；

幻庵公、绝磵伦公、天台圆公、严光圆公、判曹溪事竹庵轸公、广明斋公、龙头敦公、龙头生公；

青谷上人、暹上人、修上人、珠上人、允上人、胜上人、克[illegible]上人、一上人、松广夫目和尚、松广和尚；

总持都大禅师、菩提大禅师、竹磵禅师、东庵禅师、寒松禅师、内院监主龟谷大禅师、蕊院龟谷大禅师、亿政禅轸大禅师、阳山大禅师、定慧瑚大禅师、严光圆大禅师、严光圆禅师、开天昙禅师、判事大禅师、夫目大禅师、上院禅师、待丰禅师、两街禅师、观禅师、龙头大师、法泉大师、青谷师、玗师；

冠岳新房庵主、慈恩宗师法泉长老、铁船长老、两街禅老；

释赞明、释敬田、释志先、金刚山释、金沙释、真观僧、冠岳僧、普德窟僧、山僧、乞食僧、狂僧[①]、病僧、僧[②]；

珠禅者、安禅者、锋禅者、幻庵门人、懒翁弟子、僧(《同来僧渡溪坠马失只履，戏作》)、僧(《有僧欲于野渡置舟渡人者，予且喜且悲，因作一绝》)；

日本释弘慧、日本释[③]、惟一上人[④]。

按，李穑《哭内院监主龟谷大禅师》曰："龟谷衣冠胄，去为临济孙。貌清心自寂，言简道弥尊。莲社风吹座，松山月满园。无从见只履，老泪洒秋原。"据此可知，"渡溪坠马失只履"之僧应为龟谷，即上面提到的内院监主龟谷大禅师、蕊院龟谷大禅师。

以上胪列名号中，有不少称呼是同指一个人。例如幻庵国师，李穑诗文中的幻庵国师、幻庵方丈、幻庵公、幻庵，都是指的同一个人。高丽普济王师，即懒残子，亦"王者之师"[⑤]，俗姓牙氏，初名元惠，又名惠勤，号懒翁，谥禅觉，李穑诗文中的高丽普济王师、普济尊者、天台判事懒残子、懒残、懒翁，也都是指同一个人。绝磵伦公、伦绝磵、绝磵，也是这样。

从李穑方外交游的趣味指向来看，我们不妨以"广且雅"予以概括。如前所述之不完全统计，李穑涉佛诗文至少有 272 首(篇)，但这仅仅是就题面或文面的考察，如果深入研读体味并进一步估算的话，李穑涉佛诗文总数当在 300 首(篇)以上，而其中大部分的篇幅属于记游感兴、赠答唱酬之作。其记游感兴、赠答唱酬的内容反映了这样一些趣味指向。

---

① 李穑《咏狂僧》曰："尽日独行山影里，有时危坐市声中。永兴深谷曾相见，何处如今走似风。"见《牧隐诗稿》卷十九，《韩国文集丛刊》版。

② 李穑《哭僧》题注："名神运。"诗曰："派出曹溪振祖风，飘然瓶锡任西东。生从二帝三王后，死向千山万水中。云影迢迢终变灭，钟声隐隐在空蒙。白莲结社惭无分，欲制哀诗却不工。"见《牧隐诗稿》卷六。

③ 李穑《送日本释，因有所感》曰："扶桑出日西飞疾，慧老归来定几时。"此日本释，当指日本释弘慧。诗见《牧隐诗稿》卷十二。

④ 李穑《万峰为惟一上人题》题注："日本人也，时奉使其国。"见《牧隐诗稿》卷六。

⑤ 李穑《普济尊者谥禅觉塔铭并序》，《牧隐文稿》卷十四。

其一，佛寺游赏。关于这一点，以李穑之诗为证。《新寓崇德寺》曰："千车万马九街头，咫尺祇林境自幽。枸杞映阶红欲滴，蒲萄满架翠如流。"《夏日，游城南永宁寺》云："轻阴翳白日，暑气收蓬壶。悠然动佳兴，乃向城南隅。招提可人意，况有贤浮屠。"《夏日，与诸公游金钟寺》(其二)曰："已爱金钟楼，更爱金钟树。帘栊悬虚空，朝夕生烟雾。仰看赤日避，俯见飞云度。况闻幽涧泉，悠然发奇趣。"《记旧游僧舍》云："读书余隙好经过，山寺高游一半多。便面风生僧语软，孱颜春动鸟声和。"便面，指团扇、折扇之类。孱颜，指高峻的山岭。上引诗篇诗句，反复印证了李穑"喜游山中，与释氏狎"[①]的事实。

其二，酒茶品茗。关于这一点，同样以李穑之诗与文为证。《韩文敬公墓志铭并序》曰："予年十六七，喜从诗僧游。至妙莲寺，儒释杂坐，啜茶联句。"《榆关小憩，寒松禅师沽酒》云："寒风吹雪满榆关，冰结疏髯马不前。赖有吾师三昧手，破囊擎出醉乡天。"《谒华严都室，归途一首》曰："满面风沙不可当，老翁驱马似奔忙。谁知尚有闲中味，啜茗僧窗五内香。"《进贺懒残子新封福利君，醉饱而归》云："懒残真懒者，吟咏似吾儒。祷圣心无二，封君德不孤。香醪清似水，蜜粥软于酥。我辈岂牢落，春风吹座隅。"以上四首诗，两言啜茶、茗茶，两言沽酒、醉酒。这一题材的作品很多，不胜枚举。记写遥赠书茶、携酒共醉的诗文更多，又例如《得同甲开天昙禅师书茶》："开天渺渺在天涯，南望年来两鬓华。自讶梦耶非是梦，数行书札一封茶。"再如《寄呈幻庵》："舟中新作小茅亭，坐对云山四面青。倘得幻翁飞锡过，百年沈醉一时醒。"

其三，诗文交流。且看以下一些李穑诗篇诗句。《答铁船长老》："绮语尚未免，强作哦诗癯。篇篇带豪逸，迥与郊岛殊。奇字问杨雄，秘书传瓠芦。狂生乏诗料，竞病安敢逋。高谈发佳兴，往往忘归途。"诗为古体五言十三韵，此为后十句。诗癯，意为清瘦的诗人。竞病，是一个典故，指写诗押险韵。显然，李穑与铁船和尚探讨的是诗歌艺术与风格。《真观僧来言孟畯能联七言句，喜而有作》："真观古寺焕重新，松树苍苍拥法茵。已喜小童初入学，更联长句动如神。簾栊日转频挥笔，院落天晴或脱巾。莫把寸阴轻自掷，古来勤苦可成人。"长句，兼指七言古诗、七言律诗。幼童寄读寺院乃传统，听到真观僧带来的信息，李穑以这首七律

---

① 李穑：《幻庵记》，《牧隐文稿》卷四。

表达了对长孙孟畯的赞美与期望。《真观大选来问唐诗语义》:“真观释子问唐诗,乍雨乍晴山日移。风入草堂清到骨,差夫深坐下书帷。”山日移,深坐,下书帷,都说明李穑与真观大选研讨唐诗语义的时间很长,且进入了忘我的境地。《懒残子携崔拙翁选东人诗,质问所疑,穑喜其志学也不衰,吟成一首》:“教海禅林万卷书,旁通李杜与韩苏……浮屠善幻真闲暇,每把遗编顾草庐。”懒残子乃诗僧,李穑称赞说:“懒翁文字,信手未尝立草,吐出实理。粲然写出,韵语琅然。”[①]又说:“予年十六七,群缝掖游,联句饮酒。今天台判事懒残子爱吾辈,招之同吟哦,日不足则继以夜。”[②]李穑与懒翁,一儒一释,长交游,多唱和,切磋诗文是他们共同的爱好。

李穑的方外之交,很有特点,当然,也引来一些评议。李詹说:“且(李穑)累年移疾闲居,容接宾客,虽异端者至,亦不麾之。士大夫墓隧碑碣,燕游饯行,以至浮屠方外之作,有求辄应。”[③]河仑也说:“方外之人,有欲从游者不拒,有求诗文者不靳。”[④]麾,同“挥”。靳,吝惜。异端者,即指方外之人,即指浮屠。“有欲从游者不拒,有求诗文者不靳”,即“有求辄应”“亦不麾之”的意思。需要注意的是,李詹、河仑,都是李穑的门人,而他们对李穑之颇有微词,说明了当时社会对李穑之亲佛,总体上是持反对的态度的。由此亦可见,李穑所谓的“儒释相非久”,在当时是实实在在的社会现象,而“谁知我独亲”[⑤]这一感叹,显然流露了自我所承载的无形却巨大的社会压力。

“余是以不拒释氏甚,或与之相好,盖有所取焉耳”

关于李穑之亲佛,李穑另一重要弟子权近的叙说更值得注意:“甲寅秋,恭愍王薨。公自辽阳之逝,哀毁成疾,中恶呕泄,闻王薨愈笃,杜门卧者七八年。间奉旨铭指空、懒翁二和尚浮屠,其徒因多往来于门。凡求诗文,扣者辄应,颇有佞

① 李穑:《书懒翁三歌》,《牧隐文稿》卷十三。
② 李穑:《赠休上人序》,《牧隐文稿》卷八。
③ 李詹:《牧隐先生文集序》,《牧隐稿·序》。
④ 河仑:《有明朝鲜国元宣授朝列大夫征东行中书省左右司郎中、本国特进辅国崇禄大夫韩山伯、谥文靖公李公神道碑并序》,《牧隐稿·神道碑》。
⑤ 李穑:《送惠生僧统住严川》,《牧隐诗稿》卷三十三。

佛之讥。公闻之曰:'彼谓追福君亲,予不敢拒也。'"[①]

恭愍王是高丽末期的一位有为君主,是李穑始终效力效忠的高丽王。辽阳即辽阳县君、咸昌郡夫人金氏,是李穑的母亲。指空、懒翁是两位高僧,懒翁是高丽普济王师,指空是懒翁之师,换言之,指空乃王师之师。

李穑去世后,李穑的门人李詹、河仑、权近都对李穑之亲佛颇有微词。而从权近的叙说来看,对于李穑之亲佛,时人在李穑在世时就"颇有佞佛之讥",并且李穑还有辩解之词。

那么,对于佛教,对于释氏,李穑到底有怎样的认识呢?概括起来看,有以下几个方面的思想倾向。

其一,"平生不识释迦文,只爱高僧远世纷"[②]。

关于佛教,李穑似乎受到禅宗悟修方式的影响要多一些。说自己平生不识释迦文,这可能是事实,但他确实是领会到了禅宗的神髓,这应该是毫无疑问的。注意一下李穑的《寄莲花禅师夫牧》:"直指人心不用文,藏经题目尽纷纷。小窗出定无余事,坐对长空万里云。"这是一首七绝,但其旨趣正是"直指人心,见性成佛,不立文字,教外别传"的禅悟主张。因此,修身养性的关键,不在外表,不在唱经念佛,李穑指出,"素肉本非关道,且须净扫尘心"[③],净化心灵才是根本。佛教为何能赢得世人的尊重,李穑思考过这样的问题:"浮屠氏重于世久矣,徒以因果罪福焉者,未也。高虚玄默,独立乎万物之表,则虽吾儒高尚者,亦莫能少之。"[④]他认为,对于"远世纷",即"独立乎万物之表"的"高僧",即使是"吾儒高尚者",也不能小看,正确的态度只应该是敬之,"爱"之。

其二,"从来俗谛皆真谛,最是僧风有士风"[⑤]。

俗谛,真谛,两者相对,即所谓"二谛"。俗谛又称"世谛""世俗谛",是佛教依照事物之现象所阐发的浅显的道理。真谛是指最真实的道理。那么,李穑是怎样将俗谛、真谛划上等号的,僧风、士风又同在哪里了呢?他在《雪山记》中的一段话很值得玩味:"《语》曰:'绘事后素。'素,质之无文者也,能受五采。故譬之性,

① 权近:《朝鲜牧隐先生李文靖公行状》,《牧隐稿·行状》。
② 李穑:《送观禅师归清凉》,《牧隐诗稿》卷四。
③ 李穑:《七夕,主人大禅师设食,老夫酣卧,吟得小绝,明日录呈》,《牧隐诗稿》卷三十五。
④ 李穑:《赐龟谷书画赞》,《牧隐文稿》卷十二。
⑤ 李穑:《送真观僧统之关东》,《牧隐诗稿》卷十二。

湛然不动,纯一无杂,而为五常之全体者也。性吾所当养,儒与释共无少异焉。"《论语·八佾》中说:"子曰:'绘事后素。'"朱熹集注:"绘事,绘画之事也。后素,后于素也。"《考工记》曰:"'绘画之事后素功。'谓先以粉地为质,而后施五采,犹人有美质,然后可加文饰。"五常,谓仁义礼智信。绘事后素,这是谈论绘画现象与程式,打了个比方,此为"俗谛"。素,譬之性。性,"湛然不动,纯一无杂",犹赤子之心,即无垢之心。无论儒与释,修心养性是前提,是根本,这是儒家与释教的共同追求,并无差别。李穑引用儒家圣人之语,打了个比方,"俗谛"背后的意义正是"真谛"。基于这样的思维与认识,李穑努力寻找僧风、士风中可贵的共同之处。他赞美无能居士"事君尽其心,事佛尽其道",正是因为这位居士坚守了"凡人之所以为人,忠与义耳"[①]的信条。他与惠生僧统相交往,也正是因为这位僧人"迹虽为佛子,心不废人伦,岁月萱堂静,云山绀宇新,讲余时定省,风俗想还淳"[②]。他与华严宗大选敬如研讨苏轼诗,"喜其知慕斯文,赋诗以赠",正是因为他看到了"坡诗多藏教,萧寺半儒风"[③]。苏轼往往以禅入诗。萧寺,佛寺也。

其三,"天上佳期牛女,人间高会释儒"。

这是一首六言绝句中的前两句,题为《七夕,主人大禅师设食,老夫酣卧,吟得小绝,明日录呈》,后两句说:"离合古来难事,献酬要尽欢娱。"人间释儒,佳期高会,诗酒欢娱,及时行乐,诗歌之主题,极其鲜明。他在一首五绝《寄灵岩寺堂头》中说:"白足歆风久,苍头托荫深。爱人儒释共,何日更论心。"白足,即白足和尚。此用典故,意谓高僧,这里指灵岩寺堂头。堂头,即僧寺住持。苍头,即奴仆,此自谦之语。离合古来难事,李穑真的已经痴迷于释儒高会、谈佛论道了。"千里求文敢自外,诸方仰风无少间。古来儒释共游戏,四海弥天诚可攀。"[④]儒释一家,游戏共欢,求诗化文,概莫见外。并且,他倡议,他号召:"北秀南能非异族,东崖西麓岂他家。儒门信道难乖矣,僧纛扬威亦是邪。但愿从今撤屏障,往来烧栗或烹茶。"[⑤]儒释相非久,谁知我独亲,看来李穑不只是希望撤除儒释种种门派的屏

① 李穑:《无能居士赞并序》,《牧隐文稿》卷十二。

② 李穑:《送惠生僧统住严川》,《牧隐诗稿》卷三十三。

③ 李穑:《华严宗大选敬如在妙觉寺,携东坡诗从天台圆公受其说,因其来访,讯之如此,喜其知慕斯文,赋诗以赠》,《牧隐诗稿》卷十三。

④ 李穑:《前内愿堂云龟谷在白莲社,与普门社主,将重营黄岳山直指寺,书报老人,求缘化文》,《牧隐诗稿》卷二十一。

⑤ 李穑:《寄总持都大禅师》,《牧隐诗稿》卷三十一。

障,他似乎已经受到了佛教所谓“怨亲平等”“等无差别”思想的深刻影响了。

其四,“释氏近于独善,其风犹足以激衰世,吾不得不取之”[①]。

由上文讨论可见,时人及后人讥评李穑亲佛、佞佛,是有根有据的。不过,需要注意的是,对于佛教,李穑是有所取,亦有所不取的。

其所不取者数端,约略关涉乎佛、法、僧“三宝”。涉佛者如:“凡为屋二百六十二间。凡佛躬十五尺者七,观音十尺,觉田所化也。宏壮美丽,甲于东国。游览江湖行遍者皆曰:‘虽中国,未之多见。’非夸言也。予素不乐释氏,然玄陵尝师师,故敬慕之不敢置。”[②]这里的“宏壮美丽,甲于东国”,“虽中国,未之多见”等数语,显然意在批评释氏造殿塑像过于奢华。涉法者如:“予素不乐释氏之教。闻千函万轴之说,初怪其多也。及闻其目,则曰经、曰律、曰论。而经诠佛语、菩萨语,律以著其仪,论以演其义,非尽出于牟尼之金口也。至于羽翼其道,言稍近理者,辄推入之。宜其千函万轴之多也!”[③]经、律、论,此乃佛教“三藏”。上引数语中“怪”“稍”“辄”“宜其”等用词,显示了李穑“素不乐释氏之教”的又一个原因是,讨厌佛藏的言碎理繁。涉僧者如:“如或槁木其形,寒灰其心,而滞于寂,则与吾儒之群鸟兽者何异?吾儒之绝物也,释氏之罪人也。吾与寂庵,当善自图,不流入于一偏可也。”[④]绝物,意思是断绝人事交往。对于“槁木其形,寒灰其心,而滞于寂”的苦行僧修习方式,李穑并不认可,所以他提示寂庵不要“流入于一偏”。

对于佛教,其所不取,与其所取,李穑在其《觉庵记》中说得极为分明:“惟其毁冠裂冕、去父子、群禽兽为异耳。吾儒者或呲之,不为过矣。然世教不古,人伦之败,取笑于释氏者不小。则释氏近于独善,其风犹足以激衰世,吾不得不取之。”作为儒者,李穑批评释氏之“绝物”,欣赏释氏之“独善”。而对于“独善”的肯定,李穑在其《麟角寺无无堂记》中有进一步的发挥与强调:“释氏,域外之教也,而轶域中之教而独尊焉,何也?域中之人为之也。其祸福因果之说,既有以动人之心,而趋释氏者,率皆恶常厌俗、不乐就名教绳墨豪杰之才也。释氏之得人才如此,无怪其道之见尊于世也。余是以不拒释氏甚,或兴之相好,盖有所取焉

---

① 李穑:《觉庵记》,《牧隐文稿》卷六。
② 李穑:《天宝山桧岩寺修造记》,《牧隐文稿》卷二。
③ 李穑:《砥平县弥智山龙门寺大藏殿记》,《牧隐文稿》卷四。
④ 李穑:《寂庵记》,《牧隐文稿》卷六。

耳。”李穑所说的“祸福因果之说”，即佛教的因果报应之说。《涅槃经》曰：“善男子，知善因生善果，恶因生恶果，远离恶因。”此正所谓种善得善，种恶得恶也。李穑共有三个儿子，分别取名为种德、种学、种善，作为东国高丽之一代大儒、理学家、亲佛者，如此名其子，可谓深有取意矣。佛教因果之说的核心，在于教导人们向善，李穑认为，“释氏近于独善”，“趋释氏者，率皆恶常厌俗、不乐就名教绳墨豪杰之才也”。那么，问曰：李穑亲佛、佞佛，“是以不拒释氏甚，或兴之相好”，“盖有所取焉”者何，“不得不取之”者何？答曰：一个字，“善”。

附记：

在关于李穑专题研究的过程中，韩国国立庆北大学校岭南文化研究院院长郑羽洛教授一直提供极其重要的帮助，特此致谢。

沉郁顿挫背后的清狂

——从任华《寄杜拾遗》看被忽略的杜甫清狂性格

莫道才

生活在唐肃宗年间的任华，是与李白和杜甫、怀素同时在世并有交游，还存有与这三位盛唐名家寄赠诗的诗人，是唐代文学研究中被忽视与低估的诗人。他留下总共只有三首诗，由于他结交过李白、杜甫和怀素，这就使得他的诗不但具有文学欣赏价值，还具有文学史料价值。这一点使得任华的诗歌有重新审视的必要。他的《寄杜拾遗》这首诗虽然以前也有过提及，但是其对杜甫研究的文学史料见证价值尚未被重视。这首诗给我们描述了与我们文学史记载的不一样杜甫，这里有必要作一点讨论[①]。

> 杜拾遗，名甫第二才甚奇。任生与君别，别来已多时，何尝一日不相思。杜拾遗，知不知？昨日有人诵得数篇黄绢词，吾怪异奇特，借问果然称是杜二之所为。势攫虎豹，气腾蛟螭。沧海无风似鼓荡，华岳平地欲奔驰。曹刘俯仰惭大敌，沈谢逡巡称小儿。昔在帝城中，盛名君一个。诸人见所作，无不心胆破。郎官丛里作狂歌，丞相阁中常醉卧。前年皇帝归长安，承恩阔步青云端。积翠扈游花匼匝，披香寓直月团栾。英才特达承天睠，公卿无不相钦羡。只缘汲黯好直言，遂使安仁却为掾。如今避地锦城隅，幕下英僚每日相随提玉壶。半醉起舞捋髭须，乍低乍昂傍若无。古人制礼但为防俗士，岂得

① 关于杜甫之"狂"也有一些论文作过讨论，比如刘曙初.《论杜甫与中国狂士传统》，《湘潭师院学报》，2005年第1期；吴怀东：《自笑狂夫老更狂——论"狂"与杜甫文化精神》，《固原师专学报》，2004年第5期；许德楠：《论杜诗中的"狂顾""狂走"和"狂歌"》，《杜甫研究学刊》，2003年第2期；吴明贤：《试论杜甫的"狂"》，《杜甫研究学刊》，1996年第3期；以及任治春：《试论杜甫的放浪狂歌》(安徽大学2011年硕士论文)等等，但是本文角度与之不同，故还有必要再做论述。

为君设之乎？而我不飞不鸣亦何以，只待朝廷有知己。已曾读却无限书，拙诗一句两句在人耳。如今看之总无益，又不能崎岖傍朝市。且当事耕稼，岂得便徒尔。南阳葛亮为友朋，东山谢安作邻里。闲常把琴弄，闷即携樽起。莺啼二月三月时，花发千山万山里。此时幽旷无人知，火急将书凭驿使——为报杜拾遗。①

任华诗用回忆的笔触来写与杜甫的交往和印象，重点写了杜甫的性格和为人。在这首风格奇崛的诗里，我们看到了一个不一样的杜甫，一个潇洒豪放的诗人，一个清狂的诗人，而不是一个抑郁隐忍、郁郁寡欢的诗人。不可否认，任华这首具有投献性质的诗对杜甫的描写表现有一定程度的夸张渲染成分，但绝对不是无中生有的虚构。

一

任华生平事迹不详，大多数时间是在各地漫游，做幕僚。其在《与庾中丞书》中云："华本野人，常思渔钓寻常，杖策归乎旧山，非有机心，致斯扣击。"任华除在长安外，去过成都、桂林，留下来的许多文章多是在桂林时期做郡佐兼侍御史写的②。后又辗转商州、潭州，参湖南观察使幕③。其生卒年不详，但可以确定是与李白杜甫同时代的人，与李白、杜甫均有交游，均有诗作寄赠。但杜甫在诗中未有提到与任华的交游。宝应元年（762）任华隐居绵阳。广德二年（764），杜甫为严武荐举，任检校工部员外郎，并参节度使幕。这一年任华来到成都。据陶敏、李一飞、傅璇琮所著《新编唐五代文学编年史》宝应元年（762）三月条云："杜甫、严武在成都，游西城；本年春，二人时有唱和之作"④，又，广德二年（764）条"任华隐于绵州涪城，本年来成都，上书严武。"⑤这是根据任华的《上严大夫笺》所述得出的结论。此文初载《唐摭言》卷十一。称其"憨直"。文云："逸人姓任名华，是曾作芸

① 《全唐诗》卷二百六十一，中华书局，1960 年版，第 2903 页。
② 参见殷祝胜：《论任华桂林之游及在桂林的散文创作》，《广西师范大学学报》2011 年第 4 期。
③ 参见李德辉：《全唐文作者小传正补》，辽海出版社，2011 年版，第 379 页。
④ 陶敏、李一飞、傅璇琮：《新编唐五代文学编年史》（中唐卷），辽海出版社，2013 年版，第 69 页。
⑤ 同上，第 97 页。

省校书郎者，辄敢长揖，俾三尺之童，奉笺于御史大夫严公麾下：仆隐居岩壑，积有岁年，销宦情于浮云，掷世事于流水。今者辍鱼钓，诣旌麾，非求荣、非求利，非求名，非求媚，是将观公俯仰，窥公浅深，何也？公若带骄贵之色，移夙昔之眷，自谓威足陵物，不能礼接于人，则公之浅深，于是见矣。公若务于招延，不隔卑贱，念半面之曩日，回亲眼于片时，则公之厚德，未易量也，惟执事少留意焉。且君子成人之美，仆忝士君子之末，岂不敢成公之美事乎！是将投公药石之言，疗公膏肓之疾，未知雅意欲闻之乎？必欲闻之，则当先之以卑辞，中之以喜色，则膏肓之疾，不劳扁鹊而自愈矣。公其喜听之，何者？当今天下，有讥谏之士，咸皆不减于先侍郎矣。然失在于倨，阙在于怒，且《易》曰：'谦谦君子，卑以自牧。'复语曰：'君子之道，忠恕而已矣。'公之顷者，似不务此道，非恐乖于君子，亦应招怒于时人。祸患之机，怨仇之府，岂在利剑相击，拔戟相撞？其亦在于辞色相干，拜揖失节。则潘安仁以孙季获罪，嵇叔夜为钟会所图，古来此类，盖非一也。公所明知之，又安可不以为深诫乎？必能遇士则诫于倨，抚下则弘以恕，是可以长守富贵而无忧危，公成人之美，在此而已矣。念之哉！任华一野客耳，用华言亦唯命，不用华言亦唯命，明日当拂衣而去矣，不知其它。"[①]"仆隐居岩壑，积有岁年，销宦情于浮云，掷世事于流水。今者辍鱼钓，诣旌麾"云云，可以看出任华应是原来隐居在涪城。从行文来看，通篇文字充满投献求助意味，应该是自荐求献之文。而杜甫与严武有非常密切的友情，任华凭借与杜甫在长安时就是旧友，期望通过杜甫与严武的熟识关系来获得寓居成都一份差事，这是很正常的。应该是在这个背景下，写有一篇《寄杜拾遗》的诗。诗中云"而我不飞不鸣亦何以，只待朝廷有知己。……此时幽旷无人知，火急将书凭驿使——为报杜拾遗"透露出其写这首诗给杜甫的目的了。

这首诗歌写于何时何地？值得考察。这篇诗作应该是作于杜甫获得检校工部员外郎之前。因为任华在诗题和内容中称杜甫为杜拾遗而不是杜工部，应该是称呼杜甫以前做过的官职，这样容易获得其好感。《旧唐书》本传认为是上元二年(761)严武奏为节度参谋、检校工部员外郎。误。应该是在广德二年(764)，学界已有辨析[②]。关于写作时间，诗中"前年皇帝归长安"提供了很好的参照。《通

① 《全唐文》卷三百七十六，上海古籍出版社，1980年版，第1689页。

② 陶敏、李一飞、傅璇琮：《新编唐五代文学编年史》(中唐卷)，辽海出版社，2013年版，第92页。

鉴》卷二百二十一上元元年(760):“上皇爱兴庆宫。自蜀归,即居之。”[①]一般认为这首诗写于任华到成都的宝应元年(762)。而诗中云“莺啼二月三月时”透露了具体写作在这一年初春二三月间。陶敏、李一飞、傅璇琮《新编唐五代文学编年史》(中唐卷)认为:“杜甫本年春与成都严武交密,任华诗当本年春作。”这个推论是合理的。这首诗正是任华需要帮助之时,想得到早到成都的旧友杜甫的帮助。所以总体上说,这是一首意在求助的诗。所以,言辞中要提及往日交游的往事,难免有夸大之辞,甚或行文语气有讨好之嫌,但是基本史实是可以肯定存在的,所写的内容不会是杜撰之辞。而给严武《上严大夫笺》应该是与杜甫见过面之后写的。看来,他写给杜甫的这首诗的目的可能是为了通过杜甫来认识严武。

二

暂且不论这首诗对任华在唐诗史上的价值, 本文仅讨论这首诗提供了有助于纠正以往我们对杜甫的很多成见的旁证。比如我们往往受杜甫“沉郁顿挫”风格的固定思路,认为杜甫性格的沉郁顿挫。因为这个词本来就是来源于杜甫的自述。《进雕赋表》云:“臣之述作,虽不能鼓吹六经,先鸣数子,至于沉郁顿挫,随时敏捷,(此处一有“而”字)扬雄、枚皋之徒,庶可企及也。有臣如此,陛下其舍诸?伏惟明主哀怜之,无令役役,便至于衰老也。”[②]杜甫是希望通过献赋的行为获得朝廷的赏识, 得到一个类似于杨雄和枚皋这样的朝廷言语侍从之臣的御用文人的职位用以糊口养家,所以用杨雄和枚皋来比说,他认为自己对于公文写作所需的文辞才华和敏捷写作速度,完全达到杨雄和枚皋的水平了。宋人葛立方《韵语阳秋》云:“老杜高自称许,有乃祖之风。上书明皇云:‘臣之述作,沉郁顿挫,扬雄、枚皋可企及也。’《壮游》诗则自比于崔魏班扬,又云‘气劘屈贾垒,目短曹刘墙。’《赠韦左丞》则曰‘赋料扬雄敌,诗看子建亲。’甫以诗雄于世,自比诸人,诚未为过,至‘窃比稷与契’则过矣。史称甫好论天下大事,高而不切,岂自比稷契而然邪?至云‘上感九庙焚,下悯万民疮。斯时伏青蒲,廷争守御床。’其忠荩亦可嘉矣。”[③]可以

---

① 司马光:《资治通鉴》,岳麓书社,1990年版,第924页。
② 杜甫著,仇兆鳌注:《杜诗详注》卷二十四,中华书局,1979年版,第2172—2173页。
③ 葛立方:《韵语阳秋》卷八,载何文焕《历代诗话》,中华书局,1981年,第546页。

看出，前人也意识到杜甫有高估自己而至于狂傲的一面。客观来说，杜甫有浓重的书生意气，这种书生意气用在官场上则有一些愚拙、迂腐。他自己也明白自身的这些特点，“老大意转拙，许身一何愚”甚至常常“取笑同学翁”(《自京赴奉先县咏怀五百字》)，他对自我从政能力的认识不够。他还是有狂傲的一面，这也是杜甫能与李白性格相投，一起远游的原因吧。仇兆鳌指出关于“沉郁顿挫”的出处，前人已有使用，不过都是分开的，刘歆《求方言书》：“子云澹雅之才，沉郁之思。”陆机《思归赋》：“伊我思之沉郁，怆感物而增悲。”又《遂志赋》：“抑扬顿挫怨之徒也。”钟嵘《诗品》：“谢朓与余论诗，感激顿挫过其文。”后来评论家和文学史将“沉郁顿挫”作为杜甫诗歌的风格的概括。与杜甫《进雕赋表》原文的含义有了出入。《进雕赋表》里“沉郁顿挫，随时敏捷”连用，隐含既“沉郁顿挫”又“随时敏捷”的逻辑关系。这里是具有相对举、相互依存的关系。考虑到这篇文章是具有自荐的性质，当然是要说明自己具有做官的各种品质和素质。“随时敏捷”当然是指对时事觉察敏捷、应对反映敏捷、写作公文快捷的意思，这样“沉郁顿挫”应该是指具有对朝廷的忠诚而深沉的思想感情、才华丰富的意思，甚至更偏重于后者，说自己有满腹才华。与后来赋予的指杜甫的风格甚至诗法的含义有一定差异的。清人陈梦雷指出“杜少陵之沉郁顿挫，合而为一，不独章法布置之整，字句锤炼之工而已”[①]。在文学史的叙述中，杜甫逐渐被塑造成与李白完全不同的批判现实主义诗人。这样对杜甫诗歌的选择介绍更注重关注现实、揭露时弊、情感深沉的所谓强调人民性的作品。在艺术上，杜甫是讲究诗律和炼字的人。清人徐而庵说：“杜工部云沉郁顿挫者，沉郁于顿挫之法也。”[②]这是文学史的选择的结果。作为盛唐的诗人，杜甫被描述成与其他人完全不同的形象。由于与盛唐的格调有别，以至于人们怀疑杜甫能否算作盛唐的诗人，杜甫的风格能否算是盛唐的时代风格。其实这是被文学史选择过的被接受的杜甫。

清人卢世㴶说：“子美最傥宕，自表其能，上之天子，谓‘沉郁顿挫，随时敏捷’扬雄、枚皋，尚可企及，有臣如此，陛下其舍诸？自东方朔以来，斯趣仅见，载观其《遣怀》《壮游》诸作，又谓许身稷契，致君尧舜。脱略时辈，结交老苍，于荡齐赵间，春歌冬猎，酣视八极。与高李登单父台，感慨骏骨，龙媒赋诗，流涕上嘉，吕

① 陈梦雷：《松鹤山房诗文集》诗集卷六，清康熙铜活字印本。
② 蔡钧：《诗法指南》卷四，清乾隆刻本。

尚传说之事,来碣石万里风。至于闺房儿女,悲欢细碎,情状尽写入《北征》篇中,与经纬密勿,收京平胡,参伍错杂,不复知有旁观,固是笔端有胆,亦繇眼底无人,古之狂也肆,子美有焉。"[①]这番评价可以说揭示了杜甫被"沉郁顿挫"遮掩的一面,这就是他的"傥宕"。何谓"傥宕"?就是倜傥不羁、豪爽宕逸。就是"狂肆"!白居易《白氏六帖事类集》解释"古之狂也肆"时云:"狂者进取","肆:直意敢言也"[②]。杜甫就是这样一个积极进取、直意敢言的人。

正因为杜甫也有狂的一面,才可以解释他能与豪放飘逸的李白结伴而游,成为畅游天下的挚友。古人云,物以类聚、人以群分。杜甫或许与李白有性格相近和志趣相投才能成为游伴。其实杜甫年轻也不缺乏狂放的一面,也不缺豪情的一面。《画鹰》里展示的"何当击凡鸟,毛血洒平芜",《望岳》里的"会当凌绝顶,一览众山小"都是这种流露。而杜甫诗中反复用写到的"放歌"(如《自京赴奉先县咏怀五百字》:"沈饮聊自遣,放歌破愁绝",《闻官军收河南河北》:"白日放歌须纵酒")更是杜甫骨子里那种狂放的文人本性的流露。但是作为杜甫同时代的并且与杜甫有过交往的任华,他的诗《寄杜拾遗》对于了解杜甫的性格更具有难能可贵的见证意义和价值。任华总共留下三首奇特的诗作,这三首诗歌都是寄送给三位同时代有过交往的文人:杜甫、李白、怀素。从诗歌作品来看,这些寄送的对象应该说都有一个共同特点,就是豪放洒脱。而任华本人也是这样的人,否则就不会互引以为知音。任华《寄李白》中说"古来文章有能奔逸气,耸高格,清人心神,惊人魂魄.我闻当今有李白。"他欣赏的就是这种豁达任气的性格。那么,他欣赏杜甫的是什么呢?

一、才气与豪情。诗一开头就说"杜拾遗,名甫第二才甚奇",称颂杜甫"才甚奇"。这里说的"才"就是才气,也就是宋人所欣赏的"才"。到宋代,杜甫获得的文学史地位被大幅提升,除了宋代需要杜甫的忠君爱民思想情怀外,在艺术方面,杜甫的诗才也是宋人欣赏的,所以才被江西诗派尊奉为诗祖。从某种意义上说,宋诗尚才学,可以追溯到杜甫。但是宋人欣赏杜甫的"才",被解读为用典用事无一字无来处的饾饤文字的技巧之才了。看看宋代诗话里,宋代文人讨论杜诗的话题基本上多是练字、用典、对偶、声韵之类的内容。实际上,这不是杜甫的才

① 卢世潅:《尊水园集略》卷六,清顺治刻十七年庐孝余增修本。
② 白居易:《白氏六帖事类集》卷八。

气，只是杜甫才气的表面。杜甫的才气是无所不写，挥洒自如的抒情、纵情表达的豪放。“半醉起舞捋髭须，乍低乍昂傍若无。”这正是任华见证的杜甫的豪放潇洒形象。

二、诗风怪异奇特。诗中说“昨日有人诵得数篇黄绢词，吾怪异奇特，借问果然称是杜二之所为。势攫虎豹，气腾蛟螭。沧海无风似鼓荡，华岳平地欲奔驰。曹刘俯仰惭大敌，沈谢逡巡称小儿。”这里“吾怪异奇特”可以理解为“我认为诗风怪异奇特”，“怪异奇特”是指诗风不寻常、与一般的写法完全迥异，十分奇特。这种写法需要大手笔，在成都读到这样怪异奇特的诗作，任华认为不是一般的人能写出来的。“借问果然称是杜二之所为”，结果一问果然是杜甫所写，就不以为奇怪了。任华从前读过这样的诗作，诗风似曾相识，当然不以为奇怪，所以采用“果然”一词。这是怎样的一种“怪异奇特”呢？“势攫虎豹，气腾蛟螭。”这是比喻，是说诗也是说书法。从两个方面来说，“势” 是古人论诗歌和书法常用的概念。“势”如“攫虎豹”说明是的杜诗之势有力。《醉歌行赠公安颜少府请顾八题壁》：“君不见西汉杜陵老。诗家笔势君不嫌，词翰升堂为君扫。”这是说的诗。杜甫自己的诗中也用过。《戏题画山水图歌》：“尤工远势古莫比，咫尺应须论万里。”这是说的画。宋人陈应行在《吟窗杂录》中“论诗势”条说“先须明其体势，然后用思取句”，“诗有十势”，其中就有“龙潜巨浸势”“龙行虎步势”“虎纵出群势”“风动势”①，“气”在这里与“势”同义。“气腾蛟螭”说的是其有腾越飞动之势。“沧海无风似鼓荡，华岳平地欲奔驰。”说的也是“势”。这也是比喻描述。像苍茫海面，表面看没有风，却波澜壮阔；像华山，在平地间拔地而起，犹如万马欲奔。这是说，其诗很有张力，却不张扬。这样的诗“曹刘俯仰惭大敌，沈谢逡巡称小儿。”而这个印象，与我们习见的印象是完全不同的。其实，唐人还是理解这样的杜甫的。这不正是元稹在墓志铭序称赞的“古傍苏、李，气夺曹、刘”吗？

这首诗还提供了我们什么以前忽略的信息呢？

一、杜甫在长安拥有盛名。以往我们文学史认为杜甫在长安的十年是困顿、困守的十年。

但是《寄杜拾遗》诗中说“昔在帝城中，盛名君一个。”这个“昔”就是我们文

① 陈应行：《吟窗杂录》卷十二，明嘉靖二十七年崇文书堂刻本。

学史说的长安漂泊十年,困顿十年。文学史描述的杜甫是穷困潦倒的,狼狈不堪的、困厄局促的。“朝扣富儿门,暮随肥马尘。残杯与冷炙,到处潜悲辛。”(《奉赠韦左丞丈二十韵》)但是同样在这首《奉赠韦左丞丈二十韵》中,我们也看到“读书破万卷,下笔如有神。赋料扬雄敌,诗看子建亲。李邕求识面,王翰愿卜邻”的豪情万丈和被追星般的洋洋自得。只是我们文学史往往断章取义地截取“读书破万卷,下笔如有神”,只用来说明其读书渊博。“读书破万卷”说其诗中呈现出学识渊博是因,而要炫耀的重点才是“下笔如有神” 这个才似泉涌的果。这不就是豪放吗?只因为这样才达到了“赋料扬雄敌,诗看子建亲。李邕求识面,王翰愿卜邻”的效果。这不正是任华诗中所说的“公卿无不相钦羡”吗?这正是杜甫当年在长安的盛名! 在任华眼里,那时的杜甫在政治上也是实现了抱负的人杰,“前年皇帝归长安,承恩阔步青云端。积翠扈游花匼匝,披香寓直月团栾。英才特达承天睠,公卿无不相钦羡。”好像这并不是我们看到的那个穷困潦倒的杜甫,而是在众公卿面前志得意满的杜甫。杜甫正是具有这样的“盛名”! 这个盛名除了令人羡慕的青云直上外,更应该是杜甫与人交往的豪放、豪爽、豪迈的性格。一个胸无大志、默默无闻的人不能称为有盛名,穷困潦倒的,狼狈不堪的、困厄局促的人也不能称为有盛名。那杜甫在长安时期,并非我们原来解读的默默无闻之人。“承恩阔步青云端。积翠扈游花匼匝,披香寓直月团栾。英才特达承天睠,公卿无不相钦羡。”这就是众人仰慕的盛名啊! 这种盛名甚至在成都时期还有“如今避地锦城隅,幕下英僚每日相随提玉壶”。而这个方面,在杜甫后期自己的诗里是被有意无意忽略了的。文学史里的杜甫留给了后人一个寒酸的穷困的形象。难道我们的文学史都被“蒙骗”了? 这里确实是需要深入探讨的。

二、行为狂歌醉卧。任华看到的杜甫是“郎官丛里作狂歌,丞相阁中常醉卧。”杜甫行为中的“醉卧”“狂歌”留给了任华很深的记忆。这种不拘礼法的行为,甚至任华为之辩解。《寄杜拾遗》诗中说“古人制礼但为防俗士,岂得为君设之乎?”当年在京城,任华见到过杜甫与各类郎官宴饮狂歌,在丞相阁中常醉卧。这些是以前没有见过的描述,杜甫自身描述的是“朝扣富儿门,暮随肥马尘。残杯与冷炙,到处潜悲辛。”(《奉赠韦左丞丈二十二韵》)“但使残年饱吃饭,只愿无事常相见。”(《病后遇王倚饮赠歌》)杜甫自身也没有描述过“郎官丛里作狂歌,丞相阁中常醉卧”这种生活。这是任华虚构的吗? 不可能! 杜甫自己诗中也写到过“狂歌”和“醉卧”的形象，但是一般不被重视。比如杜甫在《寄李白》诗中写过“痛饮狂歌空度日，飞扬跋扈为谁雄。”留下了他与李白在一起痛饮狂歌的生活侧影。在《官定后戏赠（时免河西尉为右卫率府兵曹）》中写过“耽酒须微禄，狂歌托圣朝”，在《陪王侍御宴通泉东山野亭》中写过“狂歌过于胜，得醉即为家”。这里都可以看到杜甫的狂歌醉卧的形象。《望牛头寺》说“休作狂歌老，回看不住心”，《陪章留后侍御宴南楼（得风字）》说“寇盗狂歌外，形骸痛饮中”“此身醒复醉，不拟哭途穷”。杜甫有一首《狂歌行赠四兄》，杨伦《杜诗镜铨》记云：“蒋云：胸中无限牢骚，乃兄发泄，题曰《狂歌行》。伤我羡人，一片郁勃所出，都是狂态也。”[①]明人王世贞在《吴长君七十长歌》诗中说：“昔日杜甫成狂歌，自言四兄巢许伦。虽然龌龊家人语，能使千载传其真。”[②]他也认可杜甫有狂的一面。杜甫在《不见（近无李白消息）》诗中表现他：“不见李生久，佯狂真可哀。世人皆欲杀，吾意独怜才。敏捷诗千首，飘零酒一杯。匡山读书处，头白好归来。”写因为不见李白许久，很怀念在一起狂歌醉卧的情形。自己独处也要“佯狂”一番来感受回味一下。一个“佯狂”可以看出两人在一起时的真狂景象！也可见杜甫骨子里也是狂人！

杜甫的《壮游》是对他平生的自述，可以看出他的豪放情怀：“往者十四五，出游翰墨场。斯文崔魏徒，以我似班扬。七龄思即壮，开口咏凤皇。九龄书大字，有作成一囊。性豪业嗜酒，嫉恶怀刚肠。脱略小时辈，结交皆老苍。饮酣视八极，俗物都茫茫。东下姑苏台，已具浮海航。到今有遗恨，不得穷扶桑。王谢风流远，阖闾丘墓荒。剑池石壁仄，长洲荷芰香。嵯峨阊门北，清庙映回塘。每趋吴太伯，抚事泪浪浪。枕戈忆勾践，渡浙想秦皇。蒸鱼闻匕首，除道哂要章。越女天下白，镜湖五月凉。剡溪蕴秀异，欲罢不能忘。归帆拂天姥，中岁贡旧乡。气劘屈贾垒，目短曹刘墙。忤下考工第，独辞京尹堂。放荡齐赵间，裘马颇清狂。春歌丛台上，冬猎青丘旁。呼鹰皂枥林，逐兽云雪冈。射飞曾纵鞚，引臂落鹙鸧。苏侯据鞍喜，忽如携葛强。快意八九年，西归到咸阳。许与必词伯，赏游实贤王。曳裾置醴地，奏赋入明光。天子废食召，群公会轩裳。脱身无所爱，痛饮信行藏。黑貂不免弊，

① 杨伦：《杜诗镜铨》卷十二，上海古籍出版社，1980 年版，第 564 页。

② 王世贞：《弇州山人四部续稿》卷十一诗部，上海古籍出版社，1991 年版，清文渊阁四库全书，1282 册，143 页。

班鬓兀称觞。杜曲晚耆旧，四郊多白杨。坐深乡党敬，日觉死生忙。朱门任倾夺，赤族迭罹殃。国马竭粟豆，官鸡输稻粱。……”从这首《壮游》的自述中，可以看到杜甫当年“性豪业嗜酒，嫉恶怀刚肠”的豪放洒脱，“气劘屈贾垒，目短曹刘墙”的自信。“裘马颇清狂”是杜甫对自己的描述。在《七月三日亭午已后校热退，晚加小凉稳睡有诗，因论壮年乐事戏呈元二十一曹长》中写道自己的豪情：“欻思红颜日，霜露冻阶闼。胡马挟雕弓，鸣弦不虚发。长鈚逐狡兔，突羽当满月。惆怅白头吟，萧条游侠窟。”仇兆鳌指出“此追论壮年乐事，亦从秋景想出。……此即《壮游》诗中‘放荡齐赵间，裘马颇清狂。’‘呼鹰皂枥林，逐兽云雪冈’事也”。[①]又如杜甫《遣闷戏呈路十九曹长》：“唯君最爱清狂客，百遍相过意未阑。”说朋友最爱清狂客，实质上是想说自己是一个清狂客。仇兆鳌说“‘清狂客’三字，旷怀豪兴，兼而有之，公之自命甚高。”[②]他交往的也多是清狂之人，比如他崇拜的号为“四明狂客”的贺知章“贺公雅吴语，在位常清狂”(《遣兴》)。朱熹解释“贺知章‘汲汲如狂’。汲汲：勤急貌。《礼记》：“汲汲然，如有追，而弗及也。‘如狂’犹言清狂。杜甫诗‘在位常清狂’注：‘凡狂者，阴阳脉尽浊。不狂如狂者曰清狂。’”[③]“清狂”一词可追溯到《汉书·昌邑王贺传》：“曰贺清狂不慧。”在文学里最早是在左思《魏都赋》“仆党清狂”：李善注：“色理清徐，而心不慧，故曰清狂也。”[④]

三、性情仗义直言。任华《寄杜拾遗》诗中说当年“只缘汲黯好直言，遂使安仁却为掾。”这实质上是杜甫“狂”的表现，书生意气，不顾官场规则。这可能是说救房琯事。元稹在《唐故检校工部员外郎杜君墓志铭并序》中就指出是“以直言失官”。明人邵经邦在《弘简录》中说“杜甫论房琯奏，虽狂不失谏体。”[⑤]杜甫直言既是他直言不讳的勇气，也是性格坦荡无私的表现。可能正是看中杜甫的为人仗义执言，任华才来找他帮向严武荐举美言。清人卢世㴶《尊水园集略》云“子美千古大侠，司马迁之后一人。子长为救李陵而下腐刑，子美为救房琯，几蹈不测，赖张相镐，申救获免，坐是蹉跌卒老剑外，可谓为侠所累。然太史公遭李陵之祸而成《史记》，与天地相终始。子美自发秦州以后诸作，泣鬼疑神，惊心动魄，直与

---

① 杜甫著，仇兆鳌注：《杜诗详注》卷十五，中华书局，1979年版，第1318页。
② 杜甫著，仇兆鳌注：《杜诗详注》卷十八，中华书局，1979年版，第1602页。
③ 朱熹：《通鉴纲目》卷四十八，清文渊阁四库全书本。
④ 萧统：《文选》卷六，中华书局，1977年版，第110页。
⑤ 邵经邦：《弘简录》卷三十三，清康熙刻本。

《史记》并行,造物所以酬先生者,正自不薄。”[①]这里说的“为侠所累”也就是他仗义执言。这种仗义执言也是一种“狂”而不计后果的表现。卢世漼《尊水园集略》又云“子美性极辣,惜未见诸行事。《雕赋》一篇辣味尽露。”[②]这里说的“辣”就是现在人们俗语说的泼辣敢说,敢仗义执言,其实也是一种狂的表现。

三

杜甫自己如何看待“狂”的呢? 后人又怎么看待杜甫的“狂”呢? 这个是应该弄清楚的。

杜甫在诗中自陈过“我生性放诞,雅欲逃自然。嗜酒爱风竹,卜居必林泉。”(《寄题江外草堂(梓州作,寄成都故居)》)这说明杜甫对自我“放诞”性格是认知的。《雕赋》是借神雕来寄寓自己理想与抱负的:“当九秋之凄清,见一鹗之直上。以雄材为已任,横杀气而独往。梢梢劲翮,肃肃逸响。杳不可追,俊无留赏。彼何乡之性命,碎今日之指掌,伊鸷鸟之累百,敢同年而争长,此雕之大略也。”正是以雕为自喻,抒写了自己的不凡才华和远大理想。清人陆棻《历朝赋格》评《雕赋》和《进雕赋表》云:“气雄力厚,快所欲言,不袭汉晋,何况六朝。拾遗以搏击自任,枭乌鸧鸹辈侧目之矣,岂俟救房琯乃遭贬黜。”[③]《饮中八仙歌》写他交往的人物无一不是以“狂”著称:“知章骑马似乘船,眼花落井水底眠。汝阳三斗始朝天,道逢麹车口流涎,恨不移封向酒泉。左相日兴费万钱,饮如长鲸吸百川,衔杯乐圣称世贤。宗之潇洒美少年,举觞白眼望青天,皎如玉树临风前。苏晋长斋绣佛前,醉中往往爱逃禅。李白一斗诗百篇,长安市上酒家眠。天子呼来不上船,自称臣是酒中仙。张旭三杯草圣传,脱帽露顶王公前,挥毫落纸如云烟。焦遂五斗方卓然,高谈雄辨惊四筵。”这些偶像正反映了杜甫心中对“狂”的追慕。在《遣闷》中,杜甫写道:“倚着如秦赘,过逢类楚狂。气冲看剑匣,颖脱抚锥囊。”杜甫喜欢称颂别人的“狂”,说明杜甫心目中也是崇拜“狂”的。杜甫《寄李十二白二十韵》:“昔年有狂客,号尔谪仙人。笔落惊风雨,诗成泣鬼神。声名从此大,汩没一朝伸。

① 卢世漼:《尊水园集略》卷六,清顺治刻十七年庐孝余增修本。
② 同上。
③ 陆棻:《历朝赋格》上集文赋格卷五,清康熙间刻本。

文采承殊渥，流传必绝伦。”[①]杜甫《不见（近无李白消息）》：“不见李生久，佯狂真可哀。世人皆欲杀，吾意独怜才。敏捷诗千首，飘零酒一杯。匡山读书处，头白好归来。”可见杜甫是喜欢与性情“狂”者交游的。在描写自然景物时，他也喜欢把这种对“狂”的推崇移情到自然中。如《绝句漫兴九首》：“肠断江春欲尽头，杖藜徐步立芳洲。颠狂柳絮随风舞，轻薄桃花逐水流。”“隔户杨柳弱袅袅，恰似十五女儿腰。谁谓朝来不作意，狂风挽断最长条。”又如《君不见简苏徯》：“君不见道边废弃池，君不见前者摧折桐。百年死树中琴瑟，一斛旧水藏蛟龙。丈夫盖棺事始定，君今幸未成老翁。何恨憔悴在山中，深山穷谷不可处，霹雳魍魉兼狂风。”这里“颠狂柳絮”用拟人手法写出内心之情。明人王九思在《与南川德一复至浒西赏杏花十首》说“莫笑浊醪频过墙，看花杜甫益颠狂。且教花下秦娥舞，绝胜人间傀儡场。”[②]指出杜甫因为看花而更加颠狂的“狂”的性格。“狂风”也是“狂”的移情体现。而上元元年在成都写的《狂夫》更是自号“狂夫”：“万里桥西一草堂，百花潭水即沧浪。风含翠篠娟娟净，雨裛红蕖冉冉香。厚禄故人书断绝，恒饥稚子色凄凉。欲填沟壑惟疏放，自笑狂夫老更狂。”最后一句“自笑狂夫老更狂”反映了杜甫在成都时期的心态。杜甫最爱的是“清狂”，杜诗中三次提到“清狂”，他在《遣兴五首》说“贺公雅吴语，在位常清狂。”在《遣闷戏呈路十九曹长》中说“唯吾最爱清狂客，百遍相看意未阑。”在《壮游》中说“放荡齐赵间，裘马颇清狂。”这些都道出了杜甫对清狂的追慕，杜甫自己的沉郁顿挫背后其实是清狂。

杜甫的这种“狂”，除了任华外，唐人也有印象。比杜甫稍晚的杨巨源（755—？）就有“杜甫狂处遗天地”之说。杨巨源在《赠从弟茂卿时欲北游》诗中云：“吾从骥足杨茂卿，性灵且奇才甚清。海内方微风雅道，邺中更有文章盟。扣寂由来在渊思，搜奇本自通禅智。王维证时符水月，杜甫狂处遗天地。流水东西岐路分，幽州迢遰旧来闻。若为向北驱疲马，山似寒空塞似云。”杜甫之狂在新旧唐书的本传中也有记载。《旧唐书》本传称其“甫性褊躁无器度，恃恩放恣。尝凭醉登武之床，瞪视武曰：‘严挺之乃有此儿。’武虽急暴，不以为忤。甫于成都浣花里种竹植树，结庐枕江，纵酒啸咏，与田畯野老相狎荡，无拘检。严武过之，有时不冠，其傲诞如此。”[③]《新唐

① 王琦：《李太白诗集注》卷三十二，上海古籍出版社，1991年版，清文渊阁四库全书，1067册，571页。
② 王九思：《渼陂集》卷六，明嘉靖刻崇祯补修本。
③ 刘昫：《旧唐书》卷一百九十下，列传第一百四十下，文苑下。

书》本传也记载“甫放旷不自检，好论天下大事，高而不切。少与李白齐名，时号李杜。尝从白及高适过汴州，酒酣登吹台。慷慨怀古，人莫测也。”前人对这些记载或者质疑，或者忽略，其实这些都这说明其清狂性格在当时是出名了的，正史编撰者都认为是其性格中很重要的方面，对其创作有重要影响，所以才记录下来。而我们的研究者、文学史家误以为这是杜甫性格的不足，往往有意忽略、回避，或者为之辩解，以为这会影响杜甫的完美形象，其实是曲解了杜甫性格的重要一面。

历代文人对杜甫的“狂”的性格是持肯定的看法的。北宋王禹偁《酬安秘丞歌诗集》：“神仙负过遭谴谪，谪来人世为辞客。李白王维并杜甫，诗颠酒狂振寰宇。”[①]一个“并”字可以看出，王禹偁认为李白、王维和杜甫都是“诗颠酒狂”，也因此都“振寰宇”。元人刘敏中在《答寓斋问》中说：“佯狂李白杜甫，寓诸歌诗，而皆终身焉。”[②]认为这种“狂”是诗中表现出来的“佯狂”，不仅是贯穿其创作始终，也是贯穿其生活始终的。不仅李白如此，杜甫也是如此。只是我们以前往往只说杜甫青年时代如此。刘敏中这个评价值得注意。其实后人大多接受杜甫有“狂”的性格这一特点。明人潘希曾在《枕上作》中说：“忽忽梦初觉，沉沉夜未央。孤砧晴捣月，残角冷吹霜。酒醒相如渴，诗成杜甫狂。帝城惊渐远，所喜近江乡。”[③]明人秦夔在《梅轩为荆溪任庭兰赋》中说：“轩前旧种梅千树，野雪初晴白满枝。才似广平应有赋，狂如杜甫岂无诗？”[④]明人倪谦在《夏日游宣府李挥使北园席上步于景瞻韵二首，时天顺庚辰六月也》中说“野花园草竞芬芳，坐爱南薰透葛凉。饮量任开千日酝，醉魂犹到五云乡。原思自信贫非病，杜甫谁知老更狂。”[⑤]清人潘德舆在《除夕题壁》中说：“日短心犹壮，天高首自昂。乾坤容侧陋，旋转藉文章。对策董生直，悲歌杜甫狂。呼朋勉希古，吾道未苍茫。”[⑥]清人储大文在《送史先生致政归序》中说：“予尤爱少尹诗二语曰：‘王维静时证水月，杜甫狂处遗天地。’若大江而南，气盖函夏，唯采石矶巅，水月可证，而天地可遗也。若风物清美，谢

---

① 王禹偁：《小畜集》卷第十三，上海古籍出版社，1991年版，清文渊阁四库全书，1086册，126—127页。
② 刘敏中：《中庵集》卷十六经疑策问杂著，清钞本。
③ 潘希曾：《竹涧集》卷一，上海古籍出版社，1991年版，清文渊阁四库全书，1266册，645页。
④ 秦夔：《五峰遗稿》卷十二，明嘉靖元年刻本。
⑤ 倪谦：《倪文僖集》卷九，清武林往哲遗著本。
⑥ 潘德舆：《养一斋集》卷六，清道光刻本。

朓青山李白楼,摩诘可静坐,子美可狂吟。”[①]历代文人对杜甫的这种认识值得重视。杜甫这种“狂”的性格也是他的魅力所在。有了这种“狂”才有对人生理想的执着,才有创作的激情。

怎么评价杜甫的清狂呢?明人李贽在《孟轲附乐克论》中专论过“狂”与“狷”,其云:“吾且极言之:凡人之生,负阴而抱阳,阳轻清而直上,故得之则为狂。阴坚凝而执固,故得之则为狷……君子者,大而未化之圣人也。善人者,狂士之徽称也。有恒者,狷者之别名也……若陶渊明肆于菊,东方朔肆于朝,阮嗣宗肆于目,刘伯伦、王无功之徒肆于酒,淳于髡以一言定国肆于口,皆狂之上乘者也。难之难者,其东方生乎?避世金马门,以万乘,为僚友,所谓“古之狂也肆”,其在斯人欤?其在斯人欤?狂者又不可得,欲得不屑不洁之人而与之,是狷也。……李谪仙、王摩诘,诗人之狂也。杜子美、孟浩然,诗人之狷也。韩退之,文之狷,柳宗元,文之狂。是又不可不知也。”[②]他认为杜甫的“狂”是狂狷。狷者,狷介、耿介也。杜甫这种“清狂”是他坚持操守的体现,但往往是不合时宜的,不懂官场规则,不懂人情世故的。明人杨廉在《清狂山人记》中说:“清有蔙孟博清议之清,有杨伯起清白之清。等而上之,则伯夷之清,清之至者也。狂有贺知章狂客之狂,有杜子美狂夫之狂。等而上之,则曾点之狂,狂之尤者也。”[③]他认为杜甫的“狂”是“狂夫”之狂。今天来看,杜甫的“狂”与李白的“狂”一样都是坚持自我个性、不愿改变自我的表现。正因为这样,才有了他对社稷的忠诚,对人民的热爱,才成就了杜甫的伟大!以往我们对杜甫的描述过于刻板,过于狭窄单一,过于强调沉郁顿挫。这样的杜甫被模式化了,太沉重了,太抑郁了。其实杜甫的沉郁顿挫是人生低谷时和遇到挫折时其诗歌呈现的风格样态。在人生相对安逸时则是另外一番景象,比如成都时期。而当人生在他自己看来较顺利时或者得意时,则杜甫的这种清狂就展示了出来。这正是丰富的杜甫的人生样态。我们也应该看到,杜甫的沉郁顿挫是压抑自身清狂的表现。那是动乱的时代和苦难的阅历带来的改变。通过任华的《寄杜拾遗》这首诗,我们应该回到盛唐的现场,复原杜甫的清狂,让杜甫的形象丰满起来,鲜活起来。

---

① 储大文:《存砚楼二集》卷六,清乾隆京江张氏刻十九年储球孙等补修本。
② 李贽:《藏书》儒臣传卷二十四,明万历二十七年焦竑刻本。
③ 杨廉:《杨文恪公文集》卷三十六,明刻本。

张鹤鸣家世考

袁贝贝

明代的高级官员中，能够兼具文、武两方面才能的人物并不多见，而张鹤鸣恰是其中比较突出的一位①。张鹤鸣（1551—1635），字元平，号凤皋，晚号飘然翁，颍州（今安徽阜阳）人。万历十四年（1586）通过会试，因父病返乡，至二十年（1592）始参加殿试成为进士。初授山东历城知县，后在天启朝两次出任兵部尚书。崇祯八年（1635）正月，李自成所部攻陷颍州，致仕回乡的张鹤鸣被杀，时年85岁。

关于张鹤鸣的家世，《明史》本传及各种相关文献皆很少涉及。虽然清代顺治《颍州志》中有些相关资料，但仍非常模糊。笔者因为协助校注张鹤鸣《芦花湄集》之需要，广泛搜求各种相关文献，近来在其家乡安徽阜阳找到了重修于民国二十六年（1937）的《张氏族谱》。该谱初修于崇祯九年（1536），称作《颍襄张氏族谱》，为张鹤鸣之侄张大典所修。此时距张鹤鸣等人遇难仅一年，故得以保存了较多的明代文献。其后张家后人虽多次重修，但这些内容大体因循不改。而且该谱中的不少内容，都可以跟《明实录》《明史》和顺治、康熙《颍州志》等文献的记载互相印证和参照，没有明显的矛盾之处，更没有发现作伪的迹象，因此非常可信。现据《张氏族谱》中的记载，结合各种相关资料，对张鹤鸣的家世进行系统却又简洁的考察，即仅仅考察到与其有直系亲属关系的男性成员，而不再考察其余成员及其后人。

---

① 张鹤鸣一生毁誉虽主要在于军务，但出仕之初，在历城（今山东济南）知县任上既以能诗著称。《历乘·官制考·县官》："张鹤鸣，字元平，河南颍川卫籍颍州人。进士，升南京兵部主事。能诗，有善政。官至兵部尚书。去后，民怀德，建仙令祠。"天启元年（1621）晋升张鹤鸣阶、勋的制书中有"文武相济"之语；崇祯元年（1628）授予张鹤鸣总督贵州、四川、湖广、云南、广西军务兼督粮饷的制书中又有"既有威而有惠，亦允武而允文"之句。

张氏可考的先辈是元代的文浩、文渊、文清兄弟，是湖广德安府应山县（今湖北广水县）人，寄籍安陆（今属湖北）。张鹤鸣之侄张大典所作《颍襄张氏族谱原序》云："吾始祖兄弟三人，长讳文浩，次文渊，季文清，系湖广德安府应山县人，寄籍安陆县。"[①]明初，张文浩寓居襄城县（今属河南），世代以农为业。张文渊寓居汝宁（今河南省汝南县），其后无传。张文清曾随明太祖往征李思齐，战于两河口，卒于乱军之中。卒后被赠百户。《颍襄张氏族谱原序》载："元纪世乱，值明太祖龙飞，浩祖侨寓襄县，太祖分地十六顷、桑园十八亩，肄为世业。渊祖侨寓汝宁，其后无传。清祖殁于随州河口乱军中（文清祖随太祖往征李思齐，战于随河口，卒于乱军之中）。遗子讳晟。""晟"字在顺治《颍州志·兵卫志》所载"百户"名单中作"成"："张成，安陆人。"[②]二字读音相同，可能本来就有两种写法。张鹤鸣《明张府君合葬孺人孙氏墓志铭》中亦作"成"，其文云："祖文浩、文清携清子成避伪汉，北奔至河口，遭兵，文清不知所终，文浩流寓襄县。"[③]张文清仅有一子晟，洪武二十五年（1392）被授颍川卫百户，遂家于颍。张晟曾随明太祖征李思齐，以功封颍川卫世袭百户，始迁于颍州，卒葬于颍州。作于顺治十五年（1658）《颍川张氏重修族谱序》载："吾家原籍湖北德安府安陆县。自始祖文清从明太祖征有功，授百户职。及洪武二十五年（1392），始调我清祖子晟于颍川卫，仍授以百户职。"张鹤鸣《明张府君合葬孺人孙氏墓志铭》云："成从我太祖功，得百户，遂家颍焉。"由此以往，张氏分为襄邑和颍州两支。现分别加以考察。

先看襄邑的一支。张文浩生四子，长仲信，次失名，三小字云飞，四仲让。《颍襄张氏族谱原序》载：

> 襄始祖文浩生四子：
>
> 长祖仲信，生五子：长名玉；次名琏，习《礼记》，登癸卯贤书，载县碑志，后仕至湖广顾城令；三名璟；四名瑄；五名理。
>
> 二祖小字老（按，此处疑有脱字），四世而绝。
>
> 三祖字云飞，九世而绝。

---

① 张大典初修，张氏后人续修：《张氏族谱》第1册，卷一，民国二十六年（1937）刻本。
② 张大典初修，张氏后人续修：《张氏族谱》第2册，卷三，民国二十六年（1937）刻本。
③ 张鹤鸣：《芦花湄集》卷十二，万历四十八年（1620）刻本。

四祖讳仲让，字云鹏，生三子：长名璈；次名瑛；三名玘。后分十八门，生五十六祖。此枝最繁衍，至今称盛。

又有张绪，张文浩之曾孙，但已不能考知其祖、父之姓名。详见下条。

张绪五子张聚，为张鹤鸣之曾祖。张绪因幼年伤人逃离襄邑，至颍州依族叔张宁，成为其第四子。《颍襄张氏族谱原序》载："因浩祖曾孙绪之第五子名聚，小字虎儿，幼读书于城隍庙……一日以砚伤窗友，逃颍……因而与族叔宁为嗣。遂家于颍，不复入襄矣。"

再看颍州的一支。张晟四子，依次为能、智、谅、信。《张氏族谱·世系表》载："晟公，明封世袭百户。始迁于颍，卒葬于颍州西郊直溪河西岸。行一。四子：能、智、谅、信。"

张智二子，依次为寅、宁。《张氏族谱·世系表》载："智公，行二。二子：寅、宁。"

张宁四子，依次为英、聪、文、聚。《张氏族谱·世系表》载："宁公，行二。四子：英、聪、文、聚。"

张聚为张鹤鸣之曾祖，本是襄邑张文浩之曾孙，因打伤同窗逃至颍州，成为张宁之四子。《颍襄张氏族谱原序》载："至聚祖至颍，澹泊为业，常存抚危之思。"因张鹤鸣恩，张聚被赠太子太傅、兵部尚书。张聚二子，依次为钦、春。《张氏族谱·世系表》载："聚公，明赠太子太傅、兵部尚书。诰赠文载《颍志》。德配吴太君赠一品夫人。合葬于城东关帝庙前，地名金钩倒挂，癸山丁向。行四。二子：钦、春。"

张春为张鹤鸣之祖父。张春(1469—1546)，字景阳。《颍襄张氏族谱原序》载："春祖操行洁白，举动光明，不干非礼之色。"因张鹤鸣恩，明赠太子太傅、兵部尚书。张聚三子，依次为世金、世良、世刚。《张氏族谱·世系表》载：

春公，行二，字景阳。明赠太子太傅、兵部尚书。诰赠文载《颍州志》。生于成化五年(1469)二月初八日申时，卒于嘉靖二十五年(1546)二月二十日申时，享年七十八岁。德配刘太君诰赠一品夫人，生于成化二十年(1484)六月十四日巳时，卒于嘉靖四十四年(1565)正月二十一日未时，享年八十二岁。合葬于城西七鱼河河西岸。生三子：世金、世良、世刚。

张世良为张鹤鸣之父。《颍襄张氏族谱原序》载："良祖持心正大，孝友无亏，庭训一经，志事克继。"张世良(1516—1587)，因张鹤鸣恩，明赠光禄大夫太子太傅兵部尚书。张世良三子，依次为鹤鸣、鹤腾、鹤龄。《张氏族谱·世系表》载：

世良公，行二。明诰赠光禄大夫、太子太傅、兵部尚书。文载《颍州志》。生于正德十一年(1516)十二月二十四日寅时，卒于万历十五年(1587)五月二十四日辰时，享年七十八岁。德配章太君诰赠一品夫人，生于正德十六年(1521)五月二十六日子时，卒于万历癸卯年(1603)二月初二日巳时。合葬于父茔东侧。生三子：鹤鸣、鹤腾、鹤龄。

张鹤鸣(1551—1635)，字元平，仕至太子太傅、兵部尚书①。生三子：大同、大壮、大赓。《张氏族谱·世系表》载：

行一。字元平，号凤皋。万历十四年丙戌(1586)进士，历官太子太师、兵部尚书。 殉难。钦旌忠节，谕赐祭葬。生于嘉靖辛亥三十年(1551)九月二十六日子时，卒于崇祯八年乙亥（1635）正月十三日巳时。延至丁丑年

① 《明史》有传。顺治《颍州志》、康熙《颍州志》、乾隆《颍州府志》、乾隆《阜阳县志》、道光《阜阳县志》均有传。顺治《颍州志·名贤传》："张鹤鸣，字元平，号凤皋。自幼迥秀不群，受业如响。稍长，益攻苦积学，为诸生冠，督学褚公鈇、监司聂公廷壁国士遇之。万历丙子举河南乡试，丙戌拔南宫，以赠公病驰归，后六年壬辰乃对策赐第，授山东历城县知县。历城治在会府，百司所取给，鹤鸣志力精强，发于至诚，以星出入，务在成就全安。即大吏下，记有不便于民，必固争，如法乃止。戊戌升南京兵部主事，调吏部郎中，留曹，政简易举。暇则博通群史，于诸子百家无不涉猎，至六书、乐律、天文、医卜之术，皆勾其要指。丙午服除，补礼部祠祭司。丁未升山东副使，分守济南。法纪振肃，大豪相戒，无敢扞罔。会塞上羽檄旁午，台省推毂边才，缓急足任。庚戌升陕西参政，备兵临巩，简练军实，修筑亭障，在任五年，所部无警。甲寅加布政使，旋拜佥都御史，巡抚贵州。苗仲负固不受要束，聚啸剽掠，数为民患。请命于朝，调土汉兵深入其阻，用剿用抚，规略最优，而西南半壁，赖以宁谧。升兵部右侍郎，命总督陕西三边军务，道中召入，转左。天启辛酉，晋本部尚书。鹤鸣典边日久，晓畅军事，凡地形险易、将吏能否，若烛照数计。故边臣奏请，从中调度，辄中机宜，天下以其身系安危。壬戌加太子太保。未几，引疾乞归，论功加太子太傅。丙寅起南京工部尚书，题修孝陵等殿。工完，寻以安奢构祸，滋蔓难图。再授节钺，督师五省。鹤鸣驾轻就熟，先声震耀，而元恶次第擒获，论功加太子太师。崇祯戊辰，复引疾乞归。所著有《史微》《芦花湄集》《兰牂樗语》《飘然吟》等书，行于世。乙亥正月，流寇攻围颍州，鹤鸣以告老大臣，虽事权不属，而捐金募士，背城借一，城陷被执，骂不绝声，备极楚毒而死，年八十五岁。疏闻，诏遣官治葬临祭，以待易名之典。"

(1637)四月二十一日奉旨谕祭,造坟安葬于城西芦花湄之新茔,葬期本年十二月十八日辰时。德配卢太君诰封一品夫人,生于嘉靖二十八年(1549)正月初二日戌时,卒于万历十六年(1588)十一月二十七日巳时。继配贺太君诰封一品夫人,生于隆庆辛未年(1571)三月初九日戌时,卒于万历庚子年(1600)十一月初六日辰时。再继配章太君诰封宜人,生于嘉靖癸酉年(按:嘉靖间无"癸酉年",存疑)十一月初二日子时,卒于崇祯戊寅年(1638)十一月初四日巳时。三继配章(根据申用懋所作《墓志铭》,张鹤鸣有四子大铉,张氏生,早卒。疑此处"章"当作"张")太君诰封宜人,生于隆庆六年(1572)十一月二十日午时,卒于万历二十六年(1598)八月初一日亥时。四继配陈太君,诰封宜人。生卒失考。五继配王太君诰封宜人,生于万历元年(1573)六月十五日,卒于崇祯八年(1635)正月十二日。生三子:大同、大壮、大赓。

张鹤腾为张鹤鸣之二弟。张鹤腾(1556—1635),字元翰,号凤逵,万历二十三年(1594)进士,仕至陕西按察使。崇祯八年(1635),与兄张鹤鸣同时在家乡遇难[①]。《张氏族谱·世系表》载:

鹤腾公,行二。字元翰,号凤逵。万历乙未(1594)进士,历官兵备副使、

① 顺治《颍州志·名贤传》:"张鹤腾,字元汉,别号凤逵。大司马兄弟三人,鹤腾其仲也。质如冰雪,外坦夷而中沉静,人莫测也。兄明悟殊捷,而腾以刻苦及之。受知督学褚公鈇,试辄高等。以苦诵病,怯闻蚁斗,即晕垂死。监司聂公廷璧以国士遇之,时馈药,询起居,兼禁里巷纵鸡犬及碪声,以惊燕息,其怜才如此。大司马成进士,养亲还里,岁往来芦花湄、松风园,赋诗命伎,腾独僻处西墅茅屋数楹,午夜读书,虽疆[强]之不预也。乙未成进士,令潞城。甫十月,调榆次。晋饥,两邑尤甚。其抚循赈恤,出于至诚。煮粥则躬给,病投药,死给槥,遗弃婴儿,令老妇养于县之两庑,民皆以张姓之以德化人,人无讼者。课士谈艺,多脱颖去。诸折疑狱,获巨盗,神明之颂,流旁郡焉。补刑部主事,调户部。典试西粤,至计太仓银库,清其积弊,岁入四百万金有奇,羡一万三千余金,不以例私。上闻称异,擢郎中,督饷延绥。初为诸生,居父丧,目出血已。哭母,目渐昏。请告,遇异人治之。台省交荐,再领度支。颍川原无运军,淮泗借派,累及二百年,腾力请首辅豁除,顿苏疲军于垂死。腾望重,例得京堂,避珰焰,出为少参,分守关南。桐封入汉,舟行险,忽欲登陆,计费不资,且未易办。腾上书争之,得寝夫役数万。迎王,露处于江干。虎口啮人,腾焚檄谕之,辄遁去。迁巩昌副使,改云南,请告还里。孝友笃至,岁时伏腊之祀,泪滴盘匜。事兄白首,问视必谨。抚季弟两孤两女若已出。处己端严,虽燕居必冠;而接人以和,随机善导,惓惓无已。贫贱交游,终身不替。其敦族周急,葺祠宇,修舆梁,岁无虚日。闻流寇猖獗,骚乱中原,恨不灭此朝食,御寇督战,城陷死之。事闻,天子诏下,命抚按建坊旌表议恤。著有《绿藻园诗集》《参同契会注》。"

中宪大夫、陕西按察。殉难,钦旌忠烈。生于嘉靖三十五年(1556)七月二十五日子时,卒于崇祯八年(1635)乙亥正月十三日酉时。葬于城西韩庄南向。德配时太君诰赠恭人,生于嘉靖辛酉年(1561)四月初九日,卒于万历壬寅年(1602)十月二十四日。无子,以胞弟鹤龄次子大章为嗣。

张鹤龄为张鹤鸣之三弟。张鹤龄(1561—1687),字元长。诰赠奉直大夫、南京户部清吏司[①]。《张氏族谱·世系表》载:

鹤龄公,行三。字元长。诰赠奉直大夫、南京户部清吏司。生于嘉靖四十年(1561)十月二十六日亥时,卒于万历十五年(1587)十月初八日子时。葬于直溪河西岸土鱼坟内。德配章太君生于嘉靖四十年(1561)三月十五日亥时,卒于万历二十八年(1600)五月初二日子时。生二子:大典、大章。以次子大章与胞兄鹤腾为嗣。

张大同为张鹤鸣长子。张大同(1577—1635),字同甫,号瑶席,恩荫一品官生。有能文名。崇祯八年(1635)与父张鹤鸣、叔父张鹤腾同在家乡遇难[②]。《张氏族谱·世系表》载:

① 张鹤鸣《芦花湄集》卷十二有《张处士墓志铭》记载其事:"处士讳鹤龄,字元长,别号庚衢,家大人少子也。少颖异,孝友,真古人。幼未习博士业,垂髫即愤曰:"人不读书,豚菌耳!"即折节下帷,不期年,尽谙古今法鉴、升沉之故,慨然有慕于郭元振、周阳五之为人。习骑射辄精,马即泛驾,越数乘,如飞蹻,射中百步外径寸之竿,如手引垣也。揖三尺童子,亦偻偻若不胜衣,但好气潜怒,毫不形于色,殒身之疾竟中于此,然固无恙也。不幸值先大人殂,处士号毁骨立,衰麻尽血,人劝之饮食,拒不入口,不数日,吐血斗余,卒不起。呜呼痛哉!"

② 顺治《颍州志·名贤传》:"张大同,字同甫,号瑶席。风格峻整,少屏尘杂,其学无所不窥,然与时调龃龉。诗、古文辞文澹远清真,所著有《匏子集》。书法尤为迥绝。唐时曰:'同甫胸中自有一段萧条高寄之处。'张民表曰:'同甫笃于行谊,澹于荣利。居则读古人书,琴几、香炉、酒樽、茗碗,以药倦也;出则寻林水趣,策蹇冯溪,挂瓢戴笠,以济胜也。薄澣我衣,不华纨素,脱粟裹腹,已厌肥甘。尽以任子官让诸弟,下帷攻苦,萧萧自喜。真如野鹤凌虚、山僧寂坐耳。'崔泌之曰:'同甫学书,初学祝京兆,遂卒业而精之。为余书《卫生引》神品,真赏藏之久矣,以为吾两人不时晤对。'袁祈年曰:'抽《匏子集》,略读数行,其为传世无疑。恨吾家中郎早死,未见此畏友也。'其为名贤推重如此。端居潜心理性,惟以内行修饬为兢兢。父大司马鹤鸣功成身退,年八十春秋高矣,色养备至,朝夕不去侧。寇警至,亟诫诸弟他匿,乃婴抉目、灼须之惨,伏大司马尸悲号而死。其叔父鹤腾以下男女殉难者近百人。虽诸葛尚、卞眕何以加哉!该河南抚按疏闻,其中堪云:'古来张、许二烈,尚非一家;即若真、杲两卿,未闻有子。"朝野闻而悲之。疏上,诏礼官建坊旌表,酌赠应选品衔。未蒙题覆。

> 大同公,行一。字同甫,号瑶席。恩荫一品官生。殉难。钦旌忠孝。生于万历丁丑年(1577)三月十四日子时,卒于崇祯乙亥年(1635)正月十三日巳时。德配田太君钦旌节烈,诰封一品夫人,生于万历六年(1578)二月三十日辰时,卒于天启三年(1623)七月二十七日巳时。继配章太君生卒失考,再继配宋太君,三继配蒋太君,四继配郭太君,生卒均失考。与田太君合葬于卢母西侧。无子,以胞弟大赓弟四子思淑为嗣。

张大壮为张鹤鸣次子。张大壮(1596—1641),字贞甫,号心易。以父川功,幼荫北京锦衣卫指挥佥事、金吾宣威将军。《张氏族谱·世系表》载:

> 大壮公,行二。字贞甫,号心易。以父川功,应荫北京锦衣卫指挥佥事、金吾宣威将军。生于万历二十四年(1596)十一月初六日辰时,卒于崇祯十四年(1641)四月二十八日辰时。德配桑太君诰赠一品夫人,生于万历二十六年(1598)六月二十四日未时,卒于康熙十九年(1680)三月初七日戌时。继配储太君生于万历癸巳年(1593)九月十四日未时,卒于天启丙寅年(1626)闰六月初五日卯时。再继配杨太君生于万历庚戌年(1610)七月初二日,卒于崇祯丁丑年(1637)四月十七日。三继配王太君、侧室谢、曹太君,生卒均失考。葬于城东七里铺新茔。生二子:嘉祚、肇续。

张大赓为张鹤鸣三子。张大赓(1600—1674),字飏甫,号实水。恩荫一品官生,赠武德将军[①]。《张氏族谱·世系表》载:

> 大赓公,行三。字飏甫,号实水。恩荫一品官生。应赠武德将军。生于万历二十八年(1600)十月十六日巳时,卒于康熙十三年(1674)三月初三日

① 乾隆《阜阳县志·人物·孝友》:"张大赓,字飏甫,号实水。天性纯孝,事亲备极色样。读书工诗,兼长绘事。寇破颍城,父、叔、伯同日殉难,细□死者共二十余人。大赓奔救詈贼,颈受刀伤昏仆,贼去复苏。哀痛殡殓毕,即裹创走京师,与仲兄锦衣佥事大壮哭请于朝。父鹤鸣得赐祭葬,慈母王、叔鹤腾、兄大同咸蒙旌表。入国朝,访求遗逸,当事者欲列为荐牍,力却之。悠游里门,日以咏歌翰墨自适。甲寅春,端坐无疾而终。著有《拔玉轩诗》《睡心集》《诗林笑旨》《续同书》《妬史》《觞政》《画略》《牌谱》《松寮杂记》等书。"

巳时。德配崔太君诰封一品夫人,生于万历二十四年(1596)十一月十六日子时,卒于万历四十三年(1615)六月初八日卯时。继配王太君生于万历二十七年(1599)八月二十七日亥时,卒于康熙十八年(1679)三月二十六日子时。侧室周太君生于万历乙巳年(1605)六月二十三日卯时,卒于崇祯乙亥年(1635)正月十二日。殉难。崇祯丁丑年(1637)奉旨建坊,旌表节烈。侧室邢太君生于天启四年(1624)四月二十二日辰时,卒于康熙四十五年(1706)六月二十二日子时。侧室孙太君生于万历辛亥年(1611)九月十一日辰时,卒于康熙己未年(1679)六月二十九日戌时。侧室韩太君生卒失考。葬于城西七鱼河罗汉脐。生七子:思濬、思源、思藻、思淳、思冲、思洽,以第四子思淑与长兄大同为嗣。

为了更形象地表现这一点,现将其绘成一份树状图:

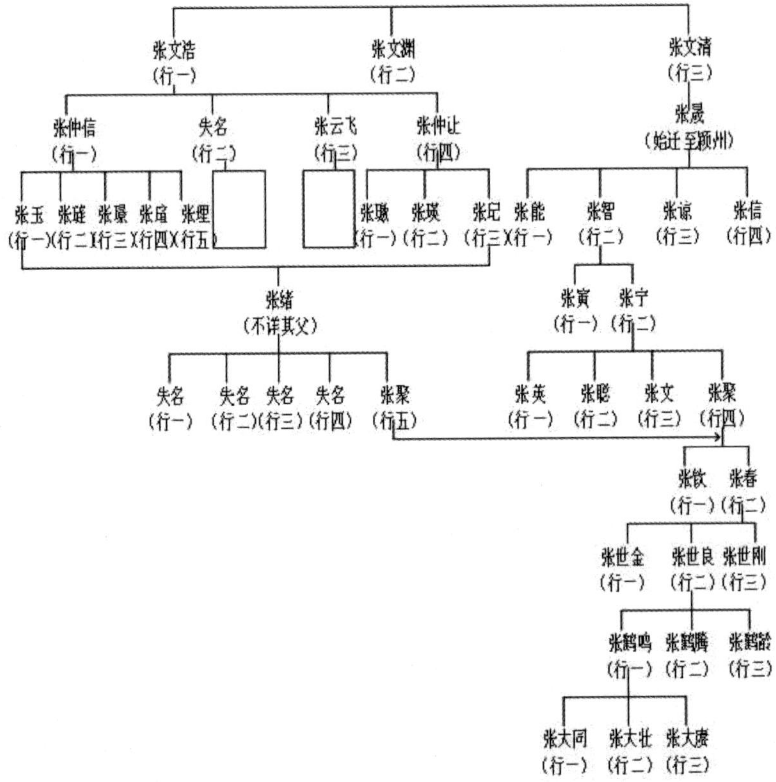

张鹤鸣家世树状图

张家后世枝繁叶茂,对于张鹤鸣孙辈及以后的情况,这里就不再一一考察了。

通过以上考察,张鹤鸣的家世关系已经变得具体而清晰了。希望这里的考察能对进一步推动张鹤鸣研究走向深入产生积极的影响。

唐代女道士诗人李季兰、元淳、崔仲容研究

贾晋华

唐蔡省风编有专收女诗人作品的《瑶池新咏集》(以下简称《瑶池集》),宋代公私书目皆予著录。此集久佚,但俄藏敦煌文献中收有此集的几件写本残片。这些残片主要包含收于原集卷首的四位诗人的二十三首诗:李季兰(? —784),七首;元淳(? —779?),七首;张夫人,八首;崔仲容,一首[①]。此四位诗人中,李季兰、元淳、崔仲容皆为女道士,张夫人为大历十才子之一的吉中孚之妻。吉中孚曾为道士,后返俗为官,故张夫人也有可能信道,但无法确知其是否曾为女道士。除了《瑶池集》残卷外,另有三个敦煌写本也抄有李季兰的三首诗和元淳的三首诗[②]。这些发现于敦煌的诗篇中,有一些未见于三位女道士诗人的传世作品。本文的目标即在于综合运用传世的和新发现作品,较为全面地考证和评论李季兰、元淳及崔仲容的生平和诗歌。

一 李季兰的生平和诗歌

作为最早的有较多作品传世的中国女诗人之一,李季兰已经吸引了许多传统学者和现代学者的注意。虽然李季兰的同时代人确认她的身份为女道士,许

---

① 参看荣新江、徐俊:《新见俄藏敦煌唐诗写本三种考证及校录》,《唐研究》1999 年第 5 期,第 59—80 页;徐俊:《敦煌诗集残卷辑考》,中华书局,2001 年版,第 25—27 页,第 212—215 页,第 672—685 页;荣新江、徐俊:《唐蔡省风编瑶池新咏重研》,《唐研究》2001 年第 7 期,第 125—144 页;王卡:《唐代道教女冠诗歌的瑰宝:敦煌本〈瑶池新咏集〉校读记》,《中国道教研究》2002 年 4 期,第 10—13 页;徐俊集校:《瑶池新咏集》,收入傅璇琮、陈尚君、徐俊编:《唐人选唐诗新编(增订本)》,中华书局,2014 年版,第 883—912 页。

② 徐俊:《敦煌诗集残卷辑考》,第 39 页,第 212—215 页;王卡:《敦煌道教文献研究》,中国社会科学出版社,2004 年版,第 243 页。

多传统批评家也高度评价她的诗歌成就（详见以下的讨论），但是从宋代至清代，一些学者将唐代女道士诗人的身份重新设定为“娼妓”[①]。现代学者中，陈文华的《唐女诗人集三种》精当地校注了李季兰的传世诗作十六首[②]，成为后来学者研究李季兰的必用书。近年来出版的两部专收中国古代女性文学的英译选集，都分别选入了李季兰的多篇诗作并给予出色的翻译和解说[③]。中西方学者撰写了许多专论，从文学、宗教学、女性批评及物质文化等不同角度研究李季兰及其诗歌[④]。然而，总的说来，有关李季兰的生平和诗歌的许多问题还未得到细致的考证和深入的分析，敦煌写本新发现的诗篇还未引起批评者的注意，甚至还有不少现代学者沿袭传统的话语，将李季兰称为“娼妓”或“半娼”。以有关学者的研究为基础，加上敦煌写本中新发现的三首诗，本节尝试对李季兰的生平和诗歌作一个较为全面而细致深入的新探讨。

李季兰名冶，字季兰[⑤]。在数篇诗歌中，她称呼李纾（731—792）为“兄”（见下考）。因此，她应生于731年（唐玄宗开元十九年）之后。在她去世（784）后不久，高仲武编《中兴间气集》，称她为“迟暮”“俊妪”[⑥]。因此，当她去世时，她至少应享年五十岁左右。从784年上推，她可能出生于732至735年间。

宋代公私书目著录李季兰诗集为一卷[⑦]。《四库全书》收其集一卷，共十四首

① 例如，胡震亨：《唐音癸签》，上海古籍出版社，1981年版，第8卷，第83页；钱谦益：《绛云楼书目》，《丛书集成初编》本，第75页。

② 陈文华：《唐女诗人集三种》，上海古籍出版社，1984年版，第1—24页。

③ Kang-i Sun Chang and Haun Saussy, eds., *Women Writers of Traditional China: An Anthology of Poetry and Criticism* (Stanford: Stanford University Press, 1999), 56-59; Wilt Idema and Beata Grant, *The Red Brush: Writing Women in Imperial China* (Cambridge: Harvard University Asia Center, 2004), 176-82.

④ 主要可参看：孙昌武：《道教与唐代文学》，人民文学出版社，2001年版，第381-390页；Suzanne E. Cahill, *Resenting the Silk Robes that Hide Their Poems: Female Voices in the Poetry of Tang Dynasty Taoist Nuns*，收入邓小南、高世瑜、荣新江编：《唐宋女性与社会》，上海辞书出版社，2001年版，第519—566页；陈文华：《唐代女冠诗人李冶身世及作品考论》，《南京大学学报》2002年第5期，第119—125页；周蕾：《〈中兴间气集〉李季兰评语疏证》，《中国诗歌研究》第5辑，中华书局，2008年版，第220—232页。

⑤ 韦縠：《才调集》汲古阁本，见《唐人选唐诗新编》，第10卷，第1195页。《才调集》的其他版本记其名为治（同前书，第1197页），当为抄写之讹，因为唐高宗（649—683在位）名李治，唐人恐不敢与其同名。《通志二十略》（中华书局，1995年版，第8卷，第1778页）和《宋史》（中华书局，1977年版，第208卷，第5388页）记其名为裕，亦可能为形似之讹。参看陈文华：《唐女诗人集三种》，前言，第1—2页。

⑥ 《中兴间气集》，见《唐人选唐诗新编》，第3卷，第510页。

⑦ 《崇文总目》，《粤雅堂丛书》本，第5卷，第36a页；陈振孙：《直斋书录解题》武英殿聚珍本，第19卷，第29b页；《通志二十略》，第8卷，第1778页。

诗。馆臣认为原集已佚,此集为后来所重编[①]。《唐音统签》从《吟窗杂录》中多检得两首诗和三联断句;《全唐诗》从《唐诗纪事》中多加一联断句,并在“补遗”部分从《分门纂类唐歌诗》中多加两首诗[②]。但此二诗与李季兰诗歌的风格完全相异,可能为他人诗作误入[③]。敦煌写本的发现为李季兰新加了三首诗[④],虽然数量不多,但对于研究李季兰的生平十分重要,因为其中有两首作于她为叛军所擒而困于长安之时,从而使我们得以了解其生命中最后时刻的一些重要情况。

唐代的原始资料皆称李季兰为女道士,但未见有关于其家庭背景及出家原由的记载。元代的《唐才子传》称她出自蜀地的“峡中”[⑤],但辛文房可能仅是根据她的《从萧叔子听弹琴赋得三峡流泉歌》而推测[⑥]。《唐音统签》记她为吴兴(今浙江湖州)人,《全唐诗》从之;但这也可能仅是根据她的诗篇而推测,并非实有证据。编于五代的《玉堂闲话》记有一个关于她五六岁时作诗咏蔷薇,其父预言其“必为失行妇人”的故事[⑦]。此故事显然为后来的编造,此类早熟天才的故事历来是中国传记的惯例[⑧]。

根据李季兰与士大夫文人的诗歌交流及其他相关记录,我们可知她于肃宗和代宗朝(756—779)曾长期住于湖州乌程县,可能居于某女道观,并时常漫游于江南一带。《中兴间气集》选入李季兰的六首诗。在小序中,高仲武称李季兰才貌双全,在乌程县开元寺的一次集会中,她巧妙地以诗句讥消著名诗人刘长卿[⑨]。刘长卿约于至德元载至广德二年间(756—764)宦游于江南地区[⑩],故李季兰在湖州与其交游约在这一期间。

---

① 《四库全书总目》,中华书局,1965年版,第186卷,第1690b页。

② 胡震亨:《唐音统签》,《续修四库全书》本,第922卷,第1a—4b页;彭定求等编:《全唐诗》,中华书局,1960年版,第805卷,第9057—9060页;第888卷,第10039页。

③ 也有可能误收金代诗人李冶(1192—1279)之作。另外,陈耀文编《花草粹编》收有一首归属于李季兰的《减字木兰花》,显然也是误属。见陈耀文:《花草粹编》,《四库全书》本,第4卷,第33页。

④ 其中一首(阙题,首句为“故朝何事谢承朝”)未见于传世文献,两首(《溪中卧病寄[李]校书兄》《陷贼后寄故人》)补足原存的两联断句,一首八行诗(《春闺怨》)补足原存的一首四行诗。

⑤ 傅璇琮主编:《唐才子传校笺》,中华书局,1987年版,第1册,第2卷,第326页。

⑥ 《唐女诗人集三种》,前言,第2页。

⑦ 王仁裕:《玉堂闲话》,见《太平广记》,第273卷,第2150页。

⑧ 宋潘若冲《郡阁雅谈》也记有一个有关薛涛的类似故事;见《天中记》引(《四库全书》本),第20卷,第6b页。

⑨ 《中兴间气集》,第3卷,第510页。

⑩ 贾晋华:《皎然年谱》厦门大学出版社,1992年版,第40—44页。

李季兰有一首诗题为《寄十七兄校书》[①],此位"十七兄"可能为李纾。李纾排行十七,并在天宝十四载(755)安史之乱爆发时任校书郎。他于次年避乱南奔苏州,投靠其父江东采访使、苏州刺史李希言。李纾在江南地区居留数年,与南方文士广泛唱酬,包括湖州诗僧皎然(720?—793?)[②]。唐代诗人经常称同姓的朋友为兄弟或伯叔,虽然在很多情况下他们并未有实际的亲属关系。由于李纾在762年已经带右补阙之衔[③],李季兰此诗应做于756年至761年间。

此诗被普遍评判为李季兰最优秀的作品之一。全诗如下:

无事乌程县,差池岁月余。不知芸阁吏,寂寞意何如。
远水浮仙棹,寒星伴使车。因过大雷岸,莫忘几行书[④]。

首联描述别后的情境,诗人在乌程县闲居无事,已近一年,无聊而漫长的生活暗示了女诗人孤独的心境和对友情的渴望。次联转向所思念的友人,设想他亦应该如同自己一样孤独寂寞。此联未对偶,但首二联之间的情感对应和流利叙述使得此句式显得恰到好处。三联进一步想象李纾出使的旅程,用了浮槎上天和使星赴蜀两个典故描述出旅途中的景象[⑤]。由于女诗人化典故为景象,即使不知典故出处,此联上下句所巧妙并置的意象——流水和寒星,低处和高处,水程和陆路,仙棹和使车——构造出一个涵义丰富的"三维"景象,描绘出友人日夜兼程、水陆并进的辛苦旅程及女诗人的深切关念。尾联运用了一个恰当的"兄

① 此题据《吟窗杂录》,第30卷,第842页。

② 刘昫等:《旧唐书》,中华书局,1975年版,第137卷,第3763—3764页;欧阳修:《新唐书》,中华书局,1975年版,第161卷,第4983页;《皎然年谱》,第35—36页。此诗有多种异题:《寄校书十九兄》,见《中兴间气集》,载《唐人选唐诗新编》,第3卷,第511页;《又玄集》,载《唐人选唐诗新编》,第3卷,第868—869页;《寄韩校书十七兄》,见《文苑英华》,中华书局,1966年版,第256卷,第1289页;《寄韩校书》,见《唐诗纪事》,第78卷,第1123页;《寄校书七兄》,见《全唐诗》,第805卷,第9057页。由于季兰姓李,一般不可能称姓韩的人为兄。李纾则符合所有的条件:任校书郎,排行十七,于同一时期活动于同一地区等。因此,此十七校书兄应为李纾,其他"十九兄""七兄"等可能为传抄之讹。

③ 独孤及:《唐故扬州庆云寺律师一公塔铭》,见董诰等:《全唐文》中华书局,1983年版,第390卷,第1b页;《皎然年谱》,第35页。

④ 本文引传世李季兰诗,皆据《唐女诗人集三种》,第1—20页;《全唐诗》,第805卷,第9057—9060页。以下兹不一一出注。

⑤ 范宁:《博物志校证》,中华书局,2000年版,第10卷,第111页;范晔:《后汉书》,中华书局,1965年版,第82卷,第27页。

妹”典故:如同南朝诗人鲍照的《登大雷岸与妹书》,女诗人的“兄长”也应记得送她一封信。此诗在优雅自然的叙写中蕴含深厚的情感,而其用典的技巧尤为后代批评家所激赏。

当李季兰卧病于乌程县时,她再次寄《溪中卧病寄[李]校书兄》一诗给李纾,寻求友情的安慰。我们不知李纾是否给予她所需要的安慰,但根据她的《湖上卧病喜陆鸿渐至》一诗,另一文士友人陆羽(733—?)确实为她带来了慰抚的喜悦。被后代推尊为茶圣的陆羽在安史之乱爆发后亦迁居湖州多年,与诗僧皎然结为密友[①]。李季兰与皎然于大致同一时期居住湖州,并有许多共同的朋友,故二人应相识。有一首归属于皎然的诗题为《赠李季兰》[②],诗中以戏谑的口气暗示李季兰向皎然调情而被委婉谢绝。但此诗未收传世皎然集,其可靠性颇成问题。从其戏谑的语调看,此诗很可能为宋代好事者所编造。

不过,李季兰确实与另一位文士阎士和(756?—779)有恋情。阎士和字伯均,排行二十六,为著名儒士萧颖士(709—760)的弟子。与许多在安史之乱爆发后避难南方的官吏文士一样,阎士和在肃宗、代宗朝漫游于江南地区,并可确知于广德二年(764)在湖州与皎然、陆羽等联唱[③]。李季兰与阎士和之间的恋情,应即发生于这一时期。

李季兰有《送阎二十六赴剡县》诗:

> 流水阊门外,孤舟日复西。离情遍芳草,无处不萋萋。妾梦经吴苑,君行到剡溪。归来重相访,莫学阮郎迷。

这首五律通过设想别后的情景而传达难舍难分之情。剡县在越州(今浙江嵊州),阊门在苏州。颔联再次有意地不对偶,让惜别的强烈感情流畅地贯通于前二联之间。在对偶工整的第三联中,女诗人自称为“妾”,称阎士和为“君”,明确地表达了二人之间的亲密关系;而梦中追逐情人的形象尤其新颖感人。尾联

① 《皎然年谱》,第22、27、28、31、40、41页。

② 《文苑英华》,第244卷,第12a页。

③ 林宝:《元和姓纂》,中华书局,1994年版,第5卷,第770页;《新唐书》,第202卷,第5771页;《皎然年谱》,第40—44页。李季兰与阎士和的恋情,我于1992年出版的《皎然年谱》中已指出。

用阮肇与其仙女妻子的传说故事[①],再次以“妻子/情人”的身份敦请阎士和早日归来。

大约在大历元年(766),阎士和被任命为江州判官[②],李季兰伤心而无奈地送别情人,如同她在《送阎伯均往江州》诗中所描述[③]。江州(今江西九江)远离湖州,而阎士和为官职所羁,不能随意离开。李季兰由此度过一段充满离别相思之情的时期。在七绝《得阎伯均书》中,女诗人感叹:

> 情来对镜懒梳头,暮雨萧萧庭树秋。莫怪阑干垂玉筋,只缘惆怅对银钩。

女诗人长久地盼望情人的消息,秋天的萧瑟景象加深了她的忧愁。当情人的信终于抵达,她忍不住落下悲喜交集的泪水。《登山望阎子不至》是李季兰另一首思念阎士和的情诗:

> 望远试登山,山高湖又阔。相思无晓夕,相望经年月。郁郁山木荣,绵绵野花发。别后无限情,相逢一时说。

这首五言古诗更为自然流利地传达出女诗人长时间蕴蓄的深厚情感。前半首在时间和空间上做文章。女诗人首先感叹遥远的空间分隔了她和情人:她尝试登上高山眺望情人,但看到的却是更高的山和更阔的湖,从而加剧了她的忧愁。女诗人接着感叹长久的时间延迟了她和情人的团聚:她等得越久,相思之情就越为深重。后半首借郁郁绵绵的春天景象表达相思之情的延续,并寄托将来团聚的美好希望。明代批评家钟惺评此诗云:“情敏,故能艳发,而迅气足以副之。他人只知其荡,而不知其蓄。所蓄即深,欲其不荡,不可得也。凡妇人情重者,

---

① 刘义庆:《幽明录》,文化艺术出版社,1988年版,第1卷,第1—2页。

② 《皎然年谱》,第43页。

③ 此诗收敦煌残本《瑶池集》,题为《送阎伯均》。《才调集》(第10卷,第1195页)和陈应行《吟窗杂录》(中华书局,1997年版,第30卷,第840页)均题为《送阎伯均往江州》。《中兴间气集》(第3卷,第512页)题为《送韩揆之江西》,《又玄集》(第3卷,第869页)题为《送韩三往江西》。根据阎士和在大历初任江州判官的经历及此诗中所包含的恋情,《送阎伯均往江州》应是正确的题目。

稍多宛转,则荡字中之矣。"[①]称深情的女性作家为放荡是男性批评话语的典型偏见，但钟惺仍然不得不承认和称赏李季兰真诚深厚的情感和宛转动人的表达。

此诗亦题为《寄朱放》[②]。朱放(？—788)与李季兰同时,并同样于安史之乱后的初期活动于江南地区,但我们有两个理由推断《登山望阎子不至》是正确的题目。首先,诗中实际描述了登山眺望情人而不见的情景,切合诗题。其次,朱放在安史之乱爆发后基本上隐居于越州,直到 782 年才离开江南,应徵入江西观察使之幕;而李季兰则在 783 年春应征入宫,并在次年去世(见下)。越州与湖州相距甚近,朱放又是自由自在的隐士,随时可访问李季兰。事实上,根据他与其他江南文士的诗歌唱酬,他时时游历于这一地区[③]。上引诗中所描述的处于李季兰及其情人之间的巨大时空阻隔并不适合朱放的经历,而与阎士和的经历完全相合。因此,《寄朱放》应是错误的归属。朱放有一首诗题为《别李季兰》,诗中表达了与女诗人离别的"肠断"之情[④]。由于唐代诗人往往以"肠断"表示与朋友离别之情,只凭此诗还未能确定朱放和李季兰之间是否有恋情关系。

下引《相思怨》是李季兰又一首出色的情诗:

人道海水深,不抵相思半。海水尚有涯,相思渺无畔。携琴上高楼,楼虚月华满。弹着相思曲,弦肠一时断。

这首五言古诗是李季兰最激情洋溢的作品。前四句中的海水是一个古老的譬喻,但女诗人关于海水不及相思之情深广的宣称更新了这一譬喻。后四句中,空楼暗示人的孤独,月光则是离别相思的传统意象。高楼、月光、音乐及情绪的交织营建出含义丰富的张力,而断弦和断肠的巧妙双关又进一步增强了感人的力量。"相思"一词的重复出现,也有效地传达出女诗人的强烈情感。

阎士和的诗歌作品仅有与皎然及其他南方诗人的四首联句诗保存下来,我

① 钟惺:《名媛诗归》,《续修四库全书》本,第 11 卷,第 1b 页。
② 《中兴间气集》注云:"一作《寄朱放》"。第 3 卷,第 512 页。
③ 朱放的事迹参看《皎然年谱》,第 112—113 页。
④ 《全唐诗》,第 315 卷,第 3542 页。

们未能见到他写给李季兰的情诗[1]。然而,有趣的是,阎士和的诗友在几首与他唱和的诗篇中,却真切地代他传达了对女诗人的恋情。包何(748 年进士)作有一首题为《同阎伯均宿道士观有述》的诗:

南国佳人去不回,洛阳才子更须媒。绮琴白雪无心弄,罗幌清风到晓开。冉冉修篁依户牖,迢迢列宿映楼台。纵令奔月成仙去,且作行云入梦来[2]。

根据此诗题目,我们可推知阎士和先写了一首题为《宿道士观有述》的诗,而包何作此诗相和,进一步发挥原诗的含意。诗中的"洛阳才子"指阎士和。此诗描绘道观夜景,并用了嫦娥奔月和巫山神女的典故,因此诗篇开首的"南国佳人"应指某位女道士,而且根据阎士和与李季兰之间的恋情,此位女道士应即为李季兰。虽然阎士和的原诗已佚,从包何的和诗中,我们可以推测原诗应表达了对于此位"南国佳人"的思念之情。无独有偶,阎士和的另一位好友皎然也作有两首内容相近的诗,一首题为《和阎士和望池月答人》,另一首题为《古离别》,题下原有注云:"代人答阎士和。"[3]第一首云:"片月忽临池,双蛾忆画时。"第二首云:"望所思兮若何,月荡漾兮空波。"阎士和原诗所答之人拥有美丽的"双蛾",皎然代为回答之人则对阎士和脉脉含情,两诗所描述的显然都是女性,并应该又是李季兰[4]。

上引诗篇中的"双蛾忆画时"一句值得特别的注意,因为历史上确实曾经流传过一幅李季兰的肖像画。根据《宣和画谱》所载,宋徽宗曾经藏有一幅周文矩所绘的李季兰像。此像至十六世纪尚存世,但其后却下落不明[5]。周文矩是十世纪中叶南唐王朝的宫廷画师[6],与李季兰遥不相接。他的画很有可能基于周昉的原画。周昉擅长仕女画,有数幅名画传世。他在安史之乱爆发后的初期也活动

---

① 《全唐诗》,第 794 卷,第 8936—8937 页。阎士和的姓误作严。

② 《全唐诗》,第 228 卷,第 2170—2171 页。

③ 皎然:《昼上人集》,《四部丛刊》本,第 2 卷,第 13a 页,第 6 卷,第 36b 页;《全唐诗》,第 816 卷,第 9193 页,第 820 卷,第 9246—9247 页。

④ 我在《皎然年谱》中(第 42 页)已经考述以上三诗所指应为阎士和的情人李季兰。

⑤ 《〈瑶池新咏〉重研》,页 141;Carolyn Ford, "Note on a Portrait of Li Jilan," *T'ang Studies* 20—21 (2002—2003): 151—159。

⑥ 《宣和画谱》,《丛书集成初编》本,第 7 卷,第 187 页。

于南方地区，并与皎然为朋友[①]。因此，他很有可能认识李季兰，并为她画像。

大约在唐德宗建中四年（783）的春天，李季兰被召入宫，撰《有敕追入内留别广陵故人》诗[②]。“内”应指“内道场”，即宫中寺观。以李季兰作为女道士的身份，她可能被召入居宫中的女道观玉晨观。值得注意的是，李季兰的老朋友李纾在782年授礼部侍郎的高位[③]，他很可能向以喜好诗歌和赏识才女而著称的德宗推荐李季兰的诗歌[④]。由于李季兰在留别诗中描写“芳草”之景，而她卒于784年，故此诗可能作于783年春天，入宫也应在此时。

不幸的是，李季兰入宫不久，同年十月，叛将朱泚（742—784）占据长安并称帝，德宗仓促出逃[⑤]。李季兰为叛军所擒，被迫撰写了一首颂诗。此诗久佚，现在却在敦煌写本中失而复得[⑥]，诗中运用数个有关王朝更迭的典故，应作于朱泚登基之时。叛乱期间，李季兰另撰有一诗，题为《陷贼寄故夫》，见于敦煌所发现的《瑶池集》残卷；《吟窗杂录》残联题作“故人”，应以“故人”为是[⑦]。诗云：

> 日日青山上，何曾见故夫。古诗浑漫语，教妾采蘼芜。鞞鼓喧城下，旌旗拂座隅。苍黄未得死，不是惜微躯。

叛军占领京城，僭据王座，皇帝放弃其妃嫔宫人而自顾出逃。女诗人于慌乱中未能殉死，被迫服从叛将的意愿。此诗以比兴手法自述被迫为朱泚撰写颂诗的原委，对于我们了解她陷贼后的处境具有重要的帮助。

次年七月，叛乱被平息，德宗返回京城[⑧]。唐赵元一在记载此次叛乱过程的《奉天录》中称：“时有风情女子李季兰上泚诗，言多悖逆，故阙而不录。皇帝再尅

① 朱景玄：《唐朝名画录》，四川美术出版社，1985年版，第5—7页；《皎然年谱》，第98—99页。《唐朝名画录》称周昉为德宗召入京为兴建中的章敬寺绘佛像，但章敬寺实由代宗建于767年。见王溥：《唐会要》，中华书局，1955年版，第48卷，第847页。

② 《瑶池集》。“故人”原作“故夫”，据《才调集》（第10卷，第1196页）和《全唐诗》（第805卷，第9058页）改。

③ 《旧唐书》，第137卷，第3763—3764页；《新唐书》，第161卷，第4983页。

④ 唐德宗于788年召宋氏五姐妹入宫，于798年召鲍君徽入宫。参看周祖譔主编：《中国文学家大辞典：唐五代卷》，中华书局，1992年版，第398—99页，第779页。

⑤ 司马光：《资治通鉴》，中华书局，1971年版，第238卷，第7351—7361页。

⑥ 此诗未收《瑶池集》，见徐俊：《敦煌诗集残卷辑考》，第39页。

⑦ 徐俊：《瑶池新咏集》，第904页；《吟窗杂录》，第30卷，第842页。

⑧ 《资治通鉴》，第231卷，第7440页。

京师，召季兰而责之曰：'汝何不学严巨川有诗云"手持礼器空垂泪，心忆明君不敢言？"'遂令扑杀之。"[1]余嘉锡就此事而谴责德宗："夫朱泚之乱，帝且不能守社稷，委其臣妾以去。今季兰以一女子，屈于凶威，指斥本朝，盖非得已。德宗不谅其情，辄令扑杀，封建帝王之凶恶，于此可见。"[2]李季兰《陷贼寄故人》一诗的失而复得，证实了余嘉锡关于她被迫献诗的推测。

我们已经看到，李季兰在其一生中扮演了女道士、诗人、情人等多重角色，并活跃于社交场合，与官员、文士、隐士、僧人、艺术家甚至皇帝过往唱酬。对于她的同时代人来说，这些多重社会角色和社交活动不但是合适的，而且是值得称赞的。在阅读了李季兰的包括了众多情诗的诗歌之后，唐德宗征召她入宫担任宫廷女道士。这是一位女道士所能获得的最高荣誉，可见皇帝和朝廷并不认为她的诗歌和生活态度有出轨之处。同时代的批评家高仲武编《中兴间气集》，选入李季兰的六首诗，并评其"形气既雄，诗意亦荡"[3]。另一位同时的诗人刘长卿亦评她为"女中诗豪"[4]。"雄"和"豪"皆为男性特征，以这些特征评判女性，是男性批评话语中的最高称赏。即使她后来被唐德宗处死，晚唐五代时《瑶池集》和《才调集》的编者仍然确认她的身份为女道士[5]。

如前所述，从宋代开始，一些学者将李季兰及其他唐代女道士诗人重新定义为"娼妓"，而有些现代学者也沿承了这一说法。这种说法在很大程度上出自传统男性话语的偏见，基于传统礼法禁止女性追求和表达自己的爱情的观念。如果除去这种偏见的视角，我们就会发现唐代的宗教、社会及政治背景既复杂又灵活。唐代女道士可以扮演多重角色，既是宗教领袖、导师及实践者，又活跃于道观之外的公共场合。出家受箓之后，她们可以自由地漫游各方，参与社交集会，与各种阶层和职业的男性过往。她们被称为"仙女"或"天仙"，而如同众多的道教女神皆与色情故事及文艺才华相关联，女道士中也出现了许多诗人、艺术家及情人。唐代道教传统中仍然流行的房中修炼术，为女道士与男道士或士大夫文人的自由关系提供了依据。此外，大量王室公主、妃嫔宫人及贵族女眷度为

---

① 赵元一：《奉天录》，《丛书集成初编》本，第1卷，第7页。
② 余嘉锡：《四库提要辨证》，中华书局，1980年版，第24卷，第1557页。
③ 《中兴间气集》，第3卷，第510页。
④ 《唐诗纪事》，第78卷，第1124页。
⑤ 《才调集》，第10卷，第1195页。

女道士，也使得官府及道观不可能严格管束她们[①]。

在数首诗中，李季兰自觉地将自己比拟为神女。《从萧叔子听弹琴赋得三峡流泉歌》开首即云：

妾家本住巫山云，巫山流泉常自闻。玉琴弹出转寥敻，直是当时梦里听。

《三峡流泉歌》为琴曲，传为晋阮咸所作[②]。巫山神女在梦中遇合楚王的故事及与之相关联的“云雨”意象，在中国文学中久已成为情欲的象征。李季兰诗中的“巫山云”和“当时梦” 皆指向这一故事和象征，明显地自比巫山神女[③]。在另一首题为《感兴》的诗中，女诗人再次运用云雨意象以自比：“朝云暮雨镇相随，去雁来人有返期。”李季兰重复而自觉地在诗中扮演古代色情女神的角色，作为自己追求爱情和自由的自强力量。

如同一些学者已经指出，在六朝以降的男性爱情诗中，女性的形象被色情化和对象化，成为被欲求的客体（desired object），被描绘成艳美、脆弱、无助及在情感上依求于男性赐予的形象[④]。李季兰的爱情诗将被欲求的客体转换成欲求的主体（desiring subject）。虽然她在诗中也混合了忧愁、焦虑、孤独等情感，这些情感不再是无助的和依求的哭泣，而是对于爱情和欲望的主动的、独立的、自强的追求。

---

① 参看 Edward H. Schafer, “The Capeline Cantos: Verses on the Divine Loves of Taoist Priestesses,” *Asiatische Studien* 32 （1978）: 5 – 65; Charles Benn, *The Cavern-Mystery Transmission: A Taoist Ordination Rite of AD 711* （Honolulu: University of Hawaii Press, 1991）, 1 –114; Catherine Despeux and Livia Koln, *Women in Taoism*（Cambridge: Three Pines, 2003）, 119; Jinhua Jia, “The Identity of Daoist Priestesses in Tang China,” in Jinhua Jia, Xiaofei Kang, and Ping Yao, eds., Gendering *Chinese Religion: Subject, Identity, and Body* （Albany: State University of New York Press, 2014）, 103—32。

② 郭茂倩：《乐府诗集》，中华书局，2000 年版，第 60 卷，第 876 页。

③ Stephen Owen 已经指出此点，见其 “Li Jilan,” in Chang and Saussy, *Women Writers of Traditional China*, 59。

④ 参 Maureen Robertson, “Voicing the Feminine: Constructions of the Gendered Subject in Lryic Poetry of Medieval and Late Imperial China,” *Late Imperial China* 13.1 （1992）: 69; Grace Fong, “Engendering the Lyric: Her Image and Voice in Song,” in Pauline Yu, ed., *Voices of the Song Lyric in China*（Berkeley: University of California Press, 1993）, 107–44; Anne Birrell, “Women in Literature,” in Victor H. Mair, ed., *Columbia History of Chinese Literature* （New York: Columbia University Press, 2001）, 200–201。

李季兰的诗歌艺术成就十分突出。现存的十九首诗几乎皆为杰出的作品,许多曾被编选入古今众多诗歌总集,并被选入许多英语及其他语种的中国文学译本。她擅长五言诗,包括古近二体,但也写有一些出色的七言绝句和歌行。她灵巧地将广博的典故转换成自然清新的词语和意象,从而使她的诗歌显得优雅而无锤炼的痕迹。传统批评家一致给予她高度的评价。例如,《四库全书》馆臣称她的五言诗"置之大历十才子之中,不复可辨",并评定其诗"远在[薛]涛之上"[①]。

二 元淳的生平和诗歌

元淳原来仅有三首诗及三联断句传世[②],故她几乎为研究者所忽略。现在敦煌写本新增她的三首诗及一首仅存残句的诗,此三首诗刚好补全原来传世的三联断句。我们还发现一篇可能为她所撰的墓志。因此,我们现在拥有较为充分的资料,可以对她的生平和诗歌作较为深入完整的考查。

洛阳出土的唐代墓志中,有一篇题为《故上都至德观主女道士元尊师墓志文》[③]。此位元尊师名淳一,出身于洛阳的士族[④],父亲曾任县丞。她在年少时受过良好的教育,由于信仰道教而出家,于玄宗天宝初(742)度为女道士。不久,她被任命为长安至德女道观的观主,担任此职长达三十六年[⑤]。大历中,她返回洛阳,约于大历末(779)卒洛阳开元观,享年六十余岁[⑥]。

元淳的六首诗中,有许多描述与此篇墓志所述相合。在《寄洛阳姊妹》一诗中,女诗人称洛阳为其故乡,并怀念已离开多年的家业。她还记述了战争引起的离乱,可能指的是摧毁了东西两京的安史之乱。在《感兴》一诗中,她再次感伤废

① 《四库全书总目》,第186卷,第1690页。

② 此三诗题为:《感兴》《闲居寄杨女冠》《送霍[师妹]游天台》;残句题为《感春》。见《瑶池新咏集》,第906—907页。《全唐诗》收元淳诗2首及断句4联(第805卷,第9060—9061页)。另一首见于《又玄集》的《寓言》诗(第3卷,第673页),其断句见于《吟窗杂录》(第30卷,第844页)和《全唐诗》,但在《全唐诗》(第723卷,第8300页)中又被误归属于李洞。参陈尚君:《全唐诗补编》,中华书局,2000年版,第1册,第302页。

③ 周绍良、赵超编:《唐代墓志汇编续集》,上海古籍出版社,2001年版,第729—730页。

④ 墓志称其为河南人。河南府治在洛阳。见李吉甫:《元和郡县图志》,中华书局,1983年版,第5卷,第129—130页。

⑤ 至德观在长安兴道坊。见徐松:《唐两京城坊考》,中华书局,1985年版,第2卷,第35页。

⑥ 墓志仅称元淳卒于大历中(766—779)。然而,从她于742年度为女道士,其后任观主36年左右的经历,我们可推断她约卒于大历末。

弃的家业。在另一首题为《秦中春望》的诗中，女诗人描绘了宫殿、上苑及终南山的春天景象，表达了在“休明代”而“蹑道踪”的喜悦心情，应该写的是战乱前长安的繁盛情况及其本身作为女道士的经历。这些诗篇中所表现的元淳的家庭背景和生活经历：出身于洛阳一个富裕的、拥有田业的家庭，受到良好的教育，战乱前居长安为女道士，并经历了安史叛乱带给两京的离难，这些完全符合元淳一墓志中的记述。在《瑶池集》中，元淳列于李季兰之后，张夫人之前。这同样表明她与二人的年代相仿，皆生活于安史之乱前后的时期。因此，我们可以合理地推测，元淳和元淳一应是同一人，“淳一”可能是元淳的道名或字。另一可能性是由于道教崇拜“一”或“太一”，男女道士的名字常带有“一”字，“淳一”也有可能仅是“淳”的另称。例如，与元淳同时的道士卢鸿，也被称为卢鸿一[①]。

幸运的是，以上关于元淳和元淳一应为同一人的推测，可以经由一个敦煌写本加以证实。伯3216录有三首诗(第三首仅存断句)，归属于“女道士元［一字残破不全］懿”，而且抄写者在此名字的右边添加了一个“淳”字[②]。颜廷亮将此残破的字读为“法”，王卡读为“演”，徐俊则读为“淳”[③]。但是，此字并不似此三字，更可能是抄写者写错字，故在旁边加一“淳”字纠正。此在敦煌写本中常见。由于“懿”和“一”在古书中常通用，此位女道士诗人的名字可以读为元淳一。而且由于所抄三诗与《瑶池集》《又玄集》《才调集》或《全唐诗》所收元淳诗相合，我们可确知元淳和元淳一为同一位女道士诗人。

元淳的六首诗表明她娴熟掌握各种诗歌体式，并善于抒写内心的情感。如下引题为《闲居寄杨女冠》的七言古诗：

> 仙府寥寥殊未传，白云尽日对纱轩。只将沉静思真理，且喜人间事不喧。
> 青冥鹤唳时闻过，杳蔼瑶台谁与言。闻道武陵山水好，碧溪东去有桃源[④]。

---

① 卢鸿，《旧唐书》本传记其名为卢鸿一，字浩然，但同书其他地方又记其名为卢鸿（第192卷，第5119—5121页，第8卷，第179页）。在《新唐书》(第196卷，第5603—5604页)、《资治通鉴》(第212卷，第6732页)、佚名《宝刻类编》(《丛书集成初编》本，第3卷，第81页)、陈思《宝刻丛编》(《丛书集成初编》本，第20卷，第516页)及其他文本中，他的名字记为卢鸿。

② 黄永武编：《敦煌宝藏》，新文丰出版公司，1981年版，第126册，第620页。

③ 颜廷亮：《敦煌文学概论》，甘肃人民出版社，1993年版，第90页，第126页；王卡：《敦煌道教文献研究》，第243页；徐俊：《敦煌诗集残卷辑考》，第212—215页。

④ 《瑶池新咏集》，第906页。

此诗描绘了女诗人的道观生活和情感意绪。仙府指她所居的道观，桃源指杨女冠在武陵的道观。女诗人的观中生活平静而闲适，她乐于道教的冥思实践及与喧闹的人间生活的隔离，但也感到孤独，渴求友情的安慰。

当唐代诗人赠送别人诗篇，他们一般期待对方也以诗相答，故此诗中的杨女冠也有可能是诗人。此外，元淳另有一首诗题为《送霍师妹游天台》①。这些诗篇值得特别的注意，因为它们代表了女性作者之间（或至少女性作者与女性读者之间）以诗篇交流情感、增进友谊的初期榜样。作为女道观的观主，元淳似乎自觉地意识到女道士们之间相对独立的社会群体和姐妹情谊。

下引题为《寓言》的七言绝句可能作于玄宗天宝（742—756）中：

> 三千宫女露娥眉，笑煮黄金日月迟。鸾凤隔云攀不及，空山惆怅夕阳时。②

"煮黄金"指道教的外丹烧炼，"攀鸾凤"指成仙上天。诗中所描绘的众多宫女在宫中炼丹的情景，未见于任何记载，可以补史之空阙。在表层意义上，此诗嘲讽宫女对炼丹失败的惆怅失望；在深层意义上，女诗人批评了玄宗对求仙的过度着迷。诗中所描绘的场景生动而富于戏剧性，诗风流畅自然而又含蓄蕴藉，可与许多著名的盛唐七绝媲美。元淳本身是擅长于金丹修炼的女道士，故此诗的嘲讽主题似乎有点奇特，也许她认为玄宗让宫女炼丹的做法近于儿戏。

在《寄洛阳姊妹》这首五言律诗中，元淳表达了对同处于战乱的远方家人的深切思念之情。

> 旧业经年别，关河万里思。题书凭雁足，望月想蛾眉。白发愁偏觉，乡心梦独知。谁堪离乱处，掩泪向南枝。③

---

① 《瑶池新咏集》，第 907 页。
② 同上。
③ 《瑶池新咏集》，第 905 页；《全唐诗》题为《寄洛中诸姊》，第 805 卷，第 9060 页。

诗篇一开始即直接抒写思乡情绪，这一情绪由于分隔女诗人及其家人的漫长时间和巨大空间而深化。次联以雁足对蛾眉，十分工巧贴切，细密地传达出姐妹深情。第三联抒写离愁促老、梦中归乡的感受，尤其真挚动人。最后一联点出战乱的背景，以洒泪南枝将全诗的情绪推向高潮①。此诗是元淳最优秀的诗篇，置于其他著名大历诗人的感时伤别的五言律诗中，不复区别。

从元淳的诗篇及可能为她而撰写的墓志中，我们看到她是一位出色的宗教领袖、道教信仰者和实践者及才华洋溢的诗人。她在日常生活中实践冥思和炼丹等道术，安于宁静的道观生活，同时又对女冠同伴及家中亲人怀有深厚的情谊，并善于将这些情绪用诗歌动人地表达出来。

三　崔仲容的生平和诗歌

《又玄集》选编崔仲容的两首诗，分别题为《赠所思》和《戏赠》②。《才调集》亦收入她的两首诗，一首即《赠所思》，另一首题为《赠歌姬》。《全唐诗》收集全部三首诗，并从《吟窗杂录》中增加四联断句③。敦煌发现的《瑶池集》残卷在张夫人的选诗后存有一首残破的诗，作者名和诗题皆残失，但与上述三个文本相对照，可知即为崔仲容的《赠所思》④。

关于崔仲容的生活，未见有任何早期资料的记载，但现存的诗篇和断句提供了有关其身份、经历及情感世界的一定线索。《戏赠》诗云：

> 暂到昆仑未得归，阮郎何事教人非。如今身佩上清箓，莫遣落花沾羽衣。

传说中的西王母居于昆仑山，羽衣在唐诗中指仙人之衣或道士之衣。女诗人关于其抵达昆仑山的宣称，及其所佩带的上清箓和所穿的羽衣，点明她不但

---

① “南枝”出《古诗十九首》，后来成为思乡的传统意象。
② 《又玄集》，第3卷，第674页。
③ 《全唐诗》，第801卷，第9011—9012页；《吟窗杂录》，第30卷，第846—847页。
④ 《瑶池新咏集》，第911页。

已经受度为女道士，而且已经接受了较高层次的洞真经戒法箓[1]。唐代官府严禁男女道士私度，而道教内部经戒法箓的不同位阶的授受亦十分严格，故此处不可能仅是用典或泛指。阮郎用阮肇与仙女结为夫妻的典故，指此诗所赠的男子，故此男子所"教人非"之事，应指恋情。唐人称女道士为仙女，此处诗人以仙女自比，同样切合其身份。"落花"用天女散花引诱菩萨的佛典[2]，亦蕴含引诱之意。虽然女诗人的回答是"莫"，但从全诗的戏谑语调及以阮郎称对方，我们可感受到她实际上乐于接受这一引诱。

在《赠所思》一诗中，女诗人本身成为主动的引诱者：

> 所居幸接邻，相见不相亲。一似云间月，何殊镜里人。目成空有恨，肠断不禁春。愿作梁间燕，无由变此身。

这是一首工巧的五言律诗。诗篇开头叙述情境，女诗人对邻居的男子一往情深，但对方似乎并不知情。第二联用两个巧妙的比喻来描绘他们之间的关系，如同云中之月一样不能确定，如同镜中之影一样虚幻不实；而月亮、云层、镜子、映像同时也构成一个情景交融的境界：女诗人正凝望夜空，面对明镜，苦苦思念情人。第三联进一步发展爱情未获回报的主题，每一次见到对方都加深她的忧伤，独自面对美丽的春景使她更加心痛。诗篇最后以一个新奇而真挚的愿望结尾：她希望变成一只燕子，以便能与他居住于同一房室。女诗人将这些情感写入诗中并赠送所思念的男子，这一举动代表了她对爱情的主动追求。

崔仲容的第三首诗《赠歌姬》精细地描绘了一位歌姬的姣好容貌、优雅表演及内心情欲，表达了对她的美丽、才能及情感的称赏。那位歌姬很可能也是一位诗人，而崔仲容可能期待着她的和诗。如同元淳的事例，此处我们可能又见到女性作者之间的诗歌交流和社交纽带，或至少可以肯定是女作者和女读者之间的

---

① 唐代道教经戒法箓的传授分为不同位阶，参看金明七真：《洞玄灵宝三洞奉道科戒营始》，《道藏》第1125号；张万福：《传授三洞经戒法箓略说》，《道藏》第1241号；《三洞法服科戒文》，《道藏》第788号；及刘若拙：《三洞修道仪》，《道藏》第1237号。《道藏》编号据 Kristofer Schipper and Franciscus Verellen, *The Taoist Canon: A Historical Companion to the Daozang* (Chicago & London: The University of Chicago Press, 2004)。

② 见《维摩诘所说经》，《大正新修大藏经》本，第475册，第547c页。

交流。

崔仲容的另四联断句也几乎皆是爱情诗。例如,《寄赠》断句:"妾心合君心,一似影随形";或《春怨》断句:"梁燕无情困,双栖语此时。"

综上所述,崔仲容是一位女道士,有才华的女诗人,及多情的恋人。根据她在《瑶池集》中紧随于李季兰、元淳及张夫人之后的位置,她可能是她们的较为年轻的同时代人。

四 结语

由于《瑶池集》残卷及其他敦煌写本的发现,本文有机会对三位女道士诗人做出比前人更为全面的考查。李季兰和崔仲容都是深情的恋人,她们的诗篇主要抒写自己的爱情感受。元淳是一位宗教领袖和实践者,但她的作品还表达了对于女冠同伴及家中亲人的深情。三位女诗人真诚地、直接地、娴熟地抒发自己的心声,既未模仿男性诗人的声音,也未像许多女性诗人那样叙写由男性诗人所建构的、程式化了的"女性声音"。她们的诗歌将抒情女主人公的形象从被欲求的客体转换成积极欲求的主体。她们的作品表现了对各种诗歌体式的驾轻就熟,并都呈现出流利、自然、真诚、动人的风格。这三位女道士诗人代表了唐代甚或整个中国古代女性诗歌发展的一个新阶段;这一新阶段不久就将为另一位杰出的女道士诗人鱼玄机推向高潮。我们可以有把握地说,女道士诗人代表了唐代女性诗歌的最高成就。

在唐代特殊的宗教文化和社会历史背景下,女道士诗人的作品被同时代人所接受和称赏,包括士大夫,文人,僧人,诗歌批评家,甚至皇帝。刘长卿称赞李季兰为"女中诗豪"。高仲武将她的六首诗选入《中兴间气集》,与其他同时代的著名诗人同列,这一异乎寻常的作法说明女道士诗人正在崛起的声誉。继高仲武之后,蔡省风进一步将三位女道士诗人置于唐代女性诗集的卷首,并将集中的女诗人与历史上最著名的才女相比。唐德宗征召李季兰入京,成为宫中女道观的女道士,这一举动是对其身份的权威确认。然而,从宋代开始,一些传统学者将唐代女道士诗人的身份重定为"娼妓"。这一误解一方面出自传统男性话语的偏见,另一方面出于忽视唐代特殊的社会历史和宗教文化背景,现代学者不应盲目地沿袭。

李季兰主要与男性诗人广泛交流唱和。元淳开始有两首诗赠送女冠同伴,一首诗赠送自家姐妹,崔仲容则有一首诗赠歌姬。可能收于《瑶池集》的其他中晚唐女诗人(约八至九世纪),也存有一些女性作者之间或女性作者和女性读者之间相互交流的诗篇①。在《瑶池集》之后,鱼玄机和三位年轻姐妹光、威和裒(失姓)进行了实际的诗歌酬和活动,而三位姐妹之间则有联句诗,显示了她们在自己的小圈子内的诗歌联唱②。鱼玄机另有四首诗赠送女冠同伴或娼妓③。这些诗篇是现存最早的体现女性之间超出家庭范围的友谊和情感的作品,除了南朝梁女诗人刘令娴可能有一两首传世④。高彦颐将十七世纪中女性作者之间的频繁诗歌交流和密切关系,以及各种女性团体的出现,称为中国女性文化的崛起⑤。Maureen Robertson 曾探讨中国女性文学文化在更早的中世纪出现的可能性,但苦于证据不足⑥。《瑶池集》残卷的重新发现实质性地扩充了中世纪女性文学的档案。八、九世纪间出现的女性作者之间的诗歌交流和友情关联代表了中国女性文学史上前所未有的新现象,可称为女性文化的萌芽。其他唐五代女性群体包括佛教尼姑的寺院和教团,以及其他类型的女性结社,如敦煌发现的十多种女性社团的文献⑦。唐五代时中国女性文化的实际发展,可能远远超过了我们的设想。

由于许多唐代女道士受过良好的教育,而且通常居住于女道观,与观中及

---

① 参看 Jinhua Jia, "*Yaochi ji* and Three Daoist Priestess-Poets in Tang China," *Nan Nü: Men, Women and Gender in Early and Imperial China* 2011.2: 13.2 (2011): 205-243.

② 陈文华:《唐女诗人集三种》,第 134—137 页;《全唐诗》,第 804 卷,第 9055—9056 页,第 801 卷,第 9021 页。

③ 陈文华:《唐女诗人集三种》, 第 96—98 页, 第 121 页;《全唐诗》, 第 804 卷, 第 9047—9048 页,第 9052 页。

④ 《先秦汉魏晋南北朝诗》将两首赠妓诗归属于刘令娴的名下,其中之一在《玉台新咏》中又归属于其夫徐悱。穆克宏认为此诗既非刘令娴之作,也非其夫之作。见逯钦立编:《先秦汉魏晋南北朝诗》,中华书局,1983 年版,第 2131—2132 页;《玉台新咏笺注》,中华书局,1985 年版,第 6 卷,第 258 页。

⑤ Dorothy Ko, *Teachers of the Inner Chamber: Women and Culture in the Seventeenth-Century China* (Stanford: Stanford University Press, 1994), 14。

⑥ Robertson, Voicing the Feminine, 68-79。

⑦ 参看 Denis Twitchett, "Chinese Social History from the Seventh to the Tenth Centuries: the Tunhuang Documents and Their Implications," in *Past & Present* 35 (1966): 28-53; Kenneth Chen, *The Chinese Transformation of Buddhism* (Princeton: Princeton University Press, 1973), 288-289; 高世瑜:《唐代妇女》,三秦出版社,1988 年版,第 134—135 页;郝春文:《再论北朝至隋唐五代宋初的女人结社》,《敦煌研究》2006 年第 6 期,第 103—108 页。

观外信仰道教的女性群体有自然的联系，更容易产生对于女性的性别、身份和群体的自觉意识，因此中国女性文学文化的这一新开端或许可以在很大程度上归功于她们。唐代女道士被称为“女仙”，专收女道士及其他女诗人的诗集被以西王母的瑶池命名，《瑶池新咏集》的题名已经隐含了对女道士诗人的成就和地位的认可。

陈寅恪的早期研究工作与西洋东方学

殷祝胜

1926年秋,陈寅恪在结束了漫长的留学生涯自德国返乡稍事休息后,来到清华国学研究院担任导师。从这时开始至1932年左右,他所从事的研究大多与“塞外之史,殊族之文”[①]相关,与他此后的中古史研究相较,治学范围有很大不同,是为其学术历程的第一个阶段,即本文所谓“早期”。陈寅恪的早期研究工作受西方学术影响明显,于西洋东方学取资尤多。关于这一点,他本人曾有明确的自述。据俞大维回忆:“寅恪先生又常说,他研究中西一般的关系,尤其于文化的交流、佛学的传播,及中亚的史地,他深受西洋学者的影响。例如法国的P.Pelliot(伯希和)、德国的F.W.K.Mueller、俄国的W.Barthold及其他国学者。”[②]文化的交流、佛学的传播及中亚的史地是陈寅恪早期研究工作的重心所在,伯希和、Mueller、Barthold皆为西洋第一流的东方学家,可见他在此所谈的即是其早期研究工作与西洋东方学的渊源关系。近年来,学界也注意及此,如余英时指出陈寅恪1921年重回柏林大学学习时,已转入东方学领域,开始了其后来所说的“殊族之文,塞外之史”研究[③],桑兵认为陈寅恪选择佛教与蒙古满洲回文书等为主攻方向,利用了西人东方学的长处[④],都颇有见地。

但在谈论陈寅恪早期学术的西学渊源时,学界更常提到的则是欧洲“汉学”或“中国学”的影响[⑤]以及对西方比较语言学方法的借用[⑥]等方面。这其实是不太

① 语出陈寅恪:《陈述辽史补注序》,载氏著《金明馆丛稿二编》,上海古籍出版社,1980年版,第234页。

② 俞大维:《谈陈寅恪先生》,载氏编《谈陈寅恪》,(台湾)传记文学出版社,1978年版,第9页。

③ 余英时:《试述陈寅恪的史学三变》,载氏著《现代学人与学术》,广西师范大学出版社,2006年版,第145页。

④ 桑兵:《陈寅恪的西学》,载《文史哲》2011年第6期。

⑤ 牟润孙:《敬悼陈寅恪先生》,载《谈陈寅恪》;汪荣祖:《史家陈寅恪传》,北京大学出版社,2005年版,第49—50页;刘克敌:《陈寅恪与20世纪汉学》,《浙江大学学报》2013年第3期。

⑥ 许冠三:《新史学九十年》,岳麓书社,2003年版,第263页。

确切的。笔者在多年前曾撰《陈寅恪的留学经历与西洋东方学》一文，对陈寅恪在留学期间与西洋东方学界的密切接触情况进行了考察，认为他在留学的最后七年里，主要学业就是接受西洋东方学训练。他所师从的西方学者，兰曼(C.T. Lanman)、路德施(H.Lueders)是印度学家，缪勒(F.W.K.Mueller)是中亚学家，黑尼士(E.Haenich)虽有“汉学教授”头衔，但陈寅恪拜他为师是为了学习蒙古语，按西方传统的学科分类，蒙古当归于中亚学。总之，陈寅恪当时感兴趣的是西洋东方学研究的高度成就，而不是西方汉学的水平，也不是比较语言学方法[①]。他到清华国学研究院开设的第一门课程为“西人之东方学之目录学”[②]，也可为此提供佐证。西方的汉学总体上属于东方学范围，与东方学的其他学科如中亚学、印度学之间关系十分密切，往往形成相近的风格特点；比较语言学与东方古语文研究也一直相辅相成，如梵文对于比较语言研究就具有重要价值，而比较语言学方法的不断进步又反过来推动了梵文及其他东方语文研究的发展[③]。因此，陈寅恪在早期研究工作中表现出来的与西方汉学及比较语言学的联系，归根结底还是受西洋东方学长期熏陶的结果。近年学界注意到了这一点，无疑是重要的进步，惜有关讨论尚未能就当时的西洋东方学最新趋势和国人借鉴这方面成果的情况作具体考察与细致梳理，这对于准确充分地认识陈寅恪取资西洋东方学所蕴含的旨趣及达到的高度仍感有所不足。故再撰此文，希望可以少补此憾。

一

陈寅恪早期研究工作的一项主要内容是对于我国西北新发现的文献进行考释。他讲授“佛经翻译文学”课程[④]，以敦煌佛典为基本材料；他在 1933 年前发表的二十几篇学术性的短论，有关敦煌及西北其他地区新出土文献的跋文占了大半。这与西洋东方学的最新发展潮流的吸引有很大关系。

我国西北地处中亚。西洋人在中亚的探险活动，可以追溯到一百年前，但具

---

① 拙著《陈寅恪的留学经历与西洋东方学》，载《社会科学战线》，1998 年第 3 期。
② 《研究院纪事》，载《国学论丛》第 1 卷第 1 号(1927 年 6 月)。
③ 参张国刚：《德国的汉学研究》，中华书局，1994 年版，第 75 页。
④ 蒋天枢：《陈寅恪先生编年事辑》，上海古籍出版社，1981 年版，第 61 页。

有学术意味的探险活动则是从十九世纪初开始兴起的。1900 年,设立于罗马的万国东方学会提出各国连合起来探险中亚的议案。1902 年, 英人斯坦因(A. Stein)在德国汉堡参加国际东方学会时,将其前一年在和阗一带探险的成绩作了报告,与会学者深为惊叹,于是决定成立"国际中亚远东探险协会",拉开了本世纪欧洲各国争相组织大规模中亚探险活动的序幕。首先来新疆者为 1902 年 11 月德国派遣的由格鲁威德尔(A.Grunwedel)教授率领的探险队,他们在十余年中连续组织了四次大规模的中亚探险活动,每次都有十分可喜的收获。斯坦因在汉堡会议以后,又到新疆、甘肃等地进行了三次考察,其中 1906 年至 1908 年的第二次探险,在敦煌千佛洞从王道士手中"买"走数千卷多种语文的佛经手写本及古画卷之类,尤其具有国际性的影响,敦煌之名从此响遍国际东方学界。接踵来敦煌探宝的是法国的伯希和,他在千佛洞藏书的石室中整整翻阅了三个星期,挑选了大约六千余件珍奇的文书画卷,满载而归,这是继斯坦因之后,敦煌文书的另一次轰动世界的大曝光。俄国方面,也组织了多次中亚探险活动,其中以 1910 年由奥登堡(S.Ol'denburg)领导的中亚探险队规模最大。他们在吐鲁番、焉耆、库车附近发掘,也获得了不少有价值的资料。在此前后加入中亚探险中来的西方国家还瑞典和美国。

大量新材料的发现,引发了西洋东方学者的极大研究兴趣。探险家们大多数本身就是修养颇高的东方学家,因而新材料出土以后,他们理所当然地成为第一批研究者。他们研究的成果大多以探险报告的形式正式发表出来,其中如斯坦因及德国探险队的每一次探险都留下了极为详细的报告。以斯坦因著名的 1906 年至 1908 年的中亚之行为例,斯氏先以《1906 至 1908 年在中亚的探险》为题在 1909 年 7 月至 9 月号的《地学杂志》上作了初步报告;1912 年,又刊行了两卷本《沙漠中的契丹废墟》;1913 年,再以《千佛》为名出版一书;到 1921 年,五卷本的庞大著作《塞耳印度》(Serindia,意指其探险所经之地)面世,这次探险的结果才算报告结束。再看格鲁威德尔和勒柯克(A.von Le Coq)对于他们所率领的德国中亚探险队第二次探险情况的报告。格鲁威德尔于 1912 年为此出版了一部大著《在支那土尔其斯坦的古代佛教塔寺》,1920 年又加印了一大册鲜明的复制壁画,题为《古代库车》;勒柯克则于 1913 年出版了部头极大的《高昌》一书,详细研究了这次探险中在高昌故址发现的佛教艺术品,另外他在 1926 年出版的《在东土耳其斯坦的希腊人考》一书，则是第二次和第三次在吐鲁番探险情况的联合报告。伯希和与奥登堡的中亚探险报告虽没有这样详细，但如伯希和之文《在中亚的第三年》(1910 年发表)、摄影集《敦煌的洞窟》(1920 年至 1924 年陆续刊行)，奥登堡之书《俄罗斯的土耳其斯坦探险》(1914 年出版)等等也足资参考。此外，伯希和于 1911 年就任法兰西学院教授之后，讲授敦煌遗书及中亚最新探险所获；奥登堡曾主持编辑了著名的《佛教丛书》，其中多有中亚新出土的佛教典籍。这些工作对于扩大中亚新发现的学问的影响都起了重要的作用。

探险活动的巨大收获与研究工作的卓有成效，很快在西洋东方学界引起了强烈反响，一些未参与探险的东方学者也迅速加入到新材料研究的行列之中。仅以德国而言，一流的学者就有路德施、缪勒、皮锡尔(R.Pischel)、斯顿那(H.Stonner)、佛兰克(O.Franke)、格德那(K.F.Geldner)、佛依(C.Foy)、黑尼士等人[①]。于是到本世纪二十年代，研究中亚探险发现的新材料，在西洋东方学界已形成汹涌之势，逐渐代替了十九世纪的东方学研究以中东、近东为主流的旧格局，成为新的时代潮流。

陈寅恪曾置身于西洋东方学界多年，对西洋东方学这股新兴潮流自然会有亲切感受。据笔者所撰《陈寅恪的留学经历与西洋东方学》一文考察，他在留法时即与伯希和交往，并可能听过伯氏所讲的各门课程；第二次到德国留学时，又以路德施、缪勒、黑尼士为师。另外他在留德笔记本中提到过“Grunwedel 的阿维斯塔中的魔鬼”，此出于格鲁威德尔的巨著《阿维斯塔经中的魔鬼及其与中亚佛教造像的关系》(1924 年出版)[②]；在论文中引用过奥登堡主编的《佛教丛书》中的材料[③]，可见对于这二人的研究也是熟悉的。至于斯坦因著名的探险所获与研究成果，他就更无不知之理了。陈寅恪研究学问讲求“预流”，曾号召国人参与到

① 以上叙述参考了贺昌群：《近年西北考古的成绩》，载《燕京学报》第 12 期(1932 年)，第 2659—2674 页；羽溪了谛：《西域佛教之研究》，载《燕京学报》第 4 期(1928 年)，第 653—661 页；胡戟、傅玫：《敦煌史话》，中华书局，1995 年版，第 115—127 页；姜伯勤：《陈寅恪先生与敦煌学》，载《广东社会科学》，1988 年第 2 期。

② 季羡林：《从学习笔记本看陈寅恪先生的治学范围和途径》，载《纪念陈寅恪教授国际学术讨论会文集》，中山大学出版社，1989 年版，第 76 页；又参羽溪了谛：《西域佛教之研究》，载《燕京学报》第 4 期，第 657 页。

③ 陈寅恪：《敦煌本唐梵对字音般若波罗密多心经跋》，载《金明馆丛稿二编》，第 176 页。

“敦煌学”这一发端于西方的世界最新学术潮流中去[①],因此他回国之初以极大热情研究我国西北新出土的文献,大量撰写有关的考释文章,正是对于西洋东方学最新潮流的积极回应。

二

陈寅恪早期研究工作的另一项重点内容是蒙古史。他在这方面发表的论文不多,一共只有五篇,但他在抗战期间曾对人提起回国之初专心致志治元史的往事说:“我读过好几遍(《元史》——引者注),每有一点心得,就批于书眉,蝇头细楷,密密麻麻,丹铅殆遍”[②]。可见其用功之勤。他之所以选择这样的研究课题,也应结合西洋东方学的传统来作探究。

蒙古史研究在西洋东方学界有悠久的历史,西洋东方学者在这方面留下了十分丰富的研究成果,足以与我国传统的元蒙史研究互相补充、互相发明。我国传统的元蒙史研究,大体上局限于自忽必烈建都北京以后的事实,对于蒙古民族在中国塞外的活动情况则知之甚少,而西洋东方学者的蒙古史研究重点恰在塞外。早在十九世纪中叶,法国的多桑(D'Ohsson)就写出了四卷本的巨著《蒙古史》。其书始自成吉斯汗,迄于帖木儿,参用大量原始资料,详加考证,对蒙古民族在中亚、西亚及欧洲的活动历史作了十分详细的叙述,是西方学者对蒙古史进行综合研究的一个典范。多桑《蒙古史》的材料,来源于阿拉伯文与波斯文文献,如叙蒙古先世事迹,多据志费尼的《世界征服者史》和拉施特的《集史》,叙伊儿汗国史以《集史》为据,这反映了西洋蒙古史研究在史料学上的重要特征,即以中国以外的史料为主。为使综合研究有坚实可靠的基础,西洋蒙古史学者对这些史料也进行了长期深入细致的研究。以拉施特的《集史》来说,此书为最著名的波斯文蒙古史料,系参考波斯皇室的秘密纪录所谓《黄金史》者著成,具有极高的史料价值,故历来深受西方蒙古史家的重视,为之校勘译注者络绎不绝。1836年,法国的嘉特梅尔(Qua-tremere)将此书自开头至旭烈兀汗书部分译为法文,并加注释,正式出版,遂开西洋东方学界翻译校注此书的先河。此后,俄国

① 陈寅恪:《陈垣敦煌劫余录序》,载《金明馆丛稿二编》。

② 王钟翰:《陈寅恪先生杂忆》,载《纪念陈寅恪教授国际学术讨论会文集》,第54页。

的哀忒蛮有《集史·部族志》德译本，出版于1841年；岁勒津（I.N.Berezin）有《集史》第一卷波斯原文校勘和俄文译注本，自1853年至1888年陆续出版；到二十世纪初更出了一本对此书进行校译的集大成之作，即法国的伯劳舍（Blochet）对整部波斯原文所作的精校、翻译（为法文）和注释。西洋东方学界在二十世纪以前对于中国的蒙古史料一般来说不太重视，但也有值得一提之处，如俄国的施密德（Schmidt）将蒙古文的《蒙古源流》译为德文的时间早在1829年，而分别出版于1866年和1876年的英国友尔（C.H.Yule）的《契丹与通往其国之路》和霍渥尔特（H.H.Howorth）的《蒙古史》中，则征引了我国《元史》中的材料，这比同时期我国学者的眼界要开阔得多。

西洋东方学者在蒙古史研究上的重要成就到十九世纪末始为我国学者认识到。1897年，洪钧的《元史译文证补》出版。该书以多桑《蒙古史》和贝勒津所译《集史》第一卷为主要依据，参以哀忒蛮、霍渥尔特诸人之书，对蒙古民族的塞外活动史实作了大量的补充和考证，在国内元史学界引起很大反响。其后屠寄作《蒙兀儿史记》（1911年初版），柯劭忞作《新元史》（1920年成书），无不引西人著述以补漏正讹[①]。到陈寅恪任教清华之时，借鉴西方蒙古学研究成果已成国内元史学界的一种风气。

陈寅恪对于西洋东方学者在蒙古史研究领域的丰富成果的了解，比其前辈或同时的国内学者元为全面和透彻。洪钧不能直接引用英、法、俄文以外的西方资料，陈寅恪掌握的古今语文种类有二十余种，具有直接阅读几乎一切语文的蒙古史资料的能力[②]。屠寄想方设法搜罗西方蒙古史研究的最新成果，但结果他引入《蒙兀儿史记》中的西人著作，除洪钧已引用过的《集史》与多桑《蒙古史》外，大多为第三、四手的间接材料。陈寅恪则不会有此失误，他在论文中所参考的多桑《蒙古史》、Quatremere的波斯文法文对译本《集史》、施密德的蒙古文德文对译本《蒙古源流》等书，是传统名著；所参考的Blochet校勘的波斯原文《集史》及伯希和的有关论文等[③]，是新近产生的有代表性的成果；1930年，他写信向

① 以上叙述参李思纯：《元史学》第二章，中华书局，1927年版。

② 参季羡林：《从学习笔记本看陈寅恪先生的治学范围和途径》，载《纪念陈寅恪教授国际学术讨论会文集》，第85页。

③ 陈寅恪：《元代汉人译名考》《灵州宁夏榆林三城译名考》《吐蕃彝泰赞普名号年代考》，皆载《金明馆丛稿二编》。

陈垣推荐俄国科学院突厥学院士巴托里德(W.Barthold)所著《蒙古入侵时期的土耳其斯坦》一书[①],更是名人名作,被认为是研究三至十三世纪中亚历史的必读书[②]。陈寅恪早年即"以家世因缘",熟知晚清以来国内蒙古史研究风气[③],诱发了对于蒙古史的兴趣;与西洋东方学界的长期接触,又使他对西方的蒙古史学了如指掌。这使他具备了站在当时中西蒙古史研究的最前沿进一步沟通中西、继往开来的学术实力。据俞大维说,陈寅恪曾有志于留给我们一部新蒙古史[④],可见他本来是很想在此领域成就一番大事业的。但后来由于种种原因,这一工作中途而废,令人惋惜。

三

注重利用多种语文知识来解疑发覆是陈寅恪早期研究工作的突出特征。他所开设的"佛经翻译文学""梵文文法"等课程,所指导的"摩尼教经典与回纥文译本之研究""佛教经典各种文字译本之比较研究""蒙古满洲书籍及碑志与历史有关系研究"[⑤]等都体现了对于语文工具的重视;其著述情况更是如此。试看他发表的第一篇论文《大乘稻芊经随听疏跋》,此文在考证吐蕃沙门法成的著述概略时,不仅从中文文献中发掘资料,而且检阅了大量的藏文文献。其特别精彩的部分是从藏文续藏经中发现了法成的一部译作。在《西藏文续藏满蒙汉藏四体目录》中,有《深微宗旨确释广大疏》一种,下注"答哩麻悉谛译"。论文中对此解释道:"'答哩麻悉谛'之名自蒙古文音译而来,盖蒙文目录,此疏译主之名,依据梵文作 Dharma-Siddhi 即藏文 Chos-grub,中文法成之意译。"[⑥]在这里,陈寅恪综合运用了蒙、梵、藏、汉等多种语文知识以论证其对音转译过程,令人信服。

这种研究风格与西洋东方学的渊源最深。西洋东方学者由于受德国历史语文考证学派的影响,大都在语文方面下过很深功夫,像陈寅恪所推重的伯希和、

---

① 陈智超:《史学二陈的友谊与学术》,载《纪念陈寅恪教授国际学术讨论会文集》,第 251 页。
② 李治安、王晓欣:《元史学概说》,天津教育出版社,1989 年版,第 30 页。
③ 陈寅恪:《朱延丰突厥通考序》,载《寒柳堂集》,上海古籍出版社,1980 年版,第 144 页。
④ 俞大维:《谈陈寅恪先生》,载《谈陈寅恪》,第 11 页。
⑤ 见《研究院纪事》,载《国学论丛》第 1 卷第 1 号。
⑥ 载《金明馆丛稿二编》,第 254—255 页。

巴托里德，曾经师从的兰曼·路德施、缪勒、黑尼士等人，无不擅长于以多种语文为工具来研究东方的历史与文化。陈寅恪在留学后期，以整整七年时间追随西洋东方学者，学习了二十余种东方古今语文，打下了足以媲美于任何第一流的西洋东方学者的深厚语文基础。因此，他回国之初注重利用多种语文工具来开展研究，正是学以致用的表现，是其留学后期学业的继续。

利用多种语文知识以研究历史有许多不同的途径，上面提到的《大乘稻芉经随听疏跋》一文中采择的有两个：第一，从多种语文的文献中搜集材料，第二，使用对音法。这大体上代表了陈寅恪的早期著述在这方面的取向。陈寅恪充分利用多种语文文献来研究历史的最突出例子是《忏悔灭罪金光明经冥报传跋》一文。此文前半部分通过考察《金光明经》的中文、突厥文、吐蕃译本的体制特征，推断"佛经之首冠以感应冥报传记，实为西北昔年一时风尚"，接着又举出此经的梵文本、藏文本、蒙古文本、Kalmuk 文本、东伊朗文本等，有力地证明了"此经于佛教大乘经典中流通为独广"[①]。短短千余字的文章，共使用了八种语文材料，确实让人叹为观止。其它论文中使用的资料所牵涉的语种中没有这么多，但绝大多数都在两种以上。

"对音"法又称对音勘同法，是西洋东方学者发明的一种译名还原方法，对于我国西北史地的研究尤其具有重要作用。但由于古今语音变化相当复杂，昔人著作的译音用字往往又没有严格的规律可寻，因而使用这种方法稍不谨慎，就容易造成失误。在这方面，陈寅恪做得是非常成功的。他使用对音法探求史实的范例是《吐蕃彝泰赞普名号年代考》一文。吐蕃彝泰赞普的名号，《蒙古源流》的不同版本所记颇有差异。如何来判别各本的正误呢？此文首先从拉萨长庆唐蕃会盟碑阴吐蕃文中找到了一个可靠的标准。据碑阴吐蕃文所载，其赞普名号为 Khri-gtsug Lde-brtsan，年号为 Skyid-rtag。Skyid-rtag 即中文"彝泰"之义，故彝泰赞普的名号，吐蕃文的正确拼法即为 Khri-grsug Lde-brtsan，《新唐书·吐蕃传》中所记赞普之名有"可黎可足"，即吐蕃文 Khri-gtsug 的对音。确立了这个标准之后，作者持以遍校诸书，充分发挥其精通多种语文的才能，对各种语文间对音转译的种种问题作了细致的分析，很好地解释了《蒙古源流》各种版本在彝泰

① 载《金明馆丛稿二编》，第 256—257 页。

赞普名号记载上纷歧互异的原因。名号考定,然后再考年代,推出彝泰元年为元和十年,遂定“千年旧史之误书,异地译音之讹读”[①]。陈寅恪较多使用对音法的文章还有《灵州宁夏榆林三城译名考》《元代汉人译名考》等。

利用多种语文为工具治史,是陈寅恪从西洋东方学者那里学来的绝技。1925年7月,王国维在清华国学研究院所作的一次题为《最近二三十年中中国新发见之学问》的演讲中,介绍到第五项学问“中国境内之古外族遗文”时曾感叹道:“惜我国人尚未有研究此种古代语者,而欲研究之,势不可不求之英、法、德诸国。”[②]可知在陈寅恪以前,国内学术界还没有人具备利用多种外族语文治学的能力。陈寅恪通过其早期研究工作,将西洋东方学研究的这种优长展示给国人,堪称“开拓学术之区宇,补前修所未逮”[③],在我国现代学术史上是具有重大意义的。

四

陈寅恪的早期研究领域有时也被称为“中西交通史”[④]或“中外关系史”[⑤],这是就其研究的旨趣——对中西文化交流问题的历史思考而言的。这种研究旨趣的由来,一方面固然如牟润孙所说是由于中国“受了帝国主义侵略以后,大家注意到了国防问题,考证各史外国传,研究边疆地理和民族,推广到中西交通,是从一条线索上发展出来的”[⑥];一方面也当从西洋东方学在当时的发展趋势中寻其渊源。著名中西交通史家方豪曾指出:“欧美之东方学及汉学,于东西(中西)交通史研究之兴起,均有直接间接之关系;其有直接关系者,即研究之方向,大部为与东西(中西)交通史有关者。”[⑦]本世纪初勃兴的中亚探险热,将西洋东方

① 载《金明馆丛稿二编》,第98—107页。
② 载《清华周刊》350期(1925年7月)。
③ 语见陈寅恪:《王静安先生遗书序》,载《金明馆丛稿二编》,第219页。
④ 如顾颉刚在《禹贡学会募集基金启》中即如此称之,见顾潮:《顾颉刚年谱》,中国社会科学出版社,1993年版,第216页。
⑤ 如余英时在《陈寅恪的学术精神和晚年心境》一文中即如此称之,见冯衣北:《陈寅恪晚年诗文及其他》,花城出版社,1986年版,第59页。
⑥ 牟润孙:《敬悼陈寅恪先生》,载《谈陈寅恪》,第67页。
⑦ 方豪:《中西交通史》上册,岳麓书社,1987年版,第17页。

学界的目光引向中亚研究领域，更进一步强化了这种趋向。因为中亚自古为多民族杂居的地区，各族之间的交流问题最为引人注目；同时中亚作为中西要道，在中西文化交流史上扮演着尤为重要的角色。中亚探险的结果表明，中国对于佛教及其他西方文明的接触与吸收，以及中国文明向西方的传播，往往不是直接进行的，而是以中亚作为中介地[①]。因此，在中亚研究领域，有关中西交通特别是文化交流问题自然成为热门话题。以伯希和为例，其中亚研究的著作如《中亚之方济各会修士》《中古中亚之基督教》《敦煌古代美术所受印度之影响》《古伊兰在中亚及远东之影响》《西域古代之印度及中国文化》等，所讨论的皆是中西交通特别是中西文化交流方面的问题[②]。

陈寅恪主要是通过研究佛教典籍来探讨中印文化的交流问题，诸如“佛教所代表的外来文化与本土文化接触之问题”“佛经流布与小说文学之关系”等可说是他早期著述的最常见的主题[③]。在这些探讨中，他广泛参考和吸收了西洋东方学者的研究成果，以国别而言，有法国的伯希和、Sylvin Levi 等人的著作，有德国的路德施、A.H.Francke、F.W.K.Mueller、E.Leumann、Ernst Waldschmidt 等人的著作，还有英国的斯坦因的中亚探险成绩和俄国科学院编辑出版的《佛教丛书》[④]。这些著作，许多是他在留学后期收集到或接触过的，如路德施对于梵文《大庄严论》残本的整理，Waldschmidt 对《说一切有部比丘尼波罗提木叉》梵文残本的校释，他在留德时期都已闻见其事[⑤]；他写作《有相夫人生天因缘曲跋》一文所参考的《根本说一切有部毗奈耶入宫门学处》之藏文经，也见于他的留德笔记本中[⑥]。还有一些是他回国后才读到的，如他在《童受喻鬘论梵文残本跋》一文中参考的路德施的著作出版于 1926 年。法国学者戴密微（P.Demieville）在谈论法国汉学研究史时，曾特别提到以列维（Levi）为代表的印度学家“运用中国资料

---

① 参羽溪了谛：《西域佛教之研究》，载《燕京学报》第 4 期；伯希和：《近日东方古言语学及史学上之发明与其结论》，载《王国维遗书·观堂译稿》，上海古籍书店，1983 年版。

② 参方豪：《中西交通史》上册，岳麓书社，1987 年版，第 18 页。

③ 参汪荣祖：《史家陈寅恪传》第六章。

④ 分别见于陈寅恪：《大乘稻芉经随听疏跋》《有相夫人生天因缘曲跋》《童受喻鬘论梵文残本跋》、《忏悔灭罪金光明经冥报传跋》《敦煌本十诵比丘尼波罗提木叉跋》《斯坦因 Khara-Khoto 所获西夏文大般若经考》《敦煌本唐梵对字音般若波罗密多心经跋》等。皆载《金明馆丛稿二编》。

⑤ 见陈寅恪：《童受喻鬘论梵文残本跋》《敦煌本十诵比丘尼波罗提木叉跋》，皆载《金明馆丛稿二编》。

⑥ 参季羡林：《从学习笔记本看陈寅恪先生的治学范围和途径》，载《纪念陈寅恪教授国际学术讨论会文集》，第 76 页。

（主要是汉文大藏经和敦煌佛教文献——引者注）来研究印度西域佛教为汉学做出的贡献”，认为他们“不是仅仅从中国的角度来考虑他们的研究工作，汉学家从中得益很多”。这里所谓“汉学家从中得益很多”的一个重要涵义即指列维这样的东方学家的新著对于研究“中国与印度或中亚细亚关系”具有很高的参考价值[①]。陈寅恪研究中印文化交流问题注重对西洋东方学研究新成果的参考和利用，可与戴氏之言互相印证。

在探讨中印文化交流问题时，陈寅恪与国内同时期的其他同行学者比较起来，对中亚（西域）佛教给予了更多的关注，这一点很能显露出他与西方中亚学研究新趋势之间的关系之深。如他在《西游记玄奘弟子故事之演变》一文中指出，僧佑《出三藏记集》九《贤愚经记》，是释昙学等八人在于阗听讲之笔记，“今检其内容，乃一杂集印度故事之书。以此推之，可知当日中亚细亚说经，例引故事以阐经义，此风盖导源于天竺，后渐及于东方”[②]；又如他在《有相夫人生天因缘曲跋》和《忏悔灭罪金光明经冥报传跋》二文中，皆论及中古时期西北佛教的特殊风尚。在《高僧传》的批语中，他还通过考证译经僧出生的地域分布，认为“据此可知六朝文化与中亚关系之深矣”[③]。这些独具只眼的见解，与伯希和等西洋东方学者的研究遥相呼应，向国人展示了研究中西文化交流史的一个新方向。三十年代以后，冯承钧、向达等人沿着这一方向继续努力，高度重视对中亚（西域）文化的研究，取得了杰出成就，将国内的中西交通史研究推进到了一个新的发展阶段。

通过以上的考察与梳理可以看出，陈寅恪在早期研究工作中对于西洋东方学的借鉴是建立在相当全面深入的了解的基础之上的：他以极大的热情研究我国西北新出土的文献，是对西洋东方学最新潮流的积极回应；他将蒙古史作为重点研究内容，是因为西洋东方学的相关成果可与我国这方面研究的传统相互发明；他注重利用多种语文知识来解疑发覆，更是从西洋东方学者那里学来的绝技；他探讨中西文化的交流问题，取径与伯希和等西洋东方学界新锐相合。他站在西洋东方学发展的时代潮头之上，怀抱振兴民族学术的强烈使命感，沟通

---

① 戴密微：《法国汉学研究史概述》（下），载《中国文化研究》，1994 年夏之卷。
② 载《金明馆丛稿二编》，第 192 页。
③ 蒋天枢：《陈寅恪先生编年事辑》，第 63 页转引。

中西、开拓进取，代表了当时国人吸收西学的最高水平。汤用彤先生在二十年代初曾著文感叹："维新者以西人为祖师，守旧者藉外族为护符，……对于欧美，则同作木偶之崇拜。"[①]陈寅恪的早期研究工作与西洋东方学的关系，昭示了与这种盲目崇拜完全不同的对待西学的新方向，对促进我国现代学术事业的健康发展作出了重大贡献。

---

① 汤用彤：《评近人之文化研究》，载《学衡》第12期（1922年12月）。

误读？曲解？

——试以读者角度思考韩愈《原道》一文的论述瑕疵

陶玉璞

一 前言

众所周知，在中国文化史上，韩愈(768—825)《原道》是非常具有代表性的一篇文章。不论其受到后人推崇或诟病，我们应该思考：谁才是撰写该文当时所设定的对象？

伊瑟尔(Wolfgang Iser)曾提出“隐含的读者”(implied reader)词汇，或许可以作为笔者撰写本文借鉴的观点。不过，当深入探索该辞汇的意涵时，却发现这个词汇常因不同读者而存在着不同的理解。伊瑟尔《阅读活动——审美反应理论》中颇能清楚的说明何为“隐含的读者”，其云：

> ……如果我们要着意了解文学作品产生的效应和反应，我们就绝不能界定读者其人或历史环境，眼下还找不到一个更妥当的名词儿，姑且先称之为暗隐的读者。暗隐的读者包含着一部文学作品实现其效应所必需的一切规定。本文的规定取向并不是由某种外在的经验现实设制的，而是由本文自身设(制)〔置〕的。暗隐的读者作为一种概念，深深地植根于本文的结构中；暗隐的读者是一种结构，而绝不与任何真实的读者相同。①

---

① [德]沃尔夫冈·伊瑟尔著，金元浦、周宁译：《阅读活动——审美反应理论》，中国社会科学出版社，1991年版，第43页。Wolfgang Iser, *The Act of Reading: A Theory of Aesthetic Response* (Baltimore and London: The Johns Hopkins University Press, 1978), p. 34.

如果“隐含的读者”深深地植根于结构中而不与“真实的读者”相同，那这个“隐含的读者”就绝对不同于伊格尔顿（Terry Eagleton）同样词汇的认识。伊格尔顿云：

……每一个文学文本的构成都意识到它的潜在的读者，都包含着它写作对象的形象；每一部作品在它本身内部都把伊瑟尔称做“潜在的读者”变成符号，并在老的每一个表示里暗示出它所期待的那种“接受者”。①

或许伊瑟尔原本是图方便而“姑且先称之”，以致于后辈论者对该辞汇出现了意涵的改变。于此，朱刚便指责这样的改变为“误解”②。但笔者则认为：与其从负面的指责，倒不如面的视伊格尔顿的看法为另一种创造，而且这个观点适可以思考韩愈创作《原道》时的想法。

二　韩愈《原道》文本论述篇幅、用典方式差距的分析

韩愈《原道》创作于何时？这是一个重要的问题，但也是个难以定论的问题。如此，屈守元、常思春主编《韩愈全集校注》置于“疑年文”，陈克明《韩愈年谱及诗文系年》置于“韩愈诗文较难系年者”③，读者应该都不会太意外。既然如此，何不从读者角度思考这篇的创作时机。

（一）篇幅悬殊——《原道》对儒释道论述篇幅的差距

《论佛骨表》乃韩愈反佛名篇，其针对性无需明说，其系于元和十四年（819），少有疑意。不过，观《原道》全文，其对儒释道三家的针对性，实存有颇大的差距。而该文篇首正是具有代表性的一段佳例，今且权作探索的切入点：

① ［英］特里·伊格尔顿著，王逢振译：《现象学，阐释学，接受理论——当代西方文艺理论》，江苏教育出版社，2006 年版，第 81 页。

② 朱刚：《论沃·伊瑟尔的“隐含的读者”》，《当代外国文学》1998 年第 3 期，第 154 页。

③ 屈守元、常思春主编：《韩愈全集校注》，四川大学出版社，1996 年版，第 2662—2686 页。陈克明：《韩愈年谱及诗文系年》，巴蜀书社，1999 年版，第 681—686 页。

博爱之谓仁，行而宜之之谓义，由是而之焉之谓道，足乎己无待于外之谓德。仁与义为定名，道与德为虚位。故道有君子小人，而德有凶有吉。老子之小仁义，非毁之也，其见者小也。坐井而观天，曰天小者，非天小也。彼以煦煦为仁，孑孑为义，其小之也则宜。其所谓道，道其所道，非吾所谓道也。其所谓德，德其所德，非吾所谓德也。凡吾所谓道德云者，合仁与义言之也，天下之公言也。老子之所谓道德云者，去仁与义言之也，一人之私言也。①

这一段，文句逻辑清楚明白，说服力强。不过，就读者而言，我们必须思考此段究竟要说服何人。

首先，这一段无一语涉及佛教，故就读者而言，佛教可以直接排除。其次，这一段多在攻击老子，然就读者角度来思考，老子思想的信奉者实在很难被说服；而且，与其说被说服，不如说容易被此段文句所激怒。最后，这一段所说仁、义、道、德的观点，就儒家追随者而言，又多不愿意接受。其何以如此？如果创作时真的都存在“隐含的读者”，而这一段的隐含读者究竟是哪些人？

综观这一段文字，究竟老子思想的信奉者容易被那一句所激怒？不必说，即“老子之小仁义，非毁之也，其见者小也”诸语；而其所以被激怒，主要是这一句并不符合老子原文的想法。《老子》云：

大道废，有仁义；智慧出，有大伪；六亲不和，有孝慈；国家昏乱，有忠臣。

绝圣弃智，民利百倍；绝仁弃义，民复孝慈；绝巧弃利，盗贼无有。此三者，以为文不足，故令有所属，见素抱朴，少私寡欲。

上德不德，是以有德；下德不失德，是以无德。上德无为而无以为，下德为之而有以为。上仁为之而无以为，上义为之而有以为，上礼为之而莫之应，则攘臂而扔之。故失道而后德，失德而后仁，失仁而后义，失义而后礼。夫礼者，忠信之薄而乱之首。前识者，道之华而愚之始。是以大丈夫处其厚，不居其薄；处其实，不居其华。故去彼取此。②

① 屈守元、常思春主编：《韩愈全集校注》，第2662页。以下《原道》文本，概引自此书，为免繁琐，不再一一另注。

② 引自楼宇烈校释：《老子道德经注校释》，中华书局，2008年版，第18、19、38章，第43、45、93页。

“大道废”而“有仁义”，“失道而后德，失德而后仁，失仁而后义，失义而后礼”，依此逻辑，为了防止依序而降，唯有反方向而行，才不会得到废其道、失其道的后果，接下来，才能由“绝仁弃义”而“民复孝慈”。如此，老子岂只是“小仁义”而已，其根本完全否定了仁义；至于所谓“煦煦为仁”“孑孑为义”，不仅无从说起，更是难以解释！就敦劝、引导的手法而言，韩愈当时的隐含读者，应该不是老子思想的信奉者。

排除佛教、道教的信徒，难道韩愈只是为了儒家的追随者？不过，恐怕这也言之过早。盖“博爱之谓仁，行而宜之之谓义，由是而之焉之谓道，足乎己无待于外之谓德”诸语，宋儒常不以为然；至于“仁与义为定名，道与德为虚位”，程颐更直言不讳地责其“乱说”[①]。由此看来，如果韩愈当时以儒家的追随者作为心目中的隐含读者，这一段文字根本毫无效果，充其量，只能算是失败的案例。

行文至此，着实让人纳闷不已。倘若不是“误读”，如果不是“曲解”，韩愈《原道》一文的撰写目的究竟为何？其到底希望得到什么阅读效果？不过，由于治丝益紊，毫无头绪，故权且将这个问题搁置一旁，先进行其他方面的思考。

(二)典故殊途——《原道》对儒释道用典方式的差距

典故承载了传统的积累：引用典故，文章便可吸引某些气味相投的读者；而反用典故，又可同仇敌忾的轻易集结关心这个问题的大众。

韩愈《原道》所用典故颇多，难以尽数。学界研究者，亦不乏循典溯源之例。孙昌武《读韩愈“原道”》即云：

> 《原道》开头的四(人)〔个〕定义，如果作注解，都可以找出典据。如“博爱之谓仁”，意本《孟子·离娄下》“仁者爱人”；“行而宜之之谓义”，语本《礼记·中庸》“义者，宜也”；“由是而之焉之谓道”，勉强可说是根据《礼记·中庸》“率性之谓道”；“足乎己无待于外之谓德”，《礼记·乐记》有“德者，得也”

① 引自《河南程氏遗书》第十九卷。见程颢、程颐著，王孝鱼点校：《二程集》，中华书局，1981 年版，第 3 册，第 262 页。

等等。这可以说是“无一字无来处”。[①]

依义溯源，这当然是重要工作。不过，韩愈真的就是由此直接顺流而下吗？于此，笔者试另寻其语源。袁宏《后汉纪》云：

袁宏曰：……故博爱之谓仁，辨惑之谓智，犯难之谓勇。[②]

扬雄《法言》云：

……问“义”。曰：“事得其宜之谓义。”[③]

“博爱之谓仁”“行而宜之之谓义”，从语句的可能来源处——《后汉纪》《法言》——观之，韩愈的观点便显现出驳杂不纯的现象。

驳杂不纯，不是韩愈没有能力，而是其根本未认真思考这些问题，仅是方便借用而已。顺着这个角度来思考，所谓“其言道德仁义者，不入于杨，则入于墨”者，即是借用《孟子》之“天下之言，不归杨则归墨”一语[④]，并且延续此文脉，另出“不入于老，则入于佛”之语，与熟悉《孟子》语句的读者造成同仇敌忾的心理。张耒曾问：“韩退之以为文人则有余，以为知道则不足，何则？”[⑤]若以此问题来看《原道》全文，正是文气有余，但实难无法辨其“道”之“真原”。

遍观《原道》整篇文章，不仅儒家观点驳杂不纯，韩愈所用佛教、道教典故，也有同样的情形。其为“后之人其欲闻仁义道德之说”而设问时，便云：

……噫！后之人其欲闻仁义道德之说，孰从而听之！老者曰：“孔子，吾师之弟子也。”佛者曰：“孔子，吾师之弟子也。”为孔子者，习闻其说，乐其诞而自小也，亦曰：“吾师亦尝云尔。”不惟举之于其口，而又笔之于其书。

① 孙昌武：《读韩愈“原道”》，《南开大学学报》1989年1期（总89期，1989年1月），第67页。
② 张烈点校：《两汉纪》，中华书局，2002年版本，下册，第3卷《光武皇帝纪》，第38页。
③ 汪荣宝著，陈仲夫点校：《法言义疏》，中华书局，1987年版，第15卷《重黎》，第395页。
④ 《孟子·滕文公章句下》，参见沈文倬点校：《孟子正义》，中华书局，1987年版，第13卷，第456页。
⑤ 张耒：《韩愈论》，参见李逸安等点校：《张耒集》，中华书局，1990年版，第41卷，第677页。

道教信徒所云，应该出于《庄子》的记载：

孔子行年五十有一而不闻道，乃南之沛见老聃。①

究其实，《庄子》本就有“寓言十九，重言十七”之说，而“重言十七，所以已言也，是为耆艾”②；由此可知，其借重往哲先贤来说明其观点，其诉求的是权威性，此不过是其写作的技法或策略而已，读者不应以事实来认知。倘若以事实来认知，《天运》篇另借老聃之口而教诲孔子之例：

孔子见老聃而语仁义。老聃曰：“……夫仁义憯然，乃愤吾心，乱莫大焉。”③

“乱莫大焉”，这是多么严重的指责，而此一指责实可反噬其《原道》全文的纲领。以此而推，韩愈撰写《原道》的当时，其心目中的读者，应该不包括当时熟稔《庄子》的道教信奉者。

另外，佛教信徒所说的“孔子，吾师之弟子也”，应该出于《清净法行经》的记载。其云：

佛遣三弟子振旦教化：儒童菩萨，彼称孔丘；光净菩萨，彼称颜渊；摩诃迦叶，彼称老子。④

这一段文字，将儒学、道教的代表人物都安排为释迦牟尼的弟子，其目的很明显，就是传达佛教的本位立场。而其明显的针对性，也让人怀疑其真实的可能性。隋朝以来，《众经目录》(《仁寿录》)将这部佛经置于“疑伪”，《开元释教录》则

---

① 引自《外篇·天运》，曹础基、黄兰发点校：《南华真经注疏》，中华书局，1998年版，第5卷，第297页。
② 引自《杂篇·寓言》，《南华真经注疏》，第9卷，第539页。
③ 引自《外篇·天运》，《南华真经注疏》，第5卷，第300页。
④ 释道安：《二道论》，《广弘明集》第8卷，《大正新修大藏经》第52册，第140a页。

分置于“疑惑再详录”“伪妄乱真录”，都是当时的看法。由此而观《原道》，其诉求的并不是有知识的、专业的读者。

《原道》所用典故虽多，引佛典较少，引《庄子》较多。其所以如此，应该是因儒家、道家同论圣人而观点却相反的缘故：

> 古之时，人之害多矣。有圣人者立，然后教之以相生养之道。为之君，为之师，驱其虫蛇禽兽，而处之中土。……相欺也，为之符玺斗斛权衡以信之；相夺也，为之城郭甲兵以守之。害至而为之备，患生而为之防。今其言曰“圣人不死，大盗不止”“剖斗折衡，而民不争”。呜呼！其亦不思而已矣。如古之无圣人，人之类灭久矣。何也？无羽毛鳞介以居寒热也，无爪牙以争食也。

这段文字，典出《胠箧》篇，其《庄子》原文云：

> 夫川竭而谷虚，丘夷而渊实。圣人已死，则大盗不起，天下平而无故矣！圣人不死，大盗不止。虽重圣人而治天下，则是重利跖盗也。为之斗斛以量之，则并与斗斛而窃之；为之权衡以称之，则并与权衡而窃之；为之符玺以信之，则并与符玺而窃之；为之仁义以矫之，则并与仁义而窃之。何以知其然邪？彼窃钩者诛，窃国者为诸侯，诸侯之门而仁义存焉。则是非窃仁义圣知邪？故逐于大盗，揭诸侯，窃仁义并斗斛权衡符玺之利者，虽有轩冕之赏弗能劝，斧钺之威弗能禁。此重利盗跖而使不可禁者，是乃圣人之过也。……故绝圣弃知，大盗乃止；擿玉毁珠，小盗不起；焚符破玺，而民朴鄙；掊斗折衡，而民不争；殚残天下之圣法，而民始可与论议。①

其所以如此，乃因“窃钩者诛，窃国者为诸侯”，故“此重利盗跖而使不可禁者，是乃圣人之过也”。但《原道》则摘取儒、道二家针锋相对的观点，诉求读者自己来权衡比较！而从气味相投、同仇敌忾的用典企图来思考，这些读者身份大概不辩已明了。

---

① 引自《外篇·胠箧》，《南华真经注疏》，第 4 卷，第 203 页。

总体来看这些例证,韩愈《原道》究竟希望得到什么阅读效果?其用典方式,究竟是不是“误读”“曲解”?答案似乎已呼之欲出。

(三)用典不讲求专业的普遍性

整体分析《原道》全文的儒、释、道三家用典情形,无论是哪一家,都有不够专业的问题。然而,这是当时的普遍情形,还是韩愈独有的问题?由于事关其用典心态,故我们不能囫囵以对。

孔子是否以老聃为师?《庄子》所云当然有寓言、重言的疑虑。不过,其说之所以不绝于耳,盖因《史记》早有记载。其《孔子世家》言:

> 鲁南宫敬叔言鲁君曰:“请与孔子适周。”鲁君与之一乘车,两马,一竖子俱,适周问礼,盖见老子云。辞去,而老子送之曰:“吾闻富贵者送人以财,仁人者送人以言。吾不能富贵,窃仁人之号,送子以言,曰:‘聪明深察而近于死者,好议人者也。博辩广大危其身者,发人之恶者也。为人子者毋以有己,为人臣者毋以有己。’”①

其《老子韩非列传》则有不同的记载:

> 孔子适周,将问礼于老子。老子曰:“子所言者,其人与骨皆已朽矣,独其言在耳。且君子得其时则驾,不得其时则蓬累而行。吾闻之,良贾深藏若虚,君子盛德,容貌若愚。去子之骄气与多欲,态色与淫志,是皆无益于子之身。吾所以告子,若是而已。”②

《史记》前后所言,差异稍大。不过,《孔子家语》却未斟酌二者的差别而单选择了《孔子世家》的记载:

> 孔子谓南宫敬叔曰:“吾闻老聃博古知今,通礼乐之原,明道德之归,则吾

① 引自《史记·孔子世家》,中华书局,1982年版,第1909页。
② 引自《史记·老子韩非列传》,中华书局,1982年版,第2140页。

师也。今将往矣。”……敬叔与俱至周，问礼于老聃，访乐于苌弘。……及去周，老子送之曰：“吾闻富贵者送人以财，仁者送人以言。吾虽不能富贵而窃仁者之号，请送子以言乎：‘当今之士，聪明深察而近于死者，好讥议人者也。博辩闳达而危其身，好发人之恶者也。无以有己，为人子者；无以恶己，为人臣者。’”①

《孔子家语》影响后世深远。此外，《牟子理惑论》亦云：

问曰：佛道至尊至大，尧、舜、周、孔曷不修之乎？《七经》之中，不见其辞。……

牟子曰：……尧事尹寿，舜事务成，旦学吕望，丘学老聃，亦俱不见于《七经》也。②

尽管《孔子家语》《牟子理惑论》均有争议，但曾引用《清净法行经》之道安《二道论》，应该再无疑义了吧！其云：

问：孔子问礼于老聃，则师资之义存矣。……

答曰：……孔子曰：“吾无常师，问礼于老聃。”斯其义也。③

此外，法琳《辩正论》亦当时道士之语：

开士曰：孔子至周见老聃而问礼焉，《史记》俱显。④

道安所说，虽然确实有史料价值，但其也只能证明“孔子以老聃为师”之说已习见于六朝时期；法琳所言，也只能说明“孔子以老聃为师”之论仍持续至唐代而已。毕竟二者诉求的是北周武帝及朝廷大臣、唐太宗与当时道士，论诤所

---

① 引自《孔子家语·观周》，《影宋蜀本孔子家语》，（台北）中华书局，1985年版，第3卷，版心1—2叶。
② 引自李小荣校笺：《弘明集校笺》，上海古籍出版社，2013年版，第1卷，第19页。
③ 《广弘明集》，第8卷，第138b页。
④ 引自《辩正论·十喻篇》，《大正新修大藏经》，第52册，第6卷，第526a页。

言,且其政治冀望高于史实探索的企图,其专业性如何,不想可知。

而孔子是否即是儒童菩萨?这应该分二个层次而说:首先,佛经本有“儒童菩萨”之名,竺大力、康孟详译《修行本起经》即有此称呼,这个部份,当无疑问①;其次,将孔子、儒童菩萨黏合为同一人者,现存史料——释道安《二道论》、释法琳《破邪论》、释明槩《决对傅奕废佛法僧事》——则多引自《清净法行经》。

既然隋唐当时已疑《清净法行经》为伪经,为何释法琳、释明槩仍旧喋喋不休地引用其内容?这个问题其实很简单。盖当时处于三教论诤之际,犀利、动人的资料,便成运用之首选。毕竟其诉求的并非专业读者,而是关心政治利益的执政者,故甘冒风险而方便其说。顺此逻辑,我们便应回过头来思索:既然此乃当时习见之观点,为何我们要单单苛责韩愈。于此,笔者必须指出,本文如此论述,实无意指责韩愈的用典方式,而是怀疑其诉求的,会不会也是当时关心政治利益的执政者?

三 韩愈《原道》隐含读者的猜测

什么才是执政者关心的议题?想当然耳,无需细论,就是与其休戚相关的政治利益。而企图心强者,应该会时时留意“民之所欲”的部分。

(一)经济观点——《原道》究竟投哪些人之所好?

检视《原道》全文,大概少有人会忽略这一段文字:

> 甚矣!人之好怪也,不求其端,不讯其末,惟怪之欲闻。古之为民者四,今之为民者六。古之教者处其一,今之教者处其三。农之家一,而食粟之家六。工之家一,而用器之家六。贾之家一,而资焉之家六。奈之何民不穷且盗也。

---

① 参见《修行本起经》,《大正新修大藏经》第3册,卷上,第461c页。按:据《大唐内典录·后汉传译佛经录》记载,建安二年二月,沙门释昙果与竺大力、康孟详,于迦维罗卫国赍梵本来,于洛阳译。参见《大正新修大藏经》第55册,第224c页。

什么是“怪”？从这一段承接的文字来看，应该是指佛教、道教信仰者所言“孔子，吾师之弟子也”这句话。不过，韩愈却用算数的方式，让读者思考，到底是谁让人民走向“穷且盗”的地步呢？

穷，当然不是人民的首选。何况又是“穷”且“盗”？这大概是一般人民不得已之下的被迫选择，而这也正好挑动执政者的敏感神经。而是谁让人民走向这样的无奈结果？虽没有明说，但这也不用深思，当然是指新增的佛教与道教。

为了政治利益，执政者当然要避免人民走向“穷”且“盗”的道路；而既然《原道》文中已经明白地指出了原因，下一步，便无需细说。至此，当我们从读者角度排除了某些社群，韩愈撰写《原道》当时的“隐含读者”，大概也不用再深论了吧！

（二）谁是韩愈撰写《原道》当时的可能执政者？

问题又回到了原点：究竟韩愈《原道》创作于何时？尽管《韩愈全集校注》《韩愈年谱及诗文系年》无法提供太多讯息，但罗联添《韩愈“原道篇”写作的年代与地点》的结论倒可以给我们一点提示：

> 综上所论，得一结果：韩愈《原道》篇（及其他以原为题各篇）写作的年代是：贞元二十年冬或稍（前）〔后〕至二十一年夏秋未赴郴州前。地点应在阳山。韩愈时年三十七、八岁。[①]

贞元二十年至二十一年（804—805），实隐藏着一个蠢蠢欲动的革新集团，一件政治革新正在酝酿之中。

贞元二十一年，也就是永贞元年，该年正月癸巳（23日），德宗崩逝；丙申（26日），顺宗即位。接下来，便发布了一系列的人事命令：二月辛亥（11日），以韦执谊为尚书左丞、同中书门下平章事；辛酉（21日），贬京兆尹李实通州长史；壬戌（22日），以王伾为左散骑常侍，充翰林学士；以王叔文为起居舍人，充翰林学士；以王权为京兆尹。不过一个月，京兆尹、翰林学士，已换了一批人。然而，这一波人事布局却还未停止。三月丙戌（17日），杜佑为度支盐铁使；戊子（19日），王叔

① 引自罗联添：《韩愈“原道篇”写作的年代与地点》，《毛子水先生九五寿庆论文集》，（台北）幼狮文化事业公司，1987年版，第193页。

文为度支盐铁转运使副，而杜佑虽领使名，其实却由王叔文专总其权。不到二个月，王叔文却已掌握了国家的财政大权。

(三)韩愈《原道》隐含读者的猜测

为何顺宗这么急切地将国家财政交给王叔文来掌管？盖德宗建中元年(780)开始开始实施两税法，财政便一直是当时朝廷地方的重要问题。而如何扩充税收，如何分配税收，必然是执政当局无法忽略的重要项目。于此，透过“奈之何民不穷且盗”一语来思考，便会走向一种推论：难道王叔文便是《原道》创作时的隐藏读者？究其实，这样的猜测，实在有些鲁莽。故而，我们不妨暂时避开这个问题，先看看韩愈的想法。

而就史料来看，宗教、经济连动会造成什么后果，本就是韩愈特别关心的议题。这个部份，读者可从前一年所写的《送灵师》(804)来思考：

> 佛法入中国，尔来六百年。齐民逃赋役，高士着幽禅。官吏不知制，纷纷听其然。耕桑日失隶，朝署时遗贤。①

“齐民逃赋役”“耕桑日失隶，朝署时遗贤”，由于佛教的输入，政府损失了赋役、农业、纺织、人才，这些都显现出政府与当时宗教势力呈现着彼此冲突的一面。如此切入，我们便必须思考：除了《送灵师》一诗，还有哪些作品可以提供我们对《原道》隐藏读者的想像？

至此，我们先看看《赴江陵途中寄赠王二十补阙、李十一拾遗、李二十六员外翰林三学士》怎么说：

> 孤臣昔放逐，血泣追愆尤。……是年京师旱，田亩少所收。上怜民无食，征赋半已休。有司恤经费，未免烦征求。……适会除御史，诚当得言秋。……天子恻然感，司空叹绸缪。谓言即施设，乃反迁炎州。同官尽才俊，偏善柳与刘。或虑语言泄，传之落冤仇。二子不宜尔，将疑断还不。②

① 屈守元、常思春主编：《韩愈全集校注》，第149页。
② 同上，第221页。

“赴江陵途中”，由地理的先后来思考，此诗应作于永贞元年(805)九月。而“偏善柳与刘”，实显现韩愈对柳宗元、刘禹锡的怀疑，纵然其又以“二子不宜尔，将疑断还不”一语来解释，但读者仍可想见其对永贞集团存有的疑虑。之后，《永贞行》则云：

> 君不见太皇亮阴未出令，小人乘时偷国柄。……元臣故老不敢语，昼卧涕泣何汍澜。董贤三公谁复惜，侯景九锡行可叹。国家功高德且厚，天位未许庸夫干？嗣皇卓荦信英主，文如太宗武高祖。膺图受禅登明堂，共流幽州鲧死羽。①

“太皇”(顺宗)、“小人”(王叔文)、“英主”(宪宗)，读者自可依名号直接代入。如此，只要综合这二首诗，我们很难想像《原道》的隐藏读者真的是王叔文。

如果排除了王叔文，那会不会是宪宗皇帝呢？于此，我们也试着寻找一些史料来对照，如《八月十五夜赠张功曹》这首诗：

> 纤云四卷天无河，清风吹空月舒波。沙平水息声影绝，一杯相属君当歌。君歌声酸辞且苦，不能听终泪如雨。洞庭连天九疑高，蛟龙出没猩鼯号。十生九死到官所，幽居默默如藏逃。下床畏蛇食畏药，海气湿蛰熏腥臊。昨者州前槌大鼓，嗣皇继圣登夔皋。赦书一日行万里，罪从大辟皆除死。迁者追回流者还，涤瑕荡垢朝清班。州家申名使家抑，坎轲只得移荆蛮。判司卑官不堪说，未免捶楚尘埃间。同时辈流多上道，天路幽险难追攀。君歌且休听我歌，我歌今与君殊科。一年明月今宵多，人生由命非由他，有酒不饮奈明何？②

永贞元年八月庚子(4 日)，顺宗下诏禅位，壬寅(6 日)，王伾、王叔文俱贬；十四日，获赦书。面对歌酸、辞苦的张署，韩愈虽也是同赴江陵，其心情倒颇为乐观。毕竟“嗣皇继圣登夔皋”“涤瑕荡垢朝清班”，时代整个变了，纵然“州家申名

① 屈守元、常思春主编：《韩愈全集校注》，第 259 页。
② 同上，第 195—196 页。

使家抑”,但月到中秋分外明,韩愈遂一改悲歌而乐观以对。不过,这样的比较,其氛围虽然合乎我们的想象,却可能推翻罗联添该文的推论。除非证据坚实,否则宜先求取更大的可能性。

如果不排除王叔文,那就必须思考:韩愈的心态为什么前后出现这么大的变化?然而,如果从这个视角来审视韩愈,我们适才想不通的部分,反倒豁然开朗。为何如此?试想,当韩愈乐观地面对宪宗登基,不单后来的《元和圣德诗》(807)容易理解,我们也必须接受《论佛骨表》(819)的存在。同样的,倘若愿意接受韩愈对柳宗元的怀疑,那也不能排除其《祭柳子厚文》(819)、《唐柳州刺史柳子厚墓志铭》(820)、《柳州罗池庙碑》(823)三篇的真正感情。寄望愈深,也许失望也愈大,这大概是就其前后差距这么大的真正原因。

四 结论

《原道》地位是否重要,观其常冠于《韩昌黎文集》之首,不言可知。虽然这篇文章认知不够深刻,但追其原因,可能还是囿于时代的限制,受限于创作时的隐藏读者。

既然受限于隐藏的读者,那么,我们便不能回避“误读”或“曲解”的评断。不过,倘若“误读”属于无心之过,如果“曲解”偏向于有心安排,那《原道》或许应该介于二者之间。毕竟“孔子问礼于老聃”,乃是误用了《孔子家语》的观点,此观其稍早所作《师说》的典故运用,便可测知;至于“儒童菩萨”,应是当时习见的观点,并没有故意曲解的企图,只是因为习见论述的“隐藏读者”近似,故而也出现了类似的说法。此中,“博爱”反倒是值得注意的词汇;就运用之次数而观,便可知其创作《原道》的用心与意图;也唯有这份用心,才能造就出这么独特的文章。

究竟谁才是《原道》的隐藏读者?笔者虽然犹豫不决,但仍认为王叔文可能性很大。江山或许易改,本性却是难移,而这也合乎韩愈的举止特色。况且,柳宗元深入禁中,这应该会给仍贬谪阳山的韩愈不少想像空间。而这篇文章最大的收获,并不在说服佛教、道教的信徒能够改变信仰,而是其成功地聚合了儒家的追随者,此观后来宋儒之所以论心谈性,便可知韩愈实导其源而开风气之先,并完成了历史文化的阶段性任务。

从“道家曲”到仙游词的转变

桑宝靖

步虚是道教斋醮仪式之一，可通过“旋行蹑云纲，乘虚步玄纪”[①]的冥想，用来表达遨游仙界、脱凡成仙的宗教理想。对于道教信徒来讲，步虚既是修持的实践过程也是步入仙界的体验。步虚中咏颂的步虚词作为表达宗教情感的赞颂词，也就成为道教斋醮仪式中不可或缺的一部分。步虚词在内容上多描写飘逸斑斓的仙界和纵横驰骋的仙人及登临天界的种种情绪与感受，在形式上讲究辞藻的铺排和词句的对仗，这一方面为文人拓展了丰富的思维想象空间，另一方面也为诗歌的创作提供了一种新的形式，对中国的诗歌发展产生了不可低估的影响。

一

在《楚辞》中，已经表现出对摆脱一切人世羁绊的强烈渴望：“悲时俗之迫阨兮，愿轻举而远游。质菲薄而无因兮，焉托乘而上浮”[②]，向往可以超越生死、遨游天界的绝对自由；而庄子笔下的神人“不食五谷，吸风饮露，乘云气，御飞龙而游忽四海之外”[③]，更是表现了一种摆脱了自然和传统的约束，能够自在悠游于天上世界的理想人格。在道教里，长生久视、飞翔遨游的神仙便把这些愿想变为了现实。《太平经》说：

---

① 《洞玄灵宝玉京山步虚经》，《道藏》，第 34 册，第 626 页，文物出版社、上海书店、天津古籍出版社，1987 年版。

② 朱熹：《楚辞集注》，人民文学出版社，1953 年版，第 105 页。

③ 王先谦注：《庄子集解·逍遥游第一》，上海书店，1987 年版，第 4 页。

故得道者，则当飞上天，亦是其去世也。……不死得道，则当上天；死则当下入地……[①]

得道者，就可以飞升上天，摆脱现世的束缚，能够获得生命的永恒。而且仙人在仙界是没有束缚的：

天有教使，奔走而行，以云气为车，驾乘飞龙，神仙从者，自有列行，皆持簿书……[②]

仙人可以云为车，以龙为驾，在仙界自在遨游。道教中的仙界是令人向往的理想世界，成为仙人便可到仙界中去。葛洪《抱朴子内篇》中说：

上士举形升虚，谓之天仙。中士游于名山，谓之地仙。下士先死后蜕，谓之尸解仙。[③]

在仙界，仙人可分等级，其中可以“举行升虚”的是“天仙”，也是信仰者追求的最高理想。而仙凡阻隔，修炼成仙的方法，便成为接通仙凡的手段，秦汉时期已有大批方士探索成仙的“技术”，到了道教中，这些“技术”得到了进一步的发展，更加规范化、类别化，大体上可以分为两类。一类是行步虚空：

若能乘蹻者，可以周流天下，不拘山河。凡乘蹻道有三法：一曰龙蹻，二曰虎蹻，三曰鹿卢蹻。[④]

这种“技术”是在天上举足高飞，不受约束，自由驰骋。另一类是通过存思，

---

① 王明编：《太平经合校》，中华书局，1997年版，下册，第98卷，第450页。
② 同上，第112卷，第574页。
③ 《抱朴子·论仙》，葛洪著，王明校释：《抱朴子内篇校释》（增订本），中华书局，1988年版，第2卷，第20页。
④ 《抱朴子·杂应》，第15卷，第275页。

幻游神仙世界：

或服符精思，若欲行千里，则以一时思之。若昼夜十二时思之，则可以一日一夕行万二千里，亦不能过此，过此当更思之，如前法。或用枣心木为飞车，以牛革结环剑以引其机，或存念作五蛇六龙三牛交罡而乘之，上升四十里，名为太清。①

这是通过冥想、飞翔遨游到仙界，是通过内省功夫与仙同游。这两类"技术"分别通过身体的实践和思维的幻想去展现遨游仙界的理想，在文学创作上，为文人创作关于仙人和仙界题材开拓了丰富的思维想象空间。

道教信徒的终极目标是飞升成仙，步虚也是道教徒借以表达宗教信仰和宗教感情的方式之一，《洞玄灵宝玉京山步虚章序疏》记曰：

"升玄"是妙觉之通名；"步虚"是神造之员极，"升"则证实不差，"玄"则冥同至德，"步"是通涉之名，"虚"是纵绝之称。②

这里解释"步虚"便可以登神造极，纵横驰骋于仙界天宫。据考为东晋安帝时期的葛巢甫所撰的古灵宝经《太极真人敷灵宝斋戒威仪诸经要诀》中，记载了早期斋醮仪式中的步虚：

拜既竟，斋人以次左行，旋绕香炉三匝毕。是时亦当口咏步虚，蹑无披空洞章，所以旋绕香者，上法玄根无上玉洞之大罗天上，太上大道君所治七宝自然之台，无上诸真人持斋诵咏，旋绕太上七宝之台，今法之焉。③

这里的"步虚"强调咏颂时的巡行和旋绕动作，应是后来步虚歌、舞、乐一体的先声。这种众人协调一致的巡行和旋绕显然是为了表达在幻游仙界的过程中

① 《抱朴子·杂应》，第 15 卷，第 275 页。
② 《道藏》，第 11 册，第 168 页。
③ 《太极真人敷灵宝斋戒威仪诸经要诀》，《道藏》第 9 册，868 页。

的虔诚心境，强调步虚的宗教修持作用。《洞玄灵宝升玄步虚章序疏》是《洞玄灵宝玉京山步虚经》的疏解经典，记曰：

又云章者，焕辉敞露，赞法体之滂流，乃有：玄音才吐，而八表咸和；神韵再敷，则十华竞集。旋玄都以掷灵；蹑云纲而携契信。是怡神涤志之法场，解形虆心之妙处也。故言升玄步虚章。[①]

这里的"云章"，就是指步虚词，其歌仙辉展露、音韵闲合，可以感愍下俗、澄心静虑，是步虚仪式中凝聚情感、体会仙旨的重要组成部分。所以，唐吴兢在《乐府古题要解》中说："《步虚词》，道家曲也，备言众仙缥缈轻举之美"[②]。这里把步虚词称为"道家曲"，正是突出了步虚词在道教斋醮仪式中赞颂词的实质。

北周时期的道教类书《无上秘要》中的《仙歌品》、宋代道教类书《云笈七签》中的《赞颂歌》，及后来结集《道藏》中一些"总集"性质的道典如洞真部《三洞赞颂灵章》，洞玄部《上清诸真章颂》《众仙赞颂灵章》，洞神部《诸真歌颂》中都收集了大量的步虚词。

道典里记载的步虚吟颂仪式庄重、气势宏阔。刘宋时期《洞玄灵宝玉京山步虚经》记曰：

……太上无极虚皇天尊之治也，其山林宫室皆列诸天圣众名籍，诸大圣帝王、高仙真人、无鞅数众，一月三朝其上。烧自然旃檀，反生灵香，飞仙散花，旋绕七宝玄台三周匝，诵咏《空洞歌章》。是时诸天奏乐，百千万妓，云璈朗彻，真妃齐唱而激节，仙童凛言而清歌，玉女徐进而翩跹。[③]

---

① 《道藏》，第 11 册，第 168 页。

② 郭茂倩：《乐府诗集》，中华书局，1979 年版，第 78 卷，第 1099 页，

③ 《道藏》，第 34 册，第 625 页。这里描写的即是众仙步虚的景象，《空洞歌章》就是指步虚词，指《洞玄灵宝玉京山步虚经》中所录的《步虚吟》。《洞玄灵宝玉京山步虚经》记曰："修灵宝洞玄斋，诵《空洞步虚章》，先叩齿三通，咽喉三过，心存日月，在己面上，光芒耀弄，日从鼻左入，月从鼻右入，入金华宫，光明出顶后，焕然作九色，圆象薄入玉枕，微聚十方，随我绕经旋回，而行毕，又叩齿三通，咽液三通，存三素元君，在金华宫，如婴儿之状。"在这段说明的下面，紧接着就是十首《步虚吟》。所以，《洞玄灵宝玉京山步虚经》中的《空洞歌章》和《空洞步虚章》实际上就是指《步虚吟》。

这里记述了玉啭金鸣、曼妙婆娑的舞乐情景，众仙真步虚旋绕，咏颂《空洞歌章》。吟颂步虚词配以舞乐，使得步虚场面更为盛大庄严，更烘托出仙界富丽堂皇、绮丽美妙的色彩。这种歌舞乐一体的形式实际上是对中土祭祀传统里舞乐结合形式的继承。

随着道教斋醮科仪的发展与完善，步虚时的曲调和舞步也随之流传下来，并广泛应用于道教仪式之中。唐代张万福《无上黄箓大斋立成仪》记曰：

> ……七宝玉官皆元始天尊所居，诸天众圣朝时皆旋行，诵歌《洞章》，即《升玄步虚章》，或《旋空歌章》《大梵无量洞章》之流也。密咒毕，都讲唱《步虚词》旋绕，以次左行，绕经三周。其第一首但平立面经像作，第二首即旋行，至第十首须各复位。竟之，每称善。各回身向中，散花礼一拜，法十方朝玄都也。①

这里记述唐代在“诸天众圣朝时” 旋行步虚，并唱《步虚词》，不仅印证了咏颂步虚时配以乐舞已经是固定的程式，而且也说明步虚乐曲因其调词优美已在唐代广为流传②。

另外，道教《步虚词》的曲调也应是借鉴佛教仪式音乐的结果。任半塘认为步虚“其声一部分仿梵呗”③，是说咏颂步虚词的曲调来源于佛教。古灵宝经《太极真人敷灵宝斋戒威仪诸经要诀》中记录的“旋绕香炉三匝”，其实是道教斋仪对佛教绕佛仪式的借鉴。另外，宋代《玉音法事》卷下提到“促吟《步虚》”和“长吟玉音《金阙步虚》《步虚词》二首、《玉京步虚词》十首”④。可见当时《步虚词》有促吟、长吟等丰富的声法，这些声法也见于佛经的诵读。这些都反映出早期道教仪轨对佛教的借鉴和吸收。

实际上无论是在《太极真人敷灵宝斋戒威仪诸经要诀》还是在《无上黄箓大

① 《道藏》，第9册，第579页。

② 参见陈国符：《道乐考略稿》，《道藏源流考》，中华书局，1963年版，第294页。陈国符认为这样的步虚乐曲确实存在：“至唐代，据张见存张万福、杜光庭斋醮仪，道乐曲调之确实可考者，亦仅《华夏赞》及《步虚词》二种。”指出道乐曲调为《步虚词》，即指吟颂步虚词时的乐曲，应当已经成为一支充分仪式化的曲调成为步虚仪式的一部分。

③ 任半塘：《唐声诗》，上海古籍出版杜，1982年版，下编，第348页。

④ 《道藏》，第11册，第132、133、139页。

斋立成仪》中记载的步虚舞步“旋行”“旋空”“旋绕”[①]中,都可以看到古代巫觋法术和传统舞蹈的影子。实际上步虚的旋绕步伐同古代的禹步、七盘舞等舞蹈有很深的渊源关系[②],但已与姿态婀娜的世俗舞蹈有很大的差别。步虚舞是在道教步虚仪式中在音乐的配合下身体的有节奏的运动,是典型的宗教仪式舞蹈。在道教的斋醮仪式中,需要营造特殊的宗教情景,使人在迷沉、幻想的状态下感受到仙、人的同一,同时加强道教宗教功能对人思想的控制,强调神灵的实在、崇高。步虚舞作为斋醮仪式中的舞蹈,在烘托出升仙意境的同时也以宣传宗教感情为目的,所以它的动作被严格的仪式所限制,抒情性和艺术性都很薄弱,正因为如此,步虚舞便同一般意义上的舞蹈产生了差距。

二

步虚词采用了歌、舞、乐一体的形式,是道教信徒对诗歌形式加以利用形成的新诗体,它为道教的宗教宣传服务,所以主要以宣传神仙思想、劝戒人修道成仙为目的。《太上大道玉清经·三元宝经流通品第十二》中记录了步虚词:

> 飘飘上云路,黯黯入长霄。星宫日去远,光阴劫数遥。仰德金颜隐,倾想伫神飙。愿得映霞轸,焚香稽首朝。玄风转飞盖,紫气泛仙车,浮空不侍驾,舍忽升虚无。徘徊哀下界,顾眄愍群诸。三元真化毕,倏然入太虚。万气浮空上,千光合太微。霄间望华盖,虚重眄霞衣。真仪入云路,圆曜逐风飞。愿得三元会,金容乘运归。[③]

这里先借步虚的玄想把人们带入了神仙世界,描绘了仙界紫气浮空、天车飞腾、仙真飙遥的绚烂景象。诗中描写仙人“徘徊哀下界”,以对凡间的悲悯更映衬了仙界的精神自由与生活的奢华。这样的神仙世界正与葛洪设想的“餐朝霞

① 分别见《太极真人敷灵宝斋戒威仪诸经要决》,《道藏》第9册,第868页;蒋叔舆:《无上黄箓大斋立成仪·释步虚旋绕》,《道藏》第9册,第579页。

② 王小盾:《道教〈步虚舞〉——兼论道教歌舞和巫舞在宗教功能上的联系与区别》,见张荣明主编:《道佛儒思想与中国传统文化》,上海人民出版社,1994年版,第81—83页。

③ 《道藏》,第33册,第324页。

之沆瀣，吸玄黄之醇精，饮则玉醴金浆，食则翠芝朱英，居则瑶堂瑰室”的理想境界是一致的[①]。这里用大量的笔墨渲染神仙的世界，旨在救赎尘俗之人，使之获得通天的途径，使他们在精神上超越自我而达到“逍遥”的境界，最终引导他们走向修仙之路。

步虚词通过对神仙世界理想生活的描绘来劝度世人学仙，也反映了当时神仙思想的变化。魏晋时期的神仙道教坚信神仙实有，人只要学习修仙之术就可以度化成仙，这样就缩短了神仙世界同现实社会的距离。这种对度化成仙予以肯定，表达学道成仙的可行性，具有现实意义。《洞玄灵宝玉京山步虚经》中《洞玄步虚吟》第四首就对这种成仙的技术作了详细的描述：

> 俯仰存太上，华景秀丹田。左顾提爵仪，右眄携结磷。六度冠梵行，道德随日新。宿命积福庆，闻经若至亲。天挺超世才，乐诵希微篇。冲虚太和气，吐纳流霞津。胎息静百观，寥寥究三便。泥丸洞明景，遂成金华仙。魔王敬受事，故能朝诸天。皆从斋戒起，累功结宿缘。飞行凌太虚，提携高上人。[②]

这里的“俯仰存太上”，即是在讨论“存思”的修炼功夫；“冲虚太和气，吐纳流霞津”是说通过行炁和吐纳之术，使体内阴阳调和，排除污秽，获得清洁之身；“胎息静百观”则是强调通过“胎息”而达到内省获得身心的清净；“遂成金华仙”就是指通过炼丹术而成仙。所以整首诗在讲经过行炁、吐纳、胎息等修技术的养炼，精通这些技术就可以飞凌太虚，成为仙人。

道典中也有一些体现消灾祛祸功能的步虚词。如《太上洞渊神咒经》中的第二首：

> 南方炎帝君，八表号阎浮。飞轩驾云车，十真三天游。玉女乘霄唱，金光溢丹丘。今日转法轮，梵响震九蜗。天帝敕魔兵，风举自然休。晃晃三光耀，百邪没九幽。若有干试者，力士斩其头。诸天帝王子，杀鬼岂敢留。故有强梁者，镬汤煮其躯。千千悉斩首，万万不容留。兴高摄鬼精，魍魉值即收。大

① 《抱朴子·对俗》，同前书，第3卷，第52页。
② 《道藏》，第34册，第626页。

道威严重，神风扫邪妖。疫鬼即消尽，万民无灾忧。①

这里把人世间看作是万苦之源，唯有吟颂步虚才能得到救赎。这一方面说明作者对当时的世态人情有所体察，诗中描绘的世间苦难实际上是现实世界中种种丑恶现象的反映；另一方面还是把最终目的落在宣扬道教教旨上：仙界才是远避祸端逍遥自在的理想世界，吟咏步虚词可以拔度五苦、济恶扶危，达到化解灾祸的目的。南朝著名道教理论家陆修静认为步虚的作用也是可以"响彻九霄"使"鬼神振肃"②，《洞真太上神虎隐文》中也称吟颂步虚词的功能是"夜恐畏，但讽此二篇诗，则千精迸逆，如与万人。同宿山川闻此咏，皆直鞭向声处而拜敬也"③。在强调步虚词救赎功能的同时也是在进一步突出步虚词的宗教作用。

总之这些道教典籍中的步虚词或描述步虚仪式，或描述仙界遨游，或描述仙人修炼，均是表达对仙人、仙界的追慕或体现出仙界超越凡俗、自在恣意、济苦救难的性质。道教步虚词内容上的不断丰富也反映出其在宣教功能上的不断完善。步虚词以其整齐的语言和创造的恢宏、超然的意境作为一种表达宗教感情的特殊方式，也就成为道教信徒抒写情感的工具。

吴筠是活跃在玄宗朝的著名道士，其所作的十首《步虚词》以早期道教步虚词为蓝本，表达虔诚的奉道思想。如其第五首：

扶桑诞初景，羽盖凌晨霞。倏欻造西域，嬉游金母家。碧津湛洪源，灼烁敷荷花。煌煌青琳宫，粲粲列玉华。真气溢绛府，自然思无邪。俯矜区中士，夭浊良可嗟。④

诗中铺排绚丽的辞藻描写逍遥的仙界景象，无论从语言还是结构上仍可以见到道典步虚词的影子。吴筠是唐代道士中能文者，虽然这首诗限于它的宗教目的，仍属于模仿道典中步虚词的形式，但已经流露出一些文学情趣。权德舆曾

① 《太上洞渊神咒经》，《道藏》第6册，第56页。
② 《洞玄灵宝斋说光烛戒罚灯祝愿仪》，《道藏》，第34册，第625页。
③ 《道藏》，第33册，第568页。
④ 《全唐诗》，中华书局，1960年版，第853卷，第9647页，

评论道:"观其《自古王化诗》与《大雅吟》《步虚词》《游仙》《杂感》之作……至于奇采逸响,琅琅然若戛云璈而凌倒景,昆阆松乔,森然在目。近古游方外而言六义者,先生实主盟焉。"[①]可见对吴筠包括《步虚词》在内的诗歌评价很高,这些《步虚词》在当时也应该颇有影响。

宋代道典《金箓斋三洞赞咏仪》《玉音法事》中分别收录了宋太宗、宋真宗、宋徽宗所作的步虚词。这些步虚词虽出自帝王之手,但表达了颂扬神明、祈祷仙真的虔诚心境,融合了慕仙、祈福的双重意识。刘师培在《读道藏记》中认为这些(帝王)步虚词"虽系道场所讽,然辞词藻雅丽,于宋诗尚称佳什"[②],给予了极高的评价。如《玉音法事》中收录的徽宗所作《步虚词》第三:

> 濛濛如细雾,冉冉曳铢衣。妙逐祥烟上,轻随彩凤飞。几陪瑶室宴,忽指洞天归。伫立扶桑岸,高奔日帝辉。[③]

从内容上看,这首词以描绘仙人仙境、期望飞升成仙为基本内容,表达了羡仙、慕仙的情怀。诗中用词典雅精致,音韵和谐,已属步虚词中的佳作。

道典中用来宣教的步虚词多五言,这与步虚词产生的刘宋时期为五言诗的发达时期有着直接的关系。五言诗的结构容量和句式变化都较四言诗大为增强,双音词、单音词的配合,节奏韵律的有变化都更为方便灵活。比起骚体,它又有着整齐、规则的长处,且接近于民间口语,易于传诵。因此,步虚词采用五言体,即善于表现复杂宗教感情,又适应斋醮仪式中的动态效果,且易于为广大信徒所接受。另外,为了塑造金碧辉煌、气势恢宏的神仙世界,步虚词中好用"仙言仙语",如"玄行""乘虚""辔""蹑""游""驾""飙""云纲""绚烂""玉京""飞龙""七宝林""玄景园"等词语用来描绘仙境的美妙和仙人的逍遥,这些词是步虚词中特有的词汇,一般诗歌很少采用。这也是步虚词的特色之一。

步虚词中还讲究对偶与格律。对偶有利于对仙界景象的塑造,而格律完全是出于宣传的需要,一是为了配合斋醮中的仪式,便于道士在仪式中的诵读以

① 权德舆:《唐故中岳宗元先生吴尊师集序》,《权载之文集》,《四部丛刊》本,第33卷。
② 刘师培:《读道藏记》,见《刘师培全集》,北京中央党校出版社,1997年版,第4册,第95页。
③ 《道藏》,第11册,139页。

及在民众中的传播，另外，步虚的过程为了与特定的音乐节奏相合，也要讲求一定的韵律。由于步虚词是道教的宣教手段，要运用于斋醮仪式之中，所以在创作的过程中要采用固定的模式，这就难免流于程序化。如对仙界景物的铺排，描绘“七宝林”“玄景园”“玉华林”等仙界楼台即是它的特色，也成为它流于程序化的标志，几乎大多数的步虚词都会选用一些有化表性的庭台楼阁来描绘仙境，与此类似，还会列举一些仙人飞腾遨游的景象，这些几乎成为后人特别是道教徒创作的步虚词的标准格式。另外，步虚词为了夸饰仙界的气氛，特意铺排辞藻，虽然词汇绚丽，但是机械、单一，缺乏内在的情感，显得苍白无力，加之道教徒在步虚词中强调宗教的宣传教化功能，着眼于虚无的信仰世界的刻画，缺少缜密、严谨的思维逻辑，因此在步虚词中描画的神仙世界，往往是一幅幅凌乱的支离破碎的画面，缺乏一定的内在逻辑性。这些都直接影响着步虚的艺术美。

三

南朝宋人刘敬叔《异苑》中记载了曹植做步虚声的传说：

> 陈思王曹植，字子建。尝登鱼山、临东阿。忽闻岩岫里有诵经声，清通深亮，远古流响，肃然有灵气，不觉敛襟祗敬，便有终焉之志。即效而则之。今之梵唱，皆植依拟所造。一云陈思王游山，忽闻空里诵经声，清远遒亮。解音者则而写之，为神仙声。道士效之，作步虚声也。①

这里的记载虽不可确信，但把步虚的源头追溯到佛教，显然已经意识到佛教梵呗对道乐的影响；另外，曹植是当代文坛领袖，这里把步虚的创作归于文人功绩，也可知步虚词已经在文坛崭露头角。而北宋郭茂倩《乐府诗集》中收录了不同时期的步虚词，实际上已经把步虚词划归为乐府诗一类了。

道教中用作宣传手段的步虚词引起文人的重视，很多文人也对这种新兴诗体产生兴趣，开始依声填词。文人模拟创作步虚词，一方面因为这一新形式的诗

① 刘敬叔：《异苑》卷五，见《汉魏六朝笔记小说大观》，上海古籍出版社，1999年版，第641页。

歌引起了文人的好奇,为创作开辟了新路;另一方面,咏叹神仙自古就是文学创作的主题之一,步虚词与道教神仙思想密切相关,文人便借其表达对神仙的追慕向往之情了。而文人的这种追慕和咏叹与虔诚的道教徒不同,他们清楚地知道神仙是永远不可能实现的幻想,仅是一种美好的理想,但他们又情不自禁地产生对神仙的追求与向往,更愿意让这种美妙的幻想成为一种永恒,所以便在文学作品中毫无顾忌地表现,以使心灵得到暂时的慰藉。因此在文人的笔下,神仙题材和神仙形象所表达的意义就远远超出宗教范围外了。

自南北朝时起,就已经出现了文人拟作的步虚词,其中取得成就较高的当属北朝时的庾信。庾信身处乱世,出身于隐逸世家,他初仕梁,后出使西魏,值西魏灭梁,被迫滞留。庾信自身的不凡经历,加之性格的懦弱和仕宦挫折,使得他一生对道教有特殊的依恋①。他创作的十首步虚词,是早期文人的拟作。这十首步虚词的总体风格,基本上是遵循道经中步虚词创作模式,并没有完全摒弃步虚词的宗教宣传功能,可见在文人拟作的探索阶段保持的谨慎态度。如第一首:

> 浑成空教立,元始正涂开。赤玉灵文下,朱陵真气来。中天九龙馆,倒景八风台。云度弦歌响,星移空殿回。青衣上少室,童子向蓬莱。逍遥闻四会,倏忽度三灾。②

这首诗是描述道教的步虚仪式。在点明题旨后,借用道典步虚词中的语言、意境,突出步虚词消灾禳祸的功能。诗歌主旨虽也是围绕着道教的神仙信仰展开,但语句章法颇多思考,超越了道典中步虚词因单纯地表达宗教信仰而产生的枯燥堆砌和繁琐罗列,显示出文人作品的缜密思维和细腻笔触。

庾信所处的南北朝时期,崇尚虚无、消极避世的道家思想有了迅速发展,此一时期也是道教神仙思想发生巨大变革的阶段,神仙可学,凡人可以修炼成仙的观念深入人心,成为吸引知识阶层最理想的追求目标。这些在庾信的步虚词中也有体现,如他在第四首中写道:

① 参阅林怡:《庾信研究》,人民文学出版社,2000年版,第3章。
② 《乐府诗集》,第78卷,第1099页。

道生乃太乙，守静即玄根。中和炼九气，甲子谢三元。居心受善水，教学重香园。凫留报关吏，鹤去画城门。更以欣无迹，还来寄绝言。①

庾信曾亲临宗教斋会场所，便结合当时的信仰观念和自身实践模拟道典中的步虚歌辞。这里用大量笔墨讨论了道教的内丹服气说。南北朝时期崇尚虚无、消极避世的道家思想，知识阶层又流行道家自然养生之法，这与神仙禀赋天然，自在逍遥的长生之道相吻合，所以庾信对道教的长生之术也采取了肯定态度。诗中融道教养炼术与清净无为的精神追求于一体，用词典雅、意境悠远，已远远超越了道典步虚词中局促而狭窄的宗教内涵。

乱世中的知识分子不满于社会的种种丑态，也为生死问题所困绕，便把自己的愿望和理想寄托到神仙世界。在庾信的《步虚词》中也充满了神仙的期盼与怀疑，对神仙的超越与神秘有所讨论，这也说明他应当不是坚定的求仙者。如第八首云：

北阁临玄水，南宫坐绛云。龙泥印玉策，天火练真文。上元风雨散，中天歌吹分。灵驾千寻上，空香万里闻。②

诗中用西王母、上元夫人降临汉武帝的传说，表现对武帝求仙而不能遂愿的怅惘与遗憾，阐明了神仙本虚妄、不可求得的事实，同时也对武帝等统治阶级消耗巨资兴建求仙馆台，荒废国家朝政进行批判。实际上这种批判是非常具有现实意义的，封建统治阶级为了贪图荣华富贵迷恋长生，他们实践方术、烧炼金丹，这些无形中给普通民众带来了巨大灾难。统治阶级并没有以秦皇汉武的盲目求仙引以为戒，反而魏晋南北朝、隋代、唐代、宋代几乎历代的皇帝都笃信神仙，庾信对这些荒唐的举动显然是持坚决的批判态度的。步虚本是求仙之举，步虚词是辅助求仙的文学形式，这里借用步虚词的体式表达对求仙活动的否定，是文人拟作步虚词的大胆创新。

唐代道教发展到极盛，神仙信仰更广泛流行于社会上下并表现出新的内容

① 《乐府诗集》，第78卷，第1099页。
② 同上。

和形态。唐代已经难以见到晋、宋以来那种对神仙虔诚的信仰心。在唐人的眼里,"神仙亦人"[①],它的神秘性也就大大降低了。其实自魏晋以来道教在发展中不断地与儒、佛交流、融合,到唐代这一过程基本完成。道教的修仙也融入了儒家的伦理道德中。在养炼的方法上,更重视主观心性的修养功夫,这既与儒家思、孟学派的"正心诚意""至诚返本"之说相通,又与佛教禅宗的"修心""见性"的理论相一致。这样,神仙思想在很大程度上被世俗化、人生化了,从而它就可以被广大的知识分子所接受。与此同时,神仙信仰的真挚程度降低了,求仙活动已经很难见到六朝时期的狂热。神仙观念和神仙术更加接近人生实际,也就越容易被普通人所接受,它成为一种凡人可以实践的修养方式,是人们某种理想的寄托或者是用来澄心静虑、摆脱烦恼的手段,甚至成为单纯的欣赏对象。这样,它就会更普遍、更深入地进入文艺领域,凸显其作为文学审美对象的价值。作为表达宗教情感的步虚词也随着唐代神仙信仰的这些变化而增添了艺术欣赏的意义[②]。

唐代从帝王到一般的文人,都对步虚词表现出浓厚的兴趣。很多文人如韦渠牟、顾况、陈羽、刘禹锡、陈陶、司空图、苏郁、高骈、徐铉等都留有这一题目的作品。

在唐代,步虚是道教宫观斋醮里的重要环节,步虚声韵是受到人们欣赏的部分。诗人们描写道观生活,步虚成为具有象征意义的情景。如储光羲"一闻步虚子,又话逍遥篇"[③],顾况"老人方授上清箓,夜听步虚山月寒"[④]等等。另一方面,步虚词又相当广泛地流行于道观外。如《唐诗纪事》记载:"(李)行言,陇西人。兼文学干事,《函谷关》诗为时所许。中宗时为给事中,能唱《步虚歌》……行言于御前长跪,作三洞道士音词歌数曲,貌伟声畅,上频叹美。"[⑤]这里记载李行言能唱《步虚歌》,并作《步虚词》,可见当时步虚词在文士间流传情况。北宋王钦若《册府元龟》中记载了玄宗亲自教授步虚声韵的事迹[⑥],这些都说明步虚词和

① 《天隐子·神仙》,《道藏》第 21 册,第 699 页。
② 参阅孙昌武:《道教与唐代文学》,人民文学出版社,2001 年版,第 267—268 页。
③ 储光羲:《至重阳观观即天皇故宅》,《全唐诗》,第 136 卷,第 1376 页。
④ 顾况:《崦里桃花》,《全唐诗》,第 267 卷,第 2970 页。
⑤ 计有功:《唐诗纪事》,《四部丛刊》本,第 11 卷。
⑥ 王钦若:《册府元龟》,中华书局,1994 年版,第 54 卷,第 604 页。

步虚声韵已经在在唐代非常流行，范围也在单纯的宗教信徒之外了。

韦渠牟当年学道，做过道士，对道教经典和斋醮礼仪十分熟悉。他有《步虚词十九首》，这些步虚词已经完全摆脱了对道教斋仪中步虚词的模仿，而是利用与步虚仪式紧密相关的材料，以新的视角真实地再现了当时的道教生活和信仰实态，如其十六：

> 叩齿端金简，焚香检玉经。仙宫知不远，只近太微星。紫府与玄洲，谁来物外游。无烦骑白鹿，不用驾青牛。金化颜应驻，云飞鬓不秋。仍闻碧海上，更用玉为楼。①

诗的前半部分用来描绘步虚的景象，融入了作者的精心设计，借仙人视野展现出井然有序、飘渺神秘的天上世界，同时也流露出作者的追慕情怀，点染了人仙交融、实幻结合的诗歌意境。

《新唐书》记载他“去为道士，不终，更为浮屠，已而复冠”②，权德舆说他“其达观也，不名一行；其元同也，会归三教”③，可见他应该不是道教的虔诚信仰者。唐代道教得到特别的崇重，儒释道三教合一的潮流又使得神仙信仰更广泛流行于社会上下并表现出新的内容和形态。此时已经难以见到晋、宋以来那种对神仙虔诚的信仰心。唐代儒释道三教合流，在养炼的方法上也由外丹修炼转向了较为简单的心性养炼术，很多教理论家如成玄英、王玄览、司马承祯等进一步发挥了神仙可学论，这样，神仙思想在很大程度上被世俗化、人生化了，迎合了文人享受生活、追求生命永恒的心理需求。唐代很多文人都信奉神仙，甚至有求仙的举动，但很难说是虔诚的信仰者。他们养炼、服丹的经历，多是在道教修行实践中去净化心灵获得精神上的安慰，而并非是出于虔诚的信仰目的了。韦渠牟应是这类文人的代表之一。如他的《步虚词》第十五首：

---

① 《全唐诗》，第 314 卷，第 3531 页。
② 《新唐书》，中华书局，1975 年版，第 167 卷，第 5109 页。
③ 权德舆：《唐故太常卿赠刑部尚书韦公墓志铭》，见《全唐文》，中华书局，1983 年版，第 506 卷，第 5146 页。

西海辞金母，东方拜木公。云行疑带雨，星步欲凌风。羽袖挥丹凤，霞巾曳彩虹。飘摇九霄外，下视望仙宫。[①]

诗中借步虚幻想描写仙界遨游，诗中用典雅、空灵的语言描写仙人飞游的姿态，烘托出仙界浩渺神秘的意境，展现了仙界欢愉享乐的生活。“金母”“东公”与仙同乐，仙界有着现世无法比拟的奢华和自由，“星步”“羽袖”歌舞翩然，且又具有浓厚的人间情愫。诗歌在展现神仙世界恣意悠游的同时，又流露出对仙界、仙人的一种审视与观赏，显然与庾信步虚词中表现的虔敬与谨慎不同了。在《步虚词》第十二首中，这里的仙人形象则完用来制造诗情了：

道学已通神，香花会女真。霞床珠斗帐，金荐玉舆轮。一室心偏静，三天夜正春。灵官竟谁降，仙相有夫人。[②]

《洞玄灵宝玉京山步虚经》中曾描写 “真妃”“玉女”等女仙的歌舞，在《太上洞渊神咒经》中也描绘了“玉女乘霄唱”的女仙歌舞场面。道教对女仙有着特殊的崇重，如上清经重要典籍《真诰》中就塑造了萼绿华、九华真妃、云林夫人、右英夫人、灵照夫人、南极紫元夫人等众多温婉美丽的女仙形象，这些女性的仙人是道教仙真中的重要组成部分，她们往往以宣教的目的降临人间，承担着凡人度化成仙的指引者角色，同时更为繁华的神仙世界增加了色彩。而韦渠牟笔下的“女真”“夫人”，诗中的女仙，没有女仙的庄严与矜持，也揭去了女仙神秘的面纱，她们翩然而来，与凡间男子交谊，流露出男女相悦之情，显然在文人笔下已经成为文学欣赏的对象了。就像葛兆光所说：“当步虚词不是由道士而是由文人创作的时候，它的内容便不再是宗教的诱惑，而是人类的追求，它的情感也不再是宗教的情感而是现实世界中俗人的情感了。”[③]宋人许顗《彦周诗话》云：“李卫公作《步虚词》云：‘仙家侍女董双成，桂殿夜寒吹玉笙……’”[④]；苏郁《步虚词》中

① 《全唐诗》，第314卷，第3532页。
② 同上。
③ 葛兆光：《想象力的世界——道教与唐代文学》，北京现代出版社，1990年版，第120页。
④ 许顗：《彦周诗话》，见何文焕辑：《历代诗话》，中华书局，1981年版，上册，第386页。

也有“十二楼藏玉堞中，凤凰双宿碧芙蓉”的诗句[①]，诗中的女仙也是世间旖旎多情女子的形象。这样，在诗人的笔下，女仙等同于美人，这都曲折地反映出唐代“神仙”的本来意义已经完全改变。很多唐人诗歌中都涉及女仙、神仙等事，而这些女仙、神仙、神仙故事在唐人的笔下已经转变为制造诗情、点染气氛的手段，有了更为丰富的内涵。

唐代的步虚词已经打破了五言的模式，有七言四句、甚至七言八句的形式。《唐音癸签》卷十三云：“道家《步虚词》，唐以前多五言，其破为长短句，自李德裕始。”[②]这是说唐代自李德裕开始出现了杂言体的步虚词。然据《太平广记》卷四十六《白幽求》中所记：“唐贞元十一年……有唱《步虚歌》者，数十百辈。幽求记其一焉，词曰‘凤凰三十六，碧天高太清。上元君夫人踏云语，冷风飒飒吹鹅笙。’”[③]则在贞元年间已有杂言体《步虚词》。这些都说明已经把唐代诗歌的一般技法用于步虚题材。而且唐代的步虚词并不只限于文人的拟作及道教仪式中的应用，步虚韵也已入俗乐，在社会上流传。如《唐会要》记载天宝十三载太乐府供奉曲有“林钟宫：时号道调、道曲，《垂拱乐》《万国欢》《九仙步虚》……”[④]步虚曲在社会上广泛流行，朝廷燕乐也就把它收入其中了。

宋代以后，文人对步虚词仍有较高的热情，任半塘《唐声诗》下编第十三章中说：“自唐代道家与俗家竞唱《步虚》后，其辞乃由齐言渐入杂言，此项杂言调在唐仍曰《步虚歌》，在宋已另创《步虚子令》，并曾流入高丽，亦有入《望江南》或《西江月》等调者。”[⑤]到了宋代，则出现了《步虚子令》或直接以词牌名《望江南》《西江月》称之的步虚词。也就是说，步虚词早期的是五言，后发展为七言，最后成了长短句。所以，宋代诗人作《步虚词》，或以诗的形式，如范仲淹、范成大、朱熹、陆游、翁卷等，或以词体形式，如晏几道、苏轼、李之仪、辛弃疾等。随着仙人、仙界本身具有的宗教内涵渐趋淡泊，步虚词也逐渐成为人们寄托情思，表达心愿的诗歌形式，而其中的内容距离其原来的宗教主旨也越来越远了。如范成大的《白玉楼步虚词》第三：“罡风起，背负玉虚廷。九素烟中寒一色，扶阑

① 《全唐诗》，第472卷，第5362页。
② 胡震亨：《唐音癸签》，上海古籍出版社，1981年版，第13卷，第142页。
③ 李昉等：《太平广记》，中华书局，1961年版，第1册，第46卷，第285—286页。
④ 王钦若：《册府元龟》，中华书局，1994年版，第54卷，第604页。
⑤ 任半塘：《唐声诗》，下编，第348页。

四面是青冥，环拱万珠星。”[①]诗人笔下模写幻想中的神仙世界，成为诗人展现才思和表达自身审美感受的体验。而陆游的《步虚》则完全表达了因国家遭遇异族侵略、故都沦陷而产生的义愤与幽怨，内容上完全与道典步虚词的宣教无关了。

实际上随着神仙思想的世俗化，人们不再执着地笃信神仙或贪恋所谓的成仙技术，也不再追求一般意义上的身体永恒，转而追求精神上的恣意与奔放。这一变化到到了宋代以后更为明显，对民众来说，与其追求虚无的神仙、仙界，不如享受现世生活的欢乐。到了明代，帝王延续唐宋王朝的道教政策，对道教持肯定与扶持的态度。而神仙信仰的动摇使得道教由出世向入世不断靠拢。当时教内流行的种种养炼术，也不再只限于教内而转向教外传播了。道教教团内部则要“专以超脱特为孝子慈亲之设，益人伦，厚风俗，其功大矣哉”为己任[②]，担当起辅助社会的责任。人们重视道教养生，也不再是为了长生成仙，而是要强健身体、延年益寿了。这些也都体现步虚词的创作之中。

明代诗人不少，但由于缺乏创造力和开拓精神，整体成绩逊于前朝。在步虚词的写作上，也不似唐宋时期的规模。明代的刘基、宋濂、王恭、孙隆等都曾写作步虚词，其中刘基的五首《步虚词》可为当时的典范之作。

刘基是我国历史上杰出的政治家、军事家与文学家，诗文与宋濂并为一代之宗，更是明初成就卓著的诗人之一。刘基出生的处州青田一带，是道教中享有盛誉的洞天福地，自幼就受到道教文化的熏陶，年少时曾欲入道修行。他身处元明交替的乱世，在仕途失意后曾隐遁山林，后辅佐朱元璋完成帝业、开创明朝并以护国安邦为己任。他广结道友，并常行养炼之功，但始终为仕隐的矛盾所扰。如其第一：

太微启灵宇，紫殿含祥风。圆光照无外，梵炁来冲融。仙人鱼鳞次，羽葆朝当中。离罗郁萧台，缥缈浮太蒙。泰阶平六符，文昌位三公。北斗运元化，轩辕成岁功。稽首玉陛下，逍遥乐无穷。[③]

---

① 范成大:《范石湖集》，上海古籍出版社，1981年版，第32卷，第37页。
② 《大明玄教立成斋醮仪范·御制玄教斋醮仪序文》，《道藏》，第9册，第1页。
③ 刘基:《刘基集》，浙江古籍出版社，1999年版，第17卷，第234页。

刘基早年师从处州名士郑复初学程朱理学，接受儒家通经致用的教育，有兼济之志。但仕宦曲折，又欲隐身而远避纷扰，这种仕隐的矛盾，他一直都无法化解。这里没有人间的纷争，仙真鳞次栉比，俨然一派祥和景象。刘基为现实中的恶劣环境所困扰，厌倦了官场争斗，遂借仙界遨游以寄情思并放松心绪，实际上是诗人躲避现实、淡泊思志的手段。刘基亲历元明改朝换代的整个过程，他曾为元吏，但黑暗、腐败的统治使他怀才不遇；辅佐明朝后，虽为开国元勋但又遭到君王的猜忌和同僚的倾轧，内心的矛盾与不平，让他在仕与隐之间难以抉择。在虚无的神仙世界里，诗人可以抚平纷争，忘记现世的烦扰，享受祥和、惬意带来的逍遥与快乐。诗中巧妙借鉴了仙言仙语，气韵宏阔，塑造了八方威仪、紫气祥和的神仙世界。王世贞论元明之际诗坛说："才情之美，无过季迪；声气之雄，次级伯温"[①]，对刘基诗歌豪迈的气势颇多溢美之词，这首步虚词正显示了刘基诗歌体貌雄浑的特点。再看他的《步虚词》第五：

焚香礼玄梵，肃驾朝紫宸。游云结华盖，鲜飙翼飞轮。披烟上阁道，佩月攀钩陈。服食丹霞浆，嗽咽甘露津。琅琅歌洞章，寂感虚皇鞶。飘飖广莫风，舒啸青林春。沆漾六合外，永与无始邻。[②]

宋人郭茂倩已经把步虚词划入乐府诗的范围。刘基的《步虚词》在诗集中被划归为《古乐府》一类，且他的乐府诗在明清论家中曾多获好评，被认为是开创了明代乐府诗的写作风气。虽然步虚词经历了从五言到七言再到长短句的变化，但刘基步虚词形式上仍模仿道典中的五言形式，正像沈德潜所评说："（刘基）乐府高于古诗，古诗高于近体，五言近体又高于七言。"[③]所以这些划归为乐府一类的步虚词，在刘基的笔下确实具有自身特点。从写作的技巧上来讲，这首诗在继承道典传统步虚语言特色的基础上，摒弃了拖沓枯燥的弊端，文字精当、韵律和谐，是难得的五言佳作；从抒情的深刻性来讲，整首诗深得含蓄婉转之

① 王世贞：《艺苑卮言》卷五，见丁福保编：《历代诗话续编》，中华书局，1997年版，第1023页。
② 《刘基集》，第17卷，第244页。
③ 沈德潜：《明诗别裁集》，上海古籍出版社，1979年版，第1卷，第1页。

妙，把仙人的世界写得灵动内敛而又兴味悠长，于超然之中又略显哀怨，展现了诗人现实与理想不能相融的矛盾心境。这也正是刘基在乐府诗的创作中善于把《诗经》的风雅与《楚辞》的悲怨结合起来的体现。在刘基的笔下，步虚词实际上也是诗人用来放松精神、排遣内心苦闷的文学创作方式了。

与刘基同时且相交颇深的宋濂曾就刘基的《步虚词》有酬答之作，除此之外，清代的惠远谟、李丽攵媖等都有《步虚词》传世，大体是酬应、模仿之作，没有太多的新意与价值了。

道典中的步虚词描述仙人步入虚空，遨游天界的种种姿态和感受，即所谓“备言众仙缥缈轻举之美”，这种升腾的幻想给文人的创作带来了无限的想象空间。文人的拟作或表达慕仙、飞升的愿望，或借虚无的仙界寄托情感，获得安慰，或把仙人、仙界作为艺术欣赏的对象，或借神仙世界展现现实的矛盾，抒发内心的愤懑与不满等等，这些都丰富了诗歌题材，开拓了创作思路。但因步虚词最初作为步虚中的仪式歌，在内容和形式上有一定的限制，虽然文人的拟作逐渐以流行的诗歌技巧不断加以丰富和改变，但毕竟留给艺术创造的空间略显狭小。

四

实际上早在先秦时代，随着神仙观念的出现，人们已经设想“千岁厌世，去而上仙，乘彼白云，至于帝乡”①。许地山说：“但在神仙说初行底时候，也有一派只以神仙、仙山或帝乡来寄托自己底情怀，不必信其为必有，或可求底。这派可称为骚人派。骚人思想实际说来也从神仙思想流出，而与道家底遐想更相近……在《离骚》里充分表现道家化底骚人思想。”②东汉末年道教兴起后，神仙信仰乃是道教的主要内容，从而有关仙人、仙界、学仙、成仙等观念更广泛地流行开来。在文学作品中表现仙界飞游较早的可以追溯到庄子和屈原，庄子《逍遥游》中用乘云气、游忽四海之外的神人表达超越人世、无拘无束、复返自然的愿望；屈原在《离骚》中借幻想飞升天界，遨游八极来表达对现世的愤慨和理想的破灭。秦始皇也曾使博士为《仙真人诗》以明求仙之志，被称之为“盖后世游仙诗

① 王先谦注：《庄子集解·天地第十二》，上海古籍出版社，1989 年版，第 65 页。
② 许地山：《道教史》，华东师范大学出版社，1996 年版，第 138 页。

之祖”[①]。到了汉代，儒生与方士合流，汉赋和汉乐府里都出现了神仙题材的作品。魏晋时期，神仙题材更是大量被表现在文学作品中，出现了专门记录神仙事迹的《列仙传》《神仙传》，在一般志怪、笔记中也有许多描述神仙变化、仙凡交通、凡人入仙境等内容的故事与传说。

“游仙”进一步被确立为一种诗体，始于《文选》，其中收录了何劭、郭璞的游仙诗。或谓“游仙正体，弘农其变”[②]，或谓“坎壈咏怀，非列仙之趣”[③]，已经成为具有特殊思想意义和独立艺术价值的创作。其实在此之前，曹操、曹植等都曾创作游仙题材的诗歌，如曹操的《气出唱》《陌上桑》等，而曹植的《游仙》则直接在题目上彰显其旨，这些都显示出歌咏“游仙”已经成为诗歌创作中的一类。随着神仙思想的发展，晋宋以后一般文人的游仙之作也大多是“非列仙之趣”，这不仅和单纯表现神仙幻想、宣扬神仙信仰的仙歌有所区别，也和同样有遨游仙界特征的步虚词有很大不同。步虚词随着道教科仪的发展而出现，创作上要拘束于形式和内容，而游仙诗则因没有这些束缚显得更为自由，仙界的飞游和幻想可以让艺术想象力自由驰骋而且不受约束，这就为文人的思维提供了更为广阔的想象空间，在内容和形式上显示出多姿多彩的变化[④]。

魏晋游仙诗正处在发展的崛起时期，如刘勰所说“正始明道，诗杂仙心”[⑤]，此时的游仙诗不仅作品数量较多，而且在艺术上具有鲜明特色，就是把士大夫阶层的仙隐观念与神仙追求和幻想相结合，抒发感慨，且艺术上也多有特色。郭璞的游仙诗因“文体相辉，彪炳可玩，始变永嘉平淡之体”[⑥]，因而也具有更高的艺术价值。

郭璞字景纯，河东闻喜人，是从庶民为官的“寒士”[⑦]。他年轻时曾从精于卜筮的郭公受业，洞晓五行、天文、卜筮之术，且和神仙理论家葛洪往来甚密；道教

① 鲁迅：《汉文学史纲要》，见鲁迅先生纪念委员会编辑：《鲁迅全集》，人民文学出版社，1973年版，第10册，第551页。
② 何焯：《义门读书记》，中华书局，1987年版，第46卷，第895页，
③ 钟嵘著，陈延杰注：《诗品注》，人民文学出版社，1962年版，第38—39页。
④ 孙昌武认为步虚词乃是特殊体裁的游仙诗，参见孙昌武：《游仙诗与步虚词》，《文史哲》，2004年第2期。
⑤ 刘勰：《文心雕龙·明诗》，浙江古籍出版社，2001年版，第6卷，第28页。
⑥ 钟嵘著，陈延杰注：《诗品注》，人民文学出版社，1962年版，第38—39页。
⑦ 参见[日]宫崎市定：《九品官人法の研究——科举前史》，第156页、195页、268页，中央公论社，1997年版。

徒更把他列入《神仙传》中。他凭借杰出的才华和神奇的技艺投靠当权者，但在贵族专政、门第森严的社会里，他仕途多蹇。可以想象，郭璞对当时流行的道教方术、神仙抱有浓厚的兴趣，但在现实的环境压迫下，不得不把生涯寄托在“员策与智骨”之上[①]，造成他内心难以摆脱的矛盾与悲哀。他写作《游仙诗》，到神仙幻想中求得安慰和寄托，应是他内心矛盾、痛苦的一种表露。如第五首：

逸翮思拂霄，迅足羡远游。清源无增澜，安得运吞舟。珪璋虽特达，明月难暗投。潜颖怨青阳，陵苕哀素秋。悲来恻丹心，零泪缘缨流。[②]

诗中开篇的“逸翮”“迅足”分别指强健的飞鸟和骏马，以喻贤士渴望能施展才华，实现自身价值，然而如果没有适合的环境和机遇，似明珠而难投。这里运用了大量的比喻说明德才兼备之人受到现实环境影响的种种约束，在残酷的现实面前显得如此渺小和孱弱，含蓄地暗示出诗人生不逢时、怀才不遇的苦闷和忧愤及难以掌控自身命运的无奈。黄侃认为“此伤暮年无知音之辞”[③]，这实际上也是郭璞对自己际遇的总结与慨叹，这就使他倾向于对神仙世界的向往与追求，以化解内心由对现实不满而产生的愤懑与鄙弃。这首游仙诗并不是单纯地去描写一个与现实世界想对立的幻想中的仙境，它与现实世界有着千丝万缕的关联，而诗人的笔墨也多用在抒写自己的感怀上，并夹杂着对现实的批判，这已经大大超越游仙的范畴了。

钟嵘评论郭璞的《游仙诗》说：“郭景纯用隽上之才，变创其体”[④]，清人方东树则说“本屈子《远游》之旨而拟其辞，遂成佳制”[⑤]。郭璞笔下的仙界之游，相当真挚地抒写了通过仙隐与神仙交游的幻想，如其三：

翡翠戏兰苕，容色更相鲜。绿萝结高林，蒙笼盖一山。中有冥寂士，静啸

① 见《晋书》第 72 卷《郭璞传》。
② 萧统：《文选》，中华书局，1977 年版，第 21 卷，第 1021—1022 页。
③ 黄侃：《文选平点》，上海古籍出版社，1985 年版，第 21 卷，第 91 页。
④ 《诗品注》，第 2 页。
⑤ 方东树：《昭昧詹言·补遗》，方东树著，汪绍楹校点：《昭昧詹言》，人民文学出版社，1961 年版，第 3 卷，第 95 页。

抚清弦。放情陵霄外,嚼蕊挹飞泉。赤松临上游,驾鸿乘紫烟。左挹浮丘袖,右拍洪崖肩。借问蜉蝣辈,宁知龟鹤年?①

郭璞的时代即两晋之际是新的神仙思想形成的时期。秦汉时期,流行的神仙术主要是为帝王、贵族服务,但这种虚无的神仙术经不起实践检验,随着秦皇、汉武求仙的失败,神仙观念亟需改造和弥补,从而“地仙”观念流行开来了。葛洪在《抱朴子内篇》中说:“上士得道,升为天官;中士得道,栖集昆仑;下士得道,长生世间。”②这种“新神仙思想”一方面突出了宗教信仰的作用,把追求永生的权利向更广大的人群普及;另一方面,突出强调“地仙”的地位,神仙已经被大为人化了、世俗化了。正像小南一郎所说,这种“新神仙思想”与古代民众神仙信仰相联系,反映了魏晋时代知识阶层的精神自信③。郭璞正是抱着这样真挚的信心,欣羡神仙永生的世界。这种对神仙世界的迫切渴望源自于诗人对现实生活的极度失望,当诗人一心济世却不为所用屡受挫折,这种仕途遭遇的苦闷与失望亟需获得心灵上的慰藉,他不象一些玄学家那样空谈玄理,以饮酒、服食的消极的方式自慰、愤懑,而是把仙隐当作求仙的手段,借助遨游仙界的幻想写出了执着而激昂的诗篇。

游仙诗发展到唐代,吸收了诗歌鼎盛时期的创作精华,无论在句式还是体式上都体现了唐诗的成熟和精美,取得了丰硕的艺术成果。唐代一些诗人如王绩、窦巩、刘复、贾岛、张祜、孟郊、曹唐、司空图等都曾以游仙为题作诗。其中以晚唐诗人曹唐的成就最高。他不仅写作的数量多,而且取得了很高的艺术成就,堪称是诗歌史上游仙传统的后殿。

曹唐,字尧宾,初为道士,唐宣宗年间还俗,后考中进士,长庆至大中年间为诸府从事,后曾为他人幕僚。曹唐“平生之志激昂,至是薄宦,颇自郁悒”④。他曾有过道教生活的亲身体验,生活上又经历坎坷,所以他常常在诗歌中把修道体悟和世间情感交融起来,又能运用唐诗创作的艺术技巧,在游仙题材中做出了

① 《文选》,第 21 卷,第 1020 页。
② 《抱朴子·金丹》,同前书,第 76 页。
③ [日]小南一郎著,孙昌武译:《中国古代的神话传说与古小说》,中华书局,1993 年版,第 195、198 页。
④ 辛文房:《唐才子传校正》,江苏古籍出版社,1987 年版,第 8 卷,第 251 页。

新的开拓。

曹唐在游仙诗中善于运用古代神仙传说的传统题材，凭借高超的艺术想象力，把这些优美的传说重新演绎，赋予传统的仙人、仙界以新的生机，制造情景并描绘出一些列的艺术形象。仙人、仙界也都成为曹唐笔下用来制造诗情、获得艺术美感的素材。据说他留有《大游仙诗》五十首，《小游仙诗》九十八首，但有相当一部分都佚失了。曹唐的游仙诗都是利用上清派传说中仙凡交谊的故事，并以此为基础发挥想象，以遇仙人、入仙境、生别离为主题分别展开联想，构造出全新的仙凡传说，塑造了一批典型的仙人和仙界的艺术形象。曹唐的这种创作方法和郭璞等寄予感怀的游仙传统截然不同了，诗人笔下的仙人和仙界实际上是对现实生活的艺术概括。如这首《仙子送刘阮出洞》：

殷勤相送出天台，仙境那能却再来。云液既归须强饮，玉书无事莫频开。花当洞口应长在，水到人间定不回。惆怅溪头从此别，碧山明月照苍苔。①

曹唐借刘晨阮肇天台山遇仙的故事，描述了仙子送别刘阮时的情形。诗中把仙子殷勤相送，因离别而产生的失落和怅惘描写得缠绵悱恻，生动地表达了男女之间真挚的恋情。故事中的女仙在曹唐的笔下已以没有了仙人的疏隔与矜持，充满了浓郁的人间情愫。诗人在这里结合切身体会把仙凡遇合的故事赋予全新的意义，塑造温婉多情的女仙形象，神仙、仙境及仙凡故事已经成为诗人用来营造诗境、展开幻想、恣扬情感的手段了。

曹唐所处的晚唐社会江河日下，人们往往借助神仙、仙界躲避现实、休憩心灵。李丰楙曾评论曹唐的游仙诗：“他表现在诗中的主题，不管是刘阮之误入仙境，抑是黄初平之隐居牧羊，常在奇趣中透露出一种向往之情。”②曹唐在诗中选取仙人遇合的题材，塑造与世隔绝的神仙世界，实际上也是他对一种远避纷扰、淡泊名利生活的向往。而这种仙人遇合的传说，本来就带有神秘飘渺的情趣，再加上曹唐对人物、情境细腻的刻画与丰富，这就给人们留下了广阔的幻想空间，

① 《全唐诗》，第640卷，第7338页。

② 李丰楙：《曹唐〈大游仙诗〉与道教传说》，见李丰楙：《忧与游：六朝隋唐游仙诗论集》，（台湾）学生书局，1996年版，第172页。

具有独特的魅力。再如他《大游仙诗》中的《萼绿华将归九疑留别许真人》:

> 九点秋烟黛色空,绿华归思颇无穷。每悲驭鹤身难任,长恨临霞语未终。河影暗吹云梦月,花声闲落洞庭风。蓝丝重勒金条脱,留与人间许侍中。[①]

这是一首婉转优美的七言律诗。早期上清派典籍《真诰》卷一《运象篇》中记录了女仙萼绿华降羊权并授以尸解药的故事,实为道教宣传而结合民间神女降临故事而创造的传说。《真诰》里也记载了云林右英夫人降许谧的事迹,诗中的对道教故事母题的描述显然是作者的疏误,但他确是想利用这一题材表达男女两情相悦而不能圆满的遗憾[②]。诗中巧妙化用道典中的事迹,点缀以精致的细节,铺陈以浓郁的情境,且选用晚唐十分成熟、流行的七律,字句对仗工整,用词典雅,不仅让美丽温婉、深陷相思之苦的女仙形象跃然纸上,且营造了惆怅缠绵、情思绵邈的诗歌意境。如果说曹唐在游仙诗中选用了大量道教题材的仙凡故事以寄情,应当归于他早年入道的经历和仕途坎坷,那么这些诗歌中体现出来的严密精当的结构和优美意境则应当归于他对唐代诗歌体式的深入理解与熟练驾驭。

诗歌发展到唐代,达到了空前的繁荣,这是诗歌自身发展的规律也是唐人在诗歌创作上不断求新、不断超越的结果。在这样一个诗歌蓬勃发展的时代,诗人的创作激情被不断激发起来。而且随着神仙思想的世俗化,神仙的形貌更加接近现实人生,神仙、仙界、神仙故事作为单纯的审美对象被表现出来。正是在这样的环境下,曹唐在前人诗歌已取得丰硕成果的基础上,充分利用道教素材,融宗教、世情、诗思为一体、把游仙诗的创作推向了另一个新的阶段。

宋代以后仍有文人以《游仙诗》为题写作诗歌,如元人虞集、陈基,明人贝琼、罗颀等。但随着宋代以后诗歌的发展大多是模仿唐人之作,游仙诗也是承前代余绪,往往写得恍惚迷离,难究其旨,创新不多。清人写作游仙诗的更多,如冯班、彭孙贻、汪琬、查慎行、厉鹗、孙星衍等都写有《游仙诗》。其中厉鹗共作过三

---

① 《全唐诗》,第640卷,第7339页。

② 李丰楙《曹唐〈大游仙诗〉与道教传说》对此诗有详细的分析和解释,见《忧与游:六朝隋唐游仙诗论集》,第149页。

百首《游仙诗》,以奇幻之笔勾勒出一幅庞大而瑰丽的神仙世界,在道光年间和民国时期,还先后出现过蒋坦和汪钺的两种注本[①],可谓清代游仙诗中的翘楚。

厉鹗,字太鸿,又字雄飞,号樊榭,别号南湖花隐、西溪渔者,浙江钱塘(今杭州)人。是清代雍乾时期著名的诗人、词家、学者。早年进士不第,乾隆元年(1736)荐举博学鸿词,又被黜。后依例待选县令,应诏入都,行至天津而中途折返,数年后溘然谢世。

厉鹗对自己的这一系列《游仙诗》颇为自负,他说:“暇日展玩,自愧凡俗,于仙境犹有未尽,因刻意冥搜,誓脱故常,复成百咏。”[②]他的游仙诗篇幅庞大,描写了行色各异的仙人和五彩斑斓的神仙世界,他应对道教事典颇多考索,才能在诗中刻画诸多细节。厉鹗并无入道的经历,但他素喜读书,且与当时藏书的四大家扬州马氏、天津查氏、杭州赵氏、吴氏均有交谊,便有机缘广阅旧书善本,因此他熟悉道教神仙事典也是情理之中的事。

杭世骏在《游仙百咏序》中评价厉鹗的《游仙诗》说:“以神仙为输写,借文翰为遨游,可谓尽名士之才情,极仙人之本色者矣。”[③]在其题材、结构、诗情上都给予了相当高的评价,实际上也含蓄地说出厉鹗只能借游仙才能“尽名士之才情”,抒发在现实中被压抑的情思。厉鹗幼年丧父,耽于生计,苦于奔波,在仕宦之途又屡遭挫折,因此欲借仙境摆脱尘世的纷扰。如他的《游仙百咏》第六十四:

> 神仙亦自有英雄,身跨青骡疾似风。思射天狼清斗极,扶桑枝上取弯弓。[④]

这里描写的仙人倏忽飞游,飘逸无拘,拥有令人难以企及的自由,这也是诗人心目中的理想典型,仙境也就成为躲避纷扰世事的栖息之所。而“长啸”又使得仙人拥有了隐者的双重身份,暗示了诗人渴望高蹈出世的隐逸之思。诗中用

① 蒋坦注:《樊榭山房游仙三百首诗注》,道光二十八年(1848)钱塘蒋氏刻本,国家图书馆馆藏编号:101383。汪钺注:《游仙诗三百首》,《天津图书馆藏古籍珍本丛刊》,国家图书馆出版社,2013年版,第59册。
② 厉鹗:《樊榭山房集》,上海古籍出版社,1992年版,第864页。
③ 同上,第836页。
④ 厉鹗:《游仙百咏》第60首,同上,第847页。

语精练，展示了厉鹗诗歌锻炼字句、追求清幽孤淡之美的风格。清代统治者素无道教信仰，清初顺治、康熙、雍正三朝从国家安定角度出发，对道教仍延旧例加以保护，到乾隆时期，便采取种种限制措施，加速了道教的衰落。神仙思想、神仙观念在世俗化的过程中已经越来越接近人们的生活，神仙、仙界、神仙故事更是淡泊了宗教内涵，逐渐发展成一种思维与意识，逐渐发展成一种思维与意识，因此仙人、仙事并没有因为道教的式微而淡泊，反而成为诗人乐于写作的题材，作为在异族统治下抒发性情、寄托感念的手段。厉鹗对游仙诗颇多感悟："至于弘农之使倡，实为屈子之余波，事虽寄于游仙，情则等于感遇，后有作者，咸步趋焉。"[①]厉鹗熟悉游仙诗的发展脉络，也对后来借游仙以抒怀有深有体悟，故程千帆称之为"颇洞渊源者"[②]。厉鹗的游仙诗借助对神仙、仙境的向往，表达的是在现世遭受的挫折与打击后，欲求得心灵归宿与自身价值认同的渴望，同时也映衬出他高洁自恃的生活态度。再如他的《续游仙百咏》第四十五首：

雪藕交梨阆苑栽，兰香生日智琼来。麻姑遣送行厨酒，张硕何曾饮一杯？[③]

厉鹗游仙诗中有很多题材取自传统的男女仙人或仙、凡交谊的传说，但又和曹唐重新演绎仙凡事迹不同。厉鹗往往把几种不同的故事结合在一起，用来制造诗情、抒写感慨。这首诗把女仙杜兰香降张硕、成公智琼嫁弦超以及麻姑行厨的故事组合在一起，表面看难得确解，如果联系写作环境即可破解其中寄托的深意。厉鹗创作游仙诗之时因家境贫寒而疲于生计，于是"与其作白眼以看人，何如问青天而搔首"[④]，作品中把三位女仙的事迹组合在一起，显然是出于"杜撰"。这三位女仙都是带有指引凡人成仙的责任降临人间的，但结尾借询问凡间男子张硕是否饮仙酒来表达对成仙的怀疑，表现神仙难求，成仙无望的现实，实际上也是丝丝入扣地影射自己才华无人赏识、仕进无门、生活多舛的哀怨

---

① 厉鹗：《樊榭山房集》，第 837 页。
② 程千帆：《郭景纯、曹尧宾〈游仙诗〉辨异》，见程千帆：《古诗考索》，上海古籍出版社，1984 年版。
③ 厉鹗：《樊榭山房集》，第 857 页。
④ 同上，第 837 页。

与无奈。这首诗表面写女仙降临的故事,实际上就是把道教神仙典故作为一般的修辞和表现方法来使用了。袁枚曾说:“吾乡诗有浙派,好用替代字,盖始于宋人,而成与厉樊榭。……樊榭在扬州马秋玉家,所见说部书多,好用僻典及零碎故事……”[①]这也是神仙思想世俗化后,神仙题材作为一种单纯欣赏对象的表现。这里也体现了厉鹗诗歌使典用事的特色。其实厉鹗的很多游仙诗在表现上构思大胆,常对已有的仙道故事加以改变和组合,成为诗歌艺术创造的对象和手段,这就化解了七言绝句体式给诗歌内容创造上带来的束缚,摆脱了僵滞与呆板,显得灵动而又别有情趣了。

实际上,随着道教的传播,神仙思想、观念逐渐影响文人的创作,从而补充了文学在道教意识形态下以人为主体的创作的不足。而就仙人、仙界的信仰、观念等,逐渐形成了很多优美绮丽的传说,而仙人、仙语、仙境、仙事更给文学创作提供了宝贵的素材。正像日本汉学家吉川幸次郎所说:“重视非虚构素材和特别重视语言表现技巧可以说是中国文学史的两大特长。……抑制对神、对超自然的关心,而只把目光集中在地上的人。这种精神同样地支配着文学。”[②]文人拟作的步虚词和游仙诗很好地印证了这位日本学者的判断。不论道教科仪中的步虚词还是表现神仙幻想的游仙诗,它们的价值远远超越了道教信仰和传统的神仙观念。而就文学中的诗歌创作而言,步虚词和游仙诗都给诗歌的发展提供了更广阔的表现形式,为文人的诗歌创作打开了更为广阔的想象空间,为后代的诸多文体都提供了很好的借鉴。它们在文学史、诗歌史甚至宗教史上便凸显出不同一般的价值。

① 袁枚:《随园诗话》卷九,见王英志主编:《袁枚全集》,浙江古籍出版社,2011年版,第309页。

② [日]吉川幸次郎著,钱婉约译:《我的留学记·中古文学史之我见》,光明日报出版社,1999年版,第168页。

宜春禅宗文化的历史地位和当代影响

黄夏年

宜春被称为中国的“禅都”，这是由宜春佛教的历史文化决定的。据有关学者研究，马祖道一系的禅林在宜春境内有十一座寺院，其中最有影响的是奉新县百丈山。临济宗黄檗希运培养了临济义玄，宜春是为临济之始。曹山本寂开法宜丰洞山，曹洞宗得以弘扬。沩山慧寂于宜春仰山住锡，创立沩仰宗。此外，云门系、法眼系禅师道谦、法济、清禀、道恒等都在宜春生活过。这里有过众多的禅宗派别以及著名的禅师住锡，禅宗的主要宗派都在宜春地区产生过影响，甚至影响了中国佛教的转型。

一　宜春禅宗佛教在中国禅宗中的历史地位

宜春在中国佛教史上地位十分重要。作为禅都，主要反映在三个方面。

一是宗派创始地。像马祖道一一生建立道场数十处，在江西省内至今可考的就有近四十处。佛教制度规定，出家的僧人必须集体居住。印度佛教僧人主要是选择城郊幽静林地建寺院修行，就像树木聚集如林，因而得名“丛林”。马祖道一看到当时不少禅宗僧人寄住在律宗的寺院里，因法制不同，时常产生矛盾冲突，双方都为此苦恼。他认为禅宗和律宗是应该有区别的，因此广建道场，率众而居，创立了禅宗 “丛林”，亦即禅宗的寺院。住在丛林的人，集体修禅，共同劳动，过着自给自足的农禅生活。马祖以洪州为中心，弘扬曹溪宗风，建立了禅宗史上著名的洪州宗。曹山本寂的沩仰宗出于这一地区，其居住过的寺院已成为祖庭，受到禅门内外的崇奉，并在海内外有着广泛的影响。马祖弟子曾将洪州宗传到了朝鲜半岛，曹洞宗也传到了日本等国。

其次是禅思想创立地区。宗派的创始人也是新思想的提出者,宜春的禅师在禅思想方面做出了更多贡献。马祖道一得到了怀让的心法真谛,弘扬六祖惠能以来的南宗禅法。他努力提倡“即心即佛”的主张,强调佛性在每个人心中,自性本来具足一切,并无缺少。大珠慧海曾向马祖道一求法,道一指出,你放着“自家宝藏不顾,抛家散走作什么?我遮(这)里一物也无,求什么佛法?”因为“即今问我者,是汝宝藏。一切具足,更无欠少;使用自在,何假向外求觅”①。所以关键是参禅修行的人要从自心去参悟,随顺法性,开发自心佛性,用平常心来看待一切,明心见性方能修成佛道。道一强调“即心即佛”,心即是佛;“非心非佛”,心外无佛。前者在肯定处立脚,后者从否定处着眼,前提为假设,随说随扫,性绝纤尘,道一将此称为空拳黄叶,“为止小儿啼”②。道一继承了惠能的一切时中皆是禅的思想,主张“平常心是道”,“若了此心,乃可随时着衣吃饭,长养圣胎,任运过时,更有何事”③,“只如今行住坐卧,应机接物,尽是道。”所谓平常心,即“无造作,无是非,无取舍,无断常,无凡无圣”④之心,超越凡俗之分别见解,获得正见圣解。为了开导学人,道一注意因材施教,针对根机不同的人,采用不同的方法,如采用深沉、灵转、幽默、反诘等不同的语言表达方式和棒打、画地、竖拂、踏胸、拧鼻子、大喝一声等多种方式,并注意根据不同的场景,作随时随地的发挥,开创了禅宗独特的禅法“机锋”与公案。强调佛教的解脱的当下语境,把外在的解脱转化为内在的解脱,践行了六祖慧能提出的禅宗解脱思想,并深刻地影响了后来人。

曹山本寂大扬宗风,详说洞山五位旨诀,是为丛林楷式。本寂说:“觉性圆明相身,莫将知见妄疏亲。念异便于玄体昧,心差不与道为邻。情分万法沉前境,识鉴多端丧本真。如是句中全晓会,了然无事昔时人。”这是说本性一圆明菩提在身,知见身外不必亲疏。一念产即与思昧,有了分别才与道背驰。沉溺于情境,故会丧失本真自我,若是体会其中的道理,则能了然无事而平常人。曹山要人自见本性,不要去身外觅性。外在情与境只是虚幻,重要的是心内所感所鉴,只有体

---

① 《景德传灯录》卷六《怀让禅师第二世马祖法嗣·越州大珠慧海禅师》。
② 《指月录》卷五《江西道一禅师》。
③ 《景德传灯录》卷六《怀让禅师第一世·江西道一禅师》。
④ 《景德传灯录》卷二十八《诸方广语》。

会到当下的我,就能开发了自我的本真,由是才真正做到了平常人与平常心。有纸衣道者问曹山“如何是纸衣下事?”曹山回答:“一裘才挂体,万法悉皆如。”这里点明“裘”不过是一件外在的挂体,在这个挂体之下,万法皆由内在的心而自如。所以“一灵真性”只是借助“胞胎”而隐藏,并在胞胎的隐藏下而发出“妙”用。

黄檗希运门风盛于江南,以义玄最为特出。希运继承马祖道一“即心即佛”的思想,力倡“心即是佛”之说,认为:“诸佛与一切众生唯是一心,更无别法,此心无始以来,不曾生,不曾灭,……超过一切限量,名言、踪迹、对待,当体便是,动念即乖,犹如虚空,无有边际,不可测度。唯此一心即是佛,佛与众生更无别异。”希运说的“一心”,不是人们通常以为有认识作用的思虑“心”,而是超越了认识,直达事物本体的“心”,他强调“此本源清净心,常自圆明遍照。世人不悟,以知识见闻觉知为心。为见闻觉知所覆,所以不睹精本体。然本心虽不属见闻觉知,亦不离见闻觉知,但直下无心,本体自现。”由此可知,希运所说的“心”,是人所拥有的那颗本来清净的成佛之心,整个世界都出自于这个清净心所做,认识到心的本源,就是当下的觉悟,通达了菩提之道,所以希运说:“当下无心,决定了知一切法本无所有,亦无所得,无依无住,无能无所,不动妄念,便证菩提。”又说:“诸菩萨与一切蠢动众生同大涅槃性,性即是心,心即是佛,佛即是法。”成佛之心在当下,求佛之念即当下,只要心中在佛即可为佛,希运的“心佛一如”的思想,对后来临济义玄的影响很大,临济宗的“心即是法、法即是心”的思想,以打、棒、喝等为接机方便的禅风,其源头都可以溯此。

三是宜春禅宗促成了中国佛教禅宗的转型。宜春的百丈山是禅宗百丈禅师生前所住的地方,也是首部禅宗清规《百丈清规》的诞生地。禅宗创立之后,僧人们一直住在律寺里,四祖道信建寺安僧是一个根本性转变,禅宗僧人从游化寄居到自己宗门寺院隐居,开创了丛林。五祖弘忍在住持寺院时,进一步将乃师的事业做大,禅宗寺院业已成形。继道信、弘忍之后的马祖道一禅师在唐天宝元年间于江西洪州等地率徒众修持,弘扬曹溪宗风。马祖道一的弟子百丈怀海制订了《百丈清规》,将这种制度进一步体系化和完善化,最终确立了“马祖建道场,百丈立清规”的禅宗丛林制度。赞宁律师曰:“达磨之道既行,机锋相遘者唱和,然其所化之众唯随寺别院而居,且无异制。道信禅师住东林寺,能禅师住广果寺,谈禅师住白马寺,皆一例律仪。唯参学者或行杜多,粪扫五纳衣为异耳。后有百丈山禅师怀海,创意经纶,别立通堂。布长连床,励其坐禅,坐歇则带刀,斜卧高木为椸架,凡百道具悉悬其上,所谓龙牙杙上也。有朝参暮请之礼,随石磬木鱼为节度,可宗者谓之长老,随从者谓之侍者,主事者谓之寮司,共作者谓之普请。或有过者,主事示以柱杖,焚其衣钵,谓之诫罚。凡诸新例,厥号丛林,与律不同,自百丈之始也(笺曰:礼乐征伐,自天子出,则王道兴。为佛寺僧规,禀如来制,则正法住矣)。"[①]总之,在百丈之前虽然禅寺已经有之,但是在佛教界里并没有过多作用,到了百丈定清规之后,禅宗的寺庙管理规定出现,禅寺特点日益鲜明,并与其它派别寺院相区别开来,重要的是引入了中国传统的礼文化因子,使原本是印度佛教基础的律学改变为中国佛教的律学。禅寺在佛教界里的地位上升,最终独立成范,因为契理契机,走上了新路。五家七宗,禅宗宗风多样化,清规实行,禅门有了成形的规矩,禅僧变得有生气,故而获得了"选官不如选佛"和"三代礼乐尽在其中"的美誉。所以百丈制订清规是禅宗制度革命,对推动禅宗在中国佛教中的地位与影响是极为重要的。

二 宜春禅宗在当代中国佛教的影响

以上对宜春禅宗对中国佛教所做的贡献做了三方面的总结，指出了中国佛教禅宗的发展,离不开宜春禅宗祖师的贡献。特别是在中国佛教理论与制度两个方面,宜春禅宗祖师所做的特殊贡献功不可没,值得我们好好地总结,发扬光大。

中国佛教禅宗自唐代正式建立,到了明清天下佛子皆为禅门子弟,禅宗成为中国佛教的代名词。虽然禅宗在中国佛教里独家做大,但是这时的禅宗已经开始走下坡路了。例如南华寺是禅宗南宗的祖庭,但是到了明弘正年间已经完全衰落,寺院内外一片混乱,外有"四方流棍渐集于山中,始以佣赁,久则经营借资于僧。而僧不察,以山门通滃源,入府孔道,而渐成窟穴,罗于道侧,开张市肆,岂特鸠居鹊巢,将使狼据师窟。僧亦舍寺而住庄庵,则山门日空,流棍日集,猷害日作,而僧徒竟为此累。以至几不可保矣。"[②]内有"故僧之所畜多归之,噬啮日

① 右街僧录通慧大师赞宁奉勅撰《大宋僧史略(并序)》。

② 《曹溪中兴录》上,菩萨戒弟子僧本昂、冯昌历、僧知融日录,宰官弟子王安舜、刘起相纂辑,长春社弟子陈迪祥、梁四相仝较《憨山老人梦游集》卷第五十。

深,则谋为不法,于是多方诱引,以酒色为坑穽,盲者一堕其中,则任其食啖,膏脂尽竭。”[①]“先是寺僧多不守斋戒,畜养孳牲,以恣宰杀。”[②]时人形容:“本寺僧徒,向以便安庄居,种艺畜养,与俗无异,寺中百房,皆扃其户,入门绝无人迹,唯祖殿侍奉香火数僧及住持方丈数辈而已,以是山门任流棍纵横,僧徒出入,皆避影潜踪,可恨也。”[③]宜春的佛教也在这时进入了低谷期,有的寺院甚至毁灭。

宜春作为禅都,与中国佛教始终命运相连。宜春地处山丘,风景秀美,远离城市,与赣江和湘水相通,处在交通线上。禅师选中这里建寺安单,于此隐居修行。在这里生活修行的禅僧大多数都是来自于社会底层,说明宜春禅宗是平民佛教代表。近代佛教领袖太虚大师说:“我国宋明时此理门派最盛,几以禅宗代表佛法,禅宗以外似无余派。推其普遍昌盛之理:则以唐末武宗皇帝灭佛,各派均被摧残,虽末期年唐武宗死各派复兴,而当时天下大乱经典遗失,僧众散避,恢复不易。独有禅宗,既不必依于经教,而山中林下二三同道即可互相参究,简而易行,此其一。禅宗不讲经论深微奥妙之义理,但求悟得本来真心,即悟得亦无详实之说明,间有一二简单表示亦不离通俗之言行,此则最合中国人向来之心理,是以宋明理学强半带有禅义,此其二。有此二因,故能普遍全国极一时之盛,即各派渐次复兴有赖于禅宗之力亦不少,可知中国禅宗于佛法流传之功非浅鲜也。”[④]太虚指出了禅宗两个特点,一是禅宗以不立文字为宗旨,禅僧可以不必依靠经教就可以修行,有山林佛教特质;二是禅宗流行在民间,适合大众信仰,盛行各地。虽然禅宗衰落了,但是其身上具有与时俱进思想,继承了中国佛教圆融特点,因之能够不断地与社会相适应,既使是衰落了,也能够生存下来。特别是禅宗与农业社会联系紧密,僧人们依靠的是农禅并作,自食其力的制度,寺院拥有土地,赖以生存的基础仍在,在佛学上又与中国传统文化相结合,正如太虚所说:“最雄奇的是从中国第一流人士自尊独创的民族特性,以达摩西来的启发,前不见古人后不见来者,而直证释迦未开口说法前的觉源心海,打开了自

---

① 《曹溪中兴录》上,菩萨戒弟子僧本昂、冯昌历、僧知融日录,宰官弟子王安舜、刘起相纂辑,长春社弟子陈迪祥、梁四相同校《憨山老人梦游集》卷第五十。

② 同上。

③ 同上,卷第五十一。

④ 《太虚大师全书》第1册,第187—188页。

心彻天彻地的大光明藏，佛心自心印合无间。与佛一般无二的圆明了体现了法界诸法实相，即身便成了与佛陀一般无二的真觉者。然后应用一切方土的俗言雅语，乃至全宇宙的事事物物，活泼泼地以表现指示其悟境于世人，使世人各各直证佛陀的心境。此为佛学之核心，亦为中国佛学之骨髓。唯中国佛学握得此佛学之核心，故释迦以来真正之佛学，现今唯在于中国。而中国唐宋以来一般老庄派的孔孟派的第一流学者，亦无不投入此禅宗佛学中，然后再回到其道家及儒家的本位上，以另创其性命双修学及宋明理学。故此为中国佛学最特色的禅宗，实成了中国唐宋以来民族思想全部的根本精神。”①所以“中国佛学之特质在禅”②。

改革开放以来，宜春佛教焕发青春，一些禅宗祖庭得到修复与重建，开始重新产生影响。宜春禅宗道场的重建，主要得益于佛门弟子的大德愿力，例如当代禅门宗宿本焕长老恢复了百丈山等。他们之所以发心重建祖师道场，乃是出于对前辈祖师的恭敬与爱戴，于是在当代佛教复兴的大好形势下，重新庄严了祖师寺院，让宜春的佛教焕发了青春。这说明宜春的禅宗祖庭地位从来没有动摇过，其从建立伊始就受到佛教徒的尊敬与崇拜，到了现在仍然发挥着永远生花的独特魅力。

宜春禅宗大师所建立的禅门制度，经过千余年的考验，至今为各地的寺院所遵从，这是宜春佛教的骄傲，也是宜春佛教的品牌。“印度的佛法已由衰落而消声匿迹；在印度奔放的佛法鲜花，不能不转移到异地去开放！”③印度佛教已经在本土消失了一千余年，中国佛教则在本土存在了二千余年。传统是不能抛弃的，是禅宗生存的基础。今后中国佛教仍然存在于中国社会，传统还会继续发生影响。忆古思今，传统的清规是佛教发展的基石，任何时候佛教都离不开清规的指导。“而在百丈未立清规前所成之禅宗丛林，各从禅宗中成就其自性道德，以共同食息为镢头边生活，此真无政府共产主义的精神之渊源之根本欤！”④宜春作为禅宗制度革命的发源地，在禅宗史上起到过决定性的作用。只要佛教还留

① 《太虚大师全书》第2册，第930页。
② 同上，第551—552页。
③ 《太虚大师全书》第1册，第445—447页。
④ 《太虚大师全书》第20册，第226页。

存于世，宜春的百丈的革命成果就会激励着佛教界永远前进。太虚说："禅宗自宋、元、明、清随支那全社会而递代降落，亦因人多流杂，法密伪增，浇漓坠堕及今，通身红烂，卧向荆棘林中，殆无复挽狂澜于既倒之望。意者、非宇内清宁，则此应世间众生而设施之佛化，亦不得独振其清宁之纪乎！则予之为此，非徒以佛化理世变之纠纷，亦冀淑彼人世，还以净兹佛化。余既以《人工与佛学之新僧化》，追攀百丈之高风，以适应将来倾向中的社会趋势；复有精审详密之德莫克拉西的《整理僧伽制度论》，亦凡以见吾志之不在徒发理论，须见之行事耳。"[①]百丈山对中国佛教的影响，永远会受人瞻拜，随着影响力愈增，前来瞻拜的人也会越来越多，正如来果老和尚所说："每念禅宗一法，极关重要，有传佛法印，续祖心灯之最大任务。"[②]

禅僧生活在山林，可以改变性情，隐山修行是早期禅宗最典型的生活方式。"禅宗是不立文字见性明心，专明第一义谛的——内证离言，是要实行修证的。"[③]随着山林禅的建立，禅宗里面出现了"隐山流"，给后世禅宗发展带来不可忽视的深远影响。宗本禅师曾说："如是我闻，诸佛盖为一大事因缘，入山修道，证果度生，后之学者，必效先觉，之所为，乃可以明此一大事也，亦以深隐山居，思惟此事。"[④]历来出家僧人都愿意隐山而居，过着恬意的山林生活，尽享隐山带来的乐趣。隐山成为一种享受安静、陶冶心情的生活，所以也叫"住静"。明觉聪禅师云："初学大梅隐山三十年，为衣荷叶寻常着。又不见赵州住院二十年，一个破床三只脚，守分安贫养圣胎，不赍书去告檀越。汝看古人恁么行，至今道风播天下。"[⑤]宜春山明水秀，土沃泉甘，其气如春，四季宜人，这恰恰是隐山修行的好去处，宜春禅宗的历史，证明了禅宗隐山佛教的重要性。今天，宜春仍然是禅宗隐山的好地方，禅宗在宜春复兴，说明隐山佛教再次兴起，山林佛教始终是宜春佛教基础。"而在唐代被禅宗之风化者，多习杜多之苦行，其已完全脱离乎家与国之私产关系及一切强权关系"[⑥]，伴随着平民佛教特质，将会引起更多的佛教徒

---

① 《太虚大师全书》第 20 册，第 235—236 页。
② 同上。
③ 《太虚大师全书》第 1 册，第 502 页。
④ 《归元直指集》卷下。
⑤ 《送慈吉后堂之盘山住静》，嗣法门人戒恒编《明觉聪禅师语录》卷第十六(辨六)。
⑥ 《太虚大师全书》第 20 册，第 226 页。

前来隐修，隐山的道风将在宜春得到发扬光大。

20世纪以后是中国佛教的改革时代，也是中国社会进入转型的时期。一花独放的禅宗在转型期社会，也会随着社会的改变而不断自我调适，其思想与理论也会不断出陈推新。太虚说："禅宗以简单易行，恢复后遂独盛弘，入宋之后，影响为宋明理学，与中国之思想界发生极大关系。"①宜春是中国禅宗的思想库，自古就是出禅宗思想家的地方，代表了平民佛教的诉求，这是宜春禅宗的最大亮点之一。随着传统在不断变化的社会里重新得到人们的认识，历代祖师善于将佛教思想与中国传统文化相结合，创造出独具特色的中国禅宗理论。宜春的禅宗理论家是这一思想的代表性人物，"唐宋以来古德教人，但使直发大心直证大果，如禅宗之明心见性直下承当，要在一悟永悟。"②他们所建造的禅宗理论一直为后世所遵循与发扬，禅宗重实践修持，"中国佛教历史开始后，重禅的精神都收归此宗；所以唐、宋以来，它能特别兴盛，成为中国佛教的正统。"③随着佛教在中国的发展，宜春的创新精神将会发扬光大，其影响将会越来越大。

禅宗是中国佛教的代表，独秀于世界佛教界。当前，中国正在走向世界，中国佛教也必将伴随走出国门。当代世界仍然离不开佛教，禅宗可以为世界佛教的发展作出自己的贡献，"譬如中国的禅宗、就是专提向上，使人人振作自己精神，撤底改革，创造新生命的。能有自信力就是种子，有了这种向上心，就是生机的勃发了。"④所以中国佛教走向世界，禅宗是最当机的法门之一，宜春作为中国佛教的禅都和祖庭，有先天的自然条件，能够为中国佛教走向世界作出独特的贡献。太虚说："以宋明儒学已浅植其根于佛之禅宗，今尤必托之大乘佛法，以真明人伦道德之所以然于因缘生果之律，而后此中国文化之人伦道德，乃足被四海垂万世而不敝。不则虽有此中国文化之人伦道德，可以裨欧美而济今世，亦终等羸弱之夫之不能举千斤鼎矣。"⑤由此可知，禅宗不仅对中国文化的贡献尤巨，而且也能为世界文化做出贡献。

① 《太虚大师全书》第1册，第21页。
② 同上，第197页。
③ 《太虚大师全书》第15册，第2783—2785页。
④ 《太虚大师全书》第21册，第727页。
⑤ 《太虚大师全书》第25册，第422页。

三 结语

禅宗是中国人自己的佛教，然而“世有不达此理者，谓佛法之衰落原于禅宗之兴盛，故抑禅宗而倡唯识。不知禅宗实为佛法之精蕴所寄，而又能圆摄各宗而无碍。”①宜春作为中国佛教的“禅都”，无疑在中国佛教中占有重要的地位。

“禅宗的特重点，专在乎证而不在乎教，所谓心心相印，相印就是证到了，不相印就是不曾证得，故称教外别传。”②宜春的禅宗的特重点就在于它是这种教外别传的祖庭，是禅宗思想的发源地之一。宋代以后的佛教，都是循着宜春的祖师所建立的发展轨迹而前进的，天下禅宗不出临济和曹洞两支，其源头可以上溯到宜春。

“昔者马祖立禅林，百丈制清规，盖亦察乎时趋，审乎机宜，有不得不变通者存。虽草创一家，风行千古矣！”③宜春是禅宗革命的发源地，中国佛教制度的成形地，历尽千年而不衰，此荣誉非宜春禅宗莫属。

宜春是禅门出祖师的地方，也是禅宗播种的地方，禅宗的火星通过宜春大地向全国散布、流传开来，成为中国佛教的熊熊大火，又从中国走向东亚，传法到韩国、日本和越南等国，再传播东南亚和欧美等地，已经具有世界佛教的特点。所以宜春不仅仅是“中国禅都”，也应是“世界禅都”。

---

① 《太虚大师全书》第 18 册，第 37 页。
② 《太虚大师全书》第 1 册，第 434 页。
③ 《海潮音》，第一卷第一期。

从“一行三昧”看苏轼的居士形象

萧丽华

一 前言

《维摩诘经》在中国的弘传，带动居士文化风气的兴盛，居士文化到宋代成为高峰。孙昌武在《中国文学中的维摩与观音》说：“宋代理学兴起，但北宋却又是居士佛教大发展的时期。”①三苏父子、王安石、黄庭坚等人都深受《维摩诘经》影响。孙先生说苏轼认识到的维摩诘(Vimalakīrti)：“神完守固，与世浮沉，生死置之度外，在无言无说中表现出执著的精神。”②文人从《维摩诘经》得到居士理念的坚持，但是文人处于世间与出世间的矛盾，如何能在维摩诘的形象中得到调和？这非得要有“一行三昧”的功夫才能做到。

居士清修者如王维、饮酒吃肉者如白居易，在圣、俗二谛下展现不同样态，行者很难有个认识与学习的标准。印顺导师尝言：“初期大乘经中，文殊师利为主体的，或文殊部分参加问答的，是‘文殊师利法门’的主要依据。”③这启示了笔者，若从文殊法门的“一行三昧”(ekavyūha-samādhi)来检验居士形象，或许能看到不违背《维摩诘经》旨的居士行，本文于是以苏轼为论，尝试作一分析样例。

“内翰苏轼居士”是宋代临济宗“大鉴下第十三世”黄龙慧南黄龙派下二世，即“大鉴下第十四世”东林常总禅师的法嗣④，依中国禅宗传承的谱系，就是东土初祖慧能大师下第十五世的法裔⑤。以其自知自己前生是证得“须陀洹”

---

① 孙昌武著：《中国文学中的维摩与观音》，天津教育出版社，2005 年版，第 249 页。
② 同上。
③ 印顺导师著：《初期大乘佛教之起源与开展》，正闻出版社，1994 年版，第 875 页。
④ 参见正受编：《嘉泰普灯录》卷第二十三《内翰苏轼居士》，《卍续藏》，第 79 册，第 428b 页。
⑤ 具载圆极居顶编：《续传灯录》卷第二十《内翰苏轼居士》，《大正藏》，第 51 册，第 601b 页。

(srotāpanna)果的再来人[①],并得到云门宗佛印了元禅师"故与云山旧衲衣"的印可[②],所以"自是常著衲衣"[③],表示此生身虽未出家,但已然是个"心已出家"的僧人[④],而且公然内著僧伽梨(savghātī),外罩"朝章"上殿面圣[⑤],并在与僧人谈经说道时穿著袈裟,用示缁门等流(nisyanda)[⑥],可见苏轼既然打从心底认为自己就是僧家中人,也已得到宗门大德的印可,并入法籍系谱中,但总不免自觉仍有宿生(pūrva)的习气(vāsanā)未脱[⑦],不但"更要维摩一转语"[⑧],让善知识(kalyānamitra)予以时时提撕,还需要在此生,发用宿善(pūrva-kuśala-mūla)来"常行八棒十三禅"自我磨砺[⑨],以免被误认为是外道[⑩],庶其所思所行,得以不离行持一生的"三昧"(samādhi),而自证自悟。

有关苏轼与《维摩诘经》的关系,王志楣在《〈维摩诘经〉与中国文人、文学、艺术》一文中,指出《凤翔八观》第四首,苏轼"似乎是个具道家智慧,不惧生死,身如浮云的'至人'"[⑪]。此说是否切合苏轼的佛教居士形象?显然有待商榷。因

① 苏轼《次韵孙莘老斗野亭寄子由在邵伯堰》诗云:"吾生七往来。""七往来"者,为佛教声闻乘(śrāvaka-yāna)四果中的最初圣果"须陀洹",如鸠摩罗什译《小品般若波罗蜜经》卷第一《释提桓因品第二》,须菩提对释提桓因说:"不应住须陀洹,乃至七往来生死。"参见冯应榴辑注:《苏轼诗集合注》,上海古籍出版社,2001年版,第1300页;《大正藏》,第8册,第540b页。

② 苏轼《以玉带施元长老元以衲裙相报次韵二首》其一,《苏轼诗集合注》,第1206页。

③ 惠洪撰:《禅林僧宝传》卷第二十九《云居佛印元禅师》,《卍续藏》,第79册,第550c页。

④ 马鸣菩萨造,鸠摩罗什译:《大庄严论经》卷第二《九》,《大正藏》,第4册,第267b页。

⑤ 惠洪《冷斋夜话》载:"哲宗问右璫陈衍:'苏轼衬朝章者何衣?'衍对曰:'是道衣。'"详惠洪撰,张伯伟编校:《日本五山版冷斋夜话》,《稀见本宋人诗话四种》,江苏古籍出版社,2002年版,第7卷,第1条,"苏轼衬朝道衣",第62页。

⑥ 晓莹录:《云卧纪谭》卷下载:"苏翰林子瞻,以绍圣元年秋,经由南华,着衲衣与长老辩公坐次,忽客来谒,乃着公服。"详《卍续藏》,第86册,第679c页。

⑦ 如苏轼在《次丹元姚先生韵二首》其二,诗云:"但恐宿缘重,每为习气昏。"详《苏轼诗集合注》,第1850—1851页。

⑧ 苏轼《次韵子由书清汶老所传秦湘二女图》诗,《苏轼诗集合注》,第1903页。

⑨ 苏轼《南华老师示四韵事忙姑以一偈答之》诗,《苏轼诗集合注》,第2255页。

⑩ 郎晔在苏轼《提举玉局观谢表》题下注云:"元符三年十一月癸亥朔有玉局之命。"是年苏轼六十五岁,哲宗虽自儋州放归苏轼,但却命苏轼领"朝奉郎"衔,前往"成都府玉局观"出任"提举",掌管道士的宗教事务,苏轼为表明自己并非道徒,而是修有神境智证通(rddhi-visaya-jñāna-sāksātkriyābhijñā)、天眼智证通(divya-caksur-jñāna-sāksātkriyābhijñā)、天耳智证通(divya-śrotra-jñāna-sāksātkriyābhijñā)、他心智证通(cetah-paryāya-jñāna-sāksātkriyā- bhijñā)、宿住随念智证通(pūrve-nivāsānusmrti-jñāna-sāksātkriyābhijñā),以"自净其意"的"五通仙",于是撰《南华老师示四韵事忙姑以一偈答之》,偈有句云:"今着衲衣归玉局,可怜化作五通仙。"而这就表明了苏轼是完全意义上的佛子。详《经进东坡文集事略》,张元济主编:《四部丛刊初编·集部》台湾商务印书馆,1967年版,第26卷,第27a页;《苏轼诗集合注》,第2255—2256页;孔凡礼点校:《苏轼文集》,中华书局,2004年版,第708页。

⑪ 王志楣撰:《〈维摩诘经〉与中国文人、文学、艺术》,《中华佛学学报》,第5期,1992年7月,第275页。

为“维摩诘”以居士形象现世，自支谦在三国时代东吴黄武元年（222）至建兴二年（253）间译出《佛说维摩诘经》后，至苏轼在世的年代，已在中国知识阶层中广为敷扬长达八百年之久，成为士大夫在浮沉不定的宦海中，自在出入圣、俗生活的超越典范，如维摩诘示现“虽为白衣，奉持沙门清净律行；虽处居家，不著三界；示有妻子，常修梵行；现有眷属，常乐远离；虽服宝饰，而以相好严身；虽复饮食，而以禅悦为味”的在家菩萨形象[①]，虽然在士大夫的认知中，有着千差万殊的居士样态，然而，这种圣凡不即不离的一体两面性，在“诸法即实相”的义解下[②]，则往往体现为“诸法实相”一如的无分别性[③]，是毋庸置疑的。至于苏轼在此中展现何种样例？则是本文所欲探究的重心。

二　般若思想中的“一行三昧”法门

“三昧”（samādhi）是中古汉胡语对音“三摩提”[④]“三摩地”[⑤]“三摩帝”[⑥]或“三摩拔提”（samāpatti）[⑦]、“三摩钵提”[⑧]“三摩钵底”[⑨]，这两个名相异译音译字根的缩略语，苏轼有时据《大方广圆觉修多罗了义经》使用“三摩钵提”，[⑩]这两字皆蕴涵“正定”义，但苏轼诗文中使用较多的是“三昧”，其更宽泛的用法则是禅“dhyāna”与“三昧”（samādhi）汉胡合璧译成的“禅定”一词，但在苏轼大量的作品中，则往往以更为简要的“禅”字，概括“禅定”“三昧”“三摩钵提”等名相，且运用文学“妙在言其用，不言其名”的创作手法进行文本书写[⑪]，致使连“禅”“三昧”也无，而仅仅在字里行间，“常行于所当行，常止于不可不止”的随意之所

① 鸠摩罗什译：《维摩诘所说经》上卷《方便品第二》，《大正藏》，第14册，第539a页。
② 释智圆述：《维摩经略疏垂裕记》卷第十《嘱累品》，《大正藏》，第38册，第851b页。
③ 《维摩诘所说经》卷下《法供养品第十三》，《大正藏》，第14册，第556b页。
④ 月婆首那译：《大乘顶王经》，《大正藏》，第14册，第602a页。
⑤ 玄奘译：《说无垢称经》卷第六《观如来品第十二》，《大正藏》，第14册，第585a页。
⑥ 慧琳撰：《一切经音义》卷第九《摩诃般若波罗蜜经·第一卷》，《大正藏》，第54册，第358c页。
⑦ 菩提留支译：《大萨遮尼乾子所说经》卷第七《如来无过功德品第八之二》，《大正藏》，第9册，第348b页。
⑧ 佛陀多罗译：《大方广圆觉修多罗了义经》，《大正藏》，第17册，第917c页。
⑨ 实叉难陀译：《大方广佛华严经》卷第十八《明法品第十八》，《大正藏》，第10册，第97b页。
⑩ 如苏轼《胜相院经藏记》《宝月大师塔铭》二文，《苏轼文集》，第388、468页。
⑪ 觉范慧洪在《诗言其用不言其名》中说：“用事琢句，妙在言其用，不言其名耳。此法唯荆公、东坡、山谷三老知之。”详《稀见本宋人诗话四种》，第43页。

之[1]，而假藉不得不使用的文字，来呈显“一行三昧”本非文字所能表诠的自在意境。

“三昧”，意即“正心行处”[2]，是行通大小的入佛要路八正道第八“正定”支，其法门为以“不乱、不散”摄心[3]，来使行者所证，达到“见一切法性常定”的境界[4]，也是行者入定的共法[5]。而“一行三昧”，则是在佛灭五百年后，随著大乘佛法在印度的开展，为调伏大乘根性而依共小乘的“三昧”法，所安立起来的全新行门。小乘的“三昧”法强调“止心一处，不令散乱，而保持安静。”[6]如此的“三昧”即“禅定”，在天竺本为共外道法，后为世尊所援用，并加以改造，而与戒（śīla）、慧（prajñā）同为三学，如世尊告诉阿难说：“摄心为戒，因戒生定，因定发慧，是则名为三无漏学。”[7]三学是修持佛法的入道要门，且与一大藏经教相应，分而论之，其法门名相可考者有百八三昧，广则无量，如龙树菩萨说：“略说则有一百八三昧，……广说则无量三昧。”[8]欧阳渐也说：

> 曰三十七菩提分三昧，曰三三昧，曰金刚三昧，曰一行三昧。……若论禅定，百千亿万，无不俱修。[9]

也就是说“一行三昧”是大小乘兼容的诸宗共法。在般若系的大乘佛典中，“一行三昧”如《文殊师利所说摩诃般若波罗蜜经》卷下，世尊（Bhagavat）对文殊师利（Mañjuśrī）说：

> 法界一相，系缘法界，是名一行三昧。若善男子、善女人，欲入一行三

① 苏轼：《与谢民师推官书》，《苏轼文集》，第1418页。
② 龙树菩萨造，鸠摩罗什译：《大智度论》卷第二十三《初品中十一智释论第三十八》，《大正藏》，第25册，第234a页。
③ 僧伽提婆译：《中阿含经》卷第七《三一·舍梨子相应品·〈分别圣谛经〉第十一》，《大正藏》，第1册，第469b页。
④ 鸠摩罗什译：《诸法无行经》卷上，《大正藏》，第15册，第754b页。
⑤ 具详鸠摩罗什译：《坐禅三昧经》，《大正藏》，第15册。
⑥ 佛光大辞典编修委员会：《佛光大辞典》，佛光出版社，1995年版，第580页。
⑦ 《大佛顶如来密因修证了义诸菩萨万行首楞严经》卷第六，《大正藏》，第19册，第131c页。
⑧ 《大智度论》卷第五《初品中摩诃萨埵释论第九》，《大正藏》，第二十五册，第97a页。
⑨ 欧阳渐著：《支那内学院院训释·释教训第三·三昧四》，《欧阳竟无文集》，文殊出版社，1988年版，第82页。

昧,当先闻般若波罗蜜,如说修学,然后能入一行三昧。如法界缘,不退不坏,不思议,无碍无相。善男子、善女人,欲入一行三昧,应处空闲,舍诸乱意,不取相貌,系心一佛,专称名字。随佛方所,端身正向,能于一佛念念相续,即是念中,能见过去、未来、现在诸佛。①

可见文殊法门的"一行三昧"从般若波罗蜜中来,的行者须"系缘法界",依闻、思、修三慧的入道次第,心处空闲,无碍无相。世尊明确指出,大乘行者首先必须有听闻大乘教法的根器与因缘,才能在听闻般若法门时,不致以其愚痴而心生疑谤,进而由衷生起信受行持的正念,并依正道应缘摄心入定,依了义正思惟,思惟诸法缘生的般若要义,同时如理悟入诸法在法界中空有无碍的实相,从而在实相般若上,证得《维摩诘所说经》上卷《菩萨品第四》,维摩诘对弥勒(Maitreya)所说的"一切众生皆如也,一切法亦如也,众圣贤亦如也,至于弥勒亦如也"②的"法尔平等"义③。所以,《大般若波罗蜜多经》卷第五百六十七《第六分·法界品第四之一》,世尊对最胜天王说实相般若是:

真如、实际、无分别相、不思议界。亦名真空,及一切智、一切相智、不二法界。④

就"一行三昧"做为般若思想的观空法门而言,若依"如法界缘,不退不坏,不思议,无碍无相"的诸法平等观来看,"能见过去、未来、现在诸佛"清净法界的实相,那么,不共小乘、外道的"一行三昧",之所以具足殊胜义,则完全体现在既共小乘的"三昧",又共外道静坐法门这一意义上,而其区别仅在于以般若思想为前提的"三昧",不论大乘诸经具称"一行三昧",或单称"三昧",都指向以无碍义收拾小乘"三昧"与外道静坐所见境,而在"能、所双泯"上⑤,彻底体现在世出世法俱为圣诠的游戏自在,是以在《大般若波罗蜜多经》卷第四百四十八《第二

① 曼陀罗仙译:《文殊师利所说摩诃般若波罗蜜经》,《大正藏》,第8册,第731a—b页。
② 《大正藏》,第14册,第542b页。
③ 知周撰:《梵网经菩萨戒本疏》卷第二,《卍续藏》,第38册,第443b页。
④ 玄奘译:《大般若波罗蜜多经》,《大正藏》,第7册,第929c页。
⑤ 澄观述:《贞元新译华严经疏》卷第一,《卍续藏》,第5册,第63c页。

分·不退转品第五十三》中，世尊告诉善现(Subhūti)说：

> 听闻正法，恭敬信、受，系念思惟，究竟理趣，随所听闻世、出世法，皆能方便会入般若波罗蜜多甚深理趣，诸所造作世间事业，亦依般若波罗蜜多会入法性，不见一事出法性者，设有不与法性相应，亦能方便会入般若波罗蜜多甚深理趣，由此不见出法性者。[①]

再如唐译《大方广佛华严经》卷第四十二《十定品第二十七之三》，“普贤(Samantabhadra)菩萨承如来旨”，对“观普眼等诸菩萨”说：“佛子！云何为菩萨摩诃萨，法界自在三昧？佛子！此菩萨摩诃萨，于自眼处，乃至意处入三昧，名法界自在。”[②]在《维摩诘所说经》卷第一《弟子品第三》中，维摩诘也说：“有佛、世尊，得真天眼，常在三昧，悉见诸佛国，不以二相。”[③]而最为苏轼所深悉的“一行三昧”，即“行、住、坐、卧，饮、食、语、默，具足众妙，无不现前”的如来禅[④]，因为“前生自是卢行者”的苏轼[⑤]，“自是”老于慧能大师在《南宗顿教最上大乘摩诃般若波罗蜜经六祖惠能大师于韶州大梵寺施法坛经》中所宣说的“一行三昧”法门。能禅师说：

> 一行三昧者，于一切时中，行、住、坐、卧，常直心是。《净名经》云：“直心是道场。”直心是净土。莫心行谄曲，口说法直。口说一行三昧，不行直心，非佛弟子。但行直心，于一切法上，无有执著，名一行三昧。迷人著法相，执一行三昧：直心坐不动，除妄不起心，即是一行三昧。若如是，此法同无情，却是障道因缘。道须通流，何以却滞？心不住即通流，住即被缚。若坐不动是，维摩诘不合呵舍利弗宴坐林中。[⑥]

这是“一行三昧”在宗门的思想脉络，是依大乘般若学之中的，于盛唐中国

---

① 《大正藏》，第7册，第262a—b页。
② 实叉难陀译：《大方广佛华严经》，《大正藏》，第10册，第213a—220c页。
③ 鸠摩罗什译：《维摩诘所说经》，《大正藏》，第14册，第541b页。
④ 苏轼《观妙堂记》，《苏轼文集》，第404页。
⑤ 苏轼《答周循州》，《苏轼诗集合注》，第2027页。
⑥ 六祖慧能大师讲，法海集记，印顺导师精校：《精校炖煌本坛经》，《华雨集》，第1册，正闻出版社，1994年版，第425—426页。

禅宗开宗伊始所开展出来，“直心”不属“坐不动”，而属“行、住、坐、卧”四威仪皆宜的根本法要。

以禅宗的发展历史来看，文殊法门早在道信牛头禅中已融涉为用。印顺《初期大乘佛教之起源与开展》罗列四十七部与文殊相关的经典，并讨论“文殊法门”与“般若法门”的关系①。印顺《中国禅宗史》则直接指出四祖道信“在双峰开法，就将《楞伽经》的‘诸佛心要第一’与《文殊说般若经》的‘一行三昧’融合起来，制为‘入道安心要方便门’，成为‘楞伽’与‘般若’统一了的禅门”②。杨曾文《道信及其〈入道安心要方便门〉》③、洪修平《禅宗思想的形成与发展》④、江日新《中国禅宗的形成》⑤等都承此说。

汉传佛教自隋、唐进入宗派佛教时期，陈、隋之际的智者大师，绍承慧文、慧思的止（śamatha）、观（vipaśyanā）思想，通过教相判释，创立天台宗，并准《文殊师利所说摩诃般若波罗蜜经》“系缘法界”的教说，依如来禅提倡包括“一行三昧”在内的“四种三昧”⑥。然其与道信与慧能等祖师禅最大的不同，即天台宗所用的“一行三昧”，其行持仅仅限定在“常坐”一门，所以在天台学中，“一行三昧”，又称“常坐三昧”，以“住、坐、卧”为遮法，认为“住、坐、卧”不属“一行三昧”的止、观范畴。智者大师说：“身开常坐，遮行、住、卧。”⑦与此相较，苏轼的居士形象，体证的应该是宗门“一花开五叶”⑧所开展出来的宗门义项之下的“一行三昧”。

菩提达磨（Bodhidharma）在西来梁朝之前，中土所传禅法，主要为“悟我空偏真之理而修”的“小乘禅”⑨，之后则是“入如来地，行自觉圣智相三种乐住，成办众生不思议事”的“如来禅”⑩，至中国禅宗六祖慧能以下五家七宗所传的则名之

① 印顺：《初期大乘佛教之起源与开展》，正闻出版社，1988 年版，第 873—928 页。
② 印顺：《中国禅宗史》，正闻出版社，1988 年版，第 52—63 页。
③ 杨曾文：《道信及其〈入道安心要方便门〉》，收入白化文等编：《周绍良先生欣开九秩寿庆文集》，中华书局，1997 年版，第 188—195 页。
④ 洪修平：《禅宗思想的形成与发展》，佛光山出版社，1991 年版。
⑤ 江日新：《中国禅宗的形成》，云龙书屋，2000 年版，第 156 页。
⑥ 智者大师说，灌顶记，《摩诃止观》卷第二上，说：“一、常坐，二、常行，三、半行半坐，四、非行非坐。……一、常坐者，出《文殊说》、《文殊问》两《般若》，名为‘一行三昧’。”具详《大正藏》，第 46 册，第 11a—20a 页。
⑦ 同上，第 11b 页。
⑧ 《精校敦煌本坛经》，第 479 页。
⑨ 宗密述：《禅源诸诠集·都序》卷上之一，《大正藏》，第 48 册，第 399b 页。
⑩ 求那跋陀罗译：《楞伽阿跋多罗宝经》卷第二《一切佛语心品之二》，《大正藏》，第 16 册，第 492a 页。

为“祖师禅”，也就是“最上乘禅”“如来清净禅”，如宗密大师说：

> 若顿悟自心，本来清净，元无烦恼。无漏智性，本自具足。此心即佛，毕竟无异。依此而修者，是最上乘禅，亦名如来清净禅、亦名一行三昧、亦名真如三昧，此是一切三昧根本。若能念念修习，自然渐得百千三昧。达摩门下，展转相传者，是此禅也。①

根据苏轼是五家七宗临济宗黄龙派法嗣来考察，苏轼所修持的禅法，当属“如来禅”与“祖师禅”。就“如来禅”而论，如苏轼《钱道人有诗云直须认取主人翁作两绝戏之》其二，诗中所云：“只从半夜安心后，失却当年觉痛人。”②《次韵子由寄题孔平仲草庵》诗云：“逢人欲觅安心法，到处先为问道庵。”③《与刘宜翁使君书》说：“古之学者，不惮断臂刳眼以求道，今若但畏一笑而止，则过矣。轼龆龀好道，本不欲婚宦，为父兄所强，一落世网，不能自遁。然未尝一念忘此心也。”④等等，苏轼在元丰八年（1085）九月撰《书〈楞伽经〉后》，亦说：

> 《楞伽阿跋多罗宝经》，先佛所说，微妙第一，真实了义，故谓之《佛语心品》⑤。祖师达磨以付二祖曰：“吾观震旦，所有经教，惟《楞伽》四卷，可以印心。”祖祖相受，以为心法。⑥

就“祖师禅”而论，苏轼亦深于个中三昧，如苏轼的《百步洪二首》其一，诗云：“但应此心无所住。”⑦《南华寺》诗云：“云何见祖师？要识本来面；……我本修行人，三世积精炼。”⑧《轼欲以石易画晋卿难之穆父欲兼取二物颖叔欲焚画碎石乃复次前韵并解二诗之意》诗云：“明镜既无台，净瓶何用蹙。……定心无一物，

---

① 《禅源诸诠集·都序》卷上之一，《大正藏》，第48册，第399b页。
② 《苏轼诗集合注》，第510页。
③ 同上，第1077页。
④ 《苏轼文集》，第1415页。
⑤ 四卷本《楞伽阿跋多罗宝经》，唯有一品，即《一切佛语心品》，故此《佛语心品》，做经题代词用。
⑥ 《苏轼文集》，第2085页。
⑦ 《苏轼诗集合注》，第861页。
⑧ 同上，第1950页。

法乐胜五欲。”[①]《广州蒲涧寺》诗云:“后来薝卜祖师禅。”[②]《虔州景德寺荣师湛然堂》诗云:“方定之时慧在定,定慧寂照非两法。”[③]《与子由弟》第三简说:“故凡学者,观妄除爱,自粗及细,念念不忘,会作一日,得无所住。”[④]《与南华辩老》第一简说:“洗心归依,得见祖师。”[⑤]第十简说:“小生结缘于祖师不浅矣。”[⑥]等等。所以,考察起来苏轼所行持的正是般若思想中的“一行三昧”法门。

三　苏轼对“一行三昧”的体证

综上所述,苏轼行持的“一行三昧”,是大乘佛法为调伏大乘根性而依共小乘的“三昧”法,所安立起来的禅宗般若慧的行门。然而,熟知佛教史的人都知道,北宋佛教已进入禅与华严融合的时期,依照《文殊师利所说摩诃般若波罗蜜经》说:“法界一相,系缘法界,是名一行三昧。”[⑦]的经教,“一行三昧”还需融合华严法界观来看。

以法性宗的华严思想“系缘法界”来看,苏轼是深于“应观法界性,一切惟心造”[⑧]的通家,他在《南都妙峰亭》诗,有句云:

孤云抱商丘,芳草连杏山;俯仰尽法界,逍遥寄人寰。[⑨]

“法界性”在华严思想中有二义,其一是唐译《大方广佛华严经》卷第五十《如来出现品第三十七之一》所说的“法性”(dharmatā)、“佛性”(buddha-dhātu),也就是众生本具的如来藏(tathāgata-garbha),所以普贤菩萨说:“法性无作无变易,犹如虚空本清净;诸佛性净亦如是,本性非性离有无。”[⑩]其二是无情有性的

① 《苏轼诗集合注》,第1845—1846页。
② 同上,第1959页。
③ 同上,第2272页。
④ 《苏轼文集》,第1834页。
⑤ 同上,第1871页。
⑥ 同上,第1874页。
⑦ 曼陀罗仙译:《文殊师利所说摩诃般若波罗蜜经》,《大正藏》,第8册,第731a—b页。
⑧ 苏轼:《地狱变相偈》,《苏轼文集》,第645页。
⑨ 《苏轼诗集合注》,第1256页。
⑩ 唐译:《大方广佛华严经》,《大正藏》,第10册,第265b页。

法性，如《佛说十地经》卷第六《菩萨不动地第八》，金刚藏（Vajra-garbha）菩萨说："有情、无情，法安立相。"[①]是以，华严宗第五祖宗密大师（780—841）在《圆觉道场修证广礼赞文》卷第十三《至心忏悔》，释云："法界性者，界性与藏心，体同义别。别有其二：一者，在有情数中，名如来藏；在非情数中，名法界性。……二者，谓法界则情、器交彻，心、境不分；如来藏则但语诸佛、众生，清净本源心体。"[②]而这两义俱为苏轼所通达，因此，苏轼《南都妙峰亭》这个诗偈能传达出俯仰法界的逍遥自在。

以"佛性"义而言，苏轼在《地狱变相偈》破题所征引的"应观法界性，一切惟心造"，该偈本出唐译《大方广佛华严经》卷第十九《夜摩宫中偈赞品第二十》，觉林菩萨所说[③]，而其义则显明于苏轼《送海印禅师偈并引》的"引"言中，苏轼引《大方广圆觉修多罗了义经》，世尊告诉清净慧（Visuddha-mati）菩萨"有性、无性，齐成佛道；一切烦恼，毕竟解脱，法界海慧，照了诸相，犹如虚空，此名如来随顺觉性"的话说[④]：

> 乃知"法界海惠，照了"万殊，大小从横，不相留碍。[⑤]

至若第二义"法安立相"的无情有性，便是"逍遥寄人寰"的无情物，如苏轼在《南都妙峰亭》诗中所观的"池""台""禾""黍""桃""李""榛""菅""尘埃""新亭""飞宇""古甃""翠壁""霜林""孤云""商丘""芳草""杏山"等器世间（bhājana-loka）的意象[⑥]，皆是能观者"如工画师"的一心之所造[⑦]，因为登临"亭亭妙高峰"的苏轼所登临的"妙高峰"，正是存在苏轼心、意、识中，华严莲华藏世界（kusuma-tala garbha-vyūhālajkāraloka-dhātu-samudra）里的须弥（Sumeru）山，而在须弥山入"华严三昧"，以"法界海惠，照了"器界"万殊"，难怪苏轼在《十八大

---

① 尸罗达摩译：《佛说十地经》，《大正藏》，第10册，第561a页。
② 宗密述：《圆觉道场修证广礼赞文》，《卍续藏》，第74册，第475b—c页。
③ 实叉难陀译：《大方广佛华严经》，《大正藏》，第10册，第102b页。
④ 《大方广圆觉修多罗了义经》，《大正藏》，第17册，第917b页。
⑤ 《苏轼文集》，第646页。
⑥ 《苏轼诗集合注》，第1255—1256页。
⑦ 如来林菩萨偈云："心如工画师，画种种五阴，一切世界中，无法而不造。"具详唐译《大方广佛华严经》卷第十《夜摩天宫菩萨说偈品第十六》，《大正藏》，第10册，第465c页。

阿罗汉颂·第二尊者》,“颂曰”能指出:

墙壁、瓦砾,谁非法身?[①]

又在《跋王氏《华严经解》》中说:

一念清净,墙壁、瓦砾,皆说无上法。[②]

就其所言的“逍遥”之义,并非仅仅是道家所云的优游自得,或安闲无为,如《庄子·逍遥游》所指涉的“逍遥”,而是华严宗第三祖法藏大师在《华严经金师子章·入涅槃第十》所说的“好丑现前,心安如海。妄想都尽,无诸逼迫。出缠离障,永舍苦源”的“涅槃”(nirvāna)相,所以宋僧承迁在《华严经金师子章注》中[③],疏云:“妄尽全真,无诸逼迫。任逍遥出缠,魔恼不相侵夺。”[④]晋僧道安大师在《道行般若经·序》中,亦早已指出“要斯法也,与进、度齐轸,逍遥俱游,千行万定,莫不以成。”[⑤]如此一来,就说明了“逍遥”在佛教中的用法,具有“自在”(īśvara)义,同时揭显了“千行万定”的“三昧”宗旨。

就空宗的“般若(prajñā)自性(svabhāva)空(śūnya)”[⑥]来看“一行三昧”,在《文殊师利所说摩诃般若波罗蜜经》中所指的也是“自在三昧”,如世尊在对文殊师利说“一行三昧”之前,便是以“自在三昧”做为“速得阿耨多罗三藐三菩提(anuttara-samyak-sajbodhi)”的命题所给出的行持法门,所以世尊说:“若能如是知诸法相,是名当学般若波罗蜜。菩萨摩诃萨,若欲学菩提自在三昧,得是三昧已,照明一切甚深佛法,及知一切诸佛名字,亦悉了达诸佛世界,无有障碍。”[⑦]而这对“逍遥”于性宗与空宗两无碍的苏轼来说,本来就是“大小从横,不相留碍”,

---

① 《苏轼文集》,第 587 页。

② “王氏”者,王安石也。具详《苏轼文集》,第 2060 页。

③ “承迁”,宋真宗朝人,生卒年不详。

④ 法藏著,承迁注,方立天校释:《华严经金师子章校释》,(台北)文津出版有限公司,1992 年版,第 160—161 页。

⑤ 支娄迦谶译,东晋.释道安序:《道行般若经》,《大正藏》,第 8 册,第 425a 页。

⑥ 大乘基撰:《般若波罗蜜多心经幽赞》卷上,《大正藏》,第 33 册,第 524c 页。

⑦ 《文殊师利所说摩诃般若波罗蜜经》,《大正藏》,第 8 册,第 731a 页。

所以“俯仰尽法界”，义同苏轼在《小篆《般若心经》赞》中所说的“何处非般若”，因此，苏轼要给予最深的敬礼：

稽首《般若多心经》。①

而在空性思想中，《摩诃般若波罗蜜经》卷第二十七《常啼品第八十八》，世尊也对须菩提（Subhūti）说：“诸法不坏自在三昧。”②汉传佛教八宗共祖龙树（Nāgārjuna）菩萨，在《大智度论》卷第九十七，《释萨陀波仑品第八十八之余》，疏云：“得是‘三昧’，观一切法如、法性、实际、无为相，故名‘不坏’。得是法已，得‘自在’。了了知‘诸法’，为佛道故，不证是法。”③“诸法”者，“池”“台”“禾”“黍”“墙壁”“瓦砾”，与乎苏轼在《赠东林总长老》偈所云“溪声便是广长舌，山色岂非清净身”的“溪声”与“山色”，都是同义④，“不坏”者，“池”“台”“瓦砾”“山色”等缘起自性空也。深体个中“三昧”的苏轼，“了了知”诸“法性”本具究竟“不坏”义，所以在《石塔戒衣铭》说：

石塔得三昧，初从戒定入；是故常宝护，登坛受戒衣。吾闻得道人，一物不可留；云何此法衣，补缉成百衲？诸法念念逝，此衣非昔衣；此法无生灭，衣亦无坏者。振此无尘衣，洗此无垢人；坏则随他去，是故终不坏。⑤

能坏的是“诸法”，“不坏”的则是通过行持“三昧”所证悟的“法性”“佛性”，也就是“实相”（dharmatā），如《大般若波罗蜜多经》卷第三百六十三《初分·多问不二品第六十一之十三》，世尊对善现说：“菩萨摩诃萨，应以诸法法性而为定量，修行般若波罗蜜多，善巧方便，入诸法法性已，而于诸法不坏法性。”⑥晋译《大方广佛华严经》卷第十一《功德华聚菩萨十行品第十七之一》，诸佛则俱对功

① 《苏轼文集》，第618页。
② 鸠摩罗什译：《摩诃般若波罗蜜经》，《大正藏》，第8册，第417c页。
③ 《大智度论》，《大正藏》，第25册，第736c页。
④ 《苏轼诗集合注》，第1154页。
⑤ 《苏轼文集》，第580页。
⑥ 《大般若波罗蜜多经》，《大正藏》，第6册，第870b页。

德林菩萨说:"不断佛性,不坏正法。"[①]这句经文在唐译《大方广佛华严经》卷第二十《十行品第二十一之二》中,实叉难陀译作:"不断佛种,不坏实相。"[②]而在《维摩诘所说经》卷中《入不二法门品第九》中,心无碍菩萨在回答维摩诘"云何菩萨入不二法门"之问时,也说:"身、身灭为二。身即是身灭。所以者何?见身实相者,不起见身,及见灭身,身与灭身,无二、无分别,于其中不惊、不惧者,是为入不二法门。"[③]

不论"法性""佛性"或"实相"的"不坏"义,其之于般若性空思想、华严思想,与维摩思想,都是用"诸法实相"来表诠,如《大般若波罗蜜多经》卷第三百五《初分·佛母品第四十一之一》,世尊对善现说:"甚深般若波罗蜜多,能生我等一切佛法,能示世间诸法实相。"[④]晋译《大方广佛华严经》卷第五十二《入法界品第三十四之九》,亦云:"显现一切诸法实相。"[⑤]《维摩诘所说经》卷下《法供养品第十三》,世尊也对天帝〔释〕(帝释天,sakŕa Devānām-indra)说:"众菩萨所行之道,依于诸法实相之义。"[⑥]

就"诸法"而言,苏轼在《石塔戒衣铭》中,已说出其特性为"念念逝",而"念念逝"就是"念念灭",如《思益梵天所问经》卷第三《志大乘品第十》,世尊回答等行菩萨的提问说:"诸法念念灭,其性常不住。"[⑦]"性常不住",则空义在其中;空义在其中,则空之第一义谛(paramārtha-satya),"究竟无生灭"[⑧]、究竟"不坏",以"诸法如、法相、法性、法住、法位、实际、无为法,无缚无脱,无所有故、离故、寂灭故、不生故,无缚无脱"故[⑨],以"自性常尔""法尔恒然"故[⑩],故《大方广佛华严经疏》卷第十四《世界成就品第四》,华严宗第四祖澄观大师说:"法尔即是法性。"[⑪]就"法性"而言,苏轼在《水陆法像赞·下八位·一切人众》说:

---

① 佛驮跋陀罗译:《大方广佛华严经》,《大正藏》,第9册,第470c页。
② 唐译:《大方广佛华严经》,《大正藏》,第10册,第107a页。
③ 什译:《维摩诘所说经》,《大正藏》,第14册,第550b—551b页。
④ 《大般若波罗蜜多经》,《大正藏》,第6册,第552c页。
⑤ 晋译:《大方广佛华严经》,《大正藏》,第9册,第724c页。
⑥ 什译:《维摩诘所说经》,《大正藏》,第14册,第556b页。
⑦ 鸠摩罗什译:《思益梵天所问经》,《大正藏》,第15册,第53a页。
⑧ 晋译:《大方广佛华严经》卷第十四《兜率天宫菩萨云集赞佛品第二十》,《大正藏》,第9册,第487a页。
⑨ 《摩诃般若波罗蜜经》卷第五《庄严品第十七》,《大正藏》,第8册,第249c页。
⑩ 李通玄撰:《略释新华严经修行次第决疑论》卷三之上《十行位》,《大正藏》,第36册,第1034a页。
⑪ 澄观撰:《大方广佛华严经疏》,《大正藏》,第35册,第576a页。

涅槃生死，同一法性。[①]

就“佛性”而言，苏轼在《罗汉赞十六首·第十五尊者》说：

诉者谁屾？皆有佛性。[②]

就“实相”而言，苏轼在《跋柳闳〈楞严经〉后》说：

众生当以是时度，佛、菩萨则现是身，身无实相，然必现是，意其所入者易也。[③]

准此以观，苏轼要非以其深于“三昧”的修为，悟入“诸法实相”义，何由从其自性中流露此等权说？因为老于《楞严》的苏轼，在《次韵子由浴罢》诗云：

《楞严》在床头，妙偈时仰读。返流归照性，独立遗所瞩。[④]

苏轼所虔心皈仰以受、持、读、诵的“妙偈”，正是《大佛顶如来密因修证了义诸菩萨万行首楞严经》卷第六，“文殊师利法王子，奉佛慈旨”“承佛威神”所诵出的《圆通偈》，偈有句云：“反闻闻自性，性成无上道。”[⑤]而这便是苏轼“返流归照性”之所出，所以苏轼在建中靖国元年（1101）四月八日佛诞节写《跋所书圆通偈》说：

且敬写《楞严经》中，文殊师利法王[子]所说《圆通偈》一篇，少伸追往之怀。[⑥]

---

① 《苏轼文集》，第634页。
② 同上，第626页。
③ 同上，第2065页。
④ 《苏轼诗集合注》，第2138页。
⑤ 般刺蜜帝译：《大佛顶如来密因修证了义诸菩萨万行首楞严经》，《大正藏》，第19册，第131b页。
⑥ 《苏轼文集》，第2204页。

苏轼所欲“追”之“往怀”，便是以其自觉的自性，流入大量的文学文本中的《楞严》妙义，如创作于熙宁六年(1073)秋的《病中独游净慈谒本长老周长官以诗见寄仍邀游灵隐因次韵答之》诗云：

欲问云公觅心地，要知何处是“无还”！[①]

鲜少为自己的作品写自注的苏轼，为免读者误读(misreading)，特别出注说：“《楞严经》云，我‘今[当]示汝，无所还地。’”“无所还地”就是“无所从来，亦无所去”的“本元心地”[②]，而“本元心地”，即“悟明圆满”的“常住真心”[③]，即“自性定”[④]“自性三昧”。[⑤]苏轼又在《书柳子厚大鉴禅师碑后》说：“故大乘诸经至《楞严》，则委曲精尽，胜妙独出。”[⑥]元符三年(1100)九月二十一日，苏轼撰《书赠邵道士》，亦说：

耳如芭蕉，心如莲花，百节疏通，万窍玲珑。来时一，去时八万四千。此义出《楞严》，世未有知之者也。[⑦]

可见苏轼对《楞严》的通彻，可与华严、般若、维摩思想等观。而《楞严》所揭显的“三昧”，便是集中于卷六，在文殊师利法王子诵出《圆通偈》之前，观世音(Avalokiteśvara)菩萨一再对世尊所说的“金刚三昧”，如观世音菩萨说：“世尊！由我供养观音如来，蒙彼如来，授我如幻闻，薰闻修金刚三昧，与佛、如来同慈力故，令我身成三十二应，入诸国土。……世尊！我复以此闻，薰闻修金刚三昧无作妙力，与诸十方、三世、六道一切众，生同悲仰故，令诸众生，于我身、心，获十四

① 《苏轼诗集合注》，第444页。
② 详通理敬述：《楞严经指掌疏》，卷第二，《卍续藏》，第16册，第56c页。
③ 观衡撰：《楞严经悬谈》，《卍续藏》，第14册，第613a页。
④ 怀迪证释：咸辉排经入注，《首楞严经义海》，卷第四，《永乐北藏》，第168册，第280b页。
⑤ 函昰天然疏：《大佛顶如来密因修证了义诸菩萨万行首楞严经直指》，卷第八，《卍续藏》，第14册，第577b页。
⑥ 《苏轼文集》，第2284页。
⑦ 同上，第2083页。

种无畏功德。”[①]明僧传灯大师在《楞严经玄义》卷第一，说：“首楞严定，亦名般若、亦名金刚三昧、亦名师子吼、亦名佛性。”[②]是以世尊在《北本大般涅槃经》卷第二十四《光明遍照高贵德王菩萨品第十之四》，对光明遍照高贵德王菩萨说，“金刚三昧”，“悉能破散一切诸法”[③]。

人而困于“诸法”，就有烦恼（kleśa）、盖（nivarana）、缠（paryavasthāna）、结（sajyojana）、缚（bandhana）等困扰，致使生命在临境之际，因一念愚迷，而失去觉性，进而陷落在生死沦溺不休的苦聚中，兀然头出头没无已时。然而，苏轼以觉意修持“一行三昧”，因此能在其从政生涯与半生谪迁中，发挥高度正向的效用，因此，能以无执的态度，随宜转境，如元丰二年（1079）八月十八日，苏轼因乌台诗案下狱，不但没有对失察的神宗皇帝心生恚怒，反而在狱中预写绝命遗诗《予以事系御史台狱狱吏稍见侵自度不能堪死狱中不得一别子由故作二诗授狱卒梁成以遗子由二首》，其一，破题即说：

圣主如天万物春，小臣愚暗自亡身。[④]

苏轼自认必死于党争，是由自己不与政见相左者同流之故，事虽出于人，但苏轼并不因此就借题怨刺，也无一语及于罗织其入罪者，反而以“是处青山可埋骨”[⑤]，来自我消解身陷生死不明之地的颠倒恐惧，所以陈栎在《青可墓表》中，赞以“达哉言乎”[⑥]！至于在熙宁变法期间，苏轼并不完全赞同王安石的改革，致时有政纲龃龉之见，面折于廷争，并造成苏轼屡乞外放，但在王荆公再度罢相（1076）退居金陵后，苏轼在“元丰……七年（1084）四月，……量移汝州”[⑦]，七月途次蒋山，仍然以尊重贤能的衷怀，游昔日政敌已舍故居为兰若的报宁寺，此时他仍能心无纤埃地赋诗礼赞同为佛门大外护的宰官，而作《次荆公韵四绝》，其四诗云：

---

① 《大佛顶如来密因修证了义诸菩萨万行首楞严经》，《大正藏》，第19册，第128b—129a页。
② 传灯述，《楞严经玄义》，《卍续藏》，第13册，第8a页。
③ 昙无谶译：《大般涅槃经》，《大正藏》，第12册，第509b页。
④ 《苏轼诗集合注》，第976页。
⑤ 同上。
⑥ 陈栎：《定宇集》，卷九，《钦定四库全书》，文渊阁钞本，第36b页。
⑦ 苏轼：《岐亭五首·并叙》，叙言，《苏轼诗集合注》，第1147—1148页。

甲第非真有，闲花亦偶栽；聊为清净供，却对道人开。[①]

“道人”者，苏轼与荆公同为佛道中人也。“甲第非真有”，即法华七喻第四喻化城喻，如《妙法莲华经》卷第三《化城喻品第七》说：“导师多诸方便，而作是念：‘此等可愍，云何舍大珍宝，而欲退还？’作是念已，以方便力，于险道中，过三百由旬，化作一城。”[②]“聊为清净供”，寓意释提桓因在《放光般若经》卷第七《摩诃般若波罗蜜舍利品第三十八》所说：“若有受持般若波罗蜜，讽、诵、习、行者，若复持诸经卷，香花供养者，是辈之人，终不复堕三恶之趣，亦不堕落罗汉、辟支佛道，至成阿耨多罗三耶三佛，亦无是难。”[③]又因为苏轼滞于金陵旅次，“时见荆公，甚喜，时诵诗说佛也”[④]，荆公则约苏轼为邻以终老，故《次荆公韵四绝》其三，诗云：

劝我试求三亩宅。[⑤]

陆游在嘉泰二年(1202)二月七日，撰《跋东坡谏疏草》说：“天下自有公论，非爱憎异同能夺也。如东坡之论时事，岂独天下服其忠、高其辩！使荆公见之，其有不抚几太息者乎？东坡自黄州归，见荆公于半山，剧谈累日不厌，至约卜邻以老焉。”[⑥]而这也恰恰是苏轼的愿望，如《与王荆公书》，第二简说：

某近者经由，屡获请见，存抚教诲，恩意甚厚。别来切计台候万福。轼始欲买田金陵，庶几得陪杖屦，老于钟山之下。既已不遂，今来仪真一住，又已二十日，日以求田为事，然成否未可知也。若幸而成，扁舟往来，见公不难矣。[⑦]

---

① 《苏轼诗集合注》，第1190页。
② 鸠摩罗什译：《妙法莲华经》，卷第三，《大正藏》，第9册，第26a页。
③ 无罗叉译：《放光般若经》，卷第七，《大正藏》，第8册，第52a页。
④ 苏轼：《与滕达道》，第38简，《苏轼文集》，第1487页。
⑤ 《苏轼诗集合注》，第1190页。
⑥ 陆游撰：《渭南文集》，卷二十九，《陆放翁全集》，(台北)河洛图书出版社，1975年版，上册，第178页。
⑦ 《苏轼文集》，第1444页。

这是何等无我(anātman)与博厚的襟怀,要非通达“缘生无生,及圆成无生,皆中道观”[①],何能“心无挂碍”至此境界[②]? 以苏轼深达“但应此心无所住”[③]之般若三昧故,能“应无所住,而生其心。”[④]而“无所住心”就是“直心”,是慧能大师说的“一行三昧者,于一切时中,行、住、坐、卧,常行直心是。”[⑤]

然而,不论取《楞严》“圆观”来“观法界平等”的理观[⑥],或取《文殊师利所说摩诃般若波罗蜜经》“应处空闲,舍诸乱意,不取相貌,系心一佛,专称名字;随佛方所,端身正向,能于一佛念念相续,即是念中,能见过去、未来、现在诸佛”的事观[⑦],在苏轼来说,都不出维摩诘“以神通力,示诸大众”的“三昧”理地[⑧]。也就是,苏轼以其行持面对顺逆,体现教下义学与宗门直指[⑨],其理行与事行无非都是随方所宜的“三昧俱”[⑩]。《文殊师利所说摩诃般若波罗蜜经》的“一行三昧”法门,既为华严与禅宗所容受,那么,“一行三昧”做为宗门法裔苏轼入出世出世法的自在行门,便成为再自然不过的事了。

四 苏轼对《维摩诘经》圣俗一如的体证

在苏轼大量的维摩书写中,大部分的学者都注意到苏轼对维摩思想的接受与体证,却没有注意到,苏轼虽然未曾以明喻自比维摩诘,但却一再以借喻表明自己就是生活在盛宋时代的居士维摩诘,如熙宁六年(1073)三十八岁时作于杭州,题《六月六日以病在告独游湖上诸寺晚谒损之戏留七绝》[⑪],诗云:

---

① 澄观述:《大方广佛华严经随疏演义钞》卷第三十六《须弥山顶偈赞品第十四》,《大正藏》,第 36 册,第 278a 页。

② 玄奘译:《般若波罗蜜多心经》,《大正藏》,第 8 册,第 848c 页。

③ 苏轼:《百步洪二首》诗其一,《苏轼诗集合注》,第 861 页。

④ 鸠摩罗什译:《金刚般若波罗蜜经》,《大正藏》,第 8 册,第 749c 页。

⑤ 《精校敦煌本坛经》,第 424 页。

⑥ 长水子璇集:《首楞严义疏注经》卷第十之二,《大正藏》,第 39 册,第 963b 页。

⑦ 《文殊师利所说摩诃般若波罗蜜经》,《大正藏》,第 8 册,第 731b 页。

⑧ 鸠摩罗什译:《维摩诘所说经》卷下《入不二法门品》,《大正藏》,第 14 册,第 552a 页。

⑨ 屠根注:《金刚经注解铁鋑錎》卷下,云:“昔日苏东坡,一见有省,偈曰:‘溪声尽是广长舌,山色无非清净身;夜来八万四千偈,今[他]日如何举似人?’此无情说法。……若乃无情说法,直指人心,见性成佛,无有枝叶。是故,至今无枝叶。”详《卍续藏》,第 24 册,第 867b 页。

⑩ 苏轼:《六观堂老人草书诗》,《苏轼诗集合注》,第 1702 页。

⑪ 傅璇琮等主编:《全宋诗》,北京大学出版社,1998 年版,第 14 册,第 9187 页。

示病维摩元不病，在家灵运已忘家。[①]

用“以病在告”为题，即可明见能“示病”的“维摩”，便是写这首诗的作者自况之说。元丰二年(1079)作于汴京的《十二月二十八日蒙恩责授检校水部员外郎黄州团练副使复用前韵二首》其二，诗云：“休官彭泽贫无酒，隐几维摩病有妻。”[②]元祐四年(1089)作于杭州的《和钱四寄其弟龢》，诗云：“年来总作维摩病，堪笑东西二老人。”[③]元祐六年(1091)作于颍州的《臂痛谒告作三绝句示四君子》其三，诗云：“维摩示病吾真病，谁识东坡不二门？”[④]元祐八年(1093)作于汴京的《戏答王都尉传柑》，诗云：“侍史传柑玉座傍，人间草木尽天浆；寄与维摩三十颗，不知薝卜是余香。”[⑤]同年作《殢人娇·赠朝云》，词云：“白发苍颜，正是维摩境界。空方丈、散花何碍？”[⑥]绍圣元年(1094)作于惠州的《朝云诗》，亦云：“阿奴络秀不同老，天女维摩总解禅。”[⑦]绍圣二年(1095)作于惠州的《次韵定慧钦长老见寄八首》，其八，诗云：“净名毗耶中，妙喜恒沙外；初无往来相，二土同一在。云何定慧师，尚欠行脚债？请判维摩凭，一到东坡界。”[⑧]绍圣三年(1096)作于惠州的《三部乐·情景》，词云：“何事散花却病！维摩无疾。”[⑨]绍圣四年(1097)作于惠州的《和陶·止酒》，诗云：“子室有孟光，我室惟法喜。”[⑩]上开作品，根据文意，不论是直接拈出“维摩”二字，抑或但云“我室”的暗喻——“空室”，都是苏轼以维摩诘自况之说，纵使建中靖国元年(1101)，是年苏轼以六十六岁，逝世前作于自安南归常州途次虔州的《次韵阳行先》亦然，诗云：

① 《苏轼诗集合注》题作《游诸佛舍一日饮酽茶七盏戏书勤师壁》，详该书第483页。
② 《苏轼诗集合注》，第978页。
③ 同上，第1579页。
④ 同上，第1708页。
⑤ 同上，第1854页。“薝卜”，《维摩诘所说经》卷中《观众生品第七》，作“瞻卜。”如云：“如人入瞻卜林，唯嗅瞻卜，不嗅余香。”具详《大正藏》，第十四册，第548a页。
⑥ 苏轼撰，邹同庆、王宗堂校注：《苏轼词编年校注》，中华书局，2007年版，第759页。
⑦ 《苏轼诗集合注》，第1972页。
⑧ 同上，第2004页。
⑨ 《苏轼词编年校注》，第779页。
⑩ 《苏轼诗集合注》，第2018页。

室空惟法喜，心定有天游；摩诘元无病，须洹不入流。[①]

也就是说，苏轼从以“示病”自比维摩，一直到假藉《次韵阳行先》诗，表明自己已非仅是证得声闻乘四果中最初之圣果的再来人“须陀洹”，是以在《自题金山画像》时，回首“平生功业，黄州惠州儋州”的“功业”[②]，就是为“传法沙门惟谨”撰《方丈记》所说“地狱、天宫，同为净土；有性、无性，齐成佛道”的成佛之道[③]，因而以诗明心说：“须洹不入流。”可见“已曾供养无量诸佛，深植善本，得无生忍；辩才无碍，游戏神通，逮诸总持”的“维摩诘”[④]形象，恰恰是苏轼自三十八岁至六十六岁的二十八年间，不断体证经教，并在人间以“游戏神通”，以求最终证悟的解脱者。这可从其弟苏辙所撰《东坡先生墓志铭》得到印证，如苏辙记载乃兄的最后遗言说：

建中靖国元年六月请老，以本官致仕，遂以不起。未终旬日，独以诸子侍侧，曰：“吾生无恶，死必不坠，慎无哭泣以怛化。”问以后事，不答，湛然而逝。[⑤]

“吾生无恶”“慎无哭泣”“湛然而逝”，之于“超过一切恶道，而得生死自在”[⑥]，岂不与高僧顺化同一关捩？如唐苏州通玄寺慧旻律师，顺化前对弟子说：“吾后日当去矣。生死人之常也，寄世本若行云，慎无哭泣！各念无常，早求自度。”[⑦]大慧宗杲禅师临终前，“侍僧固请留颂，为写四句，掷笔就寝”，亦“湛然而逝”[⑧]。而从上述文本之分析，可知苏轼对维摩经教的体证之深。以下再从“示病维摩”“天女散花”两端来论证。而两端者，“犹若食蜜，中边皆甜”也[⑨]。

① 《苏轼词编年校注》，第 2272 页。
② 《苏轼诗集合注》，第 2475 页。
③ 《苏轼文集》，第 399 页。
④ 鸠摩罗什译：《维摩诘所说经》上卷《方便品第二》，《大正藏》，第 14 册，第 539a 页。
⑤ 苏辙撰：《栾城后集》卷第二十二，《苏辙集》，台北，河洛图书出版社，民国 64 年，第 225 页。
⑥ 菩提流支译：《佛说法集经》卷第三，《大正藏》，第 17 册，第 626b—c 页。
⑦ 释道宣撰：《续高僧传》卷第二十二，《大正藏》，第 50 册，第 620a 页。
⑧ 祖琇撰：《僧宝正续传》卷第六，《径山杲禅师》，《卍续藏》，第 79 册，第 578c 页。
⑨ 迦叶摩腾共法兰译：《四十二章经》，《大正藏》，第 17 册，第 724a 页。

(一)示病维摩元不病

触动太子悉达多(Siddhārtha)出家访道的觉知意识,便是《佛本行集经》卷第十四《出逢老人品第十六》所载的出东门遇老者,卷第十五《道见病人品第十八》的出南门遇病者,《路逢死尸品第十九》的出西门遇死者,《耶输陀罗梦品第二十上》的出北门遇见出家沙门[①]。是以悉达多决意出家访道,意其在最后生寻求解决众生沉沦于老、病、死的轮回问题。因此,"病"便成为佛教开教的最根本命题之一。

而众生之所以有病,不外有生,而在苦海中轮回的"生",又始于无始的"无明"(avidyā),所以证得正等正觉(samyak-sajbodhi)后的释迦牟尼佛(śākya-muni buddha),总结其流转之苦与还灭之道,告诉摩揭陀(Magadha)国王频婆娑罗(Bimbisāra)说:

> 大王当知!无明缘行,行缘识,识缘名色,名色缘六处,六处缘触,触缘受,受缘爱,爱缘取,取缘有,有缘生,生缘老、死、忧、悲、苦、恼。大王!无明灭故则行灭,行灭故则识灭,识灭故则名色灭,名色灭故则六处灭,六处灭故则触灭,触灭故则受灭,受灭故则爱灭,爱灭故则取灭,取灭故则有灭,有灭故则生灭,生灭故则老死灭,老死灭故则忧、悲、苦、恼灭。大王!十二因缘尽,坦然无迹,犹如虚空,分别本无,逮得法忍。[②]

"法忍",具言"无生法忍"(anutpattika-dharma-ksānti),《维摩诘所说经》上卷《佛国品第一》说:"当佛现此国土严净之时,宝积所将五百长者子,皆得无生法忍。"[③]卷中《入不二法门品第九》,法自在菩萨说:"生灭为二。法本不生,今则无灭,得此无生法忍,是为入不二法门。"[④]僧肇《注维摩诘经》卷第一《佛国品第一》,疏云:"'忍',即慧性耳。以见'法无生',心智寂灭,堪受不退,故名'无生法忍'也。"[⑤]"不退",即八地菩萨。而"法本不生,今则无灭",便能从轮回中证得解

---

① 详闍那崛多译:《佛本行集经》,《大正藏》,第3册,第719c—725b页。
② 地婆诃罗译:《方广大庄严经》,卷第十二,《转法轮品之二》,《大正藏》,第3册,第613b页。
③ 鸠摩罗什译:《维摩诘所说经》,《大正藏》,第14册,第538c—539a页。
④ 鸠摩罗什译:《维摩诘所说经》,第550c页。
⑤ 释僧肇选:《注维摩诘经》,《大正藏》,第38册,第338b页。

脱，就解脱者以论，病本不病，所以苏轼说："示病维摩元不病。"问题是维摩诘何以要"示病"？而苏轼又何以要以维摩诘的"示病"说己病？

举苏轼常年患有的痔疾为例，苏轼《与程正辅》第五十三简说："某旧苦痔疾，盖二十一年矣。"[①]苏轼常常藉病，彰明自身的观病患境，如《与陈季常》第九简说："今又示病弥月，虽使皋陶听之，未易平反。公之养生，正如小子之圆觉。"[②]"小子"，苏轼谦称。"圆觉"，即前述苏轼写《圆通偈》的《大方广圆觉修多罗了义经》，苏轼明白昭示以病观心。在经中世尊对文殊师利菩萨指出众生有病，不外无明覆蔽之故，说：

> 一切如来，本起因地，皆依圆照，清净觉相，永断无明，方成佛道。云何无明？善男子！一切众生，从无始来，种种颠倒，犹如迷人，四方易处，妄认四大，为自身相，六尘缘影，为自心相；譬彼病目，见空中花，及第二月。善男子！空实无花，病者妄执。由妄执故，非唯惑此虚空自性，亦复迷彼实花生处，由此妄有轮转生死，故名无明。[③]

苏轼在《与王庠书》第一简说："近日又苦痔疾，……日食淡面一斤而已。非独以愈疾，实务自枯槁，以求寂灭之乐耳。"[④]"枯槁"是禅寂的代词，如《维摩诘所说经》上卷《方便品第二》所说的，维摩诘长者以"一心禅寂，摄诸乱意"[⑤]。而"求寂灭"，就是以觉照，行持正观，证成"无生法忍"，所以维摩诘对迦旃延（Mahākātyāyana）说："唯，迦旃延！无以生灭心行，说实相法。迦旃延！诸法毕竟不生不灭，是无常义；五受阴洞达空无所起，是苦义；诸法究竟无所有，是空义；于我、无我而不二，是无我义；法本不然，今则无灭，是寂灭义。"[⑥]可见，苏轼以病"以求寂灭之乐"。

再如苏轼的《代黄檗答子由颂》说：

---

① 《苏轼文集》，第 1612 页。
② 同上，第 1568 页。
③ 《大方广圆觉修多罗了义经》，卷第一，《大正藏》，第 17 册，第 913b 页。
④ 《苏轼文集》，第 1820 页。
⑤ 鸠摩罗什译：《维摩诘所说经》卷中《文殊师利问疾品第五》，《大正藏》，第 14 册，第 539a 页。
⑥ 鸠摩罗什译：《维摩诘所说经》卷上《弟子品第三》，《大正藏》，第 14 册，第 541a 页。

子由《问黄檗[蘖]长老疾》云[①]:“五蕴皆非四大空,身心河岳尽圆融;病根何处容他住,日夜还将药石攻?”[②]不知黄檗如何答?东坡老僧代云:“有病宜须药石攻,寒时火烛热时风;病根既是地容处,药石还同四大空。”[③]

值得注意的是苏轼以“东坡老僧”自称,苏轼指出,地大就是“病根”所由孳生之处,唯地大与水大、火大、风大,乃至于因缘和合的“药石”,就诸法来看,虽是了了分明的有病生起,可以投之以对症而在诸法上分明存在的药石,但就实相来谛观,不论是外感风、寒、暑、湿、燥、火六淫的“寒时火烛热时风”,还是秉性寒、热、温、凉四气的“药石”,就其缘生缘灭而论,其体性俱空,所以《维摩诘所说经》上卷《方便品第二》说:“是身不实,四大为家;是身为空,离我我所。”[④]“家”指因缘和合而有的“身”,是以“四大”为因而假有的果。“离我”是以无我思想为本,洞达以“四大”为“病根”的“我所”,在实相上自性本“空”。所以就实相而论,既没有能病的人,也没有所病的病,而之所以说有病,无非是为了以方便法,假藉“四大”为在迷众生,演示“诸法如幻相;无自性,无他性;本自不然,今则无灭”的妙法[⑤],来说明病的实相,在实法上是空,而这也就是维摩诘之所以要以“示病”说法的根本要义,意在克对众生有病与病想的颠倒见,如《维摩诘所说经》卷中《文殊师利问疾品第五》说:

文殊师利言:“居士所疾,为何等相?”
维摩诘言:“我病无形,不可见。”
又问:“此病身合耶?心合耶?”
答曰:“非身合,身相离故;亦非心合,心如幻故。”

---

① “黄檗长老”,系黄龙慧南黄龙派下二世黄蘖惟胜禅师,生卒年不详,即东林常总禅师的师兄或师弟,也是苏轼的师伯或师叔。参见圆极居顶编,《续传灯录》卷第十五《大鉴下第十三世·黄龙慧南禅师法嗣.黄蘖惟胜禅师》,《大正藏》,第51册,第569c—570a页。

② “五蕴皆非四大空”“尽圆融”,子由《问黄蘖长老疾》,作:“四大俱非五缊空”“尽消镕”。具详《栾城集》,卷第十二,《苏辙集》,第181页。《钦定四库全书》,文渊阁钞本。

③ 《苏轼文集》,第592页。

④ 鸠摩罗什译:《维摩诘所说经》,《大正藏》,第14册,第539b页。

⑤ 鸠摩罗什译:《维摩诘所说经》上卷《弟子品第三》,《大正藏》,第14册,第540b页。

又问："地大、水大、火大、风大，于此四大，何大之病？"

答曰："是病非地大，亦不离地大；水、火、风大，亦复如是。而众生病，从四大起，以其有病，是故我病。"[①]

这是以"诸法毕竟不生不灭，是无常义"说病，所以维摩诘说："说身无常，不说厌离于身。"[②]这是对诸法的等观，也就是对现象的肯定，虽然现象不等同于本质，但在客观上，并不能否定由本质所显现的任何可见的运动形态，在运动生起与变灭的全过程，是真实的存在，衹是以这种方式存在的现象，在体性上，并不具理体所表诠的常性，因为由无常所显现的体性是自性空的缘故，而了达自性空的常性，便是证成无生的前提，无生则无灭，亦即无有能受病的我，也无有能病的病，这也就是 Etienne Lamotte 所诠释的《维摩诘经》之"绝对"义[③]。所以苏轼《赠章默》，诗云："誓求无生理，不践有为迹。"[④]而苏轼在《用旧韵送鲁元翰知洺州》，诗云："聊乘应舍筏，直泝无生源。"[⑤]苏轼的《祭大觉禅师文》，亦说："昔本无生，今亦无灭。"[⑥]这就如同维摩诘所说：

从痴有爱，则我病生。以一切众生病，是故我病；若一切众生病灭，则我病灭。[⑦]

苏轼认为治病之道，不外"安心"，他在《病中游祖塔院》诗云："安心是药更无方。"[⑧]《次韵韶守狄大夫见赠二首》，其一，诗云："有病安心是药方。"[⑨]此即《维摩诘所说经》上卷《佛国品第一》说的"心常安住，无碍解脱"[⑩]。是以，苏轼以维摩

① 鸠摩罗什译：《维摩诘所说经》，第 544c 页。
② 同上。
③ Etienne Lamotte 著，郭忠生译：《维摩诘经序论》，第三章"维摩诘经之哲学思想"，(南投)谛观杂志社，1990 年版，第 63—81 页。
④ 《苏轼诗集合注》，第 1291 页。
⑤ 同上，第 1370 页。
⑥ 《苏轼文集》，第 1961 页。
⑦ 鸠摩罗什译：《维摩诘所说经》卷中《文殊师利问疾品第五》，《大正藏》，第 14 册，第 544b 页。
⑧ 《苏轼诗集合注》，第 445 页。
⑨ 同上，第 2256 页。
⑩ 鸠摩罗什译：《维摩诘所说经》，《大正藏》，第 14 册，第 537a 页。

示病而示自病，意在表明，行者只要依佛教说证得无生，就能在以般若慧解觉知自作自受的因果，自证自悟"示病维摩元不病"，本无"病"与"不病"，但却以对法假说"病"与"不病"，原来都是为了开显"出三界，了万法，不生不老，不病不死"[①]，以为还灭十二缘起，而究竟顿脱无明，所善巧施设的胜义。

(二)天女散花

"天女""散花"与"空花"，都是苏轼文学创作的重要书写意象，以佛典为理据，用来表述行者的作意，如苏轼《游径山》诗云：

> 道人天眼识王气，结茆宴坐荒山巅；精神贯山石为裂，天女下试颜如莲。[②]

一般注家均以诗题《径山》，及"尔来废兴三百载"句[③]，注"道人"为法钦禅师，即唐代牛头宗径山派初祖道钦禅师。其实"道人"何尝不是苏轼的"夫子自道"？而"天女"者，注家或以《四十二章经》，或参以史传及其他文学作品出注，但皆不及于《维摩诘所说经》对"天女"的描述。但论者以为，苏轼此诗中的"天女"，实即《维摩诘所说经》卷中《观众生品第七》所说的"天女"，以其能以"菩萨"的"游戏神通"，随宜示现"菩萨"以"无生法忍"所证得的不动地(acalā-bhūmi)，是为大乘"不退转"菩萨之故，如唐译《大方广佛华严经》卷第三十八《十地品第二十六之五·第八地》，金刚藏菩萨告诉解脱月菩萨说："佛子！菩萨摩诃萨，于七地(远行地，dūrajgamā-bhūmi)中，……离一切心、意、识分别想，无所取著，犹如虚空，入一切法，如虚空性，是名得无生法忍。佛子！菩萨成就此忍，即时得入第八不动地。"[④]《胜鬘宝窟》卷上之本，吉藏法师亦说："又如《净名》天女辨[辩]屈身子(śāriputra)，旧多云是八地法身。"[⑤]

也就是说，出现在《维摩诘所说经》中的"天女"，即是"离一切心、意、识分别

---

① 《东林第一代广惠禅师真赞》，《苏轼文集》，第623页。
② 《苏轼诗集合注》，第328—329页。
③ 《苏轼诗集合注》，第329页。
④ 唐译：《大方广佛华严经》，《大正藏》，第10册，第199a页。
⑤ 释吉藏撰：《胜鬘宝窟》，《大正藏》，第37册，第3a页。

想”的八地法身菩萨，所以笔者有理由认为苏轼正是以不动地来表诠“道人宴坐”(dhyāna)的定境，因为在《观众生品第七》的结穴处，维摩诘清楚的告诉犹“畏生死”，犹有“色、声、香、味、触”等“五欲”，与乎“自生分别想”的舍利弗(śāriputra)说，“天女”的身份是：

> 已曾供养九十二亿佛，已能游戏菩萨神通，所愿具足，得无生忍，住不退转；以本愿故，随意能现，教化众生。①

《游径山》作于苏轼任杭州通判的熙宁四、五年(1071—1072)之间，距元丰二年(1079)四十四岁时系乌台诗案狱，尚有八九年之遥，此时年方三十六七岁青壮年的苏轼，便有这等的内证(pratyātmādhigama)工夫，无怪乎能在狱中写出超生越死的“是处青山可埋骨”名句，如其不能体证“天女”所证的“无生忍”，如何能以等流的觉照，说得道钦禅师“贯山石为裂”的“精神”，也是不动地之所证！而其不可言说的证境，如要强以为名，便是苏轼以《传灯录》为案头书所表述的“一棒打破虚空”②。是以苏轼从作《游径山》以后，“天女散花”便成为其所作诗文的一大主题，如《李公择过高邮见施大夫与孙莘老赏花诗忆与仆去岁会于彭门折花馈笋故事作诗二十四韵见戏依韵奉答亦以戏公择云尔》，诗云：

> 散花从满祴，不答天女问。③

“祴”即僧伽梨，可见苏轼不仅上朝面圣时内著僧伽梨，也不仅与僧人谈经说道时穿著僧伽梨，即使公暇与文人雅士踏青赏花，也不例外，凡此无不在向比丘、比丘尼、式叉摩那、沙弥、沙弥尼、优婆塞、优婆夷等道俗七众，表明自己是地道的“佛子”，所以苏轼在《与俞奉议》书说：“在家出家，古有成言，有发无发，俱是佛子。”④并非泛泛之辞，而是寻常行仪本来如此。至若“不答天女问”，典出《维

---

① 鸠摩罗什译：《维摩诘所说经》，《大正藏》，第14册，第548c页。
② 道原纂：《景德传灯录》卷第二十《吉州青原山行思禅师第六世之四·洪州云居山道膺禅师法嗣·扬州丰化和尚》，《大正藏》，第51册，第362c页。
③ 《苏轼诗集合注》，第927—928页。
④ 《苏轼文集》，第1758页。

摩诘所说经》卷七《观众生品》,经云:

> 时,维摩诘室有一天女,见诸大人闻所说法,便现其身,即以天华散诸菩萨、大弟子上。华至诸菩萨,即皆堕落,至大弟子,便著不堕。一切弟子神力去华,不能令去。尔时,天女问舍利弗:“何故去华?”[①]

又,苏轼《赠江州景德长老》诗云:“不须天女来相试,总把空花眼里看。”[②]《眉子石砚歌赠胡訚》诗云:“毗耶居士谈空处,结习已空花不住。”[③]《再和杨公济梅花十绝》其一,诗云:“结习已空从著袂,不须天女问云何!”[④]“从”者,纵也,意即苏轼在元祐六年(1091)任杭州太守时,以诗酬和同僚通判浩然居士杨蟠,表明自己的证境是烦恼习气“已空”,是“以无分别空故空”的空境[⑤],而且是行在“菩萨行”的菩萨,因而藉“看尽千林未觉多”的赏梅机缘[⑥],转境说人在花林中过,纵使落梅沾上了襟袂,以自证沾与不沾,俱已“无所分别”,并无如法与不如法的问题,故无劳“天女”再发“何故去华”之问。而“菩萨行”者,即维摩诘答文殊师利“有疾菩萨,云何调伏其心”之问时,所说的“无分别想”,如维摩诘说:“有疾菩萨,应如是调伏其心,不住其中,亦复不住不调伏心。所以者何?若住不调伏心,是愚人法;若住调伏心,是声闻法。是故,菩萨不当住于调伏、不调伏心,离此二法,是菩萨行。”乃至于“观十二缘起”,“行六波罗蜜”“六通”“四无量心”“禅定解脱三昧”“四念处”“四正勤”“四如意足”“五根”“五力”“七觉分”“八圣道”“止观助道之法”“诸法不生不灭”等等,“而不舍于菩萨之道,是菩萨行”[⑦]。而这在苏轼来说,“不须天女问”,就有了“天女下试”的试与不试同为一如的真义。

---

① 鸠摩罗什译:《维摩诘所说经》,《大正藏》,第十四册,第547c—548a页。
② 《苏轼诗集合注》,第1179页。
③ 同上,第1204—5页。
④ 同上,第1657页。
⑤ 鸠摩罗什译:《维摩诘所说经》卷中《文殊师利问疾品第五》,《大正藏》,第14册,第544c页。
⑥ 同上,第544c页。
⑦ 同上,545b—c页。

五 结论

检验《维摩诘经》所形成的居士形象，应根据《文殊师利所说摩诃般若波罗蜜经》所提供的“一行三昧”法门，才能掌握到不违背《维摩诘经》经旨的居士行。根据本文的考察，苏轼所行持的“一行三昧”，是从华严法界观与禅宗空观融合的般若思想而来。行者须“系缘法界”，依闻、思、修三慧的入道次第，心处空闲，无碍无相；更须如慧能大师所昭示的“于一切时中，行、住、坐、卧，常直心是。”

苏轼是宋代临济宗黄龙派下二世东林常总禅师的法嗣，并得到云门宗佛印了元禅师的印可。平居常着衲衣，且公然内着僧伽梨外罩“朝章”上殿，显示一生行持“一行三昧”居士行的努力。从他的诗文可以证明他是深于“应观法界性，一切惟心造”的通家，也是“俯仰尽法界，逍遥寄人寰”的人间般若行者。

从苏轼大量的维摩书写中，显示出一个盛宋时代的维摩诘居士形象，他以维摩经教体证了义，并在人间以“游戏神通”完成最终证悟的解脱者。其诗文中对维摩意象体证得最为深刻的有二端：(一)示病维摩元不病；(二)天女散花。

总之，就世学而论，苏轼是博综赅练的文豪；就“龆龀好道”而论，则是宗通教通的再来人。因此，既以维摩自况而现居士身，又以宰官身为外护，并以其浮沈宦海而无所罣碍的一生，来显明佛法入世自度，而非遁世逃禅的向上精神，可以说是善达“法元在世间，于世出世间，勿离世间上，外求出世间”[①]的祖意，为学人立下了最嘉的人间行者典范。

① 《精校敦煌本坛经》，《华雨集》，第1册，第456—457页。“法元在世间，于世出世间，勿离世间上，外求出世间”系《无相颂》文，后经元僧宗宝在其所编纂的《六祖大师法宝坛经》中，改写为：“佛法在世间，不离世间觉，离世觅菩提，恰如求兔角。”而广为元后学人所知。具详《大正藏》，第48册，第351c页。

A Xiongnu Family at the Western Han Court①

David R. Knechtges

I. Jin Midi and his Descendents

During the Western Han, a number of foreigners surrendered to the Han and took up residence in Chang'an. In this paper I discuss one of these foreigners, Jin Midi 金日磾（134 - 86 B.C.E.）, a man from a non–Han state who served in high positions during the reign of Emperor Wu 武帝（141 - 87 B.C.E.). ②The Han

---

① This article is based on a paper delivered at the "Courtly Encounters" conference hosted by the Comparative Court Cultures Group, Singapore, 5 August 2015.

② The conventional reading of 金日磾 is Jin Midi. See Shi Peixin 史佩信, "'Jin Midi'de'日'weishemme du 'mi'""金日磾"的"日"为什么读"密", *Wen shi zhishi* 文史知识（1997: 8): 103–4; Wang Jian 王健; "'日' zi weishime du 'mi'""日"字为什么读"密", *Gu Hanyu yanjiu* 古汉语研究（2002: 4): 12; Shi Peixin 史佩信,"Zaishuo 'Jin Midi' de '日' weishemme du 'mi'"再说"金日磾"的"日"为什麽读"密"; Gu Hanyu yanjiu（2008: 1): 66–68. Fan Bocheng 樊波成,"'Jin Midi' de '日' budu 'mi' "金日磾"的"日"不读"密", *Wenshi zhishi* （2010: 5): 85–87. Fan Baocheng presents a compelling argument for reading 日磾 as Ridi. He shows that none of the earliest commentators to the *Shi ji* or *Han shu* such as Ying Shao 应劭, Fu Qian 服虔, Wei Zhao 韦昭, Xiao Gai 萧该, or Yan Zhigu 颜师古 provide a sound gloss for 日, thus probably indicating that they did not consider that the graph had an unusual pronunciation in this name. The earliest extant sound gloss on Jin Midi's name is in the *Yiqie jing yinyi* 一切经音义 of Huilin 慧琳（737—820), which provides the pronunciation 人质反（Old Chinese *nit, Mandarin ri). See *Yiqie jing yinyi, Xuxiu Siku quanshu* 续修四库全书, vol. 197, 87.2b （538). Fan Bocheng also shows that the earliest sources that provide the sound gloss *mi* for 日 date from the Southern Song. Examples are the commentary of Lü Zuqian 吕祖谦 （1137—1181）to the *Tang jian* 唐鉴 of Fan Zuyu 范祖禹（1041—1098). See *Tang jian, Siku quanshu*, 21.6b. The pronunciation mi becomes quite common during the Ming and later. See for example Fang Yizhi 方以智（1611—1671), *Tongya* 通雅, *Siku quanshu*, 20.37a. Although I am convinced by Fan Bocheng's evidence, in this paper I shall follow the modern scholarly convention and read the name as Jin Midi.

shu contains a long account about him and the descendants of his family. ① Jin Midi was the heir designate of the king of the Xiuchu 休屠. ② The Xiuchu has been traditionally identified as a Xiongnu sub-tribe whose homeland was located north of modern Wuwei 武威, Gansu.③ However, recently several scholars have argued that the Xiuchu were not Xiongnu, but actually nobles of the Yuezhi 月氏. ④ Although it is possible that these scholars are correct, in this article I shall follow convention and refer to Jin Midi as a Xiongnu.

In 121 B.C.E., the Han general Huo Qubing 霍去病 (ca. 140 - 117) led a large cavalry expedition into Xiongnu territory. In the spring, his forces advanced a thousand li beyond the Yanzhi Mountains 焉支山 (the Dahuang Mountains 大黄山 southeast of modern Shandan 山丹, Gansu) where they did battle with an army led by the King of Xiuchu, killing 8,960 enemy soldiers. ⑤ The Han forces also seized metal statues (*jinren* 金人) used by the king of Xiuchu for sacrifices to heaven. I shall discuss these statues later in this article.

As a result of this campaign and a second one, also led by Huo Qubing, in autumn of 120 B.C.E., the Xiongnu armies of the King of Xiuchu and the King of Hunye 浑邪 (also read Kunye 昆邪) suffered devastating defeats.⑥ After the Xiongnu chanyu declared his intention to execute the two kings, they decided to surrender to the Han. However, Jin Midi's father changed his mind

---

① See *Han shu* 汉书 (Beijing: Zhonghua shuju, 1962), 68.2960-66. For a partial translation into English see Burton Watson, *Courtier and Commoner in Ancient China: Selectins from the History of the Former Han by Ban Gu* (New York: Columbia University Press, 1974), 151-56.

② On the reading of 休屠 as Xiuchu see Yu Zhirong 于智荣, "'Luli wang' 'Xichu wang' zhengque duyin de liju""谷蠡王""休屠王"正确读音的理据, *Yuwen zhishi* 语文知识 (2007: 3): 80-81.

③ See Li Jifu 李吉甫 (758—814), *Yuanhe jun xin tu zhi* 元和郡县图志 (Beijing: Zhonghua shuju, 1983), 40.1019.

④ See Wang Zongwei 王宗维,"Qin Han zhi ji Hexi diqu de minzu ji qi fenbu" 秦汉之际河西地区的民族及其分布, *Lanzhou daxue xuebao* 兰州大学学报 (Shehui kexue ban) (1985: 3): 91; Wu Mu 武沐,"Hunye Xiuchu zu yuan tanze" 浑邪休屠族源探赜, *Lanzhou daxue xuebao* (Shehui kexue ban) 32.1 (2004): 12—14.

⑤ See *Shi ji* 史记 (Beijing: Zhonghua shuju, 1959), 110.2908; Han shu 94A.3768.

⑥ See *Shi ji* 111.2930—2931. On this date see Wang Guohua 王国华 and Xu Wanhe 徐万和, "Hunye wang gui Han niandai bianzheng"浑邪王归汉年代辩正, *Xibei shidi* 西北史地 (1996: 4): 33—38.

and was killed by the King of Hunye.[①]

Jin Midi, his mother, and younger brother Jin Lun 金伦 were turned over to the Han troops and taken to Chang'an. Jin Midi and his brother were made government slaves. At the age of fourteen, Jin Midi was employed as a groom in the imperial stables. Emperor Wu, who was a horse aficionado, was so impressed with the young lad's care of the horses, he promoted him to *ma jian* 马监 or inspector of horses. He also was given the Chinese surname Jin (metal) reputedly taken from the name of the metal statues, *jinren* 金人, seized from his father.[②]

Jin Midi soon became one of Emperor Wu's favorites. He granted him the honorary title of palace attendant (*shizhong* 侍中), named him chief commandant of attendant cavalry (*fuma duwei* 驸马都尉), a high 2,000-bushel rank, and appointed him imperial household grandee (*guanglu dafu* 光禄大夫). The latter position was a high 2000-bushel rank granted to officials whose main task was to offer advice and criticism to the emperor.[③]

According to the *Han shu*, Jin Midi's mother had "strict rules and standards in instructing her two sons. Upon learning of this, Emperor Wu praised her."[④] When Jin Midi's mother died, Emperor Wu ordered her portrait painted in the Sweet Springs palace 甘泉宫, located north of the capital. The portrait was inscribed "Spouse of the King of Xiuchu 休屠王阏氏."[⑤] This event is depicted in mural paintings from the Wuliang 武梁 shrines which were erected in 151 C.E. in southwestern Shandong province. The mural painting of Jin Midi is now badly damaged and only shows "the image of a man bowing in an elaborate building." The reconstruction in the *Jinshi suo* 金石索 portrays the

① See *Shi ji* 110.2909, 111.2933

② See *Han shu* 68.2967.

③ See Hans Bielenstein, *The Bureacracy of Han Times* (Cambridge: Cambridge University Press, 1980), 25.

④ See *Han shu* 68.2960.

⑤ See *Han shu* 68.2960.

image of a man, presumably Jin Midi, bowing before a woman, who is designated Xiuchu.[①]

Emperor Wu was quite fond of Jin Midi's two eldest sons. The *Han shu* biography has the following account about them:

日磾子二人皆爱,为帝弄儿,常在旁侧。弄儿或自后拥上项,日磾在前,见而目之。弄儿走且啼曰:"翁怒。"上谓日磾:"何怒吾儿为?"其后弄儿壮大,不谨,自殿下与宫人戏,日磾适见之,恶其淫乱,遂杀弄儿。弄儿即日磾长子也。上闻之大怒,日磾顿首谢,具言所以杀弄儿状。上甚哀,为之泣,已而心敬日磾。

Everyone found Midi's two sons adorable. They became the emperor's "play-lads" and were always at his side. The play-lads sometimes stood behind the emperor and embraced his neck.[②] Midi, who was standing in front, saw them and glared at them. The play-lads ran away crying, "Our old man [i.e., father] is angry with us." The emperor said, 'Why are you angry at our boys?" Later, when the play-lads became grown, they did not behave discreetly and often amused themselves with palace ladies beneath the palace staircases. Midi happened to see them, and disgusted by their depraved and unruly behavior, eventually killed them. The play-lads were none other than Midi's eldest sons. When the emperor learned about what Midi had done, he was enraged. Knocking his head on the ground, Midi apologized, and explained the circumstances that led him to kill the play-lads. The emperor felt extreme grief, and wept for them, but in his heart he also respected Midi."[③]

---

① See Feng Yunpeng 冯云鹏 and Feng Yunyuan 冯云鹓 (nineteenth century), *Jinshi suo* 金石索, *Xuxiu Siku quanshu*, "Shi suo" 石索, 3.391; Wu Hung, *The Wu Liang Shrine: The Ideology of Early Chinese Pictorial Art* (Stanford: Stanford University Press, 1989), 296–98.

② I am not sure whether 弄儿 is singular or plural here. Because the preceding clause mentions two sons, I have translated the following account as involving both sons.

③ See *Han shu* 68.2960.

In 88 b.c.e., Ma Heluo 马何罗 (d. 87 B.C.E.), supervisor of the palace attendants, and his younger brother Ma Tong 马通 (d. 87 B.C.E.) conspired with Jiang Chong 江充 (d. 91 B.C.E.) in scheming against the heir designate Liu Ju 刘据(128 - 91 B.C.E.) resulting in his death.[①] Fearing recriminations from Emperor Wu, the Ma brothers plotted to assassinate him at the Sweet Springs Palace. At this point, the Han shu biography of Jin Midi reads:

> 日磾视其志意有非常,心疑之,阴独察其动静,与俱上下。何罗亦觉日磾意,以故久不得发。是时上行幸林光宫,日磾小疾卧庐。何罗与通及小弟安成矫制夜出,共杀使者,发兵。明旦,上未起,何罗亡何从外入。日磾奏厕心动,立入坐内户下。须臾,何罗褏白刃从东箱上,见日磾,色变,走趋卧内欲入,行触宝瑟,僵。日磾得抱何罗,因传曰:"莽何罗反!"上惊起,左右拔刃欲格之,上恐并中日磾,止勿格。日磾捽胡投何罗殿下,得禽缚之,穷治皆伏辜。由是著忠孝节。
>
> Midi, seeing that they had something unusual on their minds, became suspicious of them, and secretly on his own observed their movements and accompanied them wherever they went in and out of the palace. Ma Heluo also sensed Midi's intention, and for this reason for a long time did not act. At this time the emperor was visiting the Linguang Palace [at Sweet Springs], and Jin Midi, who was slightly indisposed, was lying down in a palace rest house. Heluo, Tong, and their younger brother An-cheng forged an imperial command allowing them to go out at night. They killed the imperial emissaries and then raised troops in revolt. At dawn the next day, before the emperor had risen from sleep, Heluo, without making any excuses, entered the palace from outside. Jin Midi, who was

① The surname of these two brothers is also given as Mu 莽. For the pronuciation Mu for 莽 see Wang Xianqian 王先谦, *Han shu buzhu* 汉书补注 (Shanghai: Shanghai guji chubanshe, 2008), 6.307, n. 2.

> on his way to the privy, suddenly felt uneasy, and immediately went into the palace chamber and sat down beside the door. Within a few moments, Heluo came in from the eastern wing with a naked blade concealed in his sleeve. Upon seeing Midi, he turned pale and dashed toward the emperor's bed chamber hoping to enter, but he bumped into a precious zither and fell down. Midi was able to hold on to Heluo and shout out, 'Ma Heluo has revolted!' Startled, the emperor leapt up, and his attendants drew their blades hoping to strike Heluo. Fearing that they would wound Midi, the emperor told them not to strike him. Midi held him tightly by the neck until he was seized and bound. After thorough interrogation all of the conspirators admitted their guilt. As a result of his action, Midi won acclaim for his loyal and filial integrity.①

Jin Midi served Emperor Wu for several decades without "once casting him a defiant glance." Emperor Wu granted him a palace lady, but he never dared to approach her. Emperor Wu also proposed to have Jin Midi's daughter accepted into the imperial harem, but Jin refused the offer.②

In 87 B.C.E., Emperor Wu was ill on his deathbed. He instructed Huo Guang 霍光 (d. 68 B.C.E.) in the event of his death to serve as regent for his young successor, Emperor Zhao (r. 87 - 74 B.C.E.). Huo Guang deferred to Jin Mindi, who refused the position on the grounds that he was "a man from a foreign state." His selection would result in the "Xiongnu's disrespecting the Han." Jin Midi then served as Huo Guang's assistant. Huo Guang also gave one of his daughters as a wife to Jin Midi's son Jin Shang 金赏 (ca. 95 - 44 B.C.E.). In the following year, Jin Midi received the title of chariot and horse general. In his testamentary edict Emperor Wu stipulated that Jin Midi be enfeoffed as Marquis of Du 秺 as a reward for the role he played in

① *Han shu* 68.2961.

② See *Han shu* 68.2962.

thwarting the coup led by the Ma brothers. Jin Midi initially declined the honor on the grounds that the new emperor was still young.[①]

After serving as assistant to Huo Guang for one year, Jin Midi became seriously ill. Huo Guang instructed Emperor Zhao to enfeoff Jin Midi as Marquis of Du 秺侯. He received the seal cords while lying on his deathbed. Jin Midi died the next day on 29 September 86 B.C.E.[②] Emperor Zhao 昭帝 (r. 87 - 74 B.C.E.) granted him funeral articles and a burial plot, which was located in Emperor Wu's tomb town of Maoling 茂陵. He received the posthumous title Jing hou 敬侯 (Respectful Marquis).[③]

A number of the descendants of Jin Midi and his younger brother Jin Lun held high office in the Han imperial court. Jin Midi's two sons Jin Shang 金赏 (ca. 95 - 42 B.C.E.) and Jin Jian 金建 (b. ca. B.C.E.) were about the same age as Liu Fuling 刘弗陵 (94 - 74 B.C.E.), the future Emperor Zhao, and they both were often at his side, "whether he was sleeping or awake." When Liu Fuling took the imperial throne in 87 B.C.E. at the age of eight *sui*, the two Jin brothers were only eight or nine sui, but were granted the honorary titles of *shizhong* 侍中 (palace attendant).[④] In 50 b.c.e. Jin Shang inherited Jin Midi's title Marquis of Du.[⑤] Despite their youth, Jin Shang was appointed *fengju duwei* 奉车都尉 (commandant-in-chief of chariots),[⑥] which was a 2,000-bushel rank, and Jin Jian was named *fuma duwei* 驸马都尉 (commandant escort), a title often conferred on sons of nobles. Jin Shang inherited his father's title of Marquis of Du in 85 B.C.E.[⑦] The two brothers al-

① See *Han shu* 68.2962.

② See *Han shu* 7.220.

③ See *Han shu* 68.2962.

④ See *Han shu* 68.2962.

⑤ See *Han shu* 19.812.

⑥ The received version of the *Han shu* reads *feng ju* 奉车. Wang Niansun 王念孙 (1744—1832) shows that the correct reading should be *feng ju duwei* 奉居都尉. See *Dushu zazhi* 读书杂志 (Taipei: Letian chubanshe, 1974), 4/11.3b (339).

⑦ See *Han shu* 17.666.

so received the honorary title of palace attendant. When Emperor Xuan 宣 (r. 87 - 74 b.c.e.) succeeded Emperor Zhao, he appointed Jin Shang *taipu* 太仆 (chamberlain of the imperial stud), another 2,000-bushel post. Jin Shang was married to a daughter of Huo Guang. When the Huo family was purged from power two years after Huo Guang's death in 68 b.c.e., Jin Shang escaped punishment by petitioning to divorce his wife. Jin Shang continued to serve into the reign of Emperor Yuan 元帝 (r. 48 - 33 B.C.E.). ① In 43 b.c.e. he was appointed *guanglu dafu* 光禄大夫 (grand master for splendid happiness), which also was a high 2,000-bushel rank. He died the following year.②

Jin Shang had no successor, and the noble title of Marquis of Du was abolished. It was restored in 4 c.e. to Jin Midi's great grandson, Jin Dang 金当, the son of Wang Nan 王南, who was the younger sister of Wang Qu 王渠, the mother of Wang Mang.③

Jin Midi's younger brother Jin Lun, who served as *huangmen lang* 黄门郎 (gentleman of the palace gate), died young, but a number of his descendants held high positions. His son Jin Anshang 金安上 (d. 55 B.C.E.) at a young age received the honorary title of palace attendant. He was a favorite of Emperor Xuan who admired him for his honesty and insight. In 69 B.C.E., Liu Yanshou 刘延寿, King of Chu (r. 100 - 68 B.C.E.), plotted to depose Emperor Xuan and replace him with Liu Xu 刘胥 (d. 54 B.C.E.), King of Guangling. Jin Anshang informed the imperial court of their plans, and he was rewarded with the title of Noble of the Interior, and was granted a fief of three hundred households. In 66 b.c.e. he was enfeoffed as Marquis of Ducheng 都成 to reward him for the role he played in putting down an attempted coup by the Huo family. The highest position he held was superintendant of the guards, Jianzhang 建章 (Jianzhang weiwei 建章卫尉).

① See *Han shu* 68.2963.
② See *Han shu* 19B.817.
③ See *Han shu* 68.2963.

Upon his death in 55 b.c.e., Jin Anshang was bestowed a burial plot in Duling 杜陵, which was the location of the mausoleum of Emperor Xuan.[①]

Jin Anshang had four sons, the most distinguished of whom was his second son Jin Chang 金敞 (d. 21 B.C.E.). When Liu Shi 刘奭 (76 - 33 55 B.C.E.), the future Emperor Yuan, during his tenure as heir designate (67 - 76 B.C.E.), Jin Chang served on his staff as *zhong shuzi* 中庶子 (palace cadet). During this time, Jin Chang already enjoyed great favor from Liu Shi. When Liu Shi was installed as emperor in 48 b.c.e., Jin Chang, who was named palace attendant, together with Liu Xiang 刘向 (77 - 6 B.C.E.) was assigned the duty of reminding the young emperor of court protocol and precedents.[②] He later was appointed commandant of cavalry (*ji duwei* 骑都尉), grand master for splendid happiness, leader of court gentlemen (*zhonglang jiang* 中郎将), and palace attendant.[③] When Emperor Yuan died in 33 b.c.e., according to precedent court advisors of Zhang Chang's status were to be assigned to the emperor's tomb as funerary park attendant. However, because Zhang Chang had won acclaim for his loyalty and filial devotion, the empress dowager decreed that Zhang Chang be retained at the court to serve Emperor Cheng (r. 33 - 7 B.C.E.). During Emperor Cheng's reign, Jin Chang served as commandant -in -chief of chariots, commandant of the imperial gardens (*shuiheng duwei* 水衡都尉) (in 25 B.C.E.), and chamberlain for the palace garrison (*weiwei* 卫尉) (in 24 B.C.E.). He was known for his upright, straightforward manner. He even dared to disagree with the emperor, and most of the court officials were intimidated by him. Upon his deathbed, he requested Emperor Cheng to grant a position to his younger brother Jin Cen 金岑, who was assigned to the bureau of receptions with responsibility for attending to foreign visitors to the court. The emperor also appointed Jin

① See *Han shu* 68.2963.

② See *Han shu* 36.1929, 68.3283.

③ See *Han shu* 68.2963.

Chang's son She 涉 palace attendant. Jin Chang died in 21 B.C.E.[1]

II. The Metal Statues of Xiuchu

As mentioned above, when Jin Midi, his mother, and brother were captured by the forces of Huo Qubing, the Han obtained what were called "the metal statues used by the King of Xiuchu for making offerings to heaven" 休屠王祭天金人. There are many divergent accounts of these statues, and modern scholarly opinion is sharply divided about their origin and significance. The first mention of the statues is in the "Xiongnu liezhuan" 匈奴列传 of the *Shi ji* which has the following brief account of Huo Qubing's victory over the Xiongnu in 121 B.C.E.:

> In spring of the next year [121 b.c.e.], the Han sent General of Agile Cavalry Huo Qubing to lead ten thousand cavalry departing from Longxi, going over a thousand li beyond Yanzhi to attack the Xiongnu. They obtained more than eight thousand Xiongnu heads and captives. After defeating them they obtained the metal statues used by the King of Xiuchu for making offerings to heaven.
>
> 其明年春,汉使骠骑将军去病将万骑出陇西,过焉支山千余里,击匈奴,得胡首虏骑万八千余级,破得休屠王祭天金人。[2]

Ban Gu provides this same information with slightly different wording in the Han shu.[3]

---

① See *Han shu* 19B.829.

② See *Shi ji* 110.2908. Wang Shu-min 王叔岷 notes that 万骑 is superfluous in this line, and thus I have not translated it. See *Shi ji jiaozheng* 史记斠证 (Beijing: Zhonghua shuju, 2007), 5: 110.2979. The *Shi ji* gives a somewhat more detailed account in the "Wei jiangjun Piaoji liezhuan" 卫将军骠骑列传; see *Shi ji* 111.2929 - 30.

③ See Han shu 55.2479, 64A.3768. 匈奴祭天处本在云阳甘泉山下,秦夺其地,后徙之休屠王右地,故休屠有祭天金人,象祭天人 [主]也。

Early commentators beginning from the late Eastern Han give further information about the origins and history of the statues. One of the first accounts is by Meng Kang 孟康 （ca. 180 - 260), author of the *Han shu yinyi* 汉书音义, which is cited in the *Shi ji jijie* 史记集解 of Pei Yin 裴骃 (fl. 438):

> The original site where the Xiongnu made offerings to heaven was at the base of Mount Ganquan in Yunyang. The Qin seized their territory and later moved them to the western part of Xiuchu. Thus, Xiuchu had metal statues used for making offerings to heaven. They represented the tablet used to make offerings to heaven.
>
> 匈奴祭天处本在云阳甘泉山下，秦夺其地，后徙之休屠王右地，故休屠有祭天金人，象祭天人［主］也。[1]

Han shu cites the last part of Meng Kang's commentary reading somewhat differently: 故休屠有祭天金人象也 "Thus, Xiuchu had images of the metal statues used to make offerings to heaven."[2] Given this reading, it is possible that the version cited in the Shi ji could be punctuated differently: 故休屠有祭天金人象，祭天主也 "Thus, Xiuchu had images of the metal statues used to make offerings to heaven. They served as the tablet used to make offerings to heaven."

Meng Kang gives several important pieces of information about the statues. First, they were originally located at Ganquan 甘泉 Mountain in Yunyang 云阳, an area northwest of modern Chunhua 淳化, Shaanxi. According to the *Kuodi zhi* 括地志, a gazetteer compiled between 638 and 642 under the auspices of the Tang prince Li Tai 李泰 (618 - 652), Ganquan Mountain was lo-

---

① See *Shi ji* 110.2909, n. 2. Note that the Jingyou 景祐 edition of the *Shi ji* reads 祭天主 for 祭天人. The latter reading is redundant and makes little sense here. Thus, I have follow the Jingyou version. See Long Liangdong 龙良栋, *Jingyou ben Shi ji jiaokan ji* 景祐本史记校勘记, in *Ershi si shi dingbu* 二十四史订补 (Beijing: Shumu wenxian chubanshe, 1996), 1: 978.

② See *Han shu* 64A.3768.

cated ninety-one *li* （37.765 kilometers）northwest of Yunyang. ① Second, at some unspecified time, but presumably before the Han dynasty, the Qin expelled the Xiongnu from the Yunyang area. The statues then were transferred to the western portion of the land of the Xiuchu.

It should be noted that after killing the King of Xiuchu, the King of Hunye went to Chang'an where Emperor Wu rewarded him with silk and gold worth ten million in cash. He also was given a fief of ten thousand households and named Marquis of Tayin 漯阴, also written Tayin 湿阴（located northeast of modern Qihe 齐河, Shandong）. Four of his subordinates also received noble titles. ② These rewards present a distinct contrast with the degrading treatment that Jin Midi received when he first became subject of the Han.

The full extent of the Xiuchu territory also is a matter of dispute among scholars. According to the *Han shu* "Dili zhi" 地理志, the original homeland of the Xiuchu was located in the commandery of Wuwei 武威（administrative seat Guzang 姑藏, modern Wuwei, Gansu）, which was established by Emperor Wu in 101 b.c.e. ③ Writing in the late 1920s, Shiratori Kurakichi 白鸟库吉（1865 - 1942）proposed that during the Emperor Wu reign, the Hexi 河西 Corridor was divided into an eastern and western sector. The eastern sector, which had its administrative seat in Wuwei, was controlled by the King of Xiuchu, and the western sector, which was in the area of Zhangye 张掖（administrative seat Lude 觻得, northwest of modern Zhangye, Gansu）, was ruled by the King of Hunye.④

---

① See He Cijun 贺次君, ed. and coll., *Kuo di zhi jijiao* 括地志辑校（Beijing: Zhonghua shuju, 1980）, 1,16.

② See *Shi ji* 111.2933; *Han shu* 55.2482. On the variant reading 湿阴 see Chen Zhi 陈直, *Han shu xinzheng* 汉书新证（1959; rev. and rpt. Tianjin: Tianjin renmin chubanshe, 1979）, 75.

③ See *Han shu* 28B.1612.

④ Shiratori Kurakichi 白鸟库吉, "Hyōdo no Kyūto ō no ryōiku to sono saiten no kinjin ni tsuite" 匈奴の休屠王の领域と其祭天の金人に就いて, in *Miyake hakushi koki shukuga kinin ronbunshū* 三宅博士古稀祝贺记念论文集（Tokyo: Oka shoin, 1929）, 256; English version: "On the Territory of the Xiongnu Prince Hsiu-t'u wang and His Metal Statues for Heaven Worship," *Memoirs of the History Department of the Tôyô Bunko* 5（1930）: 15.

One should note that the Qing scholar Shen Qinhan 沈钦韩 (1775 - 1832) disputes Meng Kang's claim that Yunyang was the site of the Xiongnu's offerings to heaven. He points out that the Qin First Emperor in the tenth year of his reign (237 B.C.E.) received the Queen Dowager in the Ganquan Palace, and Han Fei died at Yunyang in the fifteenth year of his reign.① Thus, Qin must have occupied Yunyang for a long time. Shen Qinhan then mentions that in his thirty-second year (215 B.C.E) the Qin First Emperor sent the general Meng Tian 孟恬 (d. 210 B.C.E.) to lead a large force against the Hu peoples (presumably the Xiongnu) in the north and seize Henan 河南, which here designates the northern area of the Ordos and Loess plateaus. Shen asks if this is the case, how could the Xiongnu prior to this time live cramped together with Qin in the space of several tens of *li*?② Shen is incorrect on one point: the Ganquan Palace where the Qin First emperor received the Queen Dowager was not located in Yunyang, but was near the Qin capital of Xianyang.③

Whether or not the Xiongnu occupied Yunyang, Meng Kang's location of the metal statues in the Yunyang area may have some credibility. For example, the "Dili zhi" 地理志 of the Han shu has the following entry for Yunyang: "Yunyang: There are the three sites of Xiuchu, the Bronze Statues, and the Shrine for the Spirit of Jinglu 云阳：有休屠、金人及径路神祠三所."④ The "Jiao si zhi" 郊祀志 of the Han shu mentions that the Shrine for the Spirit of Jinglu was used for offering sacrifices to the King of Xiuchu.⑤ Thus, Wang Xianqian 王先谦(1865 - 1917) suggests that Jinglu is the name of the King of Xiuchu.⑥ Howard Dubs makes the same claim: the Yunyang shrine was a tem-

---

① Note this should be the fourteenth year, which is 233 b.c.e.
② See *Han shu shuzheng* 汉书疏证 (Shanghai: Shanghai guji chubanshe, 2006), 34.48b (173).
③ See Wang Shumin 王叔岷, *Shi ji jiaozheng* 史记斠证 (Beijing: Zhonghua shuju, 2007), 6.195 - 96.
④ See *Han shu* 28A.1545.
⑤ See *Han shu* 25B.1250.
⑥ See *Han shu buzhu*, 2197, n. 58.

ple "to a dead man, the King of Hsiu-t'u," who was the father of Jin Midi.[①] This shrine may have contained a sword known as Jinglu dao 径路刀 (Jinglu blade), which Ying Shao 应劭 (d. ca. 204) explains as a "precious blade used by the Xiongnu.[②] I will discuss the problems related to this sword below.

Chinese commentators attributed various functions to the metal statues. Ru Chun 如淳 (fl. 230), a Sanguo period commentator to the Han shu, simply remarks: "They made offerings to heaven by using the metal statues as the spirit tablet"祭天以金人为主也.[③] Zhang Yan 张晏 (fl. third cent.) says they were used for a Buddhist shrine.[④] Cui Hao 崔浩 (d. 450) of the Northern Wei, a devout Taoist who advocated the abolition of Buddhism, writes the following: "The Xiongnu used the metal statues as the spirit tablet. They are the Buddhist metal statues of the present day" 胡祭以金人为主,今浮图金人是也.[⑤] The renowned Tang commentator to the Han shu Yan Shigu 颜师古 (581–645) repeats this information: "They are the Buddhist images of the present day" 今之佛像是也.[⑥]

Zhang Yan does not specifically identify the metal statues as Buddhist images. He only says they were used in a Buddhist shrine. The tradition of equating the statues with Buddhist images occurs later. The most famous account of their Buddhist character is in the "Shi Lao zhi" 释老志 (Monograph on Taoism and Buddhism) in the *Wei shu* 魏书 of Wei Shou 魏收 (507–572):

In the Yuanshou period, Emperor Wu of Han dispatched Huo Qubing

① See "The 'Golden Man' of Former Han Times," *T'oung Pao*, Second Series, 33.1 (1937): 8–9.
② See *Han shu* 94B.3801.
③ See *Han shu* 55.2480, n. 7.
④ See *Han shu* 55.2480, n. 7.
⑤ See *Shi ji* 2908, n. 2.
⑥ See *Han shu* 55.2480, n. 9.

to smite the Xiongnu. He reached Gaolan and passed through Juyan where he beheaded [enemy soldiers] and made large captures. The King of Hun-ye killed the King of Xiuchu and led fifty thousand of his multitudes to surrender to the Han. He obtained metal statues. The Han emperor considered them great spirits and had them arrayed in the Ganquan Palace. The metal statues were roughly ten feet tall. The Han did not make offerings to them, but only burned incense and made ritual obeisances. This is an indication of the circulation of the Buddhist Way [in China].

案汉武元狩中,遣霍去病讨匈奴,至皋兰,过居延,斩首大获。昆邪王杀休屠王,将其众五万来降。获其金人,帝以为大神,列于甘泉宫。金人率长丈余,不祭祀,但烧香礼拜而已。此则佛道流通之渐也。①

This account may be based on an earlier source, the *Han Wu gushi* (Precedents of Emperor Wu of the Han), a collection of fabulous tales about Emperor Wu of the Former Han. The work very likely is from the Northern and Southern Dynasties period. ② This passage is cited in the commentary of Liu Jun 刘峻 (462 - 521) to the *Shishuo xinyu* 世说新语:

The *Han Wu gushi* says: "The King of Kunye killed the King of Xi-uchu because his his horde came to surrender [to the Han]. [The Han] obtained his metal figure spirits and placed them in the Ganquan Palace. The metal figures are all over ten feet tall, and in their offerings they do not use oxen or goats, and they only burn incense to perform their ritual obeisances. His Highness has sacrifices made to them following the customs of their original state."

---

① See *Wei shu* (Beijing: Zhonghua shuju, 1972), 114.3025. For another translation, see James R. Ware, "Wei Shou on Buddhism," *T'oung Pao* 30.1/2 (1933): 107 - 9.]

② For a detailed study, see Thomas E. Smith, "Ritual and the Shaping of Narrative: the Legend of Han Emperor Wu," Ph.D. diss., University of Michigan, 1992, 101 - 37.

《汉武故事》曰:“昆邪王杀休屠王,以其众来降。得其金人之神,置之甘泉宫。金人皆长丈余,其祭不用牛羊,唯烧香礼拜。上使依其国俗祀之。”

A number of scholars have questioned the credibility of the metal statues being Buddhist images. The distinguished Qing scholar Shen Qinhan suggested that the metal statues were images of the Indian god Moxishouluo 摩酰首罗 or Maheśvara, also known as Dazizaitian 大自在天.[①]

Writing in 1918, Hadani Ryōtai 羽溪子谛（1883－1974）argued that the bas-reliefs at the Mahābodhi Temple 大觉寺（Temple of the Great Awakening）in Bodhgayā or the sculptures at Bhārhut in Central India which date to the first or second centuries b.c.e. do not have any Buddhist images. Thus, it is not possible that the statues worshiped by the Xiutu could be Buddhist in origin.[②]

Shiratori Kurakichi rejected the claim that the metal statues were Buddhist images or even cast by Central Asian peoples. He suggested （37）“they must have been imported to the Hsiung-nu from China proper… and that they might have some connection with the metal statues cast by Shih-huang-ti of the Ch'in Dynasty.” He speculates that “the metal statues cast of Shih-huang-ti are of the same make as those of the Kan-ch'üan palace” and “that the metal statues of Hsiu-t'u Wang were manufactured by the Chinese during the Han period” （44）. He further suggests that Emperor Wu “enshrined in the Kan-ch'üan palace, when he got possession of them, the metal statues of Hsiu-t'u Wang's.” He notes that Mount Ganquan was the guardian peak for the people of the Wei River area, and thus may have been “an important strategical position against the Hsiung-nu”（47）. Shiratori adduces evidence to

① See *Han shu shuzheng*, 2: 29.4b－5a.

② See Hadani Ryōtai 羽溪子谛, “Kyūto ō no kinjin ni tsuite” 休屠の金人について, *Shirin* 史林 3（1918）: 561－76.

show that the twelve metal statues of Qin Shihuang represented the twelve guardian stars of the celestial Ziwei 紫微 Palace, and the emperor "master of the palace himself, must have been likened to the T'ai-i in heaven"(50). T'ai-i refers to Taiyi 泰一, which was the supreme deity that was worshiped in the sacrificial rites held at Ganquan. Shiratori suggest that if the Qin metal statues represented the seven stars of the Ziwei palace, "then the metal statues of Hsiu-t'u Wang which were modelled after those of Shih-huang-ti might regarded as of the same nature" (52).①

Professor Erik Zürcher (1928 - 2008), the renowned Dutch Buddhist scholar, remarks that the tradition of regarding the metal statue of Xiuchu is an "erroneous interpretation." ② Tang Yongtong 汤用彤 cites the Japanese scholar Hadani Ryōtai, who showed that during the Emperor Wu period of the Han, Buddhist images were not made in India, and thus "the metal statues of Xiuchu definitely could not be Buddhist images" ③ Professor Tang agrees and remarks: "this truly is most powerful evidence."④ He also notes that neither the *Shi ji* nor the Han shu mentions that Jin Midi was a Buddhist. For this and other reasons, "the falsity of what is said in the 'Shi Lao zhi' can be known."⑤

Both Shiratori Kurakichi and Tang Yongtong refer to the following passage in the "Ganquan fu" of Yang Xiong which describes the metal statues located at Ganquan:

---

① See Shiratori Kurakichi 白鸟库吉, "Hyōdo no Kyūto ō no ryōiku to sono saiten no kinjin ni tsuite" 匈奴の休屠王の领域と其祭天の金人に就いて, in *Miyake hakushi koki shukuga kinin ronbunshū* 三宅博士古稀祝贺记念论文集 (Tokyo: Oka shoin, 1929), 245 - 306; English version: "On the Territory of the Xiongnu Prince Hsiu-t'u wang and His Metal Statues for Heaven Worship," *Memoirs of the History Department of the Tôyô Bunko* 5 (1930): 1 - 79.

② See *The Buddhist Conquest of China: The Spread and Adaptation of Buddhism in Early Medieval China* (1959; Third Edition Leiden: Brill, 2007), 21.

③ Hadani Ryōtai "Kyūto ō no kinjin ni tsuite," 571.

④ *Han Wei Liang Jin Nanbeichao fojiao shi* 汉魏两晋南北朝佛教史 (1938; rpt. Beijing: Zhonghua shuju, 1983), 9

⑤ *Han Wei Liang Jin Nanbeichao fojiao shi*, 10.

Metal figures, brave and bold, upholding bell-stands,
Cragged and crenate, scaled like dragons,
Brandish lighted torches of lustrous brilliance,
Trail a fervid fulgor of luminous flame.
All this befits the Hanging Garden of the abode of the Lord on High,
And images the majestic spirit of Grand Unity.
金人仡仡其承钟虡兮，
嵌岩岩其龙鳞，
扬光曜之燎烛兮，
垂景炎之炘炘。
配帝居之县圃兮，
象泰一之威神。①

Shiratori proposed that the metal statues described by Yang Xiong were modeled on the statues made under the auspices of Qin Shihuang. He surmised that they "took the form of a man in all respects, except [for] the dragon-scaled skin, which is a relic of the ideas of the deities of the preceeding [sic] age, reminiscent of the dragon body" (58). Shiratori also notes that in Qin and Han times imperial palaces were designed as earthly replicas of the celestial Ziwei Palace. He also suggests that the twelve metal statues represented the twelve guardian stars of the Ziwei Palace. According to the *Han jiu yi* 汉旧仪 of Wei Hong 卫宏 (early first century C.E.), during the Former Han, emperors made sacrificial offerings to heaven once every three years at the Ganquan Altars in Yunyang.② Professor Tang writes: "Thus, Ganquan even

① *Han shu* 87A.3526; *Wen xuan* 文选 (Shanghai: Shanghai guji chubanshe, 1986), 7.325.
② See Sun Xingyan 孙星衍, ed., Zhou Tianyou 周天游 coll. and punc, *Han guan liuzhong* 汉官六种 (Beijing: Zhonghua shuju, 1990), 97.

more so symbolized the abode of the high god of heaven. Based on this, the metal statues symbolized the majestic spirit of Taiyi. They were not Buddhas of the West."①

It is clear that the metal statues from Xiuchu were not Buddhist images, and that the rites performed at Ganquan were not Xiongnu rites, but rather Han rites dedicated to the worship the Han supreme deity known as Taiyi. However, there was also at Yunyang another shrine that may have had a connection with the Xiuchu people. As mentioned above, the *Han shu* "Dili zhi" mentions that there were three shrines at Yunyang: Xiuchu, Metal Statues, and the Spirit of Jinglu. The latter shrine may have contained a sword known as Jinglu dao 径路刀 (Jinglu blade), which Ying Shao 应劭 explains as a "precious blade used by the Xiongnu.② The "Jiao si zhi" of the *Han shu* mentions that the Shrine for the Spirit of Jinglu was used for offering sacrifices to the King of Xiuchu.③ Wang Xianqian 王先谦 suggested that Jinglu is the name of the King of Xiuchu.④ Homer H. Dubs makes the same claim. He proposes that The Yunyang shrine was a temple to the spirit of Jin Midi's father. ⑤ It is possible that the Jinglu blade belonged to Jin Midi's father. The sword along with the metal statues may have been relics worshiped at this site, especially after Jin Midi obtained imperial favor.

However, the Taiwan scholar Kao Ch'ü-hsün 高去寻 (1909 - 1991) disagrees with the hypothesis that the Jinglu shrine had any connection with the Xiuchu King or Jin Midi's father.⑥ He notes that several scholars have shown that jinglu, variously reconstructed as **king luk* or **kieng luog*, is the Chinese transcription for kingrak, "the term used in modern Turkic dialects to describe

① See *Han Wei Liang Jin Nanbeichao fojiao shi*, 9.
② See *Han shu* 94B.3801.
③ See *Han shu* 25B.1250.
④ See *Han shu buzhu*, 2197, n. 58.
⑤ See "The 'Golden Man' of Former Han Times," 8 - 9.
⑥ "The Ching Lu Shrines of Han Sword Worship in Hsiung Nu Religion," *Central Asiatic Journal* 5.3 (1960): 221 - 32.

a double-bladed knife worn at the waist." [1] Professor Kao proposes that sword worship was practiced by ancient Scythians, and the jinglu sword may have been a "Perso-Scythian style sword."[2] Kao speculates that *Jinglu* shrine of the Xiongnu may have been a site of sword worship. However, he rejects the notion that this site was dedicated to the worship of the spirit of the King of Xiuchu. Professor Kao rightly notes that the Yunyang shrines were not established until the reign of Emperor Xuan, probably no later than 61 B.C.E. Thus, they he concludes that the rites had no connection either with the Xiuchu king or Jin Midi.[3]

Although I agree that the Jinglu rites probably did not begin until the reign of Emperor Xuan, this fact does not preclude the possibility that the rites were intended to honor Jin Midi and his ancestors. As mentioned above, Jin Midi's two sons Jin Shang and Jin Jian were highly favored at the court of Emperor Xuan. In 50 b.c.e., Jin Shang inherited Jin Midi's noble title. Emperor Xuan also appointed Jin Shang *taipu* 太仆, which was a high 2,000-bushel rank. Jin Lun's son Jin Anshang was also another favorite of Emperor Xuan, who granted him the prestigious position of *shizhong*. He also received two noble titles, Guannei hou 关内侯 and Ducheng hou 都成侯. Given the exalted status of the Jin family during Emperor Xuan's reign, it is quite possible that Emperor Xuan established the Xiuchu and Jinglu shrines as posthumous honors for Jin Midi and Jin Lun.

---

① "The Ching Lu Shrines," 223 - 24; See also Egami Namio 江上渡夫, "Keiro to obikane—Sukito Shiberi kinzoku bunka tōden no nichōrei" 徑路刀と師比—スキト？シベリア金属文化东传の二著例, *Yūrashia kodai hoppō bunka Kyōdo bunka ronkō* ユウラシア古代北方文化: 匈奴文化论考 (Tokyo: Yamakawa shuppansha , 1950), 133 - 63. Axel Schuessler reconstructs for Middle Han 径路 *key^{C}-la^{C}, which he identifies as qinraq (Hunnish sword); see Minimal *Old Chinese and Later Han Chinese: A Companion to Grammata Serica Recensa* (Honolulu: University of Hawai'i Press, 2009), 135.

② "The Ching Lu Shrines," 224.

③ See "The Ching Lu Shrines," 228 - 31.

III. The Relationship between the Jin and Ban families

The "Appraisal" to the "Annals of Emperor Yuan" in the *Han shu* writes: "The elder and younger brothers of his maternal grandfather served as palace attendants under Emperor Yuan (r. 48 - 33 B.C.E) 臣外祖兄弟为元帝侍中.[①] The commentary to this passage reads:

> Ying Shao 应绍 (d. ca. 204) comments: "The annals of Emperor Yuan and Emperor Cheng were both composed by Ban Biao 班彪 [3 - 54]. The word chen 臣 'your servant' is Ban Biao speaking about himself. The maternal grandfather is Jin Chang." Ru Chun 如淳 [fl. 198 - 265] says: "Ban Gu's maternal grandfather is Fan Shupi 樊叔皮." Yan Shigu 颜师古 [583 - 645] says: "Ying's explanation is correct."
>
> 应劭曰:"元、成帝纪皆班固父彪所作,臣则彪自说也。外祖,金敞也。"如淳曰:"班固外祖,樊叔皮也。"师古曰:"应说是。"

Ying Shao provides important information about a little known relationship of the Ban 班 family with the Jin clan. First, he tells us that the "Yuan di benji" 元帝本纪 and "Cheng di benji" 成帝本纪 of the *Han shu* were written by Ban Biao. Thus, the "your servant" of this text is Ban Biao himself. According to Ying Shao, Ban Biao's maternal grandfather was Jin Chang, grandson of Jin Lun. As mentioned above, he was a prominent official at the court of Emperor Yuan and Emperor Cheng. Ru Chun's note is puzzling. First, he mistakenly claims that the maternal grandfather was that of Ban Gu 班固 (32 - 92), not Ban Biao. The name Fan Shupi 樊叔皮 is not otherwise known. It is perhaps for these reasons that Yan Shigu concurs with Ying Shao's identification. (It should also be noted that Shupi is the *zi* of Ban Biao.)

---

① See *Han shu* 9.298. On this passage see also Homer H. Dubs, *The History of the Former Han Dynasty*, Translation, Volume Two (Baltimore: Waverly Press, Inc., 1944), 336 - 37.

Ying Shao had a detailed knowledge of Han family history, and thus his testimony about the maternal ancestor of Ban Biao and Ban Gu is quite credible. If we accept Ying Shao's explanation, this would mean that Ban Biao's father Ban Zhi 班穉 was married to the daughter of Jin Chang. This information also tells us that Ban Biao and his progeny had some Xiongnu blood.

Ban Biao also indicates that he knew his maternal grandfather, who orally provided him information about Emperor Yuan. In the "Zan" he writes as follows:

> In conversation with your servant he said: "Emperor Yuan had much talent and skill, and excelled at clerical script. He played the large and small zither, and blew the panpipes. He himself composed musical songs and set them to melodies for singing, distinguishing and adjusting the cadences and rhythm."
>
> 语臣曰元帝多材艺,善史书。鼓琴瑟,吹洞箫,自度曲,被歌声,分刌节度,穷极幼眇。①

One striking feature of the *Han shu* biography of Jin Midi is the extensive detailed information it provides about Jin Midi and other members of his family. We do not know whether Ban Biao or Ban Gu wrote this account. Whoever wrote it provides rather detailed information about the Jin family history.② It is quite possible that this was information orally transmitted within the Ban family.

---

① See *Han shu* 9.298.

② For modern studies of the Jin family, see Wang Meixiu 王美秀, "Lun *Han shu* zhong Xiongnuren Jin Midi de shenfen zhuanhuan" 论《汉书》中匈奴人金日磾的身分转换, *Hanxue yanjiu jikan* 汉学研究集刊 4 (2007): 193 - 211; Chen Sanping 陈三平, "Cong Han shu zuozhe Banshi jiazu de Xiongnu xuetong tanqi" 从《汉书》作者班氏家族的匈奴血统谈起, *Wen shi zhishi* (2009: 6): 98 - 103; Qiao Chen 乔琛, "Xiuchu wang yanhi yu Jinshi jiazu—yige Xi Han Xiongnu jiazu de xuetong yanxu yu wenmai chuancheng" 休屠王阏氏与金氏家族——一个西汉匈奴家族的血统延续与文脉传承, *Xiyu yanjiu* (2015: 1): 121 - 30.

论《唐宋诗醇》对《读杜心解》之接受

梁德华

一 引言

《唐宋诗醇》四十七卷，题为清高宗乾隆御选御注，成于乾隆十五年(1750)，其中选录了唐代李白、杜甫、白居易、韩愈及宋代苏轼、陆游等六位前代诗人的作品，并加以评注及引录前人评论，以品评所选的诗作。乾隆自言《唐宋诗醇》之成书，乃在呼应《唐宋文醇》而作，《唐宋诗醇·序》云："文有唐宋大家之目，而诗无称焉者，宋之文足可匹唐，而诗则实不足以匹唐也。既不足以匹，而必为是选者，则以《唐宋文醇》之例，有文醇不可无诗醇，且以见二代盛衰之大凡，示千秋风雅之正则也。"[①]可见乾隆以为由于《文醇》已成，作为历代重要文学体裁的诗，不可以没有《诗醇》与之匹敌。据莫砺锋的研究，《诗醇》选诗共2665首，其中李白有375首、杜甫722首、白居易363首、韩愈103首、苏轼541首、陆游561首，唐诗的比例约占全书五成八，而杜甫个人的作品则占全书二成七[②]，反映《诗醇》在选诗方面既有"崇唐"的倾向，在"崇唐"之中，又有"尊杜"的特色。《诗醇》除了选诗有"尊杜"的特色外，书中对杜甫的诗作及为人亦推崇备至，如《唐宋诗醇·凡例》云："李杜一时瑜亮，固千古希有。"[③]又《诗醇》评杜甫云"此真子美之所以独有千古者矣"[④]，反映《诗醇》对杜甫极为重视。最值得注意的是，《诗醇》

---

① 《御选唐宋诗醇序》，《御选唐宋诗醇》，影印文渊阁本四库全书本，上海古籍出版社，1987年版，第1页。本文除特别标明外，凡引《唐宋诗醇》，悉据此本。

② 莫砺锋：《论〈唐宋诗醇〉的编选宗旨与诗学思想》，《南京大学学报》(哲学社会科学版)，2002年第39卷第3期，第132—134页。

③ 《御选唐宋诗醇》凡例，第1页。

④ 《御选唐宋诗醇》，卷九，第2页。

在选评杜甫作品的过程中，大量引用前代评论家的评语，特别是清初的杜诗注释，如果对这些的评语作出深入研究，应是一个侧面可显示出当时官方对清初杜注的评价与接受情形。

近年，此书引起了部份学者的注意，如莫砺锋《论〈唐宋诗醇〉的编选宗旨与诗学思想》、陈美珠《〈唐宋诗醇〉与〈唐诗别裁集〉之"李杜并称"比较》及王飞《〈御选唐宋诗醇〉大量征引〈杜诗说〉的原因分析》等[1]，但以《唐宋诗醇》选评杜甫的部份，去考察《诗醇》对清人浦起龙《读杜心解》的接受情况，至今尚未及见。故此，本文拟先分析《唐宋诗醇》评选杜诗的内容，然后考察《诗醇》对清初杜诗注解的引用情形，并探究其引用《读杜心解》的作用，以略补相关研究之未足。

二 《唐宋诗醇》评选杜诗的情况及其杜诗评注的内容

如上所言，《唐宋诗醇》共选杜甫诗 722 首，其中 574 首诗录有评注或引用前人评论，只有 148 首诗不作注释。据《唐宋诗醇·序》云："时于几暇偶一涉猎，而去取评品，皆出于梁诗正等，数儒臣之手。"[2]反映此书虽由乾隆选定书中诗人的人选，但甄选六位诗人作品及评注的具体工作乃由梁诗正等馆阁文臣所处理[3]，故此，书中的评注应非自出乾隆本人，而是当时馆臣的心得。除了评论外，《诗醇》亦引用了不少文献材料，以补充杜诗的背景资料，《诗醇·凡例》言："其中有援据正史、杂说，用资考订、疏解者，与古今人评诗之语，义各有在。"考《诗醇》杜甫诗选中所引用的"正史""杂说"，计有《西京杂记》《新唐书》《旧唐书》宋赵子栎《杜工部年谱》《资治通鉴》《太平寰宇记》《朱子语录》等。而由乾隆馆臣所作的杜诗评注，其内容可分为以下几部分：

1.从《风》《雅》《离骚》等中国文学传统审视并肯定杜诗的价值。早于《诗醇》之

① 莫砺锋：《论〈唐宋诗醇〉的编选宗旨与诗学思想》，第 132—141 页；陈美珠：《〈唐宋诗醇〉与〈唐诗别裁集〉之"李杜并称"比较》，《成大中文学报》2014 年第 45 期，第 251—286 页；王飞：《〈御选唐宋诗醇〉大量征引〈杜诗说〉的原因分析》，《安徽文学》2014 第 3 期，总第 368 期，第 9—10 页。

② 《御选唐宋诗醇序》，《御选唐宋诗醇》，第 1 页。

③ 莫砺锋指出参与《诗醇》编选评注的工作有梁诗正、钱陈群、陆宗楷、陈浩、孙人龙、张馨、徐堂等人，反映《诗醇》是一部乾隆朝馆阁文臣的集体著作。详见莫砺锋：《论〈唐宋诗醇〉的编选宗旨与诗学思想》，第 132 页。

前，不少评论者已把杜诗的渊源上索至《诗》《骚》的传统中，吴中胜《杜甫批评史》曾指出，如明张以宁《钓鱼轩诗集序》云："尝窃论杜由学而至，精义入神，故赋多于比兴，以追二《雅》。"指出杜诗源于《诗·雅》。又明代胡应麟《诗薮·内编》卷二云："少陵不效四言，不仿《离骚》，不用乐府旧题，是此老胸中壁立处。然《风》《骚》乐府遗意，杜往往深得之。"亦认为杜诗深得《诗》《骚》汉乐府的文学精神[①]。与前人论杜的方法一致，主理《诗醇》的馆臣亦从中国文学传统出发，评论杜诗的成就，《诗醇·纂校后案》云："杜甫源出于《国风》《二雅》而性情真挚，亦为唐人第一。"明确地指出杜诗源于《诗三百》。而在具体的评注中，馆臣亦多这种论述，如《诗醇》卷十四《促织》馆臣评云："以下六诗，全用比兴，风诗之草木昆虫，《离骚》之美人香草，此物此志尔。"[②]以为杜甫《促织》《萤火》《蒹葭》《苦竹》《除架》《废畦》六首皆承继了《诗》《骚》善用比兴以明情志的文学技巧。又如卷九《自京赴奉先县咏怀五百字》馆臣评云："前述平日之衷曲，后写当前之酸楚，至于中幅，以所经为纲，所见为目，言言深切，字字沉痛，《板》《荡》之后，未有能及此者，此甫之所以度越千古而上继三百篇者乎。"[③]指出《自京赴奉先县咏怀五百字》情感沉郁深切，其文学价值实可与《板》《荡》等篇匹敌。再如卷十七《秋兴八首》馆臣评云："近体以七律为难，唐代名家人不数首，其量固有所止也。独至杜甫，天授神诣，造绝穷微，卓然为千古之冠。如此八首，根源二雅，继迹骚辩，思极深而不晦，情极哀而不伤，九曲回肠，三迭怨调。讽之足以感荡心灵，直使'九天之云下垂，四海之水皆立'，其所自云，足以喻矣。"[④]不单把《秋兴八首》纳入《诗》《骚》抒情讽喻的文学传统中，更极为推崇杜甫七律的文学成就。由此而观，乾隆馆臣评论杜诗时，有意把杜诗连系到《诗》《骚》等文学经典，藉以提高杜诗的地位。

2.对杜诗进行赏析。馆臣所评有时针对杜甫诗作的技巧而发，如《诗醇》卷十《两当县吴十侍御江上宅》馆臣评注云："直起老到，若从昔日叙起转笔，定拖沓矣。'不忍杀无辜，所以分白黑'，凛如秋霜，皎然明白，末乃引咎于己，寄慨独

① 以上两例参考自吴中胜：《杜甫批评史》，中国社会科学出版社，2012年版，第112、136页。
② 《御选唐宋诗醇》，卷十四，第19页。
③ 同上，卷九，第26页。
④ 同上，卷十七，第18页。

深。”[①]认为老杜此诗以“寒城朝烟淡，山谷落叶赤”两句起笔，较以惜日往事起笔为佳，并认为此诗以己愁作结，感慨非常。又如卷十七《秋野五首》其四馆臣评云：“三四目击道存，中藏感兴，又与次篇殊旨，字法精稳，句有气象。”[②]指出此诗在结构及字句运用上的特点。

然考馆臣所评并不局限于杜诗的技巧上，其中更多的是欣赏杜甫忠君爱国的情操及个人品格，此点与该书旨在宣扬儒家诗教的封建思想有关。《诗醇》云：“昔圣人示学诗之益，而举要惟事父事君，岂不以诗本性，情道严伦纪？古之人一吟一咏，恒必有关于国家之故，而藉以自写其忠孝之诚。……夫子美以疏逖小臣，旋起旋踬，间关寇乱，漂泊远游。至于负薪拾梠，餔糒不给，而忠君爱国之切，长歌当哭，情见乎词，是岂特善陈时事、足征诗史已哉！东坡信其自许稷、契，或者有激而然，至谓其一饭未尝忘君，发于情、止于忠孝，诗家者流断以是为称首。呜呼，此真子美之所以独有千古者矣！予曩在书窗，尝序其集，以为原本忠孝，得性情之正，良足承三百篇坠绪。”[③]可见乾隆对杜甫评价甚高，以为老杜性情纯正，其诗紧接《诗经》，亦在发挥忠孝的文学传统，所书者皆与国家盛衰、忠君爱国相关，反映出其崇高的品格，后世文人理当效法。而《诗醇·纂校后案》亦明言：“《三百篇》尼山所定，其论诗一则谓归于温柔敦厚，一则谓可以兴观群怨。……兹逢我皇上，圣学高深，精研六义，以孔门删定之旨品评作者，定此六家，乃共识风雅之正轨。臣等循环雒诵，实深为诗教幸，不但为六家幸也。”[④]可见无论是乾隆选诗，或阁臣评诗，主要是想推行儒家“温柔敦厚”“兴观群怨”的诗教，藉以维护建封政权的稳定。在这种宗旨之下，馆臣论杜更著眼于阐释杜甫忠君爱国的思想，如《诗醇》卷十五《恨别》馆臣评云：“老笔空苍，任华所云‘势攫虎豹，气腾蛟螭’者，尺幅中能有其象。至于直捣幽燕之举，未尝无计及者，而良谋不用，莫奏肤功，甫诗盖屡及之，此用兵得失之机，足见甫之识略矣。若建都荆门，甫尤以为非计。彼其流离漂泊，衣食不暇，而关心国事，触绪辄来，所谓发乎性止乎忠孝者，寻常词章之士，岂能望其项背哉。”[⑤]以为杜甫在流亡之际仍心系国事，忠君爱

① 《御选唐宋诗醇》，卷十，第 34 页。
② 同上，卷十七，第 5 页。
③ 同上，卷九，第 1 页。
④ 同上，《提要》，第 3 页。
⑤ 同上，卷十五，第 6 页。

国,其诗作是由性情忠孝所推动而来。又如卷十四《忆弟》馆臣评云:“二诗意真语苦,未有笃于君父而薄于手足者,甫之过人,岂徒诗乎。”[①]指出杜甫不但忠君,而且关顾亲人,品格至高。再如卷十《洗兵马》馆臣评云:“至于此诗之作,自是河北屡捷,贼势大蹙,特为工丽之章,用志欣幸。中间略有寄意,全无讥讽。而论者以为直刺肃宗,步步文致,殊伤子美之志。昔人谓甫诗一饭不忘君,遂穿凿附会,欲令篇无虚设,可谓不善说诗。”[②]莫砺锋推测馆臣此评乃针对钱谦益的解读而发[③],由于该说认为《洗兵马》旨在讽刺肃宗,与《诗醇》讲求“温柔敦厚”的编纂目的不符,故馆臣批评此说有失该诗的主题。以上可见,馆臣所评已非单纯地彰显杜诗的艺术技巧,更重要的是从作品中阐释杜甫忠君亲亲的品格,以达到“诗教”的效果。

3.对前人评语作出评论。《诗醇·凡例》云:“旧时评语考证有错谬者,例应削去,特恐沿袭既久。或谓是编偶不及载,而终不识其非,转致遗误无已,故仍录之而加驳正焉。”[④]可证馆臣亦会在评注中评论前人说法,并提出已见,如《诗醇》卷十三《赠田九判官》馆臣评云:“本望田荐己,故‘宛马’句以比为赋微领此意。五六语如转丸珠。仇兆鳌谓阮瑀为指高适,不为无见,不徒递蔡都尉诗以阮比高也。”[⑤]馆臣先解释本诗诗句的深意,后认同仇说对该诗的分析。又如卷十三《重过何氏五首》馆臣评注云:“五首皆着意‘重过’,其大致疏落,不复次第铺叙,正所以别于前游,此亦诗家之微旨也。卢元昌以‘野人居’三字为讽当时第舍之侈,又或以前第九首、此第四首为讽明皇黩武,将帅好兵,前第三首为刺明皇任蕃将、宠禄山,无端牵引,破碎支离。黄庭坚谓弃其大旨,于所遇林泉人物、草木鱼虫以为物物皆有所托,如世间商度隐语者,则子美之诗委地矣。读甫诗者,当以为戒。”[⑥]批评卢元昌、黄庭坚对《重过何氏五首》的解读甚为牵强,近于附会。再如卷十六《陪王使君晦日泛江就黄家亭子》评注云:“次句写物甚工,杨慎以为求

① 《御选唐宋诗醇》,卷十四,第11页。
② 同上,卷十,第12页。
③ 莫砺锋:《论〈唐宋诗醇〉的编选宗旨与诗学思想》,第137页。
④ 《御选唐宋诗醇》,凡例,第2页。
⑤ 同上,卷十三,第15页。
⑥ 同上,卷十三,第18—19页。

工反拙，不及李群玉乐府及巴渝竹枝词，何乃妄加轩轾。”[①]其中所引杨氏之论见于《丹铅余录·总录》卷二十“江平不流”条，其云：“杜诗‘江平不肯流’意求工而语反拙，所谓‘凿混沌而画蛇足，必夭性命而失卮酒’也。不若李群王《乐府》云‘人老自多愁，水深难急流’也，又不若巴渝《竹枝词》云：‘大河水长漫悠悠，小河水长似箭流’，词愈俗愈工，意愈浅愈深。”[②]然而馆臣不同意此说，并于评注中反驳杨慎的见解。

三　《唐宋诗醇》对清初杜诗注解的引用情况及其对《读杜心解》的接受

《唐宋诗醇》既题为御选御注，又全书注选的具体工作实成于当时馆阁文臣之手，故此书中对清人评论的选录，或能侧面显示当时官方立场对这些清初杜注的评价，因而《唐宋诗醇》对我们了解杜诗清注在当时官方的接受情形甚有帮助。据本文统计，《唐宋诗醇》全书共引用 499 条前人评论[③]，这些评论来自唐、宋、元、明、清五朝学者，其中清代学者的评语达 257 条，约占全书引用他人评论数目的一半，反映《诗醇》论杜尤重清人的见解。而《诗醇》所引清人评论的情况如下：

所引清人的姓名	次数	所引清人的姓名	次数
仇兆鳌	57	卢元昌	5
黄生	38	朱瀚	5
浦起龙	34	胡夏客	4
朱鹤龄	28	陈廷敬	4
李因笃	22	何焯	3
沈德潜	13	钱谦益	3
王士正	12	张远	3
申涵光	9	洪仲	2
张溍	7	卢之昌	1
吴昌祺	6	计东	1

① 《御选唐宋诗醇》，卷十六，第 13 页。
② 《丹铅余录·总录》，影印文渊阁四库全书本，上海古籍出版社，1987 年版，卷二十，第 26 页。
③ 《唐宋诗醇》引用前人评语，多以“明引”为主，即引录前人评语之前，标明评者的姓名，因而本文主要据《诗醇》所引录评者的姓名进行统计。

根据上表[1],《唐宋诗醇》中引用清人杜诗评论次数最多者为仇兆鳌《杜诗详注》,其次为黄生《杜诗说》、浦起龙《读杜心解》、朱鹤龄《杜工部诗集辑注》等四家。此四书被引用次数共157次,占书中清代学者的评语约六成,可见此四家杜注基本上是《诗醇》论杜的主体。

如上所言,《唐宋诗醇·纂校后案》明言其书解诗以儒家“温柔敦厚”“兴观群怨”为宗旨,并批评王士祯《古诗选》及《唐贤三昧集》不选杜诗。又据上文分析,《诗醇》中有关杜诗的评注已不局限于杜诗的文学成就,而更多的从杜甫的性情品格出发,盛赞杜甫忠君爱国的情操,显示出清代政权的封建意识对文学评论的影响,而《诗醇》多引仇兆鳌、黄生、浦起龙、朱鹤龄等人的评论之原因,除了因为此四书的注解确有真知灼见外,似乎与他们重视阐释杜甫尊君思想的注杜特色有关。吴中胜《杜甫批评史》亦曾指出满清政权的封建思想对杜诗批评的影响[2],如仇兆鳌《杜诗详注·自序》云:“甫当开元全盛时,南游吴越,北抵齐赵,浩然有跨八荒、凌九霄之志。既而遭逢天宝、奔走流离、自华州谢官以后,度陇客秦,结草庐于成都瀼西,扁舟出峡,泛荆渚,过洞庭,涉湘潭。凡登临游历,酬知遣怀之作,有一念不系属朝廷,有一时不病斯世斯民者乎?读其诗者,一一以此求之,则知悲欢愉戚,纵笔所至,无在非至情激发,可兴可观,可群可怨。……他如杜鹃之怜南内,萤火之刺中官,野苋之讽小人,苦竹之美君子,即一鸟兽草木之微,动皆切于忠孝大义,非他人之争工字句者,所可同日语矣。”[3]可见仇氏认为杜甫在经历安史之乱后,生活虽颠沛流离,但仍以诗作遣怀,表现其心系朝庭、百姓的情操,而杜诗中不少篇章更隐含“忠孝大义”,故仇氏《详注》的目的就是要把杜甫的“性情伦纪”一一注出,以让“作者苦心”可“垂教万世”,明显从封建的教化观去注杜。

又朱鹤龄《辑注杜工部集序》云:“子美之诗,惟得性情之至正而出之,故其发于君父、友朋、家人、妇子之际者,莫不有敦笃伦理、缠绵菀结之意。极之,履荆

① 莫砺锋指出《诗醇》曾引用钱谦益的评论34次,并在文中举出此34次的出处,然而笔者翻检部份出处时,并未检得钱谦益的评论,如莫砺锋指出《诗醇》卷九《送高三十五书记》《白丝行》《自京赴奉先县咏怀五百字》三篇有引用钱氏的说法,今检原书:《送高三十五书记》引用了鲍钦止、仇兆鳌的评论,《白丝行》引用了王洙、仇兆鳌的评论,《自京赴奉先县咏怀五百字》引用了胡夏客、张溍、浦起龙的评论,并未及见钱氏之论,故此《诗醇》对钱谦益的引用,仍需进一步研究。

② 吴中胜:《杜甫批评史》,第159—160页。

③ 仇兆鳌:《杜诗详注》中华书局,1979年版,序,第1—2页。

棘，漂江湖，困顿颠蹶，而拳拳忠爱不少衰。自古诗人，变不失贞，穷不陨节，未有如子美者，非徒学为之，其性情为之也。”[①]自朱氏观之，杜甫性情端正，既深察人伦，又穷不失义，忠爱君上，乃文人的典范。而《诗醇》多引黄生《杜诗说》的原因，据王飞的推测，亦是因为黄生说杜诗极重杜甫忠君的思想，与《诗醇》宗旨相近[②]，反映上述三书的注杜原则，与官方建封立场配合[③]。

至于浦起龙《读杜心解》评杜论杜亦是强调杜甫忠厚尊君的品德，其《读杜心解·卷首发凡》云：“老杜天姿惇厚，伦理最笃。诗凡涉君臣、父子、兄弟、夫妇、朋友之间，都从一副血诚流出，而语及君臣者尤多。虞山轻薄人，每及明皇晚节、肃宗内蔽、广平居储事迹，率以私智结习，揣量周内，因之编次失伦，指斥过当。继有作者，或附之以扬其波，或纠之而不足关其口。使蔼然忠厚之本心，千年负疚，得罪此老不少。愚不惜刓精尽气，疏通证明者，于此益力。”[④]认为杜诗广涉五伦，反映出杜甫惇悫忠厚的人格，但由于后代注杜者不能体察老杜的苦心，以致所解有所偏失，其中尤以钱谦益的注解问题最大，故《心解》之作就是要把杜甫的“忠心”一一还原，显示出浦氏特重杜甫忠君的思想，与《诗醇》的编选标准一致，故此《诗醇》亦多引《心解》以论杜诗。

《唐宋诗醇》引用《读杜心解》的具体情况大致如下：

1.用以阐明杜诗结构，如《诗醇》卷九《自京赴奉先县咏怀五百字》引浦起龙《心解》云：“是为集中开头大文章。老杜平生大本领，须用一片大魄力读去，断不宜如朱、仇诸本，琐琐分裂。通篇只是三大段，首明赍志去国之情，中慨君臣耽乐之失，末述到家哀苦之感，一篇之中三致意焉。”[⑤]以浦说说明该篇三层的结构，其中由于浦氏不满朱鹤龄、仇兆鳌对该诗的解说，故《诗醇》于此诗亦只引张溍及浦氏的评论，而不及朱、仇两家，恰见《诗醇》对《心解》观点的认同。又如卷十四《秦州杂诗二十首》其十一引浦氏云：“苍苍莽莽，以古为律，此前多言世乱，此后多为身谋，此乃前后关键也。”[⑥]又其十四引浦氏云：“前后三篇皆言东柯，此以

① 朱鹤龄：《杜工部诗集辑注》，河北大学出版社，2009年版，《辑注杜工部集序》，第4页。
② 王飞：《〈御选唐宋诗醇〉大量征引〈杜诗说〉的原因分析》，《安徽文学》2014年第3期（总第368期），第9页。
③ 以上关于仇兆鳌、朱鹤龄的观点，参考自吴中胜：《杜甫批评史》，第160页，注释1。
④ 浦起龙：《读杜心解》，中华书局，1961年版，发凡，第6页。
⑤ 《御选唐宋诗醇》，卷九，第27页。
⑥ 《御选唐宋诗醇》，卷十四，第13页。

仇池隔断，章法变化。”[①]指出杜甫《秦州杂诗》这组诗歌中在内容及章法上的变化。

2.用以说明杜诗深意，如《诗醇》卷十三《冬日洛城北谒玄元皇帝庙》引浦氏云：“典重高华，据事直书，不参议论，纯是颂体。钱笺语语指斥，意非不善也，但学者不善会之，偏于讥刺一边看去，则失之远矣。”[②]指出该篇深意在于以颂赞之体描写帝庙，并无讽刺主上之意，又对钱说作出批评。又卷十七《斗鸡》引浦氏云：“前后转关处，述明皇两头事，中间播迁一段泯然，隐起盛衰存没之间满目泪痕矣。假使单读此诗，似明皇无失国之惨者，此意非元、白所晓。黄生云：‘不以荒宴直接播迁，则有伤痛而无讥刺，是温柔敦厚之遗教’，洵笃论也。”[③]浦氏指出杜甫借该诗表达对玄宗朝政由盛转衰的感概，其中只有伤感而无刺讥，并认同黄生对该诗的分析，说明杜诗的深意。再如卷十二《狄明府》独引浦氏云：“旧说此诗，俱以怜狄漂零为解。今观篇尾一段，乃与昌黎《送董邵南序》同意。博济必不得志于朝而历乾藩镇者，时河北多擅命，意颇不喜其往也。”[④]浦氏认为杜甫该诗的立意当与韩愈《送董邵南序》相同，希望借著诗篇劝导狄博济留下而不往藩镇任事，说明杜诗真意，而《诗醇》亦支持此说。以上可见，《诗醇》对所引《心解》的说法多持认同的态度，其中所引亦有与官方所主“温柔敦厚”的诗教思想相合。

3.用以说明杜诗的渊源，如《诗醇》卷十《遣兴二首》引浦氏云：“嗣宗《咏怀》，太冲《咏史》，延年《五君咏》，公盖兼而用之。”[⑤]以为老杜《遣兴》之篇源于阮籍、左思及颜延之的作品。又卷十一《寄韩谏议》引浦氏曰：“源本楚骚，亦近太白。”[⑥]指出该篇源于《楚辞》，而风格有与李白相似者。再如卷十二《种莴苣并序》引浦氏云：“当与《菁莪》《巷伯》诸诗并读，人知好“前”“后出塞”“三吏”“三别”等篇，不知好此种，彼为汉魏之后劲，此为风雅之希声。”[⑦]亦以为《种莴苣并序》乃承接《诗经》而来，指出杜诗之源。上述数点皆显示出《诗醇》称引浦说的作用。

然《诗醇》引用前人评论亦时有缺点，如莫砺锋曾指出：“《唐宋诗醇》中对作

---

① 《御选唐宋诗醇》，卷十四，第 14 页。
② 同上，卷十三，第 3 页。
③ 同上，卷十七，第 32—33 页。
④ 同上，卷十二，第 23 页。
⑤ 同上，卷十，第 27 页。
⑥ 同上，卷十一，第 24 页。
⑦ 同上，卷十二，第 4 页。

品的评语撮合转述前人之意的较多,而有所发明的不多见。其中最不惬人意的是一些不痛不痒的评语,例如卷二九韩诗《谒衡岳庙遂宿岳寺题门楼》,评曰:‘东坡所谓能开衡山之云者本此。’这是指苏轼的‘故公之精诚,能开衡山之云,而不能回宪宗之惑’之语而说的,但这种评语实在没有什么诗学意义。”①由于《诗醇》引用前人评论多以节引为主者,有时所引未免过于简短,形成上述所谓“不痛不痒”的评论,甚至影响读者理解注者的见解,书中引用浦氏《心解》时,间亦有相同的问题。如《诗醇》卷十四《宣政殿退朝晚出左掖》引浦氏云:“金和玉节之篇。”考《心解》卷四于该诗云:“一,入门。二,见殿。三,在陛前。四,瞻殿上。五、六,即景设色。七、八,退朝晚出。金和玉节之篇。”②可见《心解》原文先深入分析篇中的结构,以见诗中丰富的内容及严密的组织,后再以“金和玉节”四字形容诗歌内容与组织之高度协调,然观《诗醇》所引,只余“金和玉节之篇”六字,读者实未能体察浦氏所论的重点。又如卷十八《大历二年九月三十日》引浦氏云“起法跳脱”,考《心解》卷三云:“起法跳脱。客无了时,秋有了时也。一撇一提,提句却是反势。下俱在秋去冬来上用意,以一暖一寒分写,贴夔土气侯说。”③可见《心解》下文正解释所谓“起法跳脱”之意,然《诗醇》删节其文,以致浦说文意不明。

由上可见《诗醇》引用《读杜心解》的情况与作用,虽然《诗醇》有时未免删节过当,但基本上可以反映出乾隆馆臣重视浦氏的观点,因而多引其说于《诗醇》之中。值得注意的是,后于《诗醇》,同样代表官方立场的《四库全书总目提要》对《读杜心解》的评价似乎与《诗醇》引用《心解》的情况并不一致,其《读杜心解提要》云:

> 国朝浦起龙撰。起龙有《史通通释》,已著录。此书虽总题六卷,而卷首分上下二册,不入卷数。卷一分子卷六,卷二分子卷三,卷三分子卷六,卷四分子卷二,卷五分子卷五,卷六分子卷二,实二十六卷也。自昔注杜诗者,或分体。或编年起龙是编则于分体之中又各自编年,殊为繁碎,如《江头五咏》以二首编入五言古诗,三首编入五言律诗,尤割裂失伦。其赋及杂文,旧本

① 莫砺锋:《论〈唐宋诗醇〉的编选宗旨与诗学思想》,第140页。
② 浦起龙:《读杜心解》,第607页。
③ 同上,第559页。

> 皆系卷末，起龙亦散附各诗之后，如《杂述》附《送孔巢父》诗后，《秋述》附《秋雨叹》后，《祭房管文》附《别管墓》诗后，《说旱》附《大雨》诗后，《封西岳赋》附《赠献纳使田舍人》诗后，事尚相属。以《三大体赋》附《赠崔国辅于休烈》诗后，因诗中有“谬称三赋在”句，以《皇甫淑凤碑》附《宴郑驸马宅》诗后，因公主为淑凤所生，以《华州试进士策问》附《洗兵马》后，因所问乃中兴之政，已为牵合。至以《天狗赋》附《灵湫》诗后，以《雕赋》附《义鹘行》后，以《画太乙天尊图》文附《李道士松树障子歌》后，则强缀之甚矣。自有别集以来，无此编次法也。其间考订年月，印证时事，颇能正诸家之疏舛，而句下之注，漏略特甚。篇末之解，缴绕亦多。又诠释之中，每参以评语，近于点论时文，弥为杂糅，与所撰《史通通释》，评与注释夹杂成文者，同一有乖体例，殆好学深思之士，而不善用所长者欤！①

可见四库馆臣对《心解》的体例、编排、注释多有不满，并认为浦氏在诠释杜诗的过程中，常参入个人评论，令到《心解》释诗的内容甚为杂乱，与其书自身的体例不合，对《心解》的评价并不高。故此，《唐宋诗醇》与《总目提要》两本同样代表官方立场的著作，对《读杜心解》的接受程度似乎并不相同，由于问题复杂，此点当另文再议。

四 结语

总结而言，本文分析了《唐宋诗醇》评选杜诗的内容，指出乾隆馆臣的评论主要从《诗》《骚》等中国文学传统审视杜诗的价值，又从封建的官方立场出发，重视阐释杜甫忠君爱国的思想，并对前人说法作出评论。其后，本文重点考察《唐宋诗醇》对清初杜诗注解的引用情形及其对《读杜心解》的接受情况，认为由于《诗醇》与《心解》皆主尊君爱国的论杜宗旨，故此《诗醇》多引《心解》之说，并对浦说多表认同。另外，本文亦举例说明《诗醇》引用《心解》的作用，及指出《诗醇》节引浦说的问题，以略补相关研究之未足。

① 永瑢等:《四库全书总目》，中华书局，1965年版，第1533—1534页。

后记：

孙昌武教授与笔者相识于二零零九年，当时孙教授接受香港中文大学文化及宗教系与中国语言及文学系的邀请，到中大讲学一个学期。中文系安排笔者协助孙教授处理教学工作，因而笔者得以旁听孙武授讲课，从中获益良多，尤其令笔者对佛教文化、文学及佛教对中国文学的影响等方面加深了认识。自孙教授完成中大的工作后，我们一直保持通讯，孙教授特别关心笔者的研究状况及事业发展，是篇之撰，既为了庆祝孙教授八十华诞之喜，并希望能够藉以表达笔者对孙教授的敬爱。

文学性灵说的佛教思想渊源

普　慧

“性灵说”是中国古代学术思想史上的一个极为重要的范畴。性灵思想的传播，从时间上说，从南北朝始，经由唐至明清，不断被理论化、系统化，尤其是明代的“公安三袁”和清代的袁枚等人，更是做出了巨大的成就；从空间上说，性灵思想经日本遣唐留学僧空海（遍照金刚）等吸收，传播日本。空海就尝将其著作命名为《遍照发挥性灵集》行世①。此后的江户时代早期，明末诗人陈元赟为避战火，东渡扶桑，大力宣传文学“性灵”说。受元赟的影响，日本文人石川丈山和僧人元政对公安派主将袁宏道十分钦佩，论诗大倡“性灵”②，尤其是元政在诗歌中时常言及“性灵”一词③。稍后的梁田蜕岩竭力学习、模仿袁宏道、徐渭的诗歌，亦颇喜用“性灵”④。江户时代中期，又一批推崇公安派文人涌现出了，井上金峨、僧六如、山本北山、市河宽斋、大洼诗佛、菊池五山、朝川善庵等⑤，其中山本北山最为有力⑥。江户时代的后期，则有著名诗人广濑淡窗，他追随清代性灵说的倡导者袁枚，在其《淡窗诗话》里说：“有学清诗者，皆师

---

① 早稻田大学藏本。

② 石川丈山说：“一二句有唐诗之风，一二句又有宋诗之风，亦或有朝鲜之风，有日本之风，诗多不可命名。是何故也？盖自诸书中拾掇集缀，而非自性灵内流出，非从肺腑中秀发也。”石川丈山：《北山纪闻》，长沢规矩也编，影印日本随笔集成，东京：汲古书院，1978 年版，第 1 辑，第 49 页。

③ 如其诗句：“吾诗写性灵，岂藉江山助”；“陶写性灵无一字，岭云溪月是真诗”；“诗发性灵妙，沛然谁又防”。［日］元政：《草山集》，富士川英郎编：《诗集日本汉诗》，东京：汲古书院，1988 年版，第 13 卷，第 153、236、271 页。

④ 如：“宇宙一性灵，春也终不死”；“故其诗发乎性灵，涉涉欲飞”；“数人者，不武不文，不雅不俗，性灵攸发，各自跃如”。［日］梁田蜕巖：《蜕岩集》，富士川英郎编：《诗集日本汉诗》第 5 卷，东京：汲古书院，1985 年版，第 12、61、67 页。

⑤ 刘芳亮：《日本江户时期汉诗与晚明公安派》，《四川外国语学院学报》2007 年第 2 期，第 33—38 页。

⑥ 刘芳亮：《山本北山〈作诗志彀〉与袁宏道性灵说关系再论》，《解放军洛阳外国语学院学报》2013 年第 3 期，第 98—104 页。

袁子才。”[①]朝鲜半岛与日本情况一样。18世纪中叶，朝鲜时期的李德懋、朴齐家、柳得恭和李书九四人深受中国清代袁枚的影响，以“性灵”为旨趣，编辑其诗为《四家诗集》，受到清代性灵派诗人李调元的高度评价：“今观四家之诗，沉雄者其才，铿锵者其节，浑浩者其气，郑重者其词。”[②]稍晚于“四家”的崔瑆焕编选汉诗，“专主性灵”（《性灵集序》），并将诗集命名为《性灵集》。其序直揭编选原则：“今体诗，得性灵之为最近，故取之颇多而大要又欲卷帙之等而齐也。”[③]

文学性灵说于东北亚地区影响可谓大矣。然以往学者探讨“性灵说”时，多把着眼点放到了“公安三袁”和袁枚等明、清美学思想家身上，而对于“性灵说”的源头却很少予以关注。这似乎是一大缺憾。从学术思想史的角度来说，一个术语的出现，必然有它的哲学渊源，而沿波讨源，寻根振叶，则是学术研究的一个基本思路和方法。

一 术语提出

就现存文献来看，一般认为“性灵”一词最早出现于南朝刘宋文帝刘义隆时期[④]。范泰、谢灵运、何尚之、颜延之率先使用：

> 范泰、谢灵运每云：“六经典文，本在济俗为治耳，必求性灵真奥，岂得不以佛经为指南邪?”……近世道俗较谈便尔。若当备举夷夏，爰逮汉魏，奇才异德，胡可胜言？宁当空失性灵，坐弃天属，沦惑于幻妄之说，自陷于无征之化哉。……慧远法师尝云：“释氏之化，无所不可，适道固自教源，济俗亦为要务。”[⑤]

---

① ［日］广濑淡窗：《淡窗诗话》下卷，中村幸彦：《近世文学论集》，东京：岩波书店，1969年版，第400页。

② ［韩］崔日义：《韩国朝鲜后期诗坛接受袁枚诗学之状况》，《苏州大学学报》（哲学社会科学版）2010年第2期，第50—55页。

③ ［韩］琴知雅：《崔瑆焕的〈性灵集〉考》，《文献》2008年第3期，第162—169页。

④ 房玄龄等：《晋书》卷二二《乐志上》、卷一〇〇《晋书载记序》载有“性灵”一语，如《乐志上》：“夫性灵之表，不知所以发于咏歌；感动之端，不知所以关于手足。生于心者谓之道，成于形者谓之用。譬诸天地，其犹影响，百兽率舞，而况于人乎！美其和平而哀其丧乱，以兹援律，乃播其声焉。”《晋书载记序》：“古者帝王，乃生奇类，淳维、伯禹之苗裔，岂异类哉？反首衣皮，餐膻饮湩，而震惊中域，其来自远。天未悔祸，种落弥繁。其风俗险诐，性灵驰突，前史载之，亦以详备。”然《晋书》作者皆为唐人，不能算作率先使用者。

⑤ 何尚之《大宋文皇帝赞扬佛教事》，僧祐《弘明集》卷十一。

今所载咸其素蓄，本乎性灵，而致之心用。夫选言务一，不尚烦密，而至于备议者，盖以网诸情非。……含生之氓，同祖一气，等级相倾，遂成差品，遂使业习移其天识，世服没其性灵。至夫愿欲情嗜，宜无间殊，或役人而养给，然是非大意。[①]

范泰、谢灵运、何尚之、颜延之四人是刘宋时期著名的文人士大夫，地位颇为显赫。他们使用"性灵"一词，记录者似乎不会作伪羼入。

"性灵"一词，南北朝之前的本土典籍和汉译佛典，竟无一例。那么，这里出现一系列的问题，就是喜欢使用"性灵"一词的范泰和谢灵运到底是从何处吸收来的这一词汇？是他们自己在阅读中总结、自创出来的呢？还是受了本土孟子"尽性说"的影响，抑或是将二者结合起来呢？这些问题都值得认真思考和探究。从当时的实际情况来看，最有可能的就是范泰、谢灵运、颜延之、何尚之融汇了印中思想。

范泰"少信大法，积习善性，颇闻余论，仿佛玄宗。"[②]对弘扬佛性论的竺道生尤为景仰："王弘、范泰、颜延之并挹敬风猷，从之问道。"[③]对僧苞也很敬重，"时王弘、范泰闻苞论议，叹其才思，请与交言。"[④]又与慧义甚密，"宋永初元年（402），车骑范泰立祇洹寺，以义德为物宗，固请经始。义以泰清信之至，因为指授仪则，时人以义方身子[⑤]，泰比须达[⑥]。故祇洹之称，厥号存焉。"[⑦]僧祐《弘明集》

① 颜延之《庭诰》，僧祐《弘明集》卷十三。四川师范大学皮朝纲教授尝就本文所提颜延之《庭诰》使用的"性灵"一词提出意见。他认为颜延之《庭诰》是一篇儒家思想的文章，故其"性灵"非佛教用意。余就此反复研读《庭诰》，并结合颜延之的整体思想认为，《庭诰》一文的主旨确如皮朝纲所言为儒家思想，但就"性灵"一词而言，却难以证明其思想来源就是儒家的。用佛教辞汇，写儒、道二教方面的文章，晋宋时期已屡见不鲜。且此时文人儒士崇佛是普遍的现象，儒、佛经辩论后逐渐融合，尤其在"立身""孝道"等方面，双方不再对立。颜延之等正是这样儒佛同尊、以佛统儒的文人。这从与"性灵"对举的"心用"、"天识"等词，即可看出。因为"心用""天识"皆为佛教色彩甚为浓厚之词语。故其所用"性灵"一语，完全可能从佛教而来。

② 范泰《论踞食表》，僧祐《弘明集》卷一二，上海古籍出版社，1991年影印宋碛砂版《大藏经》，第80页上。

③ 慧皎著，汤用彤校注：《高僧传》卷七《竺道生传》，中华书局，1992年版，第256页。

④ 慧皎著，汤用彤校注：《高僧传》卷七《僧苞传》，中华书局，1992年版，第271页。

⑤ 身子：即舍利弗多罗（Śāriputra）的意译，舍利为身，弗多罗为子。乃佛陀十大弟子之一，有"智慧第一"之称。

⑥ 须达（Sudatta）：又音译作须达多、苏达哆；意译善授、善与、善施等。为中印度憍萨罗国（Kośalā）舍卫城（Śrāvastī）大富商，波斯匿王（Prasenajit）大臣。其性仁慈，夙怜孤独，乐善好施，人称给孤独。皈依佛陀后，为佛陀建造祇园精舍（Jetavanānāthapiṇḍadasyārāma），以供养佛陀。刘宋人将范泰比作须达，说明范泰信仰之虔诚。

⑦ 慧皎著，汤用彤校注：《高僧传》卷七《慧义传》，中华书局，1992年版，第266页。

卷一二收有范泰有关佛教文章《与王司徒诸人书论道人踞食》《与生观二法师书》《论踞食表》,卷一六收有范泰《佛赞》。由此,知范泰于佛教典籍十分熟悉。

谢灵运于佛教更是虔敬备至。他拜庐山慧远为师,又与僧人昙隆、法流、法勖、僧维、法纲、慧驎等结伴游山玩水,从慧叡学习梵文,精通梵文音律①,与慧观、慧严一起重译《大般涅槃经》,并撰文《辩宗论》②,宣扬道生的"顿悟成佛"论和"'一阐提人(icchantika)'有佛性"论③,在当时的佛教界有著广泛的影响④。

颜延之与佛教亦是因缘颇深:其一,他与佛教名僧甚密,尤敬名僧之风范。如,中天竺僧人求那跋陀罗至建康,"初住祇洹寺。俄而,太祖(刘义隆)延请,深加崇敬。琅琊颜延之,通才硕学,束带造门,于是京师远近,冠盖相望,大将军彭城王义康、丞相南谯王义宣,并师事焉。"⑤再如,慧静,居贫履操,厉行精苦,风姿秀整,容止可观。解兼内外,偏善涅槃。"颜延之、何尚之并钦慕风德,颜延之每叹曰:'荆山之玉,唯静是焉。'"⑥其子颜竣出镇东州,颜延之遂携慧静同行游玩。然而,颜延之对待名僧并不是一味崇敬。他所仰慕的是那些操行高洁,风德隽雅的名僧,而对于那些风德低下,阿谀奉承的名僧,即使其名声显赫、地位高筑,他也还是瞧不起。如,其时有"黑衣宰相"⑦之称的慧琳,原是道渊的弟子,为性敖诞,颇自矜伐。一次,其师道渊访诣尚书令傅亮,慧琳先在坐,见师来而不为致礼,道渊怒之彰色。傅亮遂罚慧琳杖二十⑧。而宋文帝却雅重慧琳,引见常升独榻。故此,颜延之每以致讥,使宋文帝辄不悦⑨。其二,颜延之不只流于与名僧结交的表

① 《高僧传》卷七《慧叡传》:"陈郡谢灵运独好佛理,殊俗之音,多所达解。乃咨叡以经中诸字,并众音异旨,于是著《十四音训叙》。条列梵汉,昭然可了,使文字有据焉。"同前书,第260页。

② 道宣:《广弘明集》卷一八,上海古籍出版社1991年影印宋碛砂版《大藏经》。

③ 参见普慧:《大乘涅槃学与谢灵运的山水文学》,《陕西师范大学学报》2000年第4期;《大乘般若学与晋宋山水文学》,《佛学研究》2001年刊。

④ 高华平:《谢灵运佛教著述研究》,《中国文化研究》2006年冬之卷,第156—165页。

⑤ 《高僧传》卷三《求那跋陀罗传》,同前书,第131页。

⑥ 《高僧传》卷七《慧静传》,同前书,第285页。

⑦ 叶庭珪《海录碎事》卷一三:"《南史》:(宋)文帝尝宠沙门慧琳。元嘉中,遂参权要势侔宰辅。孔觊叹曰:'今日遂有黑衣宰相,可谓冠屦失所矣。'"见叶庭珪著,李之亮校点:《海录碎事》,中华书局,2002年版,第702页。

⑧ 此事当在元嘉三年(426)以前。据沈约《宋书》卷四三《傅亮传》载,元嘉三年,宋文帝下诏,傅亮伏诛(第1337—1338页)。

⑨ 《高僧传》卷七《道渊、慧琳传》,同前书,第268页。又沈约《宋书》卷七三《颜延之传》:"时沙门释慧琳,以才学为太祖所赏爱。每召见,常升独榻,延之甚疾焉。因醉白上曰:'昔同子参乘,袁丝正色。此三台之坐,岂可使刑余居之。'上变色。延之性既褊激,兼有酒过,肆意直言,曾无遏隐,故论者多不知云。"沈约:《宋书》,中华书局,1974年版,第1902页。

面，他很重视佛教义理，著书立论，探讨佛教奥义。如他著佛教论著《离识观》和《论检》，与名僧慧严反复讨论，被宋文帝刘义隆比作东晋晚期的名僧支遁和崇佛名士许询[①]。又与何尚之一起跟昙无成"共论实相，往复弥晨。"[②]当慧琳著《白黑论》、何承天著《达性论》，攻击神不灭论和因果报应思想时，颜延之和宗炳旗帜鲜明地站出来写了《释达性论》（又一篇《重释何衡阳》）和《明佛论》（又二篇《答何衡阳书之一》《答何衡阳书之二》），站在佛教神学的立场上，对慧琳、何承天进行了坚决的反驳。尽管慧琳与何承天的立论没错，但其推理却显得十分稚嫩，经不起颜、宗的批驳，致使宋文帝更加欣赏和赞叹佛教："颜延年之折《达性》，宗少白之难《白黑》，论明佛法汪汪，尤为名理并足，开奖人意。"[③]

何尚之虽擅玄学[④]，但亦好与僧人交往。如，与颜延之一起对慧静、昙无成之敬慕；对慧观，"元嘉初三月上巳，（宋文帝）车驾临曲水燕会，命观与朝士赋诗。观即坐先献，文旨清婉，事适当时。琅琊王僧达、庐江何尚之，并以清言致欵，结赏尘外。"[⑤]又对志道，不仅钦德致礼，还将其"请居所造法轮寺。"[⑥]他还对宋初竺道生的顿悟成佛说极为重视。元嘉时道生顿悟说曾一度消歇。当得知法瑗是继道生之后"顿悟成佛说"的宣导者后，"文帝访觅述生公（道生）顿悟义者，乃勑下都，使顿悟之旨，重申宋代。何尚之闻而叹曰：'常谓生公殁后，微言永绝。今日复闻象外之谈，可谓天未丧斯文也。'"[⑦]何尚之对佛教最大的贡献是，他把佛教与政治的治国安邦联系起来。元嘉十二年（435）五月，丹阳尹萧摹之上奏的请制佛寺及铸像事，宋文帝召集"侍中何尚之、吏部郎中羊玄保等议之，谓尚之曰：'朕少来读经不多，比日弥复无暇，三世因果，未辩厝怀，而复不敢立异者，正以卿辈时秀，率所敬信故也。……若使率土之滨，皆敦此化，则朕坐致太平，夫复何事。'

---

① 慧皎《高僧传》卷七《慧严传》，同前书，第 262 页。

② 慧皎《高僧传》卷七《昙无成传》，同前书，第 275 页。

③ 何尚之：《答宋文帝赞扬佛教事》，僧祐：《弘明集》，卷一一，上海古籍出版社 1991 年影印宋碛砂版《大藏经》，第 70 页下。

④ 沈约《宋书》卷六六《何尚之传》："（元嘉）十三年（436），彭城王义康欲以司徒左长史刘斌为丹阳尹，上不许，乃以尚之为尹，立宅南郭外，置玄学，聚生徒。东海徐秀、庐江何昙、黄回、颍川荀子华、太原孙宗昌、王延秀、鲁郡孔惠宣，并慕道来游，谓之南学。"同前书，第 1734 页。

⑤ 慧皎《高僧传》卷七《慧观传》，同前书，第 264—265 页。

⑥ 慧皎《高僧传》卷一一《志道传》，同前书，第 435 页。何尚之造法轮寺事，见孙文川撰、陈作霖编：《南朝佛寺志》，收入《中国佛寺史志汇刊》第一辑。

⑦ 慧皎《高僧传》卷八《法瑗传》，同前书，第 312—313 页。

尚之对曰：'……若使家家持戒，则一国息刑。……故神道助教，有自来矣。而萧摹之所启，亦不谓全非。……金铜土木，虽靡费滋深，必福业所寄，复难得顿绝。臣比思为斟酌，进退难安，今日亲奉德音，实亦深用夷泰。……夫礼隐逸则战士怠，贵仁德则兵气衰。若以孙吴为志，苟在吞噬，亦无取尧舜之道，岂为释教而已耶。'帝悦曰：'释门有卿，亦犹孔氏之有季路，所谓恶言不入于耳。'帝自是信心乃立，始致意佛经。及见严、观诸僧，辄论道义理。"[①]何尚之给宋文帝的觐言，至少起了两点作用：一、使宋文帝把信佛与治理国家相结合，坚定了宋文帝信佛的信心；二、使宋文帝喜欢上了佛经，且具有了佛教理论水准，可以和义解僧人探究佛教义理。

从范泰、谢灵运、颜延之、何尚之所参与的佛教活动来看，他们四人对佛教典籍和佛教思想应该说是相当熟悉的，完全有可能从佛教思想中抽绎出"性灵"这一术语来。但是，范泰、谢灵运、何尚之、颜延之等毕竟是中国文人士大夫，他们再怎么崇佛也绝不会像僧人一样，为了一种信仰而排斥其他思想。因此，传统的儒教思想[②]依然镶嵌在他们的心灵深处，也可能成为其思想的一个来源。更何况当时僧人习儒者不在少数[③]。在学术研究中，经常面临的一个误区就是，把古代文人的思想绝对地单一化，而不能回归到历史的境阈之中来"知人论世"[④]。在南朝文学性灵说的思想来源时，我们需要尽量避免陷入单一化的误区。

二　佛教思想的直接源头

据上所述，范泰、谢灵运使用"性灵"一语的佛教来源是有可能存在的。但

---

① 慧皎《高僧传》卷七《慧严传》，同前书，第261—262页。

② 此处所谓的儒教，是指一种神学化了的国家意识形态，自然属于宗教的范畴。但与教团宗教有别。

③ 仅据慧皎《高僧传》所载宋前僧人涉外经、通儒学者，有：康僧会"博览《六经》"（卷一）；竺昙摩罗刹（Dharmarakṣa）"博览《六经》，游心七籍。"（卷一）慧远"博综《六经》"（卷六）；昙邕"内外经书，多所综涉。"（卷六）道祖"后发愈于远公。但儒博不逮耳。"（卷六）僧䂮"通六经及三藏。"（卷六）道融"内外经书，闇游心府。"（卷六）梵敏"内外经书，皆暗游心曲。"（卷七）史宗"博达稽古辩说玄儒。"（卷一〇）

④ 《孟子·万章下》："孟子谓万章曰："一乡之善士斯友一乡之善士，一国之善士斯友一国之善士，天下之善士斯友天下之善士。以友天下之善士为未足，又尚论古之人。颂其诗，读其书，不知其人，可乎？是以论其世也，是尚友也。"朱熹：《四书章句集注》，中华书局，1983年版，第324页。

是，从佛教思想的渊源上考察，似与东晋时期极盛一时的大乘般若学[①]无甚关联。因为，大乘般若学主张“一切皆空”[②]，不会承认“性灵”之有的。尽管大乘般若学在整个东晋时期风靡盛行，谢灵运之师慧远也尝为“本无宗”之代表，但是，东晋末期，般若学那玄而又玄、空掉一切的理论愈来愈难以解决当时日益突出的现实问题，更难以慰藉人们（包括帝王、文人等）日趋苦闷的心灵。而人们于此时更加关注的是，人生能否摆脱烦恼，从生死苦海中解脱出来而成佛，现实人生有无成佛的内在根据——佛性等的问题。般若学明显地开始失去了独步佛教思想领域的地位。代之而兴起的则是以饱满的活力和魅力而走向社会大舞台的大乘涅槃学。

大乘涅槃学是佛教两大宗（空宗和有宗）之一有宗的主要思想体系。它以《大般涅槃经》等涅槃类经典为主要理论依据，以佛性论为核心内容，不再否定一切，而是大胆地承认佛性之有，并且提出“一切众生悉有佛性”[③]，一下子把出离遁世的佛教拉回到了充满生气的世俗社会。所谓“佛性”（buddhatā；buddhatva），原指佛陀之本性。大乘兴起后，赋予了“佛性”为众生本具的成佛的根据、可能性、种子的定义。“佛”（Buddha）为觉悟，即自觉、觉他、觉行圆满三者。“性”（prakṛti）为本性、本质，即本来具有、又不受外在影响而改变的根本。《大智度论》卷三一：“性名自有，不待因缘。若待因缘则是作法，不名为性。”[④]按照佛教缘起论——“所谓此有故彼有，此生故彼生。……所谓此无故彼无，此灭故彼灭”[⑤]的基本说法，一切事物的产生都是相互依赖着的，它事物的产生是依据此事物的产生，它事物的灭亡是依赖于此事物的灭亡。而“性”，则是不因因缘而起的东西，是先于事物而自有存在的一种非实体性的。因此，“性”即是带有某种神秘的、具有强大能量的成分。大乘佛性论所指的众生具有佛性，就是说众生都有这

① 其时有“六家七宗”之说：据刘宋庄严寺昙济《六家七宗论》、隋吉藏《中论疏》等所载，六家七宗为：一、本无宗，包括道安、僧睿、慧远等之说；二、即色宗，关内“即色义”与支遁《即色游玄论》；三、识含宗，为于法兰弟子于法开之说；四、幻化宗，为竺法汰之弟子道一之主张；五、心无宗，包括竺法温、道恒、支愍度等之说；六、缘会宗，为于道邃之缘会二谛论；七、本无异宗，为本无宗支流，有竺法琛、竺法汰之说。参见汤用彤：《汉魏两晋南北朝佛教史》第九章，北京大学出版社，1997 年版；任继愈主编：《中国佛教史》第二章第四节，中国社会科学出版社，1985 年版。

② 无罗叉（Mokṣala）译《放光般若波罗蜜多经》卷二〇《摩诃般若波罗蜜萨陀波伦品》，《大正藏》第 8 卷，第 141 页上。

③ 昙无谶（Dharmaraksa）译《大般涅槃经》卷六《如来性品》，《大正藏》第 12 卷，第 402 页中。

④ 鸠摩罗什（Kumārajīva）译《大智度论》卷三一《释初品中》，《大正藏》第 25 卷，第 292 页中。

⑤ 求那跋陀罗（Guṇabhadra）译《杂阿含经》卷一〇，《大正藏》第 2 卷，第 66 页下。

种成为觉悟者的内在的、强大的神秘力量——自力。但是,众生虽具佛性的自力,却未必皆能成佛。这还需要通过修行实践,在善知识[①]的引导下,获得般若智慧,觉悟成佛。

当大乘般若学在东晋红极一时的时候,大乘涅槃学的佛性论思潮开始席卷中国北南、朝野,僧俗。先是法显从天竺带回《大般泥洹经》,并由天竺禅师佛陀跋陀罗(Bodhibhadra)与宝云译出,首倡佛性论[②]。接著竺道生根据自己对涅槃佛性论的理解,创造性地提出了连"阿阐提人皆得成佛"[③]的佛性论。然而,此论一出,即遭佛界守旧势力的猛烈攻击。道生因此而被逐出建康[④]。就在道生危难之际,谢灵运撰写了《辩宗论》,公开支持道生的佛性论。当昙无谶(Dharma-raksa)译的《大般涅槃经》从姑藏(今甘肃武威)传至建康后,涅槃学的佛性论便成为不可抗拒的洪流,猛烈地冲刷著社会各个层面。他认为,"物有佛性,其道有归"[⑤]:"有情"(sattva)众生(人和有情识的动物)皆有佛性,即使"无情"(ansattva)的物(草木、山河、大地、土石等)也有佛性,它们各有其道而归于佛理。这实际上是把般若学统摄于佛性论之中,把宇宙本体与佛性主体相统一,彻底贯彻了"一切众生皆有佛性"的涅槃佛性论思想。

"性灵说"的"灵",是上古印度和中国俱有的观念。就高于人的层面而言,谓之神灵、神明;就人的层面而言,则指精灵、灵魂等。此二者往往有相通或冥合之处。古印度婆罗门教有"梵我一如"(Brahma-ātma-aikyam)[⑥]之论,而中国也有"神人以和"[⑦]之说。所以,寄存于人之形体、又可脱离于形体的精神体——精灵、

① 善知识(kalyāṇamitra):以知识友善、教授人走正道的具有正直德行的人。

② 《大般泥洹经》卷四《分别邪正品》:"复有比丘广说如来藏经,言一切众生皆有佛性,在于身中无量烦恼悉除灭已,佛便明显,除一阐提。"(《大正藏》第12卷,第881页中)"一阐提"(icchantika; ecchantika),指断绝一切善根的人,这种人不能成佛,即不具有佛性。

③ 慧皎《高僧传》卷七《道生传》,汤用彤校注,北京:中华书局,1992年版,第256页。

④ 慧皎《高僧传》卷七《道生传》:"于是旧学以为邪说,讥愤滋甚,遂显大众,摈而遣之。生于大众中正容誓曰:'若我所说反于经义者,请于现身即表厉疾;若于实相不相违背者,愿舍寿之时,据狮子座。'言竟拂衣而游。"(汤用彤校注,中华书局,1992年,第256页。)

⑤ 谢灵运《辨宗论·答琳公难》,僧祐、道宣《弘明集·广弘明集》,上海古籍出版社1991年影印宋碛砂版《大藏经》,第233页下。

⑥ 《唱赞奥义书》(*Chandogya Upaniṣat*)第三篇第十四章第四条:"是吾内心之性灵者,大梵是也。"第八篇第三章第四条:"此则'自我'也!是永生者,是无畏者,是即'大梵'。"徐梵澄译:《五十奥义书》,中国社会科学出版社,1995年版,第139页,第236页。

⑦ 《尚书·尧典》:"诗言志,歌永言,声依永,律和声,八音克谐,无相夺伦,神人以和。"阮元校刻:《十三经注疏》,中华书局,1980年版,第131页。

灵魂,实不可小视。古印度婆罗门教极为推崇灵魂,认为其转世之体即依赖于灵魂。因此,他们强调灵魂(ātman,自我)这个精神体之有,也就保证了婆罗门种姓[1]世袭的至高地位。从早期佛教的思想来看,它们并不承认有"精神体"或"灵魂"的存在。按照"三法印"[2]和"缘起论"(pratītya-samutpāda)的说法,一切事物都没有永恒常驻的自性,每一事物的产生或灭亡都是相互依存着的。因此,早期佛教可以说是典型的无神论[3]。当早期佛教接受了婆罗门教的三世轮回说的时候,它却深深地掉进了矛盾的陷阱之中。如果不承认灵魂或一个主宰个体的精神体的存在,那么,轮回转世的依据或承载者又是什么呢?人生死的终极解脱又在哪里呢?为了解决这些难题,早期佛教以"五蕴"(pañca-skandha)、"十二因缘"[4]解释了这种矛盾的不可调和性[5]。在"五蕴""十二因缘"中,有一概念"识"(vijñāna)与轮回转世有关,可以视为"性灵说"之"灵"的思想渊源。早期汉译将"识"译为"识神"。"识神",在佛教中是一个意义非常复杂而又重要的术语。作为"五蕴"里的"识蕴",属于幻法(māyā-dharma)[6]。就是说,世界是虚幻的,一切皆为假相,需要以"识"来对外境(viṣaya)了别,识知事物的本体,不为事物幻相所迷惑。故"六识"(ṣaḍvijñāna)即指眼、耳、鼻、舌、身、意等六种认识作用。它以眼、耳、鼻、舌、身、意等六根为依据,对色、声、香、味、触、法等六境,产生见、闻、嗅、味、触、知等了别作用。故在谈到六识时,则必须识、根、境三者同时存在。据阿毗达磨(abhidharma)的观点看,"六识"乃是"心"(citta)的作用,所以,其体乃是唯一之

---

① 古代印度社会实行四种姓制度(cātur-varṇya),印度本土称其为"瓦尔纳"(varṇa),即以肤色划定人群等级。吠陀(Veda)时代后期(前1000—前600),基本形成了四种姓制度:即婆罗门(brāhmaṇa):指祭司、僧侣阶级,执掌祭祀、教授《吠陀》圣典、接受布施,最为高贵;刹帝利(kṣatriya):指王族及武士阶级,掌管国家机器,保护人民。吠舍(vaiśya):指从事农业、畜牧、工商业的庶民阶级,国家财政、税务的主要纳税者;首陀罗(śūdra):指奴隶阶级,专为上述三种姓服务。

② 三法印(trīṇI-dharma-mudrā):(1)诸行无常(sabbe saṅkhārā aniccā,anityā sarvasaṁskārāḥ);(2)诸法无我(sabbe dhammā anattā,anātmanah sarvadharmāh);(3)涅槃寂静(santaṁ nibbānaṁ,śāntamnirvāṇam)。此为早期佛教最为基本的教义之一。

③ SHEN Lisia & Puhui: The Non-Religious Nature of the Original Buddhism, *International Journal of Natural and Social Science*, Vol. 1, Issue 2, 2008, pp.1~4, Kingston, Canada.

④ "十二因缘"(dvādaśāṅgapratītya-samutpāda):是早期佛教解释人生本质及其流转过程的基本理论。具体有:老死、生、有、取、爱、受、触、六入、名色、识、行、痴。这十二因缘可以止转,亦可以逆流。参见杜继文主编《佛教史》,江苏人民出版社2006年,第14—19页。

⑤ 郭良鋆《佛陀和原始佛教思想》,北京:中国社会科学出版社1987年,第190页。

⑥ 昙摩难提(Dharmanandi)译《增壹阿含经》二七:"色如聚沫,痛(受)如浮泡,想如野马,行如芭蕉,识为幻法,最胜所说。"《大正藏》第2卷,第701页中。

心。显然,了别外境的“识”义,是大乘瑜伽行派兴起后的思想,与“性灵说”的关系不大。与“灵”关系最为密切的应该是“十二因缘”里的“识”。“识”直接联系的是“行”(saṃskāra)和“名色”(nāma-rūpa)。“行”是“识”的因,“名色”是“识”的缘。行,即行为,是依前世烦恼而做的善、恶行“业”①;识,是依前世的行业而受现世受胎的一念。名色,是指心身发育而成的物质状态。这样,“行”与“名色”的联系是靠“识”来完成的。而“识”则是“一念”(eka-citta)之间的精神作用,为精神的主体②。就是说,有情众生的生活经验(行)的活动积蓄而形成个人精神的主体(识),由这个精神主体引起而构成身体的精神(名)和肉体(色)。③在行、识、名色三者中,行和名色都是可视、可感的,而唯有识是不可视、不可感的,是完全精神的和神秘的、刹那(kṣaṇa)间的。在因果轮回和报应的回圈过程中,不管“行”的善、恶如何积聚,它转化为“名色”的关键和决定作用则在于“识”。而“业”就像催化剂一样,以不达目的誓不甘休的气势,催促着“识”的转化。这样,“识”仅仅是一念,就有了巨大的潜能或超能。大乘佛教进入中国后,“识”与“灵”在中国传统的神鬼灵魂思想④的作用下,不再泾渭分明了。因此,早期汉译佛典时,就把“识”神化为“识神”,并使其成为一个常用术语。如:

---

① 业(karma):音译“羯磨”,意指造作或行为。最早为古印度婆罗门教轮回(saṃsāra)说的主要思想,是婆罗门至上的种姓制思想的具体体现,与善恶道德无关。在《斯康陀奥义书》(Skanda Upaniṣat)、《蒙查羯奥义书》(Muṇḍaka Upaniṣat)、《大林间奥义书》(Bṛhadāraṇyaka Upaniṣat)中已开始将业与善恶相联系。如,《大林间奥义书》第三部分第二婆罗门书:“二人者,(携手)出而论之。所谈者,业也;所颂者,业也。人唯以善业而善,以雕业而恶矣。”徐梵澄译:《五十奥义书》,中国社会科学出版社,1995年版,第571页。佛教创立,袭用了这一术语。但为反对婆罗门世袭制的种姓制,佛教加大了业的善恶道德力度,即人的身、口、意造作善法与不善法,直接导致后果的好坏。这样,业就具备了一种强大的神秘力量,配合着“行”的实践。

② 识:犹似灵魂,但绝不等同于灵魂。识也是可灭的,而灵魂则是不灭的。竺佛念译:《中阴经·道树品》:“识神无形法,起灭无常定。”《大正藏》第12卷,第106页下。

③ 黄心川《印度佛教哲学》,任继愈主编:《中国佛教史》,中国社会科学出版社,1981年版,第一卷附录,第505页。

④ 秦汉以前,中国哲学认为,精灵之气是形成万物的本原。《易·系辞上》:“精气为物,游魂为变。”孔颖达疏:“阴阳精灵之气,氤氲积聚而为万物也。”见阮元校刻:《十三经注疏》,中华书局,1980年版,第77页。又灵与魂相合,附特指寄存于人躯体上作为主宰的一种非物质的东西。《楚辞·九章·哀郢》:“羌灵魂之欲归兮,何须臾而忘反。”洪兴祖著,白化文等点校:《楚辞补注》,中华书局,1983年版,第134页。又神与灵相连,体现天神与祖先崇拜的统一。《礼记·月令》:“令民无不咸出其力,以共皇天上帝名山大川四方之神,以祠宗庙社稷之灵,以为民祈福。”阮元校刻:《十三经注疏》,中华书局,1980年版,第1371页。《礼记·祭义》:“子曰:‘气也者,神之盛也;魂也者,鬼之盛也;合鬼与神,教之至也。众生必死,死必归土,此之谓鬼。骨肉毙于下,阴为野土。其气发扬于上,为昭明,焄蒿,凄怆,此百物之精也,神之著也。因物之精,制为之极,明命鬼神,以为黔首,则百众以畏,万民以服。’”(同上,第1595页)

谓死如生时，或谓死断灭；识神造三界，善不善五处；阴行而默到，所往如回应；欲色不色有，一切因宿行。①

今闻我说，前世本末，闭结疑解，得无想安隐。是其宿命，识神使然。②

汝今生存，识神出入，尚不可见，况于死者乎。汝不可以目前现事观于众生。③

此人为贼，唯愿治之。我勅左右，收缚此人，生剥其皮，求其识神，而都不见。又勅左右，脔割其肉，以求识神，又复不见。又勅左右，截其筋脉骨间求神，又复不见。又勅左右，打骨出髓，髓中求神。又复不见。④

除了汉译佛典常用“识神”外，在五朝时期⑤，中国僧人和崇佛文人也时用“识神”：

此土先出诸经，于识神性空，明言处少；存神之文，其处甚多。⑥

远乃著《沙门不敬王者论》，凡有五篇：一曰在家：谓在家奉法；……二曰出家：谓出家者能遁世以求其志，变俗以达其道；……三曰求宗不顺化：谓反本求宗者，不以生累其神；……四曰体极不兼应：谓如来之与周孔，发致虽殊，潜相影响；……五曰形尽神不灭：谓识神驰骛，随行东西也。此是论之大意，是沙门得全方外之迹矣。⑦

挥霍变三有，恍惚随六尘，兰园种五果，雕案出八珍，对见不可信，熟视事非真，空生四岳想，徒劳七识神，著幻是幻者，知幻非幻人。⑧

---

① 维祇难(Vighna)等译《法句经》卷二《生死品》，《大正藏》第4卷，第574页上。

② 竺法护译《佛说鹿母经》，《大正藏》第3卷，第457页中。

③ 佛陀耶舍共竺佛念译《长阿含经》卷七《第二分弊宿经》，《大正藏》第1卷，第44页上。

④ 同上，第44页中。

⑤ 五朝时期：狭义指4—6th A.D.世纪在南京建都的、时间连贯的五个朝代，即东晋、宋、齐、梁、陈；广义则还包括同时期北方的十六国、北魏、西魏、东魏、北齐、北周、隋等。

⑥ 僧叡《毗摩罗诘提经义疏序》，严可均：《全上古三代秦汉六朝文》第三册；《全晋文》卷一六〇，中华书局，1995年版，第2387页上。

⑦ 《高僧传》卷六《慧远传》。慧皎著，汤用彤校注：《高僧传》，中华书局，1992年版，第220—221页。僧祐《弘明集》所收慧远《沙门不敬王者论》一文，无后一句，严可均认为是《弘明集》有删节。

⑧ 萧衍《十喻幻诗》，欧阳询《艺文类聚》卷七六《内典上》，上海古籍出版社，1985年版，第1295页。

夫识神冥漠,其理难穷。粤在庸愚,岂能探索。①

故惑者闻识神不断而全谓之常,闻心念不常而全谓之断。云断则迷其性常;云常则惑其用断。②

浮屠正号曰佛陀,……凡其经旨,大抵言生生之类,皆因行业而起。有过去、当今、未来,历三世,识神常不灭。凡爲善恶,必有报应。③

作为崇佛文人,范泰、谢灵运、颜延之、何尚之等自然对佛教典籍相当熟悉,他们对汉译"识神"一语应该说不会陌生,而且,著名僧人慧远、僧叡都曾使用过这一术语,所以,范、谢、颜、何四人完全有可能吸收"识神"思想。

三 本土思想的助澜

其实,早期佛教无神论的思想,到了大乘佛教那里,已经是荡然无存了。大乘佛教为了自己的发展,不断改变了早期佛教的基本教义。其中一个最为明显的做法就是将佛陀神化,继而承认了灵魂的存在。但是大乘空宗(Mādhyamikāḥ,2nd—3rdA.D.世纪兴起)主张"一切皆空",它离不开现象界,但对于灵魂问题、"心识"问题,却仅能承认其假有。到了大乘有宗(Yogācāra,2nd A.D.世纪兴起,4—5th A.D.世纪繁盛),这种神秘的精神体的东西才得到了佛教的完全肯定。他们认为,世界上的一切现象都是由人们精神的总体——"识"所转变显现出来的④。但是,范、谢、颜、何的时代,大乘有宗的经典翻译得并不多,所以,大乘佛教的"有神"思想是到了中国后,才突然间变成佛教的主要命题。佛教初传中土时,混迹

① 袁昂:《答释法云书难范缜〈神灭论〉》,见严可均:《全上古三代秦汉六朝文》,中华书局,1995 年版,第四册《全梁文》卷四八,第 3229 页上。

② 沈绩《立神明成佛记注序》,见严可均:《全上古三代秦汉六朝文》,中华书局,1995 年版,第四册《全梁文》卷六七,第 3353 页下。

③ 魏收等:《魏书》,中华书局,1974 年版,卷一一四《释老志》,第 3026 页。

④ [印]世亲菩萨造,玄奘译:《唯识二十论》:"内识生时,似外境现。"见《大正藏》第 31 卷,第 74 页中。[印]护法菩萨造,玄奘译:《成唯识论》卷七:"是故一切,皆唯有识。虚妄分别,有极成故。唯既不遮,不离识法。故真空等,亦是有性。由斯远离,增减二边。唯识义成,契会中道。由何教理,唯识义成。岂不已说,虽说未了。非破他义,己义便成。应更確陈,成此教理。如《契经》说:'三界唯心';又说:'所缘唯识所现';又说:'诸法皆不离心';又说:'有情随心垢净';又说:'成就四智菩萨,能随悟入,唯识无境。'"见《大正藏》第 31 卷,第 38 页下。

于“前道教”[①]的道士、方士之列，与中国传统的鬼神祭祀相结合。如，东汉明帝刘庄时期，楚王刘英就把佛教与黄老道杂糅于一起：

英晚节更喜黄老，学为浮屠，斋戒祭祀。[②]

汉明帝永平八年(65)刘庄给楚王刘英下的诏书曰：

楚王诵黄老之微言，尚浮屠之仁祠，洁斋三月，与神为誓。[③]

所谓“斋戒祭祀”，“与神为誓”，乃是中国传统宗教神学信仰的主要仪式。在佛教传入之前，中国典籍就有许多“斋戒”的记载：

孟子曰：“西子蒙不洁，则人皆掩鼻而过之。虽有恶人，斋戒沐浴，则可以祀上帝。”[④]

夫也者，以知帅人者也。玄冕斋戒，鬼神阴阳也。[⑤]

齐人徐市等上书，言海中有三神山，名曰蓬莱、方丈、瀛洲，仙人居之。请得斋戒，与童男女求之。于是遣徐市发童男女数千人，入海求仙人。……始皇还，过彭城，斋戒祷祠，欲出周鼎泗水。使千人没水求之，弗得。[⑥]

(汉宣帝神爵)四年(前58)春二月，诏曰：“乃者凤皇甘露降集京师，嘉瑞并见。修兴泰一、五帝、后土之祠，祈为百姓蒙祉福。鸾凤万举，蜚览翱翔，集止于旁。斋戒之暮，神光显著。荐鬯之夕，神光交错。或降于天，或登于地，或从四方来集于坛。上帝嘉向，海内承福。”[⑦]

---

① 前道教(Pre-Taoist Religion)：是指东汉末年作为正统道教产生之前的道术、道法活动，主要有秦汉以来的方仙道、黄老道、巫鬼道等等构成。

② 范晔撰，李贤等注：《后汉书》，中华书局，1965年版，卷四二《楚王英传》，第1428页。

③ 同上。

④ 《孟子·离娄下》，见朱熹：《四书章句集注》，中华书局，1983年版，第297页。

⑤ 《礼记·郊特性》，见阮元校刻：《十三经注疏》，中华书局，1980年版，第1456页。

⑥ 司马迁著，裴骃集解，司马贞索隐，张守节正义：《史记》，中华书局，1959年版，卷六《秦始皇本纪》，第248页。

⑦ 班固著，颜师古注：《汉书》，中华书局，1962年版，卷八《宣帝纪》，第263页。

“斋戒”的形式是沐浴、食素，其含义则是整洁身心，以示对神祇的虔诚。而古代印度婆罗门教也有极其繁琐的斋戒祭祀仪式。尽管早期佛教反对神灵，但斋戒的仪式并没有放弃。大乘佛教神化佛陀，承认神灵，更是将斋戒祭祀的仪式发扬光大。当佛教输入中国后，两种宗教祭祀活动都需要斋戒仪式，于是，二者一拍即合，为上层社会所接受。这样，在中国人的观念里，最初的佛同中国的天神、上帝是一样的。东汉末年的牟融更能代表早期中国人对佛的认识：

> 佛乃道德之元祖，神明之宗绪。佛之言觉也，恍惚变化，分身散体，或存或亡，能小能大，能圆能方，能老能少，能隐能彰，蹈火不烧，履刃不伤，在污不染，在祸无殃，欲行则飞，坐则扬光，故号为佛也。[①]
>
> 问曰：“佛道言：‘人死当复生。’仆不信此言之审也。”牟子曰：“人临死，其家上屋呼之。死已复呼谁？”或曰：“呼其魂魄。”牟子曰：“神还则生，不还神何之乎？”曰：“成鬼神。”牟子曰：“是也。魂鬼故不灭矣，但身自朽烂耳。身譬如五谷之根叶，魂神如五谷之种实。根叶生必当死，种实岂有终亡，得道身灭耳。”[②]

在牟子眼里，佛简直就是世界的主宰，万物的根源，是不能以人的观念来认识和形容的。而灵魂不死，形尽神不灭，才能有三世轮回。东晋的史学家袁巨集也有同样的认识：

> 浮屠者，佛也。西域天竺有佛道焉。佛者，汉言觉，将悟群生也。其教以修善慈心为主，不杀生，专务清净。其精者，号为沙门。沙门者，汉言息心，盖息意去欲而归于无为也。又以为人死精神不灭，随复受形。生时所行善恶，皆有报应。故所贵行善修道，以炼精神而不已，以至无为，而得为佛也。佛身长一丈六尺，黄金色项中，佩日月光，变化无方，无所不入，故能化通万物而大济群生。初，（汉明）帝梦见金人，长大，项有日月光，以问群臣。或曰：“西

---

① 牟子《理惑论》，僧祐《弘明集》卷一，上海古籍出版社 1991 年影印宋版碛砂本《大藏经》，第 2 页中。周叔迦、周绍良：《牟子丛残新编》，中国书店，2001 年版，第 3 页。

② 牟子《理惑论》，僧祐《弘明集》卷一，上海古籍出版社 1991 年影印宋版碛砂本《大藏经》，第 3 页中下。周叔迦、周绍良：《牟子丛残新编》，中国书店，2001 年版，第 9 页。

方有神,其名曰佛,其形长大。”乃问其道术,遂于中国而图其形像焉。有经数千万,以虚无为宗,苞罗精粗,无所不统,善为宏阔胜大之言,所求在一体之内而所明在视听之外。世俗之人以为虚诞,然归于玄微深远,难得而测。故王公大人,观死生报应之际,莫不矍然自失。①

概括袁宏的记述,有这样几点:一、佛陀为神,变化无方,大济群生;二、人死精神不灭,随复受形;三、所行善恶,皆有报应;四、义理宏阔胜大,玄微深远。

既然佛是神,永恒于宇宙之中,又承认人死精神不灭,那么,灵魂的存在也就不再是可疑的了。既然灵魂存在而不灭,那么,识神又该如何呢?这里又出现了一系列的问题,灵魂和识神是一,还是二?若是一,那灵魂不灭,识神是否也应该不灭呢?若是二,二者又是什么关系呢?实际上,对于这样的问题,五朝时期的佛教学者和学僧们并没有如此细致地去追问。在对待“识神”和“灵魂”问题上,他们已经是把二者合二为一了。尤其是在东晋至梁长达近200年的“神灭”与“神不灭”的大讨论中,佛教“神不灭”论者完全把二者等同了起来。

凡在有方,同禀生于大化,虽群品万殊,精粗异贯,统极而言,唯有灵与无灵耳。有灵则有情于化,无灵则无情于化。无情于化,化毕而生尽,生不由情,故形朽而化灭。有情于化,感物而动,动必以情,故其生不绝。②

夫神者何耶?精极而为灵者也。……神也者,圆应无生,妙尽无名,感物而动,假数而行。感物而非物,故物化而不灭;假数而非数,故数尽而不穷。有情则可以物感,有识则可以数求。……不寻无方生死之说,而惑聚散于一化;不思神道有妙物之灵,而谓精粗同尽,不亦悲乎?③

慧远的神不灭论是针对东汉桓谭以来的“形尽神灭”④论而提出的。他在论

① 袁宏著,周天游校注:《后汉纪》,天津古籍出版社,1987年版,卷一〇《孝明皇帝纪》,第276—277页。
② 慧远:《沙门不敬王者论·求宗不顺化》,僧祐:《弘明集》卷五,上海古籍出版社,1991年影印宋碛砂版《大藏经》,第31页中。
③ 慧远:《沙门不敬王者论·形尽神不灭》,僧祐:《弘明集》卷五,第32页中。
④ 桓谭:《新论·祛蔽》:“精神居形体,犹火之然烛矣。如善扶持,随火而侧之,可毋灭而竟烛。烛无,火亦不能独行于虚空,又不能后然其。犹人之耆老,齿堕发白,肌肉枯腊,而精神弗为之能润泽内外周遍,则气索而死,如火烛之俱尽矣。”上海人民出版社,1977年版,第31页。

述人死精神不灭的时候,以不生不灭的"神"来作为轮回、受报、乃至成佛的主体承担者。而这个"神"则是"精极"的"灵",而"灵"又是因缘流转的承载者"识神"。这样,在慧远的形尽神不灭论中,"神""灵""识神"实际上是一组密切联系、相互作用著的概念的使用。显然,它与古印度早期佛教所讲的"十二因缘"中的"识"有了明显的本质上的不同。慧远的俗家弟子宗炳也表达了同样的理解:

> 然群生之神,其极虽齐,而随缘迁流,成粗妙之识,而与本不灭矣。
>
> 况今以情贯神,一身死坏,安得不复受一身,生死无量乎?识能澄不灭之本,禀日损之学,损之又损,必至无为无欲。欲情唯神独映,则无当于生矣。无生则无身,无身而有神,法身之谓也。
>
> 夫亿等之情,皆相缘成识,识感成形,其性实无也。自有津悟已来,孤声豁然,灭除心患,未有斯之至也。请又述而明之。夫圣神玄照,而无思营之识者,由心与物绝,唯神而已。
>
> 皆心用乃识,必用用妙接,识识妙续,如火之炎炎,相即而成烂耳。……情识之构,既新故妙续。……人之神理,有类于此。伪有累神,成精粗之识,识附于神,故虽死不灭。
>
> 夫天地有灵,精神不灭,明矣!
>
> 有神理必有妙极,得一以灵,非佛而何?夫神也者,依方玄应,不应不预存,从实致化,何患不尽。①

在宗炳看来,"识"是有情众生得以"妙续"的载体,它"附于神"就会不灭。佛就是有此"神理""妙极",才会"依方玄应""从实致化"。

就上引慧远、宗炳的说法来看,其"神""灵""识"紧密相联,有时则互换、互代,而不是像早期佛教以"识"排"神""灵"。梁代的刘勰在《灭惑论》里就把佛教称为"灵教"②。就慧远和宗炳对神不灭论的理解来看,他们虽然站在佛教的立场

① 宗炳:《明佛论》,僧祐:《弘明集》卷二,上海古籍出版社,1991年影印宋碛砂版《大藏经》,第10页中—15页中。

② 刘勰《灭惑论》:"夫塔寺之兴,阐扬灵教,功立一时,而道被千载。"(僧祐《弘明集》卷八,第51页上)。

上来捍卫佛教的基本理论，但是事实上，他们的“识神”思想吸收了中国本土传统的鬼神、灵魂观念。如《周易·说卦传》：“神也者，妙万物而为言者也。”[①]《孝经》：“为之宗庙，以鬼享之；春秋祭祀，以时思之。”[②]结合慧远、宗炳儒佛并修，以佛统儒的思想[③]和实践[④]来看，他们的神灵观念，融汇了印中的思想而赋予了“识神”的永恒不灭的性质。

根据上述的沿波讨源，我们基本上可以说，范泰、谢灵运等所使用的“性灵”一语的主要思想是从佛教而来的。从“性灵”的内涵渊源来看，它既是指一切众生（有情）内在具有的恒常不变、强大无比的神秘力量，又是指充盈宇宙、泯灭差别的根源能量。所以，范泰、谢灵运等认为，要想洞察、揭示、焕发这个“性灵”，就必须依靠佛教经典为指南。

自从“性灵”一语在刘宋出现后，它便在佛教文化领域流行起来。

夫性灵之为性，能知者也；道德之为道，可知者也。能知而不知所可知，非能知之义；可知而不为能知，所知非夫可知矣。[⑤]

信足以光扬妙觉，拯厥沈泥。近照性灵之极，远明孝德之本，实使异学剪其邪心，向方笃其羡慕。[⑥]

弟子生此百年，早闻三世；验以众经，求诸故实。神鬼之证，既布中国之书；菩提之果，又表西天之学。圣教相符，性灵无泯。致言或异，其揆唯一。但以圣人之化，因物通感，抑引从急，与夺随机。[⑦]

寻内外群圣开引殊文，如来说三乘以标一致，言二谛以悟滞方；先王诠五礼以通爱敬，宣六乐以导性灵。或显三世以征因果，或明诚感以验应实，

---

① 《周易·说卦》，阮元校刻：《十三经注疏》，中华书局，1980年版，第94页。

② 《孝经·丧亲》，阮元校刻：《十三经注疏》，第2561页。

③ 宗炳《明佛论》：“彼佛经也，包《五典》之德，深加远大之实；含《老》《庄》之虚，而重增皆空之尽。高言实理，肃焉感神，其映如日，其清如风，非圣谁说乎？”僧祐《弘明集》卷二，上海古籍出版社，1991年影印宋碛砂版《大藏经》，第10页上。

④ 据慧皎《高僧传》卷六《慧远传》载，慧远“博综《六经》，尤善《庄》《老》。”“远内通佛理，外善群书，夫预学徒，莫不依拟。时远讲《丧服经》，雷次宗、宗炳等，并执卷承旨。”见该书第221页。

⑤ 张融《门律·重与周书并答所问》，僧祐：《弘明集》卷六，上海古籍出版社，1991年影印宋碛砂版《大藏经》，第40页上。

⑥ 萧纲等：《大梁皇帝敕答臣下神灭论·祠部郎司马筠答》，僧祐：《弘明集》，卷一〇，第64页下。

⑦ 同上，第67页下。

岂可顿排神源,永绝缘识者哉?[①]

若疑人死神灭,无有三世,是自诬其性灵,而蔑弃其祖祢也。[②]

从佛教角度来看,以上几例所用的"性灵"都与"神不灭论"有着极为密切的关系。在他们看来,人的"性灵"是能知的,但是它又潜藏于人体内,不易被人们所知;"性灵"是人生而俱有的、绝不泯灭的精神主宰,它是三世轮回流转的承载者,又是"神"的体现者。假若认为"人死神灭"的话,那么,实际上也就否认了"性灵"的存在。显然,"性灵说"在佛教领域的意义主要在于它的常存不灭和无穷的能量。

性灵说在佛教领域流行的同时,也在文学园地盛行,从而成为南北朝的一个重要的文学审美范畴,对后世产生了不可估量的影响[③]。

---

① 萧纲等:《大梁皇帝敕答臣下神灭论·五经博士陆琏答》,僧祐:《弘明集》,卷一〇,第68页中。
② 僧祐:《弘明论后序》,僧祐:《弘明集》卷一四,第96页下。
③ 参见普慧:《佛教思想与文学性灵说》,《文学评论》,2012年第2期。

玄奘与弥勒信仰

——以《大唐三藏法师传》《大唐西域记》为中心

湛　如

作为瑜伽宗的创始人，玄奘大师与弥勒信仰有着甚深的因缘，这是众所周知的事实。一般研究玄奘大师与弥勒信仰的关系，多从其翻译的著作入手。少有人注意到的是，在其亲述的游记与传记中，有着更加生动的弥勒信仰材料，从中可以更加清楚地了解到他与弥勒信仰的关系。下面本文就以《大唐西域记》与《大唐大慈恩寺三藏法师传》等资料为主，来论述玄奘与弥勒信仰的关系。

在玄奘的游记与传记中，有不少关于印度佛教弥勒信仰、特别是各种弥勒菩萨雕像的记载，这是首先值得关注的一个问题。

比如，在乌仗那国的旧都城，玄奘大师就注意到了那里有一尊木刻的弥勒菩萨像：

> 瞢揭厘城东北踰山越谷，逆上信度河，途路危险，山谷杳冥，或覆絙索，或牵铁锁，栈道虚临，飞梁危构，椓栈蹑隥，行千余里，至达丽罗川，即乌仗那国旧都也。多出黄金及郁金香。达丽川中大伽蓝侧，有刻木慈氏菩萨像，金色晃昱，灵鉴潜通，高百余尺，末田底迦（旧曰末田地，讹略也）阿罗汉之所造也。罗汉以神通力，携引匠人升睹史多天（旧曰兜率他也，又曰兜术他，讹也）亲观妙相，三返之后，功乃毕焉。自有此像，法流东派。①

这尊木雕的弥勒菩萨像高达百余尺，金光闪耀，灵感异常，据说是末田地罗

① 《大唐西域记》卷三，CBETA, T51, no. 2087, p. 884, b6–15。

汉三次重返兜率陀天，亲自瞻仰弥勒菩萨圣容而造出的形象。在法显法师的传记中，也曾提到到一尊木雕弥勒像，其形制、尺寸与后来玄奘的记载大同小异，他们所见的当是同一尊像①。在摩揭陀国佛陀成道地的大菩提树东面的一间精舍里，也有一尊弥勒菩萨像，由白银制成，高达十几尺：

> 菩提树东有精舍……外门左右各有龛室，左则观自在菩萨像，右则慈氏菩萨像，白银铸成，高十余尺。②

玄奘大师到达印度的那个时代，印度还鲜少有银矿发现，白银做为稀有金属是非常珍贵的，信众能以白银造出一尊十几尺高的像，说明了当时印度佛教弥勒信仰的兴盛。除此之外，在南印度荼建那补罗国都城边的一个大伽蓝中，也有一尊十几尺高的弥勒菩萨像，是一位名叫闻二百亿的罗汉所造：

> 建那补罗国（南印度境）……城侧伽蓝有精舍，中有刻檀慈氏菩萨像，高十余尺，亦数有光瑞，是闻二百亿罗汉所造也。③

根据佛教经典记载，弥勒菩萨是释迦佛陀亲自授记的未来佛，就是说他将在未灭世接替释迦佛在这个世界上度化众生，弘传佛法。玄奘在印度，亲自到传说中佛陀为弥勒授记的地方朝拜，并特别引用经典里的一段对话作为注释：

> 罗痆河东北行十余里，至鹿野伽蓝……三佛经行侧有窣堵波，是梅呾丽耶（唐言慈，即姓也。旧曰弥勒，讹略也）菩萨受成佛记处。昔者如来在王舍城鹫峰山告诸苾刍："当来之世，此赡部洲土地平正，人寿八万岁，有婆罗门子慈氏者，身真金色，光明照朗，当舍家成正觉，广为众生三会说法。其济

---

① 《高僧法显传》卷一："有一小国名陀历。亦有众僧皆小乘学。其国昔有罗汉。以神足力将一巧匠。上兜率天观弥勒菩萨长短色貌。还下刻木作像。前后三上观。然后乃成像。长八丈足趺八尺。斋日常有光明。诸国王竞兴供养。今故现在于此。"CBETA, T51, no. 2085, p. 857, c29–p. 858, a5。

② 《大唐西域记》卷八，CBETA, T51, no. 2087, p. 915, c26–p. 916, a5。

③ 《大唐大慈恩寺三藏法师传》卷四，CBETA, T50, no. 2053, p. 242, c24–p. 243, a3。又见《大唐西域记》卷十一，CBETA, T51, no. 2087, p. 934, c12–24。

度者，皆我遗法植福众生也。其于三宝深敬一心，在家、出家，持戒、犯戒，皆蒙化导，证果解脱。三会说法之中，度我遗法之徒，然后乃化同缘善。”是时慈氏菩萨闻佛此说，从坐起，白佛言：“愿我作彼慈氏世尊。”如来告曰：“如汝所言，当证此果。如上所说，皆汝教化之仪也。”①

除了佛陀为弥勒授记，印度还流传着大迦叶承佛所托，不入涅槃，于鸡足山中入定等待弥勒下生成佛的故事。玄奘也到此参访并记下了它的详细位置：

莫诃河东入大林野，行百余里，至屈屈（居勿反）咤播陀山（唐言鸡足），亦谓窭卢播陀山（唐言尊足）……尊者大迦叶波居中寂灭，不敢指言，故云尊足……如来化缘斯毕，垂将涅槃，告迦叶波曰：“……我今将欲入大涅槃……姨母所献金缕袈裟，慈氏成佛，留以传付。”……迦叶承旨，住持正法。……将入寂灭。乃往鸡足山，……既入三峯之中，捧佛袈裟而立，以愿力故，三峰敛覆，故今此山三脊隆起。当来慈氏世尊之兴世也，三会说法之后，余有无量憍慢众生，将登此山，至迦叶所。慈氏弹指，山峰自开，彼诸众生既见迦叶，更增憍慢。时大迦叶授衣致辞，礼敬已毕，身升虚空，示诸神变，化火焚身，遂入寂灭。时众瞻仰，憍慢心除，因而感悟，皆证圣果。故今山上建窣堵波，静夜远望，或见明炬，及有登山遂无所睹。②

无著菩萨与世亲菩萨是印度瑜伽学派的两位重要祖师，玄奘到印度时，那里也流传着他们与弥勒菩萨之间的诸多因缘，玄奘大师也没有忘记记载：

阿踰陀国，周五千余里。国大都城周二十余里。……城西南五六里大庵没罗林中，有故伽蓝，是阿僧伽（唐言无著）菩萨请益导凡之处。无著菩萨夜升天宫，于慈氏菩萨所受《瑜伽师地论》《庄严大乘经论》《中边分别论》等，昼为大众讲宣妙理。庵没罗林西北百余步，有如来发、爪窣堵波。其侧故基，是世亲菩萨从睹史多天下见无著菩萨处。无著菩萨，健驮逻国人也，佛去世

① 《大唐西域记》卷七，CBETA, T51, no. 2087, p. 905, b15–c13。
② 《大唐西域记》卷九，CBETA, T51, no. 2087, p. 919, b24–c24。

后一千年中，诞灵利见，承风悟道，从弥沙塞部出家修学，顷之回信大乘。其弟世亲菩萨于说一切有部出家受业，博闻强识，达学研机。无著弟子佛陀僧诃（唐言师子觉）者，密行莫测，高才有闻。二三贤哲每相谓曰："凡修行业，愿觐慈氏，若先舍寿，得遂宿心，当相报语，以知所至。"其后师子觉先舍寿命，三年不报。世亲菩萨寻亦舍寿，时经六月，亦无报命。时诸异学咸皆讥诮，以为世亲菩萨及师子觉，流转恶趣，遂无灵鉴。其后无著菩萨于夜初分，方为门人教授定法，灯光忽翳，空中大明，有一天仙乘虚下降，即进阶庭敬礼无着。无著曰："尔来何暮？今名何谓？"对曰："从此舍寿命，往睹史多天慈氏内众莲华中生，莲华才开。慈氏赞曰：'善来广慧！善来广慧！'旋绕才周，即来报命。"无著菩萨曰："师子觉者，今何所在？"曰："我旋绕时，见师子觉在外众中，耽著欲乐，无暇相顾，讵能来报？"无著菩萨曰："斯事已矣。慈氏何相？演说何法？"曰："慈氏相好，言莫能宣。演说妙法，义不异此。然菩萨妙音，清畅和雅，闻者忘倦，受者无厌。"①

这里记载了无著菩萨夜晚上升天宫，师从弥勒菩萨学习《瑜伽师地论》《庄严大乘经论》《中边分别论》，然后白天为大众讲宣法理的伽蓝方位以及世亲菩萨从兜率陀天下来与无著菩萨相见的地方，并记载了师子觉与世亲寂灭之后往生兜率陀天，来报告结果的故事，从中可见瑜伽学派诸师对弥勒菩萨的笃信之深。玄奘大师还记载了一个印度罗汉数百年入定不出，等待弥勒佛下生人间的故事，从中可见当时印度弥勒信仰之普遍与深入：

瞿萨旦那国，周四千余里……牛角山岩有大石室，中有阿罗汉，入灭心定，待慈氏佛，数百年间，供养无替。近者崖崩，掩塞门径，国王兴兵欲除崩石，即黑蜂群飞，毒螫人众，以故至今石门不开。②

玄奘大师的游记中也记载了不少关于弥勒示现或感应的事迹。比如在秣底补罗国，就有这样一个故事，一位名叫天军的罗汉，常常往来兜率陀天，另外一

① 《大唐西域记》卷五，CBETA，T51，no. 2087，p. 896，b4–c19。
② 《大唐西域记》卷十二，CBETA，T51，no. 2087，p. 943，a14–c22。

个从大乘退往小乘的论师德光，也想见慈氏菩萨，于是天军就运用神通把他接到了天宫，但他见到弥勒菩萨时非常骄慢，于是来往三次菩萨都不授法业，令他悔恨无比：

秣底补罗国，周六千余里。国大都城周二十余里……大城南四五里，至小伽蓝，僧徒五十余人。昔瞿拏钵剌婆（唐言德光）论师于此作《辩真》等论，凡百余部。论师少而英杰，长而弘敏，博物强识，硕学多闻。本习大乘，未穷玄奥，因览《毘婆沙论》，退业而学小乘，作数十部论，破大乘纲纪，成小乘执着。又制俗书数十余部，非斥先进所作典论。覃思佛经，十数不决，研精虽久，疑情未除。时有提婆犀那（唐言天军）罗汉，往来睹史多天。德光愿见慈氏，决疑请益。天军以神通力，接上天宫。既见慈氏，长揖不礼。天军谓曰："慈氏菩萨次绍佛位，何乃自高，敢不致敬？方欲受业，如何不屈？"德光对曰："尊者此言，诚为指诲。然我具戒苾刍，出家弟子，慈氏菩萨受天福乐，非出家之侣，而欲作礼，恐非所宜。"菩萨知其我慢心固，非闻法器，往来三返，不得决疑。更请天军，重欲觐礼。天军恶其我慢，蔑而不对。德光既不遂心，便起恚恨，即趣山林，修发通定，我慢未除，不证道果。①

另外一个罗汉则非常幸运，与大乘中观学派的知名论师提婆菩萨论辩不过的时候，也去找了弥勒菩萨，弥勒菩萨对他一番教导，再论之时果然功力大增。不过，此番论辩却被提婆菩萨识出其观点来源于慈氏，可见提婆菩萨也与弥勒菩萨有所往来：

珠利耶国（南印度境）……城西有故伽蓝，是提婆菩萨与此寺嗢怛罗（唐言上也）阿罗汉论议，至第七转已去，罗汉无言，乃窃运神通，往都史多宫问慈氏菩萨，菩萨为释，因告言："彼提婆者，植功曩久，当于贤劫成等正觉，汝勿轻也。"既还，复解前难。提婆曰："此慈氏菩萨义，非仁者自智所得也。"罗汉惭服，避席礼谢之处。②

---

① 《大唐西域记》卷四，CBETA, T51, no. 2087, p. 891, b21-c16。

② 《大唐大慈恩寺三藏法师传》卷四，CBETA, T50, no. 2053, p. 241, c2-11。

弥勒菩萨有时也会化现人间，帮助人间解决一些难题。比如在摩揭陀国有一个精舍建成的时候，要招募工人来绘画佛像，因为担心工人不能测猜佛的圣容，弥勒菩萨就化现为一个婆罗门闭关六个月画出了精美绝伦的佛像，令人惊叹不已：

> 精舍故地，无忧王先建小精舍，后有婆罗门更广建焉。……精舍既成，招募工人……有婆罗门来告众曰："我善图写如来妙相。"众曰："今将造像，夫何所须？"曰："香泥耳。宜置精舍之中，并一灯照，我入已，坚闭其户，六月后乃可开门。"时诸僧众皆如其命。尚余四日，未满六月，众咸骇异，开以观之。见精舍内佛像俨然，结加趺坐，右足居上，左手敛，右手垂，东面而坐，肃然如在。座高四尺二寸，广丈二尺五寸，像高丈一尺五寸，两膝相去八尺八寸，两肩六尺二寸，相好具足，慈颜若真，唯右乳上涂莹未周。既不见人，方验神鉴，众咸悲叹，殷懃请知。有一沙门，宿心淳质，乃感梦见往婆罗门而告曰："我是慈氏菩萨，恐工人之思不测圣容，故我躬来图写佛像。"①

与玄奘相比，在比其早到印度的法显法师的记载中，同时代乃至其后去印度的求法僧的游记中，都没有他记载的关于弥勒信仰的资料那么多。一个人只有对某现象特别关心，才会留下相关的记述，这些内容说明了玄奘大师对于弥勒信仰是非常留心的。

其实，玄奘大师不仅只是对弥勒信仰留心在意，他更是弥勒信仰的忠实拥趸。根据《大唐故三藏玄奘法师行状》记载，他很早就产生了弥勒信仰，常常发愿要往生弥勒佛所在的地方。等他到了印度，听闻了无著、世尊兄弟的故事，也开始发愿往生兜率天宫，奉侍弥勒菩萨。而且，他的多次祈求都得到了回应，所以后来在翻译经典及礼忏的时候，都发愿往生兜率天见弥勒佛。圆寂之前甚至不再从事翻译事务，专门礼忏祈祷往生：

① 《大唐西域记》卷八，CBETA, T51, no. 2087, p. 916, a5-b1。

法师从少以来。常愿生弥勒佛所。及游西方。又闻无著菩萨兄弟。亦愿生睹史多天宫。奉事弥勒。并得如愿。俱有证验。益增克励。自至玉花。每因翻译。及礼忏之际。恒发愿上生睹史多天。见弥勒佛。除翻经时以外。若昼若夜。心心相续。无暂惓废。从翻大般若讫后。即不复翻译。唯行道礼忏。①

引文中的叙述确为事实,因为从玄奘大师自己的游记与传记中皆可印证这些说法。在玄奘大师的传记中,最早一条提到他与弥勒信仰关系的记录是其在刚从中国出发遇到第一个困难时。玄奘大师在去印度求法之前,已对唯识学产生浓厚兴趣,只是在遍参诸师、细研各家之后,发现"详考其理,各擅宗涂;验之圣典,亦隐显有异。莫知适从,乃誓游西方,以问所惑"。但那时,唐朝刚刚建立不久,"时国政尚新,疆场未远,禁约百姓不许出蕃",他被迫偷偷出行,到了瓜州。在失去向导之后,于是他"即于所停寺弥勒像前启请,愿得一人相引渡关"②,第二天果然如愿,他非常高兴。这是他西行之中第一次向弥勒祈祷发愿。

后来,等他到了摩揭陀国礼菩提树及弥勒菩萨成道像时,大有相见恨晚的感觉,感慨无比,垂泪盈目:

法师至(摩揭陀国),礼菩提树及慈氏菩萨所作成道时像,至诚瞻仰讫,五体投地,悲哀懊恼,自伤叹言:"佛成道时,不知漂沦何趣。今于像季,方乃至斯。"缅惟业障一何深重,悲泪盈目。③

玄奘大师觉得,自己没能生在释迦佛陀应现的时代,是业障深重、十分悲哀的事情。既然弥勒佛尚未出世,那么一定不能再错过弥勒佛应现的时间。于是,当他在伊烂拏钵伐多国礼拜灵感的观音菩萨时,发了三大大愿心,其中之一就是愿意往生兜率陀天:

① 《大唐故三藏玄奘法师行状》卷一,BETA, T50, no. 2052, p. 219, a6-12。
② 《大唐大慈恩寺三藏法师传》卷一,CBETA, T50, no. 2053, p. 222, c2-p. 224, c10。
③ 《大唐大慈恩寺三藏法师传》卷三,CBETA, T50, no. 2053, p. 236, b27-c2。

往伊烂拏钵伐多国。在路至迦布德伽蓝……精舍有刻檀观自在菩萨像,威神特尊……所奉香花,亦并遥散。其得花住菩萨手及挂臂者,以为吉祥,以为得愿。法师欲往求请,乃买种种花,穿之为鬘,将到像所,至诚礼赞讫,向菩萨跪发三愿:"一者,于此学已还归本国,得平安无难者,愿花住尊手;二者,所修福慧,愿生睹史多宫事慈氏菩萨,若如意者,愿花贯挂尊两臂;三者,圣教称众生界中有一分无佛性者,玄奘今自疑不知有不,若有佛性,修行可成佛者,愿花贯挂尊颈项。"语讫,以花遥散,咸得如言。既满所求,欢喜无量。①

毫无疑问,玄奘大师的虔诚心得到了正面的回应,从此他对弥勒信仰更加坚定。对弥勒菩萨的诚信,还让玄奘大师遇难成祥,化解了一次生命危机:

法师自阿踰陀国礼圣迹,顺殑伽河与八十余人同船东下,欲向阿耶穆佉国。行可百余里,其河两岸皆是阿输迦林,非常深茂。于林中两岸各有十余船贼,鼓棹迎流,一时而出。船中惊扰,投河者数人,贼遂拥船向岸,令诸人解脱衣服,搜求珍宝。然彼群贼素事突伽天神,每于秋中觅一人质状端美,杀取肉血用以祠之,以祈嘉福。见法师仪容伟丽,体骨当之,相顾而喜曰:"我等祭神时欲将过,不能得人,今此沙门形貌淑美,杀用祠之,岂非吉也!"法师报:"以奘秽陋之身,得充祠祭,实非敢惜。但以远来,意者欲礼菩提树、像、耆阇崛山,并请问经法,此心未遂,檀越杀之,恐非吉也。"船上诸人皆共同请,亦有愿以身代,贼皆不许。于是贼帅遣人取水,于花林中治地设坛,和泥涂扫,令两人拔刀牵法师上坛,欲即挥刃。法师颜无有惧,贼皆惊异。既知不免,语贼:"愿赐少时,莫相逼恼,使我安心欢喜取灭。"法师乃专心覩史多宫念慈氏菩萨,愿得生彼恭敬供养,受《瑜伽师地论》,听闻妙法,成就通慧,还来下生,教化此人令修胜行,舍诸恶业,及广宣诸法,利安一切。于是礼十方佛,正念而坐,注心慈氏,无复异缘。于心想中,若似登苏迷卢山,越一二三天,见睹史多宫慈氏菩萨处妙宝台,天众围绕。此时身心欢

① 《大唐大慈恩寺三藏法师传》卷三,CBETA, T50, no. 2053, p. 239, c1–22。

喜,亦不知在坛,不忆有贼。同伴诸人发声号哭。须臾之间黑风四起,折树飞沙,河流涌浪,船舫漂覆,贼徒大骇,问同伴曰:"沙门从何处来?名字何等?"报曰:"从支那国来,求法者此也。诸君若杀,得无量罪。且观风波之状,天神已瞋,宜急忏悔。"贼惧,相率忏谢,稽首归依。时亦不觉,贼以手触,尔乃开目,谓贼曰:"时至耶?"贼曰:"不敢害师,愿受忏悔。"法师受其礼谢,为说杀盗邪祠诸不善业,未来当受无间之苦。何为电光朝露少时之身,作阿僧企耶长时苦种!贼等叩头谢曰:"某等妄想颠倒,为所不应为,事所不应事。若不逢师福德感动冥祇,何以得闻启诲。请从今日已去即断此业,愿师证明。"于是递相劝告,收诸劫具,总投河流,所夺衣资,各还本主,并受五戒,风波还静。贼众欢喜,顶礼辞别。同伴敬叹转异于常,远近闻者莫不嗟怪,非求法殷重,何以致兹。①

这一段描述描述异常精彩,几乎不输于《西游记》中的故事,差别在于《西游记》是虚构的,而这个故事是真实的。这是一个让人无比感动的故事,几乎命悬一线,玄奘大师竟然还能平静若无事地念佛观佛,发愿往生。传记中记载时人嗟怪玄奘大师"非求法殷重,何以致兹",这嗟怪之语,在今天看来,倒成了玄奘大师求法精神的最好注脚。玄奘大师与弥勒菩萨的因缘,在其到达印度的那烂陀寺时达至了一个全新的高度:

那烂陀寺众差四大德来迎……戒贤法师也,众共尊重,不斥其名,号为正法藏。于是随众入谒。既见,方事师资,务尽其敬。依彼仪式,膝行肘步,呜足顶礼。问讯赞叹讫,法藏令广敷床座,命法师及诸僧坐。坐讫,问法师从何处来?报曰:"从支那国来,欲依师学《瑜伽论》。"闻已啼泣,唤弟子佛陀跋陀罗(唐言觉贤)……法藏语曰:"汝可为众说我三年前病恼因缘。"觉贤闻已,啼泣扪泪而说昔缘云:"和上昔患风病,每发,手足拘急如火烧刀刺之痛,乍发乍息,凡二十余载。去三年前,苦痛尤甚,厌恶此身,欲不食取尽。于夜中梦三天人,一黄金色,二琉璃色,三白银色,形貌端正,仪服轻明,来问

① 《大唐大慈恩寺三藏法师传》卷三,CBETA, T50, no. 2053, p. 233, c23-p. 234, b10。

和上曰:‘汝欲弃此身耶?经云说身有苦,不说厌离于身。汝于过去曾作国王,多恼众生,故招此报。今宜观省宿愆,至诚忏悔,于苦安忍,勤宣经论,自当销灭。直尔厌身,苦终不尽。’和上闻已,至诚礼拜。其金色人指碧色者语和上曰:‘汝识不?此是观自在菩萨。’又指银色曰:‘此是慈氏菩萨。’和上即礼拜慈氏,问曰:‘戒贤常愿生于尊处,不知得不?’报曰:‘汝广传正法,后当得生。’金色者自言:‘我是曼殊室利菩萨。我等见汝空欲舍身,不为利益,故来劝汝。当依我语,显扬正法《瑜伽论》等,遍及未闻,汝身即渐安隐,勿忧不差。有支那国僧乐通大法,欲就汝学,汝可待教之。’法藏闻已,礼拜报曰:‘敬依尊教。’言已不见。自尔已来,和上所苦瘳除。”僧众闻者,莫不称叹希有。法师得亲承斯记,悲喜不能自胜,更礼谢曰:“若如所说,玄奘当尽力听习,愿尊慈悲摄受教诲。”法藏又问:“法师汝在路几年?”答:“三年。”既与昔梦符同,种种诲喻令法师欢喜,以申师弟之情。①

此段内容极具传奇色彩,若非亲身经历,殊难想像。玄奘大师自出发赴印求法,诸大菩萨就托梦与那烂陀寺的长者戒贤法师,让原本厌世欲灭的他继续留下,为的就是给玄奘传《瑜伽师地论》等法。因缘殊胜若此,玄奘大师怎能不全力修学并弘扬弥勒法门呢!

正是因为玄奘大师虔诚信仰弥勒法门,根据传记记载,在他临终之前的几天,各种瑞相不断。麟德元年春正月初一日,玄奘大师已预感自己即将命终,于是了结译经之事。正月九日,他于房屋后跌倒,身体略伤,但精神下降。到正月十六日,他于恍惚中说他眼前有白莲华,比盘子还要大,鲜净可爱。正月十七日,他梦见很多天人前来以各种功德供养,同时他让人总结其一生所译经典与所做事业:

所翻经、论,合七十四部,总一千三百三十八卷。又录造俱胝画像、弥勒像各一千帧,又造塑像十俱胝,又抄写《能断般若》《药师》《六门陀罗尼》等经各一十部,供养悲、敬二田各万余人,烧百千灯,赎数万生。②

① 《大唐大慈恩寺三藏法师传》卷三,CBETA, T50, no. 2053, p. 236, c5-p. 237, b1。
② 《大唐大慈恩寺三藏法師传》卷十,CBETA, T50, no. 2053, p. 277, a2-9。

仅弥勒的画像玄奘大师就造了一千幅，从中可以看出其对弥勒菩萨的景仰。随后，他又让寺僧变卖其衣物，最后造像，请僧做法事，并设斋嚫施，供养大众。接着，他与寺众及翻经大德并门徒等欢喜辞别，他说道：

"玄奘此毒身深可厌患，所作事毕，无宜久住，愿以所修福慧回施有情，共诸有情同生睹史多天弥勒内眷属中奉事慈尊，佛下生时亦愿随下广作佛事，乃至无上菩提。"辞讫，因默正念，时复口中诵"色蕴不可得，受想行识亦不可得；眼界不可得，乃至意界亦不可得；眼识界不可得，乃至意识界亦不可得，无明不可得，乃至老死亦不可得；乃至菩提不可得，不可得亦不可得。"复口说偈，教傍人云："南无弥勒如来应正等觉，愿与含识速奉慈颜，南无弥勒如来所居内众，愿舍命已，必生其中。"①

生命即将告终，玄奘大师最后所做的仍是发愿生弥勒菩萨的兜率陀天，并于弥勒佛下生成佛时一并再生人间，广做佛事。并自己念教人念弥勒佛号。这无一不显示他对弥勒信仰的不渝决心。精诚所致，金石为开，玄奘大师虔信弥勒，最终当然功不唐捐：

至二月四日夜半，瞻病僧明藏禅师见有二人各长一丈许，共捧一白莲华如小车轮，花有三重，叶长尺余，光净可爱，将至法师前。擎花人云："师从无始已来所有损恼有情诸有恶业，因今小疾并得消除，应生欣庆。"法师顾视，合掌良久，遂以右手而自支头，次以左手申左髀上，舒足重垒右胁而卧，迄至命终，竟不回转，不饮不食。至五日夜半，弟子光等问："和上决定得生弥勒内院不？"法师报云："得生。"言讫，喘息渐微。少间神逝，侍人不觉，属纩方知。从足向上渐冷，最后顶暖。颜色赤白，怡悦胜常。过七七日竟无改变，亦无异气。②

① 《大唐大慈恩寺三藏法師传》卷十，CBETA, T50, no. 2053, p. 277, a10–24。
② 同上，b27。

从最后的结果来看，玄奘大师圆满心愿，舍报往生，示现了不同一般的祥瑞形象。要不是定慧庄严，戒香资被，并虔诚信仰弥勒菩萨，如何能够达到这样的圆满结果呢！玄奘大师最终往生弥勒天宫，这不仅只是其个人的说法，于其圆寂之后，另一位当时的僧中大德道宣律师也得到梦中感应，证实玄奘大师已经往生弥勒天宫①。玄奘大师对弥勒信仰的虔诚与弘扬，不仅自己最终获益，也影响到了门人，他有不少弟子也是虔诚的弥勒信徒，知名的有窥基②与灯禅师③等。

从以上内容可以看出，在玄奘大师的游记与传记中，有许多关于弥勒信仰的材料。其中有当时印度的弥勒造像记载，印度弥勒信仰传说记载，包括其本人在内的诸多弥勒信仰者感应故事的记载，以及他最终圆满舍报，往生弥勒天宫的祥瑞示现的记载。这些材料，是研究玄奘大师的信仰生活以及弥勒信仰历史的不可或缺的珍贵文献，应当引生相关研究者的重视。

---

① 《大唐大慈恩寺三藏法师传》卷十：法师亡后，西明寺上座道宣律师有感神之德，至干封年中见有神现，自云："弟子是韦将军诸天之子，主领鬼神。如来欲入涅盘，敕弟子护持赡部遗法……"……问古来传法之僧德位高下，并亦问法师。神答曰："自古诸师解行互有短长而不一准，且如奘师一人，九生已来备修福慧两业，生生之中多闻博洽，聪慧辩才，于赡部洲脂那国常为第一，福德亦然。其所翻译，文质相兼，无违梵本。由善业力，今见生睹史多天慈氏内众，闻法悟解，更不来人间，既从弥勒问法悟解得圣。"CBETA, T50, no. 2053, p. 277, b27-c15。

② 《宋高僧传》卷四《唐京兆大慈恩寺窥基传》载："后（窥基）躬游五台山登太行，至西河古佛宇中宿，梦身在半山，岩下有无量人唱苦声。冥昧之间初不忍闻，徙步陟彼层峰，皆瑠璃色，尽见诸国土。仰望一城，城中有声曰：'住！住！咄，基公未合到此。'斯须二天童自城出。问曰：'汝见山下罪苦众生否？'答曰：'我闻声而不见形。'童子遂投与剑一镡曰：'剖腹当见矣。'基自剖之，腹开，有光两道，晖映山下，见无数人受其极苦。时童子入城持纸二轴及笔投之，捧得而去。及旦，惊异未已。过，信夜寺中有光，久而不灭，寻视之数轴发光者，探之得《弥勒上生经》。乃忆前梦必慈氏令我造疏通畅厥理耳。遂援毫次。……以永淳元年壬午示疾。至十一月十三日。长往于慈恩寺翻经院。春秋五十一。法腊无闻。葬于樊村北渠。祔三藏奘师茔陇焉。弟子哀恸。余外执绋。会葬黑白之众盈于山谷。基生常勇进造弥勒像。对其像日诵菩萨戒一遍。愿生兜率。求其志也。乃发通身光瑞。烂然可观。" CBETA, T50, no. 2061, p. 726, a4-p. 726, b2-8。

③ 《大唐西域求法高僧传》卷一："大乘灯禅师者……于慈恩寺三藏法师玄奘处进受具戒居京数载颇览经书。而思礼圣踪。情契西极。……遂持佛像携经论……后到俱尸国。与无行禅师同游此地。……常为睹史多天业冀会慈氏。日画龙华一两枝用标心至。"CBETA, T51, no. 2066, p. 4, b18-c10。

禅宗下火文的历史流变及其文化意蕴

谭　洁

佛教仪式蕴含丰富的文化信息，仪式文辞大都具有浓郁的宗教色彩与文学性。下火是僧人掷下火把、引燃亡灵所作的佛事之一，其仪式文辞称为下火文。这种佛教火化亡灵时念诵的祝告文，采用韵文形式，语言通俗易懂，故广为市井百姓所喜爱，在民众生活中起到了抚慰亡灵、宣扬佛法的实际效果。对于"下火文"这种仪式文辞，仅有少数学者对此作过有意义的探讨①。本文拟在前人研究基础上，以《藏》经为主，具体考察禅宗下火文的历史流变及其文化意蕴。不当之处，敬祈指正。

一　禅宗下火文的形成与流传

国人讲究"生死事大"，无论是迎接生命的降临，还是陪伴生命的离去，都有相关仪式。佛教自传入中国，其文化中的烧化习俗在中土得到宣传与尝试。虔诚的佛教信徒用焚烧己身，作为对佛、菩萨的大供养。虽然儒佛文化交融发展过程中，信徒活着时即焚烧己身，已备受争议与批评②，但亡故后采取火葬方式，却逐渐为汉地寺院所接受，并影响了在家信众以及普通民众，用此方式来了却身后

---

① 中国知网仅有两篇：1.项裕荣的《话本小说与禅宗下火文》，载《浙江学刊》2008 年第 4 期，第 89—94 页。2.鲁立智：《禅宗下火文刍议》，载《法音》2014 年第 6 期，第 40—46 页。

② 东晋、南北朝至隋唐时期，《法华经》在中土得以广泛流传，此经中药王菩萨烧身以供佛成佛的药王信仰，对信众产生极大影响力。从僧传记载来看，自东晋、南北朝至隋唐、宋代，烧身供佛者可谓不绝于时。虽然梁代慧皎法师以"残毁形骸，坏福田相"，"得在忘身，失在违戒"，对此现象予以指斥。然作为中国佛教宗派之一的天台宗，是以《法华经》为主要教义依据的，故而对效仿药王菩萨的烧身供佛，也不断给予教理上的阐发。为此，唐代义净法师也曾就此指出人身难得，烧身犯戒。

事。火葬仪式的推广与普及,促成了其仪式文辞下火文的产生与流传。

考此事之源头,可追溯至佛祖释迦牟尼之父净饭王涅槃之际。据南朝宋沮梁京声所译的《佛说净饭王般涅槃经》记载:净饭王病重辞世,佛与大众,共积香薪,举棺置上,放火焚之:

> 尔时世尊,告众会曰:"世皆无常,苦空非身,无有坚固,如幻如化,如热时炎,如水中月,命不久居。汝等诸人!勿见此火,便以为热,诸欲之火,极复过此。是故汝等,当自劝勉,永离生死,乃得大安。"①

故鲁立智认为,"这段言语可算最早的下火文了"②。此故事又见载于南朝梁代僧祐所撰的《释迦谱》卷二《释迦父净饭王泥洹记》,后唐景霄所纂的《四分律行事钞简正记》卷十六,和明代释宝成所编集的《释迦如来应化录》卷二《殡送父王》中。

下火文何时成为佛教葬仪规制,难以确考。以《藏》为主考察,现存禅宗下火文献中,较早的一篇是北宋临济宗真净克文禅师(1025—1102)的《为法眼大师火》文。据记载,当时刚下过雨,道路多泥,真净克文禅师滑倒在地,被众人搀扶而起,他"乃举火把云:法眼荼毗,归宗遭跌,呈似大众,更无可说"③。

北宋时期的佛教葬仪尚无严格规制。秉炬、举火与下火,都是佛教葬仪之一,相应地也就产生了秉炬文、举火文、下火文。这三种文辞属于不同仪式:秉炬指的是举着火把,尚未点燃;举火指的是将举着的火把,点燃起来;下火指的是将燃烧的火把扔下,焚烧亡灵。然在佛教葬仪文献中,这三种葬仪并未严格区别。有时下火文与举火文混为一谈,如五祖法演禅师(? —1104)的《为亡僧下火》文:

> 举起火把云:火风四大,互相违背。当此时节,随缘自在④。

---

① 沮梁京声译:《佛说净饭王般涅槃经》《大正藏》,第 14 册,第 783 页。
② 鲁立智:《禅宗下火文刍议》,《法音》,2014 年第 6 期,第 41 页。
③ 呆翁行悦编:《列祖提纲录》,《续藏经》,第 64 册,第 30 卷,第 235 页上。
④ 法演撰,清远集:《法演禅师语录》,《大正藏》第 47 册,第 1 卷,第 653 页下。

题名是“为亡僧下火”，然文中并无“掷下火把”一说。这篇为亡僧下火文，究其实际操作，更像是仪式规范后的举火文。又如圆悟克勤禅师（1063—1135）的《为范和尚下火》文：

> 忠臣不畏死，故能立天下之大事；勇士不顾生，故能成天下之大名。衲僧家透脱生死，不惧危亡，故能立佛祖之纪纲。昭觉和尚神机峭拔，智辩滔天。肘臂下有符，顶门上具眼。奋喝散白云底意气，操打破虚空底钳锤。一归锦官，两住雄刹。辟开荆棘路，坐断是非关。接物利生，光扬佛日。临岐一著，摆拨便行。绝后光前，头正尾正。如今既到这里，可谓世缘毕备。末后殷勤截断，路头一堆猛火。大众且道：毕竟向什么处去。举火炬云：烈焰亘天留不得，当空宝月镇长圆[①]。

圆悟克勤禅师先用佛教语言，将这位昭觉和尚恭维一番，待众人问话后，举起火炬，说了两句偈语。此文也不见“掷下火把”一说，表明说完偈语，就会掷下火把、火化亡灵，以此完成仪式。

有的将下火文与秉炬文，混为一谈。如虚堂智愚禅师（1185—1269）的《禋上座秉炬》文：“衲僧归元处，三尺火把子，无明性燥，鸐栗钵喇，无出乎此。禋上座久贫乍富，看看得入手去也。掷下火把：大众不要眼热。”[②]题名为“秉炬”，然末句描述“掷下火把”，表明有下火仪式。又如南宋云谷和尚的《空海宝西堂炬》文，看题目为秉炬仪式，然文中末尾是“掷下火把云：肝胆此时俱裂破，如水与水火与火。”[③]显然也有下火仪式。

因名说法的下火文之规制，据传始于南宋临济宗无准师范禅师（1179—1249）。此据《百丈清规义记》卷五引《山庵杂录》云：“无准住径山，为观上座下火。云‘观大海者难为水，穷尽波澜一沤尔。即今海灭沤亦亡，回头踏着自家底’云云。打名说法，自此始。后贤名胜因效之，至今丛林以打名字为定式。”[④]无准

① 圆悟克勤撰，绍隆等编：《圆悟佛果禅师语录》，《大正藏》第47册，第20卷，第810页下。
② 虚堂智愚撰，无隐编：《虚堂和尚语录》，《大正藏》第47册，第6卷，第1030页上。
③ 云谷和尚撰，宗敬等编：《云谷和尚语录》，《续藏经》第73册，第2卷，第444页上。
④ 怀海集编，仪润证义，妙永校阅：《百丈清规证义记》，《续藏经》第63册，第5卷，第436页下。

师范禅师的《观上座下火文》见录于《无准师范禅师语录》卷五，题名《为海观上人秉炬》，兹录如下：

> 观大海者难为水，穷尽烟波一沤尔。如今沤灭无可观，回头丧尽自家底。一不成，二不是，白日青天火把子[①]。

与《山庵杂录》所载，文字略有差异。考察《无准师范禅师语录》存世的下火文，确实是称名说法。如《为灵隐妙峰和尚秉炬》文：

> 来也如是，浙东山，浙西水。去也如是，七十三，八十二。来去一如，普贤文殊。清风万里，抬脚不起。这个是妙峰和尚临行得力句子，诸方已为饶舌。虽然，云月是同，径山更与一决，且作么生决。掷下火炬云："铁作肝肠，也须迸裂。"[②]

文中就直接点出所祭之人是妙峰和尚。

然此说法并不准确。早于无准禅师一个半世纪的真净克文禅师，就已在他的下火文中称名说法。如前所述，真净克文禅师有一篇《为法眼大师火》文，他举火说的是"法眼荼毗，归宗遭跌"，直接点出了亡者的法名"法眼"。此外，早于无准禅师三十多年的圆悟克勤禅师，也在他的下火文中称名说法，如他的《为佛眼和尚下火》文中，有"故褒山佛眼禅师，道播四海，名闻九洲"[③]；又如他的《为佛真大师下火》文中，有"佛真大师，生平滴水滴冻，勇猛截铁斩钉"[④]，均指明亡者法名。

从现存的《藏》经文献来看，佛教葬仪下火文大量保存在南宋、明末清初，以及清代禅师语录中。这说明这些时期信徒对佛教葬仪的心理认同度较高，同时也反映出出家僧人曾以佛教葬仪作为谋食来源的历史情景。如南宋神僧道济和尚（1133—1209）因不拘戒律，言行疯癫，人称"济颠"。史载济颠"饮酒食肉，与市井浮沉，喜打筋斗。不著裤，形媟露，人讪笑，自视夷然。出家灵隐寺，寺僧无不唾

---

① 无准师范撰，宗会等编：《无准师范禅师语录》，《续藏经》第70册，第5卷，第272页下。
② 同上。
③ 圆悟克勤撰，绍隆等编：《圆悟佛果禅师语录》，《大正藏》第47册，第20卷，第810页中。
④ 同上，第810页下。

骂,逐之居净慈寺。为人诵经、下火得酒食,不待召而赴。”[①]表明道济和尚用为人诵经、做下火佛事来换取酒食。

下火文作为佛教葬仪存在后,逐渐从寺院高墙走进平常百姓生活。在《藏》经的禅师语录中,不难发现除了大量僧众下火文,还出现不少居士下火文,以及与居士有亲属关系的民众下火文,甚至出现了为主人珍爱的某物,有生命或无生命的,所写的下火文。下火文的适用对象范围扩大,而且语言文字也变得活泼生动。一直到现在,下火文这种葬仪文辞仍得以继承、流传下来。

二　禅宗下火文的历史流变

作为韵文形式的葬仪法语的下火文,随着时代变更,其名称、内容、应用、形式也在不断发生变化。从这些变化中,可探究中国传统文化与佛教禅宗思想发展的脉络。

(一)下火文名称之变化

下火、秉炬、举火(炬)都是与荼毗相关的葬仪。丁福保《佛学大辞典》中对“秉炬”有解释,云:

> [秉炬](仪式)禅林之语。与通常所言下火同,别曰秉炬者,因秉炬语长、下火语短,下火一人行之,秉炬数人行之。行荼毗式时,秉炬火为法语之佛事也。若用真火、则移刻易烬,故刻木炬涂朱为火之状,或用红锦缯造花著之于炬首,不点火。[②]

丁氏认为,秉炬与下火,并无分别。之所以有“秉炬”之称,是因为秉炬语长、下火语短;下火由一人操作即可,秉炬需数人共同参与[③];秉炬只是做个样子,多

① 明和撰:《续补高僧传》,《续藏经》,第 77 册,第 19 卷,第 501 页上。
② 丁福保:《佛学大辞典》,(上)上海书店,1991 年版,第 1299 页。
③ 《丛林校定清规总要》卷二记载:若亡僧,“请住持秉炬(直岁度火炬,无直岁,则监作行者度)。”惟勉编,参见《续藏经》第 63 册,第 614 页中。

刻出木炬，涂以红色象征的火状；或用锦缎等丝织品，折叠出如火的花状，包裹于炬首，是不点火的；下火则是直接点燃火把。另《敕修百丈清规》卷六云："秉炬必请住持举佛事。"[①]进一步指明，秉炬仪式是要请住持来主持的。而《百丈清规证义记》卷五也云："唯秉矩，即举火，须住持亲说。今时亦命班首，有违古制。"[②]由班首代替住持主持秉炬葬仪的，清僧视为违背古制。

丁氏的解释不尽完善：第一，下火与秉炬都是葬礼仪式。有的寺院佛事将此两种葬仪做了区分，其文辞分别记录为下火文和秉炬文。如临济宗北涧居简(1164—1246)禅师有下火文 7 篇，秉炬文 9 篇；又如临济宗石田法熏(1171—1245)禅师有下火文 12 篇，秉炬文 1 篇[③]。有的则无此细致分类，文辞笼统称以下火文或秉炬文。第二，下火与秉炬都属寺院佛事或小佛事。禅宗语录中下火文一般归入"小佛事"类，但有题名秉炬文的葬仪，也被视为"小佛事"，如《介石朋智禅师语录》卷一《小佛事》所载。第三，下火与秉炬是不同的葬礼仪式，两者区别在：(1)秉炬需由住持主持，下火无此要求；(2)秉炬由多人参与，下火只需一人操持；(3)秉炬不点燃火把，下火则需点燃火把；(4)秉炬文多数偏长，下火文则较简短，然也有特例。下火文较长的，如临济宗了庵清欲禅师(1288—1363)的《为曙讲主下火》文：

> 几时不得问平安，今日重来已涅槃。宝铎自从天上去，金棺还向火中焚。某人，亲见老南，高提正印。四河翻辨，两董名蓝。不离百界千如，妙阐一心三观。能事既毕，袖手来归。高卧一庵，大忘人世。(以火把打圆相)敢问大众，且道：者个是假观耶，空观耶，中观耶？若向者里科点得出，便见旸谷讲师六十四年前。无假不空，无空不假。六十四年后，全空即假，全假即空。正当六十四年中，假空俱不立，中道亦非安。直饶与么批判得去，也出者个圈子不得。出得出不得，拈向一边。毕竟胜热婆罗门，今日说什么法。咄！看渠五热炙身时，十虚猛焰同时发。[④]

① 释德辉重编，释大沂校正：《敕修百丈清规》，《大正藏》，第 48 册，第 6 卷，第 1148 页。
② 怀海集编，仪润证义，妙永校阅：《百丈清规证义记》，《续藏经》第 63 册，第 5 卷，第 436 页下。
③ 参见《北涧居简禅师语录》卷一，《续藏经》第 69 册，第 680 页上—682 页上；《石田法熏禅师语录》卷四，《续藏经》第 70 册，第 354 页中—355 页上。
④ 了庵清欲撰，一志等编：《了庵清欲禅师语录》，《续藏经》，第 71 册，第 3 卷，第 330 页下。

秉炬文短小的，如无准师范禅师的《为开上座秉炬》："生从何来，铁树花开；死从何去，云收岳露。去来生死两俱忘，火自炎炎风自凉。"[①]以及《为海观上人秉炬》："观大海者难为水，穷尽烟波一沤尔。如今沤灭无可观，回头丧尽自家底。一不成，二不是，白日青天火把子。"[②](5)秉炬文对象宽泛，人物、风景都可成为题材，下火文则仅针对亡灵[③]。

下火之所以被认为与秉炬并无分别，是因为一些题名"秉炬"的葬仪文辞，其中描述的是"掷下火炬(或火把)"的下火仪式。如无准师范禅师的《为觉上人秉炬》文："迷本无迷，觉亦非觉。才涉丝毫，病如山岳。且膏之上，肓之下，如何发药。掷下火炬云，拟不拟便著。"[④]故使人认为，下火与秉炬是一回事。

佛教禅宗葬仪中，下火与举火(炬)也常通用。文辞题名虽不同，但实际操作描述则显示，两者也是一回事。作为佛教葬仪，举火(炬)指的是举着火把(炬)说。通常情况是，说完，或直接扔下火把(炬)，或先打一圆相，再扔下火把(炬)。如临济宗密云圆悟禅师(1566—1642)的《为乘白举火》文："举起火炬云，乘白烧化，密云举火，呈示大众，无可话堕。攛火炬云：虽然如是，直令彻骨透光明，十方世界无处躲。"[⑤]又如其《为超闻下火》文："以火炬指云：超闻超闻，千做万做，不离者个。我今助汝一把火，令汝觌面相见。南北东西信脚行，天堂地狱如梭过。攛下火炬。"[⑥]"攛"是抛掷之意，这是说完文辞，直接掷下火炬的。还有先"打一圆相"，再掷下火炬的。所谓"打一圆相"，是指举着火把(炬)在空中画个圆圈，或者画个圆圈，然后在中间(指)点一下，形同⊙[⑦]。如密云圆悟禅师的《为亡僧举火》

① 无准师范撰，宗会等编：《无准师范禅师语录》，《续藏经》第70册，第5卷，第272页中。

② 同上，第272页下。

③ 如释德因的秉炬文分别题为"春、夏、秋、冬、僧、道、士、农、工、商、老、少"，而下火文则题为"双僧、武官、老人、妇人、小儿、吏人、因醉渡桥溺死、僧溺死、妓溺死、耕牛"。参见《高峰龙泉院因师集贤语录》卷十三，《续藏经》第65册，第48页上—49页下。

④ 无准师范撰，宗会等编：《无准师范禅师语录》，《续藏经》第70册，第5卷，第272页中。

⑤ 密云圆悟撰，通奇编：《密云禅师语录》，嘉兴藏(第10册)，新文丰出版公司，1987年版，第12卷，第68页中。

⑥ 同上，第68页下。

⑦ 也有的是在空中画个圆圈，然后左边划两下，右边划两下，形同。参见《华严圣可禅师语录》卷五《为治平慧觉和尚起龛》，《嘉兴藏》第35册，第804页上。还有的是在空中画两个圆圈，形同。参见《竺峰敏禅师语录》卷三《下火》，《嘉兴藏》第40册，第237页上。

文:“举起火炬云:光焰焰净裸裸,南北东西无可不可。复打圆相云:会则遍界分身,不会与你把火。”①

若论下火与举火的细微差别,有的佛教葬仪“起龛”后即举火。如《牧云和尚七会语录》卷三、《百痴禅师语录》卷二十八、《昭觉丈雪醉禅师语录》卷七,等等所载,其“起龛”文后紧随相关的“举火”文、“举炬”文。甚至有的直接标目为“起龛火”文,如《寂光豁禅师语录》卷六所载。表明这些葬仪,是起龛后即行举火荼毗。因举火荼毗实际操作相当于下火仪式,故在《浦峰法柱栋禅师语录》卷二中,既有《为铁脚禅德起龛举火》文,也有《为拙之大德起龛下火》文,可知举火与下火,两者有时也无差别,实为一回事。

(二)下火文内容之变化

早期下火文,内容沿袭传统祭文。如北宋曹洞宗投子义青禅师(1032—1083)的《为亡僧下火》:

> 拈起火把云:“大众还会么?昔日拘尸城畔,三世诸佛,递相传授。今日寂住峰前,依而行之。大众若也会得,向红炉焰里,活得天下人性命;若也不会,不免为众竭力。”良久云:“呜呼哀哉,伏惟尚飨。”②

义青禅师举起火把,用佛教的语言,说了一番祝慰亡者的话语,末尾的“呜呼哀哉,伏惟尚飨”,出自唐代陈子昂的《祭韦府君文》。意思是:哎呀,为你的离去感到好痛苦。现在伏在地上恭敬地请你(指被祭者)来享用供品。这里袭用了传统祭文的结束语。又如北宋曹洞宗丹霞子淳禅师(1064—1117)的《为亡僧下火》文:“大地雪漫漫,临行一句难。泥牛沉巨浸,玉马火中寒。诸人若向这里委悉得去,可谓来如月分众水。去似云散千峰,苟或未然。伏惟尚飨。”③也沿用了传统祭文的结束语。

---

① 密云圆悟撰,通奇编:《密云禅师语录》,嘉兴藏(第10册),新文丰出版公司,1987年版,第12卷,第68页上。

② 投子义青撰,自觉编:《投子义青禅师语录》,《续藏经》,第71册,第1卷,第739页中。

③ 丹霞子淳撰,庆预校勘:《丹霞子淳禅师语录》,《续藏经》,第71册,第1卷,第758页中。

随着佛教在中国的传播与发展，特别是禅宗的兴盛，下火文内容中有了佛教和禅宗的思想。具体说来，有四个方面的变化：

1.称名亡僧法名。(1)将法名按顺序嵌入。这有三种提法：或者文中直接点明法名，如宋代曹洞宗自得慧晖禅师(1097—1183)的《天童古泉和尚下火》文云："师举起火炬曰：从古难言火里清泉，三世诸佛未曾受传。趣向位则妙容俨然，退步机则白日青天。回互宛转朗应众缘，这个手段自还古泉和尚。即今临行一句，作么生道宣。(掷火曰)十方无别。三世莫迁。"[①]文中直接说出"古泉"和尚的法名。或者把法名按顺序拆开来说明，如自得慧晖禅师的《蒋山奇传和尚下火》文云："师举起火炬曰：奇特商量今古稀，传来派脉弄玄微。须知脱体卓然道，佛祖未曾知此机。且至这里，生也不道，死也不道，诸人要知落处么。(掷火曰)火里昙华朵朵奇[②]。奇传和尚的法号"奇传"二字被分别嵌入两句话中。或者仅嵌入其法名中的一个字，如元末明初临济宗了堂惟一禅师(1301—1384)的《宗首座火》文："我宗无语句，亦无一法与人。仰山梦升天宫第二座，说摩诃衍法，有甚交涉。掷下火：唤作火，则烧杀你；不唤作火，则冻杀你。"[③]仅将"宗首座"的"宗"字嵌入下火文中。(2)将法号颠倒嵌入。如临济宗雪岩祖钦禅师(1215—1287)的《清妙侍者火》文："佛祖道妙，绝点纯清。全体全用，三唤三应。虽然病在心腹，依前不堕常情。作么生，灰飞烟灭，转见光明。"[④]把亡僧的法名"清妙"二字颠倒嵌入了下火文的第一、二句中。

2.蕴含禅语、禅机或禅宗公案话头。如临济宗物初大观禅师(1201—1268)的《心庄主火》文：

> 将心来为汝安，家产已遭籍没。觅心了不可得，不知身在帝乡。将错就错，死路活行，阔角泥牛火里耕。[⑤]

"将心来，与汝安""觅心，了不可得"，这是慧可见达摩，乞于安心法时，达摩

① 慧晖撰，了广编：《净慈慧晖禅师语录》，《续藏经》，第72册，第6卷，第148页上。
② 同上。
③ 了堂惟一撰，宗义等编：《了堂惟一禅师语录》，《续藏经》，第71册，第3卷，第480页上。
④ 雪岩祖钦撰，昭如等编：《雪岩祖钦禅师语录》，《续藏经》，第70册，第4卷，第642页中。
⑤ 德溥编校：《物初大观禅师语录》，《续藏经》，第69册，第1卷，第698页下。

与慧可的对话，旨在弘传“明心见性”的达摩宗风。又如临济宗介石智朋禅师的《凝知客火》文：

一片虚凝，天花乱雨。电光影里，送往迎来。要且不知茶盏落处，凝知客，诺，吃茶去。①

“吃茶去”是唐朝禅宗大德赵州从谂禅师的话头，说明禅的修证，需要自己去体验和实证。又如临济宗天如惟则禅师（1286—1354）的《让后堂火》文：

说法兜率宫，让他第一座。翻身涅槃岸，夺得最初机。离四句，绝百非，烈焰堆中更发挥。②

“离四句，绝百非”是非常有名的禅语，四句是指“有”一句，“无”一句，“亦有、亦无”一句，以及“非有、非无”一句，所谓“离四句，绝百非”意思是语言、逻辑都是有限的，若能彻悟佛法的万法缘起性空，则能看破、放下，得自在。又如《石溪心月禅师杂录》卷一的《为朱老郎（下火）》文中有“平生妙用与神通，运米搬柴第一功”③。“神通并妙用，运水及搬柴”是庞蕴居士的偈语，旨在告诉石头和尚，应该从日常生活中自然证道，因为禅就是生活，种种劳作，都是修行。

3.宣讲肉身不实，追问本真面目（佛性、菩提）。下火文中会说一、两句与“火”“烧”字有关的话，主旨在点醒世人，勿执着贪念不实的肉身。如临济宗剑关子益禅师（？—1267）的《德善净头下火》文中有：“正与么时，不思善不思恶，如何是德善净头父母未生已前本来面目。（掷下火把云）照顾火烛。”④又如临济宗元叟行端禅师（1255—1341）的《为此上座下火》文云：

此虚妄身若无，六尘则不能有。火里蝍蟟，吞却山河大地了也。今者妄

① 正贤编：《介石智朋禅师语录》，《续藏经》，第69册，第1卷，第806页下。
② 惟则撰，善遇编：《天如惟则禅师语录》，《续藏经》，第70册，第5卷，第794页上。
③ 石溪心月撰：《石溪心月禅师杂录》，《续藏经》，第71册，第1卷，第77页上。
④ 剑关子益撰，善珙等编：《剑关子益禅师语录》，《续藏经》，第70册，第1卷，第365页上。

身，当在何处。[①]

又如介为行舟禅师（1611—1670）的《为徐氏母子火》文中有："徐氏屺瞻母子，还知自己安身立命处么！从今豁却臭皮囊，一火化身千百亿。"[②]将人之身比作一个臭皮囊，点醒世人，勿执著所谓"我"的存在。而临济宗水鉴慧海禅师（1626—？）的《举火》文中云：

任尔英雄与杰士，到头难免换皮囊。今朝劫火洞然发，触著通身放宝光。[③]

也是说明每个人来到这个世间，就会面临必然不会缺少的死亡，不管你的地位高低、财富多少，最终我们的肉身都将在火里化成灰烬。

宣说佛法中佛性、菩提之真实，也是下火文的重要主题。如临济宗横川如珙禅师（1222—1289）的《为正上座下火》文云："玄沙云，亡僧面前，正是触目菩提。举火把云：劫火洞然。大千俱坏，惟菩提不坏。"[④]意思是，人的肉身之腐朽、被烧化，正是为了帮助我们认识、领悟菩提的永恒。又如自得慧晖禅师的《育王万庵和尚下火》文云：

师举起火炬曰：万年一寿灵松下，庵外玉栏人不到。这个性空火里冰，即今为孰秋容好。剥却身心向去，则识蛇拨草归天上。及尽功勋转步，则心马著鞭超万象。毕竟如何道着去，赫烁火星飞妙相。（以火画圆相掷曰）尽大地中无达者，寂光明土昧真性。[⑤]

也是说，火光中人们会别有一番滋味在心头，咂摸这些滋味的同时，会更加

① 元叟行端撰，法林等编：《元叟行端禅师语录》，《续藏经》，第71册，第1卷，第516页下。
② 行舟撰，超修等编：《介为舟禅师语录》，《嘉兴藏》第28册，新文丰出版公司，1987年版，第6卷，第254页下。
③ 慧海说，原澄等编：《天王水鑑海和尚五会录》，《嘉兴藏》，第29册，新文丰出版公司，1987年版，第4卷，第297页中。
④ 横川如珙撰，本光等编：《横川行珙禅师语录》，《续藏经》，第71册，第1卷，第182页上。
⑤ 慧晖撰，了广编：《净慈慧晖禅师语录》，《续藏经》，第72册，第6卷，第148页上。

向往真性之灵光。而清代临济宗佛语彻御禅师的《良宪火》文中则盛赞亡者云：

> 成住坏空，天之时也；生老病死，人之数也，又何异焉。然而我良宪居士，不断烦恼而明佛性，不舍生死而证涅槃，去亦不灭，来亦不生。试问大众，生死即且置，不去不来一句，作么生道！以火炬作此⊙，震威一喝云：扑破酰鸡瓮里天，随方游戏庄严海。①

成住坏空，是佛教对于世界生灭变化的基本观点；生老病死，是佛教对人生变化的基本观点。此下火文主旨在说明"不断烦恼而明佛性，不舍生死而证涅槃"的佛理，唯有破无明、断烦恼，才能开显本具之佛性，天地之间任逍遥。

4.祈愿净土（弥陀）世界为归宿。以净土信仰为亡灵归宿，也是下火文的主题之一。如明末清初临济宗破山海明禅师（1597—1667）的《为含平禅人下火》文："师举起火炬云："含平含平，舍死趣生。撒手去处，火焰腾腾。"撺下火云："大众举阿弥陀佛送伊一程。"②直指阿弥陀佛为最终皈依。其《为廓虚禅人下火》文中亦云："大众同念《弥陀经》一卷，助伊东擂西驰。"在《为空如知事下火》文中，破山禅师更是直接祝愿亡灵："乘愿往生，安养国土。"③均对人死后，往生极乐净土世界给予了美好期待。又如清代临济宗秀野明林禅师（1614—1685）为印文法师所撰下火文，待撺下火炬，说的是："欲问印公安乐土，西方端坐宝莲池。"④

（三）下火文应用之变化

下火文起初主要是用于亡僧火化时唱诵的韵文，后来逐渐突破寺院的围墙走向社会大众，应用于居士、或者与寺院有密切关系、参与火葬的俗家子弟。如《希叟绍昙禅师广录》卷七所载"小佛事"中有《为吕县尉孺人陈氏下火》《为刘郎

---

① 佛语彻御说，法乘秀等编：《佛语御禅师语录》，《嘉兴藏》，第35册，新文丰出版公司，1987年版，第1卷，第780页上。

② 海明说，印正等编：《破山禅师语录》，《嘉兴藏》，第26册，新文丰出版公司，1987年版，第20卷，第91页中。

③ 同上，第92页上。

④ 明林说，最正等编：《秀野林禅师语录》，《嘉兴藏》，第36册，新文丰出版公司，1987年版，第3卷，第606页下。

下火》《为元街坊下火》《为湘南叟下火》文[①],分别是为吕县尉的夫人陈氏、一位刘姓人氏、一位元姓街坊、一位湖南南部老者所做的下火佛事。又如清代《一初元禅师语录》卷二所载"佛事"中有《为顺寰梁居士外母超有安人举火》《为养恒陈居士外母沈氏安人举火》《为桐邑茂如胡居士室人吴氏举火》《为桐邑天衢陆居士先严敬溪居士母钱氏安人并室人吴氏起棺举火》《为良谟沈居士伯姆朱氏安人举火》《为新丰孟嘉高居士室人王氏举火》《为净行者先考允升王公举火》《为净行者先母应氏孺人举火》《为朱门张氏机礼安人举火》《为机勇殳氏先夫明征朱公举火》文[②],分别是为梁居士的岳母超有夫人、陈居士的岳母沈夫人、胡居士之妻吴氏、陆居士的婆婆钱夫人和其妻吴氏、沈居士的伯母朱夫人、高居士之妻王氏、净行者之父王允升、净行者之母应氏、朱门张夫人、殳氏之夫朱明征所做的下火佛事。

甚至动物乃至无生命的物什,僧人也会为其做佛事,念诵下火文。如临济宗希叟绍昙禅师(?—1297)有篇《与灵鹫猿下火》文:

> 红树栖云,古藤挂月。捷影一飞,清吟三叠。直下息攀缘,死生心路绝,无复经行异类中。(掷炬云)火聚何妨参胜热。[③]

是一篇写给猿猴的下火文。又如清代憨予洪暹禅师的《为天鹅火》文:

> 心佛众生原不二,觉迷幻妄有形差。杖头拨出通天窍,任运风流没一些。举炬云:会么?直下明明无背向,凤雏越格是生涯。[④]

是为一只天鹅所做的下火佛事。这一方面说明中国佛教走向世俗化,其"普渡众生"的精神愈加光大;另一方面则表现出中国寺院经济的特点,即为社会提供服

---

① 希叟绍昙撰,法澄等编:《希叟绍昙禅师广录》,《续藏经》,第70册,第7卷,第480页上—482页中。
② 元说,真开等编:《一初元禅师语录》,《嘉兴藏》,第29册,新文丰出版公司,1987年版,第2卷,第395页中—396页中。
③ 希叟绍昙撰,法澄等编:《希叟绍昙禅师广录》,《续藏经》,第70册,第7卷,第409页下。
④ 憨予洪暹撰,法云等编:《憨予洪暹禅师语录》,《嘉兴藏》,第33册,新文丰出版公司,1987年版,第6卷,第584页上。

务的佛事活动，也是争取信众、获得供养的方式之一。

(四)下火文形式之变化

下火文作为葬仪文，其形式也随着时代不断变化：

1.既有严肃庄重的，也有趋于俗趣戏谑的。作为葬仪文而作的下火文，一般偏于肃穆。以诗的语言开首的下火文，并不多见，清代临济宗介庵悟进禅师(1612—1673)可为一例。如其《为敬畏庵日明耆旧火》文云：

师举炬云：林泉落莫正斯时，黄叶纷纭满路岐，聚散不知情自戚，槎椗岁岁露霜枝。这是吾祖无趣老人受用不尽处，幸我日明耆宿，固守一生，适来遽尔长往，金明无可荐扬，惟赠一星猛火。便擲下。"①

举炬所说四句七言诗，不仅押韵，读起来朗朗上口，而且很好地表露出送葬者对亡者的叹惋、惆怅之情，堪为佳作。

然而也有下火文偏于戏谑。如南宋道济和尚为一只死去的蛤蟆诵下火文，云：

这个虾蟆，死也掘强。瞑目并牙，踯跌合掌。佛有大身小身，即非我相人相。一念悟来，离诸业障。咦！青草岸边寻不见，分明月夜梨花上。②

又如道济和尚还为一只善斗的蝈蝈死了，念诵下火文。其文云：

这妖魔本是微物，只窝在石岩泥穴。时当夜静更深，吽彻风清月白。直聒得，天涯游子伤心，寡妇房中泪血。不住地只顾催人织，空费尽许多闲气力。又非是争夺田园，何故乃尽心抵敌。相见便怒尾张牙，扬须鼓翼。斗过数交，赶得紧急。赢者搧翅高声，输者走之不及。财物被人将去，只落得些食

---

① 悟进说，真理等编：《介庵进禅师语录》，《嘉兴藏》第29册，新文丰出版公司，1987年版，第10卷，第366页中。

② 沈孟柈叙述：《济颠道济禅师语录》，《续藏经》，第69册，第1卷，第608页中。

吃。纵有金玉雕笼，都是世情虚色。倏忽天降严霜，彦章（促织取名王彦章）也熬不得。今朝归化时临，毕竟有何奇特。仗此无名烈火，要判本来面色。咦！托生在功德池边，却相伴阿弥陀佛。①

而清代临济宗百痴元禅师（？—1662）有首《因僧戏象棋将棋子下火口占一律》："不识娘生第一筹，争先决胜几时休。兵车已犯田单策，象马难逃赤帝愁。炮响数声轮焰火，士行无路烂焦头。将军借问今何在，笑汝诸人折劲矛。"②为象棋子下火，且题名已点明有"戏"作成分。

2.或念念有词后，掷下火把；或先云打一圆相，再掷下火把。前者在短小的下火文中较常见。如临济宗高峰原妙禅师（1238—1295）的《若琼上座火》文云："举炬云，向遮里荐得，拈一茎草，即是琼楼玉殿。不然，琼楼玉殿，即是一茎草。掷下火云：剔起眉毛火里看。"③后者在北宋葬仪中已有，但在南宋及以后葬仪中较为常见。如北宋临济宗黄龙派死心悟新禅师（1044—1115）为晦堂和尚下火："死心执炬曰：不是殃门累及我，弥天过犯不容诛。而今两脚捎空去，不作牛兮便作驴。遂以火矩打一圆相，云：'只向这里雪屈。'擗下火矩，应手而爇。"④又如南宋高峰原妙的《明山都管火》文云："以火打圆相云，遮里见得，便见山即山，水即水。大洋海底火星飞，天目峰头波浪起，不然。掷下火云：家家门前火把子。"⑤再如南宋临济宗兀庵普宁禅师（1197—1276）的《蒙庵主下火》文："佛心宗赈愚蒙，出生死绝罗笼，泥牛入海觅无踪。以火把打圆相云：扶桑依旧一轮红。"⑥均云以火（把）打圆相。

禅宗丛林的葬仪越往后越形成规制，有入龛、移龛、锁龛、法堂挂真、举哀、奠茶汤、对灵小参、山门首真亭挂真、奠茶、奠汤、秉炬、安骨、提衣、起骨、入塔、入祖堂、全身入塔、撒土等诸多仪式。

---

① 沈孟柈叙述：《济颠道济禅师语录》，《续藏经》，第69册，第1卷，第616页中。
② 百痴元说，宣超等编：《百痴禅师语录》，《嘉兴藏》，第28册，新文丰出版公司，1987年版，第30卷，第158页上。
③ 原妙撰，门人参编：《高峰原妙禅师语录》，《续藏经》，第70册，第2卷，第697页下。
④ 雪堂道行编：《雪堂行拾遗录》，《续藏经》，第83册，第374页上。
⑤ 原妙撰，门人参编：《高峰原妙禅师语录》，《续藏经》，第70册，第2卷，第698页上。
⑥ 净韶等编：《兀庵普宁禅师语录》，《续藏经》，第71册，第3卷，第21页上。

三 禅宗下火文的文化意蕴

佛教禅宗下火文作为佛教葬仪法语之一，是对人的生与死的回顾与反思。这种葬仪及其法语,具有深刻的文化意蕴:

1.丰富补充传统文化葬仪文辞。佛教葬仪文辞,既是中国佛教文学不可分割的组成部分,又是印度佛教中国化过程中最直接的文本体现。下火文作为佛教葬仪文辞之一,不仅为后世提供了大量的文学创作素材,而且促成了佛教葬仪法会的形成与传播。

下火文作为祭文,表述的是生者对亡者的哀思。它采用韵文形式,或简略描述亡者生平故实,或直接拈取佛教教理教义进行宣讲,其中不乏优秀之作。虽然明代胡应麟曾说:"浮屠有为下火文者极鄙陋,而《佛祖通载》著之,殊可笑也。"① 然而从民间俗文学的角度来看,这反映了当时民间僧众与受众的听法水平。

2.彰显大乘佛教及禅宗思想。佛教葬仪文辞有其特点,即蕴含丰富的大乘佛教以及禅宗思想。佛教的传入是中国一大事因缘,其基于缘起论的生死一如说,因果报应说,以及空观智慧,佛性思想等等,都是中国传统文化的有益补充。

下火文彰显的佛教思想基于缘起性空的理论：一切都是因缘和合而生,世间万事万物本无自性,或者说究其本性为空。下火文中的"性空真火,性火真空"②之宣说,是就火自身之性质而言,可称为"性火";但就火之本性而言,则为真空,故一把火点醒世人,烧去的只是一具皮囊而已。禅宗是中国特色的本土宗教,所传心印指出佛性人人具有。其南宗禅独树一帜,倡导明心见性、顿悟成佛、平常心是道等理论,其后更是用机锋公案、棒喝拂拳等方式,接引勘验学人。下火文中的禅语、禅机、公案,无不是借助禅宗独特的教学方式,旨在警醒世人,生死无常、生死一如的道理,且藉此揭示佛性之圆满。

3.服务现代社会实际需求。我国古代以土葬为主,也行火葬。火葬法于佛陀

---

① 胡应麟:《少室山房笔丛》,上海书店出版社,2001 年版,第 48 卷,第 498 页。

② 如《天如惟则禅师语录》卷五《依维那火》,《续藏经》第 70 册,第 794 页上。又如《石溪心月禅师杂录》卷一《月庭和尚第二把火》,《续藏经》第 70 册,第 75 页上。又如《南石文琇禅师语录》卷四《达性空首座火》,《续藏经》第 71 册,第 733 页上。又如《吴山净端禅师语录》卷二《为超法师举火》,《续藏经》第 73 册,第 78 页中,等等。

以前即行于印度,是处理尸体的方法。佛教火葬,始于佛陀,因为佛陀圆寂后,即采用荼毗方式,并获无数舍利。佛教东渐后,中国、日本亦多采纳用火葬,后成为流行中国丛林之俗语,称为“送往生”。禅宗寺院的火葬仪式及其下火法语,也成为信徒追随效仿佛陀的意愿体现。

佛教下火葬仪及下火法语,既宣讲了佛法,又服务于现代社会实际需求,可谓一举两得。人只要生下来,都会面临老病死之苦,亡者如何有尊严地离开,以及面对亡灵,活着的人如何体悟生命之宝贵与人生无常之间的矛盾,是值得每个人深思的人生课题。在下火现场,举行仪式,聆听法语,从生死上发心,打破疑情,既是对亡者最好的祭奠,也是对生者最好的提醒。

淡泊明志，宁静致远

——孙昌武先生的人格印象

宁稼雨

今年适逢孙昌武先生八十华诞，我不免思绪万千，感慨万千。孙先生的学术文章，高山仰止，海内共知，学界自有公论，但任何有大成就的学者（尤其是人文学科学者）往往不是单纯的学术机器，而往往具有令人感怀敬佩的人品和人格魅力。他们的学术文章是历史文化列车的车厢，会随历史驶向未来。但我深深以为，他们的人格人品也理应与历史文化列车同步，留给历史和未来。想到 30 年来与先生的共事求学交往，虽然遇事每每心有灵犀，尽在不言之中。但我想有些先生的高风亮节，写下来留给后人分享，也是中华传统美德传承的应有之义。回忆记录先生品德的过程，也是我等晚辈品德精神净化和升华的过程。

佛家最讲缘分，过去我也不尽信。但这些年想起我和孙昌武先生的交往，内心却不能不惊叹缘分之说的神奇。

事情要从 34 年前我负笈入关，来到津门南开求学开始说起。1982 年，我在辽宁师范大学本科毕业，考取南开大学中文系古代文学专业笔记小说方向硕士研究生，导师是刘叶秋先生和宁宗一先生。学校的录取通知书写明的报到时间是 9 月 1 日，此前我没有来过天津和南开，为保险起见，就提前一天来到学校。8 月 31 日下午来到学校后，迎新工作尚未开始，在安顿好宿舍之后，我便赶到当时在老主楼的中文系办公室，想与导师宁宗一先生取得联系。来到中文系办公室后，当时办公室其他老师不在，我在南开中文系见到的第一位先生竟然就是孙昌武先生。

记得当时孙先生身穿一件稍旧的深灰色中山装（这是那个年代的最普通的服装），应该是到办公室的信箱取信件。我向孙先生说明自己的身份，并打听宁宗一先生的住所。他没有任何为难和迟疑，痛快回答了我。这便是我和孙先生，也是和南开中文系第一个打交道的故事。这件事过去多年之后我几乎都要淡忘了，但后来和孙先生打交道越来越多，最后以至成为他的授业弟子时再想起此事，便感叹服膺缘分的魔力。

此后不久，在我硕士学习期间，孙先生受命东渡扶桑，赴日本神户大学任教。其间我和孙先生也就没有机会交往了。

我和孙先生的再次交往是从1985年我硕士毕业留校工作开始。当时南开中文系古代文学专业共有三个教研室：古典文学教研室、小说戏曲研究室和中国文学批评史研究室。我从受业的小说戏曲研究室毕业之后，来到古典文学教研室工作，与孙昌武先生同在一个教研室。时间很巧，在我留校工作不久，1986年，孙先生结束日本神户大学的工作回到南开。我们的交往也就由此开始了。

那是一个冬日周末的上午，我正在宿舍一边整理内务，一边欣赏德沃夏克的《自新大陆》录音磁带，小说戏曲研究室主任鲁德才先生陪同孙昌武先生来到我的单身宿舍找我。这让我受宠若惊，惊慌失措。不要说当时宿舍的狭窄局促甚至难以下脚令人感觉对师长不敬，就是从身份上说，我一个刚留校工作的后生晚辈怎么能承受起两位师长的造访？赶忙请两位先生局促入座，并请示来意。原来孙先生刚刚回国，与教研室诸位同事两年不见，疏于联络，想请诸位同事一起吃个便饭坐坐，联络一下感情。因为我留校在古典文学教研室工作后受命担任教研室秘书，鲁、孙二位先生便专程找我来联系大家安排一下此事。我当然责无旁贷，联系教研室诸位同事在天南街的文苑餐厅完成了这个光荣使命。当时南开校内和周围没什么饭店，更谈不上包间。十几位南开古典文学教研室同事在文苑餐厅大厅吃了简单便饭（记得到场的先生除了孙先生和我外，有郝世峰（已故）、王双启、鲁德才、郝志达（已故）、朱家驰、杨成孚（已故）、宋绵有、陈洪、张红等诸先生，交流了同事朋友情谊。大家一边感谢孙先生的盛情，一边从孙先生嘴里听到很多海外见闻（1986年时改革开放刚刚开始，大家对国门以外的世界知之甚少），气氛温馨亲和。

这是我第一次和本教研室同事有了这样近距离的深入接触和了解，也算是融入这个集体的开始。这虽然与学术研究没有直接关系，但后来的经历让我明白，好的学术研究，需要一个和谐稳定的环境。孙先生能在学术事业上成就大业，跟这种和谐相处的人际关系有着不可分割的关系。

说到人际关系，我感觉孙先生在这方面能够在适当的分寸上把握得游刃有余。一方面，他能和系里和教研室的同事们友好相处，相互敬重。对朱维之、朱一玄、邢公畹等老一辈先生，他是敬重有加，经常问候。另一方面，对平辈晚辈同事则是相互关心，相互照应。

这里尤其要说说孙先生与教研室同事杨成孚先生的交往。杨成孚先生出身北大，其学问根底之深厚，在南开中文系有口皆碑。但因身体和生活的困难影响了成孚先生的学术建树。一方面是长期病魔缠身，行动不便。他平常要拄拐杖外出行走，有时病情严重上课都需要学生用自行车驮到教室。另一方面，他家在郊区杨柳青，平常是一个人住在学校单身宿舍，周末回家。这对杨先生住校生活来说，既有生活上的不便，也有精神上的孤独。我作为教研室秘书，平日对杨先生的照顾和联系是分内之事，所以无论是有事上门联系公务，还是私人拜访，都是家常便饭。但我从杨先生的嘴里得知，教研室同事中跟他联系最多，对他最为关心的是孙昌武先生。他们之间大到学问之道，小到生活琐事，无不款洽投机，其乐融融。80年代校园普通教师都还没有家庭电话，相互联系只能步行或骑自行车登门拜访。而那个时候，也正是孙昌武先生处在学术事业建树的高产黄金时期。外人能看见的，只是孙先生的皇皇巨著和大块文章，也许根本想不到与此同时，他与教研室的普通同事（从现在的眼光来看，就是最没有利益上利用价值的同事）却保持着如此纯净如此圣洁的友情联系（这也正是当今社会和高校学界最最匮乏的东西）。

还应该提到的是我本人与孙先生之间的淡淡如水的君子关系。30多年来，我和孙先生兼有同事、朋友和师生三重关系。这三重关系可以说是我有生以来处理各种人际关系中最成功和最值得珍视纪念的关系之一。

从同事的角度说，可以说同事关系打开了我和孙先生联系交往的大门，成为进一步发展成为师生和朋友关系的基础。那个时代没有电脑，没有手机，没有网络，同事的交往都只能靠原始的人工手段。不太着急的事情可以用信件方式放在每个人在系里的信箱中。而着急一点的事情就只能靠教研室秘书跑腿来解决了（和现在从院系到教研室足不出户一个邮件就能遍告所有成员相比，那时的教研室工作量之大可想而知）。但正是这样的工作，这样的联系，却能有效地避免当下同事之间和单位领导群众之间那种老死不相往来的人际关系冷漠状况，具有一种原始淳朴的人际关系情感。而我和孙昌武先生的关系和感情，正是得益于这样一种工作关系基础之上的。它把普通的同事关系升格为相互照应帮助的友情关系。

随着工作关系的逐渐增多，我和孙昌武先生的交往增多，私人感情也逐渐加深。我们不仅交流学问，还有人生各种问题。巧的是，我儿子小学三年级的数学老师，正是孙先生的贤内助高淑珍老师。这样一来，我们的关系又加了一层。每次去孙先生那里，除了和孙先生交流外，必不可少的内容就是听高老师反馈儿子在学校课堂的学习情况。孙先生也时而插入家庭教育的意见。可以说，我们儿子的成长，也是倾注了孙先生夫妇的心血关注的。所以，由我个人与孙先生的私人关系，已经慢慢发展升格为我们两个家庭的关系。我们很多持家之道和为人处世之道，都受到孙先生夫妇的指导帮助。

当然，孙先生对我学术事业上的关心提携就更是无微不至，不胜枚举了。早在 1994 年，韩国和中国大陆刚刚建交不久，各种文化教育往来还不多。当时作为韩国大学三巨头（汉城大学（今首尔大学）、高丽大学、延世大学）之一的高丽大学中文系邀请孙先生前去任教。让我意想不到的是，孙先生和高丽大学中文系经过协商并得到同意后，竟然把这个机会让给了我。从 1995 年 3 月至 1996 年 2 月，我作为外聘教授在韩国高丽大学中文系任教一年。其间不仅传道授业，锻炼了对外汉语教学能力，而且还结识了韩国汉学界（尤其是中国古代小说研究界）的学者，为后来的跨国学术交流奠定了坚实基础。2007 年，浙江台州邀请孙先生参加济公文化国际学术研讨会，孙先生考虑到济公作为文学人物与我的学术领域关联，主动推荐我参加该会，使我在该领域扩大了学术视野和学界交往，并由此指导博士研究生撰写出《济公故事的文本演变与文化意蕴》博士学位论文。

当然，在学术事业方面让我受益最多，进步最大的还是在孙先生指导下完成的博士学位论文《魏晋士人人格精神》。

1997 年，我考入孙先生名下，成为孙先生指导博士学位研究生的开门弟子。此前我在《世说新语》和中古文化研究方面有些积累，1996 年我又获得一项教育部人文社科规划项目“六朝小说的文化研究”。因此，孙先生希望我在利用发挥以前基础上力争在学术上提升一个台阶，并给我提出具体建议，把博士学位论文范围锁定在《世说新语》的文化研究，尤其是魏晋士人精神史研究方面。为此，孙先生还特地向我推荐了日本学者吉川忠夫的《六朝精神史研究》一书，从而为我在这个领域的深入思考和研究开阔了视野，启发了新的研究角度。思路明确后，我每写完一章，孙先生都一一仔细阅读，提出修改意见。可以说，这篇论文的字字句句都凝聚了孙先生的心血。论文完成后得到学界的好评，已故著名学者侯敏泽先生和卞孝萱先生欣然作序，肯定成绩。其中主要观点也发出多篇论文，在学界产生一定影响。

如果说以上都是一些现实中摸得见看得着的具体关心的话，那么最令人刻骨铭心，永志难忘的还是那些精神上的鼓励和支持。由于多年的交往，我和孙先生在很多问题上能够没有任何顾忌地深谈。这一方面表现在很多学术问题和时局问题上，更重要的是在遇到人生重大问题，思想焦虑甚至彷徨时，总能得到孙先生在精神上的开导和宽慰。我以为，人生若能遇到这样的师长和挚友，是人生最重要的宝贵财富，而我则恰恰拥有了这样的幸运。

三十多年来我和孙先生的过从交往，不可不谓深厚。但外人也许难以想见我们之间交往的平淡和纯净。无论是作为同事、师生，还是挚友，发生一些物质往来都是极为正常的。但这方面一直让我对孙先生敬佩并感动的是，他的一贯作风是宽以待人，严以律己。无论是作为同事、弟子，还是朋友，对长辈有些简单的人情往来和礼貌性的薄礼，应该是情理之中的。但孙先生却从不接受哪怕是微薄之极的小礼物。记得 1995 年那次由孙先生引荐，去韩国高丽大学任教一年。这是孙先生对我的提携和厚爱，我感铭无以，思有报答。暑假回国探亲时，我给孙先生带了一盒韩国高丽人参表表心意。但没有想到的是被孙先生拒收了。理由是礼物太重，根本用不着。我虽然十分不过意，但也无法勉强。于是，这些年来我对孙先生的情意心意，只能局限在以一些再简单不过的方式来表达。比如我家里腌制了东北酸菜，送一颗给东北老乡品尝家乡菜的味道，如此而已。这么多年来我只请孙先生夫妇单独吃过一次饭。那是 1993 年孙先生应邀去韩国岭南大学任教一年。结束回国时从仁川乘船回到天津港。因一年工作寒暑变化，行李较多。在孙先生安排下，我找好出租车，跟车去天津港接他们回家。回到南开校园天色已晚，他们刚回到家里没法生火做饭，那时西南村也没有吃饭的地方。

我提前安排在我家简单吃了一点家常便饭。诸如此类，仅此而已。

作为晚辈和弟子，为长辈和老师做些事情本来是理所应当的。但孙先生从来都是自己能做的事情尽量自己做。实在需要别人帮助的，他都将其视为一种人情，要用适当的方式予以回报。1993年孙先生去韩国任教期间，天津家里各种信件，以及托人把孙先生需要的生活物品带到韩国等事务都由我代劳。这本来也都是些举手之劳的份内之事，但孙先生却将其视为重重的人情。回国时特地从韩国专门为我带回来一个当时在中国大陆还是稀缺之物的电饭煲。我们夫妇是却之不恭，但实在又是受之有愧。2005年我买车之后，跟孙先生说如果需要用车不要客气。孙先生往往也是遇到重要事情才肯开口。比如有几次有国外重要客人来访，像美国著名汉学家康大维教授来北京访学交流，专程从北京来天津拜访孙先生。孙先生请我开车陪同他和康大维教授游览天津市容。这实际上也是给我提供了和国外汉学家交往沟通的机会。2010年暑假，孙先生的两个女儿都从国外回来探亲，全家难得团聚，很想一起游玩一下。于是要我开车带全家游览了天津市容。这点小事做完后，孙先生全家还特地设宴款待我和一起帮忙的张培锋师弟。2015年暑假，我们夫妇应邀赴日本爱知大学讲学并参加该校孔子学院成立10周年纪念活动。孙先生得知后主动与在日本京都的大女儿联系，要她帮我提供一些在日期间的帮助。这些事情虽然不大，但孙先生对晚辈无微不至的关心和情谊，让人难以忘记，难以言表。

我认为：一位学术上取得杰出成就的学者，必然有其人格力量的支撑。正是这种杰出人格力量的支撑，才无论是应对人生重大事件，还是面对日常生活琐事，都能够淡泊宁静，严以律己，宽以待人，能够从人生境界上来把握自己，并影响别人。也正是从这个意义上，我觉得孙先生不仅是我个人学术和人生方面的导师，也应该是很多年轻人的人生楷模。孙先生在学术上取得那样的成就，是跟人格上的这种境界和操守分不开的。就在几天前，孙先生在悼念傅璇琮先生逝世的文章中提到，越是在学术窳败的年代，傅璇琮先生的人格也就愈显珍贵。我以为，这句话同样可以用在孙先生身上。正是傅璇琮先生、孙昌武先生等一批这些用人格实践其学问的学者的存在，才证明了中国当代部分文人在窳败的学术和社会环境下，还仍然坚守一份淡泊明志，宁静致远的人生境界，给学术史留下一丝希望的光亮。

我所认识和理解的人文知识分子的信念与品质

——贺孙昌武先生80寿辰

刘俐俐

2016年孙先生80岁了。贺寿者都是孙先生遍布海内外的学生。我与孙先生为南开大学中文系同事而非师生，但是，借此机会，我愿意回忆这许多年我和孙先生的交往和情谊。借助我尊敬的孙先生，思考人文知识分子该有怎样的信念和品质。

我与孙先生没有师承关系，确切地说亦师亦友。我1998年5月由兰州大学中文系进入南开大学中文系任教。天津对我是座陌生的城市，南开大学没有我的老师。我的专业是文艺学，孙先生的研究专长是佛教和道教文化与文学，尤其是佛教文学。就专业来看也有一定距离。最初的认识和交往方式很自然：打招呼、问候，孙先生非常平易地介绍天津和南开大学及中文系的历史。交往逐步深入，随后，我逐步遇到了教学和研究中的问题，甚至诸多心理困惑，慢慢地说给孙先生，有寻求帮助和解脱的欲望，孙先生给予我的帮助方式很有些意思：他不以教训或告诫方式，摆脱眼前具体事和具体人，却说一件自己的往事，某个业已作古大师的轶事，甚至某段历史、某个禅宗故事。但是亲切自然，我听明白了，豁然开朗，知道了原来还可以这样看待事物，理解世界。多年之后的今天，我明白了，这就是佛教禅宗拈花微笑式的以心传心，是师徒心理默契与相通的方式。这种方式重要的在于师者：对禅理有了透彻的理解，有博爱之心，次者在于学生：心诚、聪颖有悟性。有此二者，方可彼此默契、心神领会、心意相通、心心相印。多年以后，我慢慢品味，我逐步摆脱精神低迷、心胸开阔起来，孙先生是我的指路人和最好的老师和朋友。由此，我也深入思考了孙先生的指点方式：尊重他人的自尊心，认可每个人的成绩和优长。彼此平等对话。这恰是一位导师和长者的宽厚、善良的风范与品格啊。我举一件小事：我在现实生活中通过直觉发现，每个人都有缺点、片面，可是为什么在评价一件事情或者一个现象的时候，却可能出现空前的正确呢？缺点或者毛病甚重的人为什么作出了准确的判断和评价？对此，孙先生从佛教哲学角度给了我一个非常圆满的解说。在理论上回答了我来自感性经验的困惑。经历这许多事，我与孙先生逐步成了没有师承关系的师生，更是好朋友。

相处时间久了，我从被帮助者逐步理解、发现并总结了如孙先生这样的帮人者的精神世界是怎样的。质言之，孙先生有着怎样的人文知识分子品格呢？在我看来，孙先生对现世纷争和利益始终处以平常淡泊之心，他的心灵始终是平静的。由此才能坐拥书城，并且沉浸在丰厚的典籍和学术研究中。他的心灵平静来自对世事险恶和人之复杂看得很透彻，由此而坦然面对挫折和困难，做到了"骤然临之而不惊，无故加之而不怒"，这是天下之大勇者。孙先生也多次拿苏东坡的《留侯论》中的这两句话提醒我。孙先生内在力量很强大，《文学与宗教——孙昌武教授七十华诞纪念文集》的《编辑缘起》有一句话："孙教授早年坎坷"，这句话后面是多少坎坷，不是一句两句说得清楚的。但是，坎坷没有磨平孙先生追求学术的意志，他的人生态度进取积极阳光。外在表现呢？我发现，他低调、内敛，从不张扬，淡泊宁静。看透世界和人性而不消沉，淡泊宁静而积极进取，这是怎样一种境界啊！我连想起前段时间，我国屠呦呦获得诺贝尔奖，在接受采访和领奖的所有场合，她的神态始终是平静，顶多是欣慰，绝没有喜形于色，更没有欣喜若狂，除了年纪原因，在我理解，这恰体现了泰然处之的人生境界。孙先生亦然。这是何等有魅力的精神世界啊。为此，我很看重和孙先生的友谊，每隔一两个月到他家客厅里坐坐，和孙先生及其夫人高老师谈谈话，把这看作人生一大享受。

人文知识分子的品质与他的信念是密切联系的两个方面。品味和认识了孙先生的人品，我继而思考，这种人品和风范，其内里的信仰和理念如何？思考这个问题，与我的学术也相关。我研究文学理论，理论是科学研究的成果，而文学则是感性的情感活动之结果。处理两者之关系，与孙先生面对的佛教和佛教文学研究的关系，都同样地要处理感性与理性、信念与责任之间的关系。我进而以孙先生为聚焦点，将问题凝练为：孙先生研究佛教，他信仰佛教之信仰吗？抑或不信仰却理性地研究？如果是前者，属于信仰范畴，自然遵循信仰伦理，如果是后者，属于理性范畴，自然属于责任伦理。就我理解，他属于后者，也就是说，他将佛教及其文学视为研究对象，并不执着于佛教信仰。那么，他是怎样既通佛理，由将其内化为理性思维的佛教文化与文学研究中？

所谓信念伦理，是指在信仰者那里，对其信仰对象的信仰是无条件性的。因为它非常纯洁高尚无可替代。信徒的任务，就是盯住信念之火，不要让它熄灭。至于其行动即便引起罪恶的后果，罪责并不在他，而在于这个世界，在于愚蠢，或者，在于上帝的意志让它如此。至于信念所引起的行为导致的罪责，责任不在信仰者。从有责任心的人来说，这确实不负责任。因此，理性者选择责任伦理，所谓责任伦理，是指行动者要对自己的行为后果负责。要对后果负责，自然要理性对看清楚这个世界究竟是怎样的，也要看清楚人究竟是怎样的，自然没有权利假定人们都是善良和完美的，也必定要想到现实的种种困难、困惑等。从道理来说，学者自然应秉持责任伦理。孙先生的学术研究，可表明他的如此秉持。为了写这篇文章，我近日又翻捡了孙先生赠送给我的著作。计有《中国佛教文化史》（五卷本）《中国佛教文化》《游学集录——孙昌武自选集》《文学与宗教——孙昌武教授七十华诞纪念文集》《诗苑仙踪——诗歌与神仙信仰》《文坛佛影（续集）》《汉译佛典翻译文学选》（上下册）《中国的神话传说与古小说》等。此外，还有先生单篇论文《元代的僧诗：中峰明本的僧风与诗作》，收在《中华文史论丛（抽印本）》。他在《中国佛教文化》一书的《引论》中就自己面对的佛教和佛教文学研究之间的关系，有着明确的陈述："佛教作为宗教，从根本上说，在哲学世界观上是唯心主义的，在认识方法上是独断主义和先验主义的，在人生伦理上是消极的。对于这些原则问题认识，马克思主义以至一般的唯物主义者在认识上丝毫不能动摇"。但是，"人类在相当长的历史时期里，有相当大的一部分人是用宗教世界观来认识世界的"。"它在认识上与实践上又非一无是处。……在一定条件下甚至可能是集中了一定时期人们智慧的时代的先进思想成果。……它作为人类充满谬误与曲折的漫长认识历史的一部分，有着积极、有价值的成分"。可见，宗教之一种的佛教是有感性的信仰，对信仰的研究则是理性的活动。这种清晰的区分，遍布于孙先生所有著述。我以为，孙先生是深度地搞清楚了佛理，掌握了与受佛教影响发生的文学现象和作品，然后将其作为研究对象，梳理其发生发展的过程，由此而有他笔下的《中国佛教文化史》和《文坛佛影（续集）》等史实的梳理和叙述；有了对其发生发展深度原因、规律和原理的探究。这是最典型的"以学术为业"者的所作所为。

"以学术为业"的科学研究，按照马克斯·韦伯的看法，是"理智化的过程"。"科学不涉及终极关怀"，马克斯·韦伯认为，科学对于现实和个人生命，最重要的保持头脑的清明。学术不涉及终极关怀。我以为，这个看法是手段性的，虽然韦伯没有明说。也就是说，学术研究只有不涉及终极关怀，才能确切实现科学家特别是人文科学家的终极关怀。比如，艺术科学这门学问，对于艺术学研究者来说，艺术品客观存在是一个既定事实。艺术科学的目标就是，要搞清楚，在怎样的条件下才会有这样的事物存在。但是并不提出这样的问题：艺术领域是否有可能是个魔鬼炫技的世界……？即艺术科学不追问是否应当有艺术品。读孙先生的著述，真正是印证了这个韦伯的看法。搞清楚佛教的认识历史、所有智慧结晶和在历史上如何帮助人们度过精神危机，这恰体现了终极关怀。而涉及到终极关怀，则表明研究者负责任。他没有像一般佛教徒那样，眼睛紧盯着佛陀涅槃的信念之火，让那火焰不熄灭。而是超越一般佛教徒的信仰，立在更高的俯视角，考察曾经和目前的佛教认识如何延伸，如何还在帮助人们，如何影响到文学等，考察乃至评价佛教文学与现实生活的关系。这是对人对世界负责任的最学理化的体现。以孙先生论文《元代的僧诗：中峰明本的僧风与诗作》为例。这是宋元易代之际的元代禅宗杨岐派宗师中峰明本的个案研究，资料翔实牢靠自不必说，评价也非常清晰明确："他发扬中国古代士大夫隐逸山林的传统、一代之际不仕新朝的遗民传统和禅宗熄灭妄念、止歇驰求、解黏去缚、少欲知足的传统，将生活经历和思想感情形于诗篇，描写倘佯山水的潇洒自如心境，抒发解脱羁绊的闲云野鹤情怀，所作渗透对于人生事象的深沉思索，对于世间荣华富贵、名利纷争的鄙弃，清新自然，禅意盎然，是古代僧诗中难得的优秀之作，在诗歌史上也占有一席地位"。我赞叹的是孙先生就此个案研究的现实关怀："而且僧格的高下，僧诗的良窳，又不完全取决于出世与入世，在山林还是在朝市。重要的作为僧人，不能作权势的奴仆和弄臣，不能如唐代的红楼广宣那样制作'颂圣'

‘歌德’文字以邀宠,而应以‘方外’独立自由的意志反映现实,抒发心声。……中峰明本发扬了这样的传统,树立起高尚的僧风,作为僧诗创作潮流的后殿,取得巨大成就,是值得表扬的”。可见他对现世的关涉和看法:不阿谀权贵,保持知识分子的独立自由的意志。同时,我们也看到他面对佛教文学作品,其评价是秉持特定价值观。

价值观虽说不与信仰、信念直接相等,但某种价值观也可看作是一种信念,给人一个认识和评价的立足点。每一种宗教,都有自己的信仰,都系统地营造自己的神学。侍奉任何一种神,都意味得罪其他的神。那么,人文知识分子的价值观定在哪里?这是一个难题。这个问题,不仅是学者的,也是政治家的。我以为,这个问题的实质,就是立在怎样的价值追求基点上去实践责任伦理。我以为,可行的是,每个领域各自确定具体的信念,这是从方面和层级来说的。从长远和目前来看,只要以人为中心,信仰即变成了或者长远的、或者看得见的近处的等各种理解。这就给确定具体信念和价值观以可能性。换句话说,满足人的物质和精神需求,尊重人的自由和独立精神,给人以人格的尊严。这就是最基本的信念或者价值观。执着于此,就自然获得了衡量现实的标尺,当权力与此相悖之时,人文知识分子自然有了对权贵的蔑视。这就是对人的负责任。执此看待佛教与文学、看待文学理论和批评,也是同样的道理。我以为,这就是就人文知识分子的现实立场。不可否认,这有些相对主义价值观的色彩。但曾有重要的有追求有理想的历史人物,他们意识到了对自己行为后果的责任,真正发自内心地感受着这一责任,然后他遵照责任伦理采取行动,在做到一定的时候,他说:“这就是我的立场,我只能如此”。据说,这话是马丁·路德在 1921 年月被罗马教皇判以绝罚为自己做长篇辩护的最后一句话。可以看到,这时信念伦理和责任伦理合一了,不再矛盾了。这似乎离我们讨论的问题很远。其实不然。就我对孙先生夫妇的接触,阅读孙先生的著述,我认为,他们对人有最悲悯的情怀。关注弱者、帮助需要帮助的人,从物质上和精神上,这是对人之爱。对现世的态度根据人的生存状况和人的尊严而发生态度和感情。这样的事情很多了,无法一一列举。但是,我就此知道了他将自己的价值观立在了哪里。他对中峰明本僧诗的评价均来自于此。

这就涉及到我国古代文论、古代文学研究的的理路了。记得有学者整理我国古代文论研究现状时,发现可分为历史的、微观的和宏观的三种研究。历史的、微观的研究相应地更成熟而有规模。关于宏观的研究,提倡者的道理是:如果我们希望古代文论作为一种艺术原理的概括而以其理论威力介入当代文论,那么,我们就必须有意识地开始侧重一种开放性的宏观研究。研究中国文学史,如果毫不着眼于民族心理素质的发掘、民族审美经验的总结以及在这种心灵支配下的民族文学传统发展规律的探讨,而只停留在一人一事的考订、一字一句的解析上,那是远远不能满足时代对我们的要求的。总之,在中国古典文学研究领域,我们面临的是一个宏观的世界,迫切需要我们去从事宏观的研究。翻建孙先生的研究,可看出来既有微观的、历史的,更有宏观的,即便是历史的和微观的研究,也置于宏观视野中。我以为,只有基本价值观的立足点,才能做到这一点。

现在我要总结和概括孙先生所代表的人文知识分子的信念和品质了:深谙世界和人性而不消沉,散淡宁静之中沉潜积极的人生态度及学术追求。对人抱有大悲悯,尊重每个人的生命和尊严,超越某一具体神学但有自己的信念和价值观,籍此充分体现出"以学术为业"之人的责任心。

如上文字,与其说贺孙先生 80 寿辰,不如说是整理了自己从孙先生那里获得的体悟和思考,请孙先生原谅。

孙昌武教授与佛教文化研究

——以《中国佛教文化史》《禅思与诗情》为中心[①]

张培锋

孙昌武教授是我国著名的佛教文学、佛教文化研究专家，自上世纪八十年代以来，先后出版《唐代文学与佛教》(陕西人民出版社，1985 年；台湾谷风出版社，1987 年)、《佛教与中国文学》(上海人民出版社，1988 年；上海人民出版社 2007 年修订再版)、《诗与禅》(台湾东大图书出版公司，1994 年)、《中国文学中的观音与维摩》(高等教育出版社，1996 年；天津教育出版社，2005 年修订再版)、《禅思与诗情》(中华书局，1997 年；中华书局 2006 年修订再版)、《文坛佛影》(中华书局，2001 年)、《游学集录》(南开大学出版社，2004 年)、《汉译佛典翻译文学选》(南开大学出版社，2005 年)、《祖堂集》(中华书局，2007 年)《中国佛教文化史》(中华书局，2010 年)等二十余部著作，并发表数百篇论文。先生数十年如一日，心无旁骛，勤勉治学，其论著自成一家，成就之高、影响之广，为海内外学术界所公认。孙昌武教授的佛教文学、佛教文化研究是全方位的，恢弘博大而又深邃精细，限于篇幅，本文仅以先生两部最能代表其学术成就的著作《禅思与诗情》和《中国佛教文化史》为例，对其在佛教文学、佛教文化领域研究的主要学术观点作些介绍。

一　对诗禅关系的精辟阐释

除了对佛教与中国文学的关系作出一般性的描述之外，孙昌武教授治学的

---

① 本文原刊于《武汉大学学报》2011 年第 4 期，乃应该学报“宗教文学专栏”之约而写。另一篇发表于《中国图书评论》2015 年第 12 期。现将两文一并收入文集，以为先生寿。

一个主要核心是探讨禅宗思想与古代文学之间的交互影响。禅诗关系是当代中国学术研究中一个热点问题，有关论著颇为丰硕，孙昌武教授的《禅思与诗情》独辟蹊径，以对历史清晰确切的把握，对具体问题的深入探讨而引人注目。该书2006年的修订本，较之1997年版增加了近6万字，反映了孙昌武教授多年来在这一学术领域辛勤耕耘的新创获。

孙昌武教授是国内最早关注诗、禅关系的学者之一，早在二十世纪八十年代初期即开始这方面的研究。经过十余年的艰辛探索，至《禅思与诗情》，形成了全面系统的认识，本书也在一定程度上代表着中国学术界研究成果的水准。《禅思与诗情》不是泛泛地谈论诗、禅关系，而是从大量具体的历史事实入手切入主题。具体来说，它选取了从唐代初期东山法门兴起至北宋年间江西诗派兴起大约500年的历史时期。这个时期正是中国禅宗的黄金时代，也是中国诗歌的黄金时代，通过细致的疏理、精辟的阐析，令人信服地揭示了这两个黄金时代之间的互动关系。本书没有像某些理论著作那样，人为地构起一个理论框架，全书的章节条目显得极为质朴，增订本也并没有在这方面作大的调整。全书是紧紧围绕禅、诗各自发展的历史进程来寻绎其内在的深层联系和历史规律的。从禅宗史上的东山法门到南宗禅、洪州禅、分灯禅与诗歌史上的盛唐诗、中唐诗、晚唐五代诗和北宋诗，各自形成两条明晰的发展线索，两条线索之间又错综复杂地交织在一起，彼此映照，交互影响。全书在以下两个层次的经纬向度上获得了历史的、逻辑的统一，显示出作者开阔的视野、独到的视角和敏锐的目光。首先是禅史与诗史的关系，其次是思想与情感的关系，前者属于“事”，后者属于“理”，但它们并非两个不同的东西，而是一个东西的两个方面，联系、交错在一起，处理不好，很容易形成“两张皮”：考索具体“微观”的历史事件，容易流于琐屑、穿凿；作出“宏观”的理论概括，又容易流于空疏、武断。以《禅思与诗情》命名，就是在揭示两者的内在统一，力求达到佛禅所谓“理事圆融”之境。

孙昌武教授善于把研究的问题置于广阔的文化背景之下，涉及面非常广，举凡文学、历史、哲学、宗教乃至风俗习惯等不同领域、学科，皆不拘一格地在其考察之下。《禅思与诗情》直接分析和涉及到的人物有上千人，引用的著作近二百部，这一时期的重要代表人物和代表著作可以说都涉及到了，而这些内容又并非那种一般性的“铺垫”，而是融入在细致的描述之中，共同构成全书恢弘的背景。因此,书中所作出的大量概括性论断避免了空疏、武断之病,也绝无穿凿附会之处。

《禅思与诗情》的结构看似质朴简单,实际上非常巧妙地运用了点、面结合的方式,既严格按照历史顺序展开,又注意对不同历史侧面作出细致的描述,真正做到了体大思深。如书中一、二章分别介绍达摩禅法和东山法门以及南宗禅后,第三章选取王维和杜甫两个重点人物进行分析;第四、五章在介绍了洪州禅和当时文人的好禅和习禅风气后,第六章选取白居易作出重点分析;接下来七、八、九、十、十一共五章,则分别从喻禅与喻诗、默契与言句、玄思与乐道以及以王梵志、寒山和中晚唐诗僧创作等几个方面展开,皆属于对洪州禅一章的具体推进。第十二章介绍了宋代以后形成的分灯禅,接下来第十三、十四、十五章则分别通过"以禅说诗"以及苏轼和江西诗派几个方面,对宋代诗风的形成与禅宗的关系作出分析。这样,全书既脉络清晰,又层次分明:有总有分,有理有事,有事有人,有俗有僧,相当全面而深刻地反映出这一历史时期禅、诗之间的交互影响、中国文人对佛教的不同态度以及不同的信仰层面等等。

孙昌武教授在《禅思与诗情》中提出了一系列新颖、独到、令人耳目一新的观点。如对诗禅关系,他开宗明义地指出:禅宗的发展与文学有密切的关系,相互间产生过重大影响。可以研究作为佛教宗派的禅宗的文学,这是中国佛教文化的重要组成部分;也可以研究文学中的禅,这在中国文学的内容与形式上都有独特的、重要的表现①。中国禅宗文化更鲜明地反映了中国传统思想文化的特色,它的浓厚的文学性质就是这种特色之一。应该说,把"浓厚的文学性质"视为禅宗的特质之一,就为将大量的禅宗文献放在文学的角度来研究提供了理论基础,同时,对深化中国禅宗史的研究,也具有重要意义。从这个观点出发,他提出许多极富新意的见解,如指出:中唐之后,诗与禅的结合也更密切,禅偈与诗的交流给宋以后诗造成了相当大的影响。禅偈在文学史上的地位与意义是应予以肯定的②。流传或记述禅宗历史与禅宗人物的人,是具有强烈的艺术创作的自觉的。禅宗资料给中国文学提供了一大批有特色的人物形象。研究达摩,考证其人的本来面貌是一个课题,但考察不同时期被创造的达摩的面貌从而探究其意

① 孙昌武:《禅思与诗情》,中华书局,2006年版,第1页。
② 同上书,第7页、第266—268页、第293—294页。

义,在对这个禅宗祖师的研究上确实更重要的[①]。以禅说诗是诗歌普遍繁荣的一个结果,很多禅诗,其价值是远远超越其宗教意义的;既要注意到禅对诗的影响,也要注意诗的繁荣对禅宗发展的促进。假如没有唐代写景诗的普及与繁荣,就很难形成禅宗中以诗句对答的风气[②]。等等。

孙昌武教授治学,一向坚持以揭示历史事实真相为出发点,注重对历史过程作出准确、精细的描述,而不刻意人为地构建体系,抛开史料作题外的"批判""发挥"。早在1982年出版的他的第一部学术专著《柳宗元传论》中,他就指出:"这种研究,不应是实用主义地以古人去牵合几个先验的教条,也不是浮皮潦草地去总结几个公式,而应当是对柳宗元的时代、生平、思想、创作进行具体的、细密的分析,这样就会得出许多于我们有益的东西。"[③]这一治学原则可谓坚持了一生,即建立于微观研究、融汇众长基础上的弘通博大。"不把看似'微观'的情况弄得很细致,对涉及全人、全部作品的'宏观'规律也就难以把握。而且客观地说,如果只解决'微观'课题,达不到'宏观'规律的把握,终归还算弄清了点滴情况;但如果没有'微观'的研究为基础,凭空去构想'宏观'的规律,则只是毫无价值的臆想。"[④]《禅思与诗情》一书中对"寒山诗"的研究可以视为作者宏观微观结合,由一系列"小结果"推导出一个令人信服的"大判断"的范例。关于"寒山"其人,学术界有许多不同观点,也做过不少考证研究,却很难获得统一的认识。本书没有陷在那些难以实证和印证的"考据"之中,而是通过对寒山传说及其作品存在的种种矛盾情况的研究分析,将寒山诗作为中唐时期在禅门偈颂影响下通俗诗繁荣的一种表现来阐述,得出"只能肯定中晚唐确曾流传一批通俗诗,其作者被称为'寒山子'或'寒山';在诗的流传过程中,逐渐形成了关于寒山这个人物的传说……也不能排斥当时确有过叫做'寒山'的人,他也可能是寒山诗的作者之一"的结论[⑤]。尽管这个观点并非由孙昌武教授首先提出,尽管它也属于一种推测和假说,但认真研究一下"寒山"其人及其有关研究成果,感到本书确实已对这个问题作出了迄今为止最令人信服、也最充分的论证。将"寒山"视为一

---

① 孙昌武:《禅思与诗情》,中华书局,2006年版,第5页。
② 同上书,第383—384页、第396页。
③ 孙昌武:《柳宗元传论》,人民文学出版社,1982年版,第442页。
④ 孙昌武:《研究古典散文的几点意见》,《首都师范大学学报》,2000年第6期。
⑤ 孙昌武:《禅思与诗情》,中华书局,2006年版,第239页。

个创作群体的观点，一下子开阔了研究思路，使全书对寒山的论述新意叠出，比如通过对《寒山诗集》流传过程的考察，指出：寒山诗本来就是经过晚唐到北宋几百年间一直不断被创作出来的，从这个意义上讲，也就没有是否“真伪”的问题。通过这些精辟论证，“寒山”这一创作群体的独特现象以及寒山传说本身在文学史上的特殊地位也就被充分地揭示出来了。

《禅思与诗情》的重点并不在禅思想与文学思想、文学批评的关系方面，但是，书中“喻禅与喻诗”“默契与言句”“以诗说禅”“活句与活法”诸章，实际上已经勾勒和描绘出唐宋诗学一些最重大的理论概念的发生和发展轨迹，妙在本书说理从不离事，总是做到言外有境，境中有人，不脱离具体的历史背景去空洞地作出什么“理论”或“审美”上的“升华”。而且，其切入角度也很巧妙，比如“喻禅与喻诗”章通过“明镜”与“泉流”两个禅宗譬喻在诗歌中不同的表现所作的精深研究，具体研究了南宗禅影响于诗的一个侧面，同时也非常透辟地揭示了一个宗教概念是如何转化并生成为一种艺术概念的实际过程，这可以视为本书重视“描述”的一个范例。

二　对中国佛教文化的深入开掘

在《禅思与诗情》修订本中，孙昌武教授以《关于佛教、禅宗与中国关系的研究》为题，补写了一篇《增订说明》。在这篇文章中，孙先生高屋建瓴地对佛教传入中国后对中国文化产生的深刻影响作出宏观分析，指出：“佛教文化的内涵远远大于佛教本身。佛教作为一种文化，极大地改变了中国人的生活和精神面貌，如此深刻地渗透到中国文化的整体结构中，无论如何都是不容忽视的。”这段话绝非一时兴到之语，而是孙先生多年研究中国佛教与文学关系后，得出的一个具有总结意义的结论。当时，他多年来孜孜不倦构思、写作的一部多卷本著作《中国佛教文化史》也基本杀青。又经过艰辛的审阅、修订过程，2010年，中华书局推出了他的五卷本《中国佛教文化史》，这部著作揭示了外来佛教在“中国化”过程中逐步融入中国文化传统并发扬光大的规律，标志着国内学术界在中国佛教文化研究方面登上了一个新的高度，达到了一个新的水平，也标志着孙昌武教授的研究重心由“佛教文学”转向“佛教文化”。当我们细读这部鸿篇巨制后，方恍然大悟:孙先生的这次“转向”,并非放弃对佛教文学的研究,而是将佛教文学研究放到了一个更为宏大的视角下观照,如此,中国佛教文学的价值和意义、特色和成就才更为明晰、精细地显现出来,这也正是他关于“宏观”“微观”的辩证思考的一种体现吧。

之所以要将中国佛教文化视为一个整体加以系统研究,孙昌武教授对此有着极为深刻的见解。他指出:这一方面是由于佛教在与中华文化长期的相互磨合、吸纳和借鉴的基础上,形成成就辉煌的中国佛教文化,成为构成中国文化传统的三大支柱之一,更重要的还在于:尽管宗教的核心是信仰,但是在中国这样具有浓厚理性精神和人本观念的传统中,佛教文化的许多内容已超脱了纯粹的信仰意义,取得了独立的价值,中国佛教文化的成就和价值就特别重大,影响也更为深远和巨大。基于这样一种源自深思熟虑的深刻文化信念,作者阐述了他的一个精辟观点:“中国佛教的核心和特色不在其信仰层面, 而在于其文化层面。”[①]“会当凌绝顶,一览众山小”。将佛教视为中华文化的重要组成部分,将中国佛教的发展放到中华文化整体发展的大背景下来考察,恢弘博大、纷杂繁复的佛教文化便“山河无隔碍,世界掌中观”[②]了。

比如关于中国佛教宗派的研究,本书在综合、总结国内外学术界大量研究成果的基础上,提出很多独到的见解,指出:在中国佛教宗派的所谓“八宗”中,三论宗、法相宗、密宗可以归为一类,它们基本对应印度大乘佛教历史发展的三个阶段,它们把这三个阶段的内容移植过来,当然也作了或多或少的改造和发挥,从而形成中国佛教的三个宗派。而天台宗、华严宗可以归为第二类,这是两个具有丰富理论内涵又有机融合了外来教理和本土思想而自成宗义体系的宗派,是外来佛教在中土环境中被改造、发展并作出独特发挥的产物。禅宗、净土宗和律宗可以归为第三类,共同特点是理论色彩都比较单薄,重在修持实践,因而更富于群众性,在更广泛的社会阶层中传播,并在社会生活中发挥巨大的作用。特别是禅宗和净土宗,乃是中土民众真正需要的宗教,是体现民族精神的佛教,这是二者后来成为中国佛教的主流的根本原因[③]。这些分类和分析,对于我

① 孙昌武:《中国佛教文化史》,中华书局,2010 年版,第一册,第 55 页。
② 《续传灯录》卷十二,《大正藏》第五十一册,第 537 页上。
③ 孙昌武:《中国佛教文化史》,中华书局,2010 年版,第四册,第 1705—1714 页。

们全面认识中国佛教的发展轨迹和特征等具有重要价值。又如在评价天台宗判教思想在整个中国文化史上的重要价值和地位时，给予了充分肯定，指出：中国佛教史上的判教，是依据判教者的理解对于佛教思想的历史发展进行梳理、安排，实际反映了对于教理发展的总体认识。这种工作是只有在对于佛教整个历史发展过程进行充分的分析、批判、整理的基础上才能进行的。智顗的判教，不只表现出对于佛教及其在中国的情形相当全面、深入的理解，更充分显示出他思维境界的开阔与思维方式的统摄精神。智顗判教在中国佛教思想史上的贡献，可以比拟先秦《庄子·天下》《荀子·非十二子》和经学中董仲舒、新儒学中的朱熹等人总结学术的工作，在总结前人各家学术方面是集大成的工作，又给后期宗派提供了借鉴，开拓了方向[①]。僧团的建立乃是印度佛教对中国的一大贡献，在佛教输入以前，中国没有定型的宗教（即所谓“历史宗教”“教团宗教”等），外来的佛教正填补了中国这种宗教的“空白”状态。宗教的最广泛的社会基础在广大民众的生活实践之中，即使是在宋、元以后佛教已经衰落的情况下，强大的信仰潮流仍在民众间涌动并持续地发挥巨大的社会作用。同时又指出：沿袭中国古代“社”这种宗族、地域性组织的传统，中国佛教建立起名目各异的法社，这又是中国佛教的创造。中国佛教更多接受大乘居士思想，又受到本土伦理观念的影响，“居士佛教”十分发达，从而僧团外围的法集结社也相当兴盛[②]。在分析中国佛教法集结社由宗教性质转向文化性质时指出：由南北朝的社邑发展到明清的香会，这种群众性佛教组织与活动的演变，正描绘出中国佛教在民众中传播、发展的轨迹。社邑的建立与活动本来具有单纯的信仰动机，民众为了实现福利动员、组织起来，而到明清时期，赴庙会、赶香市，已是万众欢腾的民众聚会，佛事与商贸、游艺结合在一起，民众在这里既拜佛、上供，祈求福佑和济度，又得到交易和娱乐的机会，成为一般劳动者平凡生活中少有的欢乐节期。这一点也正体现著中国佛教文化的重要特点，即生活化和现实性[③]。

全书对中国人的宗教信仰观念等问题从文化角度给予了全面解读，从信仰，到制度、礼仪乃至风气等诸层面，都提出很多独到见解，即使是从一般的佛

---

① 587页注③，第四册，第1766页。
② 同上，第一册，第16—17页；第二册，第665页。
③ 同上，第二册，第694页。

教史或佛教思想史研究角度看,这些考察也都是非常深刻的。如:中国佛教兼容大、小乘经典的态度和做法,使得更全面地接受这些经典所承载的文化内容成为可能,也让不同阶层、不同观点的人得以从中选择自己能够接受的部分[①]。佛教就其根本教义说,不承认人的特定的等级身份,因而信仰是向广大民众开放的。在中国传统的等级专制制度下,这种观念对于一般民众培植信仰心更增加一份吸引力。特别是佛教把树立信仰归结到每个人当下的心态,既不问这个人的等级身份,也不管他的前世因果,只需当机立断,回头是岸。这样,信仰让每个平凡个人得到从现实苦难解脱的出路,真正体现了依靠"自力"解救自己的精神[②]。宋代之后中国佛教发展的一个重要特点是"援儒入释",这是宗派佛教体现外来佛教适应本土思想、文化传统的大趋势[③]。称"心学"一派为"狂禅",显然有两方面意义,一是认为这一派学说杂糅禅而非醇儒,另一方面则是不满于发扬禅的任性而为、狂放不拘、蔑视传统、独立自主的性格。因为这不只是以禅乱儒,更判离了禅学矩矱,所以从禅学正统立场看也是异端。"心学"的主要弱点也渊源于禅思想的空灵虚幻而缺乏建设性[④]。等等。皆分析透辟,一语中的。没有这些对佛教自身研究的深化,也就谈不到佛教文化、佛教文学研究的深化。

正是基于佛教中国化所带来的中国文化深层结构上的影响和变动,孙先生作出一个具有文化史价值的大判断:"佛教对中国文化的影响和贡献,集中体现在文学艺术方面"。佛教与文学有着深刻的"缘分"。孙先生指出:文学创作属于佛教中极其重要且成就突出的"外学"之一。这一方面与佛教的固有传统有关:自佛陀创教伊始,就注重利用文学创作来阐扬教义、教理,翻译佛教典籍里有大量文学成分,包括艺术性很高的文学作品。同时,中国的文化传统又促进和增强了这一点,中国是一个有着浓厚的崇文尚艺传统的国家,许多有文学才能的人参与僧团,文学创作也成为僧团的重要活动,利用各种文学样式来弘法,对于推动佛教传播和发展起了重要作用,也使得中国的佛教文学尤其发达[⑤]。将佛教文学艺术的发展放到中国佛教整体发展的大背景下考察,无疑将极大地深化中国

① 587 页注③,第一册,第 92 页。
② 同上,第一册,第 164 页。
③ 同上,第五册,第 2259 页。
④ 同上,第五册,第 2692 页。
⑤ 同上,第三册,第 1335 页。

佛教文学研究，由此得出的一些结论就平实而弘通，令人信服。

在《中国佛教文化史》第二十二章“佛教义学对中国文学思想的影响”中，孙先生系统考察了佛教思想对中国文学深刻的影响和贡献，也探讨了所谓“佛教文学”的本质内涵，指出：佛教义学对于中国文学思想的影响可以概括为三句话：注入了许多全新的观念，丰富了文学理论，推动了文学思想的发展[①]。他特别强调：不是所有涉及到佛教的文学作品都可以称之为“佛教文学”，考察“佛教文学”要着眼于它对于中国文学作出的独特贡献。推崇原创，珍视最初的具有原创意义的宝贵观念、思想，是贯穿先生全部治学生涯的一个宗旨。书中对佛教义学“真实”的观念如何输入中国文学，作出详密深入的研究，同样是“描述”方式的一个范例。中国文化自古有重现实、重人生、重伦理、重教化的传统，这些也成为中国文学创作的基本原则，体现在“实录”“征实”“诚实”等等概念中。这种传统的“真实观”一方面有着积极作用，一方面也对艺术虚构和想象空间造成了很多限制。而佛教所追求的“真实”与中土传统的“真实”在观念上是截然不同的。就教理内涵说，佛法的真实是绝对、超越的“诸法实相”“真谛”；就思维方式说，这是基于宗教玄想的绝对境界，与现实的现象界完全无关；而达到这个境界的途径，则要靠内心的觉悟，需要全然摆脱常识的认识。体现在文学创作中，则要追求超越客观实际的另一种“真实”。著作引用了《文心雕龙·论说》的一段话：“次及宋岱郭象，锐思于机神之区，夷甫裴頠，交辨于有无之域，并独步当时，流声后代。然滞有者全系于形用，贵无者专守于寂寥，徒锐偏解，莫诣正理。动极神源，其般若之绝境乎。”又对照了刘勰重要的佛学论文《灭惑论》中的一段文字：“至道宗极，理归乎一；妙法真境，本固无二。佛之至也，则空玄无形，而万象并应；寂灭无心，而玄智弥照。幽数潜会，莫见其极，冥功日用，靡识其然。”指出这里所体现的文学精神，正是来源于佛教的“真实观”：刘勰明确指出玄学“贵有”“贵无”两派的不足，认为都是“偏解”而非“正理”，而真理的极致则是佛教的般若思想，实际上是把它当做文学创作表达的最高境界，而刘勰所提出的这些文学思想，即在中国“征实”“实录”的文学传统中注入另一种“真实”，实际上已涉及生活真实和艺术真实等重大文学理论问题。这一点对于后来中国文学的创作产生了极

① 孙昌武：《中国佛教文化史》，中华书局，2010年版，第三册，第1411页。

为重要的作用,推进了中国文学思想的演进[①]。这种观念对于中国叙事文学的发展影响是相当深刻的,联系本书中另一段论述:六朝人已受到佛、道二教影响,“以为幽明虽殊途,而人鬼乃皆实有,故其叙述异事,与记载人间常事,自视固无诚妄之别矣。(鲁迅语)”[②]可以认为,“佛教义学对中国文学思想的影响”一章确实探寻到文学发展中一些带有根本性的问题,对于我们解读佛教文学有著重要价值。

文字的通达典雅也是这部著作的突出特点,这一方面由于孙昌武教授长期从事古代文学教学与研究,文字功力深厚,自不待言。另一方面,它同样也是源于孙先生对“文字”的一层深入思考:“禅史、语录、灯录体制不同,但其重在纪录祖师言句的特点则一。从发展状况看,不同时期著述表现形态是不一致的。大体说来,中唐以前,即洪州、石头所代表的南宗禅极盛以前,写法比较质朴,还是多作正面的陈述。洪州、石头之后到晚唐、五代,参问请益之风盛行,学人往来憧憧,朝参昔聚,激扬宗要;禅门间形成派系,相互争胜;禅客较量禅解,互斗机锋。这是禅门学风十分活泼、富于创造力的时代。师弟子间对答商量,相互测度,相互争胜,努力出对方一头地。入宋以后,禅门则严重地贵族化了,禅的表现也逐渐形式化了。虽然仍流行貌似前人的机锋语句,但已徒具形骸,失去了活泼泼的创造精神。以后佛门中几乎人人有语录,动辄数十卷,大多只是徒灾枣梨而已。”[③]这一节文字以准确精练的语言对禅宗语录的发展过程作出概括,可谓入门三分,既肯定了早期禅宗语录思想、文学、文体等方面的重要价值,也批评了后期禅宗语录流于形式,千篇一律的作风。从文化史角度通观中国佛教与中国文学,可以说:任何离开了创造性思想的文字,都不可能成为真正的好文字,而任何独创、精辟的思想见解也离不开恰当、精美的语言。文字的典雅、通达亦是来自于把握之准确、理解之精深。孙先生这段话又可谓本地风光,其则不远,整部著作处处体现出这一点。这些细微之处,也正是其治学境界之体现。

① 孙昌武:《中国佛教文化史》,中华书局,2010 年版,第三册,第 1415—1421 页。
② 同上,第五册,第 2514 页。
③ 同上,第四册,第 2012 页。

附:遨游于文学、历史、宗教之间

——孙昌武教授《中华佛教史·佛教文学卷》读后

张培锋

孙昌武教授是我国著名佛教文学、佛教文化研究专家,致力于这一领域的研究达40年之久,是学术界公认的我国佛教文学这一学科的主要开创者之一。从上个世纪八十年代开始,已出版《佛教与中国文学》(上海人民出版社)、《禅思与诗情》(中华书局)、《佛教文学十讲》(中华书局)、《中国文学中的观音与维摩》(天津教育出版社)、《游学集录》(南开大学出版社)等十多部相关论著,在国内外学术界获得广泛好评,产生了重要影响。五卷本《中国佛教文化史》由中华书局出版后,更是获得学术界的一致赞誉,认为该书全面总结了中国佛教文化的成就、价值和意义,揭示了外来的佛教逐步融入中国文化传统并发扬光大的规律,具有重大的学术价值和实践意义。

正是基于对中国古代文学史和中国佛教发展史的全面研究和深刻理解,孙昌武教授的中国佛教文学研究,无论是在广度还是在深度上,都达到了极致的境界。作为季羡林、汤一介先生为总主编的《中华佛教史》中的一卷,孙昌武教授的新作《佛教文学卷》(山西出版传媒集团、山西教育出版社,2013年7月版)展现出的正是这样一种境界,这是一部全面系统阐述中国佛教文学发展历程的专著,也是孙昌武教授多年来在这一领域辛勤耕耘的一次带有总结性的收获。

一　文:核心与主体

孙昌武教授一贯强调,佛教文学的核心与主体是文,并非所有佛教文本和僧人创作都能够称得上“佛教文学”,文学价值是佛教文学的灵魂,也只有从中国文学发展史的角度进行探讨，才能对佛教文学的意义和价值作出恰当的评价。比如指出《法句经》是一种富于文学性的一类特殊经典。其文学性表现在韵文的法句只取句式整齐，其中多用比喻方法，可以看作是哲理诗。同时，不少大乘经的文学性质十分鲜明显，同样可以当作文学作品来阅读。一些大乘经无论是内容还是表现形式都具有综合的特色，它们在构筑庞大而严密的教理、教义体系时，往往利用多种文体、多种表现方法、多种修辞手段（第33页）。魏晋时期，正是如《六度集经》《生经》以至《正法华经》等富于文学性的经典大量传翻、流行，以其生动的内容和形式震慑中土人士。这些外来的经典给困于儒家教条和玄学思辩的文人们以新鲜内容，另一方面又给玄谈提供了新材料（第48页）。应该说，基于这种角度来评价佛教传入中国产生的影响，是颇为新颖的。又比如论著高度评价了《经律异相》这部"具有强烈文学性的佛典翻译文学选集"，这类著作之所以在中国历史上产生重要影响，也主要由于其文学性（第111—112页）。

禅宗是对中国文化和中国社会影响最大的佛教宗派，孙昌武教授在中国首次提出"禅文学"的概念，即是对禅宗这种影响的一种新的评价角度。他指出：禅文字本身具有鲜明的象征性，即是浓厚的文学性的体现。禅文学在性质和表达上与文学就有众多相通之处，从而其许多作品即使从文学角度看也已达到相当高的水平。这也是禅宗对当时和以后的文坛发挥重大影响的重要原因之一（第196—199页）。

对于古代流传的数量巨大的佛教文学作品，孙昌武教授着眼于作品在艺术上的特点及其对古典文学发展的独特贡献，而不仅仅依据创作者的身份和在宗教方面的地位。通观全书分析和论及的人物，无论僧俗，都体现着这一原则。比如，对于元代僧人中峰明本、清代僧人苍雪等给予高度评价，主要是因为其诗作妙句联翩，颇有意境、精美可读、语丽情深，余意无限等等（第266、278页）。本书中有一段话，概括了佛教文学作品的意义和价值：源远流长、硕果累累的僧人诗歌创作，无论在佛教历史上还是在文学历史上，都是重要成果。这是宗教史上的特殊现象，是中国佛教文化高度发达的结晶的一部分。众多僧诗的创作体现了中国历代佛教徒"庄严国土，利乐有情"，关注世事、关心民隐的优良传统。而把诗歌这种艺术形式转变为弘扬佛法的手段，也显示了中国佛教的弘通性格。僧人的诗作以其独具特色的内容和风格丰富了历代诗坛，诗僧的活动更有力地扩大了佛教在世间的影响，推动了儒、释间的交流（第283页）。

以往，人们更多地关注佛门创作中那些寄托出世情怀、风格萧散的作品，认为这些属于佛教文学的“本色”，孙昌武先生的著作当然对此也作出了深入的考察和分析，但同时他又指出：实际上很多僧人也有关注民生、关注现实朝政等方面的内容，而这一点正是中国佛教自身的特色所在。比如他从文学角度分析了清代诗僧苍雪的《赠蜀僧挝鼓篇》，指出：这是描写长江上的纤夫的生活的，得自他出川时的见闻，可见他民胞物与的情怀。这一题材是古今少有人描写的。苍雪生逢明清易代之际，对王朝末代的痛惜，鼎革后的故国情思，感时伤世，在作品里都有十分痛切的表现。这与当时遗民间的抗清思潮相呼应，成为他诗作里最激动人心的部分之一（第279页）。

正统的佛教文学如此，受到佛教影响的民间宗教同样如此，比如论著引述了明代罗教的宝卷，指出：像这样的说教，渗透着深刻的人生体验，又使用亲切叮咛的语气，很贴近普通民众的生活情境和感情，是有一定艺术感召力的。这种富于文学性质的宣教体裁受到群众欢迎（第386页）。事实上，宝卷为中国说唱文学的一个重要源头，对戏曲、小说等文学体裁有著重要影响，因此对于宝卷文学性的研究是非常必要的。

二　史：眼光与眼界

孙昌武教授还一直强调：作为佛教文学史，必须要有史的眼光和眼界，对中国佛教文学作出历史的、科学的总结和分析。对任何人物和作品，都放在具体的历史背景、历史条件下来考察，从而揭示其历史的价值和影响。

孙昌武教授所讲的史的眼光和眼界，包括很多要素，首先，要有开放和开阔的眼界。在本书前言中，孙昌武教授将中国佛教文学的发展放在世界宗教史、中外文化交流史这样一个大的历史背景下来考察，就是一个范例（第3页）。又如他指出：从文化史、文学史的视野看，魏晋时期名士与名僧的交谊在三个方面造成巨大影响，起着导夫先路的作用。第一，开创了中土知识阶层与僧侣结交、交流的传统。第二，名僧实际是信仰佛教、披上袈裟的知识分子。第三，东晋以后的南朝文化、思想显得低迷,但文学艺术却得到很大发展(第55—56页)。这三点概括可以称得上不刊之论,显示著深厚的历史观照。

其次是发展的眼光。中国佛教的发展可以概括为佛教思想与中国固有思想和文化融会贯通的过程。这种贯通的过程,从魏晋时期即开始,但是孙昌武教授指出:这一时期的融合还处于初浅的阶段,表现为文学方面,就是如谢灵运、沈约等人的创作那样,尽管写过许多颂佛、护法的作品,表现出相当虔诚的信仰态度,但是从其作品看,"往往表现出谈玄说理、有欠浑融的一面。"(第69页)而佛教与中国文化达到水乳交融般的融合是在隋唐时期,随着宗派佛教的发展,中国人对于佛教义理的把握与发挥达到新的高度,表现在文学方面,就是诗歌境界上的清空淡远,诗文语言方面的简净明丽等等。可以说,文学形态的表现乃至文字的成熟度,都是两种文化是否达到融会贯通的标志——或者说没有比这一标志更具有说服力的其他标准,由此可见,佛教文学的发展对于判断整个中国佛教发展历程是有着重要参照意义的。由于中国佛教的主要价值在于其文化价值,因此宋、元以后,尽管作为宗派的佛教走向衰落,但是民众间的通俗信仰兴盛不衰,同时,大量张扬佛教的作品创作出来,从某种程度上说,佛教文学变得更为发达,这也必须站在历史的角度才能够获得理解和恰切的评价。

对于佛教文学的另一端——宗教的观念、思想、情怀等,孙昌武教授并非缺少关注,而是将其作为文学作品的精神内蕴来进行考察,而不是离开文学去空谈宗教。事实上,这种选择本身即体现着孙昌武教授对于中国宗教精神的本质认识:宗教之情怀实寄于文之中,道器一体,理事不二。孔子曰:"志于道,据于德,依于仁,游于艺","艺"处最后,却是道之终极归宿。孙昌武教授曾将他的一部文集命名为《游学集录》,"游学"当然有其特定的意义。但我读孙先生的书,益发有一种随先生遨游、优游、畅游的感觉,恍悟"游学"可能有著更为深厚的内涵。

总之,《中华佛教史·佛教文学卷》全面体现了孙昌武教授对于佛教文学这一学科的总体认识和把握,堪称遨游于文学、历史、宗教之间。相信这部著作的出版,一定能够对中国佛教文学的研究进一步向纵深发展起到引领作用。

孙昌武教授学术业绩

学术履历

1961.7	毕业于天津南开大学中文系
1961.9—1979.8	辽宁营口市师范学校、营口教育学院教师
1979.9—1984.9	天津南开大学讲师、副教授
1984.10—1986.9	日本神户大学客座教授
1986.5—	天津南开大学教授
1989.1—1989.7	日本京都大学外国人研究员
1993.9—1994.6	韩国岭南大学客座教授
1997.10—1998.4	日本早稻田大学交换研究员
2002.3	从南开大学退休
2005.10—11	捷克查理大学客座教授
2006.4—6	台湾静宜大学客座教授
2009.9—12	香港中文大学中国语言及文学系、宗教及文化研究系客座教授
2011.3—4	日本国际日本文化研究中心外国人研究员

著作

《柳宗元传论》 北京人民文学出版社 1982 年 8 月

《唐代古文运动通论》 天津百花文艺出版社 1984 年 4 月

《唐代文学与佛教》(论文集) 陕西人民出版社 1985 年 5 月;台湾谷风出版社,1987 年 5 月

《韩愈散文艺术论》 南开大学出版社 1986 年 7 月

《佛教与中国文学》 上海人民出版社 1988 年 8 月; 台湾东华书局 1989

年 12 月；上海人民出版社　2007 年修订版

《中国佛教文化序说》　南开大学出版社　1990 年 12 月，2000 年 4 月修订版，2002 年韩国岭南大学韩文版

《诗与禅》（论文集）　台湾东大图书出版公司　1994 年 8 月

《中国文学中的维摩与观音》　高等教育出版社　1996 年 6 月；天津教育出版社　2005 年 1 月

《禅思与诗情》　中华书局　1997 年 8 月；中华书局增订版　2006 年 5 月

《隋唐五代文化志》　上海人民出版社　1998 年 10 月；更名《隋唐五代文化史》　上海东方出版中心　2007 年 5 月

《柳宗元评传》　南京大学出版社　1998 年 12 月

《佛教文学知识讲解与阅读》　河北省佛学院　2000 年

《道教与唐代文学》　人民文学出版社　2001 年 3 月

《文坛佛影》　中华书局　2001 年 9 月

《游学集录》（论文集）　南开大学出版社　2004 年 10 月

《诗苑仙踪》　南开大学出版社　2005 年 6 月

《汉译佛典翻译文学选》　南开大学出版社　2005 年 7 月

《文坛佛影续集》　宗教文化出版社　2008 年 7 月

《中国佛教文化史》（五卷本）　中华书局　2010 年 4 月

《中华佛教史佛教文学卷》　山西教育出版社　2013 年 7 月

《佛教：文化交流与融合》　天津教育出版社，2013 年 9 月

《佛教文学十讲》　中华书局　2014 年 2 月

《道教文学十讲》　中华书局　2014 年 10 月

《北方民族与佛教：文化交流与融合》　中华书局　2015 年 4 月

古籍整理

《观世音应验记（二种）》　中华书局　1994 年 11 月

《韩愈选集》　上海古籍出版社　1996 年 8 月　2013 年 4 月新一版

《投迹山水地，放情咏〈离骚〉》　中华书局　1999 年 2 月

《韩愈诗文选评》　上海古籍出版社　2002 年 12 月

《韩愈诗文选评》 三秦出版社 2004年7月
《祖堂集》(与衣川贤次、西口芳南合撰) 中华书局 2007年10月

合著

《历代豪放词选》(与郝世峰等合著) 贵州人民出版社 1984年10月
《中国人作家の日本游记选》(日文 与筧久美子合著) (日本)光生馆 1986年2月
《中国古典诗词选》(日文与筧久美子合著) (日本)白帝社 1986年11月
《杂譬喻经译注》(四种)(与李赓扬合著) 中华书局 2008年1月

翻译

俄译中:
《巴甫连柯的创作道路》 (原苏联)别里科夫着 新文艺出版社 1957年8月
日译中:
《杜甫的诗论与诗》 (日)吉川幸次郎作 《唐代文学丛刊》第七辑 1986年1月
《中国诗歌原理》(与郑天刚合译) (日)松甫友久著 辽宁教育出版社 1990年7月 台湾洪叶出版公司 1993年5月
《中国的神话传说和古小说》 (日)小南一郎著 中华书局 1993年6月
《凤凰与菲尼克斯》 (法)桀溺作 《古典文学知识》 1994年1—2期

论文

《司空图〈诗品〉研究的几个问题》 《文史哲》 1965年第4期
《试论柳宗元的散文艺术》 《南开学报》 1980年第3期
《当代日本研究中国古典文学管窥》 《社会科学战线》 1980年第4期
《试论柳宗元"生人之意"的社会思想》,《文学评论丛刊》第五辑 1980年
《试论柳宗元的统合儒释思想》 《中国哲学史研究辑刊》第一集 1980年
《陆质的〈春秋〉学和柳宗元的"大中之道"》 《中国哲学史论文集》第二集

1980年

《论韩愈散文的艺术成就》《辽宁师范学院学报》 1981年第2期

《王维的诗歌创作和佛教信仰》《文学遗产》 1981年第2期

《唐代古文运动与佛教》《文学遗产》 1982年第3期

《盛唐散文及其历史地位》《社会科学战线》 1982年第4期

《韩愈的儒学与文学》《文学评论丛刊》第十三集 1982年

《读藏杂识》(一)《南开学报》 1983年第2期

《韩愈重文尚奇的"古文"论》《天津社会科学》 1983年第6期

《韩、柳以前的"古文"论》《文学评论丛刊》第十六集 1983年

《日本学者研究六朝文学的新收获》《学林漫录》第八辑 1983年

《唐代古文运动浅议》《唐代文学论丛》第三辑 1983年

《读藏杂识》(二)《南开学报》 1984年第1期

《唐代文学与佛教》《天津社会科学》 1984年第5期

《读藏杂识》(三)《文学遗产》 1984年第1期

《读藏杂识》(四)《辽宁大学学报》 1985年第1期

《读元结文札记》《社会科学战线》 1985年第3期

《论皎然〈诗式〉》《文学评论》 1986年第1期

《佛教と唐代の文學》(日本)《禅文化》 1986年第1期

《唐人如何对待辞赋》《社会科学辑刊》 1986年3期

《佛教义学与六朝文学观念的转变》《中国文学研究》 1987年第2期

《关于中国古典文学中佛教影响的研究》《文学遗产》 1987年第4期

《唐代文學に與えた佛教の影响》(日本)《东方学》第七十三辑 1987年

《袁宏道と佛教》(日本)《未名》第六辑 1987年

《论"统合儒释"》《哲学研究》 1988年第4期

《佛典与古典散文》《文学遗产》 1988年第4期

《论诗与禅》《社会科学战线》 1988年第4期

《古典文学研究私见》《天津社会科学》 1988年第6期

《唐代文人的習禪生活》(日本)《禅文化研究所辑刊》第十六辑 1988年

《唐代文学与佛教》《唐代文学研究》第一辑 1988年

《寒山传说与寒山诗》《南开文学研究》(1988 年卷)
《禪の句法と詩の活法》(日本)《未名》第七辑 1988 年
《读韩愈〈原道〉》《南开学报》 1989 年第 1 期
《作为文学的禅》(台湾)《中国文化月刊》第 129-130 期 1990 年
《唐诗的文化积淀》《天津社会科学》 1991 年第 1 期
《唐代文人的习禅风气》《学术论丛》 1991 年第 2 期
《柳宗元与禅宗》《文学遗产》 1991 年第 2 期
《白居易与禅宗》(香港)《法言》 1991 年第 2 期
《京大人文研和它的中国学研究》《古典文学知识》 1991 年第 3 期
《中晚唐的禅文学》《唐代文学研究》第三辑 1992 年
《关于王琰〈冥祥记〉的补充意见》《文学遗产》 1992 年第 5 期
《明镜与泉流——南宗禅影响于诗歌的一个方面》(日本)《东方学报京都》第六十三册 1991 年
《中国文学中的观世音与维摩诘》《社会科学战线》 1993 年第 1 期
《从"童心"到"性灵"》《中国文学研究》 1993 年第 1 期
《评钱学烈〈寒山诗校注〉》《文学遗产》 1993 年第 2 期
《佛教的中国化与东晋名士名僧》《传统文化与现代化》 1993 年第 4 期
《唐代巴蜀佛教与文学》《社会科学研究》 1993 年第 5 期
《探索西王母与七夕的奥秘》《古典文学知识》 1993 年第 5 期
《白居易与洪州禅》《文学研究》第三辑 1993 年
《读藏杂识》(五)《南开学报》 1993 年第 3 期
《关于〈论语笔解〉》(香港)《国际潮讯》第十六期 1993 年
《白居易と佛教·禪と淨土》(日本)勉诚社《白居易研究讲座》(一)《白居易の文學と人生Ⅰ》 1993 年
《苏轼与佛教》《文学遗产》1994 年第 1 期
《中国唐代文学研究近况》(韩国)《中国语文学》第二十二辑 1994 年
《佛典汉译的文化意义》(韩国)《中国语文学译丛》创刊号 1994 年
《中国大陆古典文学研究简介》(韩国)《中国语文学》第二十三辑 1994 年
《黄庭坚与禅》《社会科学战线》 1995 年第 1 期

《〈观世音应验记〉出版后识》《书品》 1995 年 1 期
《中国汉地观音信仰与文学中的观音》 《传统文化与现代化》 1995 年第 3 期
《关于〈爱莲说〉》《古典文学知识》 1995 年 5 期
《迦裟下的文人——支遁》《中国文化》 1995 年秋季号
《唐代文人的维摩信仰》《唐研究》第 1 卷 1995 年
《关于佛教文化的研究》《佛学研究》第 4 期 1995 年
《"句中有眼"与"诗眼"》（日）《俗语言研究》第三期 1996 年
《刘、柳与韩愈关于"天、人之际"问题的争论》《学术论丛》 1996 年第 3 期
《菩提达摩〈二入四行论〉的文化史的意义》《少林寺建寺 1500 周年国际学术研讨会论文集》 宗教文化出版社 1996 年
《关于〈论语笔解〉——韩愈研究中值得重视的一份材料》《韩愈研究》第一辑 1996 年
《陈耳东〈历代高僧诗选〉序》 天津人民出版社 1996 年
《唐长安佛寺考》《唐研究》第二卷 1996 年
《读陈寅恪〈论韩愈〉》《古典文学知识》 1997 年 5 期
《莫道才〈骈文观止〉序》《骈文观止》 文化艺术出版社 1997 年
《'心境'考》《六祖慧能思想研究》 学术研究出版社 1997 年
《20 世纪前期文学与佛教关系的研究》 《中国古典文学学术史研究》 新疆人民出版社 1997 年
《韩愈的语言艺术》《韩愈研究》第二辑 1998 年
《钱学烈〈寒山拾得诗校评〉序言》 天津人民出版社 1998 年
《唐代文人"统合"三教思潮》,（台湾）《中国佛学》创刊号 1998 年
《书评李白传记论》《唐研究》第四辑 1998 年
《六朝小说中的观音信仰》《佛学与文学佛教文学与艺术学术讨论会（台北）论文集》 1998 年
《"心镜"考》《禅学研究》第三辑 1998 年
《唐代的女冠诗人》《古典文学知识》 1999 第 4 期
《唐代佛道二教的发展趋势》《南开学报》 1999 年第 5 期

《韩愈の人と文学》《中唐文学会报》 1999年号
《唐代文人的宗教信仰——禅与净土》《中国诗歌与宗教》（香港）中华书局 1999年
《慧远与“莲社”传说》《五台山研究》 2000年第3期
《关于佛典翻译文学的研究》《文学评论》 2000年第5期
《研究古典散文的几点意见》《首都师范大学学报》 2000年第6期
《师从虞愚先生学因明》《学林漫录》第十五集 2000年
《从此难登比睿山》《入矢义高纪念文集》 汲古书院 2000年
《郭璞和他的〈游仙诗〉》《文学与文化》第三期 2000年
《佛教文化的现代意义》《天津社会科学》 第2001年第3期
《愧悔与忧惧——沈约的宗教世界》《华林》第一卷 2001年
《患难知交良师益友》《人民文学出版社50年纪念文集》 人民文学出版社 2001年
《“东山法门”与唐初文人佛教》《敦煌学与中国史研究论集》 甘肃人民出版社 2001年
《艺术性与宗教性的成功结合——佛传:〈佛所行赞〉》《觉群·学术论文集》 商务印书馆 2001年
《天台宗与唐代文人》《天台宗研究论集》（香港）天马出版公司 2001年
《韩愈——历史转折期中的文化伟人》《周口师专学报》2002年第1期《韩愈研究》第3辑,2002年
《嵇康的养生术和游仙诗》《郑州大学学报》 2002年第4期
《发扬传统开创新机》《天津社会科学》 2002年第5期
《“诗从肺腑出”——禅宗心性说影响诗歌的一个方面》《长江学术》第一辑 2002年
《学术的厚重》《中国典籍与文化》第二期 2002年
《禅宗与古典诗歌的关系》《中国禅学》第一卷 2002年
《唐代的宦官与佛教》《国学研究》第九卷 2002年
《六朝僧人的文学成就》《台湾大学佛学研究中心学报》第七期 2002年
《慧能禅法的伦理意义与价值》《曹溪·禅研究》 中国社会科学出版社

2002 年

《筧文生著〈唐宋文學論攷〉》（日本)《中国文学报》第 65 册　2002 年

《唐代的女冠与文人》《中国文化》19、20 合刊　2002 年

《中国詩歌の發展における禪宗の影響略論》《東洋文化》83 輯　2003 年

《唐代慧能“三碑”对其阐发的理解》《曹溪·禅研究(二)》 中国社会科学出版社　2003 年

《敦煌写卷〈维摩诘讲经文〉的文学意义》《2000 年敦煌学国际学术讨论会文集》 甘肃民族出版社　2003 年

《游仙诗与步虚词》《文史哲》 2004 年第 2 期

《王维〈六祖能禅师碑铭并序〉笺释》《六祖慧能思想研究》第二辑　2003 年

《诗僧苍雪》《普门学报》第 20 期　2004 年

《关于韩愈文的认识与评价——阎琦校注〈韩昌黎文集校注〉序》《西北大学学报》 2004 年第 3 期

《心性之契合与文字之因缘》 《唐代文学与宗教论文集》 香港中华书局 2004 年

《唐代长安的佛寺》《觉群·学术论文集》第 3 辑　2004 年

《佛教与中国文学》《白云论坛》第 2 辑　2004 年

《作为文学创作的仙传》《济南大学学报》 2005 年第 1 期

《柳宗元的“民本”思想及其现代意义》《柳州师专学报》 2005 年第 1 期

《柳宗元研究的意义与方向》《湖南科技学院学报》 2005 年第 3 期

《杜甫与佛教》《东方文化》 2005 年第 4 期

《唐代“古文”的文化批判意义》《韩愈与中原文化——韩愈研究》第四辑 2005 年

《佛教给中国文化带来了什么？》《东方论丛》2005 年第 2 辑　2005 年

《佛教在辽金元文化中的地位与影响——佛教与辽金元文化国际学术研讨会上的总结发言》 《佛教与辽金元文化论文集》 香港能仁书院 2005 年

《“东山法门”与唐初文人佛教》《黄梅四祖寺与中国禅宗》 湖北人民出版社　2006 年

《主持人语:关于佛教与中国文学研究的感想》《东方论丛》2006年第3辑
《关于中国宗教思想史的研究》《南开学报》2006年第5期
《佛传的文学成就》《行愿大千》 文集宗教文化出版社 2006年
《作为古典散文的禅宗语录》《禅和之声》 宗教文化出版社 2007年
《关于"宗教思想"的研究》《南开学报》2007年第3期
《智圆与契嵩:推动佛教"援儒入释"潮流》《中国思想与社会研究》第1辑,2007年
《主持人语:关于中国宗教思想史的研究》《东方丛刊》2007年第3辑
《中国民间的观音信仰》《普陀山文化》2008年第3期
《关于〈祖堂集〉点校》《书品》2008年第3辑 《古籍整理出版情况简报》第447期,2008年
《十六国时期佛教与民族大迁徙大融合》《中华文史论丛》2008年第3辑
《佛教义学师说的成就、学风及其影响》《新国学研究》第六辑 2008年
《印度的弥勒信仰与中国的弥勒佛》 南京大学宗教与文化研究中心编《弥勒文化与和谐社会》 2008年
《南朝士族的佛教信仰与佛教文化》《佛学研究》2008年卷(总17期)
《中国文化史上的鸠摩罗什》《南开学报》2009年第2期
《关于中国宗教与文学相互影响的研究》《武汉大学学报》2009年第3期
林幸谦着《教育的创新与危机》序言《大学教育与改革导航者》 香港天地图书有限公司,2009年
《异质文化的碰撞二十世纪佛教与古代文学论丛·序言》 黑龙江人民出版社,2009年
《佛教写经、刻经与中国书法艺术》《文学与文化》创刊号 2010年
《早期中国佛法里的"真实"观念》《文学遗产》2011年第4期
《禅不是佛教?》 香港《国学新视野》2011年秋季号
《关于"中国禅"》《赵州禅研究》 中州古籍出版社 2011年
《为一代知识精英写照替一代文化历史留影》 台湾《中国唐代学会会刊》第18期 2011年
《百年中国文化一道亮丽的风景》《书品》2012年第3期

《辽金元佛教与民族间的交流与融合》 《河北学刊》2012 年第 5 期
贾晋华《古典禅研究》书评　香港《人间佛教研究》2012 年第 2 期
《佛教地域观念的文学呈现》 《中国文化》秋季号　2012 年
《道教的仙歌及其文学价值》 《文学遗产》2012 年底 6 期
《元代的僧诗:中峰明本的僧风与诗风》 《中华文史论丛》2012 年第 4 辑
Ancient and Early Medieval Chinese Literature: A Reference Guide, Part One. By David R.Knechtges and Taiping Chang. Book Reviews / T'oung Pao　(《通报》)98(2012)557-607
《古籍注释中涉及佛教内容的问题》 《书品》2013 年第 1 期
《朝鲜王朝汉文典籍整理的新收获》 《书品》2013 年第 2 期
《明晰“文学”观念:佛教的贡献》 《南开学报》2013 年第 3 期
《谈“识字”》 《古典文学知识》2013 年第 5 期
《关于学术研究的资料与方法——书评一束》 《国际中国文学研究丛刊》第 2 集　2013 年
《说“诗语”》(上,中,下) 《古典文学知识》2013 年第 6 期,2014 年第 1,2 期
《说“炼字”》 《古典文学知识》2014 年第 3 期
《说“典故”》(上,中,下) 《古典文学知识》2014 年第 4、5、6 期
《南宋观音信仰与佛教的中国化》 《浙江佛教》2015 年第 1 期
《谈“对偶”》(上,下) 《古典文学知识》2015 年第 1、2 期
《柳宗元与佛教》 《文学遗产》2015 年第 3 期
《说“联语”》(上,中,下) 《古典文学知识》2015 年第 3、4、5 期

国际学术会议论文、讲演

第三十一届国际东方学者会议　(1986.5 东京·京都)　京都会议特别讲演《佛教对唐代文学的影响》
唐代文学研讨会　(1988.4 美国 MADISON)　主讲人
中国学术研究承传与创新研讨会　(1989.12 香港)　论文《自性的发现与丧失》
汉学研究之回顾与前瞻国际会议　(1991.6 新加坡)　论文《汉文佛教文学

研究概况及其展望》

第三十七届国际东方学者会议 （1992.5 日本东京·京都） 论文《中国文学中的观世音与维摩诘》

国际东方学会第三十四届会议 （1993.8 香港） 论文《中国文学中的地狱巡游》

韩、中、日古籍交流国际学术会议 （1995.11 韩国·大邱） 讲演《中国所传韩国佛教古文书现状》

慧能与岭南文化研讨会 （1997.1 澳门） 论文《“心镜”考》

宗教与文学国际研讨会 （1997.7 香港） 讲演《唐代文学中的禅与净土》

国际东方学会第三十五届会议 （1997.8 匈牙利布达佩斯） 论文《中国文人的维摩信仰》

中国佛教艺术研讨会 （1998.4 台北） 论文《六朝小说中的观音信仰》

慧能与岭南佛教研讨会 （2001.9 澳门） 论文《王维〈能大师碑〉笺释》

宗教与文学学术研讨会 （2002.5 香港） 主题讲演《心性之契合与文字之因缘》

美国东方学会西部分会 （2002.10 美国 Tucen）

国际比较文学第 17 次大会 （2004.7 香港） 论文《中国文学与宗教》

道教与中国文学国际学术研讨会 （2004.11 香港） 筹委会主任主题讲演

异民族文化交流讲演会 （2005.5 日本京都） 讲演《古代中国与印度的文化交流》

佛教与中国文化系列讲演 （2005.10 捷克布拉格） 主讲人

第二届世界佛教论坛 （2009.4 无锡·台北） 论文《中国民众的观音信仰》

二十世纪中国传记文学国际学术研讨会 （香港 2009.7） 讲演《作为传记文学的僧传》

文学典范的建立与转化国际学术研讨会 （2010.9 台北） 讲演《明晰“文学”观念：佛教的贡献》

中外宗教与文学里的他界书写国际学术会议 （2010.12 香港） 讲演《中国文学里的地狱巡游》

“中国东北和日本百年关系史的整理与再编”国际学术研讨会 （2011.3 日

本京都） 讲演《中国历史上的北方民族与佛教：文化交流与融合》

宋元佛教与文学国际会议 （2012.4 香港） 主题讲演《元代的僧诗：中峰明本的僧格与诗作》

印度文化关系委员会、印度驻华大使馆主办：A Regional Conference 区域会议 （2014.5 北京） 讲演《佛教输入中国：印度对中国的伟大贡献》

第五届两岸四地佛教学术研讨会 （2012.10 香港） 主题讲演《禅宗“革命”与宗教“复兴”

第六届两岸四地佛教学术研讨会 （2014.6 澳门） 主题讲演《柳宗元与佛教》

“东亚文献与文学里的佛教世界”国际学术会议 （2015.11 韩国首尔） 主题讲演《岭南节度使马总为六祖慧能竖碑事》

道教与文学国际学术研讨会 （2015.12 香港） 主题讲演《上元夫人：从升仙导师到多情仙姝——道教对中国小说文体发展的贡献》（2015.12 香港）